Histoire des colonisations

Marc Ferro

Histoire des colonisations

Des conquêtes aux indépendances

XIIIe-XXe siècle

Éditions du Seuil

La première édition de cet ouvrage
a paru dans la collection « L'Univers historique »

ISBN 2-02-029371-4
(ISBN 2-02-018381-1, 1re publication)

A la mémoire de Jean Cohen
avec qui, à Oran, aux temps de Fraternité algérienne *(1954-1956), nous nous interrogions sur le destin des colonisations.*

A l'ami
qui de la politique passa à la poétique, auteur, en 1966, d'un chef-d'œuvre, Structure du langage poétique.

Ouverture

Du temps des colonies, on présentait la vie en rose... Certes, le colon y travaillait dur : avant de partir, persécuté dans son propre pays, il était venu s'installer là où Dieu l'avait conduit ; il entendait y cultiver la terre, croître, s'y multiplier. Mais « il lui avait fallu se défendre contre les agresseurs, rebelles et autres salopards ». Qu'elle avait été grande sa gloire, et méritoire la souffrance d'être un conquérant !

Aujourd'hui, le ton a changé ; la mauvaise conscience a pris la relève. Cantonné à l'extrême gauche en France, chez les anciens libéraux outre-Manche, l'anticolonialisme occupe désormais tous les gradins. Peu de fausses notes. Devant le tribunal de l'Histoire passent en jugement, chacun leur tour, les horribles forfaits de la traite, le bilan tragique du travail forcé, que sais-je ? Bilan de la présence française ou hollandaise, ou anglaise, il n'est pas une orange qui ne fût souillée, une olive surie.

Ainsi, pour une ultime exigence d'orgueil, la mémoire historique européenne s'est assuré un dernier privilège, celui de parler en noir de ses propres méfaits, de les évaluer elle-même, avec une intransigeance inégalée.

Pourtant, cette audace fait problème. Lorsque la tradition anticolonialiste affirme que, s'il n'y eut pas de pousse-pousse à l'Exposition de 1931, ce fut « grâce » à l'action de la *Ligue des droits de l'homme*, je m'interroge. Quelques années plus tôt, à la Foire de Marseille, les Annamites n'avaient-ils pas fait le serment de ne pas y jouer les coolies « et que, si on les y obligeait, ils flanqueraient le feu au Parc des Expositions » ?

Bref, ces Annamites, ces Noirs, ces Arabes, ils ont joué

un rôle aussi. Il convient de leur donner la parole, car, s'ils se souviennent des forfaits qu'on a dits, ils se rappellent aussi avec émotion leur instituteur et leur toubib, la malaria et les Pères Blancs. Car la colonisation, ce fut cela aussi. De même la lutte pour l'indépendance ne fut pas seulement une « décolonisation ».

Traditionnellement, en effet, les histoires de la colonisation expriment les différents points de vue de la métropole. Comme l'estimait déjà Frantz Fanon, « parce qu'elle est le prolongement de cette métropole, l'Histoire que le colon a écrite n'est pas celle du pays dépouillé mais l'Histoire de sa propre nation ».

Or, nous voudrions adopter ici un dispositif différent.

D'abord, il semble nécessaire, en effet, de prendre en compte le passé de ces sociétés, car le rapport entre colonisateurs et colonisés en a largement dépendu. On ne juge plus, aujourd'hui, comme on le faisait hier, que ces peuples n'ont pas eu d'Histoire ; on ne parle plus de « siècles obscurs », mais plutôt de « siècles opaques » (Lucette Valensi), parce que inintelligibles à ceux qui entraient en rapport avec eux.

Ces peuples n'étaient pas semblables, uniformes sous prétexte qu'ils n'étaient pas encore colonisés ; et, s'il est vrai qu'une colonisation a pu différer de l'autre, la réponse des sociétés conquises a varié aussi en relation avec leur passé et leur identité propre.

De plus, on comprendrait mal pourquoi l'analyse historique reprendrait à son compte une vision du passé qui européanise le phénomène colonial. Certes, pendant cinq siècles, les Européens l'ont bien incarné et ont ainsi scellé l'unification du monde. Mais d'autres colonisations ont également contribué à façonner l'image actuelle de la planète.

Avant l'Europe, il y eut la colonisation des Grecs et des Romains, bien sûr, mais celle des Arabes et des Turcs aussi, qui ont conquis les pourtours de la Méditerranée, une partie de l'Afrique noire et de l'Asie occidentale, jusqu'à l'Inde, qui, elle-même, au début de notre ère, avait colonisé Ceylan, une partie de la Péninsule indochinoise et des îles de la Sonde. Sans parler des Chinois, qui ont exploré les côtes orientales de l'Afrique, au XVe siècle, et colonisé le Tibet ; voire des Japonais qui ont conquis et colonisé Yeso juste avant que les Russes n'arrivent à Sakhaline et les Français au Canada.

Au vrai, notre projet ne consiste pas à établir un inventaire de tous les phénomènes d'expansion, ou de colonisation, ou à banaliser le phénomène colonial européen ; mais bien, à l'occasion, à le confronter à d'autres.

Ce parti pris de mondialisation est un souci de ne pas reproduire une vision européocentrique de l'Histoire. Il en détermine d'autres.

Considérer, d'abord, la colonisation comme un phénomène qui ne saurait être dissocié de l'impérialisme, c'est-à-dire de formes de domination qui ont pu prendre, ou non, la figure de la colonisation. D'un côté, en effet, pour des populations soumises sans interruption du XVIe au XXe siècle – en Inde, en Angola, aux Antilles –, il y a eu continuité dans la dépendance – et non rupture ; même si, à l'âge de l'impérialisme, c'est-à-dire depuis la fin du XIXe siècle, cette dépendance a pris de nouvelles formes. Par ailleurs, d'autres ensembles, historiques ou géographiques, qui n'étaient pas des colonies – l'Empire ottoman juste avant 1914, l'Iran, certains États d'Amérique centrale ou du Sud, etc. –, ont vécu leur histoire comme celle d'une lutte contre les puissances impérialistes.

Autre parti pris : ne pas se soumettre à la vulgate qui fait se succéder uniformément l'histoire de la colonisation et celle de la lutte des peuples pour leur indépendance. Celles-ci ont pu être synchrones, en Bénin comme en Birmanie ou au Vietnam, par exemple. Et s'il est vrai que le discours colonial a pu recouvrir la vision des vaincus, cela ne signifiait pas que, aux temps où ils étaient soumis, ceux-ci eussent perdu l'idée de retrouver la maîtrise de leur propre histoire. C'est pour cela aussi que, dans ce livre, le terme de décolonisation n'est utilisé qu'avec circonspection, car il recèle une certaine survivance d'européocentrisme.

Dernier parti pris. En analysant ces problèmes, il nous est apparu urgent de sortir l'histoire de la colonisation du *ghetto* dans lequel la tradition l'a enfermée. N'est-il pas symptomatique que, dans les grandes œuvres de réflexion sur la mémoire ou sur le passé — de la France —, il n'est jamais question des sociétés coloniales : est-ce une omission, un acte manqué, ou un tabou ?

Sans doute, s'agissant de la colonisation européenne, de nombreux travaux ont bien analysé certains de ses effets de retour, économiques surtout. On pense aux travaux sur Séville, Bordeaux, Bristol, Nantes, etc.

Mais on ne s'est guère demandé si les types de relations nouées avec les colonies étaient tous spécifiques, s'ils ne devaient pas être comparés à d'autres... Ainsi, première question, l'exemple de l'Empire russe permet de se demander si le problème national et le problème colonial sont différents. — Est-ce le statut particulier des peuples soumis, la non-participation des élites au pouvoir central qui les différencie ?

Surtout, une seconde question demeure ouverte : en Europe même, certains régimes ne se sont-ils pas comportés avec les populations soumises comme on a pu procéder aux colonies... On a pu observer que le racisme s'y est accentué avec le temps. N'a-t-il pas créé des situations similaires à celles qu'ont instituées les nazis ? La question mérite-t-elle d'être posée ? Certains indices y invitent.

Quand on regarde les images de la présence britannique en Inde, et notamment celles du *Grand Durbar,* de 1911, conservées au *National Film Archive,* de Londres, on est saisi par une analogie sacrilège : ce défilé, ces casques, cette discipline, l'espace théâtral savamment et esthétiquement ordonnancé en plongée vers l'empereur George V, le public tenu à distance par des cordons de sentinelles — irrésistiblement, ce couronnement apparaît comme une sorte de préfiguration de ce que furent, vingt ans plus tard, les cérémonies hitlériennes. Est-ce fortuit * ?

Autre parallèle, inverse, et établi par Aimé Césaire, en 1955 : « Ce que le très chrétien bourgeois du XXe siècle ne pardonne pas à Hitler, ce n'est pas le crime en soi, le crime contre l'homme, ce n'est pas l'humiliation de l'homme en

* Cf. une autre similitude que révèlent les fictions, p. 248.

soi, c'est le crime contre l'homme blanc [...]; d'avoir appliqué à l'Europe des procédés colonialistes dont ne relevaient jusqu'ici que les Arabes, les coolies de l'Inde et les nègres d'Afrique (*Discours sur le colonialisme*). »

Dernière analogie sacrilège, récente, la proposition faite par le Premier ministre d'Australie occidentale en 1993 de soumettre à référendum populaire une décision de la Cour suprême de restituer certaines de leurs terres aux aborigènes spoliés au siècle dernier. « Le gouvernement de l'État utilise des méthodes nazies », a déclaré l'archevêque anglican de Perth... Ce recours à la volonté « démocratique » contre l'appel à l'équité, au juste droit — n'est-ce pas aussi une des pratiques du totalitarisme, un des problèmes de notre temps...

Ces prémisses rendent compte du dispositif de cet ouvrage.

Il aborde chaque problème depuis son apparition dans l'histoire, qu'il s'agisse des conquêtes, partages ou rivalités, examinés depuis les XIIe et XIIIe siècles jusqu'au conflit actuel sur les Kouriles; ou qu'il s'agisse de la vision des vaincus, de leur résistance, de la légende noire ou rose de la colonisation, des mouvements de colons, de la constitution de nouvelles sociétés, etc.

Sans doute ce dispositif rompt-il quelque peu avec la vulgate qui examinait d'abord les Découvertes, puis l'expansion coloniale jusqu'au XIXe siècle, l'impérialisme ensuite, enfin la « décolonisation ». Mais il aide à mieux rendre compte, croyons-nous, de la complexité de certains phénomènes, notamment de la nature de certaines nations, de leur apparition ou disparition dans l'histoire, des mentalités qui se sont lentement formées jusqu'à nos jours...

En se plaçant du point de vue des différents protagonistes de cette histoire, nous n'avons pas pensé que le croisement de ces diverses mémoires suffisait à rendre compte des multiples problèmes que posent la colonisation et ses suites, mais qu'elles en constituent une donnée essentielle, pour autant que l'imaginaire est autant l'Histoire que l'Histoire ; et que la mémoire, même fourvoyée, constitue à la fois un élément et un agent de l'Histoire.

C'est pour cette raison que cet ouvrage, comparatiste en son esprit, s'organise pour rendre compte des situations et des problèmes plutôt que d'obéir aux usages d'une construction formelle.

CHAPITRE I

Colonisation ou impérialisme

L'OR OU LE CHRIST

La colonisation est associée à l'occupation d'une terre étrangère, à sa mise en culture, à l'installation de colons. Ainsi défini le terme de colonie, le phénomène date de l'époque grecque. De même, on parle d' « impérialisme » athénien, puis romain — l'expression a-t-elle changé de sens ?

La tradition historique occidentale fait pourtant dater le fait colonial de l'époque des Grandes Découvertes. Ainsi, dans *L'Histoire de la France coloniale,* parue en 1991, la « véritable aventure coloniale » commence avec les explorateurs du XVe siècle, quand Jean de Béthencourt reçoit de Enrique IV, roi de Castille, les Canaries en tant que fief ; l'exploration et les découvertes de l'Amérique, y lit-on, sont plus tardives, la baie de Rio de Janeiro, la côte de Floride ayant été occupées vers le milieu du XVIe siècle, avant que l'intérêt ne se porte, sous Henri IV, et grâce à Champlain, sur le Canada. Cette manière de voir vaut également pour le Portugal, l'Espagne et l'Angleterre : la tradition historique associe l'expansion de ces pays à la découverte de terres lointaines aux Indes occidentales, puis à l'installation de comptoirs sur les routes de l'Afrique, de l'Inde, de l'Asie.

Ainsi, des termes tels que colon, colonisation disparaissent du vocabulaire historique pour la période qui va de l'époque romaine au XVe siècle — à moins d'évoquer, durant ces douze siècles, des colonies ou comptoirs de Venise ou de Gênes de l'autre côté de la Méditerranée ou en mer Noire, mais toujours lointains.

Le cas de la Russie pourtant devrait faire réfléchir. « La colonisation est le facteur essentiel de notre Histoire, écrivait l'historien Kljuchevski en 1911. Son développement explique à la fois la croissance et les changements qu'ont connus l'État et la société depuis Rus, la Russie de Dniepr » : les incursions de Novgorod, puis de Souzdal vers l'Oural et au-delà, commencées dès le XIIe siècle, avaient abouti à la soumission des Mordves et d'autres peuples encore : elles furent interrompues par l'invasion tatare (1220), mais reprirent en 1390, une fois qu'ils eurent été chassés, après la victoire de Koulikovo.

Mais s'agit-il, au sens propre, d'expéditions « coloniales » ? Quoi qu'il en soit, Novgorod envoyait ses hommes jusqu'à la Petchora dès le début du XIe siècle. Cette région, dite du Zavoloch'e, à l'est de la Dvina, recelait des renards et des zibelines pour lesquels il fallait payer tribut. Les colons résidaient à Matygory, Ukhto-Ostrov, recevant leurs instructions des fonctionnaires de la grande cité, les *posadniki.*

Jusqu'au XIIe siècle, l'expansion se fit sans heurts particuliers, mais cela changea dès que la principauté de Souzdal-Rostov s'émancipa de Kiev et intercepta le trafic entre Novgorod et ses colonies. En 1169, elle suscita leur sécession, et ses colons se rallièrent à Souzdal. Simultanément, Souzdal-Rostov s'attaquait aux Bulgares alors centrés dans la région de l'actuel Perm, dans l'Oural, eux-mêmes aux prises avec les « autochtones », ces « Yura » ou « Yugia » des chroniques de l'époque ; bientôt, les Russes finissaient par conquérir le territoire des Mordves.

C'est alors que surgirent les Tatars. Ceux-ci atteignaient Nijni-Novgorod, fondée en 1221, les territoires ex-mordves et les pays de la Dvina. Seule, à l'ouest, la cité de Novgorod leur résista (1232).

Ainsi, le cas de la Russie signifierait qu'entre l'expansion territoriale vers la Sibérie et la conquête des pays tatars et turcs il existe, certes, une rupture, mais aussi une similitude, sauf dans la difficulté à vaincre. Expansion territoriale et colonisation sont quasi synonymes alors qu'en Occident on les distingue soigneusement — où l'espace de la mer est censé faire la différence entre la première qui relève de la question nationale et la question coloniale.

La route des épices, que vaut cette explication ?

Cet espace de la mer est-il un bon critère ? Ici, c'est le cas de l'Espagne et du Portugal qui fait problème... Dans ces pays, en effet, on considère les Amériques comme une terre de conquête, de colonisation. Mais en est-il autrement des ultimes avancées de la Reconquista, au-delà de Grenade, dans le Riff et sur les côtes atlantiques : depuis l'Algarve portugais, c'est-à-dire l'Al Gharb, jusqu'à Tanger et Mazagan — conquêtes reprises par Don Sebastien, et qui aboutissent en 1578 à la défaite catastrophique d'Alcazarquivir — la bataille des Trois Rois. Cette tentative tout comme l'avancée russe au-delà de la Volga se situent dans la continuité d'entreprises anciennes, il n'y a pas rupture.

De sorte, on l'a compris, qu'on ne saurait faire commencer l'histoire de la colonisation avec les Grandes Découvertes d'outre-mer, c'est-à-dire avec la recherche d'une route vers l'Inde. Certes, les découvertes ont changé la mesure du phénomène de la colonisation, et sa nature quelquefois, mais l'expansionnisme lui est antérieur. La nécessité de contourner l'Empire turc, avec ses conséquences, ne rend pas compte à elle seule des différentes dimensions du phénomène expansionniste colonial.

C'est bien ce que juge la tradition arabe. Celle-ci considère que l'expansion européenne commence avec les Croisades, première expression de l' « impérialisme ». Alors que la tradition occidentale tient au contraire les Croisades pour une tentative de reconquête de la Terre sainte sur l'Islam, qui s'était emparé d'une terre chrétienne. Ainsi, en tout état de cause, une histoire européenne de la colonisation part nécessairement de ces pourtours de la Chrétienté.

Depuis le VIIe siècle, l'Islam arabe avait réunifié la plus grande partie de ce monde méditerranéen, fragmenté depuis la division de l'Empire romain et amputé par la

L'Empire arabe

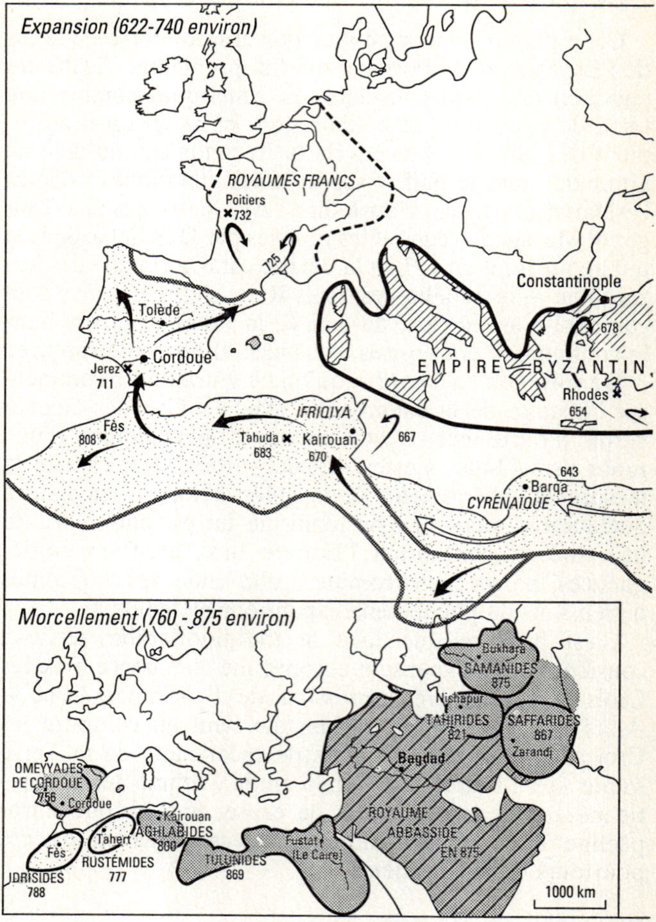

Source : D'après l'Atlas Hachette, *Histoire*

VIIe-Xe siècle

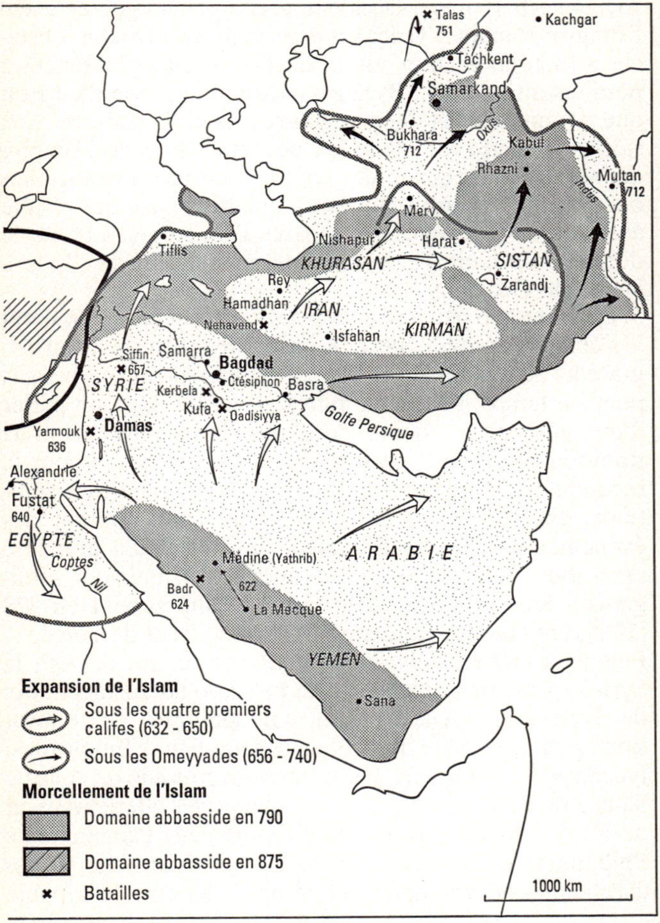

de l'humanité, © Hachette, 1992.

pénétration des « Barbares ». A l'Est et à l'Ouest, Byzance et l'Empire carolingien constituaient, face à l'Islam et aux Arabes, les deux pôles de résistance du christianisme. Mais, pour les porteurs du drapeau musulman, les royaumes barbares d'Occident ne comptaient guère * ; seul l'Empire romain d'Orient représentait un véritable obstacle à la réunification totale de l'espace méditerranéen : pour les musulmans, Byzance incarnait la survie d'un État que dominait une religion dépassée, le christianisme. Aux siècles suivants commença la décomposition de l'Empire arabe, sous la pression des conflits internes, théologiques ou dynastiques entre chiites et sunnites, mais qui résulte aussi de l'éclatement des espaces économiques et de la difficulté de contrôler un monde aussi vaste, de l'Inde à l'extrême Occident.

De sorte que peu à peu les marges chrétiennes réussirent à s'émanciper : à l'ouest, à partir des Asturies ; à l'est, grâce à l'action des Bagratian, cette dynastie qui « libéra », pour un temps, l'Arménie puis la Géorgie. Doit-on parler d'une libération ? d'une décolonisation ? Puis, selon la tradition chrétienne, ce fut l'ère des Croisades, « pour la reconquête du tombeau du Christ ». Des premières expéditions, Ibn Al-Athir, historien arabe contemporain des événements, présente le tableau suivant : « La première apparition de l'*Empire* des Francs [c'est nous qui soulignons], leur invasion de la terre d'Islam survint en 478 [1086, ère chrétienne] quand ils s'emparèrent de Tolède... Puis ils attaquèrent la Sicile, l'Afrique, enfin, en 490, la Syrie. » Encore au XXe siècle, la formation des États francs de Syrie est ressentie comme une prémisse des « invasions » futures, celle d'Israël en dernier lieu... En outre, si on considère volontiers que la dernière croisade fut celle de Saint Louis à Tunis, en 1270, on a pu parler ultérieurement de « 13e croisade » quand, sous l'égide de la Papauté et de Philippe II d'Espagne, trois siècles plus tard, les flottes chrétiennes ont triomphé de l'Islam à la bataille de Lépante

* La bataille de Poitiers (732) est à peine mentionnée dans les chroniques arabes de l'Égypte. Elle n'apparaît dans l'historiographie qu'ultérieurement.

(1571). Entre-temps, les Turcs avaient pris la relève des Arabes, détruit leur Empire pour se les soumettre, un bouleversement dramatique que la tradition arabo-islamique cèle soigneusement encore aujourd'hui, comme si les destructeurs de la grandeur passée des Arabes avaient été, non pas les Turcs, mais les Occidentaux qui, à l'époque de l'impérialisme, seraient revenus à l'assaut.

En vérité, lorsque les Turcs-Ottomans, après avoir vaincu les Arabes, les remplacèrent, ils se lancèrent dans un nouveau *djihad* qui aboutissait, en 1453, à la chute de l'Empire romain d'Orient — Byzance —, puis à la marche sur Vienne, capitale des Habsbourg. Jamais l'Empire turc, musulman, n'avait été aussi puissant qu'en ce temps de Soliman — les guerres de Philippe II et Lépante constituèrent un coup d'arrêt à la deuxième expansion de l'Islam.

Faut-il parler d'une conquête, ou d'une colonisation ?

Les quatre routes

La contre-attaque de la Chrétienté eut lieu ailleurs et autrement. D'une part, comme on le sait, pour pouvoir commercer avec l'Inde et la Chine, bien connues depuis les voyages de Marco Polo, il fallait trouver de nouvelles routes pour tourner l'Empire ottoman. Mais l'expédition de Vasco de Gama n'en avait pas moins une connotation religieuse : arrivé à Calicut après avoir fait le tour de l'Afrique, le navigateur déclara « qu'il était venu à la recherche des chrétiens et des épices ». Et, comme les Portugais, les Ottomans assimilaient le commerce lié aux Grandes Découvertes à une des formes de guerre sainte : « Creusons un canal à Suez, disaient-ils alors, et on rejoindra l'Inde et le Sind pour en chasser les Infidèles et rapporter de précieuses denrées. »

Ainsi, le contexte de la guerre sainte ne saurait être ignoré dans une recherche des origines des « découvertes » et de l'histoire de la colonisation. Certes, autour de 1580, comme l'a montré Fernand Braudel, les activités essentielles du commerce et de la politique passèrent bien de la Méditerranée à l'Atlantique. L'héritage des conflits précédents n'en demeure pas moins vivant dans la mémoire de ceux qui n'ont pas rompu avec ce passé en se tournant vers d'autres mondes. Bernard Lewis a bien montré que, dans le monde musulman, le souvenir de la grandeur passée est d'autant mieux conservé que l'Islam dispose d'une langue dominante unique, l'arabe, qui assure l'omniprésence du Coran, alors que « la mémoire et le savoir des Infidèles se dispersent entre plus de vingt-cinq langues ». Or, cette manière de juger l'autre se retrouve, plusieurs siècles après, chez les colonisateurs anglais en Inde, français en Afrique noire, ou russes au Caucase. De sorte que, lorsque, en 1798, à Alexandrie, puis en 1830, à Alger, le Chrétien réapparaît — pour le musulman, il est demeuré l'Infidèle, toujours méprisé et ignoré. Qu'il s'installe, dirige, colonise — voilà qui crée un traumatisme qui s'exprime avec une rare violence :

> « Nous avons humilié des émirs plus puissants que toi. Ils se sont agenouillés devant nos lances, leurs femmes ont été nos tapis.
>
> » Le galop de nos chevaux a fait tressaillir les montagnes de Jemanah.
>
> » Nous avons planté nos tentes à Voutoulou et à Damas.
>
> » Nous avons chassé de cette contrée, comme des hyènes, tous les ennemis qui nous harcelaient.
>
> » J'ai vu ce qu'il y a eu hier, je sais tout ce qui arrivera demain. »
>
> *Chants de guerre et d'amour de l'Islam*

Ce ressentiment ne rend-il pas compte de la violence des événements qui vont suivre…

Quant aux efforts d'exploration vers les Amériques — la *deuxième route* —, leur nature n'est pas sans lien avec les précédents. En attestent les écrits de Christophe Colomb lui-même. Certes, il témoigne que l'or, ou plutôt sa recherche, est omniprésent au cours de son premier voyage. Le 15 octobre 1492, il écrit dans son *Journal :* « Je ne veux pas m'arrêter afin d'aller plus loin visiter beaucoup d'îles et découvrir de l'or. »

Christophe Colomb ne compte pas seulement s'enrichir personnellement, lui et ses marins ; il veut enrichir aussi ses commanditaires, les rois d'Espagne, « afin qu'ils puissent comprendre l'importance de l'entreprise ». La richesse lui importe donc d'abord parce qu'elle signifie la reconnaissance de son rôle de découvreur. Mais, plus encore, cette soif d'argent s'explique par une vocation religieuse qui n'est rien de moins que l'expansion du christianisme. Dans son *Journal,* à la date du 26 décembre 1492, il explique qu' « il espère trouver de l'or, en telle quantité que les rois puissent avant trois ans préparer et entreprendre d'*aller conquérir la Sainte Maison* ».

La reconquête de Jérusalem, tel fut un des objectifs de Christophe Colomb, obsédé par l'idée de croisade. On pourrait observer qu'il en fut de même en ce qui concerne la *troisième route,* celle qui devait mener en Inde par l'Afrique intérieure, et dont on se demandait si elle existait vraiment. Comme l'ont montré les travaux de Geneviève Bouchon, atteindre l'Inde par le Royaume du Prêtre Jean avait pour but de s'allier à l'Éthiopie pour prendre l'Empire des Maures de revers. La reine Eléni jugeait, elle aussi, qu'il fallait desserrer l'étreinte de l'Islam qui contrôlait toutes les issues de son royaume vers la mer Rouge et l'océan Indien. Les préoccupations politiques de la souveraine rejoignaient les soucis religieux du métropolite copte, dont la nomination était sous le contrôle des Égyptiens ; il voulait se rapprocher de Rome. Ainsi fut décidée cette ambassade de Mateus, métropolite de l'Église d'Éthiopie, qui, depuis l'Éthiopie, *via* l'Inde, devait rejoindre Lisbonne.

Mateus put rejoindre Albuquerque en Inde ; celui-ci saisit tout l'intérêt de l'entreprise mais le caractère illusoire, aussi, des rapports que le Négus pourrait établir avec le roi du Portugal. Le récit du départ de Mateus d'Éthiopie, dans le secret, témoigne de l'ubiquité des agents de l'Égypte et de la crainte que les Éthiopiens avaient des Arabes. Selon le récit rapporté par Damiao de Gois, la reine Eléni donna à Mateus et à son jeune compagnon Ya'qob des lettres de recommandation pour le *barnagas* (cf. Geneviève Bouchon), vice-roi de la province maritime, « afin qu'il les aide aussi secrètement que possible en tout ce qui serait nécessaire, feignant qu'ils fussent des marchands qui venaient à lui pour ses affaires à elle ». « Mateus agit pendant un certain temps (*aliquamdiu*) en toute liberté, ne confiant jamais ses projets à quiconque et ne répandant point ni ce qu'il devait faire ni où il devait s'en aller. Il se faisait passer pour un marchand de peaux, afin d'accomplir plus sûrement ce qui lui avait été donné à exécuter. De temps à autre, cependant, il achetait des bijoux indiens, qu'il envoyait en cachette à la reine Eléni. Sous ce prétexte il parcourait diverses régions de divers pays, faisant cela assurément afin que, protégé des embûches des ennemis, à travers les royaumes et États des nombreux adversaires du nom lusitanien, il puisse atteindre les Portugais et s'acquitter du devoir de l'ambassade entreprise, puisqu'il n'y avait pas d'autre moyen d'exécuter la chose... »

Une *quatrième route,* celle du nord, commença à se tracer aux débuts du XVe siècle. Des Russes vivant sous le joug mongol, envoyés à Pékin en qualité de guides de chasse, de gardes... découvrent les richesses de la Chine, puis celles de l'Inde quand ils en reviennent par Samarcande. L'information circule jusqu'à Tver, où Afanasi Nikitine organise, dès 1466, une première expédition vers l'Inde. A cette date, c'est Astrakhan qui, avec Boukhara et Khiva, constitue le point de contact encore ténu entre les produits de Chine ou d'Inde d'une part, et ceux de la Russie ou de la Baltique de l'autre... Ultérieurement, Zotov pouvait ainsi écrire à la Cour de Russie que « ces cités nous conviendraient hautement, car s'y trouvent les richesses de la Chine et de l'Inde »...

Cette route-là est la seule qui, à cette date, ne sécrète aucun relent de croisade. Mais cela changea ultérieurement : aux temps de l'impérialisme, c'est au nom de l'orthodoxie que le tsar veut coloniser l'Extrême-Orient.

Une cause sociale : le dépérissement de la noblesse

On connaît l'inventaire des données qui rendent compte des Découvertes et de la colonisation : passion religieuse, goût de l'aventure, appétit de richesses, revanche conquérante, etc. Ce faisceau de raisons rend-il compte, à lui seul, de l'élan que fut ce grand moment du XVe-XVIe siècle ?

Oui, sans doute, en ce qui concerne les comportements

individuels, conscients ou non. Mais il existe également des données plus lourdes, qui prédéterminent la capacité des uns, plutôt que des autres, à agir…

Les conflits du XIVe et du XVe siècle – la guerre de Cent Ans entre autres – avaient eu pour effet de déplacer les grandes voies du commerce ; elles avaient dû quitter en partie la route de terre, entre la Flandre et l'Italie notamment, pour emprunter celle de la mer, entre Gênes, Barcelone, Lisbonne, Bruges, Anvers, Amsterdam. C'est ainsi que Ceuta devint à cette date un point stratégique… Grâce à ce déplacement, les ports des côtes atlantiques se sont considérablement enrichis, et Lisbonne en particulier, dont la « nation » s'installa à Bruges dès le XIVe siècle. De sorte que, toujours à Lisbonne, on rencontrait des marchands italiens, de Gênes surtout, qui avaient l'œil sur le commerce d'Orient, mais peu de moyens pour organiser des expéditions d'une certaine ampleur – elles risquaient d'ailleurs d'être verrouillées par les Vénitiens, à moins d'être bloquées, comme on sait, par les Ottomans.

On trouvait des capitaux dans la Péninsule ibérique ; or, la route qui menait au grand Nord ne débouchait que sur des forêts – alors qu'au sud les liens avec l'Islam demeuraient actifs malgré les guerres ; en outre, la navigation était aisée jusqu'au sud du Maroc. Par ailleurs, à cette date, Castille et Portugal étaient des États en voie de renforcement, alors que la France, la Bourgogne et l'Empire se déchiraient. Furent ainsi intéressés par ces entreprises commerciales d'enrichissement ces cadets de la noblesse portugaise ou castillane, sans terres, et qui avaient besoin d'entreprendre pour ne pas être déclassés. Ils s'associèrent aux marchands.

Ce phénomène social intervient ainsi, à côté des données proprement scientifiques ou techniques – liées à la Renaissance – et des données économiques ou religieuses. L'historien polonais Marian Malowist s'est demandé si la colonisation d'outre-mer pour le Portugal, l'Espagne et Gênes, les guerres d'Italie pour la France, l'expansion vers le nord et l'est pour les Germaniques, voire les Polonais et les Russes, ne sont pas des phénomènes parallèles ayant la même origine, le besoin de la noblesse de se régénérer après son dépérissement lié aux guerres des décennies précédentes.

C'est d'abord au Portugal et en Espagne qu'elle dérogea, en s'associant aux marchands. Ultérieurement (au XVIIe siècle), des pays d'Europe plus anciennement développés, la Hollande notamment, l'Angleterre puis la France, possédant un équipement politique qui se solidifie, prennent la relève... Ainsi l'expansion hollandaise, puis anglaise, et même l'expansion française plus faible n'eurent pas le même système de causes que celui qui avait donné l'impulsion à la colonisation portugaise et espagnole, aux colonisations polonaise, voire russe, à l'est.

La poussée démographique a aussi joué son rôle, l'accroissement de la population castillane aux XVe et XVIe siècles aidant au mouvement d'émigration, tout comme en Mazurie et en Russie. En outre, on sait qu'au XVIIe siècle la victoire facile remportée par les Hollandais sur les Portugais s'explique en partie par le fait que les Hollandais disposaient d'un surplus de population, car ils pouvaient mobiliser non seulement leurs concitoyens, mais une partie de la population allemande.

EXPANSION COLONIALE, IMPÉRIALISME : QUELLES RUPTURES ?

Les grandes entreprises auxquelles la monarchie portugaise avait participé, depuis Jean le Parfait, constituaient une alternative à la politique de reconquête et de croisade qui avait connu une fin tragique à la bataille d'Alcazarquivir, en 1578, le plus grand désastre de l'histoire du Portugal. Dans un film superbe, *Non, ou la vaine gloire de commander,* Manoel de Oliveira a bien senti le lien entre l'échec des tentatives portugaises d'unifier la Péninsule, ou de s'implanter au Maroc, et l'essor de ces voyages, leur valorisation, qui se sont substitués aux objectifs antérieurs des souverains — tout en poursuivant, mais ailleurs, l'œuvre d'évangélisation et de conquête.

La glorification des grandes découvertes portugaises a

eu, ainsi, pour fonction de détourner le Portugal de la lutte frontale contre les Maures, une thérapeutique de l'oubli qui a duré plusieurs siècles, car, pour le Portugal, une seconde humiliation est venue plus tard, lorsque ce sont les rivaux du Portugal, les Princes de la Couronne d'Espagne, qui ont vengé Alcazarquivir à la bataille de Lépante — avant de s'emparer du Portugal lui-même, en 1580, pour unifier la Péninsule... Cette thérapeutique de l'oubli, Lucette Valensi en a étudié les modalités et le parcours dans *Fables de la mémoire*.

Or, cette fonction de contrepoids et de transfert a bientôt été relayée par d'autres — développement commercial, évangélisation, colonisation, asservissement des peuples, etc., au point que la mémoire historique occidentale a fini par oublier combien avait été capital ce motif de la lutte contre l'Infidèle. Seul, au XVIIIe siècle, l'abbé Raynal a perçu avec force quel avait été le principal enjeu (G. Brisvert). Mais la volonté d'oubli a effacé sa trace.

Or, cet enjeu, on le retrouve en France, à l'âge dit de l'impérialisme, où, par un transfert de même nature, la IIIe République s'oriente vers une politique impériale conquérante pour oublier et effacer la défaite de Sedan, la faillite de la politique européenne de l'Empire et la perte de l'Alsace-Lorraine. Le dessin de Hansi adressé à Jules Ferry, promoteur de ces conquêtes impériales en Indochine et en Tunisie, le dit bien : « J'ai perdu deux enfants, vous m'offrez deux domestiques. »

Le même jeu alternatif se dessine dans l'Empire russe, où, au XIXe siècle, faute d'avoir pu par deux fois imposer sa volonté à l'Europe centrale, le tsar reporte sa volonté de domination vers le Caucase puis l'Extrême-Orient. Après la guerre de Crimée, cette étape expansionniste fut marquée par la fin de la conquête et la « pacification » du Caucase, la conquête de Tachkent (1865), Samarcande (1868), Khiva et Khokand (1876), puis des régions de l'Amour et de l'Oussouri.

Une deuxième fois, un terme ayant été mis à ces conflits dans les Balkans par un accord avec François-Joseph, en 1897, le tsar veut « compenser » cet arrêt imposé au panslavisme en déplaçant le centre d'intérêt de la Russie vers l'Extrême-Orient et le Pacifique — l'intervention en Chine et le conflit avec le Japon n'étant pas considérés comme comportant un « danger de guerre » mais étant présentés comme une expédition coloniale... (1904-1905).

Autre trait attribué à l'impérialisme, la boulimie territoriale dont le partage de l'Afrique, en 1885-1890, fut l'expression la plus visible. Il s'agissait pour les puissances rivales — France, Allemagne, Angleterre, Portugal, Belgique — de s'assurer, sur la carte, le plus de territoires possible pour prévenir toute tentative d'un rival de se l'approprier un jour — sait-on jamais. Ce qu'on a appelé la « course au clocher »...

Or ce comportement s'est manifesté bien avant l'ère de l'impérialisme. Lors de l'occupation du Canada, par exemple, Samuel de Champlain justifiait ses ambitions dans un rapport de 1615, où il écrivait au roi : « Si nous ne nous y installons pas, ce seront soit les Anglais, soit les Hollandais [c'est-à-dire des protestants] qui viendront à Québec. » De sorte que la première colonie française fut une conquête « préventive », même si elle eut d'autres objectifs : la découverte d'un passage vers l'ouest Pacifique et le Japon, le peuplement et la mise en valeur, la conversion des Indiens.

Cette manière de se saisir des territoires sans appartenance avant que d'autres ne mettent la main dessus se voit justifiée ou critiquée, à l'ère coloniale comme à l'époque impérialiste, avec les mêmes arguments. Dès l'époque de Pufendorf et de Jean-Jacques Rousseau, on condamne les occupations fictives : « Pour autoriser un droit de première occupation, écrit celui-ci dans le *Contrat social,* il faut qu'on en prenne possession non par une vaine cérémonie, mais par le travail et la culture. » En 1805, la pratique de l'annexion par abus fut le fait des États-Unis, qui, en Louisiane, estimaient que l'occupation de l'embouchure d'un fleuve créait un droit pour l'ensemble du bassin (John Quincy Adams). Cette *doctrine of continuity* valait aussi pour l'occupation des terres se trouvant dans l'arrière-pays des côtes.

De la *continuity,* de l'*hinterland* aux « sphères d'influence » il n'y avait que des différences de degré, que le Droit se chargea de rendre légales, cette dernière expression étant apparue, semble-t-il, dans l'accord anglo-allemand de 1885.

Détournement/substitution, politique alternative, appétit de conquête, les ressemblances entre les différentes phases de l'expansion l'emporteraient-elles sur les dissemblances? Un trait supplémentaire rapproche l'ère des découvertes et celle de l'impérialisme... on retrouve les mêmes étapes dans les processus de domination. On sait bien qu'au XIXe siècle l'ère des découvertes et des pionniers — les Brazza, Stanley, etc. — a précédé celle des gouvernements qui ont pris leur relève ; or, on observe qu'il en a été de même aux XVe et XVIe siècles. Éblouie par les entreprises finales de Diego Cao, Christophe Colomb, Magellan, etc., qui, on le sait, ont été soutenues par les monarques, l'histoire traditionnelle n'a guère pris en compte l'action des pionniers qui les ont précédés. Autant que le produit d'un projet visionnaire — la Route des Indes par l'ouest ou par l'est — ou que l'effet d'une volonté énergique qu'autorisaient de nouveaux moyens techniques, l'expansion et les voyages ont été, en vérité, le résultat cumulatif de dizaines de petites tentatives émanant de simples marchands et aventuriers — Luis Fernao Gomes, Eustache de La Fosse, etc. Et, selon de Barros, c'est seulement lorsque, visitant le Bénin, des marins portugais apprennent que le royaume du Prêtre Jean est accessible par ce pays que la Couronne portugaise décide de prendre en charge le grand projet de Diego Cao pour pénétrer l'Afrique, ou la contourner (de Barros, cité in Thornton, *Africa and Africans...*, p. 35).

Quant à Christophe Colomb, il eut aussi des prédécesseurs, tel Fernao Dulmo, qui obtint du roi des privilèges pour toute terre trouvée à l'ouest des Canaries et des Açores, ce vrai carrefour des découvertes puis des conquêtes, mais sans le même succès.

De sorte que cette expansion en deux temps se retrouve aussi bien au XVIe siècle et au XIXe siècle.

Le Marché ou le Drapeau ?

Ainsi, à l'époque impérialiste, on retrouve des comportements qui renouent avec l'ère des grandes conquêtes coloniales. Pourtant, le sentiment est général, à partir de 1870, qu'une ère nouvelle a commencé. Quelles en seraient les caractéristiques ?

En premier lieu, il apparaît que si, jusque-là, l'expansion n'a pas connu de solution de continuité depuis un siècle — qu'elle ait abouti, comme celle de la France en Algérie ou au Sénégal, ou qu'elle ait échoué —, l'accroissement de la puissance coloniale des différents États européens n'a pas toujours été le résultat d'une volonté politique explicite. Il a été plutôt le fait des circonstances. En outre, les nouvelles colonies ont volontiers été peuplées de révoltés, de délinquants, de prisonniers politiques — en Algérie notamment, en Australie, en Nouvelle-Calédonie —, ce qui ne les valorisait pas aux yeux de l'opinion. Mais n'en avait-il pas été de même pour les premières colonies portugaises ?

En France, le changement apparaît pourtant lorsque les nouveaux territoires acquis commencent à avoir une identité : la Cochinchine, par exemple, que désire la marine : pour faire pièce à la Grande-Bretagne et disposer d'une bonne base dans l'ouest de l'océan Pacifique... Il en est de même bientôt pour l'Algérie, après les combats « héroïques » contre Abd el-Kader. L'armée s'identifie à ce pays. Comme l'a écrit Raoul Girardet : « En même temps qu'une fraction de l'armée se " colonialise ", pour une partie de l'opinion, l'idée coloniale se militarise. » Or, si l'idéal colonial et la vocation missionnaire s'interpénètrent, comme au XVIe et au XVIIe siècle, la nouveauté est sans doute qu'un glissement de sens s'est opéré : la christianisation s'identifie désormais à un devoir de civilisation, car la civilisation ne saurait être que chrétienne. Tandis que dans *Les Missions catholiques* Mgr Miché, vicaire apostolique à Saigon, stigmatise « ces rebelles qui ont longtemps arrêté l'essor des conversions », Mgr Lavigerie nommé évêque d'Alger y vient « pour porter son concours à la grande œuvre de civilisation chrétienne... qui doit faire surgir des ténèbres et des désordres d'une antique barbarie une

France nouvelle ». Civiliser, coloniser, faire rayonner sa culture, s'étendre, tels sont les premiers ressorts de l'impérialisme, la colonisation constituant la « puissance de reproduction » d'un peuple à travers les espaces.

Ultime ressource de la grandeur pour Prévost-Paradol, force génératrice pour Leroy-Beaulieu, l'impérialisme puise à des ressorts idéologiques, certes, mais qui ne manquent pas d'être soutenus par des objectifs plus matériels. Au reste, ce sont eux qui sont à l'origine de la formulation la plus répandue de cette politique coloniale, nouvelle manière, qui fit fortune. Elle fut énoncée par Jules Ferry lors de la conquête du Tonkin : « La politique coloniale est fille de la politique industrielle. Pour les États riches... l'exportation est un facteur essentiel de la prospérité publique [...]. S'il avait pu s'établir, entre les nations manufacturières, quelque chose comme une division du travail industriel, une répartition selon les aptitudes [...], l'Europe eût pu ne pas chercher en dehors de ses propres limites les débouchés de sa production. Mais tout le monde veut filer, forger, distiller, fabriquer du sucre et l'exporter. » Avec l'avènement de nouvelles puissance industrielles — les États-Unis, la Russie, l'Allemagne — la nécessité commande ainsi cette expansion outre-mer.

A cette raison Jules Ferry en ajoute deux autres, déjà identifiées : l'argument humanitaire qui oblige « les races supérieures » à accomplir leur devoir à l'égard des « races inférieures » non encore engagées sur la voie du progrès ; et l'argument nationaliste, énoncé sous une forme dynamique : « Que la France se retire de ces entreprises, et l'Espagne ou l'Allemagne nous y remplaceraient sur l'heure, la politique du " coin du feu " ne saurait être qu'un engagement dans la voie de la décadence... Rayonner sans agir, c'est abdiquer. »

Au vrai, la Grande-Bretagne avait eu à faire face à des problèmes un peu similaires, mais bien avant la France. Pour elle, les victoires de la guerre de Sept Ans avaient constitué un premier grand tournant qui avait modifié sa relation aux colonies. Jusque-là, l'Empire était petit, relativement homogène, très anglais, protestant, et *axé sur le commerce.* Subitement, après les traités de 1763, elle acquit le Québec, la Floride, Tobago, tous catholiques, et d'autres territoires encore, de sorte que la Grande-Bretagne devenait maîtresse d'un empire immense, disproportionné à la mesure de ses moyens, et surtout hétérogène (L. Colley).

Alors que jusque-là l'Empire coûtait peu, demeurait maîtrisable et n'influait guère sur la manière des Anglais de se gouverner, brusquement il devenait une charge, militaire essentiellement ; surtout sa conservation devenait incompatible avec les principes des libertés anglais – ce dont Burke s'inquiétait –, puisqu'il régnait sur des populations hostiles.

Est-il fortuit que Gibbon ait écrit son ouvrage sur la chute de l'Empire romain au lendemain même du traité de Paris ?

Or, le grand choc que connut l'Angleterre eut une autre origine : ce fut l'indépendance américaine, c'est-à-dire une guerre civile qui opposa, en Angleterre comme outre-Atlantique, des Anglais à des Anglais, puisque des deux côtés l'opinion était partagée. En guise de compensation, les Anglais constatèrent le loyalisme de l'Écosse dont les pionniers avaient d'ailleurs joué un rôle militaire important dans tout le reste de l'Empire, tels Warren Hastings, Gordon, etc. Ainsi, aux colonies *anglaises* allait succéder l'Empire *britannique,* animé d'un patriotisme revanchard, qui aboutit à une réaction contre le laxisme des époques précédentes : l'*India Act* de 1784, le *Canada Act* de 1791, l'Acte d'*Union* avec l'Irlande en 1800 constituent les manifestations de cette politique de redressement, de domination, un trait qui constitue *une* des caractéristiques de l'impérialisme.

L'autre trait, qui le dispute à celui-ci, mais entre en résonance avec lui, est cette nécessité, nouvelle pour la Grande-Bretagne, de reconvertir sa vision des relations économiques avec le reste du monde, maintenant qu'elle a perdu l'Amérique – et qu'elle est devenue une puissance industrielle. Plutôt que le monopole d'un commerce d'outre-mer, de type mercantiliste, qui lui a permis d'accumuler du numéraire, l'Angleterre a besoin de marchés et de matières premières. Il lui faut une autre Amérique – ce sera l'Australie –, une autre Inde –, et la Chine est visée –, une autre Afrique que celle qui fournissait les Antilles et l'Amérique du Nord en esclaves.

Est-ce un hasard si, à quelques années près, la Grande-Bretagne envoie à Pékin sa première grande ambassade (1797), celle de Mac Cartway, si l'*African Association* est créée ; si elle propose au Dr Mungo Park d'explorer le centre de l'Afrique jusqu'aux sources du Niger ; et si la *North West Company* se fonde au nord du Canada, tandis que James Cook s'établit à Botany Bay, en Australie ? Cette explosion avait suivi une longue période de conflits internationaux : elle annonçait une reprise coloniale, celle dite de l'impérialisme.

L'exemple de Mungo Park est simple, et clair. Il explique qu'il recevrait de ses commanditaires son salaire de 15 shillings par jour « seulement au cas où il réussirait à mieux faire connaître la géographie de l'Afrique, à ouvrir à leur ambition, à leur commerce, à leur industrie, de nouvelles sources de richesses ».

Les besoins de l'industrialisation, les nécessités du marché le disputent désormais à l'exigence de domination. Mais celle-ci, peu à peu, prend le dessus sur les autres.

Schumpeter ou Hobson ?

Aux débuts du XIXe siècle, la volonté de domination faisait prime en Grande-Bretagne, au point qu'en 1919 Joseph Schumpeter, établissant le bilan de l'impérialisme britannique durant ce siècle, estimait qu'il y a un impérialisme pour autant « qu'un État manifeste une disposition, *dépourvue d'objectifs* [c'est nous qui soulignons], à l'expansion par la force, au-delà de toute limite définissable », c'est-à-dire lorsque l'activité guerrière ou conquérante s'exprime « sans être vraiment le moyen d'aucune fin autre que celle qui est impliquée dans son exercice même » ; ce que Max Weber appelait bientôt la rationalité instrumentale. Pour le montrer, Schumpeter choisit l'exemple de Disraeli, bien défini comme un chantre et l'incarnation de l'expansion impérialiste depuis son discours de 1872 au Palais de Cristal, et qui pourtant avait parlé naguère de ces

« maudites colonies qui sont pour nous une meule autour du cou ». Et, pourtant, il entendait désormais créer la Fédération impériale, en faisant des colonies les unités autonomes d'un Empire formant une union douanière. Les terres non occupées des colonies devaient être réservées aux Anglais, un organe central à Londres assurant la coordination de ces opérations. Joe Chamberlain reprenait ce dispositif quelques années plus tard. Or il est remarquable que le terme « préservation » de l'Empire, utilisé en l'occurrence, impliquait de fait une extension territoriale. Le retournement venait de ce que ce slogan de l'impérialisme révélait son efficacité pour autant qu'il détournait les citoyens de leurs soucis quotidiens auxquels les anciens dirigeants conservateurs n'avaient pas su répondre ; et ils n'avaient plus de projet politique. Le slogan impérialiste eut certes du succès parce qu'il procurait des avantages à toute une série de groupes d'intérêts, notamment un tarif douanier protecteur pour tous ces industriels que menaçait la politique de dumping des exportateurs allemands. Mais il eut du succès aussi parce qu'il flattait l'amour-propre et l'orgueil de ceux qui n'ont rien. De sorte qu'on observe ce contraste : alors que l'opinion publique anglaise était devenue, au début du XIXe siècle, de plus en plus hostile à l'expansion coloniale, volontiers identifiée au trafic d'esclaves * et aux humiliations liées à la création des États-Unis, elle devint favorable à l'impérialisme pour autant qu'il flattait et défendait des intérêts anglais, tant aux confins de l'Inde contre les « pillards » et les brigands qu'en Afrique du Sud où, lors de la guerre des Boers, « il n'y avait pas un mendiant qui ne parlât de nos sujets rebelles ». On retrouve les mêmes comportements en France lorsque les « salopards » des confins marocains « attaquent nos colons » d'Algérie, au début du XXe siècle.

Aux confins du Caucase ou de l'Asie centrale, en Russie, pour une situation similaire, terme pour terme, on retrouve chez le prince chancelier Gortchakov, en 1864, les arguments des impérialistes anglais et français : « La situation de la Russie est celle de tous ces États civilisés qui entrent

* Cf. p. 252 *sq*.

en contact avec des nomades sans organisation étatique bien établie... Pour prévenir leurs raids et actes de pillage, on doit se les subordonner et les contrôler de façon étroite... Mais il y en a d'autres plus loin... alors on est obligé d'aller plus loin aussi... C'est ce qui est arrivé à la France en Afrique, aux États-Unis en Amérique, à l'Angleterre en Inde. On marche en avant autant par nécessité que par ambition » (cité in Vernadski, III, p. 610).

Il s'agit toujours de cette « préservation de l'Empire » définie par Disraeli.

Que la symbolique de la domination ait compté autant que les intérêts proprement matériels, plusieurs situations historiques en témoignent dans l'histoire de la Grande-Bretagne : depuis le maintien du protectorat sur les îles Ioniennes, de 1815 à 1863, alors qu'à Londres on jugeait inutile la possession de ces îles indéfendables — jusqu'à l'expédition militaire pour la défense des îles Malouines par Mrs. Thatcher —, alors que la perte de l'Inde entière, des Caraïbes et de l'Afrique noire, entre 1947 et 1962, n'avait pas causé tant d'émoi. On retrouve la même situation paradoxale en Russie où la perte de l'Empire, en 1990-1991, a laissé les citoyens indifférents — alors qu'ils se mobilisent pour la défense des îles Kouriles.

L'appui populaire donné à l'expansion est un des traits spécifiques de l'époque impérialiste — même s'il existe de forts courants hostiles ; un soutien qui passe au travers d'une presse à grand tirage, développée au XIXe siècle, elle-même produit de l'essor industriel, et dont le *Daily Mail* en Grande-Bretagne, le *Täglische Rundschau* en Allemagne, les *Novoe Vremja* en Russie, *Le Petit Parisien* et *Le Matin* en France constituent l'expression la plus connue. L'impérialisme est ainsi un phénomène public — ce que n'était pas toujours l'expansion des siècles précédents — même si certaines opérations se font sous le manteau, en fraude même de cette opinion, telles les expéditions de Jules Ferry en Indochine.

L'intérêt économique n'en est pas moins un des supports et des moteurs essentiels de l'impérialisme, bien repéré par John Hobson dans *Imperialism, a Study,* en 1902, puis par

Rudolf Hilferding dans *Das Finanz Kapital,* en 1910. Plus tard, ces idées furent popularisées par l'ouvrage de Lénine, *L'Impérialisme, stade suprême du capitalisme,* qui s'inspira de ces deux textes, et fut publié en 1916 ; sa traduction en allemand et en français date de 1920.

Il existait pourtant une différence entre les thèses de Hobson et celles de Lénine. Le premier voyait dans l'impérialisme britannique « la volonté des intérêts industriels et financiers fortement organisés de s'assurer et de développer, au détriment de la population et par la force publique, des marchés privés pour y déverser leurs surplus de marchandises et y investir leurs surplus de capitaux ». Autrement dit, Hobson considérait l'impérialisme comme un retour au mercantilisme, puisque la force qui le poussait était la nécessité d'amasser un capital national pour concurrencer des puissances rivales. Lénine, au contraire, se plaçait au stade final du développement capitaliste, monopolistique. Il polémiquait avec Kautsky qui jugeait qu'à ce stade les conflits interimpérialistes ne seraient plus rentables alors que selon Lénine ils devenaient inéluctables.

Le point important est sans doute que, pour Lénine, l'impérialisme avait plusieurs figures et était l'effet des diverses phases du développement historique. Certes, l'impérialisme avait préexisté au capitalisme (cf. l'Empire romain), mais il avait existé aussi bien avec son développement, par exemple lors de la constitution des empires austro-hongrois, russe, etc. De sorte que les luttes nationales ne constituaient qu'un fragment du combat universel contre l'impérialisme, celle des pays Baltes contre les Russes devenant désormais l'équivalent de celle des Irlandais ou des Indiens contre les Anglais. La guerre de 1914 mettait fin, selon lui, à la distinction entre expansion coloniale et impérialisme (1916).

Mais il était une autre divergence, plus décisive.

L'impérialisme de la fin du XIXe siècle et celui du XXe siècle étaient différents, à la fois de l'esprit de conquête ou de domination des époques antérieures et de l'expansion coloniale des siècles précédents également par ce trait : cet impérialisme-là est plus que les autres lié au capital financier, et la colonisation ou la conquête ne constituent pas les seules expressions de son existence. Bien sûr, la colonisation et la conquête territoriale peuvent être impérialistes ; mais, au XIXe siècle et jusqu'à la Grande Guerre, l'impérialisme a des moyens d'action qui peuvent s'accommoder de l'indépendance politique : tel est le cas de la pénétration du capital financier en Chine ou dans l'Empire ottoman, en Russie aussi bien.

Aux diverses époques de l'histoire, la colonisation a pris des formes qui ont pu différer, mais qui se sont aussi superposées les unes aux autres. Assurer la domination sur d'autres peuples a bien été le moteur de l'expansion, quel qu'ait pu être le motif affirmé de cet « impérialisme », religieux au temps des Arabes, religieux encore dans les expéditions chrétiennes contre les Infidèles, religieux toujours lorsque catholiques et protestants veulent assurer l'expansion de leur foi, au XVIe et au XVIIe siècle.

L'intérêt politique a pu être le compagnon de toutes ces formes de croisades. Pour la première fois, il manifeste son autonomie à l'époque de François Ier qui conclut des *Capitulations* avec le Turc pour combattre Charles V ; il se manifeste de plus en plus à partir de la guerre de Trente Ans où un cardinal, Richelieu, s'allie à un huguenot, le roi de Suède, contre le Saint Empire.

L'intérêt économique apparaît bien avant l'époque dite impérialiste, et il s'affirme surtout lorsque, avec les *Actes de navigation* (1651), l'expansion outre-mer est considérée comme un monopole de la *nation* anglaise *tout entière* — et pas seulement l'intérêt de ses marchands. On pourrait aussi bien considérer ces Actes comme une des racines de l'impérialisme, car celui-ci prétend agir au nom de toute la nation, de l'État-nation.

Avant l'âge de l'impérialisme, la doctrine mercantiliste, dont Bodin fut le premier théoricien — et qui fut bientôt appliquée par Colbert —, visait, pour sa part, à associer l'État aux entreprises d'outre-mer pour s'assurer le monopole des échanges et le maximum des rentrées en or et en argent.

En interdisant aux coloniaux de produire « même un

clou », les mercantilistes allaient donner un prétexte à leur révolte, aux États-Unis comme en Amérique espagnole – ce qui mit fin à ce type de rapports. Appliquées aux indigènes, les pratiques mercantilistes ruinèrent les peuples colonisés, comme le montre l'exemple du textile en Inde cité plus bas. Elles ne s'en perpétuèrent pas moins en partie, et même se développèrent par la force au temps de la révolution industrielle. C'est en ce sens que Lénine a pu écrire que l'impérialisme fut le stade suprême du capitalisme.

La colonisation britannique a bien intégré ces variables et ces variations.

Elle a garanti la fortune d'un groupe social qui a su associer la richesse de son sol et de son sous-sol à une pratique financière et commerciale qui lui a assuré une domination mondiale. Mais le capital industriel est demeuré longtemps déconnecté du capital bancaire.

L'industrie s'est ainsi développée *à côté* de l'Empire, plutôt que grâce à lui ou pour lui, sauf lorsque, après la crise de 1929, la « préférence impériale » est devenue une vraie politique globale (Cain et Hopkins).

C'est la haute finance qui a presque toujours été l'animatrice de la politique impérialiste : ainsi, en 1882, l'expédition d'Égypte a eu lieu, non pour acquérir des marchés ou annexer des territoires, mais bien pour éviter que les dirigeants égyptiens puissent impunément ne pas rembourser leur dette ; ce qui créerait un précédent. De même, pour la City, il fallait empêcher, en Afrique du Sud, les Boers d'aider les Allemands à mettre la main sur les réserves d'or à une date où l'étalon-or assurait la prééminence de la livre sterling.

Effets comparés

Dans leurs *effets,* la différence essentielle entre l'expansion coloniale des XVIe-XVIIIe siècles et l'impérialisme qui prend sa relève est bien que la révolution industrielle donne à celui-ci des moyens d'agir qui modifient du tout au tout le rapport entre métropoles et colonies.

D'une certaine façon, l'expansion coloniale première

manière se rapprocherait des colonisations de type antérieur (celles des Turcs, des Arabes, voire des Romains, etc.), en ce sens que l'écart économique, militaire et technique, était faible entre colonisateurs et colonisés, et faibles les échanges. L'écart entre le niveau de vie de l'Europe et de ses colonies, en Asie au moins, n'était au départ que de l'ordre de 1 à 1,5 environ, pour autant que ce calcul peut avoir un sens. Pour les colonisés, la détérioration est venue brutalement avec les effets de la révolution industrielle et l'impérialisme. Toujours selon les calculs de Paul Bairoch, l'écart de niveau de vie est passé de 1,9 par rapport à 1 vers 1860, à 3,4 vers 1914, à 5,2 vers 1950. Notons déjà qu'il n'a pas cessé de s'accroître depuis la fin du temps des colonies.

Surtout, cet écart en perpétuelle croissance s'est révélé être l'effet des changements structuraux que la colonisation impliquait et du changement des rapports de force aussi.

Par ailleurs, jusqu'au XVIIIe siècle, la consommation des produits extra-européens représentait seulement 2 % et 10 % de la consommation totale européenne.

Enfin, sauf en Amérique espagnole, la première colonisation a seulement égratigné les structures des sociétés conquises ou dominées, et ses assises étaient fragiles. En Inde, par exemple, il importait peu que les marchandises fussent vendues à des Portugais ou à des Arabes. L'avantage des Portugais était qu'ils livraient des armes nouvelles...

Or, avec les exigences de l'impérialisme économique, la deuxième colonisation suscite de profondes transformations structurales. Deux de ces changements sont essentiels, la désindustrialisation et la spécialisation agricole non vivrière.

L'exemple du textile en Inde est emblématique de ce premier changement. Au XVIIe siècle, les tissus légers de coton représentaient de 60 à 70 % des exportations indiennes. Avec l'industrialisation, l'Angleterre a produit des machines 350 fois plus actives qu'un travailleur indien. Grâce à sa position dominante, l'Angleterre a pu introduire librement ses cotonnades en Inde. Le résultat fut qu'en moins d'un siècle l'industrie des indiennes avait quasi disparu. Le processus de désindustrialisation se retrouve dans bien d'autres colonies ; avec la spécialisation à outrance dans des cultures non vivrières, il constitue le deuxième aspect du changement que l'impérialisme a imposé aux colonies, qu'elles fussent anciennes ou nouvelles.

En Afrique noire, révélateur du deuxième changement, la situation coloniale a suscité une opposition entre l'économie de subsistance, base traditionnelle des sociétés, et l'économie de marché. Imposée par l'administration, la culture du cacao, par exemple, s'est heurtée chez les Agni de Côte-d'Ivoire à une opposition caractérisée, Henri Raulin l'a observé : chaque nuit, ils allaient verser de l'eau bouillante sur les plants de cacao qu'on les avait obligés à planter. Ce n'est qu'ultérieurement qu'ils ont constaté que cette denrée leur rapportait quelque argent dont ils avaient l'utilisation. Ces mêmes Agni passaient pour inaptes au travail manuel, et même à tout travail : la vérité était qu'ils avaient une étiquette compliquée, et que le respect de cette étiquette leur interdisait, aux classes supérieures notamment, de travailler en public ; on les définissait comme « paresseux » alors qu'ils ont montré qu'ils pouvaient être extrêmement actifs. L'inadaptation au « progrès », tel que le colonisateur l'entendait, pouvait s'exprimer sous d'autres formes de « résistance » culturelle... Ainsi, chez les Masikoro, les Bara de Madagascar, comme chez les Peuls, l'échange du bœuf a une signification particulière : le bétail a une valeur sociale, et vendre du bétail devient le signe de la déchéance, car ce bien fait partie d'un jeu d'échanges spécifiques, hors économie monétaire ; tout comme se conserve hors de l'économie monétaire, chez les Bété, le montant de la future dot, qui est considérable. De même, la culture du coton a échoué chez les Peuls, les Bambara, et réussi chez les Minyanka et les Senufo, parce que les premiers avaient constitué des sociétés historiques que la colonisation déstructurait, alors que les seconds, moins conscients de leur identité, étaient plus disponibles et mieux disposés à changer de vie.

Les emprunts techniques à l'Occident furent l'enjeu d'un conflit entre l'aspiration au progrès et la résistance des traditions. Tel fut le cas, par exemple, pour la culture des ignames. Certains cultivateurs Senufo de la région de Korhogo ont adopté très tôt la charrue attelée avec des bœufs. Au lieu de se faire en buttes avec des houes, la culture des tubercules s'est faite désormais en billons, avec la charrue. L'économie de main-d'œuvre fut très appréciée, mais, comme les nouvelles ignames étaient moins trapues, plus allongées, la consommation s'en détourna, et la charrue fut abandonnée.

Entre colonisation et néo-colonialisme

La domination des colonisateurs et ses conséquences ont donné naissance à plusieurs situations types ; certaines de leurs caractéristiques ont pu partiellement survivre même à la décolonisation. Ainsi, on peut distinguer en premier lieu :

— la *colonisation de type ancien,* de type expansionniste, à un stade de libre concurrence du développement capitaliste. Le cas de l'Algérie, conquise en 1830, figure un de ses derniers exemples ;

— la *colonisation de type nouveau,* liée à la révolution industrielle et au capitalisme financier, qui concerne la plupart des conquêtes françaises d'après 1871, le Maroc notamment, même si elles sont liées à d'autres considérations ; tout comme l'est la politique d'expansion de la Grande-Bretagne et de l'Allemagne en Afrique orientale et en Afrique du Sud, etc. ;

— l'*impérialisme sans colonisation,* par exemple dans l'Empire ottoman — à titre provisoire comme en témoigne le cas de l'Égypte en 1881. Il se développe de façon plus pure — c'est-à-dire sans l'idée d'y installer des colons — en Amérique latine, où la City règne en Argentine comme au Pérou, avant de céder la place aux États-Unis. Cet impérialisme sans drapeau a survécu aux mouvements d'indépendance de la seconde moitié du XXe siècle.

Ainsi, les différentes formes de l'impérialisme et de la colonisation se chevauchent et s'interpénètrent.

Il en va de même avec les phénomènes dits de décolonisation et de l'indépendance des peuples, avec leur libération. La plupart se sont émancipés entre 1945 et 1965, mais, si la colonisation au sens étroit du terme a bien pris fin avec la défaite des Français au Vietnam ou en Algérie, des Anglais ou des Hollandais en Inde et en Indonésie, la domination occidentale a survécu, sous une forme ou sous une autre, appelée ici néo-colonialisme, ailleurs impérialisme sans colons.

Au vrai, ce phénomène existait avant que les Européens ne perdent leurs possessions d'outre-mer — il était le fait des États-Unis qui avaient su créer des colonies sans drapeaux, en Amérique latine notamment, quitte à envoyer des *marines* ici ou là en cas de « nécessité », comme à Haïti en 1915. C'est un peu la politique que la France a suivie, à l'occasion, en Afrique noire, après 1965.

Or, la « décolonisation » s'est souvent limitée à un changement de souveraineté. Substitution d'un pouvoir politique à un autre, certes, mais toutes sortes de liens économiques ont survécu, perpétuant l'ancienne dépendance sous une autre forme et au bénéfice conjoint de ces métropoles et de nouvelles « bourgeoisies » locales. Par ailleurs, les flux humains nés de cette rupture se sont accrus, et les relations anciennes se sont ainsi perpétuées, quoique transformées : coopérants français en Algérie et travailleurs immigrés algériens, dans l'Hexagone. On observe le même jeu de courants entre l'Angleterre d'une part, et d'autre part les Caraïbes ou l'Inde, l'Allemagne et la Turquie, etc.

Simultanément, depuis les années soixante, les progrès de la mondialisation de l'économie ont abouti à une imbrication et à une intégration des économies telles qu'aujourd'hui une partie des pays ex-colonisés se trouvent dans une position de dépendance ou de pauvreté pire que celle qu'ils ont connue jadis (cf. le chap. XI).

De leur côté, les anciennes puissances colonisatrices elles-mêmes découvrent à leur tour aujourd'hui que le dogme du libéralisme sur lequel elles s'appuyaient jadis pour légitimer leur domination pouvait se retourner contre elles, à l'avantage de nouvelles puissances, financières ou industrielles, tels le Japon ou… d'anciennes colonies comme Taiwan, Singapour ou la Corée.

On ne saurait pourtant limiter l'analyse des processus liés à la colonisation à ces effets qui sont l'héritage de la domination économique ou technique.

Les effets de retour ont pu prendre d'autres formes liées au rôle croissant du pétrole dans l'économie mondiale, aux contacts entre civilisations, au racisme qui s'est ainsi développé...

Civilisation et racisme

« Je crois en cette race... », disait Joseph Chamberlain en 1895. Il chantait un hymne impérialiste à la gloire des Anglais et célébrait un peuple dont les efforts dépassaient ceux de ses rivaux français, espagnols, etc. Aux autres populations, « subalternes », l'Anglais apportait la supériorité de son savoir-faire, de sa science aussi ; le « fardeau de l'homme blanc » consistait à civiliser le monde, et les Anglais montraient le chemin.

Cette conviction et cette tâche signifiaient qu'au fond les autres étaient considérés comme les représentants d'une culture inférieure, et il revenait aux Anglais, « avant-garde » de la race blanche, de les éduquer, de les former – tout en restant à distance. Si les Français aussi tenaient les indigènes pour des enfants et les considéraient, certes, comme des inférieurs, leurs convictions républicaines les conduisaient, en revanche, à tenir des propos différents, au moins publiquement, même s'ils n'étaient pas nécessairement en conformité avec leurs actes.

Ce qui rapprochait toutefois les Français, les Anglais et autres colonisateurs, et leur donnait conscience d'appartenir à l'Europe était cette conviction qu'ils incarnaient la science et la technique, et que ce savoir permettait aux sociétés qu'ils se soumettaient d'accomplir des progrès.

De se civiliser.

Or, l'histoire et le droit occidental avaient codifié ce qu'était la civilisation – son lien avec le christianisme aussi. Successivement, Henry Wheaton, Lass F. Oppenheim et De Malten, respectivement américain, anglais et russe, avaient défini les fondements du droit, à l'occasion de la signature de traités « inégaux » avec la Chine, le Siam, l'Abyssinie, l'Empire ottoman.

Ainsi, un concept culturel, la civilisation, et un système de valeurs avaient une fonction économique et politique précise. Non seulement ces pays devaient garantir aux Européens les droits qui définissent la civilisation – et qui, en fait, assuraient leur prééminence —, mais leur sauvegarde devenait la raison d'être, morale il s'entend, des conquérants.

Or, ceux qui ne s'y conformaient pas devenaient des criminels, des délinquants, donc punissables. Ainsi, en Inde par exemple, les Anglais dénomment « tribus criminelles » des groupes sociaux entiers — qui n'étaient d'ailleurs pas nécessairement des tribus —, ce qui légitimait une intervention qui avait pour fin de substituer la législation coloniale aux us traditionnels et à la jurisprudence en usage : de sorte qu'on définissait comme « criminels » des hommes et des femmes qui n'avaient aucunement rompu avec leur groupe social d'appartenance. Le *Criminal Tribes Act*, de 1871, puis le *Criminal Castes and Tribes Act* de 1911 marquent le tournant décisif de cette mainmise qui aboutit à la condamnation aussi bien du *sati* (le suicide des veuves) qu'à l'élimination des Thugs et autres « bandits de grand chemin ». Le terme choisi qui confond caste et tribu permet d'exclure des groupes humains entiers, tels les Kuravar de la région de Madras, définis comme « voleurs héréditaires » (Marie Fourcade).

Cette manière de réprimer ne recèle-t-elle pas un certain relent de racisme ?

Or, en ce XIXe siècle, les idées de Darwin exercent une véritable fascination : l'œuvre de Marx en témoigne, et la lutte des classes constitue la version humaine de la lutte des espèces analysée par Darwin. Quant à la colonisation, elle apparaît comme le *troisième versant* de cette conviction scientiste : si ce n'est que, dans sa bonté, l'homme blanc ne détruit pas les espèces inférieures, il les éduque – à moins qu'elles ne soient pas « humaines » – tels les Boshimans ou les aborigènes d'Australie à qui il ne fut même pas donné un nom, et, dans ce cas, il les extermine.

La force de la conviction impérialiste tenait à ce que ce mouvement associait à la fois les chantres de la raison et du progrès qui, en histoire, croyaient à l'inéluctabilité d'un développement des sociétés, à son intelligibilité aussi, et, d'autre part, des hommes qui plaçaient l'instinct au-dessus de la raison et considéraient le besoin d'action comme une donnée essentielle de vie. Le premier courant, animé en Angleterre par le néo-idéalisme d'Oxford, concevait l'univers comme un organisme qu'animent sa force morale et sa volonté. L'Empire, celui des Britanniques, évidemment, se trouve ainsi au stade le plus élevé de l'organisation sociale ; Spencer Wilkinson en fut un des principaux chantres, dont les propos marquèrent des hommes tels que les Anglais Alfred Milner, Toynbee, Haldane, et, en Allemagne, les disciples de l'historien Ranke.

« L'Empire doit d'abord tenir sa vraie place dans le cœur de ses propres sujets... Elle ne vient pas de l'affirmation que la force prime le droit, ce qui est le credo du despotisme ; ni que le droit passe la force, erreur fréquente chez les enthousiastes superficiels ; mais de la conviction que l'Univers est la manifestation d'un ordre intelligible, inséparable de l'ordre révélé par le mécanisme de la pensée » (Spencer Wilkinson, *The Nation's Awakening,* 1896).

Naturellement, les historiens anglais voyaient dans l'Empire britannique un accomplissement historique. Curieusement, ils opposaient aux marxistes, et notamment à l'Allemand Franz Mehring, un modèle de développement historique parallèle et différent. Alors que les marxistes en définissaient les phases de l'esclavage, de la féodalité, du capitalisme comme annonciatrices du socialisme, les impérialistes anglais, et notamment J.R. Seeley mais surtout J.A. Cramb, dans *The Origin and Destiny of Imperial Britain,* isolaient d'autres étapes du développement historique : l'État-cité, l'État féodal, l'État de classes, l'État national démocratique. L'État britannique était ainsi le couronnement d'une histoire conforme aux idéaux de liberté et de tolérance nés pendant la Réforme.

A ce courant s'ajoutait une vision de l'homme tendant à glorifier les exploits, l'action, telle la *Lebensphilosophie* dont Wilhelm Dilthey, Oswald Spengler et Max Scheler furent les chantres, impérialistes tous les trois et, tout comme Nietzsche, favorables à cette idée d'un certain darwinisme social tourné vers l'extérieur ; autour de ce courant biologiste, on retrouvait des scientistes, sociologues, eugénistes qui reprenaient certaines idées de Gobineau, glorifiaient les surhommes de demain, tel Gidding, et assuraient la jonction entre le néo-idéalisme, surtout anglais, et ce biologisme, surtout allemand ; Houston Stewart Chamberlain, ce Britannique devenu sujet de Guillaume II, jouant les *go-between.*

Cette filiation permet de mieux saisir le rapport entre l'impérialisme et le racisme nazi.

A l'époque de l'impérialisme, les conquérants ont réussi à faire triompher cette idée que l'expansion était le but final de la politique. Si ce n'est qu'à partir du moment où les peuples soumis n'ont plus eu à connaître la même loi que les vainqueurs, cette oppression des autres, à l'extérieur, a risqué de devenir une prédisposition à la tyrannie à l'intérieur. Comme Burke l'avait senti le premier, le cas de l'Irlande étant exemplaire.

L'Empire britannique n'a été l'équivalent de l'Empire romain que dans ses dominions où un Anglais demeurait un citoyen comme s'il était dans le Lancashire. Ailleurs, il figurait une sorte de dominateur qui ne pouvait survivre et prospérer qu'en détruisant les us et les institutions des peuples conquis. L'Empire français s'est, certes, déclaré différent ; dans les discours, il voulait être tel que la loi serait la même pour tous ; mais, que le territoire s'appelle département, protectorat ou colonie, ce projet s'est heurté aux coloniaux ou à des intérêts divers, les Français de l'outre-mer jugeant inadmissible d'avoir à justifier leur prééminence sur les indigènes aux yeux de la métropole.

La dichotomie entre l'impérialisme et la nation est apparue lorsque le centre de la vie politique n'a plus été le sort des Bretons, des mineurs, des Gallois ou des victimes de la guerre, mais celui de Fachoda ou du Bechuanaland. L'expansion coloniale est devenue la solution à tous les problèmes intérieurs : pauvreté, lutte des classes, surpopulation. On faisait valoir qu'elle représentait l'intérêt *com-*

mun, qu'elle était *au-dessus* des partis. Au reste, à la colonie, l'administrateur ou le colon se veut français, ou anglais avant tout, ni de gauche ni de droite ; c'est bien la race qui le définit, pas son activité ou sa fonction sociale. C'est elle qui définit l'élite, justifie l'oppression.

Sans doute, les théories de la race ont pu exister avant la colonisation, avant l'impérialisme, mais elles avaient peu d'écho. L'impérialisme leur a donné chair et vie, il les a répandues.

Elles se sont appliquées jusqu'en Europe continentale où l'idéologie raciste a sécrété un totalitarisme particulier, légitimant le pouvoir total d'une « élite », d'une race supérieure, sur d'autres Européens, mais avec des arguments similaires.

CHAPITRE II
Les initiatives

D'ABORD LES PORTUGAIS

« *E se mais mundo houvera, là chegara* » — et si la terre avait été plus grande on en aurait aussi fait le tour.

Illustrant leurs découvertes, cette fière apostrophe portugaise dit bien ce que furent les voyages de ces grands explorateurs dont, aujourd'hui encore, la tradition se glorifie. De Vasco de Gama à Serpa Pinto, sur mer et sur terre, ils ont atteint les extrémités et le cœur de la planète, « y apportant la civilisation ».

Dans sa *Chronique de Guinée,* écrite au milieu du XVᵉ siècle, Gomes Eanes de Zurara énonçait déjà les « cinq et une raisons » de ces expéditions. L'infant Henri, qui les organisa, « est poussé par le service de Dieu »... Il considère qu'en ces pays il se trouve des chrétiens ; on pourra en ramener des marchandises ; que, s'il n'y en a pas, on saura jusqu'où va le pouvoir des Infidèles... que peut-être quelque seigneur étranger voudra l'aider dans sa guerre contre les ennemis de la foi, que grand est son désir d'étendre la Sainte Foi de N.S. J.-C.

C'est d'ailleurs au roi Jean du Portugal que Christophe Colomb demanda, vers 1484, de lui fournir le nécessaire pour atteindre Cipangu (le Japon) par l'ouest, car c'est bien du Portugal que partaient tous les voyages. Le monarque consulta ses cosmographes qui le détournèrent de ce projet fou. Comme l'a écrit Fernand Braudel, « les Portugais ont toujours préféré les certitudes scientifiques à la chimère... Ils y ont perdu l'Amérique. Quand ils ont découvert le Brésil, c'était trop tard ».

En fait, ils s'étaient bien élancés les premiers vers le sud, mais munis de toutes les garanties et notamment de ces cartes nautiques avec roses des vents : celle de Pedro Reinel, datée de 1485, décrit avec une grande précision les côtes de l'Europe et de l'Afrique atlantique jusqu'au point extrême atteint par Diego Cao (Cam) au-delà du golfe de Guinée. Après s'être développée grâce aux Italiens, la cartographie devint la science portugaise par excellence, ainsi dénommée par le vicomte de Santarem. Elle produit ses premiers atlas à 8 cartes au XVIe siècle. Autre sécurité : les différentes caravelles qui prennent la relève de ces *barcas* avec lesquelles Gil Eanes avait doublé le cap Bojador en 1434. Disposant d'une superficie de voiles double de celle utilisée jusque-là, les caravelles pouvaient naviguer à la bouline, c'est-à-dire modifier constamment leur voilure pour progresser en zigzag, contre le vent si nécessaire. Avec l'apparition des galions, plus vastes et adaptés à la guerre sur mer, le Portugal devint le centre européen des constructions navales.

Pour les Noirs de la côte occidentale d'Afrique, l'arrivée des navigateurs blancs, portugais et italiens surtout, était une découverte, comme leurs bombardes ou leurs chandelles. Pour les Portugais, le fait de voir les Noirs manger à même le sol, habiter des maisons de paille, etc., fit naître aussitôt un sentiment de supériorité. Ils observèrent que, moins ils avaient de contact avec les musulmans, plus la couleur de leur peau était foncée. Beaucoup se disaient vassaux de l'empereur du Mali.

Un des premiers rois africains rencontrés, Battimansa, en Gambie, se déclara vassal de l'empereur du Mali mais cela n'impressionna pas les Portugais ; étant donné la pauvreté des Africains qu'ils rencontrèrent, ils ne virent pas l'intérêt de pénétrer ou d'occuper l'arrière-pays. Ils étaient déjà maîtres de Madère et des Açores — l'île des autours —, avaient dépassé la mer ténébreuse et le cap de Bojador d'où, jusque-là, on ne revenait plus, car les alizés du nord-est poussaient vers l'Atlantique ; grâce à la caravelle, ils purent atteindre, en 1444, le cap Vert, puis les fleuves de Guinée et, en 1460, la Serra Leoa. Quand Jean II monta sur le trône, le traité d'Alcaçovas venait d'être signé deux ans plus tôt, en 1479, réglant la succession de

Castille et délimitant les zones d'influence au sud de la Péninsule ibérique : le golfe de Guinée était réservé au Portugal. En 1483, Diego Cam atteignit le Zaïre et envoya des émissaires au roi de Kongo. Barthélemy Diaz doublait le cap des Tempêtes, désormais appelé cap de Bonne-Espérance, en 1487-1488, et atteignit la région de l'actuel Port Elizabeth, la baia dos Vaqueiros, ou baie des Bouviers, ainsi appelée parce que les Noirs y élevaient des bovins. Puis les Portugais s'élancèrent vers l'Inde.

Avec l'arrivée de Christophe Colomb dans une des îles Lucayes — les Bahamas — et juste avant que Vasco de Gama n'atteignît l'Inde, le pape Alexandre VI intervint pour mettre fin à la concurrence effrénée qui venait de s'affirmer entre les Portugais et les Espagnols. Les âpres discussions qui eurent lieu lors du traité de Tordesillas (1494) pour fixer la limite des possessions portugaises, non pas à cent lieues à l'ouest des Açores, mais à 370 lieues à l'ouest du cap Vert — ce qui leur faisait comprendre une partie du Brésil —, posent un problème : est-ce par principe que les Portugais obtinrent ce déplacement vers l'ouest, ou bien parce qu'ils pressentaient qu'une terre existait dans ces zones-là — le Brésil, « découvert » six ans plus tard, en 1500 ? Différents indices l'avaient fait supposer dès qu'eurent été atteints Principe et Sao Tomé, dans le golfe de Guinée, découverts en 1471 et colonisés dès 1493... par des Juifs et des criminels. Sao Tomé était vide d'habitants. *Ce fut la première colonie,* liée à l'aventure des grandes découvertes.

Lorsque Vasco de Gama atteignit les eaux indiennes, en 1498, quelques souverains locaux, tels les Zamorins de Calicut et les sultans de Goudjrat, exerçaient leur autorité mais sans contrôler l'océan qui demeurait aux mains des Arabes. Arrivé à Calicut, Vasco de Gama réclama pour son roi la souveraineté des mers indiennes, ce que évidemment les Zamorins refusèrent, mais leurs rivaux, à Cochin, s'allièrent aux nouveaux venus dont la flotte était impressionnante. Le sultan d'Égypte répondit à l'appel des Zamorins, mais, après une victoire navale, son amiral s'en retourna. Revenus en force, les Portugais d'Albuquerque occupèrent alors Goa, puis l'île de Socotora, Ormuz et Malacca, s'assurant ainsi le contrôle de toute la partie occidentale de l'océan Indien. Goa fut le pivot de ce dispositif, hautement fortifié et constamment consolidé, et Albuquerque en fut l'âme.

Ce que voulaient les Portugais, ce n'étaient pas des terres, mais bien l'empire du commerce maritime. Éblouis par les richesses de l'Inde, ils entendaient en accaparer le trafic et, déniant aux autres le droit de naviguer dans cette partie de l'océan, ils confisquèrent désormais la cargaison de quiconque n'avait pas eu leur permission : tout navire qui naviguait sans cette autorisation, les *cartas,* fut traité en pirate et capturé. Ils inondèrent ainsi l'Europe, *via* Lisbonne, de ce calicot de Calicut, de poivres et autres épices.

Le poète Luis de Camoens a laissé, le premier, un témoignage sur l'opulence subite de ces marins rustiques et peu préparés à ce changement de vie. Bien des siècles plus tard, après le départ définitif des Portugais, un auteur indien a voulu rapporter les combats de Rani Abbakka, reine des Ullal, qui les aurait repoussés dès 1623, une date mythique. Dans ce récit, les Portugais sont décrits comme des êtres corpulents et grossiers, méprisant la femme, incapables de comprendre l'art et la culture, sensibles seulement au langage de la force. Cette représentation est différente, on l'imagine, de celle que les navigateurs avaient d'eux-mêmes, la corpulence mise à part. Or, ce qui frappe, c'est que les Indiens, en énumérant ces défauts, omettent le seul que les Portugais eux-mêmes s'attribuent : la cupidité. La raison en est simple : évoquer leurs rapines serait reconnaître qu'au lieu de les avoir chassés les Indiens ont dû subir leur loi, même provisoirement, et se laisser dépouiller. Ce serait marquer aussi la déchéance d'aujourd'hui, où l'opulence n'est plus qu'un souvenir.

C'est l'Islam, encore lui, que les Portugais découvrirent en arrivant aux Indes... La fin tragique de l'infante Santa, morte dans un cachot de Fès, en 1443, le siège de Grenade auquel avaient participé les Portugais, étaient encore dans les mémoires lorsque Vasco de Gama arriva à Calicut... Au vrai, a montré Geneviève Bouchon, ce qui n'était pas musulman, sur la côte du Kerala, ne comptait guère : les interdits relatifs à la mer frappaient en effet la population hindoue, ce qu'avait déjà noté Marco Polo. Lors de pourparlers engagés à Calicut, en 1500, Pedralvarès Cabral avait retenu sur ses vaisseaux des notables en otages, en échange de Portugais restés à terre. « Gentilshommes, ils ne pouvaient ni manger ni boire sur ces navires. » Il leur fut substitué des musulmans. A Cochin aussi, les chroniqueurs portugais reviennent sur ces otages hindous qui se relayaient à bord de leurs vaisseaux pour aller se purifier et se nourrir à terre. Tout ce qui était maritime, et négoce encore plus, était objet de suspicion de la part des brahmanes.

C'est ainsi que le commerce était passé peu à peu entre les mains d'une communauté nouvelle, les Mappilla, originaires des quartiers les plus miséreux des ports du Malabar et qui s'étaient islamisés pour échapper au système des castes, leur propre rang étant au plus bas en raison de leur contact avec les étrangers et avec la mer, ou bien qui étaient les fruits de ces mariages temporaires (*muta*) que l'Islam tolérait — et tolère encore. « Lorsqu'une Nayar s'aventure dans certains quartiers, elle devient musulmane » — ce dicton dit bien qu'exclues de leur caste ces femmes devaient se convertir.

La conversion d'un intouchable ou d'un homme de basse caste le hissait dans l'échelle sociale. Cette pratique eut pour résultat d'accroître la force de la communauté étrangère — ces marchands arabes de passage, qui, enracinés, finissaient par occuper dans la société une place honorable, pour autant qu'en échange ils épargnent aux castes supérieures, les hindous, les souillures des voyages maritimes tout en leur apportant une part de profit.

Pourtant, notait le géographe arabe Ibn Battuta, un siècle avant l'arrivée des Portugais, la majorité hindoue n'exprimait qu'un mépris condescendant pour la richesse temporelle des musulmans.

Actifs, eux aussi, le long des côtes de l'Inde, les Chinois confirment que, lorsque des Arabes étrangers venaient en Inde, on leur donnait des sièges en dehors des portes et on les logeait dans des maisons séparées — pour éviter la souillure. Les aliments leur étaient servis sur des feuilles de bananier, les chiens et les oiseaux mangeant le reste... Selon Ibn Battuta, « les Infidèles [c'est-à-dire, pour lui, les hindous] se détournaient du chemin dès qu'ils nous voyaient »...

Pourtant, la situation changea lorsque les invasions musulmanes venues de Delhi amenèrent à la fois une réaction brahmane et l'islamisation de quelques princes indiens, depuis le Gujarat jusqu'à Malacca, c'est-à-dire au long de la route des épices. Peu à peu, le bloc brahmanique de l'Inde dravidienne était ainsi investi par l'Islam ; mais alors qu'au nord il se heurtait à une puissance territoriale ancrée à Delhi, il était entouré par ailleurs de communautés islamiques de marchands et de marins de plus en plus solidaires de leurs coreligionnaires. Parmi celles-ci, peu à peu les Gujarakis avaient pris le dessus sur les Mãppilla du Kerala, mais ceux-ci, devenant soldats ou marins de la flotte de guerre, ils s'intégraient de plus en plus à la société indienne ; lorsque éclataient des conflits entre Cochin et Calicut, ils jouaient quelquefois les intermédiaires. Ils jouèrent également ce rôle, pendant un temps, avec les Portugais, et ce fut à eux qu'eut affaire Vasco de Gama.

Les Portugais voulaient en découdre avec les Mouros de Meca — les Arabes — qu'ils voulaient éliminer de l'océan Indien, quitte à traiter avec certains des Mouros de Terra — les musulmans en Inde —, ceux du Kerala notamment.

Mais qu'Albuquerque voulût contrôler toutes les routes, y exercer un monopole en faisant de Goa le centre nerveux de son empire, et incontinent les musulmans de Malabar lui devinrent hostiles...

Albuquerque et Mamale de Cananor

« Les Princes sont comme les crabes et mangent leurs parents », ce dicton indien explique en partie les succès des Portugais qui surent tirer parti de leurs querelles, Albuquerque notamment. Les victoires de Duarte Pacheco lui ouvrirent la voie, elles aboutirent à la restauration du royaume de Cochin, qui n'en demeura pas moins sous la menace d'une offensive du Samorin de Calicut, soutenu par le sultan d'Égypte et par Venise — une alliance « honteuse » — qui voyait d'un mauvais œil se développer les entreprises du Portugal.

Pour mieux contrôler le trafic, explique Geneviève Bouchon, don Francisco d'Almeida avait renforcé la forteresse de Sant'Angelo d'où il était aisé de saisir les cargaisons — le mécontentement des marchands indiens étant à son comble ; à Cochin, ils assassinèrent et brûlèrent le Feitor de Kollam et 12 de ses compagnons réfugiés dans une église. Les représailles furent immédiates, et le fils du vice-roi détruisit toute la flottille des marchands, ces 27 navires flambant avec leur riche cargaison d'épices, pierres précieuses, chevaux et éléphants. Les équipages portugais soupèrent à la clarté des flammes. Les musulmans de Cananor appelèrent à la vengeance, le siège de cette forteresse accélérant le cycle infernal des attentats et de la guerre. La flotte de Calicut répondit à l'appel, mais la précision des artilleurs portugais consacra la supériorité de la flotte du roi Manuel (1505). Sur terre, ils eurent plus de mal à l'emporter lors de ce siège, car les musulmans se protégeaient de l'artillerie par d'immenses balles de coton sur lesquelles les obus s'amortissaient — jusqu'au jour où les Portugais eurent l'idée de mettre le feu à ces balles...

Il restait aux Portugais à l'emporter, en haute mer, sur la flotte mamelouke, ancrée à Diu, ce qui fut fait en 1508, assurant pour longtemps l'hégémonie aux flottes d'Albuquerque, ouvrant ainsi l'Inde, Diu occupée, au roi Manuel.

Mais les royaumes indiens et les communautés musulmanes, animés par Mamale de Cananor, trouvèrent la parade aux ambitions d'Albuquerque. Celui-ci avait tôt compris qu'il existait des fuites dans le contrôle des convois d'épices en provenance de Ceylan et de l'Extrême-Orient. Il voulut donc en contrôler le parcours, remontant vers leur amont. Il s'assura ainsi du détroit de Malacca, conquérant cette position et y installant ses garnisons. Or, les marchands indiens utilisaient le parcours des Maldives pour tourner les contrôles et garder leur monopole. Là se trouvait l'enjeu d'un conflit avec Mamale de Cananor, qui y possédait des droits et des intérêts. Celui-ci disposait d'autres cartes pour combattre Albuquerque : bon nombre de Portugais mettaient en cause sa politique belliqueuse et conquérante, ils regrettaient les temps d'Almeida où le commerce, et le commerce seul, animait les rapports entre les chrétiens et l'Inde, la guerre n'intervenant qu'à l'occasion... alors qu'avec Albuquerque l'occupation de territoires — Cananor, Diu, Malacca — devenait le principe de sa politique, les prémisses à la création d'une sorte d'empire territorial. Par contrecoup, cela faisait entrer les Portugais dans le jeu des rivalités entre princes indiens, ce dont le musulman Mamale se réjouissait parce que cela affaiblissait à la fois ses rivaux et le Portugais ; toutefois, à ce jeu, Albuquerque fut le meilleur... Pourtant, Mamale n'avait pas tout perdu, car, grâce au relais des Maldives, il garda le monopole du commerce des épices avec le monde arabe...

Les comptoirs en Inde une fois bien ancrés, Albuquerque eut l'idée, après avoir écrasé la flotte mamelouke, de ruiner l'Égypte en utilisant une armée de casseurs de pierres ; il percerait la montagne et assécherait les sources du Nil, guidé par les conseils des Éthiopiens. Simultanément, depuis Aden, il irait se saisir du corps du Prophète à La Mecque, puis l'échangerait contre les lieux saints.

La Croisade, toujours la Croisade.

L'ORGUEIL DES ESPAGNOLS

« Comme je l'ai déjà dit, nos Espagnols ont découvert, parcouru, converti énormément de terres en soixante ans de conquête. Jamais aucun roi et aucune nation n'ont parcouru et subjugué autant de choses en si peu de temps, ainsi que nous l'avons fait, ni n'ont fait ni mérité ce que nos gens ont fait et mérité par les armes, la navigation, la prédication du Saint Évangile et la conversion des idolâtres. C'est pour cette raison que les Espagnols sont tout à fait dignes de louange. Dieu soit béni qui leur donna cette grâce et ce pouvoir. C'est la grande gloire et l'honneur de nos rois et des Espagnols d'avoir fait accepter aux Indiens un seul Dieu, une seule foi et un seul baptême et de leur avoir enlevé l'idolâtrie, les sacrifices humains, le cannibalisme, la sodomie et encore d'autres grands et méchants péchés, que notre Bon Dieu déteste et qu'il punit. De même on leur a enlevé la polygamie, vieille coutume et plaisir de tous ces hommes sensuels ; on leur a montré l'alphabet sans lequel les hommes sont comme des animaux et l'emploi du fer tellement nécessaire à l'homme. On leur a également montré plusieurs bonnes habitudes, arts, mœurs policées pour pouvoir mieux vivre. Tout cela — et même chacune de ces choses — vaut plus que les plumes, les perles, l'or qu'on leur a pris, d'autant plus qu'ils ne se servaient pas de ces métaux comme monnaie — qui en est l'usage propre et la véritable façon d'en profiter —, même s'il aurait été préférable de ne leur avoir rien pris, et de se contenter de ce qu'on retirait des mines, des rivières et des sépultures. L'or et l'argent — qui sont plus de soixante millions [de pesos] — et les perles et les émeraudes qu'ils ont tirés de la mer et de la terre sont beaucoup plus que le peu d'or et d'argent que les Indiens avaient. Ce qu'il y a de mal dans tout cela, c'est de les avoir fait trop travailler dans les mines, dans les pêcheries de perles et dans les transports » (Lopez de Gomara, *Historia general de las Indias,* cité in Romano, p. 112-113).

La rencontre avec les Indiens

Cet historique, glorieux mais critique, est sans doute un des premiers textes théoriques qui justifient la conquête et légitiment sa violence.

L'itinéraire des rencontres entre les Espagnols et les Indiens rend mieux compte de la réalité des premiers contacts, au moins telle qu'elle a été vécue. Christophe Colomb, qui les précède, est nécessairement le premier témoin.

« Ce roi et tous les siens allaient nus comme leur mère les avait enfantés, et leurs femmes de même sans nul embarras. Ils sont tous comme les Canariens, ni nègres ni blancs... » Ce trait est le premier qui frappe Colomb, mais aussi le fait qu'ils n'ont pas le sens de la propriété ni de la valeur des choses : « Tout ce qu'ils ont, ils le donnent pour n'importe quelle bagatelle qu'on leur offre, au point qu'ils prennent en échange jusqu'à des morceaux d'écuelle ou de verre cassé… Pour n'importe quoi qu'on leur donne, sans jamais dire que c'est trop peu, ils donnent aussitôt tout ce qu'ils possèdent […] » « Ils sont sans convoitise pour les biens d'autrui… Ils donnent aussi bien de l'or qu'une calebasse… »

Mais, qu'il leur advienne de dérober et Colomb leur fait couper le nez et les oreilles… Ces bons sauvages sont tous devenus des voleurs…

« Ils croyaient tous que les chrétiens venaient du ciel et que le royaume de Castille s'y trouvait », juge Christophe Colomb, mais ce sont ses propres croyances qu'il leur attribue aussi bien. « Ils viennent du ciel et sont à la recherche de l'or », aurait dit un Indien à son roi. Mais qu'en a compris Colomb qui ne saisit pas leur langage ? Il le croit parce qu'il le fait : il apporte sa religion et emporte en échange de l'or…

Puisqu'il leur apporte la religion, c'est qu'il les considère comme des hommes, égaux et identiques à lui et qu'il va convertir. Mais qu'ils ne se laissent plus dépouiller et déjà il estime qu'il convient de se les soumettre, par le glaive, s'il le faut : « Ils sont propres à être commandés. » Ceux qui ne sont pas déjà chrétiens ne peuvent être ainsi qu'esclaves. Il en va de même des femmes : Michel de Cuneo, compagnon de Colomb, raconte : « Pendant que j'étais dans la barque, je capturai une très belle femme caraïbe, et l'ayant amenée dans ma cabine et elle étant nue selon leur coutume, je conçus le désir de prendre plaisir. Je voulus mettre mon désir à exécution, mais elle ne voulut pas et me traita avec ses ongles de telle façon que j'eusse préféré n'avoir jamais commencé. Mais, ce voyant, je pris une corde et la rossai bien, à la suite de quoi elle éleva des hurlements inouïs, tu n'eus pu croire tes oreilles. Finalement nous vînmes à un accord tel que je puis te dire qu'elle semblait avoir été élevée dans une école de putains. »

L'intérêt du livre de Tzvetan Todorov, *La Conquête de l'Amérique*, c'est qu'il montre à travers les textes des premiers découvreurs et conquistadores que les traits essentiels de l'histoire de la colonisation sont déjà là, comme embryonnaires, et qu'ils ne feront que se développer. On y trouve la conversion, l'échange inégal, la violence sexuelle, une vision de l'autre qui en fait alternativement un autre nous-même qu'on veut assimiler — on le christianise — ou un esclave.

Il s'y ajoute une constante tactique qu'on retrouve dans la plupart des conquêtes du XVIe au XIXe siècle : celles des Espagnols en Amérique du Sud ou des Russes en Asie centrale comme au Caucase, des Français au Maghreb comme des Anglais en Inde : lorsqu'une force de résistance organisée se présente, le conquérant négocie avec elle pour mieux la briser ensuite, souvent en gagnant à sa cause une partie de ses rivaux, ces notables qui assurent ensuite sa domination sur le reste de la population.

Les conquistadores : Cortez, Pizarre, Valdivia

L'établissement des Espagnols avait commencé par l'occupation de l'île de Saint-Domingue, Hispaniola. En 1509, le fils de Christophe Colomb commença la conquête de Cuba. Elle est achevée en 1514 par Diego Velazquez. C'est de cette île que des expéditions sont lancées vers la *tierra firme* qui passe pour recéler des richesses fantastiques.

En 1519, avec 11 vaisseaux, 100 marins et 600 soldats, 10 canons et 16 chevaux, Hernan Cortez débarque à l'île de Cozumel, le 18 février. Impressionnées par ces hommes sortis de la mer et qui sur leurs chevaux ressemblent à des centaures, les tribus se soumettent, et Cortez fonde Rica de Vera Cruz, un nom symbolique puisque l'or y voisine la croix. En ignorant les instructions de Diego Velazquez, Cortez crée ainsi un établissement au nom de son roi, et, pour manifester sa volonté d'autonomie, il détruit ses propres vaisseaux afin de ne plus dépendre de Cuba. Charles V, averti par Diego Velazquez, envoie une flotte pour le combattre, mais entre-temps Cortez avait détruit et conquis un empire.

Il l'emporte d'abord sur les Tlaxcaltèques et s'en fait des alliés contre les Aztèques, qui les opprimaient. Pour détourner le conquérant de la route de Mexico, Montezuma fait porter au Dieu d'outre-mer les trésors de

Quetzalcoatl et fait comprendre qu'il se soumet à Charles, qu'il lui paiera tribut. Ayant découvert un complot, Cortez fait exécuter en deux heures plus de trois mille hommes. Il rencontre enfin Montezuma, veut qu'il détruise ses idoles, le fait prisonnier et bientôt gouverne en son nom, tout en le tenant enchaîné. Pendant ces mois, 600 000 pesos sont ainsi recueillis, un cinquième est envoyé à Charles V (le *Quinto*), le reste est distribué à ses soldats qui, fous de joie, détruisent toutes les idoles. A la suite d'une révolte qui éclate malgré les harangues de Montezuma, les Espagnols doivent s'enfuir par un pont portatif, et les débris de leur armée, bombardée dans ses cantonnements par des flèches enflammées, trouvent refuge chez les Tlaxcaltèques.

La deuxième conquête fut aussi une expédition punitive. Cortez organise l'investissement systématique de Mexico en faisant monter pièce à pièce une flottille de 13 bateaux qu'il dispose sur la lagune de la ville. Un exploit que Werner Herzog reconstitue, au cinéma, mais en le plaçant ailleurs. Cortez coupe l'aqueduc qui le ravitaille en eau, détruit les 1 500 canots aztèques, affame la cité et exécute, dit-on, 67 000 hommes ; plus de 50 000 étaient déjà morts de faim ou de maladie. Grande fut la déception du conquérant devant un butin finalement assez maigre, mais suffisant pour que l'empereur le reconnaisse capitaine général de la Nouvelle-Espagne. Cortez transforme aussitôt le Teocalli aztèque en une cathédrale dédiée à saint François.

Comment expliquer une victoire aussi facile ?

Il l'avait emporté grâce à son alliance avec Xicoténcatl, chef des Tlaxcaltèques, ennemi des Mexicains, réprouvé par les habitants de Cholula : « Regardez ces infâmes Tlaxcaltèques, lâches et dignes d'un châtiment. Comme ils se voient battus par les Mexicains, ils s'en vont chercher des gens pour leur défense. Comment avez-vous pu, en un temps si court, vous avilir à ce point ? Comment vous êtes-vous soumis à des gens si barbares et sans foi, à des étrangers que personne ne connaît ? » (cité in Todorov).

Cortez avait vaincu avec une poignée d'hommes qui, très vite, disposèrent d'alliés contre les Aztèques, une vraie coalition – celle des Totonaques d'abord, celle de la vieille nation guerrière des Tlaxcaltèques, après la chute de Mexico. Elle fournit près de 6000 guerriers alors que Cortez n'en avait pas 500. S'il sut aussi bien jouer des alliances, ce fut, dit-on, grâce à Dona Marina, que les Aztèques avaient vendue aux Mayas, et qui devint la maîtresse de Cortez ; assoiffée de vengeance contre les siens qui l'avaient déshonorée, elle connaissait, par ses hautes origines, la topographie politique du pays et put donner à son amant les informations nécessaires pour le mener à la victoire.

Mais Cortez l'avait emporté aussi — comme bientôt d'autres conquistadores, et notamment Pizarre au Pérou — grâce à la longue épée, la *espada,* grâce au cheval — que les Mexicains cherchent à tuer plutôt que les humains —, grâce surtout aux armes à feu — mais qui souvent se rouillent, tandis que la poudre se mouille —, grâce à l'arbalète, enfin, qui perce les tuniques, et à l'*escaupil,* cette tunique fourrée que les flèches ne peuvent pénétrer.

Les données techniques ou politiques ne suffisent pas à expliquer que les Espagnols réussissent quelquefois à l'emporter à un contre cent. Une raison est que les Mayas et les Aztèques eurent le sentiment, devant les faits inouïs qui se produisaient, que les dieux ne leur parlaient plus. « Ils demandèrent aux dieux de leur accorder leurs faveurs et la victoire contre les Espagnols et leurs autres ennemis. Mais il devait être trop tard parce qu'ils n'eurent plus de réponse dans leurs oracles ; alors ils tinrent les dieux pour muets ou pour morts » (cité par T. Todorov). Or, les rois aztèques ne communiquaient qu'avec ces dieux, par l'intermédiaire de leurs prêtres-devins, pas avec les humains. Le principal message que Montezuma envoie aux Espagnols est qu'il ne veut pas qu'il y ait d'échanges de messages.

Quand il entend les récits de l'arrivée des Espagnols, « il demeura comme s'il était mort ou muet. Il fait savoir qu'il est prêt à accorder aux Espagnols tout ce qu'ils veulent, mais qu'ils renoncent au désir de venir le voir, car les rois ne doivent jamais apparaître en public... Or, plus les Aztèques donnaient d'or et de bijoux pour que l'étranger parte — et plus l'étranger fasciné pénétrait dans le pays, voulait se saisir de leur roi... Habitué à communiquer avec

Le peuplement indien de l'Amérique en 1492

Source : Jean Meyer, *L'Europe et la Conquête du monde*, Paris, Armand Colin, 1975-1990, p. 104.

les dieux, pas avec les hommes, le roi convoque ses prêtres et ses sorciers, qui ne peuvent pas ne pas avoir prévu cette conquête, cette défaite, perçue comme un événement surnaturel ». Seule manière, en un sens, d'intégrer le passé aztèque dans le présent.

Mais les Espagnols n'entreprirent pas une démarche équivalente vers les vaincus : en s'imposant par leur supériorité matérielle et technique, en ayant su communiquer avec des alliés, en les catéchisant, ils se privent de la capacité de s'intégrer au monde de ceux qu'ils appellent des sauvages.

Au Pérou, on retrouve une conjoncture similaire. Le grand État quechua, ou Empire inca, une vraie mosaïque de peuples déplacés, regroupe ces éléments hétérogènes autour d'un centre situé à Cuzco ; cet empire est miné par des conflits internes, notamment entre les deux frères ennemis qui se disputent la souveraineté, Huascar et Atahualpa. Francisco Pizarre, qui rêve d'imiter les exploits de Cortez, procède de la même manière que son héros. Parti de Panama, il affrète avec Diego de Almagro deux navires pour explorer ces pays du Sud qui, dit-on, possèdent de fabuleuses richesses. Avec une douzaine d'hommes, il atteint l'emplacement actuel de Guayaquil, puis, s'informant sur la nature de l'État inca, il s'en retourne à Panama pour préparer la grande expédition qu'il projette, une fois obtenue l'autorisation de Charles V.

L'expédition s'ébranle en 1532, au moment où Atahualpa a triomphé de son frère Huascar. Francisco Pizarre rencontre l'armée inca à Cajamarca et entreprend des pourparlers avec son chef. Son idée : le faire prisonnier par surprise, comme Cortez avait procédé avec Montezuma. Le coup réussit, et, sachant la soif d'or des envahisseurs, Atahualpa, dans sa prison, offre de payer, en rançon, tout l'or contenu jusqu'à hauteur d'homme dans la pièce où il se trouvait. Pizarre accepte, et une fois la rançon versée, il fait exécuter Atahualpa, pour le crime qu'il a lui-même commis en faisant tuer son frère.

La mort d'Atahualpa, brûlé vif en grande cérémonie

devant les soldats, allait s'inscrire dans les mémoires. Comme celle de Montezuma, elle devait manifester le transfert de pouvoir entre les mains des Espagnols. Déjà Pizarre avait raflé en or et en argent l'équivalent de cinquante années de la production européenne. Il comptait que l'État inca continuerait ainsi à lui fournir des métaux précieux. Mais il fallait pour cela contrôler tout le pays, et l'Empire inca ne s'effondra pas d'un coup, tel celui des Aztèques, même après la chute de Cuzco (1533). Pizarre mit à la tête de l'État le demi-frère d'Atahualpa, Manco Inca ; or, celui-ci profita des dissensions qui opposaient Pizarre et Almagro pour tenter de soulever son peuple. Par ailleurs, en installant sa capitale à Lima, sur la côte, Pizarre perdit le contact avec le cœur du pays, ce qui retarda l'achèvement de la conquête.

L'Empire des montagnes ne fut vaincu qu'en 1572 ; avec la mort de Tupac Amaru II, un dernier « Inca », en 1781, son souvenir est resté vivant, lui aussi, dans la mémoire indienne, comme la mort d'Atahualpa.

Les empires centralisés étaient tombés d'un coup : en se saisissant de leur tête, Cortez et Pizarre avaient pu contrôler tout l'édifice, même si, au Pérou, la résistance armée dura encore un demi-siècle. Au Mexique, le Yucatan des Mayas résista plus longtemps, sans doute parce que l'effort pour le conquérir fut moindre — il n'était pas aussi riche. La même désillusion, des difficultés plus grandes encore marquèrent l'aventure de Diego de Almagro, qui s'était séparé de Pizarre, et celle de Pedro de Valdivia lorsqu'ils cherchèrent à conquérir le sud du Pérou, puis le Chili. Ils se heurtèrent aux Mapuches puis aux Araucans qui, certes, n'avaient pas constitué un État centralisé, mais n'en étaient pas moins des guerriers redoutables, qui surent incontinent se saisir des chevaux des Espagnols et les utiliser, au moins pour battre les premiers l'armée de Valdivia à Tucapel, en 1553. Les conquérants s'installèrent néanmoins, peu à peu, mais l'or était rare, l'argent aussi, et ils devinrent fermiers, un peu comme les ranchers dans les colonies anglaises du Far West. Leur chance fut que la position stratégique du Chili était telle, près du cap Horn, que le roi dut constamment leur envoyer les renforts dont ils avaient besoin.

Le Rio de la Plata fut le troisième point d'ancrage des conquérants espagnols. Il fut découvert par Juan Diaz de Solis qui cherchait le mythique passage entre l'Atlantique et le Pacifique. Cette immense embouchure d'eau douce fut remontée, en 1527, par Cabot qui y installa le fort de Sancti Spiritus. Il atteignit le Paraguay, découvrit que l'argent des Indiens de ces régions venait du Potosi, au Pérou ; cet estuaire du Parana et de l'Uruguay fut dénommé Rio de la Plata.

Mais, lorsque la Couronne espagnole lança, en 1533, une grande expédition de conquête militaire sous la direction de Pedro de Mendoza, celui-ci, qui fonda Nuestra Senora del Buenos Aires, se heurta, plus au nord, aux Indiens Guaranis qui, eux aussi, entendaient conquérir les hauteurs de la Bolivie et du Paraguay actuels, autour de la côte d'Asuncion, créée ces années-là. C'étaient de rudes guerriers, maîtres du lasso, et les pertes qu'ils infligèrent aux Espagnols furent considérables. Dans leur avancée, les Guaranis avaient repoussé, venant de l'est, des tribus arawaks, et, après avoir conquis un des lambeaux de l'ex-Empire inca, ils se heurtèrent aux Espagnols ; deux conquérants se trouvaient ainsi face à face ; pour mieux résister aux étrangers, un retournement d'alliances s'effectua, qui vit des tribus indiennes s'unir sous l'égide des Chiriguanos, les plus actifs des Guaranis. Les Espagnols durent encore monter de difficiles expéditions pour triompher de ces Indiens, mais il fallut plus d'un siècle pour que la route de Buenos Aires à Lima, par le Paraguay, fût vraiment contrôlée.

Ces immenses espaces conquis (auxquels se joignirent bientôt les Philippines) ont été réunis à la Couronne d'Espagne par une poignée d'hommes ; marins andalous et basques, conquistadores issus de la petite noblesse, ces hidalgos désargentés, ou encore soldats de fortune qui ont pu servir en Italie et se sont lancés à l'aventure. L'exemple de la conquête du Chili est significatif. Pedro de Valdivia dispose de 143 hommes, dont 4 caballeros, 34 hidalgos,

6 métis, 1 esclave, 9 hommes « d'honneur », et 86 individus dont on ignore la condition. Le plus grand nombre vient d'Estrémadure, les autres de Castille surtout. Quand on confronte ce petit nombre, qui finit par atteindre entre 50 000 et 100 000 personnes un siècle après la conquête, aux millions de morts que leur venue a suscités, à cet effondrement démographique de la population indigène qui serait passée de 11 millions à moins d'un million, on observe nécessairement que, jamais dans l'histoire, si peu d'hommes ont fait autant de victimes, que ce soit volontairement — par des massacres — ou autrement.

On comprend, dans ces conditions, que l'Espagne chrétienne ait pu sécréter une autre race d'aventuriers, les missionnaires et les martyrs.

L'Église entre en scène : les missions en Extrême-Orient

Les textes qui stigmatisèrent les cruautés des conquérants n'eurent guère d'influence sur le comportement des États et des hommes. Mais l'Église prit position, et de plus en plus vivement, contre les excès de la colonisation. Après Francisco de Vitoria et Las Casas, le franciscain Juan Da Silva, influencé lui-même par le théologien juriste dominicain Domingo de Soto avait adressé plusieurs *Mémoriaux* au roi d'Espagne Philippe II. Il avait une mission spirituelle à remplir dans le Nouveau Monde en vertu de la bulle d'Alexandre VI. Mais nulle contrainte ne devait s'exercer en matière de foi ; il fallait se conformer aux ordres du Christ qui avait envoyé ses apôtres « comme des brebis au milieu des loups ». Or, au Mexique, l'empereur Montezuma avait été tué avant même qu'on ne proposât l'Évangile aux Indiens. Agir ainsi, « c'est suivre l'exemple détestable de Mahomet pour propager sa secte inique ». Certes, les Indiens pouvaient massacrer quelques prédicateurs s'ils n'étaient pas accompagnés de soldats, « mais l'Église a besoin, pour naître, du sang de martyrs ». Il faut des méthodes « suaves », ajoute Juan Da Silva, comme on a pu le faire en Floride et même au Pérou.

Ces controverses trouvent un écho à Rome où, dès 1568, le pape Pie V institue des commissions qui sont à l'origine de la *Congrégation de la Propagande.* Certes, il s'agit de prévenir les violences criminelles, mais aussi de coordonner, sous le contrôle exclusif du Saint-Siège, l'action des missions catholiques dans le monde. En 1659, les *Instructions* d'Alexandre VII prohibent toute collusion des porteurs de l'Évangile avec les autorités politiques. Elles recommandent le respect des traditions locales, prescrivant aussi l'usage de la langue locale.

Des *Instructions* que les jésuites avaient mises en application plus et mieux que d'autres, notamment en Extrême-Orient. François Xavier (1506-1552) est un des premiers à pénétrer au Japon, dans ce qu'il croit être un monde inviolé. Il est séduit par la conception de l'honneur cultivée par cette nation. Aux Moluques, il avait marché dans la jungle, un chant malais aux lèvres pour attirer les indigènes. Au Japon, il avance pieds nus dans la neige, lors d'un voyage de plusieurs centaines de kilomètres qui l'amène à Kyoto.

Mais au Japon comme en Chine tous n'avaient pas adopté le même comportement.

Étendre le Royaume du Christ

Pour propager le christianisme, les premiers missionnaires — de Chine ou des autres pays d'Extrême-Orient — bâtirent des hôpitaux, des écoles, etc., bref, pénétrèrent la société par leurs pratiques sociales plus que par leur enseignement proprement religieux, un peu à la façon dont le bouddhisme lui-même s'était introduit. Et ce furent aussi bien les nouveautés de caractère technique — horloges mécaniques, instruments d'optique ou de musique — que l'enseignement des mathématiques et de l'astronomie qui contribuèrent le mieux à cette pénétration qui, au point de vue religieux, allait bientôt devenir une confrontation. Il exista ainsi à la fois des formes savantes et des formes populaires d'adaptation du christianisme. Chez les lettrés, par exemple, on s'intéressa à tout ce qui avait trait, dans l'enseignement missionnaire, à la morale et aux méthodes d'autodiscipline ; d'où l'intérêt de l'ouvrage publié par Diego de Pantoja, *Les Sept Victoires* (contre les sept péchés capitaux) (Pékin, 1604). Matteo Ricci raconte que, lors de son passage à Nankin en 1599, « l'usage était de constituer des congrégations où l'on faisait des conférences sur les questions de morale ». Dans les milieux populaires, en revanche, ce furent les activités de caractère miraculeux de certains missionnaires — guérisons notamment — qui assurèrent la greffe du christianisme.

L'action des jésuites atteignit son apogée durant la première moitié du XVIIe siècle. L'époque de la fin des Ming ouvrit une période d'instabilité qui s'acheva avec l'installation d'un nouveau régime, de plus en plus soupçonneux à l'encontre des missionnaires d'origine étrangère. L'ordre des Jésuites devait être supprimé en 1773 (Y. Ishizawa, in *Forest,* p. 17-34, et J. Gernet, in *Forest,* p. 34-46).

Les persécutions ont-elles été le fait d'une volonté d'ingérence des missionnaires dans les affaires du pays, d'un zèle évangélisateur qui a suscité des représailles, ou du changement de régime qui s'est opéré en Chine à l'époque des Ming ?

Selon le jésuite portugais Alvaro Semado, qui publia en 1643 à Rome une *Relazione della grande monarcha della Cina*, on peut répertorier 54 persécutions depuis 1583, date de l'entrée de Matteo Ricci en Chine, jusqu'au milieu du XVIIe siècle. Ce qui donne une mesure qui vaut pour le XVIIIe siècle, ou à peu près.

Dans la province de Fu-Jian par exemple, la persécution naît d'un conflit entre les missionnaires eux-mêmes. Installés les premiers, les jésuites estimaient que les cérémonies traditionnelles des Chinois en l'honneur de leurs ancêtres étaient tout à fait laïques, et que, par conséquent, les Chinois évangélisés pouvaient y participer. Au contraire, les jugeant « tapageuses » et sanglantes, et les assimilant à des superstitions, les franciscains et les dominicains les leur interdirent... Ainsi la rumeur courut que le christianisme ignorait le culte des ancêtres et ne respectait pas Confucius. Bientôt, un jeune converti ayant brisé la tête d'une idole pour prouver son impuissance, une foule surexcitée marcha sur l'église, la dévasta et frappa le converti à coups de bambou. Les missionnaires durent évacuer leurs établissements de Fuan, les convertis abjurer, et les jésuites furent interdits de séjour à leur tour. Obstiné, le dominicain Diez était revenu sur la place de Fuan pour y déchirer l'inscription interdisant le christianisme. Mais le martyre fut pour un de ses coreligionnaires, Capillar, accusé par les autorités de susciter l'agitation, de s'opposer au culte des ancêtres et surtout de détourner les jeunes filles du mariage — en voulant constituer des communautés de religieuses. Capillar fut décapité le 15 janvier 1648.

Le problème des rites chinois était au cœur des querelles : en 1704, le pape Clément XI avait interdit aux chrétiens chinois d'assister à toute cérémonie traditionnelle. L'empereur de Chine décida alors de n'accorder le permis de séjour (*yinpiao*) qu'aux missionnaires qui ne s'y opposeraient pas... Mais les autres griefs demeuraient ; et notamment on accusait le christianisme de détourner des exigences de piété filiale, puisque des hommes et des femmes refusaient d'avoir des enfants — alors que pourtant on les rassemblait dans des communautés mixtes —, tout cela était contraire aux bonnes mœurs, d'autant que pour construire des églises ces Chinois convertis jetaient l'argent par les fenêtres... Les persécutions se développèrent, et les missionnaires entrèrent en clandestinité, cachés le plus souvent par des convertis à qui les autorités infligèrent d'horribles tortures, notamment le *zanzi* qui enserre les doigts entre cinq baguettes de bois liées par une corde sur laquelle on tire. Les femmes y résistèrent souvent, tandis qu'aux hommes on infligeait aussi le *jiagun,* qui coince les chevilles avec une planche sur laquelle on frappe avec un marteau... Il fallait dénoncer convertis et missionnaires. Le courage des persécutés souleva l'admiration et multiplia les adhésions...

A mesure que le temps passait, pourtant, il ne s'agissait plus seulement pour l'État de contrôler l'activité des missionnaires. En 1746, on les considérait comme des rebelles qui complotaient avec l'étranger. « Avez-vous l'intention de mettre la main sur la Chine pour la gouverner ? », demanda-t-on au catéchiste Guohviren avant de le pendre… (1746).

Une question prémonitoire…

Une question qui se posa, d'emblée, au Japon. Dans ce pays, la première rencontre avec l'Europe, du fait de l'arrivée des Portugais en 1543, fut synonyme de l'introduction des armes à feu. Cela modifia du tout au tout les conditions de la lutte pour le pouvoir dans cette période de guerre incessante : un seigneur de la guerre, Oda Nobunaga, en tira le meilleur profit, et Toyotomi Hideyoshi, son successeur, put ainsi y mettre fin. Pendant ces années-là, qui avaient suivi l'arrivée de saint François Xavier en 1549, le christianisme s'était développé comme il avait pu. Inspectant les missions en tant que visiteur du général de la Compagnie de Jésus, le père Valignano rédigea un ouvrage destiné à établir les principes de l'évangélisation du pays : *Advertimentos e avisos acerca dos costumes y catangues de Jappão* (XVIe s.), où il formulait des recommandations : salutations, manières de table, contacts entre personnes habitant la même maison, etc., consignes précises et minutieuses qui partaient de l'idée qu'il fallait prendre conscience du jeu des statuts sociaux, et prendre même exemple sur le comportement des prêtres zen.

Le père Valignano avait compris qu'il fallait que les missionnaires s'adaptent au style de vie du pays. Mais le pouvoir jugeait que, dans une société shintoïste, le christianisme était une religion « aberrante », dangereuse pour l'identité des habitants, et, à terme, pour le pouvoir en son principe (*kogi*), l'autorité suprême contrôlée au sommet par Hideyoshi. Après sa mort, une phrase des Espagnols mit en alerte son successeur, Tokugawa Ieyasu. Lors d'une audience accordée le 5 octobre 1604 aux envoyés du gouvernement de Manille, on releva le texte suivant qui se trouvait dans la lettre du gouverneur de Manille : « Dans notre pays, la Castille, l'Empereur et tout le peuple adorent Dieu. La visite de Pères dans votre pays n'est pas motivée par la recherche futile de l'or et des bijoux, mais par le désir de répandre l'enseignement de Dieu pour le salut des âmes… »

« N'était-ce pas, interrogea un érudit japonais, pour travailler au déclin du pays, au renversement du régime ? »

Le 1er février 1614, une ordonnance du *Bakufu*, le système shogunal, décidait l'expulsion de ces missionnaires, venus sous le prétexte de faire du commerce, mais qui en vérité cherchaient à détruire la foi bouddhique et à changer la loi politique au Japon.

Deux décennies plus tard, le pays se fermait à l'Occident (1639).

Entre-temps, devant les troubles dont les groupes de chrétiens pouvaient être à l'origine, il fut envisagé de s'allier aux Hollandais pour monter une expédition punitive sur les Philippines.

En France, la pêche ou l'aventure ?

En France, c'est la pêche à la morue, plus que le goût de l'aventure ou la lutte contre l'Islam, qui a été à l'origine de la première colonisation aux Amériques. C'est la pêche également qui provoque des conflits entre marins olonnais, basques, bretons, castillans. Dès 1497, Christophe Colomb avait dû s'abriter contre eux à Madère. Au reste, François Ier demande à voir « la clause du testament d'Adam » qui, selon la Papauté, l'a exclu du partage du monde. En fait, pendant longtemps, les moyens ont manqué pour monter un grand dispositif commercial, et au XVIe siècle nul n'en a vraiment l'idée. Il a fallu que la guerre de course survienne pour que Saint-Malo, Nantes, etc., prennent leur élan, mais plusieurs décennies après le Portugal et l'Espagne, et avec moins de détermination que l'Angleterre. Il fallait surtout que l'État soit possédé du désir d'avoir des colonies.

Au vrai, à l'époque des guerres de Religion et de la lutte contre l'Espagne ou l'Angleterre, les objectifs de la guerre coloniale sont purement militaires. Certes, au Canada, les premières aventures d'exploration financées par François Ier ouvrent la voie à Jacques Cartier qui, en 1535, découvre la route du Saint-Laurent, cette voie de pénétration qu'il croit vers le Japon — cf. le nom « La Chine » donné aux chutes. Une situation qui demeure jusqu'à ce que Champlain pose les jalons d'un véritable établissement colonial, dans un esprit antianglais. Mais c'est la pêche qui alimente le peuplement, et bientôt le commerce des fourrures prend sa relève.

Déjà Anglais et Français cherchent à s'appuyer sur différentes tribus indiennes — à moins qu'ils ne les combattent tout en voulant simultanément les convertir. La mesure de ces établissements est dite quand on rappelle qu'à l'époque de Richelieu, c'est-à-dire des luttes entre Iroquois, alliés aux Anglais, et Hurons, alliés aux Français, Québec compte entre 60 et 100 habitants — et Boston, 2000.

Sur les premières réactions des Indiens à l'arrivée des Français, on sait peu de chose, sinon par une tradition orale qui s'est peu à peu détériorée et qu'a analysée G. Trigger. Montagnais et Micmacs crurent que leurs vaisseaux étaient des îles flottantes, la décharge de leurs canons des éclairs. La peau blanche et les vêtements rouges frappèrent également. Mais ce furent le métal et les perles de verre qui les impressionnèrent... ainsi que les cloches, les couteaux, les haches de fer. En échange, les Français demandaient des anguilles et surtout des castors, une richesse inattendue. Et, lorsque la maladie toucha les Français, le scorbut en l'occurrence, les Indiens leur apprirent à se guérir en buvant de la tisane de cèdre blanc.

En fait, les différents voyages de Jacques Cartier furent une déception, car ses compagnons et lui pensaient atteindre l'autre océan en remontant le Saint-Laurent et les lacs ; et, en guise de Pacifique, ils demeurèrent dans l'intérieur des terres. De plus, ils avaient ramené en France des femmes Iroquois qui moururent au cours du voyage (1536), et leur disparition, au retour, fut un des facteurs de la méfiance nourrie envers ces Blancs qui, par ailleurs, apportaient des maladies. Des pêcheurs basques espagnols apprirent ainsi des Indiens venus au détroit de Belle-Isle pour échanger des peaux de chevreuil et de loup contre des haches et des couteaux, que plus de 35 des hommes de

Jacques Cartier avaient été massacrés par les Iroquois du Saint-Laurent.

Ces incidents, cette déception, cet héritage pénible expliquent qu'après cette colonisation avortée il fallut plusieurs décennies pour que de nouveaux projets s'élaborent concernant un pays où, en guise d'or et de diamants, on trouvait du quartz et de la pyrite de fer.

Une partie des Iroquois disparut de ces régions, tantôt décimée par cette arrivée, tantôt en butte aux conflits avec d'autres nations indiennes.

Pour leur part, prêtres et administrateurs français d'une part, marchands de l'autre avaient des pratiques différenciées. Alors que les commerçants approchaient les mœurs indiennes pour mieux apprécier quel type d'échanges ils pourraient nouer, les administrateurs, depuis Cartier jusqu'à Champlain, traitaient les Indiens avec arrogance ; les rapports s'envenimant au point qu'en 1629 ceux-ci aidèrent les Anglais à s'emparer de Québec.

Pendant longtemps, les marchands ne virent pas d'un bon œil les partisans d'un établissement durable ; cela leur aliénait les Indiens ; pourtant, ils changèrent d'avis lorsqu'ils comprirent qu'à peine avaient-ils tourné le dos, ou étaient-ils repartis en Europe, que d'autres marchands — Hollandais, Anglais — prenaient leur place.

Dans les îles, Pierre Belain d'Esnambouc débarque à Saint-Christophe en 1625, après un combat avec un galion espagnol. C'est bien la motivation politique qui anime Richelieu lorsqu'il aide à la formation de la *Compagnie des Isles d'Amérique* pour la conquête des terres occupées par les Caraïbes, mais où déjà l'Espagnol ou l'Anglais avait commencé à s'installer. En 1639, les Caraïbes de la Guadeloupe étaient exterminés, et bientôt la Martinique, la Dominique — 14 îles — occupées ; l'installation à Saint-Domingue eut lieu plus tard

Au début, il n'y a pas de véritable « politique coloniale » de la monarchie française, montre bien Jean Meyer. Après l'époque des expéditions, aux fins de trouver des richesses, le Canada demeure une terre de « prestige religieux », une pure colonie catholique à opposer aux colonies hérétiques, et, en 1609, s'adressant au futur Louis XIII, Lescarbot lui recommande de convertir les Indiens, une entreprise digne d'Alexandre le Grand, et qui vaut une croisade. Au reste, la monarchie favorise les missionnaires.

Si politique coloniale il devait y avoir, ce serait pour conquérir l'Empire espagnol ; ce qui, à l'époque de Philippe II, est évidemment un songe creux. Certes, l'attrait des produits tropicaux existe bien, d'où l'intérêt pour les Antilles, qui fournissent bientôt du tabac et du sucre, une manière d'intéresser financièrement la monarchie. Mais trop d'obstacles découragent les initiatives : la résistance caraïbe, la concurrence des flibustiers et autres rivaux, chacun se saisissant d'une « isle » — voilà qui demeure décevant pour le profit. D'un point de vue mercantiliste, ces possessions ne comptent guère ; on doit s'y maintenir toutefois, car on ne saurait laisser les « sauvages » abattre la puissance du Grand Roi.

Avec l'essor de Nantes, et bientôt de Bordeaux, la monarchie essaie de centraliser les activités coloniales, en les faisant dépendre du secrétariat d'État à la Marine, un trait qui marque la politique française puisqu'il dura jusqu'à la IIIe République. Le tournant se situe à l'époque de Colbert où plusieurs orientations sont assumées et mises en place.

Une tentation asiatique d'abord, plus riche de profits virtuels ; elle se traduit par toute une série d'échecs, et même de désastres, telle la perte d'une flotte de 9 navires armés de 2500 hommes, dont les 500 survivants furent rapatriés par les Hollandais, une humiliation (1669). Pourtant, un premier résultat est atteint quand François Martin obtient la concession du futur Pondichéry (1674).

La deuxième orientation, inverse en un certain sens, est le maintien au Canada, moins pour le commerce que pour y perpétuer une colonie royale. Afin de consolider cette colonisation de type agricole, l'immigration de femmes est organisée à plus ou moins grande échelle. Les expéditions vers des terres nouvelles n'en continuent pas moins, animées par les « coureux de bois », le plus illustre étant Cavelier de La Salle, qui étendit la présence française jusqu'au Mississippi. Ainsi, commerciale à ses débuts, la présence française au Canada est devenue terrienne, catholique, aboutissant à la constitution d'une sorte de petit empire militaire. Mais cette Louisiane, qui sur une carte « coince » les colonies anglaises de l'intérieur, ne prend de l'importance qu'à l'époque de Law (1720). Enfin, troisième orientation, dans les Antilles, se développe un petit impérialisme purement colonial, que la traite des Noirs alimente à partir de 1680, et que sur place des colons vont animer, en coordination avec les ports français et la monarchie qui les aide et les contrôle, sous l'égide de Seigneley.

Au départ, il y a donc une « double faillite coloniale » de la France aux XVe et XVIe siècles... Au XVe siècle, parce que ses marins ne participent pas aux grandes découvertes ; au XVIe, parce qu'elle est absente aussi de la conquête des bases navales, des routes des grands profits qui s'effectuent en Asie ou en Amérique.

De fait, la masse territoriale française, avec sa forte monarchie et sa noblesse puissante, mais étrangère au commerce, constituait une sorte de pôle négatif à l'ouest de l'Europe. Les circuits actifs du commerce s'étaient déplacés et la contournaient : de Venise à Gênes et Barcelone par la mer ; de Lisbonne à Anvers et Amsterdam par l'Atlantique. Les grandes routes terrestres qui traversaient la France, par la Champagne notamment, entre les Pays-Bas et l'Italie, étaient désormais en sommeil. Toutes ces données s'additionnaient pour que l'expansion coloniale, en France, ne pût être que volontariste, émanant de la monarchie. Et celle-ci, peu soutenue par la société, ne fut active qu'avec ses propres moyens, et pour autant qu'elle luttait pour son existence contre l'hégémonie espagnole ; ou que, catholique, elle se heurtait aux Anglais protestants.

ET PUIS LES HOLLANDAIS...

La France se vante d'être la fille aînée de l'Église. Les Hollandais revendiquent d'être les fils aînés de l'Océan. Et, de fait, de tous les peuples qui fondèrent des colonies, les

Hollandais et les Zélandais furent, sans doute, ceux qui étaient le plus accouplés à la mer. Terre flottante sur l'eau, à demi inondé, ce pays a bien l'eau pour élément vital : « La République des Provinces-Unies étant sortie de la mer en a tiré sa force » (W. Temple, cité in F. Braudel, *Le Temps du Monde,* p. 157). La pêche au hareng, le sel puis la fumaison ; le *Vlieboot,* « La Flûte », ce navire aux flancs renflés, des marins rudes et d'une grande frugalité, des coûts imbattables sur les chantiers navals d'Amsterdam grâce à une technologie plus avancée que partout ailleurs — tels sont les fondements de la fortune d'une flotte qui assure bientôt à la Hollande le roulage des mers du monde. Elle doit peu à l'État, différence avec le Portugal et l'Espagne, mais les villes qui aident à sa constitution ne peuvent échapper à une action commune, car leurs intérêts les enchaînent les unes aux autres.

A l'origine de l'essor, fulgurant, de l'expansion hollandaise, il y a d'abord la ruine d'Anvers, lors de la crise de 1576-1609 et de la guerre des Gueux, qui assure l'indépendance des Pays-Bas ; et puis l'occupation du Portugal par l'Espagne avec l'union des deux trônes en 1580. Dès 1595, Van Houtman, de Gouda, obtient de plusieurs marchands d'Amsterdam — Compagnie des Pays lointains — 4 vaisseaux, 60 canons, 250 hommes ; il effectue une sorte de tour des Indes et de l'Extrême-Orient, et revient avec des cargaisons pleines. C'est l'enthousiasme. Il repart, et, aussitôt après, une, deux, plusieurs escadres font le tour du monde par les Moluques. Olivier Van Noort et Van Neek sont les héros de ces entreprises assumées par des compagnies isolées, qui finissent par s'associer, comme les villes qui les aident... Leur concurrence avait pour effet de faire monter le prix des épices en Inde, de le faire baisser au retour, à la vente. Aussi, en 1602, s'unissent-elles et créent l'*Oost Indische Kompagnie,* se fédérant comme les Provinces-Unies s'étaient fédérées elles-mêmes. Quand les Hollandais s'élancent à travers le monde, leur projet est simple : gagner de l'argent. Le Christ est absent de leurs préoccupations, évangéliser ne les intéresse pas. Ils profitent de la défaillance des Portugais pour se substituer à eux ; ou plutôt pour commercer dans de meilleures conditions, et à leur place. La Compagnie est devenue une véritable puissance qui n'hésite pas, s'il le faut, à faire donner du canon contre des rivaux qu'on veut écarter : car les bénéfices montent de 15 % jusqu'à 75 % en 1606. Portugais, Anglais, Dieppois sont chassés du panorama… Mais le gouverneur de la Compagnie dans l'Insulinde, Jan Pieterszoon Coen, comprend vite que ce commerce avec comptoirs, à la portugaise, ne saurait survivre s'il n'est renforcé, outre ses fortins à Java et Amboine, par un peuplement permanent. Il fallait coloniser.

En 1619, la fondation de Batavia marque le début d'une véritable implantation des Hollandais en Insulinde… J. P. Coen avait su repérer l'emplacement de Jakarta, dont les Hollandais chassèrent le vassal du sultan de Banten ; ils détruisirent la ville indigène et la mosquée, fondèrent la nouvelle cité, puis exploitèrent le réseau de ses relations avec l'arrière-pays. Pour résister à ces « Javans », la Compagnie peupla la ville de Chinois, Malais, Macassars, Balinais, Philippins de Luçon… Quelques décennies plus tard, les Hollandais triomphaient du sultan de Macassar et tenaient désormais le sud des Célèbes, se substituant aux Bugis qui jusque-là avaient été leurs principaux rivaux dans le trafic avec les Moluques et au-delà. Cependant, l'essentiel — c'est-à-dire le contrôle de Java, obtenu grâce à une politique d'intrigues entre les Princes — était atteint vers la fin du XVIIe siècle. En 1681, Batavia compte 2188 Européens sur 30598 habitants.

C'était peu, et cela dura, Java et les Indes orientales ne devenant pas une colonie de peuplement… En effet, les Hollandais, à la différence des Portugais et des Espagnols, ne pensent, une fois fortune faite, qu'à revenir au pays. En outre, être employé par la Compagnie signifiait qu'on perdait une partie de sa liberté d'action, celle-ci agissant comme une grande société ; une fois qu'on l'avait quittée, il ne restait aux Vrijburgers — libres bourgeois — que des activités subalternes : comme tenir une taverne, car toutes les activités lucratives étaient contrôlées par la Compagnie.

En Afrique du Sud, au contraire, après s'être saisis du Cap, les Hollandais y demeuraient. Conduits par Jan Van Riebeeck, 200 Hollandais s'installaient, en 1652, le 6 avril, qui est aujourd'hui la date de la fête nationale. A l'abri d'un fort, ce capitaine cultive des céréales, introduit le cheval. Certes, la Compagnie mère exerce un strict monopole sur les échanges. Ces colons n'en instaurent pas moins une vie patriarcale et biblique, se donnant à eux-mêmes le nom de peuple paysan pour fuir la civilisation mercantile – les Boers. Premier exemple d'une colonie de peuplement en Afrique.

Cependant, les rapports avec les Hottentots, les Xhosas et les Cafres sont mauvais, ceux-ci n'obéissant pas aux mêmes lois sur l'échange et la propriété. Pour les Hottentots, par exemple, la terre n'appartient à personne, on ne saurait la « défendre » par une palissade. Mais les conflits portent surtout sur le bétail. Credo Mutwa a expliqué que les Boers ne savent pas que, dans un troc avec les Xhosas, une vache ne peut être échangée contre un objet inanimé, même s'il s'agit d'une grande quantité de métal ou de tabac. L'usage est de restituer, dans l'échange, un des rejetons de la femelle, la vache servant de gage. Se procurant ainsi des bêtes auprès des Xhosas, les Boers sont surpris et furieux de les voir disparaître, enlevées dès qu'elles ont mis bas. Ils les traitent de « voleurs ». Et cette méconnaissance de l'Autre est à l'origine de conflits et de guerres.

Angleterre, la piraterie d'État

En Angleterre également, vers la fin du XVe siècle, on assiste à un mouvement de « nationalisation » des forces économiques. L'État stimule et contrôle les échanges, par exemple en prescrivant que les vins de France seront importés seulement sur des navires anglais. De même, à la suite d'un édit de Henri VII, on ne pourra charger de navires étrangers que s'il n'y a pas dans les ports de fret anglais disponible.

Devant l'expansion des entreprises castillanes ou portugaises, tout l'effort de Henri VII est tendu vers l'ouverture de la mer Baltique. Néanmoins, Giovanni Caboto fait miroiter aux Anglais les richesses de l'Atlantique, et, nommé amiral de l'Angleterre, maître de 5 navires où flotte la bannière royale, il s'élance en 1497 à la recherche d'une route du nord-ouest. C'est ainsi qu'il atteint le cap Breton et le Labrador. Mais grande est la déception de ne trouver là ni trésors ni épices.

La création de la *Fellowship of Merchant Adventurers* à Londres, en 1486, répondait à d'autres nécessités. Il s'agissait de s'assurer une position prépondérante à Anvers pour élargir le marché de la laine et surtout des tissus. Celui-ci s'était créé grâce au prodigieux développement des industries rurales, en Angleterre, qui garantissaient un prix de revient des tissus moins élevé que dans les villes : Immanuel Wallerstein a bien montré que la fondation des *Merchant Adventurers* fut à la fois offensive et défensive, ayant pour but de sauvegarder l'exportation de ce tissu, produit unique que l'île pouvait vendre à l'étranger proche ou lointain. Et encore la route du nord-est que cherchait Richard Chancellor quand il aborda à Arkhangelsk. En 1555, une patente était accordée aux Merchant Adventurers d'Angleterre pour la découverte des « contrées, territoires, îles, possessions et seigneuries inconnues et non communément fréquentées par mer ou navigation ». Bientôt appelée Compagnie de la Moscovie, cette société reçut le monopole du commerce de la Russie et des pays limitrophes. En 1557, ayant signé un traité avec le tsar, Jenkinson descendit la Volga, atteignit la Caspienne, et, par la Perse, trouva une autre route de l'Inde.

Si, pour l'Angleterre, il n'était question, encore à la fin du XVIe siècle, que de routes et de commerce, un tournant apparaissait à l'époque d'Elisabeth, où Walter Raleigh se fit le théoricien d'une sorte d'impérialisme maritime : « Celui qui commande la mer commande le commerce ; celui qui commande le commerce commande la richesse du monde, et par conséquent le monde lui-même... »

L'occasion avait fait le larron : Francis Drake menait sa guerre de piraterie contre l'Espagne papiste lorsque, avec un autre corsaire, français cette fois, Guillaume le Testu, ils capturèrent les convois de mules qui amenaient à Panama l'or du Pérou... Grâce à la complicité de la reine Élisabeth, il réitère et pille les côtes du Chili et du Pérou avant de s'en retourner par l'océan Pacifique, puis l'océan Indien. Or, à Ternate, il offre sa protection à un sultan révolté contre les Portugais ; ainsi naquit le premier établissement anglais d'outre-mer. Pour fêter ces prises, la reine l'arme chevalier (1581).

A ces entreprises, où se retrouvent les directions prises dès les origines — Antilles, Indes, Nord-Atlantique, Russie — et qu'anime le goût du profit, se surajoute l'idée d'établir des colons anglais, de « peupler les pays païens ou barbares non réellement possédés par aucun Prince ou peuple chrétien ». L'idée appartient à Humphrey Gilbert, un gentilhomme élevé à Eton et à Oxford, qui posa la doctrine, en assura la réalisation et fit installer une première colonie à Terre-Neuve : l'Angleterre y enverrait ses oisifs, y vendrait ses produits, y trouverait sa nourriture (1583). De sorte que *dès la fin du XVIe siècle, la double identité de l'Empire anglais apparaît déjà* : des bases navales, ou l'installation de colons ; c'est-à-dire, d'une part, des colonies commerçantes, d'autre part, des terres d'implantation pour la foi, pour l'établissement de ceux qui n'ont rien — une colonisation qui, à sa manière, rappelait et perpétuait l'expansion anglaise en Irlande. Au reste, c'étaient les mêmes hommes qui, en Irlande et outre-mer, la stimulaient.

En Amérique, à la différence de la pénétration française qui s'était effectuée vers l'intérieur des terres, celle des Anglais se réalisa à partir de plusieurs établissements côtiers, de l'Hudson à la Virginie. Jacques Ier concéda à deux Compagnies le littoral américain du 34° au 38° et du 41° au 45° de latitude nord — 104 colons débarquèrent ainsi en baie de Chesapeake, où le port s'appela Jamestown en l'honneur du roi. Les débuts furent difficiles, et notamment les rapports avec les Indiens : le quart de la colonie fut massacré en 1622, au point de se demander si on survivrait à ces épreuves… La colonie put les surmonter et sut créer une culture riche d'avenir, le tabac, pour lequel elle obtint un monopole des ventes en Angleterre.

Simultanément, il partit de Virginie une expédition vers le nord qui découvrit et décrivit ce qui s'appela désormais la Nouvelle-Angleterre. Les Pères Pèlerins qui y parvinrent en 1620 sur le *Mayflower* avaient d'abord imaginé débarquer en Virginie ; les tempêtes en décidèrent autrement. Or, ces Pilgrims Fathers, ces puritains, n'étaient que 35 sur les 200 immigrés qui débarquèrent au cap Cod, fondant le port de Plymouth. Ils surent faire accroire, et leur descendance surtout, qu'ils avaient été les fondateurs des futurs États-Unis (1620). A leur manière, ils le furent néanmoins pour autant qu'ils signèrent une sorte d'accord, le *Compact* du *Mayflower,* qui fut la base d'une démocratie calvinienne. Cette colonie du Massachusetts, avec son université de Cambridge fondée par un clergyman de Boston, Harvard, fut bientôt un exemple de gouvernement, que les autres colonies imitèrent.

Jusque-là, pour les Anglais, le pillage et la course avaient été plus avantageux que la prise de possession de territoires d'outre-mer. Et puis, il semblait bien que les Espagnols eussent raflé tous les gros lots. Après le désastre de l'Invincible Armada et la décadence de la puissance espagnole, l'essor des Pays-Bas, les perspectives changèrent… Elles se modifient bientôt en Inde où, après une victoire navale des Anglais sur les Portugais, Sir Thomas Roe, ambassadeur de Jacques Ier, était reçu par le Mogol.

Entre les deux empires, plusieurs différences : géré au centre par la Castille, l'outre-mer espagnol est composé d'entités bien séparées. Postérieur à la Réforme protestante, l'Empire anglais est, pour l'instant, laissé à l'initiative des individus : catholique au Maryland, puritain au Massachusetts.

Le tsar russe : multiplier les contribuables

Selon les Russes, leur « colonisation » n'a rien à voir avec celle des autres puissances occidentales. Effectivement, dès le XIIe siècle les Russes de Novgorod et de Souzdal envoyaient des colons s'installer au-delà du fleuve Kama pour s'y associer aux Mordves, des Finno-Ongriens, à la recherche de fourrures. Aujourd'hui aussi nombreux que les Estoniens, les Mordves constituent la population non russe la plus dispersée de toutes à l'intérieur de l'ex-

Empire ; 28 % des Mordves seulement se trouvent dans leur République autonome, autour de Saransk, sur la Volga. C'est le signe d'une totale assimilation.

Les deux siècles de joug mongol interrompirent cette quête, qui reprit dès que la Horde d'Or se décomposa, après la prise de Kazan par les Russes (1552).

La conquête de Kazan mit fin à l'État tatar ; elle permit également aux Russes de s'étendre sur les deux versants de l'Oural et bien au-delà, une région qui dépassa un million de kilomètres carrés et qui s'appela la Sibérie, un terme destiné ensuite à s'étendre jusqu'au Pacifique. La toute première poussée, sur le Kama, dans le nord, reprenait l'essor d'avant l'époque tatare ; mais le mouvement principal, en 1558, fut dû à l'initiative des frères Stroganov qui obtinrent du tsar Ivan le Terrible une charte qui faisait d'eux de véritables souverains, à charge de défendre leur territoire « contre les Nogais et autres hordes ». « Moi Ivan Vassilivitch, tsar et Grand Prince de toute la Russie, le 4 du mois d'avril 7066 [1558], comme il m'a présenté une supplique disant que dans notre patrie, sur la rivière Kama, en aval de la grande Permie… le pays est désert, qu'aucun impôt ne parvient à mon trésor […] que ce pays n'est encore donné à personne […] et comme Grigori Stroganov en a présenté la supplique, veut y installer une ville nouvelle, défricher, cultiver, y appeler des gens non taillables chercher des salines, je lui ai concédé ce territoire… » (cité in Laran et Saussay, p. 208).

Un de leurs premiers actes fut de fonder le couvent de Pyskor, sur le Kama, et de le peupler de colons. Un siècle plus tard, en 1647, il se trouvait 2004 habitants dans cette région… qui, non taillables jusque-là… l'étaient devenus.

Quelques années plus tard, l'ataman Ermak surgit avec une troupe de 600 hommes. Stroganov lui donna arquebuses et canon, poudre et plomb… En remontant la rivière Outka, il prit Tiumen… Le khan Khoutchoum, voyant arriver Ermak et ses cosaques, dit : « Marchons sans crainte, ces païens ne peuvent nous faire aucun mal mortel puisque les Dieux sont avec nous… » A ces mots, les gens se précipitèrent au combat comme à quelque festin et l'ataman Ermak ordonna de tirer.

Furent ainsi soumis des Samoyèdes, des Ostiaks qui payèrent le *iassak*, impôt en zibeline, la plus recherchée des fourrures du temps : mais il y avait aussi des élans, des rennes, des ours, des renards, des gloutons, des loutres, des castors et d'innombrables poissons, esturgeons, brochets, gardons... Sa fortune devait nourrir la légende historique d'Ermak, sorte de héros aventurier qui apportait bientôt à son tsar le modique cadeau d'un territoire de 6 millions de kilomètres carrés.

La marche des Russes avait été aussi, à sa façon et en mineur, l'équivalent de la route du Cap pour les Portugais ; il s'agissait de contourner par le nord ce qui restait de l'Empire mongol pour atteindre les richesses de l'Orient extrême. Commencée vers 1465, au moment où les Portugais dépassent le golfe de Guinée, la progression commerciale des Russes vers l'est fut désormais ininterrompue. C'est d'ailleurs entre 1466 et 1472 que le Russe Nikitine atteignit l'Inde.

La progression s'effectua de rivière en rivière où des forts étaient construits, bien qu'à l'origine les tsars aient émis des réserves. L'Ob et l'Irtych furent atteints en 1585, l'Ienissei en 1628, l'Amour et la Kolyma en 1640. Iakoutsk était bâti en 1632 – avant Montréal – et en 1649 les Russes parvinrent au Kamtchatka.

Ce fut le butoir de l'Empire mandchou qui arrêta cette progression (traité de Nertchinsk, 1689). On doit ainsi rappeler que l'absorption de ces espaces immenses, avec peu d'hommes, a précédé l'expansion vers la Baltique et la mer Noire : Azov est occupé en 1701, la Livonie en 1710. D'où l'extrême sensibilité des Russes à tous les conflits frontaliers avec la Chine et le Japon.

Au XVIe siècle aussi, les Japonais colonisent

L'expansion et la colonisation japonaises sont plus anciennes que ne le transmet la tradition historique du monde occidental.

Selon la vision européocentrique de l'histoire, l'apparition des Européens au Japon — d'abord les Portugais, puis les Espagnols, les Hollandais, les Anglais — marque l'ouverture d'une étape dans l'élargissement du monde, et elle retient généralement la date de 1543, où ont lieu les premiers « incidents de navigation » ; ensuite, elle pose que c'est au milieu du XVIe siècle que se place l'introduction du christianisme par François Xavier, et que se sont soulevés, au Japon, les problèmes de l'avenir et de l'identité de la nation.

Toujours selon cette vision, le Japon se ferme ensuite aux étrangers (*sakoku*), il subit, au milieu du XIXe siècle, une nouvelle irruption des Occidentaux, se modernise, puis manifeste la puissance de sa conversion en imitant l'Occident au point d'être capable de devenir impérialiste à son tour.

Désoccidentalisée, l'histoire du Japon fait apparaître que la première colonisation japonaise est très ancienne ; elle est synchrone des tentatives de l'Occident, au XVIe siècle, de prendre pied en Extrême-Orient.

Simultanément, en effet, tout en se libérant du joug chinois, le Japon établit autour de lui une sorte de système colonial. Au nord d'abord où, dès l'époque de Kamakura (XIIIe siècle), le Shogun établit des contacts officiels avec les Aïnous de l'île de Yeso (Hokkaïdo depuis 1869). Organisé en chefferies, ce peuple avait sa culture autonome, qui s'exprimait dans *Yucar,* le poème épique de la nation. Aux XIVe et XVe siècles, les clans japonais du nord de Hondo étendirent leur domination, pas à pas, dans l'île de Yeso jusqu'à ce qu'en 1604 Ieyasu, depuis la capitale, octroie à la famille Matsumae, un clan vassal du Shogun, le monopole du commerce au nord et lui reconnaisse un droit de contrôle *à la fois* sur les marchands japonais qui y résidaient et sur les Aïnous qui vivaient dans ces régions (A. Berque).

Les Aïnous n'eurent plus aucune prise sur leur propre mode de vie : il leur fut interdit de posséder des rizières, ils furent confinés dans des activités traditionnelles, payèrent tribut et certains d'entre eux furent bientôt assimilés à des vagabonds, à des parias. Ils se révoltèrent, notamment en 1669, et furent écrasés.

Simultanément, à l'extrême sud, les Japonais mettent la main sur le royaume des îles Ryu-Kyu ; surtout, ils ont (déjà) un œil sur la Corée. Au vrai, jusqu'aux débuts du XVe siècle, la Corée et le Japon étaient placés sur un pied différent dans leur rapport de dépendance vis-à-vis de la Chine. Le Japon opère un premier décrochage lorsqu'il s'adresse au roi de Corée en utilisant dans ses missives le système de datation japonais, et non plus chinois. Puis, dans la seconde moitié du XVIe siècle, les nouveaux dirigeants du Japon se dégagent du système tributaire vis-à-vis de la Chine et s'efforcent de placer la Corée sous leur domination. Le ministre Hideyoshi envoie même un corps expéditionnaire dans la péninsule (1592).

Son successeur, Ieyasu, le retire, mais la réception offerte au légat du roi de Corée en 1607 est conçue comme la reconnaissance d'une vassalité...

Ainsi, alors que les Portugais organisent entre Macao, le Japon et Lisbonne une sorte de commerce triangulaire (H. Ninomiya) qui réanime le trafic en Extrême-Orient, le Japon développe une politique de contrôle des bases – les Ryu-Kyu – associée, à Hokkaïdo, à une politique d'expansion territoriale. Trois siècles plus tard, ils n'en ont pas perdu le souvenir.

CHAPITRE III

Conflits pour un Empire

PRÉFIGURATIONS...

Peut-on parler de préfiguration ?

Sans même que le terme d'empire colonial existe, les républiques-villes de la fin du Moyen Age en avaient un, au sens propre, avec ses points forts et les traits du capitalisme moderne — et cela bien avant les Découvertes. En ce qui concerne Gênes, Venise, Fernand Braudel a pu parler d'une « expansion européenne » à partir du XIIe siècle, œuvre de ces cités nouvelles, villes inédites ; en un sens, ces petits univers agressifs étaient tournés vers les échanges extérieurs et non plus en relation exclusive avec leurs campagnes.

La vie économique y prenant le pas, désormais, sur l'aspect agraire, ces constellations de villes-États ont constitué, bien vite, deux ensembles, le Sud et le Nord, l'Italie et les Pays-Bas, reliés par l'axe des routes marchandes qui a son nœud en Champagne. Ces deux constellations se complètent et se concurrencent, mais le Nord a pour frontières des forêts, et le Sud les richesses de Byzance et du monde arabe. Aussi, plus marchandes que le Nord, ce sont ces villes du Sud qui pendant trois siècles au moins l'emportent, Venise et Gênes surtout, dominant cette première micro-économie-monde qui a pour limites, outre Bruges et la Hanse, Lisbonne, Fès, Damas, Azov. Après avoir éliminé Amalfi et Pise, ces deux cités italiennes possèdent comptoirs et possessions extérieures, des côtes de la Berbérie jusqu'à Caffa en mer Noire. Une sorte d'empire portugais avant la lettre, mais à l'intérieur du monde méditerranéen. A l'époque des Croisades, Venise

Le partage du monde et le commerce

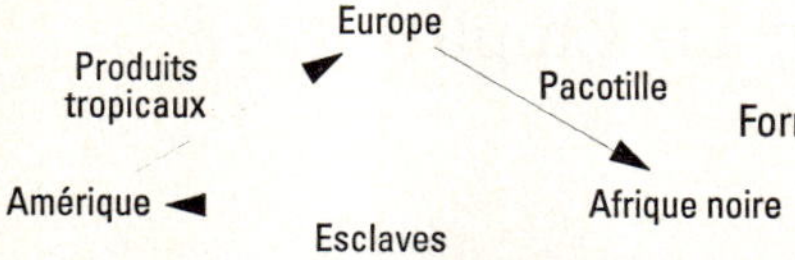

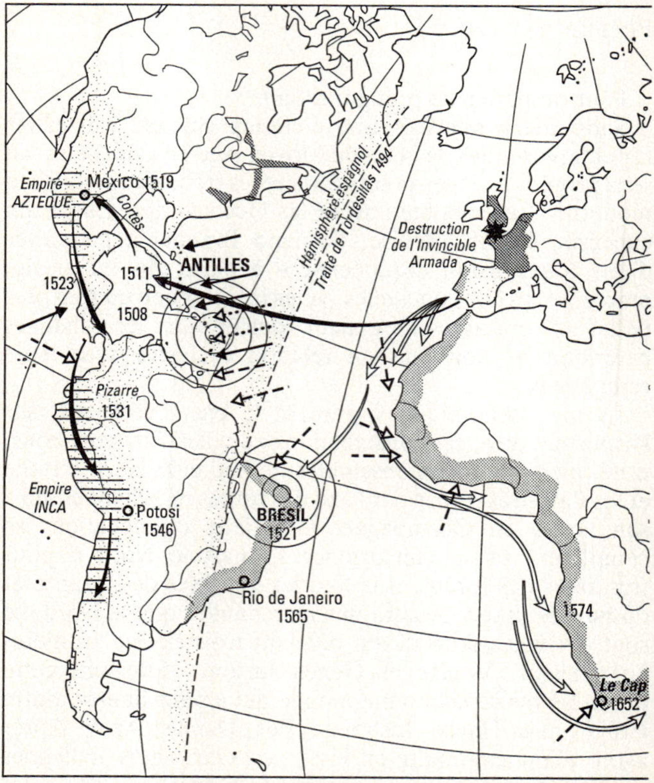

Source : D'après l'Atlas Hachette, *Histoire*

triangulaire, XVe-XVIIIe siècle

Formule complémentaire (ultérieure)

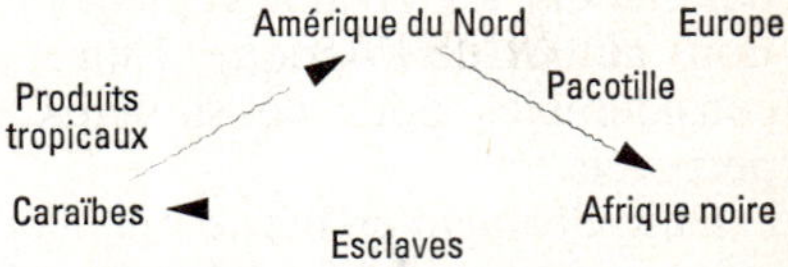

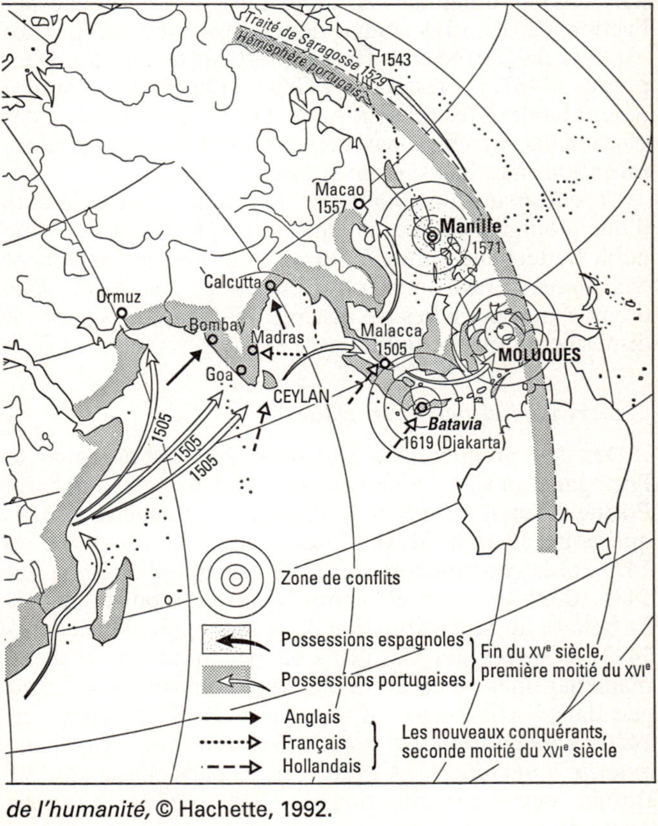

de l'humanité, © Hachette, 1992.

manque même de mettre la main sur l'Empire byzantin, mais Gênes y rétablit les Paléologue. Des deux cités, qui l'emportera ? Aucune, car, divisées, elles se heurtent à un mur : l'Islam fortement installé au Levant, que, dès 1282, des Génois, les Vivaldi, veulent contourner par des expéditions autour de l'Afrique. Entreprises qui échouent, trop considérables pour de si petits États... Mais l'idée se perpétue...

Et le Portugal en hérite, que la prise de Ceuta, en 1415, met sur les routes de l'Afrique. Le pays est stimulé par l'action de Henri le Navigateur (1394-1460) et par les exploits de Barthélemy Diaz qui atteint le cap des Tempêtes en 1487. Au reste, entre Gênes et Lisbonne, Florence et les Flandres, les échanges sont multiples, le transfert des plantations sucrières, par exemple, tout comme certaines inventions nautiques, étant le fait d'Italiens.

Ce qui assure un avantage à Lisbonne, c'est qu'à côté d'une bourgeoisie récemment développée il existe une noblesse terrienne prête à fournir pour le commandement des places fortes ou la mise en valeur des concessions d'outre-mer les cadres nécessaires. Ni Gênes ni Venise ne disposaient de cette noblesse de service.

La rivalité hispano-portugaise

Dès les premières découvertes, la rivalité entre le Portugal et la Castille manqua de dégénérer en conflit. Le Portugal s'était réservé le monopole du commerce d'Afrique noire au traité d'Alcaçovas, signé avec l'Espagne en 1479 ; et la construction du fort de Sao Jorge da Mina, en 1481, dont tous les éléments furent transportés depuis Lisbonne, fut la confirmation de ce monopole. Mais, après 1492, le succès des Castillans en Amérique conduisit au réaménagement d'un autre monopole reconnu aux Portugais dans l'Atlantique, du temps de Calixte III Borgia en 1456. *La Papauté était alors le seul État disposant d'une autorité « mondiale »*. Ce fut ainsi le pape Alexandre VI Borgia, neveu par adoption de Calixte III, et qui était d'origine espagnole, qui, par la bulle *Inter Caetera,* définit les zones d'influence entre les deux pays et accorda à l'Espagne les terres situées à 100 lieues à l'ouest de la dernière des îles Açores, « terres fermes et îles découvertes ou à découvrir vers l'Inde et vers toute autre part ». Devant les réclamations du Portugal, la ligne de démarcation fut repoussée de 170 lieues à l'ouest par le traité de Tordesillas (7 juin 1494). Jules II devait en confirmer les termes en 1506.

A cette date, les Portugais paraissent être les grands vainqueurs de la lutte pour la domination des routes, car ils ont à la fois atteint l'Inde par le cap de Bonne-Espérance et ruiné la domination des navigateurs arabes dans l'océan Indien. La gloire d'Albuquerque dépasse celle de Christophe Colomb, car les épices et l'or s'annoncent plus abondants en Orient qu'en Occident. C'est pour briser le monopole portugais que Charles, roi de Castille (le futur Charles V), signe avec Fernao de Magalhaes (Magellan) une convention lui donnant les moyens d'atteindre l'Inde par l'ouest, c'est-à-dire par le cap Horn et les Moluques (1519).

Mais, déjà, l'Amérique avait procuré aux Espagnols ses trésors et, bien que les Portugais aient de leur côté atteint le Brésil, la prépondérance de l'Espagne, unifiée depuis 1492, s'y affirmait sans équivoque.

En Amérique, la rivalité de l'Espagne et du Portugal n'avait pas pris fin avec l'organisation de leurs deux empires, aux XVIe et XVIIe siècles. Le Portugal réussit à récupérer les territoires du Saint-Sacrement en 1763. La guerre fit rage en 1774, et, après les traités de Saint-Ildefonse (1777) et de Pareto (1778), le Portugal récupéra l'île Sainte-Catherine mais perdit Fernando Po, en Guinée, que l'Espagne a conservé jusqu'au XXe siècle. Aux Amériques, il perdit à nouveau les territoires du Saint-Sacrement, mais il récupéra les territoires que la Papauté avait soustraits aux États, ces 7 *Reducciones* de l'Uruguay d'où sont bientôt chassés les jésuites.

Fiers de leur grandeur passée, amoindrie par l'Espagne puis par les Pays-Bas, les Portugais s'arc-boutent sur le Brésil, Timor et Goa, en Inde, dont le territoire s'agrandit, et, plus encore, ultérieurement, sur l'Afrique.

La rivalité Hollande-Portugal

La rivalité hispano-portugaise se perpétua de 1580 à 1640, bien que les deux couronnes, d'Espagne et du Portugal, fussent sur la même tête. Mais la Castille est indifférente aux coups qui sont portés aux dépendances du Portugal... Allié à une escadre anglaise, Abbas le Persan a enlevé Ormuz aux Portugais, tandis qu'Oman l'Arabe leur prend Mascate. Dans le golfe d'Oman, il ne reste plus grand-chose de l'œuvre d'Albuquerque.

Mais, pour les Portugais, la menace mortelle est venue des Hollandais.

Au vrai, leur expansion se plaçait dans le cadre de la lutte que les Hollandais et les Provinces-Unies menaient contre l'Espagne de Philippe II. Le Portugal ayant perdu son indépendance, l'unité ibérique n'en ouvrait pas moins une occasion unique de s'en prendre aux possessions portugaises. A Malacca, à Ceylan, la Compagnie hollandaise n'avait que des comptoirs, mais, dans les îles de la Sonde, elle fonde un empire aux dépens des Portugais. Pour assurer la sécurité de la route par la pointe de l'Afrique, les Hollandais enlèvent Le Cap aux Portugais (1652), point de départ de la colonisation boer en Afrique du Sud.

A l'ouest, la Compagnie des Indes occidentales, créée en 1621, laisse ses corsaires — Willekens, Piet Hein — piller les côtes du Brésil, occuper la Guyane et la région du Sergipe et du Maranhao. L'apogée de ce Brésil hollandais se situe à l'époque de Maurice de Nassau qui arrive à Recife en 1637 avec une mission d'urbanistes et de savants ; esprit tolérant, il amène avec lui une colonie de Juifs et de Maranes d'Ibérie qui organisent le commerce du sucre et du tabac. A Curaçao est ainsi inaugurée la première synagogue des Amériques.

Libérés de l'Espagne en 1640, les Portugais réagissent et forcent les garnisons hollandaises à se rembarquer, mais les Hollandais gardent Curaçao et une partie de la Guyane, autour de Surinam.

En Insulinde, les Portugais ne s'étaient pas vraiment enracinés. Ils étaient installés à Malacca, mais ils ne purent s'accrocher ni en Atjeh ni à Célèbes. Date historique, en 1596, la flotte hollandaise de Cornelis et Houtman y installait la VOC (Vereinigte Oost-Indische Compagnie, Compagnie des Indes orientales) et, peu à peu, ils chassaient les Portugais. Leurs véritables difficultés avaient été causées par les princes indonésiens qui résistaient à leur présence et qui avaient détruit la dynamique capitaliste des marchands de la région de Sourabaya. Éliminés, les Portugais ne demeurèrent qu'à Timor, où pourtant les Hollandais s'installèrent aussi en 1613, près de Kupang, obligeant les premiers à se replier dans le nord et l'est de l'île. Un traité, en 1642, délimita la part des uns et des autres, mais pendant deux siècles des combats intermittents les opposèrent. Ce n'est qu'en 1859 qu'un partage définitif fut réalisé, qui se conclut par un traité en 1904. Après l'occupation japonaise de l'île tout entière, l'Indonésie indépendante récupéra la partie hollandaise de Timor, la partie occidentale demeurant une « province portugaise ». Plus pour longtemps…

Angleterre : haro sur la Hollande

Cette montée en puissance des Provinces-Unies, cette omniprésence, fut à son faîte vers 1625, et l'hégémonie qu'Amsterdam conquit dura bien un demi-siècle, cette cité devenant le « Wall Street » de l'époque moderne. Immanuel Wallerstein a montré que ce qui caractérise cette maîtrise fut, sans doute, que les Hollandais s'assurèrent un avantage dans la plupart des domaines de la vie économique : originellement, la salaison sur navire et le fumage des poissons, la fabrication d'huile d'éclairage et de savon avec la graisse des baleines, une agriculture très intense et techniquement moderne grâce à l'utilisation des moulins, la capacité d'exporter des produits horticoles et d'acheter le blé suédois à bon compte. A ces atouts s'ajoute une industrie textile qui est toujours réputée et qui hérite de la tradition flamande, son centre se trouvant désormais à Leyde qui rivalise avec l'East-Anglie. Or, au commerce baltique florissant, aux échanges textiles avec l'Angleterre, avantageux, s'adjoint désormais une puissante activité dans les chantiers navals, les premiers d'Europe, ainsi que dans les industries en provenance des Indes, orientales surtout. Amsterdam possède 60 raffineries de sucre en 1661, qui travaillent pour l'exportation en France et en Angleterre. Ce trafic du sucre et des épices, assuré par la flotte la plus nombreuse de l'époque, est assuré par ces deux compagnies géantes qui font la fortune du pays, la *VOC* aux Indes orientales, plutôt préoccupée de commerce et volontiers pacifiste, et la *West India Company,* plus agressive, plus belliqueuse qui fonde New Amsterdam, les colonies hollandaises du Brésil et Curaçao (1634).

Le problème, pour les Anglais surtout, était que les Hollandais les ruinaient chez eux, car ils pouvaient vendre les produits de la Baltique (bois de construction pour les navires, blé, lin) à meilleur prix que les marchands anglais eux-mêmes. De plus, les Hollandais étaient omniprésents — océan Atlantique, Méditerranée, océan Indien, mer Baltique —, barrant la route aux initiatives des marchands et navigateurs anglais, en pleine expansion eux aussi.

Il fallait les chasser du panorama.

Cette détermination prend corps lorsque la guerre civile s'achève en Angleterre et qu'une sorte d'unité nationale se reconstitue qui a pour objectif de mettre fin à l'hégémonie économique et maritime des Hollandais. Il en résulte trois guerres anglo-hollandaises, en 1652-1654, puis en 1664-1667, puis en 1672-1674 — la France prenant alors la relève de l'Angleterre — et, pour les mêmes motifs, de 1674 à 1678.

Le coup d'envoi des hostilités avait été la promulgation, par Cromwell, des Actes de Navigation (1651) qui stipulaient que les produits entrant en Angleterre devaient être transportés soit sur des navires anglais, soit sur des navires du pays d'origine. Il y avait là une « provocation » à l'égard des Hollandais, courtiers des mers, et qui jouaient les transporteurs grâce à leur fret peu élevé. Les tarifs, que Colbert promulguait quelques années plus tard, avaient, au reste, la même fonction, en France.

Les traités qui suivirent ces guerres se traduisirent, à Breda, par l'abandon par les Hollandais de New Amsterdam, devenue New York — mais, en échange, ils obtenaient le Surinam, ce qui constituait néanmoins un coup d'arrêt à la puissance hollandaise. Certes, celle-ci contrôlait toujours des « Loges » à Moka, Bassorah et en Inde sur la côte de Coromandel ; au Bengale, elle comptait une vingtaine de comptoirs ; à Bangkok, Malacca, elle était toujours présente. Mais, au XVIIIe siècle, les dividendes de la Compagnie des Indes orientales tombèrent de 40 % à 25 %, à moins encore ; et, en Atlantique, la perte du Nord-Brésil au bénéfice du Portugal qui l'a récupéré ne fut pas compensée par le maintien au Surinam.

La puissance du Capital avait été vaincue par la force des armes. Malgré ses dons économiques, malgré son dynamisme, la Hollande avait dû baisser pavillon, ses flottes n'ayant pas su combattre aussi bien que celles des Anglais. Plus exactement, les bourgeois hollandais ne lui assurèrent plus les soins nécessaires depuis qu'elles n'étaient plus aussi « rentables » que des capitaux placés ailleurs ou autrement.

La déchéance hollandaise fut irréversible.

Frappée par l'Angleterre lors de la quatrième guerre de 1780 à 1784, la Hollande perdit encore Ceylan et Le Cap à la suite des guerres de la Révolution et de l'Empire ; et toujours à l'avantage de la Grande-Bretagne, au point qu'on pouvait dire, dès le XVIIIe siècle, qu'elle était devenue « une chaloupe accrochée à une des flottes de Sa Majesté Britannique ».

Outre-mer, l'Angleterre prenait la relève des Provinces-Unies, mais accompagnée de la France : la relève était ainsi conflictuelle, et ce, dès la paix d'Utrecht (1713). De plus on se battait désormais sur le territoire même des colonies, pas seulement sur mer, ce qui, certes, avait commencé au Canada, mais s'étendit désormais à l'Inde, et plus tard à l'Afrique.

Visées sur les colonies espagnoles

Le commerce oriental était une belle affaire, mais l'or et l'argent d'Amérique constituaient une tentation à laquelle les corsaires et les puissances montantes – l'Angleterre et la France – pouvaient difficilement résister. Au XVIe siècle, Drake avait donné l'exemple, et, depuis le désastre de l'Invincible Armada, Versailles ou Westminster — et les armateurs ou hommes d'affaires tout autant — se demandaient comment faire pour mettre la main sur le magot. Le capter au passage n'était qu'une solution au coup par coup.

Mettre la main sur l'Empire espagnol, pour Louis XIV, devait résulter d'une association entre la puissance française montante et celle des Bourbons d'Espagne, décadente depuis le règne de Charles II. Quant aux Anglais, leur commerce interlope avait commencé à se développer à partir de la Jamaïque sur les côtes du Mexique, et ils avaient su ajouter à cette fraude le rachat de contrats d'*asiento* que le roi d'Espagne avait consentis aux commerçants portugais. Cet affermage de la traite des Noirs dans le monde ibérique rapportait des profits considérables, de sorte que, par la contrebande et grâce à leurs importants contrats d'*asiento,* ils souhaitaient pénétrer les colonies espagnoles d'Amérique plus encore que les conquérir : car ils en tiraient d'immenses profits, et les risques d'une guerre étaient moindres.

La mort de Charles II et la succession d'Espagne, attribuée par testament au petit-fils de Louis XIV, remirent tout en question. L'Europe se coalisa contre la France (1701) et la guerre commença, en Italie, en Allemagne, aux Pays-Bas, sur mer, aux colonies : la France fut même envahie après la défaite du duc de Bourgogne à Oudenarde, et la prise de Lille (1708). La victoire de Villars à Denain redressa la situation de Louis XIV, mais déjà un compromis était élaboré à Utrecht : Philippe V, le petit-fils, garderait l'Espagne, mais il renonçait à ses droits sur la Couronne de France (1713).

Indépendamment des conflits de puissance opposant les Habsbourg à la monarchie française — l'empereur reçut les possessions italiennes de l'Espagne et des Pays-Bas —, la guerre avait eu pour principal enjeu le destin des colonies espagnoles d'Amérique. Au traité d'Utrecht, elles demeuraient sous la souveraineté de Philippe V.

Mais l'Angleterre y élargissait sa sphère d'influence.

En premier lieu, elle obtenait pour une compagnie privée le monopole de l'*asiento* pour trente ans, clause garantie par les deux États. Ensuite, elle obtenait le droit dit du « vaisseau de permission », c'est-à-dire de disposer d'un vaisseau qui pourrait librement commercer en Amérique — et pratiquer l'interlope. Les Anglais perfectionnèrent aussitôt ces avantages en postant le vaisseau en face de Buenos Aires, les autres navires faisant la navette jusqu'à Bristol, et le vaisseau constituant ainsi une sorte de base permanente installée au cœur de la baie. Et comme l'Angleterre avait signé avec le Portugal un accord, avec Methuen, qui lui permettait de négocier au Brésil, une route parallèle à celle de la Plata devait lui permettre aussi de trafiquer par le Paranagua, Asuncion et le Chaco. Mais les missions jésuites firent obstacle. Cependant, à l'autre bout de l'Empire espagnol, les Anglais s'installaient au Honduras, à partir de la Jamaïque, d'où ils s'efforcèrent de contrôler Panama depuis le territoire des Mosquitos. Commerce d'abord, à la différence des Espagnols, les Anglais n'évangélisent pas.

De sorte que, d'un côté, les Anglais s'arrogeaient le droit de faire de la contrebande par toutes les entrées de l'Empire espagnol, de l'autre, Madrid sévissait sans oser déclarer la guerre. La crise éclata lorsque les marchands de Bristol et de Liverpool commencèrent à protester contre la façon dont les Espagnols réglaient les litiges suscités par leurs propres abus... Ils avaient rêvé de mettre la main sur une partie de l'Empire espagnol lors des négociations d'Utrecht, et les concessions obtenues leur semblaient dérisoires. Robert Walpole fut débordé par ce courant belliqueux, la guerre fut déclarée en 1739, le cardinal Fleury se joignant à l'Espagne.

Cette guerre anglo-espagnole fut marquée par le fameux périple de l'amiral Anson, que Voltaire a glorifié dans *Le Siècle de Louis XIV* : chargé de débarquer au Pérou, sa flotte en partie détruite par la tempête, avec le seul navire qui lui restait il repartit vers les Philippines à la poursuite du galion de Manille et s'en empara, pour en rapporter triomphalement les cargaisons en Angleterre (1744). La paix conclue sur les bases du traité de Methuen permettait aux produits anglais de pénétrer librement dans la péninsule espagnole.

Le fait nouveau, dans ces guerres et conflits de l'époque

de Walpole et de Newcastle, est l'intervention de l'opinion publique que réveillent les vieux sentiments antiespagnols, et qui manifeste un esprit « jingo », vindicatif et conquérant. Le chauvinisme se tourne aussi bien contre la France, eu égard à ses avancées au Canada et en Inde — alors qu'en vérité c'étaient les colons anglais qui, en Amérique du Nord, exerçaient une poussée. Or, la prise de l'île du cap Breton, en 1745, est saluée, elle aussi, par des éclats de chauvinisme qui font contraste avec la torpeur qui règne à ce propos en Espagne et en France. « Une des plus insurmontables difficultés que je prévois dans toute négociation avec la France, écrit P.D.S. Chesterfield, est notre nouvelle acquisition du cap Breton, qui est devenu le plus cher objet de toute la nation et qui est dix fois plus populaire que Gibraltar l'a été. »

Ce bellicisme antifrançais et antiespagnol se retrouve dans les Caraïbes qui sont au carrefour du « commerce triangulaire ».

La rivalité franco-anglaise

La rivalité franco-anglaise aux colonies a sans doute marqué plus que toute autre confrontation la mémoire historique des Français : elle est ponctuée d'épreuves qui s'étendent sur près de deux siècles, telles « la perte de l'Inde et du Canada », Fachoda, etc. Mais cette formulation laisse croire que dès l'origine se sont heurtées deux politiques coloniales bien définies, alors que l'Ancien Régime français, au moins, n'a connu qu'une succession de politiques au coup par coup ; ce n'est qu'à l'époque de l'impérialisme qu'effectivement les deux puissances se sont affrontées constamment pour la constitution d'un empire. Puis une vision rétrospective de l'Histoire a fait remonter cet antagonisme-là au XVIIIe siècle.

Du XVIIe siècle à la chute de Napoléon, on assiste plutôt à la construction de cette rivalité, à l'occasion de conflits épars, sans que, côté français, l'Angleterre soit particulièrement visée. A l'époque de Philippe II, ce serait plutôt l'Espagne dont on aimerait saisir une partie de l'Empire ; mais ensuite on s'allie à elle pour qu'elle ne soit pas dépecée par l'Angleterre. Au XVIIe siècle, en Inde, ce sont les possessions des Hollandais qui sont visées les premières, mais les conflits armés y opposent les Français aux Anglais. Lorsque commence le brutal déclin de la Hollande, vers 1670, Louis XIV regarde encore malgré tout l'Angleterre comme un allié de la France, mais faible. Cette sous-estimation de la puissance anglaise est ainsi apparue très tôt.

Autre trait : le conflit avec l'Angleterre n'est pas de même nature au Canada où il a des relents papistes, religieux en tout cas — et il s'y poursuit une guerre des religions ; alors qu'en Inde les objectifs sont commerciaux, purement commerciaux, avant d'être territoriaux.

Aux Antilles, l'antagonisme franco-anglais se dissout dans l'intérêt bien compris des colons, qui n'est pas nécessairement lié à leur patrie d'origine.

Une autre caractéristique définit cet antagonisme historique : Immanuel Wallerstein a bien mis en valeur qu'il se développe au moment où les conflits internes à chacun des deux pays comptent moins, désormais, que les conflits avec l'étranger. Bref, où l'intérêt de l'État prend le relais des conflits du monarque avec les féodaux, avec les notables, ou encore des problèmes religieux.

Ils deviennent des conflits entre nations ; et, aux colonies, les Compagnies qui avaient été créées pour leur exploitation baissent pavillon devant les gouvernements.

Malgré son déclin, la Hollande gardait encore la haute main sur le commerce de l'océan Indien grâce à la *Compagnie des Indes orientales.* Mais celle-ci devait faire face à la concurrence des *Chartered,* ces Compagnies anglaises, souvent créancières de l'État, et bien placées pour se faire aider, qui ne cessèrent de se développer entre 1720 et 1740, malgré la débauche financière de la *Compagnie des mers du Sud,* les soubresauts que l'Inde connut après la mort d'Aurangzeb (1707) et l'effondrement de l'Empire mogol. La montée en puissance de la nation marathe mit en danger leurs comptoirs de Bombay et de Calcutta, et la Compagnie dut jouer des alliances avec les *soubabs* du Dekkan qui avaient pris, eux aussi, la relève d'Aurangzeb. La Compagnie française des Indes exploitait à peu près le même domaine, ayant fondé Mahé et Karikal en 1723 et 1739. Elle était sous le contrôle du frère du ministre Philibert Orry, à la façon dont la Compagnie anglaise dépendait de Sir Robert Walpole. Mais bientôt les agents de ces Compagnies, sur place, menèrent une politique plus active, et qui dépassa le cadre du négoce. Ce furent les Français qui donnèrent le coup d'envoi.

Alors que Lenoir, le fondateur de Mahé, qui avait réussi à sauver les comptes de la Compagnie à l'époque de la banqueroute de Law, avait été un administrateur, un commerçant avisé, son successeur, Dumas, n'eut plus avec les Indiens le comportement d'un marchand, mais celui d'un colonial ; il traita avec les nababs, interféra dans leurs conflits, ayant sauvé, par exemple, la fille et la femme de Dost Ali, un prince que menaçaient les Marathes. Il fut ainsi l'initiateur d'une action purement politique qui échappa à la Compagnie et sollicita l'appui des ministres. Il en alla de même avec son successeur, Dupleix : ce fut leur politique qui suscita la riposte de la Compagnie anglaise. L'idée de Dumas, de 1735 à 1741, avait été d'organiser une milice indigène, les Cipayes, de l'encadrer de Français et de transformer les comptoirs en citadelles tout en mettant ses troupes au service des princes alliés. Il devint ainsi puissant, se fit décerner le titre de nabab. Dupleix fit un pas de plus : il pensait que si la Compagnie, au lieu de se contenter du commerce et de l'occupation militaire d'une ou de plusieurs places, prenait sous sa protection des princes, ceux-ci lui concéderaient en échange, soit des terres à exploiter, soit le revenu des impôts.

En un sens, il fut l'*inventeur d'une conception du protectorat* qui allait être reprise en Égypte, un siècle plus tard, et au Maroc.

Sur la côte des Circars (Yanaon, Masulipatnam) et de Coromandel (Pondichéry, Karikal), il se fit l'allié du nabab de Carnatic, et quand les Anglais, décidément inquiets de cet expansionnisme, mirent le siège devant Pondichéry, le nabab de Carnatic lui sauva la mise. Un an plus tard, Mahé de La Bourdonnais, qui avait fait de l'île de France et de Bourbon la grande base navale sur la route des Indes, vint mettre le siège devant Madras et s'en empara ; mais au lieu de la remettre au nabab de Carnatic, il restitua la ville aux

Anglais, moyennant rançon. Dupleix cassa la capitulation et fit enfermer La Bourdonnais à la Bastille. Attaqué par l'amiral Boscawen, Dupleix réussit à faire lever le siège de Pondichéry, mais, à la paix d'Aix-la-Chapelle, il dut rendre Madras aux Anglais.

Pourtant, par princes indiens interposés, il entre à nouveau dans le jeu des querelles successorales au Carnatic et au Dekkan, les Anglais faisant de même ; mais l'Anglais Clive réussit à l'emporter sur les condottieri successifs de Dupleix. Certes, il contrôle de vastes territoires, mais ses conquêtes sont coûteuses et, à Paris comme à Londres, les Compagnies cherchent un compromis. Le commissaire Godeheu conclut à l'imprudence de Dupleix, qui est rappelé (1754). Le traité qui porte son nom sonne le glas de la politique conquérante.

La guerre reprend pourtant, suscitée par le nabab du Bengale, Suraj-ud-Daula, qui attaque Calcutta, la fait capituler et confine 146 Anglais dans un local sans air, le « trou noir », où les deux tiers meurent asphyxiés (1756). Avec 900 Européens et 1900 Cipayes, Clive reprend Calcutta et Chandernagor, et triomphe de Suraj-ud-Daula, à la bataille de Plassey (1757). Ayant repoussé l'armée du Grand Mogol venu à la rescousse, il fait passer le Bengale, le Bihar et l'Orissa sous le protectorat de sa Compagnie. De là date l'installation des Anglais en Inde.

Les Français Lally-Tollendal et Bussy essaient de reprendre pied en Inde, mais leur tentative est un échec, et de l'Inde, au traité de Paris, il ne reste à la France que les 5 comptoirs — qu'elle avait, au reste, perdus militairement —, ce qui apparaît comme une réussite diplomatique de Choiseul...

La défaite des Français était venue du fait que Dupleix, ayant agi dans le dos de sa Compagnie, avait été obligé de ne demander qu'une aide limitée, de « bluffer » pour faire valoir ses succès. Certes, ils étaient réels puisqu'il avait exercé un véritable protectorat sur le Carnatic et que le Dekkan était devenu une zone d'influence française. Jusqu'en 1750, les Anglais avaient plus ou moins laissé faire, estimant que Dupleix s'enferrait dans les querelles interindiennes. Mais la marche de Muzaffer et de Bussy sur la

L'Inde à l'époque de la rivalité franco-anglaise

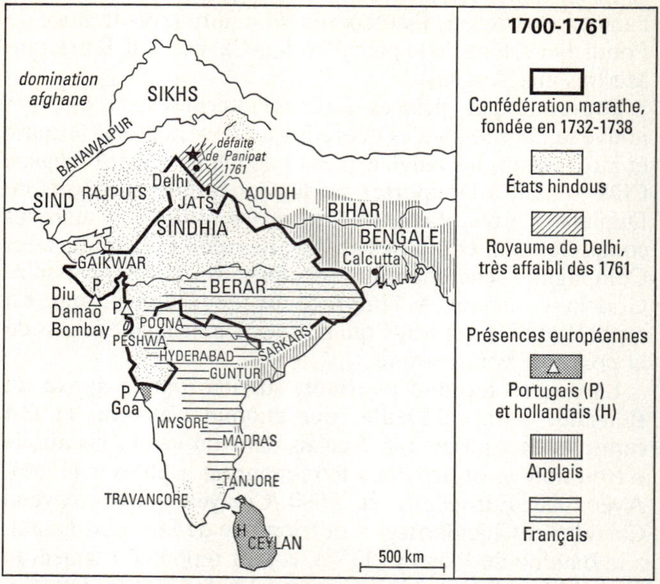

Source : D'après l'Atlas Hachette, *Histoire de l'humanité,* © Hachette, 1992.

capitale du Dekkan amena le gouverneur anglais Thomas Saunders à mettre le holà, et désormais Dupleix le rencontra sur sa route, tant en Dekkan qu'en Carnatic, un ensemble de territoires qui constituait une proie trop énorme pour les Français.

Selon le jugement de Marc Vigié dans son ouvrage sur Dupleix, certes, celui-ci fut à la fois l'inventeur de l'armée coloniale et le promoteur d'une politique nouvelle ; mais il pécha par aveuglement, et son anglophobie se révéla maladive. « L'Angleterre a conduit dans l'Inde la nation portugaise sous l'esclavage, l'hollandaise baisse le col et subira bientôt le joug. Elle souhaite nous soumettre aussi », écrit-il ainsi. Le réalisme prudent de ses supérieurs, à Paris, lui parut être une preuve de faiblesse, un manque de patriotisme, une trahison.

De ce point de vue aussi, Dupleix fut un précurseur, car c'est à la suite de son rappel et de ses échecs que naît le mythe de « l'Inde perdue », que « nous ont prise les Anglais », alors qu'en vérité ce fut son action qui les amena à réagir quand ils n'étaient pas vraiment disposés à la conquérir. Approuvé par les uns, tel l'abbé Raynal, critiqué par ceux qui s'opposent à la politique coloniale du roi, tel Voltaire, Dupleix devint un héros lorsque la France voulut se redonner un Empire, après 1870, et que son souvenir (comme celui de Montcalm) ressuscita la haine des Anglais : entre 1881 et 1913 furent publiés quinze ouvrages sur Dupleix et la Compagnie française des Indes.

En Amérique du Nord, la rivalité franco-anglaise oppose, cette fois, des colons à d'autres colons. Mais la différence essentielle entre leur situation réciproque est que, globalement, côté français, la métropole s'intéresse peu à leur sort, alors que Londres, au contraire, est très actif dans la défense des anglophones d'Amérique. Pourquoi cette différence ?

D'abord parce que, pour l'opinion française, la mise en valeur de ces régions ne présente qu'un intérêt limité. « Que valent ces arpents de neige ? » interroge Voltaire, tandis que le ministre Choiseul en 1758 juge aussi qu'une lieue carrée aux Pays-Bas vaut mieux que tout le Canada. « Le degré sous lequel cette colonie est située, écrit un peu plus tard le comte Jean-Frédéric de Maurepas, ne peut pas lui procurer la même richesse qu'aux îles d'Amérique. Les cultures qui s'y pratiquent sont les mêmes qui se font dans le royaume, excepté le vin. » Ce sont des vues de terriens. Et pendant la guerre de Sept Ans, lorsque le marquis de Montcalm lance un appel au secours après la chute de Fort Frontenac, le ministre de la Marine, N.R. Berryer, lui répond : « Quand le feu est à la maison, on ne s'occupe pas des écuries. »

Les Anglais, au contraire, ont une autre vision de l'Amérique du Nord. Pour eux, les colons constituent une main-d'œuvre et une clientèle qui leur expédient des matières premières à bon compte (bois, surtout) et des fourrures, et à qui ils vont vendre des produits manufacturés. Le système dit de « l'exclusif » doit ainsi fonctionner à l'avantage des entrepreneurs anglais — mais à condition que les colons d'Amérique ne fabriquent rien eux-mêmes, « pas même un clou », et qu'ils achètent ces produits en Grande-Bretagne.

Le gouvernement anglais ne cesse ainsi d'envoyer outre-mer des colons, alors que les Bourbons de France demeurent indifférents — depuis qu'est dépassé l'aspect religieux de la confrontation au Canada. De sorte que, vers 1740, alors que les colonies anglaises d'Amérique sont fortes de près d'un million d'habitants, on compte au plus 80 000 colons français, plus quelques milliers d'autres en Louisiane.

Au XVIIIe siècle, ce ne sont pas tellement les persécutions religieuses qui constituent un motif à l'émigration (au reste, lorsque des protestants français, lors de la révocation de l'Édit de Nantes, veulent s'en aller aux Amériques, le roi le leur interdit — mais rien ne prouve qu'ils eussent été nombreux à partir), mais ce sont des raisons d'ordre économique, la crise agricole irlandaise, la dévastation du Palatinat par les guerres, qui sont à l'origine de ces départs. Des agences d'émigration les prennent en charge ; elles sont anglaises ou hollandaises, pas françaises. Ainsi, les émigrants qui affluent viennent des pays anglo-saxons et germaniques, avant tout les Scot-Irish, descendants des Écossais, qui avaient choisi l'Ulster, et les Suisses ou Allemands de la région rhénane.

Ces colons poussent vers l'intérieur où ils rencontrent les Français, installés sur l'Ohio et dont les domaines, peuplés, barrent la route vers l'ouest : premier motif de conflit. Le deuxième était qu'une partie des Canadiens français, notamment à l'époque du gouverneur Beauharnais, prospectaient toutes les routes qui, par les Grands Lacs ou la baie d'Hudson, auraient pu atteindre le Pacifique. Cette « quête de la mer de l'Ouest » amena, certes, des hommes tel La Verendrye à être les premiers sur les Rocheuses, à travers les prairies, mais ils n'exploitaient pas ce territoire balisé, et la Compagnie anglaise de la baie d'Hudson entendait bien se l'approprier.

En Louisiane, enfin, où régnait la Compagnie des Indes, les conflits entre Anglais de Caroline-Géorgie et les Français dégénèrent en luttes armées par Indiens interposés, les Anglais réussissant à soulever les Natchez et les Chicachas contre les Français. L'incapacité de la Compagnie à défendre la Louisiane imposa sa rétrocession au gouvernement royal, en 1731.

C'est cette poussée anglo-saxonne qui est à l'origine des conflits avec les Français plus que la politique de Londres — mais l'Angleterre soutient ses colons, l'opinion publique les encourage et se déchaîne contre les Français, alors que Versailles est indifférent. Au lendemain du traité d'Aix-la-Chapelle (1748), la première offensive est menée depuis Halifax, en Nouvelle-Écosse, dans la direction de l'Acadie, tandis que les colons du Massachusetts opèrent vers le Saint-Laurent, atteignant la ligne de faîte qui sépare les deux versants, laurentien et atlantique. Simultanément, d'autres colons, irlandais et allemands surtout, s'étendaient vers l'Illinois, fondant Fort Pickawillany, et des Virginiens sous la direction de George Washington se heurtaient, dans un combat, aux Français de Jumonville qui devaient capituler à Fort Necessity, Jumonville ayant été tué dans des conditions obscures.

Ce qui ajoute au ressentiment des Français fut la mesure prise par le gouverneur Lawrence qui, après la conquête de l'Acadie, procède au « grand dérangement », c'est-à-dire à la dispersion des Acadiens, 7 000 d'entre eux (sur 10 000) étant expédiés en Nouvelle-Angleterre et dans les autres colonies anglaises d'Amérique.

Lorsque les opérations reprennent, pendant la guerre de Sept Ans (1756-1763), les Anglais disposent d'une flotte très supérieure — 158 vaisseaux contre 60 environ — qui se saisit, d'emblée, de 300 autres bâtiments français, la marine française perdant ainsi 6 000 matelots. La guerre maritime est un tel succès que les Anglais, après la victoire de l'amiral Boscawen sur La Clue, à Lagos, envisagent de débarquer en France et occupent Belle-Isle.

Incapable de défendre les côtes françaises, la marine royale est ainsi impuissante à porter le moindre secours aux Canadiens français, déjà submergés par le nombre. Les qualités militaires du marquis de Montcalm retardent toutefois les succès anglo-américains. Ceux-ci occupent d'abord Fort Duquesne et Fort Frontenac pour couper le Canada de la Louisiane, tandis qu'à l'est la flotte de Boscawen occupe Louisbourg, la forteresse qui symbolise la présence française en Amérique du Nord (1758). Dans une bataille décisive menée par James Wolfe contre Montcalm, les deux chefs meurent devant Québec qui tombe aux mains des Anglais. A Montréal enfin, le gouverneur, le marquis de Vaudreuil, cerné par les colonnes anglaises, doit capituler (1760).

Au traité de Paris (1763), le gouvernement de Louis XV, qui avait été obsédé par ses préoccupations continentales, abandonne l'outre-mer et perd le Canada au bénéfice de l'Angleterre, rétrocédant la Louisiane à son allié, l'Espagne. De ses immenses possessions américaines la France ne garde plus qu'une partie de ses possessions aux Caraïbes — qu'elle préfère au Canada : on reviendra sur ce choix.

Le physiocrate Bourlamaque analysant, en son temps, les causes de cette défaite française y vit « une mauvaise organisation des pouvoirs, entre le Gouverneur, l'Intendant, le Commandant des troupes, mais aussi le rejet de la tolérance en faveur des protestants, l'absence d'une politique d'immigration en faveur des étrangers, les excès d'une politique d'expansion conduite par les ordres religieux, l'absence de politique indigène — et, bien sûr, l'aveuglement de la métropole ».

Avec le recul de l'histoire, on juge que 1763 marque la fin de l'Empire colonial français première manière. Mais le regard des contemporains était différent : d'abord, la France gardait les Antilles, ce qui semblait l'essentiel ; ensuite, ses ministres comptaient bien reprendre pied au Canada — Choiseul et Vergennes s'y emploient.

C'est alors que commence la guerre d'indépendance des États-Unis, et le paradoxe est bien que ce sont avec les colons, qui avaient été à l'origine de la défaite française, que Versailles s'allie — pour prendre sa revanche sur l'Angleterre. On comprend que, dans ces conditions, les Français du Canada aient pu vouloir demeurer à l'écart.

SURVIVANCES ET NOUVEAUX TERRAINS DE RIVALITÉ

Les rivalités apparues avec la grande découverte de la route des Indes ne prirent pas fin lors des événements d'Amérique, en 1776, ni avec la Révolution, l'Empire et l'indépendance des colonies espagnoles jusqu'en 1821 — mais elles perdirent une partie de leur signification.

L'effondrement du domaine colonial français, avec la perte de l'Inde, du Canada, de Haïti, est le plus spectaculaire ; mais celui du domaine espagnol n'est guère moindre — il ne lui reste que les Philippines, Cuba et quelques mini-territoires. Pourtant, c'est la Grande-Bretagne qui, paradoxalement, a été le plus secouée par les suites du traité de Paris (1763), la Révolution française et l'Empire. Elle sortait victorieuse de toutes ces crises ; néanmoins, avec l'indépendance des États-Unis d'Amérique, elle ne pouvait plus arguer d'une des raisons d'être de son impérialisme naissant — l'existence de colonies anglaises de par le monde, puisque celles-ci venaient de se révolter. Il lui fallait reconsidérer cette politique de peuplement britannique outre-mer qui lui tenait tant à cœur.

Et puis, une autre menace planait sur des colonies d'un deuxième type, celles à fort rapport économique, ces îles à sucre entre autres. Leur profit avait été considérable et, par exemple, côté français, elles n'avaient jamais été tant prospères qu'après la perte du Canada et de l'Inde, entre 1763 et 1789. Or, après 1800, les révoltes des Noirs, l'abolition de l'esclavage et de la traite pouvaient mettre en péril l'avenir de ces possessions. A Paris et à Londres surtout, on s'interroge et on se demande — déjà... — s'il ne serait pas préférable que ces colonies fussent indépendantes, et qu'on commerce avantageusement avec elles.

Dans ce contexte d'après 1815, où seules l'Inde et l'Insulinde rapportent aux Anglais et aux Hollandais des profits croissants, les anciennes rivalités coloniales n'avaient plus de réalité immédiate, mais elles étaient encore vivantes dans les mémoires.

Au reste, quand la France renoue avec une politique conquérante, c'est loin des aires d'extension du vieux rival britannique : en Algérie, en Annam, au Sénégal, et bientôt en Tunisie. Les Anglais, d'ailleurs, se saisissent eux aussi de terres lointaines, Australie, Nouvelle-Zélande, etc., et l'on se heurte dans le Pacifique.

Un grand tournant : l'Égypte ou l'Algérie

Détachée de sa « légende », avec ce que cela signifie de risques courus, de pièges évités, d'irrationnalité, l'expédition de Bonaparte en Égypte figure le passage d'un type d'expansion à un autre. Le Consul se présente avec ses armées en tant que membre de l'Institut, encadré d'une cohorte de savants : 21 mathématiciens, 3 astronomes, 17 ingénieurs, 13 naturalistes, 22 imprimeurs, etc., et, parmi eux, des personnalités aussi illustres que Monge, Geoffroy Saint-Hilaire, Berthollet. Il veut montrer qu'il débarque avec une armée qui incarne la *civilisation* — il ne s'agit *ni d'or ni de Christ.* Bonaparte dit, au reste, « qu'il respecte, plus que les mamelouks, Dieu, son prophète et l'Alcoran » — c'est-à-dire le Coran.

Le deuxième trait est sans doute l'enracinement de cette aventure dans une conjoncture plus longue, que l'historiographie traditionnelle occulte en découpant le récit des événements en tranches chronologiques : Ancien Régime, Révolution, Empire, Restauration. En 1797, en effet, toujours à l'Institut, Talleyrand avait repris un projet de Choiseul réclamant la cession de l'Égypte à la France, pays à la mode, au reste, dont Voltaire avait fait la description, après Savary, dans son *Voyage en Égypte et en Syrie.* Il s'agirait de rouvrir la route de l'Inde, pour rejoindre l'allié Tippoo-Sahib, devenu sultan de Mysore, en 1784 (Y. Benot).

La nouveauté est que le projet s'associe à une idée qui émerge : démanteler cet Empire ottoman, dont on annonce l'effondrement imminent, et auquel Catherine II et Joseph II voudraient substituer un Empire grec, quitte à en rafler au passage quelques lambeaux. L'Espagne et la France auraient leur lot. A celle-ci serait attribuée l'Égypte, ou bien le pays des Barbaresques. En 1802, d'ailleurs, Bonaparte prévoit une expédition contre Alger, « car ses brigandages sont la honte de l'Europe et des Temps modernes ». Puis, à nouveau, en 1808, il imagine une reconquête de l'Égypte pour que ne la gardent pas les Anglais. Ainsi naît la rivalité à propos de cet « homme malade », l'Empire ottoman, sur lequel Napoléon n'a pas pu mettre la main, malgré ses premières victoires. Mais lorsque, après avoir vaincu les armées napoléoniennes, les Anglais veulent s'installer, Méhémet-Ali les contraint à rembarquer, et, avec les Français demeurés sur place, se trame l'alliance entre les deux pays.

Surtout, l'expédition d'Égypte et le projet d'Alger expriment bien un tournant de l'histoire de la colonisation : car ses promoteurs la déclaraient inscrite dans la lutte contre la traite et l'esclavage ; ils inauguraient ainsi l'argumentaire des conquérants de l'Afrique, au XIXe siècle.

Une parenthèse : grandeur fugitive de l'impérialisme égyptien (1820-1885)

Au moment même où la France et l'Angleterre avaient des visées sur l'Égypte, celle-ci commençait à s'émanciper de l'Empire ottoman et retrouvait les voies anciennes de l'impérialisme et de la colonisation arabes vers le sud, vers le Soudan. A cette date, sa principale source d'esclaves blancs diminuait, depuis que les Russes progressaient dans le Caucase. Privés de leurs Circassiens et Géorgiens, les États musulmans avaient dû se tourner vers d'autres sources pour s'alimenter en esclaves, et on assista à un élan nouveau de ce trafic le long de la vallée du Nil. Là se trouvait un des premiers motifs de l'expansion égyptienne vers l'Éthiopie, dont les esclaves hommes, et femmes surtout, étaient plus appréciés que les *zandjs* (les Noirs).

Méhémet-Ali, vice-roi d'Égypte, pour pouvoir les utiliser au Hedjaz, comptait néanmoins incorporer ces Noirs dans son armée, car les autres soldats du Nizam Al-Jadid (nom donné à son armée instruite à l'européenne) supportaient mal les chaleurs de l'Arabie. Il s'agissait pour

L'Empire turc

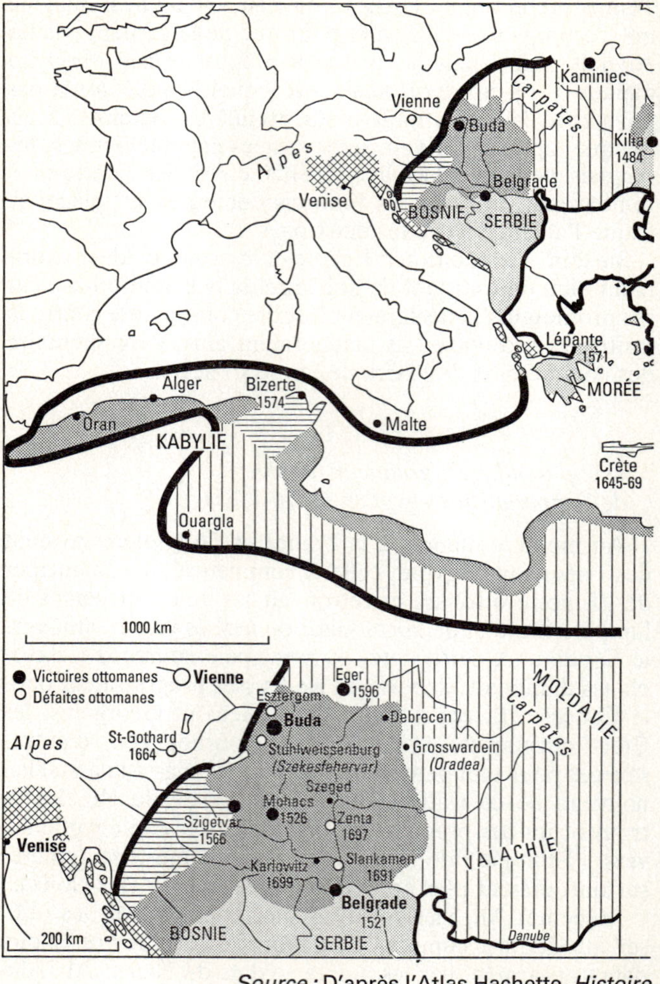

Source : D'après l'Atlas Hachette, *Histoire*

XVe-XVIIe siècle

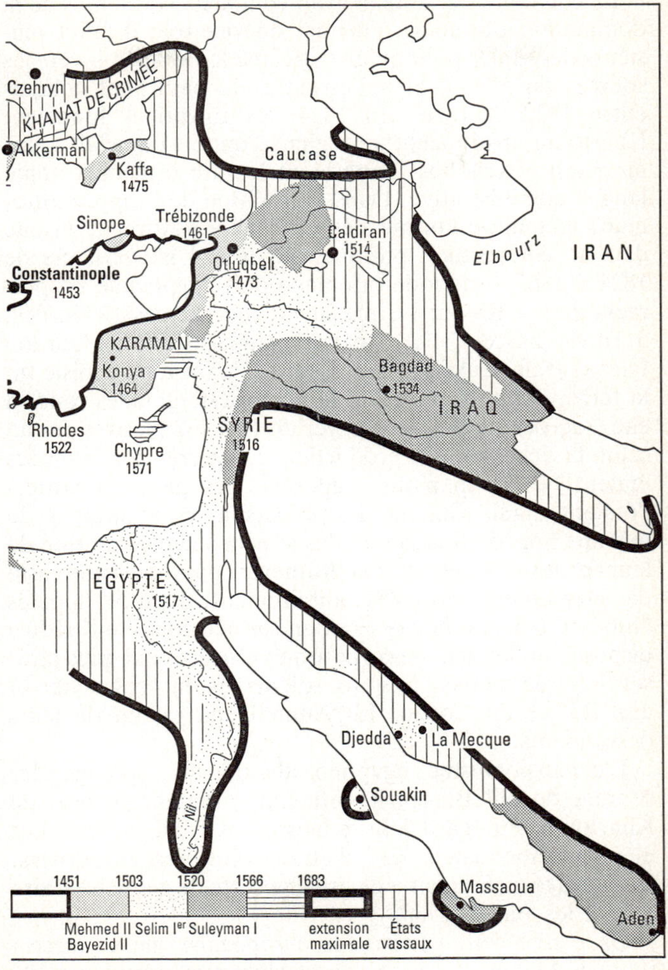

de l'humanité, © Hachette, 1992.

l'Égypte de reprendre les Lieux saints aux Wahabites. Ainsi, maître du Caire, du Soudan, des Lieux saints, Méhémet-Ali reconstituerait le grand Empire arabe…

La conquête du Soudan avait commencé du temps de la domination ottomane, au nom du vice-roi ; il fallut plusieurs décennies pour qu'elle atteigne le Darfour – vers les sources du Nil –, mais l'essentiel du pays était conquis entre 1820 et 1826. En 1824, les Égyptiens fondaient Khartoum, instituaient un régime d'impôts qui allait susciter maintes révoltes, imposaient le turc osmanli comme langue administrative. Dans la tradition de l'Empire ottoman, le multi-ethnisme des dirigeants s'affirmait jusque dans la colonisation puisque, sur les 24 gouverneurs de 1821 à 1885 – période ottomane puis égyptienne proprement dite –, il y eut 8 Circassiens (Tcherkesses), 2 Kurdes, 5 Turcs, 2 Grecs, 1 Albanais, 1 Anglais (le futur Gordon Pacha) et un seul Égyptien. La base de taxation choisie fut la terre, l'unité taxée étant le nombre de grandes roues à eau (*sagiya*) qui devaient payer de 15 à 132 piastres par an selon la richesse de la production. Les terres non irriguées étaient beaucoup moins imposées ; les palmiers-dattiers l'étaient aussi. Comme les soldats noirs mouraient de maladie hors du Soudan, on les affecta à la colonisation de leurs propres terres. Ils n'en formèrent pas moins une caste de mercenaires formés militairement, bientôt appelés Nubi, et, à défaut de posséder une armée noire, le Khédive disposa, au Soudan, de corps armés efficaces qui, plus tard, servirent de mercenaires aux Allemands du Tanganyika et aux Belges du Congo. Idi Amin Dada est un de leurs descendants.

L'expansionnisme égyptien aboutit au repérage des sources du Nil Blanc ; il s'effectua aisément en aval de Khartoum, eu égard à la faiblesse des tribus noires. Les éléphants abondaient, ce qui attira aventuriers et touristes, le « voyage au Soudan » devint une sorte de genre littéraire durant les années 1860.

Or, c'est à cette pénétration européenne que les successeurs de Méhémet-Ali, Abbas et Mohammed Saïd, essayèrent de s'opposer. Devenu khédive à titre héréditaire, en 1867, Ismaïl voulut moderniser le pays, et, comme d'autres monarques en ce temps-là, il céda à la fascination des chemins de fer et des navires à vapeur. Il se lançait bientôt dans la construction du canal de Suez, l'œuvre de De Lesseps.

Cet événement du siècle, Ismaïl en fit une manifestation de la grandeur de l'Égypte, montrant ainsi que ce pays faisait partie, désormais, des « grandes puissances » modernes. A son inauguration furent invités des princes, des écrivains — Ibsen, Fromentin, Zola, etc. —, des musiciens. En 1869, l'impératrice Eugénie prit la tête du premier cortège de navires qui franchirent le canal et, au Caire, en 1871, on inaugura l'Opéra avec une représentation de *Aïda,* de Verdi, écrit pour la circonstance.

L'Égypte cédait à « la tentation de l'Occident ».

Parfaitement conscient des visées impérialistes de l'Europe, Ismaïl fit appel à des ingénieurs et conseillers militaires américains, et voulut gagner de vitesse les Français et les Anglais qui convoitaient le Haut-Soudan. A l'Exposition universelle de 1878, il déclara que son pays présenterait une carte où l'Empire africain de l'Égypte s'étendrait jusqu'au lac Tchad, avec le projet de s'ouvrir une voie jusqu'à l'Atlantique.

De fait, seules des expéditions vers la côte des Somalis obtinrent quelque résultat; mais peu, car les troupes éthiopiennes l'emportèrent sur les égyptiennes en 1875-1876.

Le Khédive avait confié à l'Anglais Gordon Pacha le soin de mettre fin à la traite, mission que le gouverneur de Khartoum transforma en une véritable croisade. Or, la traite faisait vivre le pays depuis près d'un millénaire, et les caravanes, sans esclaves, furent ruinées à leur tour. Cependant, les dépenses engagées au nom de la modernisation de l'Égypte aboutissaient à un endettement qui, bientôt, devenait mortel, faisant tomber l'Égypte aux mains de ses créanciers, des pans entiers de l'économie ayant été mis sous tutelle. En 1879, le Khédive abdiquait ; bientôt Arabi Pacha se soulevait contre l'emprise européenne sur l'Égypte et, en 1882, les Anglais occupaient le pays.

Quant au Soudan, marqué par la colonisation égyptienne et l'administration ottomane, il devenait à son tour possession britannique. C'est dans ces circonstances que, revenu à Khartoum pour défendre la ville face aux attaques d'un mahdi, Mohammed Ahmed, Gordon Pacha y rentra avec des forces dérisoires et fut tué, mort héroïque qui bouleversa l'Angleterre (1885).

Algérie-Tunisie : d'un type d'expansion à l'autre

La conquête de l'Algérie avait répondu à des objectifs politiques et commerciaux, des milieux marseillais en particulier : la colonisation du pays appartint à une expansion de type ancien, encore préimpérialiste, si l'on peut dire. Cette domination changea pourtant de nature, dans la mesure où l'Algérie fut bientôt une chasse gardée des capitaux français – privés –, mais dont l'État garantissait le profit. C'est pour cela qu'on peut mettre en cause ici l'opinion, largement diffusée, que les colonies et l'expansion constituaient un gouffre budgétaire, car ce jugement ne prenait en compte qu'un aspect du problème. En effet, si les colonies coûtaient cher à l'État, elles rapportaient gros aux intérêts privés de la métropole.

En outre, autre facteur passé sous silence, les dépenses contribuaient à l'enrichissement de ces citoyens devenus colons et qui, en métropole, n'auraient pas connu les mêmes avantages et n'auraient pas pu s'enrichir de la même façon : il serait utile de calculer quelle fut la progression du niveau de vie des Français d'Algérie, fonctionnaires y compris, un siècle après la conquête totale du pays, de la comparer à celle des métropolitains... (cf. plus loin, p. 393).

Le fait aussi de maintenir l'Algérie dans un état préindustriel assurait aux capitaux placés dans l'industrie métropolitaine un débouché sans risque, étant donné le protectionnisme régnant sur ces « départements ».

Si l'étranger est hors jeu dans l'entreprise algérienne de la France, il ne l'est pas en Tunisie où les puissances européennes rivalisaient pour établir leur influence par l'intermédiaire de leurs consuls : l'Italie, avec Maccio, la France, avec Roustan, la Grande-Bretagne, avec Wood.

La méthode consistait à obtenir des concessions de

travaux publics pour le pays, à laisser le Bey contracter des emprunts qu'il se trouverait un jour incapable de rembourser — une méthode qui fut particulièrement opératoire en Tunisie et en Égypte. En Tunisie, la rivalité franco-italienne est vive ; elle devient visible lorsque la compagnie Rubattino achète la concession du chemin de fer Tunis-La Goulette à une compagnie anglaise en éliminant la compagnie française des chemins de fer Bône-Guelma. Déjà, ces trois pays siégeaient à la Commission financière de la Dette, véritable protectorat à trois sur la Régence, la présence d'un Français à la vice-présidence, Victor Villet, assurant la prééminence à la France. Enfin, ayant réussi à faire nommer un de leurs clients, Kheredine, Premier ministre, les intérêts français peuvent acquérir le domaine de l'*Enfida,* près de 90 000 hectares. Il se forme ainsi une sorte de consortium financier où se trouvent à la fois ceux qui spéculent sur les terrains et ceux qui spéculent sur les valeurs tunisiennes. Ses membres, qui constituent un des noyaux du Parti colonial, « fréquentent chez Gambetta » et ne peuvent ignorer ce qui se trame dans les milieux politiques et y collaborer, une connexion qu'a pu identifier Jean Ganiage.

Une phrase de Lord Salisbury avait produit son effet : « Vous ne pouvez pas laisser Carthage aux mains des Barbares », avait-il dit à Waddington au moment où l'Angleterre entendait se saisir de Chypre (1878). Disraeli avait confirmé, et les difficultés que Wood annonçait à Tunis même pouvaient ainsi être surmontées. De fait, dès que l'Italie pressentit les visées françaises, elle protesta, multiplia les envois de colons, qui étaient bientôt 10 000 face à 1 000 Français, remua Bismarck et Gladstone — successeur de Salisbury —, pas mécontents que naisse une rivalité franco-italienne. Mais Bismarck pensait qu'après la perte de l'Alsace-Lorraine il serait peu habile que la France rencontrât l'Allemagne sur sa route en toute circonstance. « La poire est mûre », dit-il à l'ambassadeur de France, « à vous de la cueillir ».

La Sublime Porte, théoriquement suzeraine, n'avait jamais admis, quelques décennies plus tôt, la perte de l'Algérie comme irréversible. Depuis, à partir de la Tunisie, de fréquentes incursions eurent lieu en Algérie qui visaient les colons français qui s'étendaient en tache d'huile... On en a comptabilisé 2379, de 1871 à 1881 : ce fut la 2380e qui fut la bonne, car elle donna le prétexte voulu à l'armée française pour mettre fin au « danger Khroumir ». La facilité du succès surprit tout le monde ; et les Allemands firent un geste pour détourner les Turcs d'une intervention depuis la Tripolitaine. L'Italie protesta, il y eut des soubresauts dans le sud du pays qui nécessitèrent une deuxième expédition ; mais le traité du Bardo signé par le Bey fut ratifié par la Chambre française malgré Clemenceau et grâce à Jules Ferry.

Il fut suivi, en 1883, par la convention de La Marsa qui établissait le protectorat de la France sur la Tunisie, formule nouvelle, qui était une concession à la fois aux puissances rivales et au Bey, dont le gouverneur général (français) devait être le ministre des Affaires étrangères. Le protectorat dépendait ainsi, en métropole, non pas du ministre de la Marine, mais du Quai d'Orsay. La fiction de la Tunisie État étranger et « souverain » était accentuée.

Dans le cas tunisien, les rivalités des puissances ne s'étaient guère manifestées, parce que l'expansion française s'opérait loin des zones visées par les Anglais — ou les Allemands, l'Italie seule faisant vraiment obstacle. La Grande-Bretagne était demeurée les yeux mi-clos, et au même moment la France s'effaçait en Égypte, après que la rivalité eut menacé d'être vive, surtout dans ce pays où explose un nationalisme arabe en pleine effervescence.

Dans le cas marocain, la conjoncture tunisienne se retrouve, avec deux différences toutefois. D'abord encouragée par l'Allemagne, la France voit la situation changer lorsque le Kaiser adopte une attitude différente parce que, entre les années quatre-vingt et le tournant du siècle, ses ambitions deviennent d'autant plus impérieuses que le partage de l'Afrique l'a laissé insatisfait. En menaçant la France, il teste l'Entente cordiale. La mise en tutelle du Maroc nécessite ainsi une trentaine d'années. Autre différence, il apparaît qu'en France les intérêts économiques et financiers « en dernière analyse imposent leur volonté à l'État — alors qu'en Tunisie ils n'en avaient pas encore les moyens » (J. Thobie).

Jusqu'en 1906 environ, les groupes financiers, Schneider et la Banque de Paris et des Pays-Bas surtout, procèdent comme en Tunisie : ils prêtent de l'argent au Sultan, prennent le contrôle des finances du pays, s'ouvrent des marchés, etc., tandis que les diplomates nettoient le terrain pour que place nette soit faite à l'intervention française. Delcassé suit de près l'aspect financier des choses, jugeant que les avoirs de Schneider sont insuffisants pour satisfaire aux exigences virtuelles du Sultan : il mise ainsi sur la Banque de Paris et des Pays-Bas, le capital financier menant le jeu. L'intérêt des banques françaises tend alors à se confondre avec la politique du gouvernement. Envers le Sultan, leurs conditions sont draconiennes, et d'aucuns pensent qu'une occupation militaire sera la meilleure garantie des prêts consentis. Le *Comité de l'Afrique française* subventionne même le général Lyautey pour que, depuis l'Oranie, il achète le concours de chefs des oasis de l'autre côté de la frontière : Colomb-Béchar, Figuig, Berguent… « J'avance comme une vrille », commente Lyautey qui, en Algérie, est soutenu par le gouverneur Jonnart.

En Algérie, en effet, on se rappelle que l'intervention du Sultan, en 1844, avait aidé Abd el-Kader à se défendre contre la France et que, malgré une défaite militaire, elle avait limité l'extension du territoire de l'Algérie vers l'ouest : mais, là, les frontières n'étaient pas fixées vraiment — on avait plutôt défini l'obédience des tribus, Maroc ou Algérie, au traité de Lalla Marnia, pas une ligne territoriale de partage. Ce qui autorisait toutes les chicanes ; après 1960, elles ont survécu à l'indépendance de ces deux pays…

Or, on avait l'idée que, dans ces régions, de riches mines de phosphate étaient sous roche.

Depuis 1880, à la conférence de Madrid, la France avait dû accepter l'internationalisation de la mise en valeur du Maroc : l'Espagne, la Grande-Bretagne, l'Allemagne. Delcassé détourna l'Angleterre en lui laissant les mains libres en Égypte ; à l'Espagne, on laissa la liberté d'occuper le Rio del Oro. Il restait l'Allemagne.

Avec elle, le conflit s'anime avant 1906, date de la conférence d'Algésiras ; il s'exaspère en 1911, lorsque Guillaume II place une canonnière en face de la cité d'Agadir. Le passage de Guillaume II à Tanger assura à l'Allemagne, pour un demi-siècle, la sympathie des Arabes, le Kaiser incarnant la puissance sans colonies qui s'oppose à l'appétit des impérialistes français et anglais.

Exacerbation des rivalités coloniales à l'âge impérialiste

Vers la fin du XIXe siècle, les interférences entre les groupes financiers et industriels en voie de développement, d'une part, et chaque État, d'autre part, aiguisent les rivalités entre nations industrielles, qui veulent placer leurs produits ou leurs capitaux. La colonisation devient une des formes de cette expansion, mais elle apparaît comme la plus sûre dans le processus d'accaparement de territoires. Elle n'est pas jugée pour autant être la plus avantageuse dans tous les cas, et, par exemple, en France, l'expansion économique et financière, entre 1870 et 1914, s'exerce prioritairement hors de l'Empire colonial : dans l'Empire ottoman essentiellement, avant 1882, en Russie surtout, après 1891. Ce qui n'exclut pas l'idée, à long terme, ou si l'occasion s'en présente, d'une domination de caractère semi-colonial : en attestent la crise égyptienne de 1881-1882, celle des finances tunisiennes en 1882, le partage de l'Empire ottoman en 1918 et le projet de division de la Russie en « zones d'influence » pendant la guerre civile russe et l'intervention étrangère (1918-1920).

S'il n'existe pas de corrélation absolue entre l'installation politique de la France outre-mer et la courbe du commerce français, au moins observe-t-on une corrélation inverse entre la part des exportations avec l'Empire et le recul des exportations totales.

Ainsi, tout comme l'expansion aux colonies devient pour la France une compensation à ses échecs après 1871, elle est également une sécurité de caractère économique et joue, là encore, le rôle d'une compensation.

Partage de l'Afrique noire

Suscitée par les conflits autour du Congo que se disputaient le roi Léopold, à titre privé, Stanley son agent, et Brazza au nom de la France, la conférence de Berlin fut, de fait, organisée par Bismarck qui voulait confirmer son rôle d'arbitre dans les conflits internationaux, mais participer aussi désormais à la curée.

La France avait obtenu un droit de préemption ou de préférence sur le Congo pour le cas où l'*Association* de Léopold l'abandonnerait ; mais la Grande-Bretagne et le Portugal protestaient contre cette extension des prétentions françaises qu'avait illustrée la signature du traité Makoko, ratifié en grande pompe à la Chambre des députés, une première. Le Portugal invoquait ses droits « historiques ». D'un côté, en effet, depuis la perte du Brésil, la conscience nationale exacerbée de certains milieux portugais jugeait nécessaire la renaissance d'un Empire qui n'avait cessé de se rétrécir ; de l'autre, une reprise économique à Sao Tomé et en Angola, accompagnée d'une grande dépression au Portugal, de 1873 à 1896, comme dans toute l'Europe d'ailleurs, constituait un appel à l'action qui réanima une sorte de micro-impérialisme, à l'origine d'une ruée nouvelle vers l'Afrique. Celle-ci se manifesta avec force à la conférence de Berlin et permit au Portugal d'obtenir une part de dépouilles, grâce à d'anciennes positions établies, mais hors de proportions avec la puissance du pays. Il est vrai qu'Anglais et Allemands préféraient voir les possessions portugaises s'agrandir vers l'intérieur plutôt que de laisser la France s'étendre à l'infini : et c'est ce qui se passa en Angola et au Mozambique.

Quatorze puissances participèrent à la conférence de Berlin (1884-1885) qui, pour l'essentiel, établit une sorte de « gentleman's agreement » ; les puissances européennes s'engageaient chacune à ne plus procéder à des acquisitions sauvages sans le notifier aux autres, pour leur permettre de faire des réclamations. Les peuples ou rois africains, considérés comme *res nullius,* n'étaient même pas consultés ni informés de toutes ces discussions.

L'Afrique politique précoloniale
X^{e}-XVIe siècle

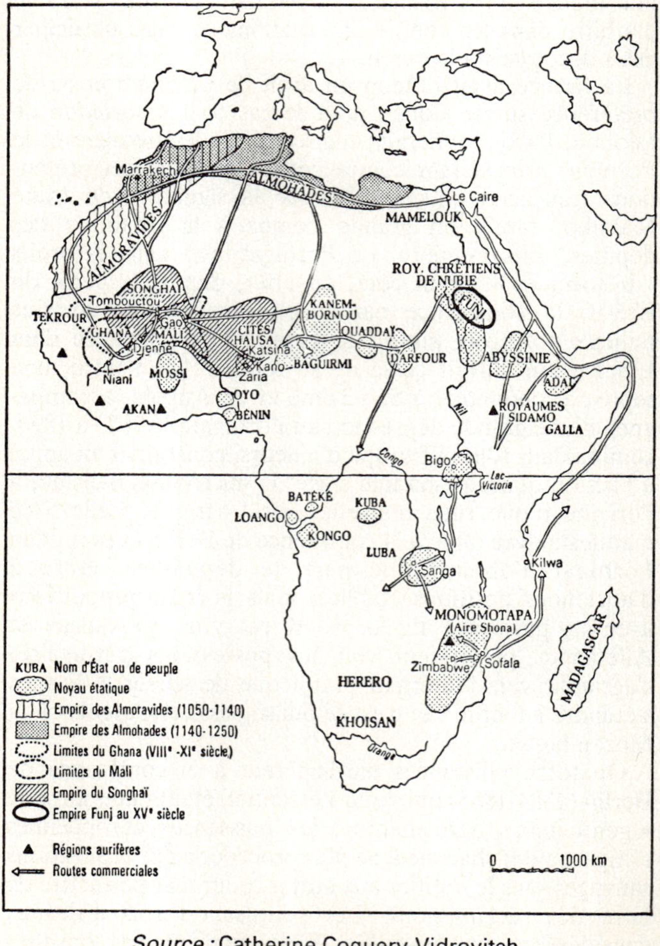

Source : Catherine Coquery-Vidrovitch, *Afrique noire,* Paris, Payot, 1985, p. 90.

Le principal bénéficiaire fut bien Léopold, dont le titre de souverain propriétaire du Congo fut reconnu de tous, ce qui l'autorisa, jugea-t-il, à y intégrer le Katanga. En vertu de son droit de préférence, la France laissait faire, espérant plus tard recueillir le magot, qu'en fait l'État belge reçut en héritage en 1908.

A la suite de cette conférence, les principales puissances européennes qui visaient des territoires se ruèrent sur eux, quitte à conclure — entre Européens — des accords de délimitation de frontières ; celles qui ont survécu jusqu'après l'indépendance des États africains, un siècle plus tard. La Grande-Bretagne en signa une trentaine avec le Portugal, 25 avec l'Allemagne, 149 avec la France... Quant aux « traités » avec les Africains, la France en avait conclu 118, de 1819 à 1880, et encore 126 de plus jusqu'en 1914 ; Stanley en conclut 257, etc.

Déjà l'Allemagne avait défini ses zones d'influence : le Sud-Ouest africain où un négociant de Brême, Luderitz, avait débarqué en 1882, et où une flotte allemande amena bientôt des missionnaires ; puis le Kamerun (ainsi orthographié en ce temps-là), et le Togo, où avait opéré un explorateur, Nachtingal, en 1884 ; enfin, l'Est africain, occupé grâce à Carl Peters, parti de Zanzibar, avec une poignée d'hommes. Plus à l'ouest, les Allemands de la *Deutsche Ostafrikanische Gesellschaft* y rencontrèrent les Anglais de l'*Imperial British East Africa,* et le partage s'opéra entre le Tanganyika et le Nyassaland, tandis que les Anglais s'installaient seuls en Ouganda, puis annexaient Zanzibar (1888-1890).

Partis du Sénégal, les Français s'avancent vers le lac Tchad et le Niger (Borgnis-Desbordes fonde Bamako en 1882), et, comme les Anglais de la *Royal Niger Company* s'installent sur le bas Niger, les Français s'élancent vers le Tchad, « plaque tournante du continent noir ». C'est autour de ce lac que la France compte opérer la jonction de toutes ses possessions : Afrique du Nord, Sénégal et Niger, Gabon et Congo se trouvant réunis par un lien avec le reste des possessions françaises.

La conférence de Berlin n'a pas vraiment procédé au partage de l'Afrique noire, comme on l'a dit, ni même à la reconnaissance de zones d'influence dans l'hinterland : elle a seulement formulé des « règles de jeu » qui ont permis cette débauche d'opérations et d'annexions qu'on a appelées la « course au clocher », chaque puissance européenne se précipitant pour planter son drapeau sur le plus grand nombre de territoires possible... Mais, à Berlin, les puissances se sont bien saisies de l'Afrique.

Si à Berlin le « partage » a été un mythe, en Afrique les rêves de conquête sont devenus une réalité.

L'Angleterre, maîtresse des mers, souhaite avant tout contrôler les côtes, depuis Freetown en Gambie jusqu'au-delà de Zanzibar en passant par Le Cap. Ensuite, stimulée par l'action de Cecil Rhodes en Afrique du Sud et par sa récente occupation de l'Égypte, elle rêve d'établir la jonction du Cap au Caire, en passant par les Grands Lacs.

La France, entre Sénégal et Niger, voudrait faire se rejoindre, autour du lac Tchad, le Sahara, l'Afrique du Nord et l'Afrique occidentale. En outre, par le Gabon, qu'elle espère agrandir du Congo léopoldien, elle entend atteindre Djibouti, *via* le haut Nil. C'est au croisement de cette route et du projet anglais du Cap au Caire que se produit l'incident de Fachoda, entre Kitchener et le capitaine Marchand (1898).

L'Allemagne voudrait créer un Empire de *Mittel Afrika* qui partirait du « Kamerun » et atteindrait le Tanganyika : entre les deux, le Congo de Léopold fait barrage. Quant au Portugal, il rêve de l'Angola et du Mozambique, mais il se heurte à la poussée, vers le nord, des Républiques boers et des Anglais.

Plusieurs traités règlent ces conflits de rivalité — indépendamment des populations africaines concernées, qui réagissent à leur façon.

Les premiers sont conclus entre l'Allemagne et la Grande-Bretagne, en 1886, à propos du conflit dans la zone du Kilimandjaro et de la souveraineté de Zanzibar. Tandis que le roi Abushiri se soulève en Tanganyika contre les Allemands de Emin Pacha (en réalité Edward Schnitzer), les Anglais et les Allemands se divisent sur l'aide à apporter à celui-ci, et, en 1890, l'Allemagne signe un nouveau traité avec l'Angleterre qui lui accorde la prise en charge des territoires de la *Deutsche Ostafrikanische Gesellschaft.* A cette date, toute cette région des accès vers l'Ouganda était sous la domination des derviches, et elle fut délimitée de telle sorte que les accords conclus par Carl Peters ne menacent pas les projets britanniques qui, depuis le Soudan, comptaient atteindre le Kenya.

Henri Brunschwig juge que ce traité de 1890 est tout à fait typique des accords signés pendant cette phase d'impérialisme colonial. L'article I laissait à l'Angleterre les monts Mfoumbiro (Rwanda), attestés par Stanley ; on s'aperçut plus tard qu'ils n'existaient pas. De même, le Rio del Rey, qui devait délimiter le Nigeria du Kameroun, n'était qu'une indentation de la côte... Les sphères d'influence étaient définies de façon vague, et, en échange de ce que l'Allemagne abandonnait en Ouganda et en Zanzibar, elle recevait la petite île d'Heligoland au large de la mer du Nord, « trois royaumes contre une baignoire » (Carl Peters). Il est vrai que, pour Bismarck, ce qui comptait était l'Europe, et en 1890 il veut se concilier la Grande-Bretagne. Et puis, juge son successeur Caprivi, « les royaumes étaient à conquérir, la baignoire n'avait qu'à entrer dans la salle de bains ». Mais les nationalistes allemands sont furieux.

Le premier accord franco-anglais de 1890 sur le Tchad portait les mêmes stigmates, imprécision des frontières, ignorance des autorités indigènes : « Les deux gouvernements admettent qu'il y avait lieu, dans l'avenir, de substituer progressivement aux lignes idéales qui ont servi à délimiter la frontière un tracé déterminé par la configuration naturelle du terrain, par des points exactement reconnus. »

Ce fut la rivalité navale anglo-allemande, au tournant du siècle — un des aspects d'une confrontation pour la domination du monde —, qui aida à la solution d'une crise franco-britannique, née à la suite de la mission Marchand, vers le Bahr el-Ghazal et le haut Nil. L'opération avait été conçue par le résident de France à Djibouti, Léonce Lagarde, avec la complicité de l'empereur d'Éthiopie, Ménélik, qui venait de triompher des Italiens venus occuper l'Abyssinie, à la bataille d'Adoua (1896). Pendant que le capitaine Marchand partirait du Congo, l'explorateur Bonchamp le rejoindrait, en venant de l'est, depuis Djibouti. Mais, tandis que Marchand atteignait bien Fachoda, en 1898, Bonchamp, arrivé pas loin un peu plus tôt, avait dû, épuisé, s'en retourner. Cependant, alertés par le tintamarre autour de ce projet « du Soudan à Djibouti », les Anglais déclarèrent qu'ils s'y opposeraient, et Kitchener, avec 25 000 hommes, après avoir battu les mahdistes du haut Nil, s'empara de Fachoda avec 3 200 hommes « au nom de l'Égypte ». Les opinions publiques s'enflammèrent en Angleterre comme en France, et, pour Guillaume II, cela devenait « intéressant ». Mais Delcassé reconnut qu'il n'avait que « des raisons, face à des soldats », et, comme les Anglais ne souhaitaient pas non plus la confrontation, au contraire, puisqu'il fallait faire front contre l'Allemagne, un accord se conclut. Marchand reçut l'ordre de se retirer et la France ressentit l'humiliation. De fait, selon l'accord de 1904, elle perdit Bahr el-Ghazal mais gagna en échange l'Oubangui-Chari et le Sahara que devait « pacifier » le commandant Laperrine d'Hautpoul.

On s'était partagé l'Afrique, il restait à la conquérir.

Les nouveaux conquérants

Loin d'être des trognes à épée, la plupart d'entre eux se veulent les porteurs d'un grand dessein. Ils ont beau passer des populations entières au fil de l'épée — tel Gallieni à ses débuts — ou les faire brûler vives — tel Bugeaud en Algérie —, ces actions ne constituent à leurs yeux que les moyens nécessaires à la réalisation du projet colonial, cette mission civilisatrice qui prend la relève de l'évangélisation chère aux conquérants du XVIe siècle.

Ils se veulent les héros solitaires de cette grande œuvre qui les distingue de la vie médiocre qu'ils auraient menée en métropole. Cette ambition, on en voit mieux le profil en constatant qu'elle n'obéit pas à des motifs intéressés ou subalternes : la plupart d'entre eux sont d'extraction aisée — Faidherbe et Pavie sont l'exception, officier pauvre le premier, et postier le second. Mais les autres sont hommes de haute lignée et de culture. Bugeaud, Brazza, Laperrine,

Selkirk, Serpa Pinto appartiennent à des familles titrées ; Gallieni, Carl Peters, Lyautey, Wakefield, Milner sont respectivement fils d'officier, de pasteur, d'ingénieur, d'avocat, de médecin – ce n'est pas le besoin qui les guide.

Comme les révolutionnaires russes, ils constituent une sorte d'intelligentsia. Au reste, tous ont écrit ou fait des recherches en sciences sociales. Pavie est un ethnologue, Bugeaud un polémiste, George Grey un bibliophile ; Cecil Rhodes part en campagne avec Aristote et Marc Aurèle dans son paquetage ; Saint-Arnaud lit *L'Imitation de Jésus-Christ,* Lyautey lit autant que Lénine – ce grand dévoreur de brochures et de textes –, mais il lit Baudelaire, Barrès et Bourget plus que les traités militaires. Sa devise est un vers de Shelley : « La joie de vivre est dans l'action. »

André Gide, dans son *Voyage au Congo,* s'étonnait de la rudesse méprisante avec laquelle les coloniaux s'adressent aux colonisés : elle s'explique par la solidarité de couleur et la haute vision qu'ils ont d'eux-mêmes, excluant toute relation avec l'autre qui pût être égalitaire.

La difficulté surgit de ce qu'ils plantaient leur drapeau au nom des droits de l'homme, de l'égalité justement, de l'*Habeas Corpus* et de la liberté, sans voir nécessairement qu'ils violaient leurs principes d'action.

Ces considérations, pourtant, n'avaient pas toujours prise sur tous.

Bugeaud en est le meilleur exemple. Toute sa vie, il exprime sa haine de hobereau pour toutes les nouveautés sociales et toute expression de la pensée libre. Ce monarchiste actif vitupère l'instruction qu'on proposait de donner au peuple, et il le fit savoir à Thiers : « La nation ne peut vivre que par un travail très dur qui ne laisse aux hommes des champs ou des fabriques ni loisir ni force pour l'étude »... Ailleurs, il écrivait : « Envoyez-moi les idéologues en Afrique où je reste, pour les faire tuer. Ce serait là bien servir le pays. » La société, selon lui, reposait sur quatre piliers : travail, famille, patrie et religion. Il fallait éliminer quiconque pensait autrement.

En Algérie, il triompha d'Abd el-Kader à la bataille de la

Tafna ; mais, sûr de lui, il ne contrôla pas le texte en arabe de la convention qui accompagnait la fin des combats. Or, celui-ci reconnaissait à l'émir sa domination sur toute l'Algérie. De bonne grâce, ce dernier accorda au général, au reste hostile à l'occupation de tout le pays, les 100 000 boudjous (180 000 francs) que celui-ci demanda à l'Arabe... en bakchich : pour les chemins vicinaux de Dordogne et pour ses officiers. Le scandale ne fit que le rendre encore plus populaire auprès de ses hommes. Il s'occupait d'eux comme pas un, et le bien-être du soldat était son premier souci. En échange d'une discipline de fer, il les laissait ensuite piller, violer, s'amuser... Et au combat, ne les quittait jamais ; de là naquit le célèbre refrain : « L'as-tu vue, la casquette, la casquette ? l'as-tu vue la casquette du père Bugeaud ? » « Jamais chef d'armée n'a pu, grâce à sa bienveillance et son autorité morale, obtenir autant de ses soldats que le général Bugeaud : il les aurait menés au bout du monde, il les aurait fait se jeter dans le feu » (C.-A. Julien).

Militairement, il décida de s'appuyer sur de gros forts et d'utiliser la razzia pour amener l'ennemi à demander l'*aman,* le pardon de la soumission.

« En Europe, nous ne faisons pas seulement la guerre aux armées, nous la faisons aux intérêts... nous nous saisissons du commerce des douanes et ces intérêts sont forcés de capituler... Il n'y a à saisir en Afrique qu'un intérêt, l'intérêt agricole... Il est plus difficile à saisir qu'ailleurs, car il n'y a ni villages ni fermes. J'y ai réfléchi bien longtemps, en me levant et en me couchant : eh bien, je n'ai pu découvrir d'autre moyen de soumettre le pays que de saisir cet intérêt. »

Bugeaud mit ainsi le pays à feu et à sang et, en 1842 par exemple, il fit tout brûler entre Miliana et Cherchell. « On ne se bat pas, on incendie », écrit de son côté Saint-Arnaud. « On brûle tous les douars, tous les villages, toutes les cahutes... Que de femmes et d'enfants, réfugiés dans les neiges de l'Atlas, y sont morts de froid et de misère... On ravage, on pille, on détruit les maisons... les feux qui brûlent encore m'indiquent la marche de la colonne... » Bugeaud couvrit de son autorité le général

Pélissier qui enfuma un millier d'Arabes dans les grottes de Dahra en 1845.

Il avait fini par vaincre Abd el-Kader, il avait triomphé du fils du sultan du Maroc venu à son secours (bataille de l'Isly, 1844) et ne voulait rien savoir des mises en demeure de Paris, épouvanté par l'écho de ces dévastations.

Bugeaud inaugura cette tradition : un général, outre-mer, doit agir à sa guise, sans se soucier de son gouvernement. Celui-ci fit de lui néanmoins un duc d'Isly, « pour avoir donné l'Algérie à la France ».

A la différence de Bugeaud, **Faidherbe,** qui était également un militaire, ne se voulait pas un guerrier. Il avait été envoyé au Sénégal à la requête des commerçants de Saint-Louis, qui, depuis que cette terre avait été reprise aux Anglais, en 1818, souhaitaient que la présence métropolitaine se perpétue et surtout qu'elle s'enracine par la désignation d'un gouverneur nommé pour une longue durée — dix-huit mois — afin que la colonie puisse mieux jouer un rôle dans un cadre africain élargi.

Faidherbe fut ce premier gouverneur.

Polytechnicien, officier pauvre, ami de Schœlcher, le libérateur des Noirs, il demeura républicain sous la monarchie comme sous l'Empire. Surtout, il se jugeait investi de la mission d'instituer la liberté, bref, de faire des Sénégalais des Français de couleur, comme l'étaient ceux de la Martinique.

Seulement, il se heurta à deux obstacles. En premier lieu, après avoir assuré la sécurité des commerçants par la construction d'un grand nombre de fortins, stratégie qui lui permit de battre les Maures de Mohammed el-Habid, il eut à faire face à un expansionnisme rival, celui de El Hadj Omar, Toucouleur d'une grande famille, initié à la confrérie des Tidjanija, et qui, à partir de La Mecque et du Soudan, insuffla un esprit de guerre sainte à la lutte contre les Infidèles. El Hadj Omar incarnait bien l'Afrique musulmane, qui combattait à la fois les païens et les chrétiens. Il fut finalement vaincu et tué en 1864, mais il demeura un modèle pour d'autres chefs africains, Samory et Rabah, qui prirent sa relève.

Le deuxième obstacle, ce sont les colons eux-mêmes, qui souhaitaient transformer le Sénégal en une colonie de plantation : ils pensaient que leur heure était venue car, avec la disparition de la traite, les Antilles, jugeaient-ils, seraient nécessairement ruinées. Leur idée était de faire travailler les Noirs dans des plantations : ils produiraient de la pistache, de la gomme, mais surtout de l'arachide, bientôt la reine du Sénégal.

Ils avaient apprécié Faidherbe tant que celui-ci avait mis fin au piratage douanier que pratiquaient les Maures, ou tant qu'il avait combattu les Toucouleurs. Mais sa politique assimilationniste se heurta à la résistance des mêmes colons, peu enclins à admettre, avec l'application effective du Code civil, que Noirs et Blancs pouvaient être égaux devant la loi. Il voulut aider les Sénégalais à devenir producteurs et projeta également d'instruire les Noirs ; surtout, il ne subordonna pas leurs intérêts à ceux des Blancs ; en déclarant « qu'il fallait prendre pour règle de conduite l'intérêt des indigènes », il s'aliéna aussi le ministère, qui le qualifia de sauvage, tandis que les colons le dénommaient « la momie » et que, durant les décennies qui suivirent, les nationalistes sénégalais dénoncèrent son paternalisme.

De tous les conquérants, le fondateur de Dakar fut sans doute celui qui, eu égard aux idées de son temps, s'efforça avec le plus de droiture de mener une politique qui était en concordance avec les idées de la République.

Parmi les bâtisseurs d'Empire, **Cecil Rhodes** fut de tous celui qui formula le projet le plus grandiose puisque, pour amener « la fin à toutes les guerres », il se proposait de « mettre la plus grande partie du monde sous nos lois », c'est-à-dire sous la loi britannique. La première étape devait en être la soumission de l'Afrique à la civilisation anglo-saxonne ; suivait l'occupation de l'Amérique du Sud, de la Terre sainte, etc., jusqu'aux États-Unis redevenus partie intégrante de l'Empire britannique avec représentation au Parlement impérial...

Ce fils de pasteur, d'une famille nombreuse, planteur de coton, se rend à Kimberley à dix-sept ans, ayant appris qu'on vient d'y découvrir des gisements de diamants ; il gagne suffisamment pour aller ensuite chercher de l'or, et, fortune faite, part étudier en Angleterre. Il a alors vingt ans et découvre à Oxford les théories darwiniennes ainsi que l'enseignement de Ruskin. De retour au pays, il accroît sa fortune et bientôt est le maître de 90 % des mines de diamants du monde. C'est de cette fortune qu'il va se servir pour mettre au point son programme de conquêtes territoriales, car lui-même dépense peu, et l'argent ne l'intéresse que par le pouvoir qu'il confère. Volontiers cynique, il juge que tout s'achète, les consciences notamment, et la corruption devient son instrument préféré. Il considère que l'intérêt prime tout et suggère même à Parnell, le leader du Home Rule irlandais, qu'il admire et qui a des difficultés avec les prêtres catholiques, que peut-être « on pourrait acheter le pape ».

Ce sont des terres que Cecil Rhodes veut amasser : c'est de terre que Le Cap a besoin, pas d'indigènes. « On ne va tout de même pas laisser l'Afrique à des Pygmées alors qu'une race supérieure se multiplie... Moi, je n'ai pas de scrupule à prendre le territoire du Betchuanaland à Mankoarane... » « Ces indigènes sont destinés à tomber sous notre domination... L'indigène doit être traité comme un enfant et la franchise électorale lui être interdite au même titre que l'alcool. » Il soutient ainsi le projet du Strop Bill qui donne aux magistrats le droit de fouetter les indigènes... Naturellement, arrestations arbitraires, provocations destinées à justifier une guerre, assassinats de courriers et de messagers sont des procédés qu'utilise le « Chartered Gang », surnom donné à la *British South Africa Cy* — ou *Chartered*.

Son plan prévoyait en premier lieu l'annexion de ce Bechuanaland, « canal de Suez » du trafic de ce pays, qui devait permettre d'atteindre le Matabélé en passant par l'ouest de l'Orange et du Transvaal. On bloquerait ainsi la poussée des Allemands débarqués dans le Sud-Ouest africain. Élu député du Cap, il réussit à s'allier les Hollandais et à prendre le dessus sur John Mackenzie, nommé commissaire en Bechuanaland, qui appartenait au groupe des hauts fonctionnaires « humanitaires », et qui essayait de promouvoir une politique impériale de protection, au moins relative, des indigènes en butte au racisme des Boers. Ainsi renforcé et libre d'agir à sa guise, Cecil Rhodes put utiliser ses pratiques habituelles pour déposséder les indigènes du Bechuanaland de leurs terres, et, au Cap, leur allouer un lot délimité, et inaliénable, de sorte que les descendants soient obligés d'aller travailler dans les mines. Coup double.

L'alliance avec les Hollandais avait aussi pour objectif de mettre en confiance les dirigeants des États boers, afin de leur « souffler » la région du Matabélé, une stratégie que Londres ne pouvait qu'approuver. Mais les Britanniques n'entendaient pas se compromettre directement dans une action aussi risquée. Cecil Rhodes sut utiliser la complicité du gouverneur du Cap, Sir Hercoles Robinson, et de son ami Sydney Shippard, commissaire au Bechuanaland, pour obtenir du roi Lobenguela une sorte de monopole des recherches de mines sur son territoire (1888). Il s'agissait du territoire entre Limpopo et Zambèze, bientôt appelé Rhodésie, capitale Bulawayo. Les étrangers y arrivaient en masse, et, aussitôt, des conflits éclatèrent sur le contenu de cette charte ; les hommes de Cecil Rhodes se jugeant désormais propriétaires des terres sur lesquelles ils n'avaient qu'un droit de prospection. Lobenguela avait écrit à la reine Victoria pour protester, mais ses émissaires furent assassinés. Il en eût fallu moins pour que des incidents éclatent, puis la guerre, que Jameson, représentant de la Compagnie, gagna aisément, mettant le feu au kraal de Lobenguela.

A Londres, Lord Roseberry, successeur de Gladstone, attribua à la Chartered, par l'ordre en Conseil de 1894, tous les domaines de Lobenguela. Et il en avait peu coûté au Trésor...

Surnommé « le Napoléon du Cap », Cecil Rhodes fit une tournée triomphale à Londres. Mais ces succès mêmes avaient inquiété et irrité à la fois les Hollandais du Cap et les dirigeants boers, notamment le président Kruger, qui n'avait pas apprécié cette conquête du Matabélé... sur laquelle il avait jeté son dévolu. Au vrai, toute la politique de Rhodes avait pour objectif ultime de s'associer aux

Républiques boers pour constituer une Fédération sud-africaine, sous drapeau britannique, mais sans hostilité envers les Boers, car il partageait leurs idées, notamment sur la question indigène. Or, depuis que le diamant et l'or avaient transformé la vie en Transvaal, les étrangers, ou Uitlanders, y étaient de plus en plus nombreux, ce qui créait des incidents avec les Boers. Les Uitlanders devinrent une sorte de cheval de Troie à Johannesburg, dès que Frankie Rhodes, un des frères de Cecil, administrateur des Goldfields, devint un de leurs chefs. Impatients de voir Kruger céder à leur passion, les deux frères Rhodes et Jameson préparèrent un coup de main qui échoua lamentablement : ce fut l'écroulement de Cecil Rhodes.

Cet échec spectaculaire ne le découragea pas pour autant : il réalisa alors pour partie son projet de chemin de fer du Cap… au Caire, qui, au moins, du Cap atteignit Bulawayo. Surtout, il retourna complètement sa position, et, pour se venger des Boers, il se fit le défenseur des droits des Noirs, ému, dit-il, par le sort qui leur était fait depuis qu'avait été réprimée la grande révolte des Matabélés…

Au lieu de la formule « égalité des droits pour tous les hommes blancs du sud du Zambèze », il proclama « l'égalité des droits pour tout homme civilisé… blanc ou noir, pourvu qu'il ait une instruction suffisante, qu'il ait une propriété ou un métier, en un mot qu'il ne soit pas un fainéant ».

« La colonisation a pour but d'enrichir sans scrupule et avec décision notre propre peuple, aux dépens d'autres peuples plus faibles. » En affichant publiquement son programme, la *Deutsche Ostafrikanische Gesellschaft* de **Carl Peters** ne prétendait pas à l'hypocrisie civilisatrice. Fulgurante, l'épopée de son fondateur se termina mal. Elle n'en eut pas moins pour effet de donner à l'Allemagne sa plus belle colonie, le Tanganyika d'hier, la Tanzanie d'aujourd'hui… Fasciné par la puissance anglaise, jaloux de ses succès, il juge, tel Bismarck, en 1848, parlant de l'assemblée de Francfort, que la Ligue coloniale allemande *Deutsche Kolonialverein* n'« était qu'une assemblée de bavards ». Pour sa part, Carl Peters veut fonder une colonie — seul, s'il le faut. Sur son atlas, les taches blanches de l'Afrique orientale l'obsèdent, et, lors d'une partie de billard, il confie au camérier de Guillaume Ier, Felix Behr-Baudelin, qu'il compte entrer en campagne et fonder la *Gesellschaft für deutsche Kolonizazion,* avec 24 souscripteurs (1884).

Son idée fixe : s'installer avant que d'autres États — la Belgique, l'Angleterre, etc. — aient pu repérer ces vastes espaces qui sont en face de Zanzibar. Dans ces régions, « de l'Allemagne, les indigènes ne connaissaient même pas le nom… Si l'Angleterre n'y était pas installée, c'est qu'elle croyait y être déjà : le canal de Suez semblait une entreprise anglaise, la mer Rouge un lac anglais, le commandant des troupes du sultan de Zanzibar était anglais ; des croiseurs anglais le tenaient sous leurs canons » (M. Baumont, in *Les Techniciens de la colonisation*).

Mais, de ce côté-là, l'Angleterre n'était pas passée sur le continent.

Se faisant nommer consul d'Allemagne à Zanzibar, Carl Peters débarque ainsi, nuitamment, sur la côte d'en face avec 4 Blancs, 5 Noirs, un interprète, un cuisinier et 36 porteurs. Avec lui, de la bimbeloterie, des étoffes, des vieux dolmans de hussard.

L'important était d'échapper au regard du sultan, de pénétrer profond dans les terres, d'échanger quelques dolmans contre de l'espace. Douze traités furent passés avec des chefs indigènes : Peters offrit ainsi 150 000 km^2 à son empereur. « Je sais que ces accords sont une fiction, dit Peters, mais les autres ont-ils agi autrement ? »

Deuxième expédition, militaire cette fois, dès que le sultan de Zanzibar, ayant appris cela, fait mine de protester. Bismarck avait fait savoir que la protection des citoyens allemands était sacrée : 8 bâtiments de guerre, sous les ordres de l'amiral Knorr, appuyaient cette affirmation qui valut la cession, en bonne et due forme cette fois, de Dar es-Salaam.

Les Allemands n'étaient plus que trois, puis plus que deux, l'un étant mort des fièvres, l'autre tué dans le Nord…

Bientôt Carl Peters se lançait au secours d'un autre

Allemand, Edward Schnitzler, qui s'était attribué le titre d'Emin Pacha et marchait vers le lac Victoria... Mais, en 1890, on a vu les Anglais conclure avec le Kaiser un traité qui en échange d'Heligoland cède Zanzibar et l'Ouganda. L'État reprenait à la *Deutsche Ostafrikanische Gesellschaft* tous les droits d'administration et de douane.

C'est qu'avec l'aide des Anglais on avait appris, entre-temps, les exactions du conquérant : exécutions sommaires, malversations, fouet et bâton jusqu'au sang... On disait que Carl Peters abandonnait aux fauves ses porteurs exténués. Le scandale éclata quand la presse catholique et socialiste dénonça le criminel. Carl Peters fut révoqué en 1897.

Vingt ans plus tard, les nationaux-socialistes saluent en lui un précurseur. Au reste, pendant la Première Guerre mondiale, le Mémorandum Wilhelm Solf élargissait les perspectives d'une mainmise allemande sur l'Afrique centrale. Cependant, le général von Epp adoptait le « Fanion Peters » et en faisait l'emblème des sociétés coloniales d'Allemagne. En 1936, à côté de la croix noire sur fond rouge semé de cinq étoiles blanches, on ajoute une croix gammée.

A la différence des autres colonisations, celle du Congo ne fut pas effectuée par des militaires — comme au Sénégal — ou par des hommes d'affaires prêts à faire intervenir des forces armées — tels Cecil Rhodes ou Carl Peters —, mais par des civils qu'animaient au départ l'esprit de découverte et l'exigence de civilisation ; c'est ce qui fait son originalité même si l'internationalisation du problème a fait ultérieurement du Congo un territoire convoité, puis exploité, comme tous les autres.

Les hommes qui y participèrent étaient des explorateurs, tel **Brazza,** des journalistes, tel **Stanley,** des hommes de cabinet, tel Banning qui aida **Léopold, roi des Belges,** à gérer cette affaire et à la prendre en main : ce passionné de géographie était aussi un homme entreprenant.

A l'origine, ce fut la découverte du fleuve Congo que jusque-là on ne pouvait pas remonter au-delà de l'Ogooué, qui déclencha une mise en tutelle du pays, auquel nul ne s'intéressait. Tout l'intérêt des explorateurs — plus ou moins liés eux-mêmes à leur gouvernement — portait sur les sources du Nil que le médecin et missionnaire Livingstone avait tenté d'atteindre et dont Cameron, un autre explorateur, apprit la mort en 1873. Le mystère demeurait sur ce pays du « Loualaba », et la grande presse chargea un Anglais américanisé, H.M. Stanley, qui avait rencontré Livingstone naguère, d'essayer à son tour de le retrouver. En octobre 1877, après avoir disparu, étant parti de Zanzibar, on apprit qu'il avait atteint le Congo par l'est, hypothèse que soutenait Banning, le collaborateur de Léopold, roi des Belges, passionné d'exploration et chantre de la lutte contre l'esclavage, mais soucieux également d'offrir une colonie à son pays et à son roi. Pourtant, c'est en tant que personne privée que Léopold décida d'agir : « Ce souverain a vraiment des loisirs », commentait Bismarck, sarcastique.

Simultanément, Savorgnan de Brazza, un jeune officier de marine français d'origine italienne, sollicita une mission d'exploration vers l'Ogooué, au Gabon, et il réussit, sans violence, à se concilier les tribus locales, puis à parcourir le plateau badeké jusqu'à l'Alima, affluent du Congo, ce qui montrait qu'il existait une voie d'accès de l'Atlantique vers le Stanley Pool. Brazza disposait de peu de moyens, 2 Européens et 16 Africains, et, a dit Stanley, « il manquait de tout, sauf de drapeaux tricolores, il en avait bourré ses bagages ». Mais, grâce à sa simplicité et à sa bonhomie, il signa des traités avec des princes indigènes parmi lesquels le prince Makoko, et, lors d'une deuxième expédition, installa 26 forts sur un territoire plus grand que la France. Ces « conquêtes » se heurtèrent alors aux entreprises de Léopold II.

Celui-ci avait réuni, en 1876, une conférence à Bruxelles qui réunissait des géographes et des savants et avait des objectifs ainsi définis : « Ouvrir à la civilisation la seule partie de notre globe où elle n'avait point pénétré. » Chaque nation agirait dans la sphère correspondant à ses intérêts politiques et coloniaux, et une *Association* se formerait entre elles pour appuyer réciproquement et faciliter la pénétration de leurs voyageurs et agents. Un comité devait se constituer, où jouerait l'émulation de chaque nation. Il n'était pas question d'acquisitions territoriales, mais de « missions », car le roi savait alors que l'opinion publique de son pays était hostile à l'expansion coloniale. Impressionnés par la propagande antiesclavagiste et humanitaire de l'Association, les États-Unis apportèrent leur aide à ce souverain qui agissait en tant que personne privée, et n'avait pas non plus beaucoup de moyens.

Comme les territoires contrôlés par l'Association chevauchaient ceux sur lesquels Brazza avait planté ses drapeaux, il avait été convenu que la France aurait un droit de préemption mais qu'elle n'entraverait pas l'œuvre de l'Association (1884). Aussitôt les puissances s'inquiétèrent, et il fut décidé de faire de l'Association une sorte d'État supranational qui gérerait les affaires du Congo. Mais déjà Stanley, en son nom, protestait contre les prises de possession de Brazza, la garnison du caporal sénégalais Malamine refusant d'obéir au représentant de l'Association. Rentré en Europe, Stanley ne cachait pas son aigreur, et Léopold fit un pas de plus ; président de l'Association, dont le comité exécutif était international, il créa un Comité d'études du Haut-Congo qui, lui, était purement belge.

Entre-temps, on avait découvert un arrière-pays riche et susceptible de développement. La Grande-Bretagne, l'Allemagne, le Portugal jugeaient qu'ils avaient le droit d'intervenir. L'engrenage du Congo allait aboutir au partage *de facto* de l'Afrique noire. Même au Congo, l'heure des initiatives était passée.

Assez curieusement l'« explorateur » Stanley devenait alors l'âme d'une sorte d'*impérialisme anonyme,* aux actions symboliques, objet à la fois de l'admiration des uns, de la critique cruelle des autres — une caricature de D.J. Nicoll le montre, priant pour un Noir qu'on vient de pendre, mais l'Ange du Capital, au-dessus de sa tête, bénit Stanley —, et qui se mettait au service aussi bien des Anglais en Afrique orientale et au Soudan, des Belges au Congo, des Américains mêmes à Zanzibar...

A suivre son action, l'impérialisme conquérant, certes, y

gagnait — car son énergie était prodigieuse. Mais, demandait la *Pall Mall Gazette,* la Civilisation ?

De tous les conquérants, **Lyautey** fut certainement, avec Cecil Rhodes, celui qui fut le plus épris de gloire. Plus que d'autres, son nom est lié à la colonisation, à elle seule : son passage au ministère de la Guerre en 1916 demeura inaperçu, alors que ses grands prédécesseurs, Faidherbe et Gallieni, avaient été également des défenseurs de la terre française, le premier en 1870, le second en 1914 ; mais pas Lyautey qui incarne le Colonial, le Maroc plus encore, bien qu'il ait fait ses premières armes à Madagascar et en Indochine.

Animal d'action avant tout, Lyautey est un romantique qui aime l'éclat, le faste et emprunte sa morale à Shelley : « Je me sentais né pour créer et je crée, pour commander et je commande. » Il est profondément monarchiste, croyant ; une de ses déceptions est de découvrir que le pape Léon XIII, au fond, est républicain ; alors que lui n'accepte la République que pour autant qu'elle rend à la France un empire colonial.

Comme Gallieni, son maître, il juge qu'il faut combattre le moins possible et montrer sa force pour n'avoir pas à s'en servir. Faire naître la sécurité est son obsession depuis qu'il a fait l'expérience des effets malheureux, à Madagascar surtout, de la technique du « coup de lance », avec incendies de villages et rigueurs exercées en masse contre les populations... Il faut lui substituer la technique de la « tache d'huile »... et apporter à ces indigènes cette « parcelle d'amour », en « mettant une oreille sur leur cœur ». En Indochine, il est frappé par la reconnaissance que lui manifestent ces paysans du Tonkin, « libérés des brigands et qui lui disent que, pour la première fois depuis vingt ans, ils ont pu faire leur récolte en toute sécurité ».

Ramener l'ordre au Maroc conciliait son besoin d'aventure, hors de son pays, la France — dont il méprise la paperasserie et plus encore le goût des palabres, des « discussions vaines » —, et son désir de construire, un peu à la manière d'un empereur romain. Poète, écrivain, la beauté du bled le fascine, certes ; mais plus encore l'idée qu'il va créer Casablanca : « Je suis tellement empoigné par cette œuvre de création, je vis tellement de mes routes, de mes villages, de mes champs, de mes troupeaux, de mes pépinières... »

Ce qui est original, dans le cas de Lyautey, est cette sorte d'amalgame politique qu'il opère entre ses propres idées, de catholique, traditionaliste, et les nécessités de sa politique. Ce conservateur juge ainsi qu'il faut renforcer le pouvoir du Sultan, le Maghzen — l'État marocain —, face au désordre du Siba : « J'ai au cœur une haine féroce, celle du désordre, de la révolution. » Il protège ainsi les institutions marocaines, et l'Islam aussi qui le fascine comme l'ont fasciné les cérémonies bouddhistes au Cambodge. Il dit qu'il tient à être enterré dans une kouba blanche à tuiles vertes, comme celles qui abritent les saints du pays, mais avec une inscription bilingue pour rappeler qu'il est profondément catholique tout en respectant les traditions du pays. Il déclare aux colons que balayer le régime, cela ne se peut pas à cause des traités, mais que cela ne se doit pas non plus : il veut au contraire rehausser son prestige, celui du Sultan en particulier. Cette œuvre de restauration — qu'il eût préféré accomplir en France... — va de pair avec une aide à l'Islam, mais aussi avec une promesse aux tribus berbères que leurs coutumes seront sauvegardées.

Cette politique conservatrice n'a de sens, bien sûr, que pour autant qu'elle s'accompagne de modernité : Lyautey veut développer la médecine, l'enseignement, et ce rajeunissement doit être l'œuvre de l'administration française ; de l'administration et d'elle seule, pas de représentants des colons ; Lyautey haïssant tout ce qui pourrait être un relent de parlementarisme. Il juge que la prospérité ainsi programmée devrait rallier la population au principe du protectorat, qui pourrait ainsi devenir une solution définitive.

Mais les Bureaux, à Paris, freinent l'action de ce condottiere, dont le goût du faste et l'homosexualité choquent... « On ne pose pas une brique [au Maroc] sans que ce soit étudié à Paris un an d'avance, contrôlé, réglé à très grands frais », se plaint Lyautey. Il ne voudrait pas que le Maroc soit, comme nos départements, « châtrés par les préfets, et privés de vie ». De fait, en métropole, la gauche se méfie du proconsul, la droite juge qu'il brime les colons en protégeant ainsi le Sultan, en allant contre une intégration à l'algéroise. Car Lyautey œuvre pour un dédoublement du pays, avec sa partie marocaine et sa partie française, qui collaboreraient.

Au Maroc, le pouvoir monarchique apprécie, certes, cette aide apportée à son autorité, ce respect de l'identité marocaine, mais ce renforcement doit l'aider un jour à se débarrasser de l'occupant… Si ce n'est que le soulèvement d'Abd el-Krim contre l'Espagnol, la guerre du Riff et la contagion qu'elle sécrète, prennent à contre-pied et le sultan et Lyautey. Alors que celui-ci voyait dans le soulèvement contre l'Espagne, et elle seule, la preuve du succès de sa politique, l'événement se transforme en contre-preuve, mettant en péril toute l'œuvre qu'il avait accomplie.

Russes et Anglais : le Caucase et l'Asie centrale sous surveillance

Pour les Anglais, l'essentiel, c'est l'Inde, dont ils assurent le contrôle jusqu'à ses défenses « naturelles ». Mais, de l'autre côté de l'Himalaya, au nord-ouest, la poussée des Russes se dirige vers le Sud. Elle devient dangereuse pour l'Angleterre après la guerre de Crimée, en 1854. Si les Anglais surveillaient l'expansion russe, les Russes surveillaient aussi l'expansion britannique, cette lutte de « la baleine et de l'éléphant », comme on a dit, qui dura près d'un siècle, de 1829 à 1907 ; mais elle avait quelques antécédents — les conflits dans la Baltique, le sort de la Compagnie anglaise de la Moscovie — et laissa des traces encore après 1907, date du traité de partage de la Perse en zones d'influence entre Russes et Anglais ; or, l'alliance contre l'Allemagne en 1914, et encore en 1941, n'a rien effacé, en Iran comme en Afghanistan ; des séquelles sont réapparues entre 1950 et 1990.

Au vrai, l'appétit de terres, chez les tsars, semble ne jamais être satisfait : ils occupaient toute la Sibérie, l'Alaska, et voilà qu'en 1821 le tsar promulgue un oukase : « pour réserver aux vaisseaux russes le monopole du commerce et de la navigation sur la côte nord-est du Pacifique jusqu'au 51° degré de latitude nord », autrement dit la Californie. Inquiet, le président des États-Unis lança un message, connu sous le nom de « doctrine de Monroe », en 1823, disant que les puissances européennes ne devaient pas essayer d'étendre leur influence sur n'importe quelle partie des Amériques... « Nos continents ayant acquis leur autonomie, leur indépendance, et prétendant la maintenir ne doivent plus à l'avenir être présumés susceptibles de devenir jamais colonies d'une puissance européenne quelconque. »

Simultanément, la Caucasie s'était opportunément ouverte aux Russes, quand le roi de Géorgie abdiqua en faveur du tsar pour que son pays ne passe pas aux mains des Persans, musulmans. Une fois, deux fois, les Persans réagirent, mais le général Paskievitch imposa la paix de Toukmandchaï (1828) qui rapporta au tsar un morceau de l'Arménie persane. En guerre aussi avec les Turcs, le tsar remporta de grands succès, toujours grâce au général Paskievitch, et, à la paix d'Andrinople, l'Arménie turque était rattachée à l'Empire des tsars (1829).

Sur le moment, les puissances occidentales ne virent pas que ces changements modifiaient l'équilibre de toute une partie de l'Orient, au moment où l'Empire ottoman perdait la Grèce, et bientôt l'Égypte. Mais, selon les constatations du consul de France à Trébizonde, le tsar avait multiplié les artifices pour dissimuler ses projets de conquête. Ainsi, dans le traité d'Andrinople, le nom de l'Abkhazie était à peine mentionné, alors que la Russie cherchait à annexer cette nation depuis près de huit ans, et qu'elle l'annexa de fait, ainsi qu'une partie de la Circassie. C'est à partir de 1830 que les Russes se heurtèrent à la résistance de l'imam Chamil, qui devait durer jusqu'en 1859.

Sa lutte, en Daghestan, rappelle celle d'Abd el-Kader en Algérie, un parallèle qui est venu à l'esprit du journal *Le National*, en 1844, de Woeikov le géographe en 1914, de l'historien Gammer en 1991. Les deux situations sont en effet similaires, avec des agresseurs qui viennent de la plaine et se heurtent à un continent de montagne. Ceux-ci hésitent sur la manière de s'y prendre. Comme Desmichels en Algérie, von Klugenau, au nom du tsar, imagine de négocier. En s'entendant avec l'adversaire, au moins, on lui soustrait la plaine ; mais on le consolide dans ses montagnes, quitte à le soutenir face à ses rivaux. Et puis, une conquête totale coûte cher en hommes – et on n'en voit pas la nécessité. De sorte que les Russes et Chamil purent reprendre des forces avant de rompre la « paix des braves » conclue au Caucase – comme en Algérie, au même moment. Victoire russe difficile dont l'autocratie allait s'emparer à Saint-Pétersbourg, avec la légende rose en l'honneur de Chamil, comme à Paris celle qui glorifia le courage d'Abd el-Kader.

Cette gloire de Chamil, « qui produit un effet électrique sur les habitants de ces contrées » (cité in M. Lesure, CMRS XIX [1 et 2], alerte l'Occident sur les conquêtes de la Russie : « Les Princes de l'Europe devraient intervenir et ne pas laisser une puissance hostile à la liberté déployer son énergie pour la détruire au Caucase. » Car, en fait, c'est le tsar autocrate que condamnent les libéraux de Paris et de Londres – qui, eux-mêmes, à cette date, occupent l'Algérie et le Béloutchistan. « Saint-Pétersbourg craint que le libéralisme ne s'empare de la cause des Circassiens, comme il l'a fait pour les Grecs » (*ibid.*). On mise sur Chamil et les Circassiens pendant la guerre de Crimée, mais la méconnaissance de ces régions est telle qu'on ne sait pas comment le joindre pour combiner une attaque avec lui contre les Russes. Mieux, on s'en informe auprès de la Porte, alors que les Turcs espèrent bien récupérer la région du nord du Caucase qui a été sous protectorat ottoman et l'Abkhazie, annexée par l'Empire des tsars.

Pour la première fois, le Caucase entrait ainsi dans « l'arène internationale » : à l'origine, un diplomate anglais, David Urquhart, avait publié, vers 1830, anonymement, une brochure en français et en anglais, *L'Angleterre, la France, la Russie et la Turquie* (qui eut trois éditions en Angleterre), où il dénonçait « l'envahissement progressif des côtes de la mer Noire » et mettait en garde l'opinion : après les détroits, la Russie chercherait à contrôler toute la

Méditerranée, et c'en serait fait de la liberté des mers ; il fallait s'unir pour « provoquer l'explosion de tout le Caucase... Quand on pense que toutes les provinces de Géorgie n'attendent qu'un signal pour secouer le joug moscovite, que dans le Caucase des centaines de milliers d'habitants, braves et toujours armés, vivent dans une soumission simulée [...] et sont prêts à tomber sur les Russes qui sont à leur portée » (cité in Lesure, *ibid.*).

Paradoxalement, la guerre de Crimée eut des effets contraires à ses objectifs. Elle était la conséquence de ces inquiétudes, mais elle était due aussi à toutes sortes d'autres données, et notamment à la volonté de la Russie, au nom de la religion chrétienne orthodoxe, de procéder au démantèlement de l'Empire ottoman et à la libération des peuples slaves. Ni l'Angleterre ni la France n'entendaient la laisser faire et, la solidarité chrétienne mise de côté ainsi que la défense du droit des peuples à se libérer, elles s'étaient mises du côté de l'Empire ottoman — pour le sauvegarder, et peut-être avec l'idée de mieux le dépecer elles-mêmes. Victorieuses, les nations occidentales, une fois la poussée russe arrêtée, laissèrent s'affaiblir la puissance turque dans les Balkans, alors qu'elles étaient entrées en guerre pour la soutenir. Au moins, les détroits ne paraissaient plus devoir tomber aux mains des Russes...

Mais un enjeu plus essentiel opposait désormais la Grande-Bretagne et la Russie : la domination de l'Asie centrale et des confins de l'Inde. Double poussée, conflit inéluctable.

A quels objectifs répondait la poussée russe vers l'Asie centrale ?

La tradition marxiste jugeait que la première phase de cet impérialisme (1865-1885) était de nature militaro-féodale ; par la suite, les facteurs économiques jouèrent un rôle de plus en plus grand.

Sur la première poussée, il semble bien que les facteurs économiques intervinrent peu et qu'ils furent le résultat d'une action greffée par l'État tsariste afin de créer des conditions favorables au commerce russe dans les khanats, mais qui ne fut pas suivie par les intérêts privés. Ainsi, alors que les accords avec les khanats datent de 1867 (Khodjent) et de 1873 (Khiva), le développement de la culture du coton *par les Russes* ne commença que vers 1890. Plus qu'une pression des milieux d'affaires intervint la peur du tsarisme que ces khanats soient trop faibles pour s'imposer comme États indépendants et que la région ne tombe sous influence étrangère — celle des Ottomans par exemple ; et c'est pour cela qu'il fallait se saisir de ces territoires préventivement. Ce fut ainsi la volonté de tenir à distance les étrangers, de préserver l'isolement de ces régions qui fut à l'origine de leur annexion, car il apparut très vite aux ministres Giers et Cherniaiev que le bilan de cette occupation était économiquement contre-productif.

Tenir à distance : ainsi s'expliquent aussi le maintien, jusqu'en 1910, du veto de Saint-Pétersbourg à la construction d'un chemin de fer en Perse, un projet anglais ; le refus d'une connexion entre le projet du chemin de fer de Bagdad, anglais aussi à ses origines, avec le Caucase et l'accord Scott-Muraviev en 1899, aux termes duquel la Russie obtenait de l'Angleterre de ne pas construire de chemins de fer, ni l'aider à un quelconque projet dans la région frontalière russo-chinoise.

La Russie essayait de s'installer économiquement dans des zones tampons, la Perse surtout, la Mandchourie bientôt, mais son commerce progressait peu, comparé à celui des Anglais dans le premier cas, des Japonais dans le second, parce que le business russe suivait mal. Il ne réussissait un peu mieux que dans l'Empire ottoman (Anatolie et Kurdistan), en Sinkiang surtout, en Perse aussi où l'Allemagne faisait son « entrée », et en Afghanistan où le commerce russe tripla, atteignant 38 % des importations de Kaboul — contre 62 % pour les Anglais en 1914. C'est à propos de ce pays que les grands conflits anglo-russes éclatèrent...

En 1872 et 1873, le tsar avait affirmé que l'Afghanistan était hors de sa « sphère d'influence ». Lorsque, depuis l'Inde, les Anglais, « pour tenir les Russes à distance », occupèrent le Béloutchistan, puis prétendirent contrôler le régime de Kaboul, et que la mission britannique fut tout entière assassinée (1879), une expédition menée par Lord Roberts aboutit à la prise de Kaboul. Les Russes occupèrent alors dans l'Ouzbékistan et le Tadjikistan actuels Merv, Pendjeh et la passe de Zulficar, qui débouche sur l'Afghanistan. C'est la crise. Les Anglais envoyèrent une escadre menacer Vladivostok, et, en 1885, un protocole laissa aux Russes la ville de Pendjeh, mais à l'Afghanistan la passe de Zulficar. Puis, lors de la convention de Simla, une bande de territoire fut octroyée à l'Afghanistan pour que l'Empire russe et l'Inde n'aient pas de frontière commune (1895). Ce « doigt de gant » afghan est au cœur des conflits, un siècle après, entre le Tadjikistan, l'Ouzbékistan, l'Afghanistan et le Pakistan.

« Penser toujours à l'Inde, n'en parler jamais », avait indiqué Alexandre III à son fils Nicolas II, avant sa mort (1894). Mais le tsar savait aussi qu'un conflit anglo-russe ne profiterait qu'aux Allemands dont l'expansionnisme commençait à se développer au Proche-Orient et même au-delà.

« Tenir les Russes à l'écart » des mers chaudes, et du golfe Persique en particulier, était un des objectifs de la politique anglaise, aussi bien. En 1892, Lord Curzon avait écrit un livre sur la Perse pour montrer qu'Anglais et Persans n'avaient pas intérêt à ce que la Perse tombe dans la situation où se trouvaient Boukhara et Khiva. De fait, le tsarisme avait acquis des avantages dans le nord du pays, au reste pénétré par le mouvement révolutionnaire russe. Les Anglais voulaient disposer d'une zone d'influence équivalente dans le Sud, aux abords de l'Inde... Au nom et au titre de l'Entente cordiale, conclue en 1904, la France interféra pour concilier « la baleine et l'éléphant ». Le résultat fut le traité de 1907 qui aboutissait au partage de la Perse en deux zones d'influence.

Une situation qui a survécu à ce traité puisque, malgré les vicissitudes de l'histoire entre 1907 et 1918, puis après, et bien que la Perse devenue Iran fût formellement indépendante, Anglais et Russes occupaient plus ou moins simultanément le pays en 1942, et fraternisaient sur cette première ligne Oder-Neisse au nom de l'alliance retrouvée...

Le traité de 1907 mettait fin à une situation conflictuelle d'agressivité réciproque, dont l'une des manifestations avait été l'accord conclu par l'Angleterre avec le Japon, en 1902, et qui, en quelque sorte, donnait carte blanche à ce pays pour mener en Mandchourie et en Chine une politique offensive face à l'Empire russe, ce qui devait aboutir à la guerre de 1904-1905.

The break-up of China.
1 : La France en Indochine

Au milieu du XIXe siècle, la Grande-Bretagne s'ouvre le marché chinois lors de la guerre de l'Opium ; elle s'assure la base de Hong-kong (1842), puis l'ouverture de ports chinois, ce que la France obtient à son tour. Toujours au milieu du siècle, le capitaine Nevelskoj prend possession de l'estuaire de l'Amour au nom du tsar, mettant Pékin devant le fait accompli, conquête reconnue par le traité d'Aygun, début de l'expansion russe en Extrême-Orient (1858). Entre-temps, le traité de Koldja, 1758, ouvrait le Sinkiang au commerce russe, premier en date des traités inégaux imposés par la Russie à la Chine.

Au même moment, la marine française, toujours pas remise de la perte de l'Inde, s'intéresse à l'Indochine où des missionnaires ont été massacrés « en dépit des traités ».

Vieille histoire. Au milieu du XVIIe siècle, Alexandre de Rhodes, François Pallu et l'évêque Lambert s'étaient mis en route, avec le titre de vicaires apostoliques, pour ne pas dépendre du primat portugais de Goa mais directement du pape. Les *Missions étrangères de France* prirent l'opération en charge, fondant au Tonkin... une factorerie pour préparer l'évangélisation. Ce fut un premier échec, les Hollandais, purs commerçants, dénonçant la supercherie. Nouvelle tentative au XVIIIe siècle, où, à nouveau, Charles Thomas de Saint-Phalle juge que « le commerce aidera grandement la mission... et adoucira la sévérité des décrets qui freinent les conversions religieuses ».

Ayant aidé le roi de l'Annam, Nguyên-Ahn, à retrouver son trône, le vicaire apostolique Pigneau de Behaine attendait que la France pût devenir le protecteur de ce pays (1787). Mais les événements d'Europe avaient détourné la métropole de cette entreprise, et les successeurs de

Nguyên-Ahn manifestèrent une haine féroce pour « la religion de Jésus », ... « il faut jeter à la mer tous les prêtres *européens* de cette religion ».

Cependant, toujours au nom de la défense de la religion, les Anglais et les Français étant intervenus en Chine, Napoléon III prescrivit à l'amiral Rigault de Genouilly d'agir ensuite en Indochine : il bombarda Tourane, s'installa dans une partie de la Cochinchine et, en février 1859, occupa Saigon. Mais les marins français doivent y subir un long siège ; après un retour en force de l'amiral Charner, l'empereur Tu Duc signa, en 1863, le traité qui cédait à la France les trois provinces de Saigon, My Tho et Biên Hoa. « Nous n'avons aucune intention de faire de la Cochinchine une colonie comme les Antilles ou la Réunion », avait déclaré Chasseloup-Laubat, ministre de la Marine... Les trois provinces occidentales devenant le cœur de la résistance annamite à la France, l'amiral de La Grandière les conquit à leur tour et l'empereur Tu Duc dut les céder. Simultanément, la France proposait au roi du Cambodge, Norodom, de le protéger contre l'Annam et le Siam, ce qu'il acceptait, non sans hésitation...

En vérité, trois forces animent l'intervention française en Indochine : le zèle évangélisateur, chronologiquement le premier, mais qui demeure actif pendant tout le XIXe siècle ; l'anglophobie de la marine incarnée par l'officier Francis Garnier, qui voudrait doter la France d'un empire colonial d'Extrême-Orient équivalant à celui de la Grande-Bretagne, qui, de Birmanie, pousse vers le Siam ; enfin, l'affairisme des milieux du textile et du trafic d'armes qui, animés par un homme d'affaires, Jean Dupuis, et les soyeux lyonnais, tel Ulysse Pila, veulent occuper le Tonkin, et plus encore contrôler le fleuve Rouge, voie d'accès, jugent-ils, vers le marché chinois, ce grand mythe du XIXe siècle. C'est dans ce contexte qu'à la suite d'incidents divers Francis Garnier prend Hanoi, en 1873, puis trouve la mort dans un combat contre les Pavillons Noirs, et que le traité de Philastre – son successeur – aboutit à la reconnaissance définitive, par Tu Duc, de la cession de la Cochinchine, d'un protectorat sur l'Annam, de trois forts dans Haiphong et de l'ouverture du fleuve Rouge.

« La pénétration au Tonkin est une question de vie ou de mort pour l'avenir de notre domination en Extrême-Orient », jugent les milieux marchands et les amiraux de Saigon. Et Gambetta, en 1872, voit le fleuve Rouge comme un autre Suez, « une voie pour le commerce général du monde ».

En vérité, devant l'opposition à l'expansion coloniale, « cette trahison », la IIIe République veut surtout prévenir un conflit avec la Chine qui demeure « protectrice » et suzeraine de l'Annam, mais les amiraux et les missionnaires poussent à l'action, notamment Mgr Puginier qui répète que « le Tonkin est prêt à se jeter dans les bras de la France » : de fait, c'était par les missionnaires et leurs fidèles, vietnamiens, dont le nombre a grossi, que les Français étaient renseignés sur les dispositions et la situation de l'État annamite, de son armée, des Pavillons Noirs, cette sorte d'armée supplétive, à la fois autonome et liée aussi à la Chine. « L'abstention serait une imprudence », déclarait La Myre de Vilers, gouverneur de Cochinchine. D'incident en escalade, le commandant Rivière obtient d'être chargé de l'occupation totale du Tonkin, dont les richesses sont inventoriées à Paris, sur une carte distribuée aux députés par les amis de Jean Dupuis, qui vient de créer la *Société des mines du Tonkin.* Le commandant Rivière meurt, là même où Garnier avait succombé quelques années plus tôt. Il est ensuite décapité. Comme l'écrit Charles Fourniau : « La mort de Rivière recouvrait d'une réaction patriotique les grosses pépites de Dupuis. »

« Les vrais négociateurs avec les Chinois, écrivait Jules Ferry, alors chef du gouvernement, ce sont les beaux et bons canons. » Mais le gouvernement sous-estimait l'adversaire. Il pratiquait des envois « par petits paquets ». En fin de compte, avec 25 000 hommes, l'amiral Courbet remporta plusieurs succès, et la Chine signa le deuxième traité de T'ien-tsin (1885), promettant de retirer ses troupes du Tonkin.

Mais, en voulant occuper Lang-sön, les troupes françaises durent refluer. C'est l'échec, la panique, l'affolement, et à Paris, la crise, et, sonné par Clemenceau, le hallali contre Jules Ferry. En vérité, la Chine avait cédé, mais, l'accord étant encore secret, Jules Ferry avait dû démissionner (1885). La Confédération indochinoise était pourtant née, comprenant ainsi une colonie, la Cochinchine et 4 protectorats, dont le Cambodge et le Laos.

Si, pour les Vietnamiens, l'heure de la résistance avait sonné, il leur fallait encore quelques décennies pour pouvoir ouvertement le manifester.

Les Anglais avaient riposté à l'annexion du Tonkin par la conquête de la Haute-Birmanie, son souverain ayant confisqué les biens de la *Bombay Burma Company*. En 1886, 10 000 hommes achevèrent la conquête du pays et se rapprochèrent du Siam qui, de son côté, s'opposait à la pénétration française au Laos — celle-là pacifique grâce à l'action d'Auguste Pavie, un employé des postes, qui redécouvrit la civilisation khmère. La rivalité franco-anglaise renaissait, une fois de plus, mais le traité de 1896 y mit fin, le Siam cédant au Cambodge la province d'Angkor.

The break-up of China.
2 : La rivalité russo-japonaise

Tandis qu'elle devait abandonner à l'Europe à la fois des concessions (Hong-kong, 11 ports, etc.) et la domination de ses États vassaux (Annam, Birmanie, Siam), la Chine entrait en conflit avec le Japon qui, dès 1894, prétendait à son tour se substituer à elle, en Corée cette fois. Vaincue militairement, la Chine renonçait à toute influence en Corée, qui passait sous protectorat japonais ; elle cédait Formose et la péninsule de Lia-toung avec Port-Arthur, débouché de la Mandchourie (paix de Shimonoseki, 1895). Cette paix inquiéta le gouvernement russe, interlocuteur privilégié de la cour de Pékin, et qui avait laissé l'Angleterre agir dans la région tant qu'il ne s'agissait que de bases commerciales. Mais les territoires annexés par le Japon menaçaient le projet du transsibérien, lequel devait précisément aboutir à Port-Arthur, pour éviter Vladivostok bloqué par les glaces durant quatre mois. Le tsar était prêt à intervenir, car il n'aimait pas les Japonais, « ces macaques », et, pour lui, agir contre eux n'était pas faire la guerre... Mais son ministre Witte le convainquit qu'il n'avait pas assez de troupes sur place — le transsibérien n'étant pas achevé — et qu'une intervention collective des puissances européennes serait plus impressionnante. Le Japon céda, abandonna Port-Arthur — ce qu'il ne devait pas oublier (1895).

Constatant la faiblesse de la Chine, les puissances en profitèrent pour acquérir des avantages territoriaux et y établir des zones d'influence : tandis que l'Angleterre se faisait céder Wei-Haï-Wei, l'Allemagne Kiao-tcheou, la France Kouang-tcheou-Wan, la Russie obtenait de construire un chemin de fer en Mandchourie, et promettait en échange de défendre la Chine contre le Japon. Les Chinois avaient réagi contre cette pénétration de l'Europe, et, à la suite de l'insurrection des Boxers (1900), une expédition internationale était venue les « châtier ». Nicolas II avait dû suivre, pour freiner et contrôler son cousin Guillaume II, dont le ministre à Pékin avait été assassiné... Une fois l'expédition achevée, il pensait réaliser « son grand dessein » que le général Kouropatkine a dévoilé : s'emparer de la Mandchourie, de la Corée et du Tibet; puis de la Perse, du Bosphore et des Dardanelles, enfin, devenir « l'Empereur du Pacifique ». Mais il croit que ses ministres, Witte surtout, s'opposent à la « vocation de la Sainte Russie », et il préfère se confier à « n'importe quel Bezobrazov », homme d'affaires et chantre de l'expansion en Extrême-Orient.

Après la guerre des Boxers, la Russie retira sa flotte, comme chacun. Mais elle maintint ses troupes en Mandchourie... « Voilà qui ressemble fort à un protectorat », commentait l'ambassadeur de France.

Lorsque, en 1902, est conclue l'alliance anglo-japonaise, le tsar comprend qu'il faut reculer et abandonner, au moins provisoirement, l'idée de conserver toute la Mandchourie. Une première zone est évacuée. Ses ministres jugeaient son « projet de règne » dangereux, onéreux. Mais, plus déterminé que la rumeur ne le laissait entendre, Nicolas II voulait satisfaire cette ambition et il soustrait à son ministre, le comte Lamsdorf, hostile à ces aventures, la conduite des affaires d'Extrême-Orient. Aussitôt le Japon comprend que le temps travaille contre lui. Faute de réponse satisfaisante à une demande sur la deuxième zone, il attaque par surprise, sans déclaration de guerre, la flotte russe stationnée à Port-Arthur et la détruit (1904). Le tsar, ses généraux, ses amiraux avaient sous-estimé la puissance militaire du Japon ; après plusieurs défaites, ils signent la paix de Portsmouth grâce à l'intercession des États-Unis. La Russie reconnaissait la souveraineté du Japon sur la Corée, Port-Arthur redevenait une base japonaise ; le Japon annexait enfin la partie sud de l'île de Sakhaline, que l'URSS récupéra en 1945.

Pour la première fois dans l'histoire, un grand pays de race blanche était vaincu par un peuple de couleur. Le retentissement fut considérable dans tout le monde colonisé.

Le dépeçage de l'Empire ottoman

L'idée de ce dépeçage remontait, comme on a vu, à la fin du XVIIIe siècle... mais les rivalités entre puissances avaient aidé à la survie de l'Empire, en dépit de l'appui donné par la Russie à la Serbie et aux Bulgares ; par la France à l'Égypte, par l'Angleterre à la Grèce, etc. S'y étaient ajoutées l'annexion par l'Angleterre de Chypre — « pour mieux aider le Sultan à défendre Constantinople » —, celles de l'Algérie et de la Tunisie par la France, de la Libye par l'Italie en 1911...

L'impérialisme italien, depuis Francesco Crispi, à défaut d'avoir pu se saisir de la Tunisie ou de l'Éthiopie, guignait la Libye, si proche, dont la Tripolitaine, à l'ouest, malgré le nom de sa capitale, avait été punique, tandis que la Cyrénaïque, à l'est, était demeurée plus hellénique en dépit de la conquête romaine, puis arabe. Dans ces régions qui se rappelaient encore l'Empire romain, la *Banco di Roma* avait des dépôts et, comme en Tunisie, elle se procurait des terres pour des colons, présents ou à venir — toscans puis siciliens — dans ce pays voué à l'olivier. La mainmise française sur le Maroc et l'incident d'Agadir, en 1911, donnèrent enfin au gouvernement italien l'opportunité d'agir. Il fit la guerre à l'Empire ottoman, occupant d'une part Rhodes, d'autre part la côte libyenne. Toutefois, dans l'intérieur, devant la résistance des Senoussis — la Sanousiyya — bien postés sur l'oasis de Koufra et inaccessibles, la conquête ne put aller plus loin. Elle ne reprit qu'après la guerre de 1914, à l'époque de Mussolini, au prix d'une dure guerre de pacification, onéreuse étant donné les difficultés de pénétrer ce désert. Les colons italiens de Tripolitaine n'en étaient pas moins beaucoup plus nombreux que les Français du Sud tunisien — les gouvernements français aidant plutôt la grosse colonisation économique tandis que les Italiens favorisaient l'implantation d'hommes pour résoudre leur problème démographique.

Lorsque les Italiens manifestèrent leurs ambitions en Tripolitaine, en 1911, le mouvement Jeune-Turc voulut réagir ; il craignait que la perte de la Libye n'ait un effet contagieux dans les autres provinces de l'Empire. Il ne fallait pas que les Arabes jugent qu'Istambul n'était plus capable de défendre les musulmans contre l'Occident. Déjà, après l'annexion de la Bosnie-Herzégovine par l'Autriche-Hongrie, en 1908, puis de la Crète par la Grèce, des mouvements de boycott avaient été organisés contre les produits occidentaux ; ils reprirent de plus belle, contre les Italiens aussi, après 1911, comme pour court-circuiter le mouvement national arabe, mais sans succès. De fait, ce fut bien la révolte arabe qui, en 1914-1918, porta à l'Empire ottoman « un coup de poignard dans le dos ».

L'Empire ottoman était demeuré pourtant une puissance que guettaient au-dedans les nationalismes arménien, arabe, kurde, au-dehors les appétits conjugués des grandes puissances. Mais le contrôle « impérialiste » commençait à opérer aussi à l'intérieur ; avec le projet de construction du chemin de fer de Bagdad, le *B.B.B.*, une initiative allemande, le Kaiser obtenait de régénérer l'armée du Sultan, tandis que les Anglais contrôlaient plus ou moins les douanes, et que les Français « aidaient » à la gestion des finances...

Une sorte d'équilibre s'était établie entre les puissances, mais il était instable, et la guerre de 1914-1918 y mit fin.

Les Alliés préméditèrent alors ouvertement un dépeçage qui devait assurer aux Arabes une sorte d'autonomie sous leur égide, et les accords conclus en 1916 (Sykes-Picot) et

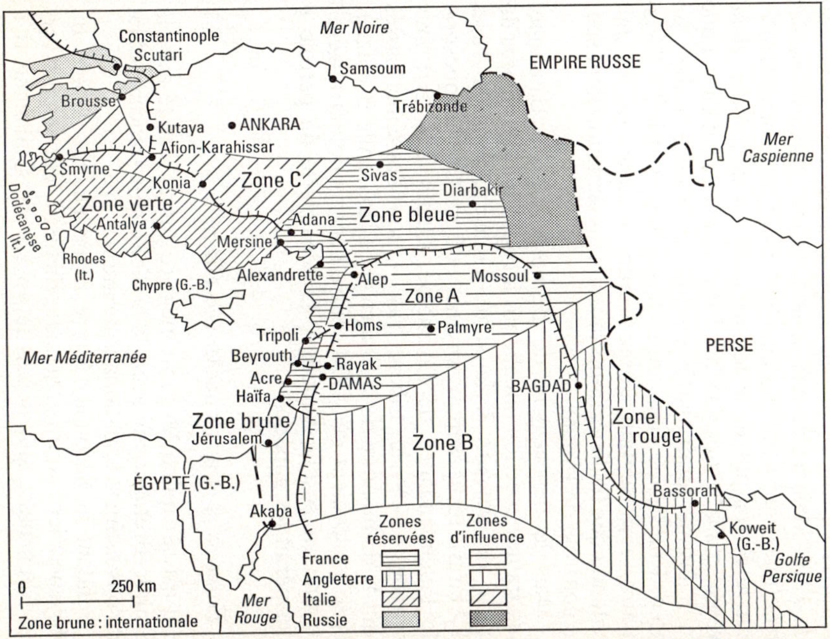

Source : Jacques Thobie, *Ali et les 40 voleurs,* Paris, Messidor, 1985.

Le partage de l'Empire ottoman selon les accords passés entre les puissances alliées

1917 (Saint-Jean-de-Maurienne) prévoyaient une « part » à réserver à l'Italie. En outre, la déclaration de Balfour, du 2 novembre 1917, promettait aux Juifs l'établissement d'un Foyer en Palestine auquel le Chérif de La Mecque, Hussein, donna son accord.

« Nous avons tous partagé allégrement la Turquie », déclarait le colonel House, conseiller du président Wilson. Outre la Grèce, l'Italie, etc., les principaux bénéficiaires devaient en être les Arabes, avec la bénédiction de la France et de la Grande-Bretagne.

L'âme de la régénération arabe avait été Hussein Ben Ali, descendant du Prophète, qui déclencha l'insurrection de 1916. Mais un double malentendu se manifesta sur les frontières que contrôleraient la France et l'Angleterre et sur le Foyer juif de Palestine aussi. A cette date, il ne venait pas à l'esprit du Chérif Hussein ni du roi Fayçal que la Palestine ferait partie du futur Royaume arabe : un accord fut même signé entre le roi Fayçal et le Dr Weizmann, représentant l'organisation sioniste, où il était entendu que les lieux saints musulmans demeureraient sous le contrôle de l'Islam.

Mais le dépècement de l'Empire turc, à Lausanne, suscita une réaction qui aboutit à l'abandon des clauses du traité de Sèvres : à la suite d'une guerre, les Turcs d'Ataturk récupérèrent Smyrne, et il ne fut plus question de l'indépendance de l'Arménie. Quant aux territoires « arabes » — Syrie, Liban, Irak —, pour l'essentiel passés sous la domination de la France et de la Grande-Bretagne, ils se soulevaient dès 1920 contre l'occupation étrangère ; comme en Arabie Saoudite, la découverte du pétrole y exaspérait les appétits.

Français et Anglais au Moyen-Orient

Il est sûr qu'au Moyen-Orient ce fut sa rivalité avec la Grande-Bretagne qui aveugla la diplomatie française et lui fit sous-estimer le nationalisme arabe.

Pendant la Seconde Guerre mondiale, les Arabes du Moyen-Orient tournaient naturellement leur regard vers les Allemands, qui, depuis le voyage de Guillaume II à

Tanger, en 1905, avaient su jouer les chantres de la liberté des Arabes. Lorsque, en 1941, les armées hitlériennes remportent succès sur succès, la nature du régime de Berlin ne gêne en rien, au contraire, le Grand Mufti de Jérusalem, Sayid Amil el-Husseini : « Les Allemands et nous avons tous deux des ennemis communs, les Anglais, les Juifs et les communistes. » Car, à cette date, les Français n'existent plus. Ils ne sont même plus honnis mais méprisés, parce qu'en 1936 le gouvernement de Léon Blum avait signé un accord promettant la fin du mandat et l'indépendance pour la Syrie et le Liban dans les trois années à venir, et que cet accord n'avait jamais été ratifié. La France vaincue, le gouvernement de Londres décide de ne pas prendre en charge les revendications arabes en Syrie et au Liban, mais de ne pas laisser pour autant l'Axe s'y installer. Le haut-commissaire français, Gabriel Puaux, suivit d'abord avec sympathie cette ligne, mais bientôt, sur les instructions de Vichy, il accuse les Britanniques de gêner les échanges économiques avec Damas, et surtout de favoriser un « coup » des gaullistes de Catroux, pour faire passer la Syrie et le Liban du côté de la France libre. En réalité, Catroux ne peut rien faire, et le général Dentz, qui remplace Puaux, manifeste son hostilité envers les Britanniques. Pourtant, ceux-ci jugent qu'il faut s'entendre avec les Français de Syrie et du Liban – quels qu'ils soient, vichystes ou gaullistes – pour prévenir un mouvement issu des milieux nationalistes arabes, ce qui enflammerait la région et surtout l'Irak voisin.

De fait, ce fut l'Irak qui se souleva lorsque, les Germano-Italiens ayant occupé la Grèce, il apparut que l'heure de la libération approchait… Un coup d'État porta au pouvoir Rachid Ali qui, associé au Grand Mufti, ne cachait pas ses sentiments hostiles à la Grande-Bretagne. Celle-ci n'avait jamais su obtenir du gouvernement de Bagdad, même avant le coup d'État, que l'Irak rompît ses relations diplomatiques avec l'Italie. Désormais, l'Allemagne essayait d'intervenir directement, en envoyant avions et conseillers militaires à Alep, aux confins de la Turquie, et avec l'accord de Darlan qui signe alors les protocoles de Paris (mai 1941). Le général Dentz, en Syrie, résiste alors aux forces du gaulliste Legentilhomme que soutiennent les Anglais. Damas est prise par les Alliés après que Vichy eut répondu par un « baroud d'honneur ». Réciprocité de cette « bonne manière », les Anglais traitèrent avec égard le général Dentz, écartèrent de Gaulle de la négociation de Saint-Jean-d'Acre, substituant ainsi en Syrie la souveraineté anglaise à celle de la France. Il s'ensuivit une quasi-rupture des relations entre Churchill et de Gaulle. En août 1941, de Gaulle obtenait des assurances, dont il prenait acte dans cette lettre au ministre d'État britannique au Caire, Lord Lyttleton : « Je suis heureux de ces assurances que vous m'y donnez concernant le désintéressement de la Grande-Bretagne en Syrie et au Liban et le fait que la Grande-Bretagne y reconnaît la position prééminente privilégiée de la France lorsque ces pays se trouveront indépendants conformément à l'engagement que la France libre a pris à leur égard. »

Au Moyen-Orient, la situation s'était entièrement retournée depuis la victoire d'El-Alamein, qui avait été précédée par la mise au pas des velléités irakiennes, la fin de Rachid Ali et l'exil du Grand Mufti auprès de Hitler. En janvier 1943, le général Catroux, haut-commissaire de la France libre, annonce le rétablissement de l'ordre républicain et des élections en Syrie et au Liban. Les nationalistes triomphent et, à Beyrouth, ils préconisent une modification de la Constitution dont les termes étaient « incompatibles avec l'indépendance ». Le représentant de la France, Yves Helleu, s'y oppose, la Chambre de Beyrouth passe outre et abolit le Mandat français. L'ambassadeur Helleu fait alors arrêter Bechara Khoury et Ryad Solh, respectivement président et chef du gouvernement du Liban.

Aussitôt, un gouvernement « national » libanais se constitue dans la montagne, que le président de la Syrie, Choukri Kwaltly, assure de sa solidarité. Surtout, les Anglais réagissent militairement en soutenant les Arabes. Une fois encore, c'était la crise.

Les Français accusèrent Spears et l'Angleterre — voulant croire qu'ils étaient à l'origine du conflit. Au vrai, Catroux et Massigli, de Gaulle aussi bien, ne voulaient pas admettre que « l'indépendance » était inconciliable avec l'octroi de droits spécifiques à la France, et inscrits dans une Constitution. Cette sous-évaluation de la revendication arabe, les mêmes hommes allaient à nouveau en faire l'expérience à Tunis, au Maroc, en Algérie – sauf qu'au lieu d'y voir la main de l'Angleterre, qui certes n'avait pas été innocente, ils y virent celles de l'URSS et des États-Unis.

Le Japon, « peuple supérieur », contre l'Occident

Au Japon, l'expansion coloniale a procédé, d'abord, de la simple extension territoriale avec installation de colons, vers le nord, à Hokkaido-Yeso, puis à Karafuto – la partie sud de Sakhaline. Mais, à partir de 1880, ce mouvement a changé d'esprit et un théoricien militaire, Yamagata Aritomo, en a justifié le développement par sa théorie des cercles, chaque sphère à l'intérieur des différents cercles qui entourent le Japon devant être successivement consolidé puis protégé de l'extérieur.

Le changement pouvait venir de la nouvelle orientation du Japon depuis l'ère Meiji, de son détachement de son ancien ordonnancement sinocentrique ; mais, surtout, il s'expliquait par le besoin d'imiter le modèle de développement européen jusque dans sa pratique coloniale. Dominer un empire devenait ainsi une sorte d'impératif qui, au départ, n'a pas obéi nécessairement à une exigence économique. Au reste, le Japon a d'abord frappé là où il repérait une faiblesse, une possibilité, Ryu-Kyu, les Bonin, la Corée, la Chine... C'est en Corée que l'intérêt économique l'a disputé, pour la première fois, à cette exigence de domination à l'extérieur, justifiée par la défense du pays contre d'éventuelles menaces, puis par la « mission » du Japon (traité de Shimonoseki, 1895).

Pour les uns, il s'agit d'une mission civilisatrice venue du Ciel... et les colonies sont perçues comme des territoires extérieurs, qu'on traite de façon paternaliste. Pour les autres, eu égard à la nature asiatique du Japon, il s'agit d'assimiler les populations, de les nipponiser, ce qui est possible, étant donné leurs racines voisines, et juste, en vertu des principes de Confucius qui exigent que l'égalité règne sous la même domination — en l'occurrence celle de l'empereur.

Pourtant, une troisième conception allait bientôt prendre la relève, à la veille de la Seconde Guerre mondiale ; les conquêtes coloniales — au-delà de la Corée, de Formose, etc., déjà occupées — se justifiaient au seul nom de la supériorité du peuple japonais. Cette vision comportait de forts relents de racisme.

Parmi les manifestes qui définissent une politique coloniale ou expansionniste — tels ces discours de Jules Ferry ou de Joseph Chamberlain au XIXe siècle —, un des plus explicites est un immense rapport japonais, de 1942-1943, intitulé « Projet d'une politique globale dont la race Yamato serait le noyau ». Écrit par une quarantaine de chercheurs du ministère de la Population et de la Santé, ce rapport est bien la traduction d'un projet qui se réalise en partie — il ne demeurera pas enfermé dans des tiroirs.

Ce projet vise à légitimer la colonisation, par le Japon, d'une bonne partie de l'Asie et de l'océan Pacifique, au nom d'une idée de l'Asie, que le Japon rénovera dans cette « Sphère de coprospérité ».

Le terme de race ne s'entend pas au sens biologique du terme (*jinshu*), tel que les nazis l'ont utilisé par exemple. Il s'agit de quelque chose de plus large, *minzoku,* c'est-à-dire une culture incarnée par un peuple, le Japon se situant au sommet de cette échelle culturelle et étant ainsi destiné à diriger les autres, grâce à la synthèse qu'il a accomplie entre l'Orient et l'Occident. Pourtant, dans le projet de colonisation de ces hauts fonctionnaires, il est entendu que l'établissement de colons, prévu dans le programme, doit s'effectuer par des regroupements autour de « villes japonaises » un peu partout, les mariages mixtes devant être limités au minimum, « non parce que les sang-mêlé sont généralement des inférieurs, mais parce que ces mariages mixtes détruiraient la solidarité psychique de la race Yamato ». Douze millions de ces Japonais devaient ainsi s'installer à l'étranger, en Corée, en Indochine, aux Philippines, etc., et, parmi eux, deux millions en Australie et en Nouvelle-Zélande. Dans ces territoires, chacun doit « demeurer à sa place », les Japonais occupant la position dominante, naturellement ; « ils planteraient leur souche dans ces pays », ce qui permettrait de résoudre le problème démographique, souci essentiel des dirigeants, puisque à cette date, vers 1942-1943, avec 1 % du sol mondial, le Japon comptait 5 % de la population mondiale.

Le slogan « Huit directions pour un seul toit » définit bien la conception japonaise de la colonisation des autres : la sphère de coprospérité est identifiée à une grande famille que dirigerait son frère aîné — au Japon, cette hiérarchie familiale des droits et des pouvoirs est un des fondements les plus stricts des rapports sociaux. Au reste, le rôle du frère aîné se justifie par sa supériorité sur les autres peuples, ce que tout Japonais a appris à l'école : « Les Chinois, juge le *Rapport,* sont indolents ou tricheurs [*flunky*], les Malais paresseux, les Philippins leur sont peut-être supérieurs, mais ils n'ont pas de vraie civilisation ; les Coréens sont aptes aux travaux les plus durs : on pourrait les envoyer en Nouvelle-Guinée. »

Mais, historiquement, les membres de cette grande famille ont eu à connaître, dès le début du siècle, les manières de l'aîné, ce qui a été dû, pour les uns, à l'éducation supérieure des Japonais, pour d'autres, à leur isolement sur un archipel — et, en Europe, la supériorité des Anglais ne s'est pas expliquée autrement.

« Quoi qu'il en soit, écrivait *Asahi,* grand quotidien, le 3 août 1941, la pureté japonaise est enfin démontrée : il n'y a que 6 % des habitants de ce pays atteints de troubles mentaux ou psychiques, contre 20 % aux États-Unis, en Allemagne et en Grande-Bretagne. »

C'est cette supériorité, raciale malgré tout, qui doit assurer au Japon la maîtrise sur l'Asie pour y mettre fin à la domination occidentale. Au vrai, le projet va plus loin. Il est temps de mettre un terme à la vision européenne de l'histoire et de la géographie, et, en plaçant le Japon au centre des planisphères, de faire disparaître le concept d'Extrême-Orient. Alors que le degré 0 de Greenwich marquait symboliquement, depuis 1911, l'Angleterre comme centre du monde, le professeur Komaki Tsunekichi, de Kyoto, propose de désigner l'Afrique et l'Europe comme la partie occidentale du continent asiatique, l'Amérique devenant le continent est-asiatique et l'Australie le continent sud-asiatique ; quant aux océans qui communiquent entre eux, ils constituaient le « Grand Océan du Japon ». La nipponisation devait prendre d'autres aspects. Ainsi, dans la sphère de coprospérité, l'année 1942 devint, comme au Japon, l'an 2602 (suivant la datation liée à l'établissement de la dynastie impériale en 660 avant J.-C., une date imaginaire). La date anniversaire de l'empereur devint une fête de l'Asie (le 29 avril), tout comme celle de la fondation de la lignée impériale (le 11 février).

Une survivance : le problème des Kouriles

Dernier épisode de la rivalité russo-japonaise, toujours vivant à la fin du XXe siècle, le conflit des Kouriles qui s'envenime au XIXe siècle, lorsque simultanément des pêcheurs japonais, en provenance d'Hokkaido, et russes, venus du Kamtchatka, se disputent ces îles appelées Kouriles en russe, et Chishima Rettao en japonais (les mille îles). En vérité, ces îles avaient été découvertes par les Hollandais en 1643, et les problèmes de rivalité s'étaient résolus une première fois en 1855, par le traité de Shimoda. La grande île de Sakhaline (Karafuto) avait été proclamée indivise entre les deux pays, tandis que la frontière entre les Russes et les Japonais pasait, aux Kouriles, entre Urup (russe) et Etorofu (Japon), c'est-à-dire assez près d'Hokkaido, terre de colonisation japonaise.

Le conflit apparaît à l'occasion d'un problème de définition : les deux îles Habomai et Shikotan, insérées dans Yeso — Hokkaido — en constituent-elles une partie ou sont-elles les dernières Kouriles du Sud ? En les rattachant administrativement aux Kouriles, l'administration de Tokyo allait faire naître un contentieux... Il est réglé en 1875 par le traité de Saint-Pétersbourg : la Russie abandonne les Kouriles — en échange de la totalité de Sakhaline, traité avantageux pour Alexandre II.

Au lendemain de la guerre de 1904-1905, le Japon victorieux annexe la partie sud de Sakhaline, gardant la totalité des Kouriles. Mais, en 1945, Moscou reprend ce territoire, annexant en plus les Kouriles, ce qui est

Variations effectives des frontières au nord du Japon

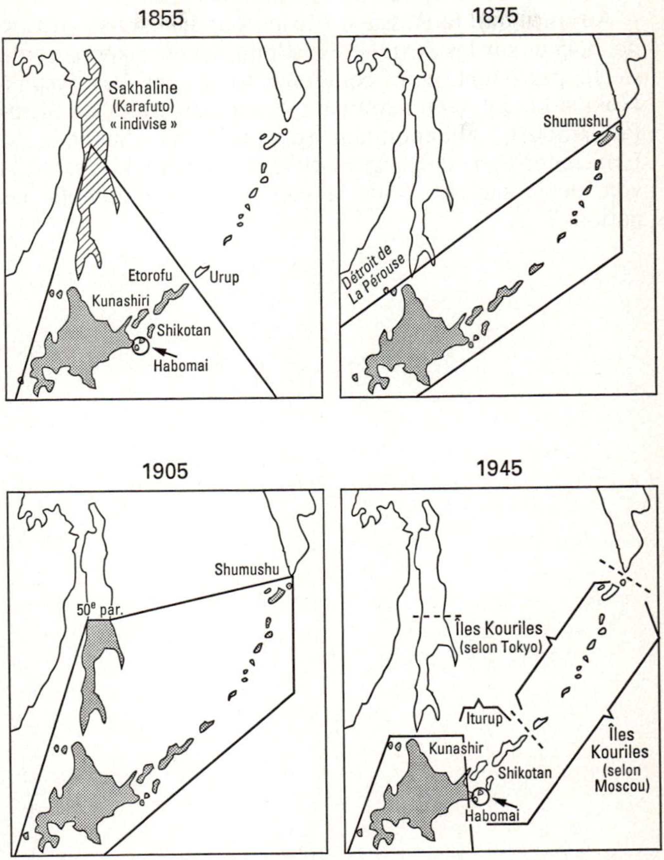

Source : Thierry Mormanne, « Le problème des Kouriles, pour un retour à Saint-Pétersbourg », *Cipango,* Cahiers d'études japonaises, *Inalco,* 1, janvier 1992, p. 59-90.

confirmé par le traité de San Francisco (1951). Par contrecoup, les deux îles Habomai et Shikotan devenaient soviétiques puisque, selon la définition des Japonais, l'expression « groupe des Kouriles » comprenait toutes les îles entre Yeso-Hokkaido et le Kamtchatka.

Aujourd'hui, la Russie d'Eltsine s'appuie sur sa victoire de 1945 et sur les décrets de l'administration japonaise du siècle précédent pour conserver toutes les îles jusqu'à Hokkaido. Le Japon souhaite revenir au traité de Saint-Pétersbourg, abandonnant ses droits sur Sakhaline... L'ancienne ligne de partage, du traité de Shimoda, serait la voie de la sagesse. Mais la sagesse commande-t-elle les nations ?

CHAPITRE IV

Une nouvelle race de sociétés

Aux Amériques, comme en Asie et en Afrique, la colonisation a fait apparaître une nouvelle race de sociétés. Elle a également sécrété un mode de relations économiques et politiques qui n'avait pas de précédent, bilan d'une rencontre entre des civilisations étrangères les unes aux autres. Quelques personnages collectifs nouveaux sont ainsi nés sur la scène de l'Histoire, tels les créoles aux Amériques — ou les pieds-noirs au Maghreb, etc. Ils se sont, ou non, croisés avec les populations des territoires qu'ils ont occupés — à moins qu'ils ne les aient peuplés de Noirs, aux Amériques par exemple, amenés de force depuis l'Afrique. Ces esclaves outre-Atlantique, et bientôt ces « marrons » qui échappent à ce sort, sont aussi des personnages nouveaux, et les Eurasiens, les mulâtres, etc. Le racisme qu'ils ont connu, dont on a instruit le procès, est-il seulement le produit de cette rencontre ?

A l'âge de l'impérialisme, où on note que les écarts entre les races s'accroissent, de nouveaux personnages emblématiques prennent la relève du corsaire ou accompagnent le missionnaire et le planteur : ces médecins, ces instituteurs. Le discours colonial a-t-il raison d'en être fier ?

Au reste, les pratiques de la colonisation ne sont pas, partout, similaires : l'Angola n'est ni l'Afrique du Sud toute proche, ni le Brésil, si voisin ; l'Afrique du Nord n'est pas semblable au Turkestan...

Curieusement, à force de se demander si la colonisation fut rose, ou noire — si elle a rapporté de l'argent, ou si elle en a coûté —, on omet d'observer qu'une de ses fonctions a été de débarrasser les métropoles des gens « dangereux », ou dits tels : en les envoyant à la Guyane, ou en Sibérie, sinon aux antipodes. « Nous avons été une Sibérie, mais au soleil », disent les Australiens aujourd'hui. Ce que deviennent des sociétés de « délinquants » livrées à elles-mêmes est un test intéressant pour l'Histoire, autant que le sort des sociétés métisses.

Les métis d'Amérique

Quelles femmes pour les conquistadores ?

La première colonisation avait été le fait d'une poignée d'hommes. En Espagne, dès les origines, l'émigration était contrôlée par la *Casa de Contratacion* : il fallait obtenir une licence pour pouvoir s'installer en Amérique, seuls les sujets de la Couronne de Castille pouvaient l'obtenir — les *conversos* d'origine juive en étaient exclus. Officiellement, en un demi-siècle, de 1509 à 1559, il partit, en tout, 15 480 personnes, mais ces chiffres officiels sont peu fiables, car les clandestins étaient nombreux. De fait, en 1579, les Amériques auraient compté déjà 150 000 Blancs ; à la fin du XVIIe siècle, il s'y serait trouvé entre 400 000 et 500 000 personnes.

A l'origine, seuls les hommes étaient partis, mais, au Mexique, Cortez n'avait accepté de fixer 2 000 immigrants venus de Castille qu'à condition que dans les dix-huit mois leurs épouses suivent… Un texte officiel de 1604 fait état d'un départ de 600 femmes, alors que l'autorisation n'a été donnée que pour 50. Par ailleurs, sur place, les Espagnols furent tentés par les Indiennes : dès 1514, à Hispaniola, 64 hommes sur 684 en avaient déjà épousé une. La *barranganeria,* le concubinage, était tolérée en Castille jusqu'à l'arrivée d'Isabelle et de Ferdinand : cela fut monnaie courante aux Amériques, après un baptême pour la forme, les conquérants se faisant offrir les plus belles femmes par les princes aztèques ou incas : Cortez, Pizarre donnèrent l'exemple… Paradoxe : venus du pays qui avait inventé la *limpiezo de sangre* — la pureté de sang — et exclu tous ceux qui avaient des ancêtres juifs ou musulmans — un critère religieux, à dire vrai —, ce furent ces Castillans qui, aux Amériques, imposèrent le métissage pour assurer leur maintien dans ces pays et ne pas connaître le sort d'Hispaniola, dont toute la population indienne avait été massacrée.

« Leurs enfants, ces hommes et femmes " de bien " ne devaient pas être appelés " métis ", disait-on alors, car c'est le genre de vie qui différenciait nettement les Blancs des métis. » Les métis d'occasion, si l'on ose s'exprimer ainsi, c'est-à-dire la majorité des enfants nés d'unions fugitives, étaient de plus en plus nombreux... orphelins abandonnés, misérables qui s'engageaient dans l'armée ; ils devinrent rapidement si nombreux — au Pérou, environ 100 000 contre 38 000 Blancs vers 1570 — qu'on leur interdit les armes européennes, les chevaux et l'accès au sacerdoce. Ils furent bientôt rejetés à la fois par les créoles et par les Indiens... Le taux d'enfants illégitimes déclarés atteignait 40 % au XVIe siècle, et montait jusqu'à 69 % entre 1640 et 1649, pour les Noirs et les mulâtres.

En métropole, la réaction est sévère : il fut interdit aux femmes célibataires de s'embarquer, ainsi qu'aux hommes mariés de partir sans leurs épouses... Dès le XVIIe siècle, 60 % des Andalous qui embarquaient le faisaient en famille... C'est le Mexique qui attire le plus les gens d'Estrémadure et d'Andalousie — qui fournissent près de 90 % des partants — suivi par le Pérou. Les liens subsistent avec les parents demeurés au pays, que quelques-uns perpétuent ; puis ces liens se distendent, à moins qu'on attende une manne venue du Pérou... Ainsi survit la légende de l'oncle d'Amérique.

En Amérique du Sud, le trait frappant est bien la différence essentielle qui existe entre la colonisation espagnole et celle des Portugais. Dès les origines, la Couronne de Castille avait encouragé le départ de femmes espagnoles aux Amériques : il en était parti déjà 30 au troisième voyage de Christophe Colomb. Avec leurs servantes, elles contribuent à l'expansion de la civilisation espagnole. Les lois de succession leur donnent un droit à l'héritage, ce qui accroît leur autorité quand elles sont filles uniques. De ce fait, les mariages interraciaux sont rares, même si les liaisons des Espagnols avec des Indiennes sont fréquentes. Le souci du *limpia sangre* demeure très vif, au moins pour pouvoir accéder aux plus hautes charges, et cette pureté de sang est observée autant qu'il se peut, là où ces charges s'exercent, à Lima et à Mexico essentiellement.

C'est évidemment dans ce contexte que la hantise du viol par un Indien, ou par un Noir, devient une obsession ; comme il le fut ultérieurement pour les Européennes d'Afrique du Nord.

Pourtant, le dossier des procès plaidés au XVIIIe siècle devant le Real Audiencia de Mexico témoigne que les agresseurs sont, dans seulement un cas sur deux, des Indiens, et pour plus d'un quart des Espagnols, ce qui ne semble pas justifier le stéréotype. En revanche, les plaintes concernent essentiellement des agresseurs et des victimes appartenant aux classes populaires — les notables étant rares : est-ce qu'ils réussissaient à éviter les procès ? La configuration ethnique des viols éclaire sur leur signification réelle. Les agressions de loin les plus nombreuses sont celles des Indiens contre les Indiennes, alors que les Espagnols n'agressent les femmes de leur pays que très rarement. Ainsi est-ce la femme indienne qui subit le double refoulement des hommes indiens ; tandis que, pour l'agresseur espagnol, qu'ils imitent, il y a les excès du comportement d'un vainqueur : or, dans les deux cas, il y a défi autant que besoin, car la moitié des agresseurs sont mariés (F. Giraud).

La différence entre la politique espagnole et celle des Portugais est bien que celle-ci laissa les hommes s'établir seuls outre-mer (les femmes portugaises n'étant nombreuses qu'au Maroc et aux Açores). De sorte qu'au Brésil le concubinage et les mariages interraciaux favorisèrent l'insertion des métis, puis des mulâtres dans la société coloniale. Éblouis par la beauté des femmes indiennes, les Portugais au Brésil étaient déjà fortement métissés ; l'amante de couleur noire prit bientôt la relève de l'Indienne, incorporant aux habitudes des Portugais de nombreux traits culturels africains. On a parlé d'une intégration raciale « voluptueuse ». Ainsi a-t-on pu dire que le Portugais avait conquis le monde non par le glaive et la croix, mais par le sexe – ce qui est sans doute excessif, car les deux autres instruments de domination n'ont jamais été très éloignés. Avec le temps, au Brésil, la mulâtrisation devint aussi une forme de défense des fondateurs du pays – les *Brasileiros de quatrocentos anos* –, c'est-à-dire les « vrais » Brésiliens, face aux immigrés, purement blancs – Italiens, Allemands surtout – pour mieux marquer l'identité de la nation.

Le caractère exclusif de l'émigration masculine marque aussi le peuplement portugais en Inde. Sur deux siècles, de 1549 à 1750, une seule femme de vice-roi accompagna son mari. Il en alla de même des gouverneurs et des autres membres de leurs suites. Il fallut s'accommoder des interdits frappant les femmes non baptisées, car, en Kerala où les Portugais étaient établis, elles étaient les plus entreprenantes, disait-on, de toute l'Inde. Le vice-roi, don Francisco de Almeida, jugea que le plus simple était de faire baptiser les plus séduisantes. C'est ainsi que plusieurs générations de métis se formèrent, les femmes accompagnant leur homme à Macao, aux Moluques, etc.

La pratique des unions interraciales exista à tous les échelons de la population – au Brésil comme en Inde –, ce qui constitua un moyen de promotion sociale, les filles naturelles bénéficiant de dots et étant le plus souvent légitimées.

Or, tolérées au début de la colonisation, ces unions furent bientôt déconsidérées dans les classes les plus élevées tandis que tout un dispositif discriminatoire se mettait en place : mieux valait, pour un Portugais, épouser une Indienne – du Brésil ou de l'Inde – qu'une juive convertie ou une mulâtresse. Une réaction se manifesta, qui vint d'en haut, et l'on fit pression sur les filles créoles pour qu'elles perpétuent la pureté de sang…

On retrouvera plus loin une évolution similaire en Inde anglaise – ce qui remet en cause bien des stéréotypes sur les différents types de colonisation.

Dans l'histoire du métissage amérindien, le point important est que le groupe des métis n'a tendu à l'intégration et à l'assimilation qu'en rompant avec les Indiens purs ou avec les Africains purs, c'est-à-dire en formant un groupe à part.

La politique qui consistait à créer des castes en établissant un système « pigmentocratique » (Mörner) a échoué parce que le processus engagé n'a cessé d'évoluer au point qu'à l'ancienne opposition Espagnol/Indien s'est substituée celle du hacendado péon, confondant le métis et le Blanc pur dans un groupe de *ladinos*, ces Indiens hispanisés, opposé aux Indiens. Le social interférait avec le racial.

Au Brésil, au contraire, les mulâtres ont constitué un stade intermédiaire. Pourtant, dès la fin du XIXe siècle et au XXe siècle, si le métissage permet toujours l'ascension sociale pour les plus foncés, on assiste à un enkystement, à un blocage dus à la résistance des métis « intégrés ».

Dans le vocabulaire, le système pigmentocratique a défini tous les croisements, tous les métissages avec ses variables : métis (Espagnol + Indien), castizo (métis + Espagnole), mulâtre (Espagnole + Noir), morisco (Espagnol + mulâtresse), albino (morisca + Espagnol), torna atras (Espagnol + albina), lobo (Indien + torna atra), etc. Au Pérou, les termes ne sont pas nécessairement les mêmes ; on parle de quarteron, de quinteron, de zambo (Noir + Indienne), etc.

De toutes et de tous, c'est la femme noire qui a vu son statut se dégrader le plus, depuis les temps lointains de l'Afrique.

Le sort de la femme esclave noire plus aggravé que celui des hommes

Le sort des femmes noires s'est encore plus aggravé que celui des esclaves hommes*... Le thème du pouvoir des femmes noires dans l'esclavage est un écho de la jalousie éprouvée par les Noirs — ou par les femmes blanches, lorsqu'un Blanc abusait d'une femme noire ou la prenait

* La traite atlantique a concerné entre 1600 et 1900 environ 11,5 millions de personnes ; 1,8 million au XVIIe siècle ; 6,1 millions au XVIIIe siècle ; 3,3 millions au XIXe siècle. La traite saharienne (arabe), commencée plus tôt, atteint environ 4 millions de personnes : 900 000 personnes avant 1600, et, ensuite, 700 000 au XVIIe, 700 000 au XVIIIe, 1,8 million au XIXe siècle. Cf. C. Coquery-Vidrovitch, *Afrique noire, permanences et ruptures*, p. 33.

comme concubine... Le contraste est net avec le sort inverse des femmes blanches — si tant est que la comparaison ait un sens.

Les émigrants d'origine européenne dans les possessions françaises des Caraïbes ne sont qu'en très petit nombre : ainsi, entre 1695 et 1915, pour 6 200 départs d'hommes depuis La Rochelle et 1 900 de Dieppe, on ne compte que 90 femmes. Les seules femmes présentes sont les épouses et filles des maîtres de case, puis les filles nées aux îles. Les femmes vivent aussi dans une plus grande liberté qu'en métropole, accompagnant leur mari dans leurs visites par exemple, un fait qui au XVIIe siècle est rare en France... Épouses blanches, concubines noires, le fait est fréquent certes, les femmes blanches se vengeant comme elles peuvent d'un affront fréquemment commis. Leur mari souvent absent, elles exercent durement leur pouvoir.

Mais le destin des concubines, puis des mulâtresses, mis à part, le sort de la masse des femmes noires esclaves ne cesse, lui, de se dégrader.

En Afrique, chez les Congos, Yorubas, Ibos et Angolas — qui constituent l'essentiel du monde des captifs transportés aux Antilles —, les hommes et les femmes jouissaient d'une liberté sexuelle plus grande que dans le monde chrétien ou en pays d'Islam. Dans le mariage, les droits et obligations des hommes et femmes sont strictement définis ; les femmes demeurent ensuite dépendantes, mais, en pays Bambara, elles se mêlent à la conversation des hommes, même si les uns et les autres ne mangent pas ensemble (comme en pays Basque), les femmes servant leur mari et mangeant après, debout. Globalement les voyageurs des XVIIe et XVIIIe siècles sont frappés par l'esprit et le comportement indépendants de la femme africaine, même si une partie des travaux des champs leur paraissent réservés en plus des tâches de cuisine dont elles ont souvent le monopole. La polygynie régnante crée une solidarité des femmes qui n'existe pas dans le monde occidental. Cela n'empêche pas un respect de la femme envers chacun de ses maris, un trait qui, au XVIIIe siècle, avait frappé le père Labat.

Aux Amériques, et notamment aux Caraïbes, le problème est de savoir si les maîtres cherchaient à accroître leur capital humain grâce à la traite, ou bien en favorisant les naissances sur les plantations ; en 1933, dans *Maîtres et Esclaves*, Gilberto Freyre a écrit qu'au Brésil l'intérêt économique pousse les maîtres et leurs fils à se transformer en étalons pour accroître leur capital. Mais pour l'essentiel, sauf pendant de courtes périodes, ce furent l'échange économique et l'achat qui prévalurent. Et l'homme y vaut plus cher que la femme — à moins que celle-ci ne soit un objet sexuel.

La dégradation de la condition des femmes esclaves vient de ce que, dans les sucreries par exemple, elles sont écartées des travaux spécialisés. Au départ, il n'y a pas de différence de statut entre l'homme au fourneau et la femme au moulin, entre l'homme qui creuse les fosses à planter et les femmes qui y déposent des grains. Plus nombreux à être qualifiés, les hommes le sont par leurs capacités, alors que chez les femmes seule la valeur sexuelle est déterminante, et elle décline avec l'âge ou la maternité. En outre, on laisse aux femmes l'usage des outils traditionnels, tels la houe, le fil, l'aiguille, alors que les hommes ayant appris à construire des maisons, des tonneaux, des ferrements pour esclaves, etc., monopolisent bientôt la connaissance des techniques... Arlette Gautier a bien montré que cette division des compétences et du travail a maintenu et aggravé la subordination des femmes, de sorte que l'esclavage, loin de niveler le sort des hommes et des femmes, a abouti au contraire à un abaissement supplémentaire de la femme dans la maisonnée blanche, et bientôt dans la famille noire, car elle ne bénéficiait plus, dans une société noire éclatée ou en miettes, des sauvegardes et privilèges dont naguère la femme noire était assurée, en Afrique.

Noirs et Indiens

Dans les colonies espagnoles avait été institué le double système de l'*encomienda* et du *repartimiento*. Par le premier, les conquérants recevaient un certain nombre d'indigènes qui leur payaient un tribut ; par le second, la terre était divisée en un certain nombre de bénéficiaires. Au départ, l'essentiel était le tribut ; bientôt ce fut le travail qui compta le plus, il fallait du monde pour exploiter les mines, construire les routes... Les guerres et autres massacres, la maladie détruisirent tout ou partie des populations caraïbe, indienne, arawak... Or, les esclaves qui arrivaient présentaient de nombreux avantages pour les colons : ils savaient pratiquer l'élevage du bœuf, monter à cheval, etc., de sorte que les premiers cow-boys d'Hispaniola (Saint-Domingue, Haïti) étaient des Ouolofs et des Mandingues. D'autre part, sur le continent, les esclaves de la Gold Coast et d'Angola avaient souvent une compétence artisanale qui les valorisait par rapport aux Indiens qui, finalement, demeurèrent plus marginaux que les Africains au sein de l'économie proprement coloniale. Dès la fin du XVIe siècle, dans les plantations à sucre de Bahia comme dans les mines de Nouvelle-Grenade, la grande majorité des travailleurs étaient noirs, les Indiens Chibchans ayant lentement disparu. Le gouvernement portugais — comme celui de l'Escorial — favorisait d'ailleurs cette lente substitution d'un type de travailleurs à un autre, car le transport et la vente des esclaves sur le continent comportaient pour la Couronne toutes sortes d'avantages fiscaux, aux dépens des colons et indépendamment de l'*asiento* déjà perçu lors du voyage depuis l'Afrique. La position de plus en plus centrale des Noirs dans ces nouvelles sociétés se traduisait enfin par le rôle qu'ils jouaient dans les milices locales. En Guyane, les Français utilisent les Noirs contre les Caraïbes, et ainsi font les Hollandais, tel Peter Stuyvesant à la Nouvelle-Amsterdam, comme les Anglais du Massachusetts qui font appel « jusqu'aux Écossais et aux Noirs » pour chasser les Indiens.

Cet antagonisme du Noir et de l'Indien, l'Européen en joue, détournant ainsi l'agressivité des Noirs, soit contre les métropolitains — par exemple, pendant les guerres d'indépendance en Amérique latine et aux États-Unis — mais surtout contre les Indiens.

Car *les Indiens sont toujours réputés libres, alors que les Noirs sont toujours réputés esclaves.* De sorte que l'Indien s'en prévaut pour mépriser le Noir : en Nouvelle-Grenade, au XVIe siècle, voici un Indien qui porte plainte devant un tribunal, sa fille étant promise à un Noir, « car notre race, distincte par la pureté de sang, égale la classe des Nobles, de sorte que ma fille ne saurait s'unir à la classe réputée la plus vile ». Ce qui n'empêche pas l'Indienne de se donner aux Noirs : « Elle se donne à l'Indien par devoir matrimonial, au Blanc pour l'argent, au Nègre par plaisir » (Saint-Hilaire, 1821). Par Gilberto Freyre, on sait qu'au Brésil les trois races collaborent à leur manière, au moins dans les moulins à sucre de la région de Bahia : la blanche a la propriété et la direction, la noire travaille, l'indienne défend les moulins contre les pirates et autres Indiens ; dans le Sud, à l'époque des *bandeirantes,* ces expéditions menées vers l'intérieur, « l'Indien marche devant frayant la route, les Blancs et métis suivent, le Noir demeure derrière, fermant la colonne, portant les fardeaux, préparant les pauses ».

Les Noirs « marrons » et la résistance noire

Le traumatisme du voyage est tel qu'à peine débarqués aux Caraïbes les « Noirs Nouveaux » veulent s'échapper. Les colons qui l'ont compris essaient d'amortir le choc et acclimatent l'esclave avant de le mettre dans leur atelier. Mais le désespoir des Noirs est tel qu'ils se mutilent, s'étranglent, bien plus qu'ils ne cherchent à tuer leur nouveau maître. L'un d'entre eux s'écrase la tête contre une pierre ; il est même des groupes entiers qui se suicident, tels les marrons de l'île danoise de Saint-Jean, cernés par les troupes françaises, en 1734 ; même comportement chez les marrons attaqués par les Anglais, au XIXe siècle, à Saint-Vincent. « Trente se sont pendus en une seule habitation », rapporte Malenfant, dans son *Histoire de Saint-Domingue,* parue en 1814. « Je sais un propriétaire, qui, sur 400 nègres, en trouva trois cent quatre-vingts pendus, le lendemain », témoigne Xavier Eyma à la même époque. Certains Ibos se pendent pour retourner au pays... Regrouper les « Congos », ou encore d'autres, pour réduire, croit-on, leur désespoir est une première technique. Mais le suicide ou la fuite constituent ainsi une forme de résistance à un maître. Surtout, pour ceux qui se sont « accoutumés », le marronage, c'est-à-dire la fuite, doit aider à conquérir sa liberté, ou à assumer une certaine promotion... Entre les « Noirs de houe », voués à la culture, et les « Noirs à talents » ou « à la journée », l'écart se creuse, et ceux-ci essaient de se fondre dans la classe des affranchis : « Affectant de bien parler français, un peu espagnol, se disant libre, cordonnier de son métier, un mulâtre est venu au cabaret... » (cité in Y. Debbasch). Mais les Noirs de houe également se sauvent ; l'alimentation insuffisante et les mauvais traitements, par économie surtout, sont à l'origine de la peur que leur mécontentement suscite chez les maîtres. Souvent, les Noirs préviennent par une sorte de grève avertissement, puis ils disparaissent...

Fréquemment, le fugitif trouve des cachettes chez un propriétaire voisin, qui se tait, feint de ne pas le voir. Mais ensuite ?

Les refuges extérieurs sont rares, inexistants dans les petites îles, mais bien vite des réseaux fonctionnent qui indiquent Dominique et Saint-Vincent comme terres de liberté : le tout est d'y parvenir. On essaie aussi d'aller chez l'Espagnol, car, dans ces possessions-là, l'indolence administrative permet d'espérer de se voir concéder ou vendre la liberté. Car malgré une série d'accords, notamment à Saint-Domingue, le risque d'extradition est plus théorique que réel. Ou bien on essaie de joindre Surinam en Guyane. En Guyane, on sait qu'on peut aller dans l'intérieur des terres, où se constituent de fortes colonies de marrons.

Une guerre larvée oppose la société esclavagiste à sa main-d'œuvre... Le marron est toujours un ennemi qui « a volé le maître de sa valeur » et ébranle l'ordre établi. Sa désertion doit être punie, et le maître entend le récupérer à l'atelier — il l'a payé au marché de la traite. Mais il faut quelquefois amnistier, avec promesse d'émancipation pour plus tard ; voire carrément négocier, comme les Anglais le font quelquefois à la Jamaïque. Or, autorité publique et autorité domestique se disputent la réalité du pouvoir et n'ont pas les mêmes objectifs. Un règlement de police guyanais, en 1750, fait valoir que « les maîtres n'ont regardé les manquements de leurs esclaves que comme personnels à eux-mêmes, comme si la liberté, qu'ils ont d'en posséder, ne leur était point accordée aux conditions expresses de veiller à leur conduite vis-à-vis du public ». De sorte qu'avec le marronage le Code Noir réédité au bénéfice des notables, apparaît à la fin du XVIIIe siècle comme inadapté à la situation. Et des planteurs adoptent une autre méthode : « Lorsque je suis parvenu à force de soins, et par quelques punitions, à rendre un de mes nègres propriétaire d'un pécule, alors je suis maître de lui. L'orgueil, l'amour-propre le dominent, il devient plus soigneux, rarement fautif... La peine la plus forte est la privation du temps de se rendre à la ville. Elle est très efficace. » Des jardins sont aussi concédés aux esclaves — mais la possibilité d'y travailler leur est chichement comptée. De cette façon, le propriétaire y gagne, car cela lui coûte moins que de nourrir ces maisonnées.

Révolte des « marrons »

En Amérique, les révoltes de Noirs ont été extrêmement nombreuses — mais, pour n'avoir pas abouti, sauf la dernière à Haïti, elles n'ont pas eu leur droit d'entrée dans l'Histoire. Pourtant, dès le XVIe siècle, on en comptabilise 3 à Saint-Domingue et 10, au moins, entre 1649 et 1759, dans les différentes Antilles anglaises ; 6, au XVIIe siècle et une cinquantaine au XVIIIe siècle dans le sud des futurs États-Unis. Dans les Antilles françaises, le nord du Brésil et Porto Rico, elles se multiplient après l'indépendance de Haïti.

Certes, ces révoltes n'ont pas abouti ; pourtant, celles des marrons de Guyane ont donné naissance à des « Républiques de marrons » qui, si elles n'ont pas survécu, ont bien existé, en Colombie, mais surtout en Guyane. La plus durable a été celle des Boni, de Guyane, révoltés contre les Hollandais, que les Français ont encouragés. Plus exactement, lorsque, en 1712, les marins français pénétrèrent en Surinam, les grands propriétaires s'enfuirent, et les esclaves en profitèrent pour s'échapper dans la forêt après avoir pillé les maisons de leurs maîtres. En 1749, leur chef, Adoc, obtint l'indépendance, tandis qu'un autre chef noir,

Arabi, probablement musulman, se vit reconnaître la liberté de fonder lui aussi une République à condition de ne plus accepter de marrons. Une troisième République marron fut également fondée en 1762, avec un conseiller hollandais aux côtés du chef noir. Mais, les Boni ayant voulu chasser les Blancs de la région, une partie des Noirs s'allia avec les Hollandais par peur de leur hégémonie. Les Boni durent, à leur tour, signer un accord avec la France et se maintenir dans le Haut-Maroni. Depuis, y survivent ces Bosh, ou Bush-negroes, ou hommes noirs de la forêt, dont la civilisation est un synchrétisme Fanti-Ashanti d'origine africaine, pour la religion surtout, mêlé de pratiques alimentaires indiennes, et dont la langue est un mélange de mots africains, hollandais, anglais, français.

En Haïti, deux cents ans après, en 1991, on fête toujours le grand soulèvement de l'esclave Boukman, en août 1791, qui aboutit en 1804 à la première des indépendances des peuples colonisés. La victoire est toujours placée sous le signe du vaudou, qui, au temps de Toussaint-Louverture, donna aux Noirs la force de combattre et de vaincre les armées de Bonaparte puis de Napoléon.

Ainsi, la Révolution française et le vaudou sont également considérés comme les agents de la liberté, avec la bénédiction de l'Église catholique, qui, sous l'égide de l'abbé Aristide, revendique aujourd'hui cet héritage et le serment du bois Caiman (cf. le film de Charles Najman, 1991).

Cette grande victoire des esclaves — la première — a-t-elle signifié pour les Haïtiens la « fin de l'histoire » ? Loin de se saisir et d'utiliser ce que la colonisation avait créé ou apporté, ils s'en sont détournés et ont laissé ces exploitations dépérir pour reconstituer, ailleurs, un mode de vie africain, s'immobilisant en quelque sorte dans le temps, comme pour perpétuer ce moment unique que leur envient les autres peuples de la Caraïbe.

Aux Amériques, les formes de résistance des Noirs ont varié, depuis un extrême, la révolte et la fuite des marrons, jusqu'au sabotage du travail, qui a donné naissance au mythe du nègre paresseux — qu'on retrouve en Asie du Sud-Est avec l'« indigène paresseux ». Chez les descendants des marrons, toutes les variétés de synchrétisme culturel ont pu exister, telles qu'on les a étudiées à Cujila au Mexique : la conservation des attitudes — porter les enfants sur le dos, les paquets sur la tête, la construction de maisons rondes, la disposition des épouses, les *queridas* (les chéries) vivant dans des quartiers différents. Ces attitudes s'étiolent ou se transforment, en relation avec les autres communautés ; mais elles se perpétuent grâce aux fêtes et autres « formes de liberté qui constituent le cadre institutionnel de la survivance des chants, danses et autres manifestations artistiques surtout musicales d'Afrique » (R. Bastide, *Les Amériques noires*). En Nouvelle-Angleterre, l'organisation de ces fêtes devient même la matrice d'une sorte de contre-pouvoir qu'exerce le « gouverneur », dont les Blancs acceptent la prééminence, qui est souvent un descendant de rois, et qui négocie avec le maître. Les maîtres traduisent volontiers les délinquants devant ces « gouverneurs », détournant ainsi le ressentiment des esclaves contre des membres de leur propre communauté. Ces survivances sont également « religieuses », gardées « en conserve » là où le Blanc est puissant, mais évoluant là où il a disparu, comme à Haïti. Ici le vaudou peut se transformer et devenir une sorte de religion paysanne nationale, alors qu'au Brésil ou à la Trinité il a mieux conservé ses traits africains.

Quant aux esclaves convertis, ils ont mieux gardé leurs héritages africains dans les pays catholiques, donnant naissance à un syncrétisme aux formes variées, que dans les pays protestants, où le Noir n'est accepté comme membre d'Église que pour autant que son instruction est parfaite : l'évangélisation a ainsi entraîné la disparition des africanismes. S'est-il vraiment donné une « âme de Blanc » : voilà une question que Frantz Fanon a traitée dans *Peau noire, Masques blancs,* mais qui a fait également l'objet d'un débat « scientifique » entre Herskovits et G.F. Frazier et qui pose tout le problème du racisme et de l'assimilation.

La naissance du créole

En demandant dans son testament de 1547 que, s'il venait à mourir en Espagne, ses restes fussent ramenés au Mexique et ensevelis dans le monastère des religieuses franciscaines de la Conception, dans *sa* ville de Cocoya, Hernan Cortez est bien le premier des créoles à juger que sa vraie patrie est le Mexique.

Cette identification à une terre autre que celle de ses ancêtres constitue le premier indice d'un écart qui va se creuser entre les métropolitains et ceux qu'on appelle les créoles. Chez ceux-ci, Espagnols d'origine, au Mexique, l'imprégnation du milieu, de sa culture, de multiples traits, s'effectue de façon imperceptible et pas nécessairement assumée. Ainsi, avec une grande finesse, Solange Alberro, dans *Les Espagnols dans le Mexique colonial,* observe que la couleur de l'habit des franciscains change au Mexique ; alors que le beige traditionnellement y existe, précisément pour le froc des pauvres, ils choisissent le bleu, la couleur que les Mexicains associaient symboliquement au Dieu guerrier du Soleil, Huizilopotchli, dont le temple en ruine servit de base aux premières fondations franciscaines. Cette colonisation inversée se traduit par toutes sortes d'emprunts, depuis la tunique de coton matelassée, l'*ichcahuipilli* hispanisé en *escaupil,* jusqu'aux mets de bouche, dont l'inventaire est bien connu : le chocolat, le tabac, le haricot, etc., la tortilla de maïs surtout, car sa récolte, sa mouture, sa préparation demandent bien moins de travail que le pain de froment ; et sa consommation contribue à cette « paresse » dont l'Espagnol s'imprègne sans effort. Dans les villages isolés, plus qu'ailleurs, mais dans les villes aussi, les habitudes indiennes « contaminent » ainsi les Espagnols, dont les petits sont élevés le plus souvent par des nourrices indigènes et que servent aussi des cuisinières du pays… L'emploi du temps traditionnel se trouve donc sollicité par toutes sortes d'habitudes nouvelles : ainsi, note-t-on dès le XVIIIe siècle, le créole mange presque toute la journée ; il prend du chocolat le matin, déjeune à neuf heures, mange quelque chose à onze, et peu après midi fait un repas. Après la sieste, il reprend du chocolat et dîne plus tard. Cette habitude généralisée d'une consommation à répétition s'associe à des conditions qui, à la différence de l'Europe, excluent la conservation – peu de salaisons, peu de fumaisons. Le créole vit ainsi de fruits, légumes et produits frais, et non dans l'organisation d'une production destinée à l'avenir. Il vit au présent, dans le temps court, pas dans le temps long comme son cousin l'Espagnol.

Autre trait : on reconnaît le créole à son costume, celui-ci traduisant une appartenance sociale et ethnique. Alors que la plupart des Indiens sont nus, que certains d'entre eux qui veulent être assimilés aux métis portent des bas et des souliers et que les Noirs et mulâtresses recherchent de somptueux atours pour se distinguer, l'Espagnol de sang doit multiplier les surenchères, porter des armes et se couvrir de bijoux. Ce luxe ostentatoire fait contraste avec la simplicité indienne, mais il est aussi la réplique nécessaire aux anciennes cours aztèques ou incas. Par ailleurs, vis-à-vis de la métropole, il doit, débarquant à Cadix, marquer la munificence des Amériques par rapport à l'Espagne.

Ainsi, aux Amériques, le créole se différencie peu à peu du métropolitain, à la fois par des traits que son statut exige, et par des emprunts, conscients ou non, à la civilisation des vaincus.

Sans doute les Indiens ont-ils été bien convertis, mais ils ne sont pas restés seulement idolâtres, ils ont pu contaminer les individus de sang mêlé et même, quelquefois, les créoles et leurs prêtres – de sorte qu'il s'est mis en place un mécanisme de *colonisation inversée*.

Est-ce un hasard si les pères d'une identité créole, idéologues des mouvements d'indépendance, ont parfois été des curés, tels Hidalgo et Morelos au Mexique, plus proches que d'autres des Indiens et des métis ?

Les Anglo-Indiens : évolution des rapports à la colonie

L'Inde anglaise est bien un des cas où l'on dispose d'informations anciennes sur le problème des rapports entre colonisés et colonisateurs, les mariages mixtes...

Dès 1793, Henry Dundas, président du *Board of Control* de l'*East Indian Company,* attirait l'attention sur le danger d'une trop nombreuse présence d'Anglais dans le pays, « car cela affecterait l'idée qu'ont les indigènes de la supériorité de l'homme européen ». Ce jugement visait les Eurasiens, dont cette même Compagnie souhaitait pourtant la multiplication un siècle plus tôt... Or, rupture radicale, une décision de 1791 exclut les métis du droit d'exercer des fonctions dans la Compagnie.

Ce coup d'arrêt changea toute la situation.

La raison invoquée était que les Indiens méprisaient ces Eurasiens et que tout le prestige de la Compagnie en subissait le contrecoup. Et puis, vivant aristocratiquement, ses directeurs toléraient mal qu'un sang-mêlé pût accéder aux plus hautes fonctions. Une autre raison, non dite, était qu'à Londres on avait été frappé que la révolte de Haïti, pendant la Révolution française, ait été le fait de mulâtres — il fallait en tenir compte.

Après ce coup d'arrêt, la frustration des Anglais se manifesta, notamment à l'endroit des femmes birmanes... qui étaient, disait-on, à la fois douées de tous les attraits et de toutes les vertus. Les clergymen ne surent comment réagir, car l'Église stigmatisait les relations hors mariage, et celles-ci se développèrent désormais impunément. A l'époque victorienne, Lord Curzon intervint en déplaçant les limites de l'interdit : ceux qui épouseraient des femmes indigènes devaient savoir que leur carrière en serait contrariée ; il en irait de même de ceux qui avaient des maîtresses, qu'il serait bon de ne plus exhiber en toutes circonstances. Autrement, le contrevenant serait muté... Effet pervers : bien des militaires et des civils, des régions périphériques notamment, arborèrent désormais une maîtresse indienne : ils espéraient ainsi être déplacés dans une région plus centrale, Bombay ou Delhi de préférence... « Il ne faudrait pourtant pas qu'un tel règlement empêche un bon fonctionnaire d'épouser sa maîtresse... », commentait un contemporain.

Un vrai problème était posé.

On constate qu'avec le temps diminua le nombre des

Anglais à vivre avec des Indiennes. Et on ne sait pas grand-chose — sauf par des romans ou des films — de ces rares hommes indiens qui vécurent avec une Anglaise.

Ces Eurasiens sont 111 637 au recensement de 1951, dont H.A. Stark, eurasien lui-même, écrivait dans *Hostages to India,* en 1926 : « Si l'Angleterre est la terre de nos pères, l'Inde est celle de nos mères. L'Angleterre est un souvenir sacré, l'Inde une vérité vivante… L'Angleterre, ce sont nos traditions, l'Inde, notre vie de tous les jours. » Une analyse, faite à partir de la *Anglo-Indian Review* (tirage, 3 000), et prolongée par une enquête sur les années 1926-1959, donne une idée de ce que fut la situation d'une communauté, officiellement reconnue et qui eut droit à deux représentants au Parlement. D'abord appelés sang-mêlé (*half-breed*), puis *Chichi, East-Indian, Indo-European, Eurasian, Indo-Britons* — le terme « anglo-indien » l'emporta finalement — ils demeurent marqués par le mépris des Britanniques et par celui des Indiens, et ce trait rend compte de l'infériorité dans laquelle les Anglo-Indiens sont tenus : l'Anglais écoute plutôt les avis d'un pur Indien que ceux d'un sang-mêlé. Cette situation pèse sur une communauté qui ressentit très vite la nécessité de se doter d'un statut légal… Elle s'occidentalisa par le vêtement, par une partie des repas, le *breakfast* notamment, par l'éducation surtout, l'émancipation associée à la modernité amenant les Anglo-Indiens à entrer, jeunes, dans l'administration, les postes, ou surtout les chemins de fer où ils occupèrent la plupart des fonctions. De sorte qu'assez peu d'entre eux firent des études supérieures, ce qui leur eût peut-être permis d'accéder aux plus hautes responsabilités.

L'époque des grandes luttes politiques, au lendemain de la Première Guerre mondiale, place les Anglo-Indiens dans une situation en porte à faux… Ayant adopté peu à peu des mœurs britanniques, ils craignent qu'avec l'indépendance l'indianisation ne mette en danger leur situation, et que la baisse générale du niveau de vie ne les concerne, eux les premiers, qui travaillent dans un monde contrôlé par les Anglais. Peu pratiquants pour la plupart, ils craignent le retour à l'intolérance religieuse, que celle-ci émane des hindous ou des musulmans ; enfin et surtout, ils craignent que ne ressuscitent les tabous et obligations liés au système des castes dont ils avaient pu s'évader...

Le sort des Anglo-Indiens était un peu le révélateur d'un changement dans la nature de la présence anglaise aux Indes.

Au XVIIIe siècle, ces Anglais avaient été surtout des marchands, ils étaient peu nombreux, et les soldats en nombre infime. Cela changea avec les conflits franco-anglais, dès 1746. Ainsi, à Fort-Saint-David de Madras, il y avait 200 soldats à cette date ; ils étaient 589 en 1748, 1758 en 1759, au moment du siège, et 2590 en 1769. Les civils n'étaient que 253 à l'époque. A ces militaires s'ajoutent désormais des fonctionnaires de la Compagnie des Indes, de plus en plus nombreux. Or, tandis que les premiers sont là à titre temporaire, vivant à l'écart dans leurs casernes ou dans des camps, les seconds sont amenés à être en rapport avec les Indiens, *nawabs* et *zamindars;* peu à peu ils s'indianisent, s'enrichissant et prenant des goûts de nabab ; ainsi se contrarient deux flux, celui des militaires qui s'européanisent, à cause du statut de l'armée purement royale et qui incarne la tradition, celui des civils qui s'indianisent. Mais la situation change sous l'influence du gouverneur Cornwallis et d'une administration de plus en plus scandalisée par les méthodes des aventuriers et autres qui abusaient de leur richesse, de leur pouvoir et se servent de l'armée de Sa Majesté. Le mal venait, disait un rapport, d'une trop grande insertion des Anglais dans le monde indien. L'arrivée plus nombreuse de femmes anglaises qui substituent les bals et « parties » aux Nautch girls indiennes et anglicisent les « homes », contribue à la dissociation des sociétés. Comme si désormais l'Inde n'allait plus marquer l'Anglais qu'à travers ce trait caricatural : « Le major mit son pyjama et ses sandales, puis il se rendit dans la véranda de son bungalow pour y prendre une tasse de thé. »

L'écart entre les deux sociétés s'accroît, et avec lui se développe le racisme.

Au reste, s'initier à l'Inde est dangereux, explique la romancière Annie Steel, indécent, mieux : ridicule. Lorsque l'un de ses personnages, Strickland, le policier, se fait *sanyasi* (ascète) pour mieux approcher sa dulcinée, Miss

Youghal, il devient un personnage comique. « Un homme étrange, ce Strickland, on s'écartait de lui : ne professait-il pas cette théorie " absurde " qu'un policeman doit en savoir sur l'Inde autant que les indigènes eux-mêmes. Il patauge donc dans des endroits peu parfumés où nul homme qui se respecte ne songerait à porter ses explorations... Il est bientôt initié au Sat Bhai, à Allahabad, apprend le chant du lézard des Sansis, ainsi que la danse du Hallihuk qui est un cancan religieux d'une espèce assez étonnante. Mais pourquoi donc, disait-on, Strickland ne reste-t-il pas dans son bureau ? »

De toute façon, il n'y a pas à essayer de comprendre l'Inde. L'Inde, pensent ces Anglais, et, eût dit Françoise Sagan, est comme une femme, elle ne demande pas à être comprise, mais à être tenue.

Quelques décennies plus tard, toujours à lire Annie Steel, Alice Perrin, ou encore Rudyard Kipling, on croirait qu'il y a en Inde plus de bals et de pique-niques que de souffrances. L'Inde y est partagée entre les tigres, la jungle, les bals, le choléra et les Cipayes. Mais, hormis cette participation, l'Indien n'apparaît plus, sinon comme palefrenier – et bientôt comme un traître ou un être peu fiable au cinéma (cf. *Gunga Din*). Ou plutôt, il est présent pour représenter l'inverse de ce qui définit un Anglais véritable : discipline, force physique, organisation, sens de l'honneur. La pire honte pour cette héroïne d'un roman de Crooker est, lors de la révolte des Cipayes, de s'être donnée à un Indien pour échapper au massacre... Elle a perdu toute dignité...

Pieds-noirs et Arabes

« Les enfants, aimez la France, votre nouvelle patrie », disait le maître. A Alger, en 1939, on commémorait le 150ᵉ anniversaire de la Révolution française : jeunes Arabes et Mauresques défilaient, les premiers portant la tenue des sans-culottes, les seconds, le front ceint d'une couronne tricolore.

Car « la France entend porter, partout où elle peut, sa langue, ses mœurs, son drapeau, son génie », disait déjà Jules Ferry.

Aujourd'hui, dans l'Aurès, dans l'Atlas, on s'interroge : un siècle ou presque de présence française n'aurait-il pas eu plus d'effet qu'une tique sur la queue d'un chameau ?

Certes, il y a des espaces de la vie du Maghreb qui étaient demeurés inviolés, qui avaient de tout temps quasi ignoré la colonisation française : souks de Fez, mosquées et medersas cachées au regard du roumi. Il est vrai qu'au temps de Lyautey la ville européenne vivait au large, avec ses belles avenues goudronnées, loin des quartiers indigènes, le marché nègre, comme on disait à Oran. Une ville flanquait l'autre ; séparées par quelque poste de police, deux villes qui se haïssent ou qui s'ignorent. Frantz Fanon les a décrites dans *Les Damnés de la Terre :* « La ville du colon est une ville en dur, toute de pierres et de fer. C'est une ville illuminée, asphaltée, où les poubelles regorgent de restes inconnus, pas même rêvés. Les pieds du colon ne sont jamais aperçus, sauf peut-être à la mer. Des pieds protégés par des chaussures solides, alors que les rues de leurs villes sont lisses, sans trous ni cailloux... La ville indigène est un lieu mal famé... C'est une ville affamée, de viandes, de chaussures, de lumière. C'est une ville accroupie, une ville de bicots... »

« Le regard que le colonisé jette sur la ville du colon est un regard de luxure, un regard d'envie. Rêves de possession : s'asseoir à la table du colon, coucher dans le lit du colon, avec sa femme si possible. Le colon ne l'ignore pas. " Ils veulent prendre notre place. " C'est vrai. Il n'y a pas un colonisé qui ne rêve au moins une fois par jour de s'installer à la place du colon. »

Seules les relations de travail intervenaient dans leur échange — à part l'école, l'hôpital ou l'armée. « Les Arabes, ils n'étaient bons que pour faire les manœuvres ou toutes sortes de corvées, ou alors travailler comme docker, comme porteur... Un jour, le maire d'Alger, il est venu et il a demandé qui avait fait ce travail. Le chef des machines monte et me dit : " Il y a le Maire qui vient te féliciter, habille-toi. " J'ai refusé et je suis resté en habit de travail.

Et je suis descendu, il y avait le Maire. Je les vois toujours devant moi, ces cloches-là. Il y avait toute la smala, toute la commission comme ils disent. Alors, il me dit : “ C’est vous qui avez fait ce travail, je tiens à vous féliciter. ” “ A force d’entendre les félicitations, les poches sont pleines, elles débordent. ” Il dit : “ Qu’est-ce que cela signifie ? ” Je réponds : “ C’est qu’on est mal payé. Vous avez ici des pères de famille qui gagnent 40 F par jour. Je me fous des félicitations, ce qui compte, c’est le bifsteak ” » (« Un Arabe raconte sa vie », *Socialisme ou Barbarie,* 1959).

Comme on disait, « salaire d’Arabe ».

Au Maroc et en Algérie

L’esprit de la colonie n’a pas été le même, du moins en principe, en Algérie et dans les deux protectorats. La première était conçue comme une prolongation de la métropole, avec ses 3 départements, avec en moins, pour les Arabes, les avantages sociaux, les droits politiques, etc. Les seconds devaient mettre sur pied une libre association avec la France. « Les Français, disait Lyautey, apportent une organisation administrative supérieure, les ressources d’une civilisation plus avancée, des moyens matériels permettant de mieux tirer parti des ressources du pays, et la force qui garantit contre l’anarchie ; l’Autre, à l’abri de cette protection tutélaire, gardant son statut, ses institutions, le libre exercice de sa religion, développant ses richesses dans l’ordre, et en paix. »

Mais, même si cet esprit de Lyautey, volontiers revendiqué par les Français, ne s’est pas perpétué, il a eu pour effet néanmoins de faire naître au Maroc, voire en Tunisie, des rapports entre colons et indigènes assez différents de ceux qui se sont instaurés en Algérie.

En premier lieu, l’esprit de la conquête s’est perpétué plus tardivement au Maroc qu’ailleurs puisque, plus de dix ans après la guerre du Riff, il existait encore des zones insoumises, en Haut-Atlas ; les grandes sociétés faisaient appel à l’armée pour mieux assurer la sécurité de leurs convois. Cette « pacification » s’est heurtée à des tribus guerrières, survivance du Siba, et les opérations de « pacification » n'ont pas nécessairement toutes disconvenu au Sultan, qui en faisait l'économie, ou encore à certaines populations victimes des montagnards sédentaires. Le film de l'épopée coloniale n'a pas manqué de faire valoir cet aspect de la « pacification » ; c'est au Maroc que se situe l'action des plus célèbres : *La Bandera, Le Grand Jeu, Itto, Le Roman d'un spahi,* etc.

L'arrivée massive de colons qui, en Algérie, avaient occupé les meilleures terres, ou supposées telles, et repoussé les indigènes ailleurs, a été le trait qui, dès l'origine, a différencié ce pays des deux autres.

Cette dépossession, abritée derrière des arguments d'ordre juridique, a été vivement ressentie comme une injustice, comme un vol qui a « dégradé » le colonisateur. De sorte qu'en Algérie, surtout, l'administration est devenue aux yeux de certains, tel Malek Ben-Abi, une « association de malfaiteurs. » Au Maroc, Lyautey a voulu prévenir ce type de réaction en limitant le nombre des colons, en préférant favoriser la constitution de grands domaines, aux mains de sociétés, ce qui en métropole le rendait suspect à la gauche, mais ses successeurs, administrateurs ou officiers, n'ont pas su ou pas voulu résister à la pression des nouveaux venus et des colons qui exigeaient plus de terres. Ici comme ailleurs, l'Européen jugeait que « celui qui ne féconde pas le sol ne mérite pas de le posséder, et, qu'en enlevant leurs terres aux indigènes, au fond on servait leurs intérêts », car la mise en valeur par les colons permettrait une hausse générale du niveau de vie... Il reste qu'au Maroc les petits colons ont été beaucoup moins nombreux qu'en Tunisie ou en Algérie ; mais que les grosses sociétés ont bénéficié de bien plus grands avantages, financiers notamment, qu'ailleurs.

Tradition et européanisation

Troisième problème : le sort dévolu aux traditions et coutumes indigènes ; globalement, l'usage a été de ne pas les mettre en cause pour autant qu'elles ne constituaient par un obstacle à la pénétration européenne et à l'exploitation du pays. Sinon, elles étaient aménagées.

L'attachement à l'Islam, à la civilisation arabe, a constitué le noyau dur de cette confrontation.

Au Maroc comme en Algérie, les Français ont volontiers joué des Kabyles et des Berbères contre les populations plus arabisées des grandes cités. La méfiance envers l'Islam en a constitué le corollaire même si, pour des raisons tactiques ou stratégiques, les leaders religieux ont toujours été protégés et utilisés comme relais du pouvoir, comme interlocuteurs : depuis le Sultan, au Maroc, descendant du Prophète, jusqu'aux Ulemas, théologiens respectés par les autorités françaises. Pour être moins islamisés, moins arabisés, Kabyles et Berbères passaient pour pouvoir devenir ultérieurement de bons chrétiens ; car, au Maghreb, la colonisation a toujours eu un petit relent de croisade. Une des données de cette politique était la ségrégation des deux religions, comme s'il s'était agi de délimiter l'Islam, avant de le réduire. Telle était une des raisons pour lesquelles la langue arabe, langue du Coran, était peu valorisée : aux temps de la colonisation, dans l'enseignement, certes, la langue arabe est reconnue, mais comme une langue étrangère, par exemple comme première langue au baccalauréat, et cette limitation, handicap grave pour les élèves, est cruellement ressentie ; elle constitue un des plus graves griefs pour les Arabes instruits, en Algérie surtout. Ils voient là une volonté politique. Au Maroc, Lyautey avait raisonné autrement. Il s'était fermement opposé à toute tentative missionnaire, il refusait d'entrer dans une mosquée pour mieux dire son respect envers la religion ; il maintint ainsi jalousement les droits autonomes de l'Islam et du Sultan, son incarnation, pour mieux sauvegarder le caractère « provincial » du Maroc, loin du cœur arabe de l'Islam. Pendant longtemps, toutes les publications arabes venues d'Égypte ou de Syrie, même celles en provenance de Tunisie ont pu être interdites dans le royaume chérifien. Il comptait sur l'autonomie religieuse du pays et préférait de bons étudiants en théologie formés à Fez plutôt qu'en Égypte ou à Bagdad.

Autre problème, celui de l'européanisation, de l'assimilation, c'est-à-dire aussi celui de l'interpénétration des sociétés.

« Nous avançons, disaient les colons, ils n'avancent ni ne reculent. » Ce jugement date du début du siècle ; cinquante ans plus tard, il ne s'était guère modifié.

De fait, l'amélioration du standard de vie des indigènes à l'époque de la colonisation n'a été mesurée qu'avec les critères qu'elle a choisis ; certains l'ont même niée, qui ne sont pas arabes (A. Nouschi, par exemple, pour les années 1871-1919 dans le Constantinois). Il reste que, pour l'essentiel, les avantages des grands accomplissements collectifs ont profité surtout aux colons, les indigènes n'en recevant que les miettes ; la plupart des chemins de fer, des routes…, desservaient par priorité les intérêts du colonisateur : les mines, les ports, etc. Sans doute, en 1958, le *Plan de Constantine* a été un immense effort conçu par la métropole en faveur des indigènes, d'eux seuls pour l'essentiel. Mais ce projet, tardif, a été mis sur pied une fois l'irréparable accompli…

Néanmoins, l'exemple européen a largement stimulé les fellahs, au Maroc comme en Tunisie et en Algérie ; ils avaient commencé, au début des années cinquante, à s'équiper, à participer plus activement au marché. L'interpénétration n'était plus à sens unique.

Mais naturellement, plus que tout, ont été appréciés les hôpitaux et les écoles. Les écoles en premier lieu, parce qu'elles constituaient le droit d'entrer dans un monde meilleur, qu'elles s'identifiaient au progrès. Toutefois, comme le disait un gouverneur, « ces écoles permettent d'aller jusqu'à la gare, mais ensuite les Arabes n'ont pas le droit de prendre le train ». De fait, au Maroc, en 1952, sur 706 médecins, il y avait 11 Marocains, et un seul architecte sur plus de 200 Européens ; la proportion était plus élevée en Algérie et en Tunisie, mais ces chiffres donnent une mesure. Un bon quart des fonctionnaires étaient musulmans, mais demeurés dans des grades subalternes. « Moi, disait le directeur de la Grande Poste d'Oran, je ne tolérerai pas d'avoir un Arabe *sous* mes ordres, c'est-à-dire chef de service. » Il eût été hors de question d'obéir à un Arabe. Pour un corps de plusieurs centaines de membres, il y avait en tout et pour tout un seul sous-préfet arabe, en 1954.

Évidemment, ce problème était central. Car de nombreux musulmans étaient passés par l'école française, et ils se trouvaient rejetés après coup des espérances que donnait un diplôme, un vrai. Seule l'éducation nationale s'est montrée relativement accueillante : il existait un assez grand nombre d'instituteurs et de professeurs musulmans dans les établissements publics, au moins dans l'école laïque et les lycées. Mais, pour la forte majorité de ceux qui n'avaient pas pour vocation d'enseigner, la désillusion a été cruelle, car, à l'école, les maîtres étaient le plus souvent amicaux et compréhensifs, comme en témoigne le film de Mohammed Lakhdar Hamina, *La Dernière Image ;* ils donnaient volontiers un coup de pouce aux examens aux élèves doués, mais qui avaient du mal à s'exprimer en français.

Seuls les Juifs, premiers assimilés, et d'abord en Algérie grâce au décret Crémieux, mais aussi en Tunisie et au Maroc, avaient complètement accepté la civilisation française, identifiée au progrès, aux Lumières. Ils en ont aussi bénéficié, s'intégrant, sauf ceux qui voulaient demeurer juifs avant tout, aux autres pieds-noirs, espagnols, italiens ou métropolitains d'origine. Ceux qui sont demeurés au mellah, le quartier juif, sont aujourd'hui partis en Israël bien que beaucoup, au Maroc où le roi les protège, soient restés. En revanche, ceux qui avaient quitté le mellah, franchi le boulevard ou la rue, se sont complètement occidentalisés et ils sont désormais, en France, des citoyens comme les autres. Surtout les jeunes femmes juives ont pu, grâce à la colonisation, s'émanciper. Mais les autres femmes ? (cf. p. 266-267).

Frustration des élites et racisme ordinaire

Ce problème des élites non satisfaites s'est posé assez exactement dans les termes que les grands colonisateurs avaient craints. Ses données devinrent conflictuelles dès que fut abordé le problème du pouvoir. « Vous avez pris en tutelle un enfant en bas âge ; on était en 1912. Il portait un vêtement correspondant à sa taille. L'enfant a grandi, il porte toujours le même vêtement. » En Algérie, où survivait le mythe des départements français, le maintien d'un régime politique inégal a été d'autant plus mal ressenti que, pendant les deux guerres, les musulmans avaient fait leur devoir et avaient fait confiance au discours des hommes d'État qui, en métropole, avaient promis l'égalité, l'intégration.

Comme l'Algérie n'avait pas, lors de sa conquête, des structures politiques aussi solides que le Maroc ou la Tunisie, la résistance est passée, certes, par les partis politiques, mais autant par les syndicats ; surtout, elle a dû se replier sur des bases plus réduites, mais insoumises, les familles, qui ont plus qu'ailleurs rejeté les mariages mixtes.

La résistance s'est enracinée dans les foyers, asiles inviolés de l'identité et de l'Islam. Certes, les familles envoyaient leurs enfants à l'école pour qu'ils s'instruisent, connaissent le progrès des techniques, se modernisent. Certains désiraient s'occidentaliser et devenir français, tel Ferhat Abbas en Algérie ; mais, devant l'intransigeance des interlocuteurs, devant le refus colonial, la plupart se sont détournés de ce projet et ont cherché autrement les voies de leur libération.

Quant aux Européens, ils souhaitaient que l'Histoire arrête son cours. A la sueur de leur front, avec l'aide de « leurs » Arabes, ils avaient dû et ils avaient su reconstruire leur vie ici ; cette terre était la leur ; « avant régnait le Moyen Age ».

Vis-à-vis des Arabes, nulle haine, tant que ceux-ci revendiquent seulement un salaire meilleur. Dans les fermes, en Oranie par exemple, on vit en commun, partageant le couscous, participant chacun aux festivités de l'autre, naissances, anniversaires ; mais il n'y a guère de mariages mixtes, ou si peu.

Il y a des limites à ne pas franchir et qu'illustre en Afrique du Sud, cette fois, une aventure arrivée à Gandhi, mais qui vaut pour l'Afrique du Nord. Elle montre bien comment fonctionne le racisme. Ayant en poche un billet pour la diligence de Durban à Johannesburg, en Afrique du Sud, Gandhi ne put y pénétrer, car « un coolie ne voyage que dehors ». Se rendant à Pretoria, il étudia soigneusement le règlement des chemins de fer et, ainsi muni d'arguments, exigea un billet de première classe, suscitant la colère du préposé, car celui-ci lui avait déjà refusé un billet de troisième classe : entre-temps, Gandhi s'était procuré un beau costume à l'européenne et une cravate.

L'anecdote révèle bien un des traits du racisme courant : l'indigène ignore le plus souvent que son plus grand crime, c'est une image : une image fabriquée de toutes pièces, « comme une fausse monnaie mais qui aurait cours légal » (Jean Cohen, *Les Temps modernes,* 1955). Alors qu'en métropole la condition de l'ouvrier l'est par accident, elle ne se déduit pas de son essence, outre-mer le colonisé est à la fois une classe et une race. Autant dire qu'il n'est pas un homme, un citoyen comme les autres. Le langage l'atteste : un Européen témoigne un jour devant le tribunal : « Y avait-il d'autres témoins ? » demande le juge. « Oui, cinq, deux hommes et trois Arabes. » Celui-ci n'a d'ailleurs pas de nom : outre qu'on le tutoie, il s'appelle toujours Mohamed, pour le mâle, Fatma, pour la femelle. Car, en Algérie, l'indigène a perdu un à un tous ses attributs : vers 1950, il n'existait plus que de rares journaux ou publications écrits en arabe, revenu au statut de langue non écrite, comme un patois ; l'indigène ne compte donc plus, ou qu'à moitié : « Ce médecin a-t-il une grosse clientèle ? » « Oui, *mais* ce sont des Arabes. »

Que la revendication pointe et change de sens, et voilà que réapparaissent les fantasmes, la haine. Qu'y peut comprendre le métropolitain ? Que signifient ces réformes qu'il prétend vouloir appliquer à une société dont il ignore les habitudes... Sur le terrain, les pieds-noirs deviennent tous des ultras, mais des racistes qui le nient, car ils se réclament des idées de la gauche, de la République ; au reste, ne sont-ils pas les descendants des proscrits des Journées de juin 48, des communards de 1871 ? Ils luttent contre l'Islam obscurantiste, promeuvent la civilisation du progrès, « amènent même les Arabes jusqu'aux bureaux de vote ». Ces pieds-noirs votent volontiers à gauche — pas tous, certes, mais jusqu'à 30 % en Oranie, vers 1952. Sont-ils racistes qu'ils n'en ont pas conscience, comme en atteste ce propos que tenait à Marc Ferro un dirigeant communiste d'Oran : « Mais enfin, même ma Mauresque comprendrait cela. » Autre témoignage, en 1948, lors de son premier cours d'histoire, au lycée Lamoricière, en 5e, l'auteur indique aux élèves qu'après la chute de l'Empire romain et la montée du christianisme il traitera de la civilisation arabe : il est alors interrompu par un immense éclat de rire… Dans le bled, deux ans plus tard, cette gamine ne va pas à l'école : « Vous n'y pensez pas, me dit le père, à l'école, il n'y a que des Arabes. »

Ainsi, que les colons s'opposent bec et ongles aux réformes venues de la métropole n'a pas besoin d'explication. Au reste, le pied-noir ne demande pas aux métropolitains de le comprendre, il leur demande d'en être aimé (P. Nora, *Les Français d'Algérie*).

Figures emblématiques

Les sociétés qui se sont constituées dans le cadre de la colonisation ont été à l'origine d'activités nouvelles qui se sont greffées sur les formes traditionnelles de la vie.

Les plantations ont figuré parmi les premières installations de caractère économique et elles ont été une des marques de la société coloniale. Outre les villes nouvelles qui ont été fondées, avec leur architecture spécifique — leurs églises notamment —, les colonies se sont couvertes ultérieurement de chemins de fer, d'hôpitaux, d'écoles — ces signes du progrès au regard du conquérant.

Le planteur et sa plantation

Passé l'époque du pillage ou de l'exploitation des mines, tel le Potosi, la plantation devint, aux Amériques d'abord, le centre de l'entreprise coloniale. Ce fut, au vrai, une création originale, la marque de l'Europe et de ses conquêtes. Qu'elle se dénomme *hacienda* ou *estancia,* la *casa grande, great house* ou *grande case,* est le centre de la Propriété. Celle-ci a des traits caractéristiques bien établis : maîtrise des ressources naturelles — la terre et l'eau —, contrôle des forces de travail et des échanges locaux ou régionaux. Par ailleurs, elle rompt avec le paysage et les produits naturels du pays, les plantes qui y sont cultivées étant apportées d'autres continents ; ainsi, la canne à sucre asiatique et le caféier africain en Amérique, le cacaoyer, l'hévéa et le tabac américain en Afrique, etc. Troisième caractéristique : répondre aux demandes de pays lointains, les consommateurs appartenant soit à l'Europe soit à l'Amérique tempérée. Surtout, son paysage est réglé, dominé par la demeure centrale, du Maître, la Casagrande et par les *engerros, engins, engehos de assucar* pour le sucre au Brésil. Plus loin, se trouvent les baraques des travailleurs, *senzalas* au Brésil, et, tout à l'écart, les cultures de patates, de manioc, les bananeraies, qui servent à la nourriture des esclaves, eux aussi venus d'ailleurs.

Forme agressive d'intervention européenne en pays tropical, les plantations ont créé des situations humaines entièrement nouvelles qu'ont eu à connaître les assujettis au travail forcé ou des esclaves.

Car, aux Caraïbes notamment, l'esclave est bien le personnage central de la plantation – avec la famille du maître –, on l'a fait venir d'Afrique, étant entendu que l'Amérique donne la terre et l'Afrique les travailleurs. Aux origines, certes, le Blanc est venu pour faire fortune, pas pour travailler ; mais très vite, observant que le Noir, accoutumé, travaille moins, ou mal, il préfère en acheter des « neufs » plus dociles. De plus, l'esclave élevé sur place finit par coûter plus cher que l'esclave importé : ainsi la Jamaïque est passée de 45 000 esclaves, en 1703, à 205 000, en 1778, alors qu'elle a, pendant ce temps, importé 359 000 Africains. Or, bientôt l'esclave s'échappe, comme on a vu, et le « marronage » est devenu une des premières formes de la réaction des esclaves à leur destin. Mais leur départ a posé un premier problème aux planteurs.

Dès que la fin de la traite a été vraiment respectée, par les Anglais en premier lieu, un grand nombre d'esclaves avaient déjà disparu dans l'intérieur des terres, au moins là où c'est possible – à la Jamaïque, à Saint-Domingue et ailleurs ; et les colons durent faire appel à une autre main-d'œuvre qu'ils espéraient plus docile : venue de l'Inde, on l'envoie à Trinidad, mais aussi à la Réunion et à l'île

Maurice. Vers 1950, en Guyane britannique, on comptait que, parmi les ouvriers des plantations, il s'en trouvait 190 000 de descendance africaine, et 270 000 de descendance asiatique. Ces proportions étaient les mêmes à Trinidad.

Deuxième changement : alors qu'au XVIIIe siècle la plantation type se trouve aux Antilles ou au Brésil, au XIXe siècle elle s'y est appauvrie, a régressé et dégénéré, l'absentéisme des maîtres y étant pour beaucoup. C'est à Ceylan, en Inde, en Indonésie ou en Indochine que désormais elle prospère — avant d'être frappée par la décolonisation. Dans l'ancienne île aux épices qu'était Ceylan, les capitaux anglais ont investi un million d'hectares environ de théiers, de cocotiers, d'hévéas. Les plantations se sont installées sur des terres non cultivées, et elles sont devenues des enclaves qui utilisent au minimum les circuits économiques locaux et exportent leurs bénéfices. Un trait qu'on retrouve en Indochine française. Les Cingalais virent bientôt que ces terres où ils faisaient, de temps en temps, quelque incursion leur échappaient, et ils refusèrent de participer à leur entretien. Les raisons étaient différentes de celles auxquelles étaient confrontés les propriétaires antillais, mais les conséquences furent les mêmes : les Anglais firent appel à des travailleurs Tamils, venus du continent, qui bientôt étaient près d'un million dans l'île — ce qui n'a pas manqué de poser de graves problèmes, surtout depuis l'indépendance du Sri Lanka, en 1947.

Effet de la juxtaposition des plantations — ou d'autres entreprises industrielles — avec les formes traditionnelles de la production, un retournement économique s'est opéré, porteur de frustrations et de conflits.

Le cas de l'Indochine française est exemplaire.

• Le retournement indochinois

A la veille de la Seconde Guerre mondiale, les Français considéraient volontiers que, avec le Maroc, l'Indochine constituait l'un des plus beaux fleurons de leur œuvre colonisatrice. En tout cas, en Indochine, elle avait été réalisée tout juste en un demi-siècle par eux seuls — alors qu'au Maroc la société avait connu d'autres contacts, auparavant, avec les puissances chrétiennes, et l'apport de la République y était moins net.

Traditionnellement, en ces heures d'« apogée », on représentait l'Indochine par deux sacs de riz — le Tonkin et la Cochinchine — reliés par un bâton, l'Annam. Ce qui est caractéristique est sans doute que cette image correspond à ce que la colonisation avait fait du Vietnam, à la façon dont elle l'a transformé, car, avant les Français, la situation était inverse : c'est d'Annam que provenaient les principales ressources.

Il y a donc un renversement, et, si ce changement n'a pas manqué de bénéficier aux colonisateurs, il a aussi dressé la population contre eux.

Au Vietnam, en effet, l'usage fut de développer les intérêts coloniaux dans des régions antérieurement peu actives, dans le vide, si l'on peut dire. En témoigne l'exemple des charbonnages de Hon Gay et Dông Triêu, au Tonkin, avec leur port de Campha, créé *ex nihilo ;* il en va de même des plantations de caoutchouc sur les Terres Rouges de Cochinchine, ces plateaux peu habités ; de même étaient à demi vides les zones où on a multiplié les plantations de café, dans la moyenne région du Tonkin. Le port de Haiphong, enfin, n'était qu'un modeste village à l'arrivée des Français, et la région en disposait d'autres, plus actifs ; ce port a été créé en liaison avec les cimenteries installées dans la région et parce qu'il était l'aboutissement du chemin de fer qui devait remonter jusqu'à Kunming en Yunnan (*Mission lyonnaise d'exploration commerciale en Chine,* de H. Pia, cité in J. Chesneaux).

Plus rares sont les activités de l'âge colonial, suscitées ou soutenues par les Français, qui ont continué des activités antérieures : telles les mines de métaux non ferreux, au Tonkin, reprises par la technique moderne, et des sociétés capitalistes, notamment pour le zinc ; il y a continuité aussi dans le cas du port de Saigon, actif avant l'arrivée des Français qui l'ont encore développé.

Au contraire, dans le Vietnam du centre, c'est la

discontinuité qui l'emporte, et des activités précoloniales ont dépéri, telle la zone de Bindiah, riche en canne, en soie, en tabac ; les ports de Qui-nhon et Faïfo, également, actifs avant les Français, ont périclité. Cette anémie est liée aux changements dans les échanges du Vietnam ; elle n'en est pas moins ressentie comme l'effet de la présence française, tout comme la déchéance de l'artisanat en Nord-Tonkin : le déclin de la paysannerie, de l'arboriculture a appauvri la clientèle et, en plus, la rupture des relations économiques avec la Chine a mis fin à un marché traditionnel (J. Chesneaux, in collectif Berque-Charnay).

La priorité donnée au commerce avec la métropole a conduit à négliger la production destinée au marché intérieur, et a amené la disjonction entre des régions naguère complémentaires. Ainsi, la liaison nord-sud n'a été prise en charge que tard, par le chemin de fer, mais, en 1920, les deux tiers de ses recettes venaient des voyageurs — pas des marchandises. La mise en valeur du pays, si profitable aux groupes français, a rompu un équilibre, déclenché des phénomènes de migrations, eux-mêmes à l'origine d'une prolétarisation, vécue comme une déchéance. Entre 1890 et 1937, les rizières qui appartenaient aux sociétés françaises ont vu leur surface passer de 11 000 hectares à 800 000 hectares, de sorte que 45 % de la production de riz étaient entre les mains du colonisateur (à peine 80 000 sur 20 millions d'habitants). La progression du caoutchouc a été, aussi, exceptionnelle. Et les mines avaient un rendement tout à fait satisfaisant ; le consortium qui s'est mis en place, en 1898, sous la houlette de la Banque d'Indochine, regroupe toutes les grandes banques françaises (Société générale, Comptoir national d'escompte, etc.) ainsi que la Société des Batignolles, la Régie générale des Chemins de fer. Le bilan représente 16 % des capitaux absorbés par l'Empire ; les investissements publics étant à peu près le double des investissements privés (426 contre 230), selon Jacques Marseille.

Si ce n'est que, sur les chantiers insalubres du Tonkin, sur 100 ouvriers venus d'une région saine et chassés par ces déséquilibres, 25 ont été éliminés par décès ou évacuation au bout de six mois ; et la capacité de travail du groupe a diminué de 44 %. Dans le langage colonial on fait ce commentaire : « En Inde [aussi], de 1901 à 1931, la malaria a tué directement trente millions de personnes. Elle a indirectement [c'est-à-dire en favorisant l'action d'autres maladies] tué plus d'hommes encore. Mais le fait *le plus grave* peut-être est qu'une mort par malaria correspond au moins à deux mille jours de maladie, c'est-à-dire d'indisponibilité » (*sic*).

Les premiers incidents graves, au Vietnam, visaient les agents recruteurs. Bientôt la garnison de Yen Bai se soulevait (1930), puis avait lieu la grande marche des paysans dans le Nghe An, le Ha Tinh et le Quang Ngai, c'est-à-dire entre les deux sacs, le long du bâton — en Annam.

L'administrateur et le travail forcé

En Afrique équatoriale surtout, des techniques complexes de troc se substituèrent à la « troque » d'origine, lorsque les Européens s'installèrent plus avant dans leurs conquêtes, au XIXe siècle. L'usage des monnaies se généralisa, et, pour en bénéficier ou encore payer l'impôt, l'usage du travail forcé se développa, contrôlé par des Africains autant que par l'administration. Ainsi, ce travail forcé se trouva dédoublé, une partie servant à l'équipement du pays, l'autre s'exerçant au bénéfice des négociants. De sorte que, peu à peu, l'impôt ainsi que le travail forcé puis les cultures obligatoires se substituèrent à la traite qu'avec la civilisation on entendait supprimer...

Ce fut sans doute dans le royaume du Congo que fut établi le système d'exploitation le plus dur, au nom de l'ivoire et du caoutchouc. Le travail forcé s'y perpétua de longues décennies, au bénéfice des chefs africains et de leurs commanditaires. Son exercice aboutit au dépeuplement de provinces entières, voire à une dépopulation endémique. Dans les 13 villages du district du lac Mantounba, par exemple, la population passa de 9 450 âmes en 1893 à 1 750 en 1913. Emmenés au loin pour travailler, beaucoup décédèrent. Le nombre de villages ainsi désertés ou perdus ne se compte pas, et un texte de E.D. Morel, *King Leopold's Rule in Africa* (1904), reproduit dans le livre de M'Bokolo, établit l'inventaire de ces zones et villages victimes d'une dépopulation liée aux impôts, au travail forcé, aux mauvais traitements, à une pression constante de l'administration coloniale ou de sociétés privées qui agissaient impunément : la *Compagnie du Congo pour le commerce et l'industrie,* fondée en 1889, l'*Anversoise,* fondée en 1892… Fascinés par les bénéfices que ces sociétés accumulaient, les Français voulurent imiter les Belges dans « leur » Congo : en 1898, le ministère des Colonies reçut 119 demandes de concessions, définies comme « entreprises de colonisation » : par exemple, la *Compagnie des sultanats du Haut-Oubangui* reçut une concession de 140 900 km^2. Le cahier des charges prévoyait que l'État recevrait une redevance fixe et 15 % des bénéfices. Bien que les abus commis aient été dénoncés très tôt, notamment dans les *Cahiers de la Quinzaine* de Charles Péguy, ils n'en continuèrent pas moins.

Trente ans plus tard, en 1929, le rapport Grimshew, remis à Genève au Bureau international du travail, rendait compte de l'état du travail forcé en Afrique noire grâce à une enquête à laquelle avaient collaboré notamment les Missions chrétiennes qui « avaient pu libérer leur conscience en révélant les abus odieux dont étaient victimes leurs ouailles ». Il ne s'agissait pas de travail obligatoire, mais bien de travail forcé, sous la menace – par exemple, sous la forme d'une conscription militaire, globale pour tout un village, pour une durée variable de deux à dix-huit mois. Ce travail était, au mieux, rémunéré à un taux minimal, versé soit aux requis soit à leur chef qui répartissait ou non ce qui lui était versé. Les travailleurs pouvaient être, réglementairement, expédiés jusqu'à plusieurs centaines de kilomètres de leur habitat sans indemnisation en cas de blessure, de maladie, de mort. D'après les textes des arrêtés des gouverneurs des colonies, ces travailleurs pouvaient être considérés comme affectés à des travaux d'intérêt général ou local : portage, travaux publics, entretien des concessions constituaient les tâches traditionnelles. Il pouvait arriver que ces exigences se combinent avec l'obligation de pratiquer certaines cultures : coton, ricin, café, etc.

« Il est fréquent de voir des femmes et des enfants occupés à la réfection d'une route », note le rapport ; ce n'est pas l'administration qui est directement à l'origine de cet abus. Mais elle a exigé du chef local qu'il y fasse participer les hommes de son village. S'il manque d'autorité et de moyens disciplinaires, il a recours à des éléments plus soumis ou plus faibles ; et l'administration ferme les yeux (extraits du rapport, in F. Auplais, « Le travail forcé », *Revue apologétique,* n° 527, 1929).

Un administrateur, qui se définit comme « libéral et un peu romantique », L. Sanmarco, expose que durant ces années trente, alors que la doctrine officielle prônait l'assimilation, on pratiquait de la sujétion soit sous la forme d'un paternalisme protecteur, soit d'une exploitation pure et simple. « Quant à la vitesse à laquelle on passerait de la sujétion à l'égalité des droits, pour beaucoup, même chez les plus humains, c'était la vitesse zéro. » L'ancien administrateur, qui a exercé notamment au Cameroun, explique : « Je ne rougis pas, bien au contraire, d'avoir participé à cette aventure ambiguë. Dans la mesure où le système avait un côté critiquable, il donnait au moins l'occasion de lutter contre et de l'améliorer. » Il explique comment il confronta son expérience avec celle de Jeffreys, son collègue de la partie britannique du pays. Il explique comment il s'arrange pour accroître comme il peut le salaire de ses porteurs, mais il est prisonnier d'une réglementation tatillonne à qui il adresse des « états de frais » nécessairement faux d'un bout à l'autre, parce que inadaptés, et qu'il doit faire signer à des porteurs analphabètes. Il s'aperçoit qu'au poste anglais c'est un Africain qui juge, au Trésor un Africain qui manipule les fonds ; et un Africain pour ceci et un Africain pour cela… « Jeffreys fait des tournées comme moi à pied avec des porteurs, au retour il indique “ *Out of my pocket,* tant ” ; et on le rembourse sans autre discussion. On admet qu'il est un *gentleman ;* on ne le contrôle pas, ce qui évite les frais de contrôle ; le jour où on ne l'admettra plus, on le licenciera » (L. Sanmarco, *Souvenirs de colonisation,* manuscrit).

Le Cameroun diffère largement du reste de l'Afrique équatoriale, il est plus riche, plus diversifié, plus évolué aussi. L'administration y est fière de ses réalisations : plantations de bananes à N'Kongsamba, d'hévéas à Disangue, équipes médicales à partir d'Ayos, etc. Les élites s'y sont développées rapidement, celles du secteur privé manifestant leur désir impatient et leur ambition de prendre en main les affaires de leur pays. « Ambition légitime », écrit Pierre Messmer à Gaston Defferre en 1956. Mais le premier obstacle est de parvenir à faire élire une assemblée vraiment représentative. Or, déjà, au maquis dès 1955, le « tribun du peuple » Um Nyobé a soulevé une partie des populations ; car l'administration parlait « meilleure gestion » quand les élites du pays parlaient « indépendance ».

Le médecin et l'hôpital

Avec l'instituteur, le médecin a toujours servi à légitimer la présence du colon. Aborder son rôle, ses succès, sa fonction, ses limites n'est pas seulement un problème humain, ou démographique, c'est également un problème politique — ce que la profession médicale récuse, se voulant une pratique scientifique, et cela seulement.

Qu'avant de soigner les indigènes, le médecin ait d'abord été un instrument au service de l'Empire, voilà qui apparaît dès les origines, lorsque les Anglais créent l'*Indian Medical Service* en 1714. Le but est de soigner soldats et colons britanniques, tout comme les Services de santé sont au service des troupes de la marine royale, impériale ou républicaine. Cette lutte de la médecine se transforma en une sorte de croisade contre la maladie au point qu'à l'apogée de l'ère coloniale, au début du XXe siècle, se posa carrément la question : qui l'emporterait du moustique ou de l'homme ; dès les années vingt de ce siècle, l'avenir de l'impérialisme était lié aux succès du microscope. Par exemple, le combat de l'homme contre la mouche tsé-tsé devint « le combat pour l'Afrique ».

Au vrai, petit à petit, la médecine soignait également les indigènes et d'abord, naturellement, ceux qui travaillaient pour les colons ; puis l'œuvre médicale s'étendit à la population tout entière, et c'est alors que celle-ci prit l'allure d'une épopée ; l'action médicale des pastoriens, la publicité qui lui fut accordée en métropole incarnent assez bien la manière dont le colonisateur appréciait son œuvre outre-mer.

Or la mesure des bienfaits de la médecine occidentale doit être évaluée aussi de deux autres points de vue : celui des patients indigènes, d'abord ; puis en tenant compte du fait que les colonisateurs ont apporté avec eux une médecine savante, certes, mais dans le même temps de nouvelles maladies jusque-là ignorées des populations indigènes *.

• Algérie, résistance à la vaccination

Jusqu'aux découvertes pastoriennes, la médecine européenne n'obtient que des succès limités, et elle se heurte à la méfiance indigène. En Algérie, par exemple, elle s'était voulue le vecteur de la civilisation, capable de transformer l'homme et ses mentalités. On s'imaginait alors que la science résoudrait tous les problèmes de la santé, que la population arabe serait fascinée par ses succès ; au fond, le médecin allait réussir là où le militaire, le prêtre pouvaient échouer. De fait, certains remèdes étaient efficaces, la quinine notamment, victorieuse de nombreuses fièvres, et même quelquefois de la malaria. Son succès fut certain au sein des populations arabes, comme le fut celui des gouttes contre les différentes ophtalmies, dangereusement présentes dans le pays. On accepta aussi bien des leçons de l'hygiène.

Mais les Arabes résistent à la vaccination antivariolique. D'abord, comme les populations rurales de la métropole, ils se méfient de cette injection, nouvelle technique qui est le contraire de l'usage de la saignée ; mais, tandis qu'en France on craint que de la matière animale, venue de la vache, n'ait des effets pervers, les Arabes ne veulent pas que du « sang » européen se mêle au leur. En outre, la vaccination constituait une forme d'assimilation des Arabes aux Français puisqu'il s'agissait d'une mesure collective qui plaçait les uns et les autres sous le régime de la même loi.

* Cf. plus loin, p. 275.

Ce n'est qu'avec l'apparition des premiers médecins arabes adeptes de la vaccination, sous le Second Empire, que celle-ci fut acceptée (Anne Marcovich).

Jusque-là, la médecine française s'était crue et voulue civilisatrice, et ses succès étaient limités, mais ils l'étaient aussi pour les Européens. Son champ était réduit, et les indigènes continuaient à faire appel à leur toubib à peine moins efficace pour certaines maladies courantes, et dont la compétence dépassait la thérapeutique de la maladie puisqu'il « soignait » aussi les dépressions et autres perturbations consécutives à des conflits familiaux ou d'intérêt.

Avec le triomphe des pastoriens, depuis l'extrême fin du XIXe siècle, la médecine aux colonies connaît un vrai changement. Jusque-là, on croyait que les maladies contagieuses étaient dues à toutes sortes de données, hygiéniques et culturelles. Désormais, avec les découvertes bactériologiques de Koch, de Pasteur ou de Yersin, le combat s'effectue avec la Nature, avec elle seule, et la victoire attendue sera nécessairement une victoire pour la colonisation. Résoudre un problème médical rend dérisoire et facile, pour la suite, la solution d'un problème social — du moins le croit-on. Ces croyances expliquent en partie les rivalités entre les *Institut Pasteur,* les *Lister Institutes* et autres institutions scientifiques qui doublonnent les rivalités impérialistes.

Le but de cette médecine-là est de protéger la société des acteurs invisibles que sont les microbes et les virus. Seuls des spécialistes peuvent lutter contre ces personnages, enfin identifiés. Et ce sont les maladies en tant que telles, bien isolées les unes des autres, qui constituent l'objet de la médecine dans l'hôpital ; celui-ci prend la relève de la cathédrale ou de la caserne comme symbole de la présence étrangère. C'est quand elle chassait la malaria ou la maladie du sommeil que la civilisation européenne fut la mieux acceptée.

• Congo, sauvegarder le capital humain

L'éradication de la maladie du sommeil au Congo fournit un bon exemple des interférences qui peuvent se nouer entre la colonisation, la santé des indigènes et l'effort entrepris pour soigner les malades et mettre fin à l'épidémie. Liée à la mouche tsé-tsé, la trypanosomiase apparut en 1898, dans le Niari, entre Brazzaville et l'océan, déclenchée par le passage répété des porteurs Loango. Elle se répandit au Gabon, remonta le fleuve Congo et, en 1901, atteignit une première extension mortelle autour du lac Victoria et en Ouganda. En cinq années (1900-1905), 250 000 Africains moururent dans le protectorat britannique. Simultanément le Congo belge était atteint, ou plutôt le Congo du roi Léopold (qui devenait une colonie en 1908). L'image du monarque se trouva atteinte par la révélation de ce désastre : car s'il existait un *Institut Pasteur* à Paris, une école de médecine tropicale à Londres et à Liverpool, un *Institut für Schiffs und Tropenkrankheiten* à Hambourg, rien n'avait été prévu par le propriétaire-monarque, qui fit appel aux Anglais et à John Todd, qui raconte : « Après que nous eûmes expliqué au roi comment nous rendrions la santé au Congo, il nous fit, Boyce, Ross et moi officiers de l'Ordre de Léopold II [...]. Les journaux hostiles diront forcément que les fonds qui ont été alloués aux chercheurs de Liverpool sont une manière de corruption, le prix payé à notre Institut et à moi-même pour qu'on se taise sur les atrocités commises naguère au Congo et qu'on jette un voile pudique sur ce qui s'y passe » (cité in Maryinez Lyons).

Les médecins anglais n'étaient pas les derniers à juger que l'installation de tout un système sanitaire au Congo avait pour but, également, de sauvegarder la valeur de ce capital précieux, les travailleurs, que menaçait la maladie. Elle se développa néanmoins jusqu'en 1930, son zénith, ce qui eut pour effet de rendre indispensable la médicalisation du pays tout entier.

Ultérieurement, les Belges purent faire valoir que le Congo était le pays le mieux équipé de toutes les colonies africaines. Cette situation était bien le résultat d'un processus très ambigu, où les intentions et les résultats doivent être justement évalués et confrontés.

On a dit qu'en Busoga (Ouganda) il y eut plus de 200 000 victimes entre 1900 et 1905, et que la mort causa des ravages comme la peste, jadis, en Occident. L'épidémie était-elle africaine d'origine, antérieure à l'arrivée des Européens, ou se développa-t-elle avec la mainmise sur le Congo ? On observe d'abord qu'à la différence du SIDA aujourd'hui la maladie du sommeil n'a pas émigré, ni en Amérique, ni par le Népal, en Inde. On observe aussi qu'elle a accompagné le changement de vie des habitants, leur appauvrissement — se propageant dans les zones où régnait la famine. On a dit, également, qu'il n'existe pas de maladies tropicales en soi, et que certaines d'entre elles, ou définies comme telles, ont pu apparaître aussi bien dans des régions tempérées, la lèpre par exemple, ou le choléra, bref qu'il s'agit de maladies, voire d'épidémies, de la pauvreté — qui n'atteignent que les individus les plus vulnérables.

En Amérique, en revanche, la variole n'existait pas, mais pas du tout, avant que les Européens n'en contaminent les Indiens.

• L'Afrique du Sud, ségrégation

Dans les pays à forte population blanche, l'Afrique du Sud par exemple, longtemps le problème des dirigeants fut de se demander si les épidémies connaissaient les barrières raciales... De fait, ce sont les barrières sociales qui épargneraient aux plus aisés d'en connaître les effets. C'est clair pour le choléra, qui fréquente les bas quartiers sans eau courante. Néanmoins, comme les microbes voyagent vite, en Afrique du Sud ce furent les fonctionnaires de santé qui furent les plus actifs à préconiser la ségrégation des quartiers noirs. Un véritable cordon sanitaire fut institué pour protéger les Blancs de la peste bubonique qui naguère s'était propagée depuis Durban, au Natal. En 1917, un scandale éclata lorsque les autorités vidèrent les trains amenant des Noirs vers les mines, pour protéger le Rand d'une extension possible du typhus. A la gare de Sterkstroom, province du Cap, on les dénuda et on les passa tous, de salle en salle — A, B, C —, hommes et femmes, en les douchant et en les tondant tous avec une inhumaine brutalité : il y eut des morts (in Marks et Andersson).

Dans ces conditions, il n'est pas étonnant que l'Afrique du Sud ait été le premier pays à posséder, mais au bénéfice des Blancs, une politique sanitaire rigoureuse – la maladie passant par les Noirs, parce que pauvres. Lorsque la variole se déclara à Kimberley, on évita pourtant de prononcer son nom pour ne pas tarir l'arrivée des travailleurs noirs qui en connaissaient les effets. La coercition fut moindre que pour le typhus, car là, grâce au microbe antiraciste, l'épidémie pouvait aussi toucher le Blanc.

• Retournement : les médecins indiens en Grande-Bretagne

Ainsi, il se trouve que c'est en Inde anglaise que la pratique coloniale a fini par correspondre au discours « de la civilisation » – mais par un jeu paradoxal de causes et d'effets surprenants.

A l'origine, en effet, il s'agit bien, ici comme dans les autres possessions impériales, de protéger les soldats de Sa Majesté : durant la première moitié du XIXe siècle, 6 % seulement des morts dans l'armée perdirent leur vie au combat, le reste ayant succombé à une maladie : les fièvres, d'abord, avec les trois quarts des admissions dans les hôpitaux militaires, les dysenteries ensuite, et le choléra surtout, quand les troupes étaient en déplacement. Ces maladies endémiques frappent aussi les Indiens, mais les troupes indiennes ne sont ni plus ni moins vulnérables que les Britanniques, ce qui prouve qu'il faut considérer le problème de la santé dans son ensemble, tâche qui semblait insurmontable dans un pays si peuplé et où des dizaines de millions de fidèles se déplacent chaque année pour aller en pèlerinage. La politique de ségrégation se trouva ainsi légitimée, et elle pouvait se donner bonne conscience puisqu'elle concernait à la fois des Anglais et des Indiens, dans les cantonnements comme dans l'administration. Il se constitua ainsi un double réseau de cordons sanitaires : celui qui protégeait les forces armées et l'administration britanniques ; et celui qui isolait les pèlerins de tout contact avec le reste de la population ; mesures de quarantaine plus ou moins appliquées sauf aux abords des quartiers militaires.

Après la grande épidémie de peste de 1896-1918 qui coûta la vie à plus de 10 millions d'Indiens, et plusieurs épidémies de choléra, il apparut nécessaire de mettre fin à une politique de laisser-faire qui avait conduit à laisser aux Indiens le soin de résoudre tout seuls leurs problèmes de santé. Les princes indiens firent appel à Waldemar Haffkine, un Russe émigré, membre de l'Institut Pasteur de Paris et qui avait su éradiquer une épidémie de choléra au Bengale en 1893. En cette période de rivalités impérialistes, cela apparut comme une provocation, et, malgré les protestations du célèbre docteur Ronald Ross, le gouvernement de l'Inde suspendit Haffkine, sous la pression des militaires, humiliés par ce succès franco-russe... Et puis, l'inoculation antipeste comme la vaccination antivariolique coûtaient cher, pour ces 300 millions d'Indiens...

La population était demanderesse. Le gouvernement de Londres et Delhi comprirent qu'il fallait trouver une réponse à ce défi gigantesque : dans une Déclaration, en 1900, le secrétaire d'État pour l'Inde fit valoir que l'intérêt du peuple indien était de voir se créer un corps médical indépendant, en encourageant le développement de la profession. Seul ce corps de médecins indiens pourrait répondre aux exigences de la situation. Ce qui se fit.

Cinquante ans plus tard, lors de l'indépendance, le laboratoire royal de Bombay fut débaptisé par les Indiens et nommé *Haffkine Institute.*

Par un retournement paradoxal de l'Histoire, aujourd'hui, c'est-à-dire cinquante ans après l'indépendance, ce sont ces médecins indiens qui soignent les Anglais... en Grande-Bretagne. En effet, la déchéance de la profession médicale dans ce pays, surtout depuis les années soixante, a eu pour effet de déterminer un fort courant de fuite des médecins vers les États-Unis ou le Canada ; à moins que certains n'aient pu trouver une carrière à leur goût dans les cliniques privées de luxe. De sorte que ce sont les médecins indiens — ou caraïbes, mais en moindre nombre — qui les ont remplacés et peuplent les hôpitaux de Sa Majesté, effet paradoxal du Welfare State.

Dans *Une histoire de la médecine,* ce film tourné en 1980, rien ne vaut le regard suspicieux et furieux de cette vieille lady, typiquement britannique, et qu'a su saisir Claude de

Givray, écoutant les ordres d'un médecin au teint basané originaire de Madras...

L'école et le problème de la scolarisation

Présentée en métropole comme un des accomplissements de la colonisation, la scolarisation se développe, certes, mais tard et dans des conditions telles que ses modalités ont pu constituer ici ou là un des points d'ancrage de la mise en cause de la présence française.

Dans l'Empire français, on observe un contraste assez saisissant entre le cas de l'Indochine et celui de l'Algérie.

Nulle part ailleurs, l'enseignement ne fut aussi développé qu'en Indochine où « la France ne put se contenter de détruire, par des mesures successives, l'enseignement traditionnel ; en face de sociétés aux traditions intellectuelles éprouvées, il fallait innover » (Catherine Coquery-Vidrovitch, *Histoire de la France coloniale,* t. II). On accepta que le vietnamien, le cambodgien, le laotien fussent les véhicules exclusifs d'enseignement au niveau élémentaire. De sorte qu'en Cochinchine, en 1932, il n'y avait que 115 communes sur 1419 à être dépourvues d'écoles. Après l'apprentissage du français, l'enseignement secondaire concernait 4800 élèves répartis dans 21 établissements, dont 3 pour les filles. Attaqué par les milieux coloniaux conservateurs, ce système scolaire devint un instrument de modernisation de la société.

En Algérie, au contraire, le dispositif en place ne fit qu'accentuer l'écart culturel entre les indigènes et les Européens.

Le débat tournait autour de deux problèmes, celui de l'enseignement privé associé à celui du statut de la langue arabe ; celui de l'extension et des enjeux de cette scolarisation.

A l'origine, les problèmes sont mêlés : « Les écoles indigènes forment des insurgés et des déclassés », déclare un responsable administratif dès 1895 ; « considérant que l'instruction des indigènes fait courir à l'Algérie un véritable péril, tant au point de vue économique qu'au point de vue du peuplement français, l'Assemblée émet le vœu que l'instruction primaire des indigènes soit supprimée ». Jusqu'en 1944, le nombre des écoles n'en progresse pas moins, mais lentement : 36 écoles franco-arabes en 1870, 221 en 1900, 468 en 1913. Il y avait 1205 classes de ce type en 1930, autrement dit 5,4 % des musulmans étaient scolarisés cent ans après la conquête. Parallèlement, existait un enseignement privé en langue arabe — celui des écoles coraniques et des *zaouias,* sorte de pensionnats religieux et lieux de repos, qui jouissaient de la bienveillance de l'administration, en tout on en comptait 6000 qui enseignaient à 100000 musulmans à chantonner le Coran... En revanche, l'administration considérait avec méfiance les 150 *medersas* qui assuraient une véritable instruction en arabe à 45000 enfants. La plupart des maîtres étaient diplômés, en général de la Zitouna de Tunis; ils enseignaient les mêmes matières que les écoles françaises, mais à partir d'ouvrages venus du Liban ou d'Égypte. En 1947, l'enseignement secondaire était assuré à l'Institut Ben Badis de Constantine, et, pour suivre un enseignement supérieur en arabe, les jeunes Algériens devaient se rendre aux universités de Tunis, du Caire, de Damas et du Koweit, celle-ci étant considérée, vers 1950, comme la plus moderne de toutes. Mais l'administration rechignait à donner à ces jeunes étudiants leur passeport... Et elle rechignait encore plus à subventionner les *medersas* alors que les mêmes députés d'Algérie votaient en France la loi Barangé d'aide aux écoles libres. De plus, étaient souvent l'objet de poursuites ceux qui enseignaient l'arabe « illégalement », tel le président de la Commission d'enseignement des Ulemas surpris, à El Oued, à écrire en arabe au tableau noir, et condamné à deux ans de prison et sept ans de résidence surveillée...

Au contraire, le caractère rétrograde des seules *zaouias,* ou écoles coraniques autorisées, permettait de rendre plus éclatant le rôle colonisateur de la France... On assista ainsi, sur un siècle, et paradoxalement, à un recul de l'instruction, en ce sens qu'en 1847 « l'instruction en arabe était assez générale, au moins en ce qui concerne lire, écrire et compter », alors que, en 1944, 8 sur 9 Arabes étaient illettrés... Ceux qui suivaient un enseignement n'étaient qu'une minorité, et, dans les écoles françaises, si les Arabes étaient nombreux dans l'enseignement primaire, le nombre était très réduit dans l'enseignement secondaire. A Oran, par exemple, qui comptait 119 000 musulmans et 173 000 Européens en 1953, les chiffres étaient les suivants :

	non musulmans	*musulmans*
Lycée de garçons	2 162	62
Lycée de filles	1 136	17
Collège moderne de garçons	1 221	160
Collège moderne de filles	1 317	43
	5 836	**282**

C'est l'enseignement de la langue arabe plus que la montée des effectifs qui constituait la revendication essentielle des organisations nationalistes et des partis politiques. Déclaré « langue étrangère » par arrêté du Conseil d'État de 1933 et décret du 8 mars 1938, l'arabe ne jouissait même pas du personnel qui eût pu l'enseigner. Les classes d'arabe recevaient les élèves les moins bien notés, et l'arabe était considéré comme une langue de deuxième rang, après l'anglais, l'allemand et l'espagnol. En 1954 encore, les inspecteurs départementaux de l'enseignement primaire en Algérie écrivaient : « Ni l'arabe dialectal, qui n'a que la valeur du patois, ni l'arabe littéraire, qui est une langue morte, ni l'arabe moderne qui est une langue étrangère ne peuvent constituer une matière obligatoire d'enseignement primaire. »

Fanny Colonna a dressé un réquisitoire sévère du rôle de l'école française dans l'entreprise coloniale, en Algérie, explicitement. Certes, elle juge que l'école primaire a été à l'origine d'une socialisation de la vie, d'une prise de conscience politique qui a nourri d'idées les élites, et plus particulièrement les instituteurs d'origine arabe ou kabyle, qui bientôt deviennent les *Jeunes-Algériens* épris d'assimilation, tel Fehrat Abbas. L'école a ainsi formé des émancipés qui sont devenus des émancipateurs... Inversement, il est clair qu'alors qu'elle devait travailler à réduire les inégalités l'école n'a pas permis aux humbles de s'élever ; elle aurait même accentué les inégalités au sein de la société traditionnelle. Elle n'en a pas moins recruté 70 % d'enseignants indigènes dont les parents étaient illettrés, mais il est vrai que leurs élèves ont rarement pu s'élever — malgré l'école. L'écart entre l'idée qu'on se fait des possibilités qu'ouvre l'école et les dures réalités de la colonisation, un adolescent en témoigne :

« A l'école j'avais personne pour m'aider. Ma mère ne savait ni lire ni écrire en français. En classe je n'étais pas très bien placé. Je n'apprenais pas. J'avais personne pour me pousser, quoi. Alors j'ai dû quitter l'école à douze ans et travailler... » (1958).

« Quand un Arabe cherchait à avoir un métier, à se débrouiller pour, on cherchait à l'éliminer. Le colonel avait déconseillé à mon premier patron de me laisser apprendre à travailler. “ Après il va vous quitter ”, il avait dit » (*ibid.*, témoignage).

Pourtant, dans *La Dernière Image,* réalisé en 1986, Mohammed Lakhdar Hamina ressuscite avec tendresse l'amour de ses jeunes camarades d'enfance pour leur institutrice française, pour leur école aussi — qui fut pour eux un espace de liberté et de bonheur où ils pouvaient s'épanouir. Cinquante ans après l'indépendance, il semble bien que ce soit l'impression qui domine : grâce à ce film elle ne s'effacera pas...

Expérimentations coloniales

Une exception portugaise ?

« Nous *seuls* avant tous les autres avons apporté à l'Afrique l'idée de droits de l'homme et de l'égalité raciale. Nous *seuls* avons pratiqué le “ multiracialisme ”, expression la plus parfaite de la fraternité des peuples. Personne dans le monde ne conteste la validité de ce principe, mais on hésite quelque peu à admettre que c'est une invention portugaise, et le reconnaître accroîtrait notre autorité dans le monde » (Franco Nogueira, ministre des Affaires étrangères, 1967). Cette fière apostrophe, énoncée alors que la guérilla se développe en Guinée-Bissau, en Angola, au Mozambique, n'est pas un propos improvisé. L'idée qu'elle porte est bien enracinée dans la conscience historique des dirigeants portugais ; elle a même de l'écho hors du monde lusitanien. Au reste, dès le XVIIe siècle, le Portugal dénommait « provinces d'outre-mer » ce que d'autres métropoles appelaient colonies. En 1576, l'historien Joao de Barros parlait de « notre province du Brésil » ; et si le terme colonies a pu être employé, il a été officiellement aboli en 1822 lors de l'élaboration de la Constitution, qui instituait le principe de l'indivisibilité du territoire portugais et de la citoyenneté de tous ses habitants. Il est revenu, à la fin de la République de 1926, avant que Salazar ne le fasse disparaître à nouveau en 1951. Cette simple énumération dit bien que le double problème du statut des conquêtes et de celui de ses habitants fait partie de l'héritage mental des dirigeants portugais.

Dans le cas du monde lusitanien, le fait original est bien que ce souci et ces idées ont été également énoncés hors de la métropole, et notamment au Brésil, où elles ont été popularisées par le grand écrivain Gilberto Freyre. Au vrai, son livre *Casa grande e senzala* (1933), traduit en France sous le titre *Maîtres et Esclaves*, participait à un courant de revalorisation de la culture brésilienne, lié à la crise des années vingt, qui hissa Getulio Vargas au pouvoir, et aussi à l'intégration d'une grande vague d'immigrés italiens et allemands.

Alors que jusque-là dominait une idéologie raciste, Gilberto Freyre revalorisa l'apport des Noirs à la culture brésilienne, concluant surtout que le métissage entre Blancs et Noirs avait été la grande chance de ce pays. Loin d'être une honte, ce métissage était l'annonce d'une fusion des races, seule susceptible d'assurer son avenir à l'humanité. A sa manière, le Portugal de Salazar récupéra à son avantage ce diagnostic, et il s'attribua le mérite de ce processus, revalorisant ainsi tout son passé colonial à un moment où l'outre-mer n'intéressait plus personne — étant donné sa déchéance et sa faillite économique. L'éditorial de *O mundo portuguez* disait bien en 1935 : « Nous devons garder vivante la fierté d'avoir fondé un Empire... L'Afrique n'est pas seulement une terre agricole, elle est plus. Pour nous, elle est une justification morale et fait de nous une Puissance. Sans elle, nous serions un petit pays. Grâce à elle, nous sommes une grande nation. »

Mais l'influence de Gilberto Freyre dépassait le cadre du monde de la politique : elle pénétrait les milieux culturels, universitaires de l'Occident tout entier, élargissant l'aire du « miracle » brésilien à tout le monde lusitanien. Quand il publie, en 1940, *O mundo que o Portuguez criou* (Le monde que le Portugal a créé), il juge qu'il n'y a pas qu'au Brésil que les Portugais ont su créer une civilisation nouvelle, mais partout où ils sont passés : en Inde, à Timor, en Afrique.

Sans doute, dès 1955, Mario Pinto de Andrade critiqua vivement ce lusotropicalisme, estimant qu'il s'agissait d'un mythe. Le vérifier n'est pas aisé, car il arrive que les mythes disposent souvent d'une plus grande force de vérité que le réel.

L'Angola, première colonie pénitentiaire

Certes, le départ aux Amériques, aux Indes, en Afrique fut pour beaucoup une aventure : la fortune pouvait être au bout du voyage, et pour le moins une autre existence — ou la mort.

Mais cette émigration ne fut pas, en toutes circonstances, libre et spontanée. Le voyage en outre-mer fut souvent un exil, semi-volontaire lorsque la nécessité en était à l'origine. Dans le cadre britannique on pense aux Pères Pèlerins, aux catholiques irlandais, partis dès le XVIIe siècle. Mais cet exil fut aussi un bagne, plus qu'un envoi aux galères.

Les Portugais furent les premiers à vouloir se débarrasser des criminels, des délinquants en les envoyant purger leur peine ailleurs, un exemple que l'Angleterre imita, à une échelle géante — avec ces « convicts » qui peuplèrent l'Australie à partir de 1797.

Cette idée vint aux Portugais les premiers et bien avant que Barthélemy Diaz ait atteint le cap de Bonne-Espérance : dès 1415, après la première conquête de Ceuta, chaque navire qui partait explorer les côtes d'Afrique comptait son contingent de *degredados*, la première loi sur cette pratique datant de 1434. Dès 1484, les premiers établissements permanents, Principe, Sao Tomé et Sao Martinho furent ainsi peuplés de délinquants... et de Juifs, une pratique qui, pour les premiers au moins, devint systématique avec les établissements en Angola. Plus exactement, dès le XVIIe siècle, ce furent presque exclusivement des délinquants qui peuplèrent ce pays, ce qui influa sur la mise en valeur de la colonie ainsi que sur les rapports avec les indigènes.

Furent également déportés en Angola les jésuites, à l'époque du marquis de Pombal, autour de 1750, mais leur petit nombre ne leur permit pas d'avoir une influence sur la vie de la colonie. De sorte que la réputation de la colonie était telle qu'il fut difficile et long d'y faire venir des immigrants libres : la ville de Luanda était aux mains des truands, disait-on, ce qui n'était pas complètement faux ; car, à la différence des convicts envoyés par les Anglais en Australie, les *degredados* étaient bien de vrais criminels, souvent endurcis, et que le gouverneur ne voulait pas armer — en cas de guerre avec les indigènes. Au point qu'il préférait disposer de troupes africaines, à la fois pour combattre les tribus insoumises ou, éventuellement, pour tenir à bonne distance les délinquants. De toute façon, à peine armés, ceux-ci désertaient.

De sorte que, jouant le rôle d'une colonie colonisatrice, ce fut le Brésil qui envoya en Angola les plus forts contingents d'immigrants blancs : ceux-ci arrivaient de Pernambouc où, depuis l'insurrection de 1847-1848, la sécurité ne régnait plus, et les nouveaux immigrés avaient ainsi choisi de se rendre en Angola où ils développèrent la culture de la canne, ruinée dans le nord-est du Brésil. Il est vrai que, depuis longtemps déjà, l'Angola était dans la dépendance économique des Brésiliens : dès 1781, le ministre Martinho de Melo e Castro s'en plaignait, jugeant que le commerce et la navigation échappaient entièrement au Portugal, « car ce que les Brésiliens ne contrôlent pas est aux mains des étrangers », c'est-à-dire la traite qui avait vidé le pays.

Or, à la fin du XIXe siècle encore, les délinquants tenaient toujours le haut du pavé : « Il n'est pas possible de maintenir sur place, ou dans l'intérieur, le moindre groupe de colons, et encore moins d'installer des *degredados*... Il faudrait une force armée indigène, mais assez nombreuse pour inspirer le respect. »

Dans ces conditions, lorsque la traite disparut, coloniser devenait possible, et, pour le moins, les Africains jugeaient que les Portugais n'étaient pas vraiment « l'expression de la civilisation », comme la propagande officielle commençait à le répéter : entre 1902 et 1914, 57 % des délinquants de la colonie avaient commis des crimes de sang en métropole.

Lors de la vague de colonisation des terres qui commence à se développer au XIXe siècle, un des traits qui caractérisent le statut des Noirs en Angola est qu'il n'a pas existé de lois qui réglementaient la ségrégation raciale, une situation qui fait la différence avec l'Afrique du Sud voisine ; un peu comme aux États-Unis où le Nord différait du Sud pour des raisons de même nature.

Or, l'absence de lois raciales n'impliquait pas qu'il y ait eu la moindre intégration des Noirs dans une société unifiée. Pour autant qu'un mélange des races ait existé, il avait été plutôt « descendant » qu'« ascendant », en ce sens que les exclus de la société blanche se sont souvent retrouvés dans les *musseques* (bidonvilles) où ils tenaient quelque échoppe. Mais, en 1970, lors des émeutes qui ont précédé le renversement du régime Caetano, Portugais et Cap-Verdiens ont quitté le « quartier nègre ».

Quant aux mariages mixtes, ils ont été extrêmement rares en Angola, comme dans le reste de l'Afrique portugaise ; pourtant l'idée est demeurée chez les Portugais comme chez une partie des Noirs africains que le racisme était étranger à la colonisation lusitanienne. Ainsi, lorsque de 20 000 à 30 000 Cap-Verdiens ont émigré aux États-Unis, ils se considéraient comme Portugais, pas comme

Africains, et il en allait de même des 40 000 Cap-Verdiens en Angola.

Sauf au Cap-Vert, voire à Sao Tomé et Principe, après la suppression de la traite, le Portugal avait été incapable de peupler ces dépendances, et le monde des Blancs y demeura très limité : en Angola, 20 700 en 1920, soit 0,5 % de la population, le reste étant noir pour l'essentiel. Car ici les mulâtres furent rares, 7 500, soit 0,2 %. Cette proportion de Blancs n'augmenta qu'après les réformes de Salazar, qui stoppa le flux des délinquants — à moins de construire pour eux des prisons en Angola ; elle s'éleva, en 1970, à environ 5,1 % de la population totale. Le nombre des mulâtres avait crû, lui aussi, atteignant 53 392 citoyens à cette même date où on comptait 172 529 Blancs et 4 604 362 Noirs...

La société angolaise n'eut ainsi rien à voir avec celle qui se formait au Cap-Vert ou au Brésil où celle-ci compta jusqu'à 42 % de métis.

Boers, Noirs et Anglais en Afrique du Sud

Il est sûr qu'en Afrique du Sud le racisme n'a pas obéi aux mêmes us et lois qu'en Afrique du Nord. La comparaison porterait plutôt avec le Sud des États-Unis, le *Solid South,* encore est-ce bien une apparence, les deux sociétés ayant évolué de manière différente.

En Afrique du Sud, les Hollandais trouvèrent d'abord des Hottentots qui, en partie, ont disparu en tant que tribu, mais dont le sang coule encore dans les veines des mulâtres et des Noirs de la province du Cap. Lors du grand Trek de 1836 — ce grand exode pour fuir la civilisation mercantile des Anglais installés au Cap depuis 1815 —, les Hollandais, devenus Boers, se heurtent aux Xhosas, aux Swazi et surtout aux Zoulous de Chaka. Après la mort de leur roi, ceux-ci sont écrasés par Andries Pretorius à la bataille de la Blood River ; mais ce sont les Anglais venus du Natal qui ramassent la mise, et les Boers se replient dans l'intérieur, créant les Républiques d'Orange et du Transvaal. Durant de longues décennies, ils se heurtent à nouveau aux

Xhosas, tandis que les Anglais triomphent définitivement des Zoulous en 1879.

A la fin du XIXe siècle, refoulés par les Boers, trois de ces peuples se placent sous la protection des Anglais qui les fixent et les territorialisent : les Swazi, les Sothos, les Tswana. Bientôt la situation se stabilise, si ce n'est que les Boers, comme les Anglais, essaient de mettre la main sur les tribus encore autonomes, ou plutôt sur leurs terres ; cette rivalité aboutit à la guerre de 1901, où d'un commun accord les adversaires décident d'exclure l'emploi de troupes noires. Une fois la paix conclue et l'Union sud-africaine constituée, le *Native Land Act* de 1913 fixe la part des terres réservée à chaque communauté. Les Noirs se voient attribuer 8 % du total des terres ; ailleurs, même si la population est majoritairement africaine, la terre est blanche, sauf de rares exceptions. Les Noirs perdent ainsi bien des lopins qu'ils cultivaient : on compte près d'un million d'expulsés ; il faut attendre 1936 pour que les terres tribales des Noirs passent de 8 % à 13 % de la superficie de l'Union.

Expulsés de leurs terres, les Noirs vont travailler dans les mines ; pourtant le *Colour Bar*, de 1911, leur interdit de postuler l'emploi de travailleurs spécialisés. Le *pass-system* les assigne à résidence.

Jusque-là, on avait pu observer que le statut des hommes de couleur différait sensiblement d'une région à l'autre. Il survivait une tradition libérale dans la province du Cap où, en principe, les Noirs et les mulâtres disposaient de droits politiques pour autant qu'ils remplissaient les conditions requises par le suffrage censitaire. C'est dire que peu en bénéficiaient effectivement, mais les « Petits Blancs » étaient exclus eux aussi. Au Natal, comme dans les Républiques d'Orange et du Transvaal, les Noirs et les métis étaient privés de tous les droits politiques ; les Indiens étaient également interdits de séjour dans les anciennes Républiques boers. Ce sont ceux-ci, d'ailleurs, qui au Natal mènent campagne avec le plus de succès contre le *Colour Bar* ; et c'est là que Gandhi a fait l'apprentissage du racisme.

Ainsi, globalement, il n'existait que des différences de

degré entre la législation raciste des territoires anglais et boers ; néanmoins, le principe était différent, la province du Cap demeurait la plus tolérante, et la fissure s'élargissait entre ses pratiques, auxquelles adhèrent les Hollandais, dont le général Smuts, et celles des Boers, qu'on appelle de plus en plus souvent les Afrikaners.

• Antécédents de l'apartheid

L'événement de l'histoire des Afrikaners avait été le grand Trek. Les Boers n'avaient pas voulu subir la loi de l'étranger, notamment dans leurs rapports avec les Noirs, et ils entendaient garder leur langue, leur mode de vie traditionnel. « Donner aux Noirs un statut égal à celui des Blancs est contraire à la loi de Dieu ; cela s'opposait à la différence naturelle de la race et de la religion. Pour tout chrétien une telle humiliation est intolérable. » « Il ne sera pas question d'égalité entre Blancs et non-Blancs, ni dans l'Église ni dans l'État », stipulait la première Constitution du Transvaal en 1858. Ce grand Trek, une Anabase de plusieurs années (Marianne Cornevin, *L'Apartheid*), était considéré comme l'équivalent de l'Exode de Moïse, son itinéraire était sacré, il l'est encore un siècle après.

Un texte de l'*Instituut vor Christelike-nasionale Ouderwys,* daté de 1948, formule, pour l'enseigner, le principe de l'apartheid. « L'éducation des enfants de parents blancs doit se faire sur la base des conceptions des parents, donc se fonder sur les Saintes Écritures. [...] Nous pensons que Dieu a voulu des nations séparées, des peuples séparés, et a donné à chacun sa vocation, ses tâches, ses dons. » Les croisements de race, leur égalité allaient contre la volonté de Dieu, dont les Boers étaient les seuls interprètes. La Bible et le Fusil.

Les Afrikaners avaient dû, pourtant, sous la pression des Anglais, amender leurs pratiques depuis 1901.

Pourtant, la victoire d'un Afrikaner aux élections de 1948, le Dr Malan, ressentie comme une revanche sur les Anglais, accentua la détermination des vainqueurs, qui vivaient « comme retranchés dans leur langue et leur religion », d'instituer une ségrégation raciale stricte, ou apartheid. Dès 1949, les mariages mixtes entre Européens et non-Européens sont interdits, et les Indiens y sont inclus. Surtout la ségrégation résidentielle est renforcée, la classification raciale durcie, qui définit dans le cas des mulâtres et métis leur appartenance : le test du peigne, qui reste accroché si les cheveux sont un peu crépus, est une des mesures vexatoires instituées par les commissions spéciales. La ségrégation s'étendit ensuite aux lieux publics, aux transports en commun, aux universités, aux sports, etc. Même la représentation, par des Européens, des Africains au Parlement fut supprimée en 1959. Simultanément, il fut décidé que les réserves noires, désormais appelées *national homelands,* créeraient un État, un Bantoustan.

Naturellement, cette politique, dite du développement séparé, suscita de violentes réactions dans les populations indiennes et noires qui s'organisent en développant l'*African National Congress* (ANC), la *Coloured People's Organization*, etc., dont les leaders furent arrêtés, battus, emprisonnés, tués après chaque campagne de désobéissance. Près d'un million d'Africains furent arrêtés en 1968 pour infractions, tandis que la plupart des leaders noirs, les marxistes en tête, étaient incarcérés, tel Nelson Mandela. La lutte s'est poursuivie.

Ce qui a entièrement changé dans la pratique du racisme sud-africain entre l'époque des Boers et celle du règne des Afrikaners, c'est-à-dire entre la fin du XIXe siècle et la seconde moitié du XXe siècle, est lié sans doute aux transformations qu'a connues la société blanche sud-africaine, celle des Boers essentiellement, qui ont dû se convertir à l'économie de marché, à l'industrialisation, alors qu'il s'agissait traditionnellement d'un ordre pastoral, dont la violence est différente de celui que l'éclatement économique a institué.

Pendant longtemps, en effet, en pays boer, Blancs et Noirs vivaient de la terre, les premiers dominant les seconds et triomphant de leur résistance « par les poings, les coups de fouet et les armes à feu ». Mais cette violence était tempérée par des pratiques paternalistes ; « elle soustendait et renforçait la dynamique du patriarcat », car la flagellation étant ritualisée, le patriarche l'appliquait aussi à ses enfants.

S'agissant des Noirs, il fallait qu'à tout acte de violence commis sur un tenancier corresponde une compensation, par des cadeaux et concessions en vue d'assurer la stabilité du système. Et, à défaut d'inviter des Noirs dans sa maison, le propriétaire la lui ouvrait pour la prière. De même, il assistait aux obsèques des vieux serviteurs, donnait l'autorisation d'abattre une de ses bêtes pour certaines fêtes, etc.

Dans ce système, le propriétaire blanc perpétuait chez les Noirs le statut d'enfant, en leur conférant des noms chrétiens auxquels ils ajoutaient un diminutif ; chez les Blancs comme chez les Noirs, la déférence envers les Anciens, les plus âgés, créait une connivence particulière. Chez les tout jeunes, les jeux étaient volontiers communs, et l'écart ne se manifestait qu'avec la puberté. Charles Van Onselen a recueilli un témoignage oral qui montre que tout a changé lorsque les Anglais se sont substitués aux Boers, dans le district de Schweitzer-Reneke, dans le Haut-Veld. L'économie monétaire avait pris la relève, et les idées libérales, peut-être, des nouveaux propriétaires, avaient peu d'effet sur la réalité ; « les propriétaires afrikaners nous donnaient du lait caillé, ou du lait frais et de la bonne nourriture ; les Anglais ont tout arrêté. A la place, ils nous ont donné quelques tasses de lait par jour... Ils les comptaient. Les Afrikaners ne vendaient pas leurs affaires. Ils nous donnaient des pantalons, des chaussures et autres choses. Mais les Anglais vendaient leurs vêtements. Ils ne nous auraient jamais donné une paire de pantalons sans la faire payer » (Van Onselen, *Annales,* 1992).

Ces rapports traditionnels se sont érodés avec les Boers aussi, dès qu'avec les machines l'utilisation du cheptel des Noirs n'a plus eu sa logique, et que cette main-d'œuvre, chassée de ses lots, s'est atomisée pour aller travailler à la mine ou ailleurs. L'initiative du changement venait du Blanc qui n'avait plus intérêt, désormais, à perpétuer un ordre paternaliste et qui, à la violence qu'il tempérait, substitua le racisme absolu de l'apartheid.

Il serait abusif de comparer le racisme qui a pu sévir en Algérie avec ses pratiques en Afrique du Sud. Sans doute la ségrégation a-t-elle pu exister aussi dans quelques domaines — pas de joueurs de tennis arabes, mais des ramasseurs de balles, des quartiers « réservés », des mariages mixtes très rares ; mais l'Islam, en un sens, sécrétait son propre exclusivisme, et peu de métropolitains ou de pieds-noirs franchissaient le seuil de la maison d'un Arabe, quelques notables exceptés.

Mais ce qui a exaspéré la colère des Noirs d'Afrique du Sud est bien le fait que la religion ne leur a pas servi de protection – comme l'Islam pour les Arabes. Au cours des XVIIIe et XIXe siècles, en effet, comme W.G.L. Randles l'a montré, bien des Bantous avaient abandonné leurs mythes pour adopter le Dieu chrétien des missionnaires. Simultanément, les Européens avaient abandonné leurs propres principes pour adopter ceux de la réciprocité et de l'échange, qui, avant leur arrivée, avaient été ceux des Bantous. Jusque-là, chez eux, les rois et eux seuls fixaient la valeur des choses ; désormais, les prix changent à cause des lois du marché, ce qui pour les Bantous est une duperie chaque fois que la valeur de leurs produits baisse, tandis que les Européens n'y voient aucun mal, puisqu'ils y gagnent. A titre de compensation, les Bantous, qui ignoraient l'idée d'un Dieu suprême, en découvrirent les vertus pour s'en servir comme d'une arme contre les intrus européens, tel le Xhosa Makanna qui attend « le grand jour de la résurrection lorsque les morts se relèveront au coucher du dernier soleil ». Cette vision millénariste se traduisit par le soulèvement de 10 000 Xhosas contre la ville de Grahamstown (début du XXe siècle). Ainsi, et bien que les mouvements millénaristes se soient multipliés, les Bantous n'avaient guère tiré profit de la transformation de leurs ancêtres fondateurs en dieux bibliques. Ils ont ainsi tout perdu, au plan symbolique comme au plan des échanges, et même leur Histoire, puisque les Sud-Africains refusent d'admettre que, sur le Veld, les Bantous étaient là avant eux et que, malgré les preuves apportées par les archéologues, ils n'acceptent pas non plus l'idée que, plus au nord, les Noirs aient été capables de construire les monuments du Zimbabwe – leur rancœur, leur peine, leur colère sont extrêmes.

Australie : où des « criminels » veulent instituer un juste droit

A la différence d'autres territoires, l'Australie n'a pas été occupée, en 1787, pour prévenir une prise de possession par les « mangeurs de grenouilles » ou par les « fumeurs de harengs », mais pour se débarrasser de la « classe criminelle ».

« Une expérience », disait Jeremy Bentham ; une première expérience que les Français imitèrent ultérieurement en Guyane, puis en Nouvelle-Calédonie, mais dans un contexte différent.

Comment se débarrasser des criminels ? Tel était le problème qui se posait au Parlement sous George III. A cette date, on en comptait 115 000, à Londres seulement ; et les Anglais, au nom de leurs libertés, se refusaient à avoir une police — Peel en créa une seulement vers 1830. Les criminels étaient catalogués en une centaine de catégories, depuis les *drag sneaks,* qui volent les voyageurs, les *snoozers,* qui « piquent » leurs bagages à l'hôtel, les *skinners,* qui dépouillent les enfants de leurs vêtements, etc. La délinquance ne cessait de croître avec le gonflement des grandes villes : Fielding, Dickens, puis Marx ont décrit la misère et la cruauté qui l'ont accompagné. A cette date, la véritable lutte des classes n'était pas celle qui opposait les patrons et les ouvriers, mais les délinquants et les travailleurs.

Toutefois, selon la jolie expression de Robert Hughes, « *crime was still a cottage industry* » ; le crime était encore une industrie domestique, il n'existait pas de bandes réellement organisées… Dès lors, l'armée ou la marine suffisaient bien pour opérer des rafles, on leur livrait les délinquants. Et ils étaient là, parqués par milliers… La loi était très dure : pour le moindre délit, pour toute atteinte à la propriété privée, on était condamné à mort, telle cette fillette de treize ans qui vola une chemise.

Mais, devant la montée du sentiment humanitaire — nous sommes à l'époque de Wilberforce —, le mouvement abolitionniste se développe avec vigueur — qui se dresse au même moment contre les expériences chirurgicales opérées sur les chiens –, et on hésite de plus en plus à exécuter les condamnés à mort : de 1749 à 1758, on avait compté 365 exécutions en place publique, pour 527 condamnations à mort. De 1799 à 1808, il n'y en eut plus que 126 pour 804 condamnations à la peine capitale, le pourcentage étant ainsi passé de 69 % à 15 %.

Mais, les prisons étant pleines, que faire des criminels ainsi confiés à l'armée ?

Les autorités en avaient déjà envoyé en Amérique, mais, depuis la proclamation de l'Indépendance, les États-Unis n'en voulaient plus. Alors naquit cette idée de les expédier au bout du monde, dans cette Australie que Cook avait plus ou moins abordée, et qui était peuplée d'êtres étranges – ces kangourous, ces koalas – et même d'humains, qui « l'étaient fort peu ». De ce pays, ils ne reviendraient pas. Sur les 733 premiers partants embarqués dans des conditions épouvantables, il y avait 431 condamnés pour « vols mineurs, 44 voleurs de moutons, 9 auteurs de gros larcins, et en tout 31 qui avaient commis une violence sur une personne ; environ la moitié avaient moins de vingt-cinq ans. Bref, en guise de « criminels », il s'agissait essentiellement de tout jeunes et petits délinquants. 48 d'entre eux périrent lors d'un voyage très dur, qui dura 252 jours, où le scorbut fit ses habituels ravages. En Angleterre même, 25 000 « criminels » figuraient sur la liste d'attente...

Tels furent ces « convicts », dont la légende fit des « criminels » épouvantables. Encore aujourd'hui, les habitants d'Adélaïde, venus après coup, et librement, rappellent volontiers que l'Australie du Sud « n'est pas un pays de convicts ». S'ils n'étaient pas criminels à l'origine, ils le devinrent sans s'en apercevoir – par le massacre des aborigènes –, et, sensibles seulement à ce qui avait été leur propre malheur, ils voulurent faire des Nouvelles-Galles du Sud cette terre de Justice que n'avait pas su être leur mère patrie. Grand nombre de leurs descendants haïssent l'Angleterre.

Les premières rencontres entre des Anglais et un aborigène ont été consignées par le chirurgien de l'expédition,

John White, vers 1798 : « Par signes et gestes, il semblait me demander si le pistolet que je tenais lui ferait un trou ; et, comme pour montrer qu'il s'en doutait, il ne manifesta pas le moindre signe de peur ; au contraire il essaya de m'impressionner en montrant la supériorité de ses propres armes, les mettant sur sa poitrine, puis se secouant comme pour nous montrer qu'elles étaient dangereuses, mortelles et qu'on ne pourrait pas leur résister » (R. Hughes, *The Fatal Shore*).

De fait, le massacre commença très tôt, certaines coutumes indigènes — frapper les femmes au sang, broyer les crânes des soldats pris en embuscade — donnant bonne conscience à tous qui jugeaient « qu'il ne s'agissait pas d'êtres humains mais de singes ».

Pendant longtemps l'histoire officielle a effacé le souvenir de ces actes. L'ethnologie l'y a aidée. Dans son ouvrage « classique » sur les aborigènes (1962), A.P. Elkin consacre un paragraphe entier à « l'accroissement démographique depuis 1930 », mais pas une ligne à l'effondrement démographique du siècle précédent. Sans doute la disparition des trois quarts de la population indigène ne concerne aucun secteur de la science…

La mémoire aborigène a gardé le souvenir de cette arrivée « du capitaine Cook », figure éponyme de l'irruption des Blancs. Les vieux le disent aux jeunes enfants, ils se rappellent ce que leur avait dit leur ancêtre : « Vous serez tués, ne vous battez pas, filez. Il crèvera votre œil, votre nez. Ne vous occupez pas de lui, filez… parce que vous savez, dans le temps, ils vous tiraient comme un chien… Les Whifellows tirent les Ngumpin… (*Hidden Histories,* XX-XXI).

Des enfants ont consigné dans des petits cahiers ce que leur ont raconté leurs ancêtres. Dans *The Aborigenal Children's History of Australia,* Marika Wandjuk a effectué cette collecte, où est ainsi raconté le début de ce génocide. « Un jour, on vit un navire avec des hommes étranges. Les aborigènes furent effrayés et se cachèrent derrière des buissons. Puis ils montèrent au haut de la colline et quand les hommes étranges s'approchèrent, ils firent dévaler de gros rochers. Les aborigènes pensèrent qu'ils étaient morts, mais pas du tout. Ils tirèrent avec leurs fusils. Les aborigènes se cachèrent à nouveau puis lancèrent leurs javelots ; les hommes étranges réussirent à les esquiver, montèrent à bord de leurs bateaux puis disparurent... Le capitaine Cook revint, fut blessé et repartit... L'armée arriva alors... Nous ne les avons pas tués parce que nous étions amis. Ils étaient cinquante, nous deux mille et on n'avait pas peur de leurs canons. Dans la brousse nous étions invincibles, ils étaient des chasseurs incapables et avaient la fièvre dès qu'il faisait humide... Mais comme l'un de ces hommes avait pris une femme, puis une autre, les aborigènes les plus âgés s'organisèrent pour le tuer, on lui coupa la gorge avec une hache... Les hommes blancs mirent sur pied une immense battue, trouvèrent les aborigènes et les tuèrent tous »...

Ce témoignage d'enfant (1975) contient bien sûr sa part de mythe, mais aussi sa part de vérité. Et notamment sur cette « paix » qui fut bien conclue au large de Botany Bay, en ce temps où les soldats surveillaient les convicts en train de construire routes et villages. Une illustration, sorte de bande dessinée à épisodes, datée de 1828, et qui figure au musée de Hobart, expose ce que fut la politique du gouverneur Arthur : 1. Une nourrice blanche allaite un enfant noir ; une nourrice noire, un enfant blanc ; 2. En grand uniforme rouge, blanc, bleu, le général reçoit une délégation d'aborigènes ; on se serre la main ; 3. Un aborigène tue un civil ; 4. Les soldats le pendent ; 5. Un civil tire sur un aborigène ; 6. Des soldats le pendent... Scènes en partie illusoires, certes, mais qui évoquent le moment, assez bref, où l'extermination pure et simple avait été écartée.

A l'arrivée du gouverneur Philips, en 1797, les aborigènes pouvaient être de 300 000 à 400 000 ; ils étaient dix fois moins un siècle plus tard, refoulés vers les territoires du Nord et de l'Ouest. L'extermination avait bien eu lieu, et deux données particulières en rendent compte — indépendamment de la cruauté et du racisme : les premiers gouverneurs ne cherchèrent pas à « civiliser » les aborigènes aux fins de les faire travailler — car ils devaient faire travailler les convicts ; en outre, l'apport d'esclaves noirs venus d'ailleurs était lui-même interdit en Australie... De ce fait, les aborigènes étaient virtuellement « inutiles », et il était « inutile » d'essayer de les assimiler... « L'apprivoisement » ne se fit que bien plus tard...

Il faut attendre les années 1980 pour que vienne le temps du remords — avec sa cohorte de réhabilitations : musées, enquêtes orales, Centre d'études aborigènes à Canberra, etc. La mode aidant — et l'imitation de l'Amérique —, comme aux États-Unis durant les années soixante-dix où il était de bon ton de se découvrir du sang indien, aujourd'hui, à Sydney, on se découvre du sang « abo ». De fait, il y a environ 50 000 métis d'aborigènes en Australie.

Terre de convicts à ses débuts, l'Australie ne l'est pas demeurée, puisque la colonisation pénale fut très rapidement contestée, grâce aux écrits, entre autres, d'Edward Gibbon Wakefield. Dans *A Letter from Sydney* (1830), il proposait la substitution d'une colonisation systématique à l'anarchie de la situation présente, avec vente de concessions, émigration subventionnée et dirigée, etc. C'est sous son influence que se fondent les *settlements* organisés d'abord par la *New-Zealand Company,* puis par le *South Australian Committee :* Wakefield est un disciple d'Adam Smith qui part de l'idée que la terre, le capital et le travail constituent les trois facteurs fondamentaux de la production et qu'il faut maintenir entre eux un équilibre raisonnable. Or, en Australie, il y avait trop de terres, pas de capitaux, la main-d'œuvre était difficile, qui disparaissait à peine arrivée, *a fortiori* dans le cas de convicts dès qu'ils étaient sans surveillance. Toute l'Angleterre se gaussait du cas de Robert Peel qui avait obtenu une concession de 300 000 acres en Australie occidentale, avait amené avec lui 300 personnes, mais qui, six mois après son arrivée, en était réduit à chercher son eau, à faire son lit, car tout son monde s'était évaporé... D'autres avaient connu le même sort, chacun ayant voulu acquérir trop de terres, pour lui et les siens, et étant incapable d'en tirer profit. L'idée de Wakefield fut donc de faire vendre la terre à des colons de la métropole, mais à un juste prix, et de subventionner le transport des volontaires, ainsi que l'établissement de ceux qui, sur place, eussent été trop pauvres pour acquérir ces terres, les fils de convicts notamment (A. Siegfried, in *Les Techniciens de la colonisation,* p. 175-194). Son projet n'était viable que si on persuadait les candidats à l'émigration que partir aux antipodes n'était plus une forme de châtiment, mais une chance qui leur était offerte de construire leur bonheur. Les départs de Grande-Bretagne vers l'Australie (et la Nouvelle-Zélande) passèrent de 68 000 durant la décennie 1830-1840 au double, pour atteindre ensuite leur maximum de 378 000 durant la décennie 1880-1890. Quant à l'émigration allemande vers l'Australie méridionale, elle tourne autour de 2 000 à 5 000 personnes par décennie après 1871 (H. Gollwitzer, *L'Impérialisme*).

• Vers l'État juridique

Qui doit être puni, pour quel délit, et comment ? Tel avait été le problème essentiel qui s'était posé au gouverneur Philips lorsque, en 1788, il avait eu à traiter à la fois du sort des convicts — travailleurs — et des soldats chargés de les surveiller, et qui eux-mêmes étaient soumis à une discipline de fer. Elle n'était, en fait, nécessaire ni aux uns ni aux autres car, au large de Sydney, aucune fuite n'était possible. Certains s'y étaient essayés, croyant que la Chine ou le Japon n'étaient pas loin. On retrouva plus tard leurs ossements, à moins qu'ils n'aient été dévorés par les chiens dingos. Les premiers conflits éclatèrent lorsque les soldats jugèrent que, par rapport à eux, les convicts avaient la vie trop belle. Certes, ces forçats travaillaient dur, on les fouettait au sang — l'un d'entre eux reçut plus de 2 000 coups de fouet sa vie durant... !, mais ils avaient la possibilité de s'accoupler — autant de femmes que d'hommes faisaient partie des convois —, et le gouverneur comprit qu'il ne fallait plus les frapper autant, en cas d'indiscipline, car les grands travaux n'avanceraient plus... Aussitôt la rumeur courut en Angleterre qu'il était bon être convict en Australie...

En fait, se trouvant mêlés aux premiers colons, les fils et petits-fils des convicts continuaient à être traités comme des criminels et à connaître la loi du fouet : ils firent appel à l'ordre judiciaire qui devint leur seul recours face aux autorités qui incarnaient la Couronne — ces militaires qui étaient jaloux de voir les fils de convicts s'émanciper, alors que pour eux la dure discipline militaire se perpétuait, inchangée. C'est ainsi qu'au nom des libertés anglaises les descendants des convicts firent appel aux hommes de loi pour les défendre, de sorte que ce furent des avocats et des juges qui figurèrent parmi les premiers hommes politiques du pays.

Le point important est sans doute que, peu à peu, *ce fut ainsi le langage juridique qui devint celui de la politique,* de sorte que le pouvoir judiciaire prit le pas sur l'exécutif et le législatif, les juristes ayant le dernier mot dans l'élaboration des décisions prises, d'abord par les gouverneurs, puis, après 1901, par la représentation politique. Dès le milieu du XIXe siècle, dit un témoin, les Australiens ressemblaient aux Américains par leur arrogance, jugeant tous les gouvernements du monde mauvais, sauf le leur ; et défendant, chacun, leur petit intérêt, avec un égoïsme qu'on ne retrouve nulle part. De fait, dans ce pays, par une sorte d'effet « pervers », ces Australiens instituèrent chez eux l'ordre de la loi pour rompre avec la situation dont ils héritaient ; il s'agissait pour eux, dont les parents avaient connu les excès de la loi, de revenir à une norme. Comme l'a montré Alistair Davidson dans *The Invisible State,* en Australie, le jargon juridique et l'esprit de chicane ont peu à peu réduit à rien les grandes options des leaders politiques ou syndicaux — qu'ils fussent socialistes, ou libéraux, ou se soient dits tels. Dans ce pays, *on fait* constamment *appel à la loi, et l'on se juge trahi par les idées.*

Si bien que, par une revanche de l'histoire, des aborigènes ont même réussi à faire valoir leurs droits sur les îles Murray, au nord de la grande barrière de Corail. La Haute Cour mettait ainsi fin à la doctrine de *terra nullius* selon laquelle l'Australie était inoccupée avant l'arrivée des Britanniques, en créant un nouveau titre de propriété, le *Native Title.* Cette décision, de 1992, remet en cause le statut de bien des terres, notamment en Australie occidentale. En Queensland, la tribu Wik s'attaque à un géant économique, la Société CRA et sa production d'aluminium *.

Le Premier ministre d'Australie occidentale, Richard Court, propose que la décision de la Haute Cour soit soumise à un référendum. Là encore se heurtent le Droit et la volonté démocratique. Où se trouve l'équité ?

Nations absorbées, nations conquises : l'originalité russe et soviétique

Alors que la politique de l'Empire portugais et celle de l'Empire français tendent vers l'assimilation ou l'intégration — sauf quelques expériences précises, mais rares dans le cas français, que la politique britannique s'oriente vers le Commonwealth depuis que la sécession des États-Unis a révélé les dangers de toute autre politique — ce qui n'exclut pas une courte période de resserrement de l'Empire entre 1783 et 1830 —, la politique impériale russe jusqu'en 1917 obéit à une logique supranationale dès que le problème des annexions se pose et qu'il faut le résoudre. La première caractéristique de l'Empire fut en effet de ne pas avoir une base ethnique (*Russkaja imperija*), mais d'être un État de peuples différents sous un monarque unique (*Rossiskaja imperija*), une politique qui s'efforça de neutraliser ceux qui auraient pu s'opposer au tsar, au nom d'un idéal national.

Cela ne se fit pas sans à-coups, l'absorption de la nation tatare constituant le principal problème du tsar (avec, d'autre part, la menace émanant de la Pologne et de la Suède). Cette absorption se fit en deux étapes principales. L'une, commencée au XVIe siècle, vit l'effort des tsars se porter sur les pays de la Volga, où Tatars, Bachkirs, Tchérémisses..., cohabitaient ou voisinaient ; elle était achevée au temps de Catherine II, en 1774. L'autre étape fut entreprise en Crimée, en 1783. Similaires furent les politiques pratiquées dans les deux cas, même si, l'expérience aidant, les promesses faites lors de la conquête

* De la même façon, au Sud-Chili, les Indiens Mapuches essaient de récupérer leurs terres, par des moyens juridiques.

devenaient plus explicites en Crimée qu'à Kazan — quitte à être ultérieurement violées.

Mais plusieurs changements ont affecté et transformé l'attitude du pouvoir vis-à-vis des peuples annexés. En premier lieu, l'acquisition d'États préexistants et de confession chrétienne — Géorgie, Pologne, États baltes, etc. ; ensuite, la politique de rupture qui vise à la russification des allogènes ; enfin, après la révolution de 1917, la réévaluation de la politique des nationalités menée par le régime soviétique.

La désintégration de la Horde d'Or, au XVe siècle, avait abouti à la formation de plusieurs États tatars, c'est-à-dire turco-mongols. « Kazan, un méchant rameau, se détacha de l'arbre mauvais qu'était la Horde d'Or, et produisit un fruit amer ; un second État naquit alors sous un autre Prince de la Horde » : Kazan constitua ainsi la menace la plus directe pour l'État moscovite ; sa terre rassemblait, avec les Tatars, des Tchouvaches et des Bachkirs qui étaient turcs ; des Tchérémisses ou Marii, des Mordves, des Votiaks, qui étaient finno-ougriens. Malgré les dénégations des historiens russes du XIXe siècle, Moscou paya bien tribut à Kazan, comme aux autres successeurs de la Horde d'Or. Mais Ivan III comprit l'avantage qu'il pouvait tirer des querelles régnant dans la famille même de Gengis-Khan et il eut sous la main, à Moscou, des tsarévitchs tatars, soutenus par une partie de l'oligarchie de Kazan. Cette combinaison permit une première tentative de prise en main, en 1468 ; mais elle échoua ; elle commença à être opératoire lorsqu'un prince de Kazan s'associa au tsar de Moscou contre les Tatars de Crimée, cette autre branche de l'ancienne Horde d'Or ; la situation se retourna, lorsque le khan de Crimée prétendit régner sur Kazan. Désormais, Moscou se chercha des alliés plus fiables : ce furent les Tchérémisses qui jouèrent ce rôle. Ivan IV utilise leurs bons services, ce qu'ils avaient sollicité, et bientôt la décision est prise de marcher sur Kazan pour régler définitivement ce conflit avec ces « impies Sarrazins ». Ceux-ci connaissaient bien « leur pays », rapporte Kourbski ; ils firent appel aux Lituaniens pour prendre Moscou de revers, mais les Russes l'emportèrent, et la fin de Kazan fit sensation chez tous les peuples qui avaient eu à subir la loi des Tatars (1552).

La *Pax Rossica* ne s'établit pas pour autant, les insurrections des Tatars, puis des Tchérémisses et des Tchouvaches, bientôt des Mordves se multipliant jusqu'aux époques de Stenka Razine (1667-1671) et de Pougatchev (1742-1775). Les Russes avaient décapité la noblesse tatare de Kazan, ils faisaient payer à tous le *iassak,* impôt sur la terre. Un « cahier de doléances », présenté en 1767 à la Commission de législation créée par Catherine II, expose, deux siècles plus tard, les états de service des Tatars, résumant en quelque sorte leur adhésion au gouvernement des Russes : « Nous avons servi le Souverain Empereur Pierre le Grand, de bienheureuse et glorieuse mémoire, grand-père bien-aimé de Sa Majesté, et avons pris part à bien des guerres et batailles, à savoir en 7112 [1614] contre le traître Grichka le défroqué, en 7120 [1612] contre les insurgés tatars de la province de Kazan, en 7197 [1639] pour défendre Samara contre les Kalmouks d'Astrakhan ; en 7162 [1654] pour défendre Smolensk contre les Polonais ; en 7166, lors de la répression de l'émeute bachkire… » Le nombre des allogènes ainsi au service du tsar de Russie était, vers 1660, de 2000 environ ; un demi-siècle plus tard, il s'était multiplié par vingt (B. Nolde, *La Formation de l'Empire russe*).

Simultanément, une vaste expropriation avait dépossédé l'ancien souverain et la classe dirigeante tatare qui fut quasiment exterminée dans ses dernières luttes pour l'indépendance : le tsar, le clergé orthodoxe et les cadets boyards, c'est-à-dire les hommes de service moscovite, firent main basse sur la terre et le butin, les militaires et leur famille constituant la majorité des colons. Cette colonisation militaire ouvrit la marche ; elle fut suivie d'autres, mais les biens des allogènes furent protégés : le Code du tsar Alexis (1649) interdisait aux boyards, gentilshommes et Russes de tout rang, d'acheter, d'échanger, d'hypothéquer et de louer même des terres appartenant aux Tatars, Mordves, Tchouvaches, Tchérémisses, Votiaks et Bachkirs. Inversement, ceux-ci ne pouvaient acquérir une terre donnée aux Russes, ce qui constitua une sorte d'équilibre comme peu de conquérants en ont institué… Chacun devait rester chez soi. Mais cela ne dura pas et Pierre le Grand bouscula cet édifice, tandis qu'un gros effort d'évangélisation était entrepris ultérieurement, sans grands ménagements, qui aboutit, au XVIIIe siècle, à la conversion, au moins en théorie, des Tchouvaches, des Tchérémisses et des Mordves. Mais les Tatars résistèrent et exprimèrent le vœu de pouvoir continuer à construire librement des mosquées et de recevoir un passeport pour pouvoir se rendre à La Mecque… Peu à peu, l'Église orthodoxe utilisa contre eux les procédures que l'Occident a connues : saisie des enfants, baptêmes forcés en échange de la conscription, écoles pour « mahométans » gérées par le clergé russe, et qui devenaient des foyers de révoltes…

Au XIXe siècle, le problème de la persistance de l'Islam avait pris le dessus sur le patriotisme tatar… Avec ses 2,3 millions d'habitants en 1897, ayant fortement résisté à la politique de russification, la communauté tatare de Kazan s'était peu à peu transformée en une société différenciée, qui possédait le tiers des établissements industriels de la province et contrôlait le commerce avec l'Asie centrale. Les Tatars de Kazan furent ainsi la première communauté du monde musulman tout entier à disposer d'une puissante classe moyenne, bien éduquée, qui leur assura le leadership du mouvement national dans l'Empire russe. Elle sécréta également, avant 1917, le premier mouvement féministe du monde islamique.

La colonisation du pays bachkir, des deux côtés de l'Oural et autour du poste d'Oufa, se fit tout à fait différemment parce qu'il n'y avait pas d'unité dans ce monde de demi-nomades et qu'il fut plus aisé d'y imposer la loi des Russes, qui faisaient verser le *iassak* payé ici en fourrures, et qui se concilièrent l'aristocratie en lui conférant le statut de *tarkhan* (dispensé de *iassak*) ; ses membres, ainsi protégés, accueillaient des réfugiés tchouvaches, votiaks, tatars qui mettaient leurs terres en valeur. Les colons russes étaient peu nombreux jusqu'au milieu du XVIIe siècle, mais ces sédentaires entrèrent vite en conflit avec les Bachkirs, troubles qui devinrent endémiques jusqu'à ce qu'une sorte de charte, conclue en 1728, stabilise les droits et devoirs des trois parties en conflit : l'État, les tribus bachkirs, les colons. Ce n'était que la première manifestation d'une prise de conscience qui se traduisit, en 1754, par la création d'un mouvement national et musulman animé par Abdullah Miagsaldin, au vrai un Tatar, qui voulait « chasser les Russes avec l'aide de Dieu »...

« Refusez de collaborer avec ces sales Russes, versez leur sang, pillez leurs biens et réduisez-les en captivité. » La répression fut terrible, au point que de nombreux Bachkirs décidèrent de devenir les esclaves des Kirghiz (au sud) de peur d'être massacrés. Ceux qui étaient demeurés et avaient survécu participèrent à la révolte de Pougatchev.

A la fin de 1774, « insurgés et Bachkirs sont à nouveau soumis au sceptre de Votre Majesté », écrivait Pierre Panin dans son rapport à Catherine II.

La disparition de l'autre branche de l'ancienne Horde fut plus tardive : 1783. Elle ne fut pas une affaire purement russo-tatare, car elle interféra avec les conflits internationaux. En effet, les Tatars de Crimée étaient devenus les vassaux de l'Empire turc. Pour s'émanciper de cette tutelle, ils avaient appelé les Persans à l'aide, et, faisant la guerre ensemble aux Turcs, ils passaient au travers des steppes du nord de la mer d'Azov pour atteindre le Daghestan. Or, les Russes étaient installés à Azov depuis Pierre le Grand, et ces circonstances leur permirent d'intervenir dans ces régions, puis d'annexer la Crimée à l'époque de Catherine II. Entre-temps, fuyant la persécution infligée aux chrétiens, les Grecs et les Arméniens avaient quitté le pays pour le Gouvernement d'Azov.

Un *Manifeste* et un décret accompagnèrent l'annexion de la Crimée.

« Aux habitants de Crimée, nous faisons la promesse irréfragable, en notre nom et au nom de nos successeurs, de les maintenir sur une base d'égalité avec nos sujets héréditaires, de préserver et défendre leurs personnes, propriétés, temples, leur foi ancestrale qui demeurera inviolable.

» Nous promettons aussi que chaque classe [*sostojanie*] recevra les droits et privilèges dont bénéficient les classes équivalentes en Russie.

» En échange de la tranquillité que nous leur apportons, nous demandons et attendons qu'ils soient aussi loyaux que nos sujets, aussi zélés, aussi pour mériter la faveur impériale » (G. Vernadsky, *A Source Book for Russian History, from Early Times to 1917,* II).

Le Manifeste était complété par un décret que Catherine adressa au prince Potemkine, gouverneur général de la Nouvelle Russie. Il portait sur la collecte des impôts — douane, sel, etc. —, en demandant « de faire attention qu'ils ne deviennent pas trop pesants pour la population... Et, avec ces revenus, il convient d'assurer le service des mosquées, des écoles, et des œuvres de bienfaisance. Il conviendra d'élever un monument à la gloire de l'annexion de la Crimée et des territoires tatars à l'Empire russe. Enfin, aucun de nos nouveaux sujets ne doit accomplir un service militaire contre sa volonté ou son désir ».

L'annexion des « provinces » du Caucase septentrional, de la Géorgie notamment, fut l'occasion d'une discussion, à Saint-Pétersbourg, sur le statut des nouvelles acquisitions territoriales. Ce débat eut lieu en 1820 et il porta sur la question : *s'agit-il ou non de colonies ?*

« Ces acquisitions peuvent être dites nos colonies, et non sans fondement... car elles nous apportent des produits venus du Sud...

» Nous les appelons colonies parce que le gouvernement ne s'efforce pas d'inclure ces territoires dans le système de l'État ; il ne veut pas en faire une partie de la Russie, russifier les populations ; simplement les maintenir comme une province asiatique, mais mieux gouvernée. »

Ainsi, à l'époque d'Alexandre Ier, on appelait en Russie colonie ce qu'ultérieurement les Français appelèrent protectorat, tandis que les terres centrales, tatares ou autres, faisaient partie de l'Empire et que leurs habitants avaient vu se perdre, peu à peu, les garanties offertes au temps d'Ivan et de Pierre le Grand.

Le même sort devait frapper les nouveaux territoires acquis au tournant de l'époque révolutionnaire et de l'ère napoléonienne : la Géorgie, la Finlande, la Pologne.

Le Manifeste d'annexion de la Géorgie, en janvier 1801, rappelait les circonstances qui avaient amené le tsar

George Iraklievitch à faire appel à la protection des Russes et que ceux-ci acceptaient ce rattachement « pour toujours » ; la Géorgie garderait la main sur les territoires qu'elle contrôlait et ses populations jouiraient du même statut, selon leur rang, que les Russes. Le Manifeste concernant le rattachement de la Finlande, suédoise jusque-là, en 1809, proclamait la « conservation des lois et coutumes, et religion du pays [*Grundlagar*] », et garantissait les libertés et droits de chaque ordre ; cela impliquait que le tsar reconnaissait « que le serment d'allégeance à la Russie avait été donné librement » (Vernadski, cité).

Autrement dit, tsar autocrate en Russie, Alexandre Ier reconnaissait qu'en Finlande il était seulement un tsar élu.

Il allait beaucoup plus loin en Pologne. En 1815, recevant l'essentiel du territoire de ce pays à la suite du Congrès de Vienne, il manifestait ses tendances libérales en accordant à la Pologne le statut d'un État, lié certes indissolublement à sa personne, et sans politique étrangère autonome, mais qui jouissait des avantages d'une charte constitutionnelle. Celle-ci affirmait que serait garantie la liberté de la presse (art. 16), que l'armée garderait son uniforme propre et tous les insignes qui indiquent sa nationalité (art. 156), qu'étaient maintenus les ordres de l'Aigle blanc, de Saint-Stanislas, etc. (art. 160).

Ainsi les Polonais bénéficiaient d'un véritable régime constitutionnel dont les Russes n'avaient pas l'avantage. « En mettant en pratique ces institutions libérales », dans une charte écrite en russe et en français aussi, pour offrir cette garantie aux Polonais, Alexandre Ier avait parfaitement conscience que cet exemple agirait sur ses concitoyens, et tel était son vœu.

Mais l'état de grâce qui s'institua avec la Charte de 1815 et l'Adresse à la Diète polonaise de 1818 dura seulement quelques années.

• La politique des nationalités du régime soviétique

Depuis octobre 1917, la politique des nationalités du régime soviétique a tenté, en premier lieu, de reprendre les territoires devenus indépendants pendant la guerre civile (Ukraine, Géorgie, Arménie). L'occupation militaire accomplie, l'opération s'est faite en deux temps : d'abord, une alliance bilatérale, puis la perte pour ces nations d'une diplomatie indépendante, de leurs forces militaires autonomes — processus achevés en 1923-1924, par conséquent avant l'époque stalinienne —, ultérieurement pour d'autres nationalités ; Staline procéda à la liquidation violente des instances hostiles à une réunification dans le cadre de l'URSS : socialisme panislamique du Sultan-Galiev, Poale-Zion, etc.

Au vrai, en 1917, les bolcheviques n'avaient pas imaginé que, devenues libres grâce à la révolution, des nations pourraient renaître comme entités et ne se réunir à la République des Soviets que contraintes et forcées. Lénine mit en cause le chauvinisme grand-russe ; en vérité, les responsables de la faillite de cette politique rêvée avaient été rarement les Russes, mais des néo-jacobins autoritaires et centralisateurs. Ils utilisèrent plusieurs procédés : ou bien le droit à l'autodétermination passa subrepticement de la nation à la classe ouvrière (dans le cas de l'Ukraine, de la Finlande), ou au « parti de la classe ouvrière » (pour la reprise de Boukhara) ; ou bien Moscou suscita l'apparition de nationalismes plus ou moins réels qui permirent d'organiser et défendre la Biélorussie à l'ouest aux dépens de la Pologne, ou de balkaniser le Turkestan. Ou bien la reconquête s'est effectuée pour « prévenir une intervention étrangère », celle d'Ataturk, des Japonais, etc. ; sauf qu'en Géorgie, en 1919, l'intervention se fit après le départ des Allemands, et que ce pays dut signer un traité d'alliance.

En tout cas, pour les Républiques reconquises comme pour les autres, l'action du pouvoir soviétique se manifesta par toute une série de mesures, partout les mêmes.

— La dérussification des instances chargées de décider du statut de ces territoires non russes, par exemple le Kav-Kom (comité du Caucase), le Muskom (comité musulman), le comité de la publication *Vie des nationalités.* A l'origine le *Narkomnats,* Commissariat aux nationalités, fut composé de non-Russes, bien qu'il fût difficile de trouver des bolcheviques dans chaque nationalité.

— La régénération des cultures nationales, victimes de la

russification à l'époque tsariste ; elle put aller jusqu'à une véritable résurrection, en Arménie par exemple, voire autorévélation chez certains peuples du Caucase. De la sorte, il était mis fin à un certain nombre de frustrations, explicites ou latentes. En ce sens, aucun régime n'a autant agi en faveur des cultures minoritaires, les utilisant dans l'intérêt de l'État soviétique : par exemple celle des Kalmouks. Cette politique servit aussi — ultérieurement — à dresser les uns contre les autres les peuples du Turkestan : Ouzbeks, Kazaks, Tadjiks, etc.

Il y avait là, en germe, une contradiction entre la vision marxiste du développement des sociétés que la soviétisation incarnait, et une pratique lénino-stalinienne concernant les ethnies et les nations. Elle se révéla un demi-siècle plus tard…

— La constitution de toute une constellation d'entités nationales, fédérales, étatiques, s'emboîtant les unes dans les autres comme des poupées russes (Républiques fédérales, Républiques autonomes, Régions, Territoires), a permis de constituer une intelligentsia non russe et de lui confier sur place des fonctions para-étatiques, au moins au niveau de la représentation, sinon de la réalité des pouvoirs. Mais, avec le temps, ces fonctions se sont multipliées et étendues. Les effets s'en sont fait sentir pendant la perestroïka : à Bakou, en Azerbaïdjan, la police était azéri, et contre les Arméniens ; à Erevan, elle était arménienne, etc.

— L'injection d'un nombre croissant de cadres non russes dans le système constitutionnel fédéral, à l'échelon pansoviétique, fut une politique constante. En témoignent, après Staline et Mikoian, les fonctions de Khrouchtchev, Cheverdnadze, etc. Cette pénétration fut lente mais irréversible et ininterrompue. Toutefois, au sommet de l'État soviétique, on assiste à un retournement de tendance depuis le milieu des années vingt, notamment au Comité central du Parti où les Russes sont, proportionnellement, de plus en plus nombreux.

Le contraste avec le trait qui précède rend compte de quelques-unes des données de la disparition de l'URSS, en 1989. Il n'y a plus guère de non-Slaves au sommet de l'État soviétique, mais plus guère de Russes aux commandes des Républiques du Caucase ou d'Asie centrale.

— La création du statut de la double nationalité, fédérale et nationale, ressentie par la majorité des non-Russes comme une promotion politique, fut au contraire considérée comme une mesure vexatoire par les citoyens dont la nationalité n'avait pas de statut territorial, notamment les Juifs. La liberté donnée à chacun de choisir sa propre nationalité resta fictive : si ces citoyens se voulaient juifs, il y avait un renoncement ; s'ils se voulaient soviétiques, le choix de la nationalité se heurtait à l'hostilité ou à la réaction raciste des fonctionnaires de la nationalité en question, en Ukraine ou en Russie surtout. Cette situation suscita la création de la République du Birobidjan, destinée aux Juifs, en Sibérie orientale, un District, devenu région autonome en 1934, où ne vivent plus que 100 000 Juifs à la veille de la perestroïka.

— La soviétisation, par la loi, des Russes et des non-Russes a abouti à une égalisation des statuts, à une uniformisation des cultures politiques, d'une extrémité de l'URSS à l'autre. Pourtant, avec la réaction stalinienne et les violences qui l'accompagnent, notamment à l'encontre des nations que la Seconde Guerre mondiale mit en relation avec les Allemands (Tatars de Crimée, Ingouches, Allemands de la Volga, etc.), la soviétisation fut ressentie, aussi bien en Ukraine que, après la guerre, dans les pays Baltes et en Moldavie, comme une reprise de la russification dans la mesure où le haut de la hiérarchie ne cessait de se russifier. La multiplication des lois communes à toute l'URSS, sans être nécessairement marquées du sceau de la Russie, fut reçue comme telle, pour autant que l'uniformisation des statuts pût être considérée comme la subversion des traits spécifiques de l'identité nationale. La baisse relative du nombre des mariages mixtes en pays d'Islam, de même que le refus de parler russe dans les pays Baltes constituent des indicatifs de cette résistance qui, en Ukraine, fut plus culturelle, politique et religieuse — comme en Géorgie.

— De son côté, le sentiment national russe a fini par réagir à son tour à la lente colonisation de certaines instances soviétiques (la radio, la télévision, ...) par les nationalités, Géorgiens, Arméniens, Juifs surtout — le sommet de l'État mis à part. Ce réveil du sentiment national grand-russe est ainsi l'envers de la résistance des nationalités : il est en tout cas, durant les années quatre-vingt, une des formes de l'opposition latente au régime.

Rien de commun, par conséquent, entre le statut des personnes et des institutions, dans les anciennes Républiques de l'URSS, et la situation en Algérie. En URSS, chacune des Républiques s'autonomisait de fait. La seule ressemblance, formelle, était qu'alors qu'en Algérie durant les années cinquante, vis-à-vis des Français, les « indigènes » se voulaient tantôt musulmans, tantôt arabes, tantôt algériens, de même, en Asie centrale, ils se veulent tantôt musulmans, tantôt turcs, ou persans, tantôt ouzbeks ou tadjiks.

A moins, comme ces derniers, de revendiquer d'être le véritable foyer de la nation persane... un exemple unique d'expansion par colonies interposées.

- Les colonisés, instruments de l'expansionnisme. L'exemple tadjik

Dans le cadre soviétique, il n'est pas fait de différence entre les annexions que l'Occident définit comme la conquête d'une nation — par exemple, l'expansion russe puis soviétique dans les pays Baltes — et celles que l'Occident considère comme des colonies, l'Asie centrale notamment. Le statut des Républiques soviétiques a procédé de critères différents que l'idéologie « marxiste » a ciselés selon la nécessité du moment. En outre, dans son rapport avec ses voisins non soviétiques, Moscou a mis en place un modèle de relations qui a eu pour fonction de préparer l'insertion de ces nationalités encore non intégrées, ouvrant la voie à un expansionnisme sans limites. L'existence de partis communistes a donné sa consistance à une pratique inédite d'annexions menées par les sociétés elles-mêmes, ces sociétés soumises situées à l'intérieur de l'Empire il s'entend, qui devinrent les agents de cet expansionnisme.

Le processus s'est effectué en plusieurs étapes et de

façon différenciée. Il a atteint son degré ultime dans le cas du Tadjikistan.

Les premières figures de cette politique sont apparues lors de la reconnaissance de l'indépendance de la Finlande, en vertu du droit à l'autodétermination, « appliquée contre notre volonté, expliquait Staline, car elle était accordée non au peuple mais à la bourgeoisie, et de la main d'un gouvernement socialiste » (décembre 1917). Lorsque les bolcheviques finnois constituèrent un contre-gouvernement à Tammersford, Moscou le reconnut aussi. Premier glissement, le droit à l'autodétermination passait de la nation à la classe ouvrière. Il en alla de même en Ukraine, où le régime de Kharkov fut reconnu face à celui de la Rada de Kiev. Un deuxième glissement s'opéra lorsque, à la classe ouvrière, rétive, Moscou substitua « le parti de la classe ouvrière », comme instance de légitimité — ce qui fut le cas à Boukhara.

Autre manière : créer à l'intérieur de l'URSS un mouvement national aux frontières d'un voisin dont on revendique une part des territoires. Cette pratique fut inventée en Carélie (russe) avec vues sur la Carélie (finnoise), puis en Biélorussie (où il existait un mouvement autonomiste avant 1917, mais les socialistes en niaient la légitimité. Après 1920, Staline encouragea les Biélorusses à revendiquer des parties de la Lituanie et de la Pologne).

Ces deux méthodes se rejoignirent plus ou moins en Azerbaïdjan soviétique et iranien, mais plus encore en Tadjikistan, ouvrant des horizons infinis à l'imaginaire expansionniste de Staline.

Correspondant plus ou moins à l'antique Sogdiane, foyer d'une civilisation qui sécréta Avicenne et Firdūsī, le pays tadjik a longtemps été l'enjeu d'une rivalité entre Boukhara et Khokand, persanophone, et sous la domination des Ouzbeks, turcophones. Devenu région autonome au sein de la République soviétique de l'Ouzbékistan, ce pays tadjik reconstruisit son identité, grâce à l'action des instituteurs notamment, et les Tadjiks contestèrent le « découpage à la hache » de l'ancien Turkestan russe, qui aboutissait au rattachement à l'Ouzbékistan de Boukhara et de Samarcande, foyers de la civilisation tadjik. Privés de leurs cités, les Tadjiks eurent d'abord à prouver leur identité, ce qu'ils firent par la modernisation de leur langue, qu'ils revalorisèrent ainsi, en la dissociant de l'ouzbek et en substituant des caractères latins aux caractères arabes. « La latinisation s'inscrivit ainsi dans un projet d'affirmation nationale » (G. Jahangiri). Staline soutint le mouvement pour affaiblir les Ouzbeks, et pour autant que les Tadjiks représentaient les populations rurales les plus pauvres.

Surtout, faire du Tadjikistan une République soviétique à part entière ouvrait de très vastes horizons...

La création de la République du Tadjikistan, la « 7e République », se fit à partir des régions orientales de l'ancien émirat de Boukhara. Simple République autonome en 1925, elle fut élevée au rang de République soviétique quatre ans plus tard, une fois refermées les cicatrices de la lutte contre les Basmachis et oubliée l'aventure d'Enver Pacha, dont l'état-major s'était installé à Duchambé. Cette promotion était une réponse à la chute du roi Amamullah d'Afghanistan, un allié ; et pour que la République dispose d'une assise plus large, Moscou lui octroya la partie orientale du Gorno-Badakhchan – le toit du Pamir – qui, en vérité, était peuplé de Kirghizes et eût dû demeuré attaché à cette autre unité politique. C'est en effet au nom de l'identité persane du Tadjikistan que la création de cet État avait été valorisée, légitimée — en l'opposant à l'appartenance des autres Républiques autonomes au monde turc.

Plus, la conception soviétique de l'histoire des Tadjiks faisait de ce territoire le foyer de la civilisation perse tout entière. Un jeune historien, Bobozdhan G. Gafurov, au demeurant Premier secrétaire du Parti communiste tadjik, rappelait que Spitanem qui, vingt-trois siècles plus tôt, avait chassé Alexandre le Grand de ces régions était un Tadjik, et que les Tadjiks avaient été les premiers à faire face à l'invasion mongole. Patrie du grand poète Firdūsī, le Tadjikistan aiderait les Perses à retrouver leurs vraies identité et culture subverties par le régime réactionnaire qui régnait à Téhéran. Moscou fit d'un révolutionnaire persan contemporain, Abulkasim Lakhuti, le poète national du Tadjikistan, qui, dans ses écrits, prophétisait que l'Iran bientôt ne serait plus souillé, deviendrait libre, « une terre soviétique ».

Cette « souillure » était, bien entendu, la concession pétrolière de l'Anglo-Iranian Cy.

Terre d'ancrage de la Perse régénérée, le Tadjikistan devait servir aussi de base de départ à une reprise de l'influence russe en Afghanistan. Vieille histoire, dont l'ultime retombée se produisit en 1979, car cette idée de greffer l'Afghanistan était demeurée vivante, du fait même de l'ingérence de ce pays dans la guerre civile soviétique, puisqu'il servait de base aux Basmachis et que leurs chefs s'y réfugièrent. Dans l'Encyclopédie soviétique, il était écrit que les peuples de ce pays sont des Tadjiks, des Ouzbeks, des Turkmènes, tous et chacun constituant des vraies nations en URSS. Le nombre des Tadjiks était évalué à deux ou trois millions, composant 24 % de la province d'Herat, 48 % de celle de Kaboul, etc. Les ethno-historiens soviétiques rappelaient qu'au XVIIIe siècle les tribus afghanes d'Akhmed Khan détachèrent le sud du khanat de Boukhara, les Tadjiks y perdant la région de Bakh, ce qui avait démantelé cet État — qui au vrai était multinational. Bref, ces rappels historiques devaient aider à une éventuelle récupération d'une partie de l'Afghanistan — et au moins à prévenir toute nouvelle intervention de Kaboul dans les affaires de l'ancien Turkestan.

En créant la République autonome du Tadjikistan, en 1925, Staline avait envoyé ce message à ses dirigeants : « Salut au Tadjikistan, à la nouvelle République des travailleurs aux portes de l'Hindoustan... qu'elle serve de modèle et d'exemple aux peuples de l'Orient. » Cette orientation perdit de son sens et de sa portée lorsque l'Inde devint indépendante, en 1947 ; ce qui, à l'heure de gloire de l'URSS triomphante, n'empêche pas le Prix Staline de 1948, Tursun Zade, d'inviter les Indiens à se joindre au Tadjikistan... dont la capitale Duchambé-Stalinabad était passée de 5 000 à 82 000 habitants en moins de vingt ans.

Ces projets expansionnistes grandioses — vers l'Iran, l'Afghanistan, l'Inde même — se heurtèrent à la réalité de la situation en Tadjikistan, aux mentalités des populations ; les dirigeants locaux, mal initiés à la vision stratégique du

Chef suprême, bandèrent leurs énergies, certes, mais pour atteindre des objectifs plus familiers, plus accessibles et plus populaires : chasser les Russes, constituer un grand Tadjikistan, *mais* aux dépens de l'Ouzbékistan voisin. Ce qui n'avait pas abouti en 1931-1933 commencerait-il à se réaliser en 1994 ?

CHAPITRE V

Légende rose et légende noire

Dans les métropoles, la légende rose a pris de multiples formes, quels qu'aient pu être ses différents foyers : le « parti » colonial, l'imaginaire des écrivains et des artistes. La légende noire a existé également, et, dès les origines, émanant elle aussi de plusieurs foyers et s'exprimant sous diverses formes ; et, au XXe siècle, l'une et l'autre utilisèrent surtout le cinéma.

Volontiers présentée en Occident comme un fait essentiellement économique, la colonisation fut aussi bien une entreprise de prosélytisme, qui se vit comme une vocation à christianiser et à civiliser des peuples jugés ou définis comme inférieurs. Dès ses tout débuts, il en est qui mirent en cause cette représentation. Sans doute les colonisés furent-ils sensibles aux différents aspects du phénomène, mais ce fut bien la dimension raciste qui suscita chez eux les mouvements de colère et de résistance les plus durables parce qu'ils concernaient leur identité propre. Les colonisateurs en eurent-ils conscience ? Ceux qui mirent en cause le principe de la colonisation, sans doute ; mais au point de ne pas percevoir qu'il existait du racisme chez les colonisés aussi, au moins chez certains, et avant que l'Europe ne mît la main sur eux.

Quant aux chantres de l'épopée coloniale, ils se situaient dans une perspective différente : toute une propagande s'était mise en place, véhiculée par les journaux, les illustrés, les cartes postales, les livres scolaires et les expositions coloniales, notamment celle de 1931 à Paris. Ce dispositif était plus ou moins orchestré par ce qu'on a appelé le « parti colonial », avec ses *lobbies*. Bien avant qu'une politique impérialiste ne fût mise sur pied, des hommes comme Thomas Carlyle en Grande-Bretagne, Chomyakov et Tiouttchev en Russie, clamaient la supériorité de l'Anglais, du Slave, et ces mouvements étaient à l'origine de *ligues,* bientôt en place dans chaque pays : le cercle de la *Round Table* en Grande-Bretagne, de la *Deutscher National Verein* en Allemagne, la *Società nazionale* en Italie, etc. En France, des hommes comme Étienne avant 1914, et Paul Doumer, après la Première Guerre mondiale surtout, furent les maîtres animateurs de ce parti colonial.

Or, à cette influence venue d'en haut, s'en ajouta une seconde qui toucha en profondeur la société occidentale, mais *de profil.* Cette légende-là naquit spontanément, et elle rencontra aussitôt l'adhésion du public.

Elle n'avait pas d'objectifs économiques ou politiques, ne visait pas non plus à glorifier la grandeur de l'Empire — ses agents cherchaient seulement à solliciter l'imaginaire, à faire rêver...

De la littérature de voyage à Jules Verne

Telle fut, d'abord, la fonction de cette littérature de voyages, dont *Robinson Crusoé* fut le prototype, comme l'a vu Octave Mannoni, dans *Psychologie de la colonisation, Prospero et Caliban.* Après lui, l'Europe entra en contact avec les indigènes dans ce florilège de littérature exotique dont les premiers héros se situent en Amérique, avec Chamfort — *La Jeune Indienne* (1748), Colman, *Inkle and Yarico* (1787), bien avant Chateaubriand, Fenimore Cooper ou Bernardin de Saint-Pierre. Une première structure romanesque naît avec ses personnages emblématiques, une histoire d'amour entre un Européen et une jeune indigène qui représente la pureté alors qu'en métropole tout est pourri. Avec Pierre Loti, Joseph Conrad, les sociétés qu'on rencontre — Tahiti, la Turquie — sont toujours plus justes que la nôtre —, ce qui stimule l'attirance pour le départ. Une deuxième catégorie d'œuvres intervient dans le même sens, le roman d'aventures : il transforme les difficultés rencontrées en Europe en une série d'actions héroïques qui transfigurent celui qui s'identifie à l'aventurier. Indépendamment de ceux qui, par ce détour, chantent la grandeur de l'Empire, tel Rudyard Kipling, d'autres construisent la figure de ces nouvelles « élites » de la civilisation technique et industrielle. Jules Verne invente ces nouveaux aventuriers dont la geste se situe volontiers aux colonies...

A la frontière du racisme, son œuvre incarne cette position ambiguë, encore dans la tradition du *Supplément au voyage de Bougainville,* tout imprégnée des vues idéalistes du XVIIIe siècle sur la supériorité de l'état de nature, mais qui exige un passage au monde vraiment civilisé — celui du progrès, de la technique, de l'hygiène —, la justification la plus constante des entreprises coloniales, et de tous leurs excès.

Thalcave, le guide araucan des *Enfants du capitaine Grant* (1868), est le prototype du Bon Sauvage, « grave et immobile, tout de grâce naturelle, avec sa fière désinvolture, sa discrétion, son dévouement, son intimité innée avec le monde de la nature ». Les autres types se situent souvent dans les confins des Amériques ou de la Sibérie, dans les déserts — bref, là où ils n'ont pas constitué de véritables États... A l'inverse, les « Mauvais Sauvages », ces « fauves à face humaine », se trouvent souvent en Afrique noire et au pays des « Tartars », et sont, au reste, des dirigeants plus que des sujets : de façon imperceptible, il s'agirait plutôt de ceux qui s'opposent aux entreprises de la France et de son alliée, la Russie ; alors que le capitaine Nemo, incarnation de la révolte contre les maîtres du monde, se veut Indien des Indes, par conséquent antianglais, comme le sont les héros de *La Maison à vapeur* (1880), ou encore les Maoris de la Nouvelle-Zélande, ces « hommes fiers qui résistent pied à pied aux envahisseurs ».

La critique du système anglais de colonisation se situe ainsi au centre de l'œuvre de Jules Verne, tel ce passage où il évoque leur comportement en Australie : « Où le major soutient que ce sont des singes ». Les colons considéraient les Noirs comme des animaux sauvages. Ils les chassaient et les tuaient à coups de fusil. On invoquait l'autorité des jurisconsultes pour prouver que l'Australien était hors de la loi naturelle. Les journaux de Sydney proposaient même un moyen efficace de s'en débarrasser : les empoisonner en masse. « [...] Les meurtres s'organisèrent sur une vaste échelle, et des tribus entières disparurent. » Jules Verne ajoute : « Si l'anéantissement d'une race est le dernier mot du progrès colonial, les Anglais peuvent se vanter d'avoir mené leur œuvre à bon terme », dans *Mrs. Branican,* à propos de la Tasmanie et de l'Australie (1891).

De fait, Jules Verne n'applique ses principes quarante-huitards qu'aux victimes de la colonisation britannique.

Pourtant, chez lui, l'idée de progrès — du progrès de la civilisation lié à celui de la technique — l'emporte sur toute autre considération. Le droit des peuples n'existe vraiment que pour autant que ceux-ci participent à cette civilisation : les Hongrois, les Polonais ont ainsi, dans *Mathias Sandorf* (1885), sa sympathie tout entière. Mais pas ceux qui refusent le progrès : « Le droit tombe devant la force, certes, mais la civilisation ne recule jamais et il semble qu'elle emprunte tous les droits à la nécessité. » « C'est la loi du progrès — les Indiens disparaîtront. Devant la race anglo-saxonne, Australiens et Tasmaniens se sont évanouis. Un jour peut-être, les Arabes seront anéantis devant la colonisation française » (*La Jangada,* cité in Jean Chesneaux, *Une lecture politique de Jules Verne*).

Au vrai, il est des sentiments que Jules Verne attribue aux Anglais mais qu'en France on partage — et notamment que certains Noirs sont des bêtes : « De spectacle nouveau, il n'y en a point cette semaine », écrit le critique Jules Lemaitre, le 19 septembre 1887. « Je ne vois guère que les Achantis, au Jardin d'acclimatation. Il est charmant, ce jardin [...], les petits enfants ont la joie d'y retrouver les bêtes mystérieuses dont il est question dans les histoires de voyages — ils peuvent se faire voiturer par l'autruche, se jucher sur le chameau. Et, pour que rien ne manque à la fête, on leur montre des sauvages. Ces exhibitions ne donnent pas une fière idée de l'humanité [...]. Mais vous me demanderez sans doute qu'est-ce que ces gens-là sont venus faire au monde ? — Eh bien, disons-le, les Achantis de la Côte de l'Or et autres sauvages existent pour nous servir un jour. »

La relève du cinéma : « La Charge de la Brigade légère »

Le cinéma avait pris la relève du roman ou des journalistes pour enraciner cette attitude « colonialiste ». Quelques-uns de ses maîtres, qui y ont contribué, ont bien voulu l'oublier : Jean Renoir, par exemple, qui, juste après avoir réalisé ses films « de gauche », *La vie est à nous* et *La Marseillaise,* et évoquant ses « souvenirs » dans *Le Point* de 1938, omet seulement de citer *Le Bled* (1929). On imagine les raisons : commandité par le Gouvernement général pour commémorer le centenaire de la prise d'Alger, ce film s'ouvre par une glorification de la conquête, et est jugé « une œuvre d'utile propagande coloniale » (*Afrique française,* mai 1929). Au vrai, ce qui frappe dans ce tableau de l'Algérie française, c'est qu'on n'y voit guère d'Arabes... Ils n'existent pas davantage dans *Le Grand Jeu,* de Jacques Feyder, réalisé en 1934. Ce trait demeure dans toute une série de films de ces années de la gloire impériale... Certes, la Casbah est présente, et bien présente, dans *Pépé le Moko,* mais elle constitue un cadre étouffant à l'action plus qu'elle ne représente un refuge contre la colonisation. Ailleurs le Maghreb sert de cadre, certes, mais, comme la Rome antique dans Shakespeare, ce cadre n'est guère historique, même si le film est tourné en extérieur, tel *La Bandera.*

Comme l'Autre, l' « indigène » n'existe pas : au reste, son rôle est joué par un Européen * ; s'il veut néanmoins manifester, il ne le saurait qu'en s'occidentalisant : Pierre

* Annabella dans *La Bandera,* Dalio dans *L'Esclave blanche,* Le Vigan dans *L'Occident,* etc.

Le trait se retrouve ailleurs ; dans *Visages d'Orient* (*The Good Earth,* 1937), les Américains font jouer le rôle de deux protagonistes chinois par Paul Muni et Luise Rainer.

Sorlin a bien montré que, dans *Pépé le Moko,* on identifie l'Arabe à un Juif, avec ce que recèle tout l'antisémitisme ambiant des années trente : comportement cauteleux, regard fuyant, etc. S'il va plus outre, et si la Mauresque s'amourache d'un colon, alors le drame éclate. Dans *Bourrasque,* de Pierre Billon (1935), pour la première fois une indigène devient l'héroïne d'une histoire, l'action se passant en Algérie. Sujet tabou, on n'y reviendra plus.

Que le cadre soit le sable chaud, la Casbah ou les tripots, les héros sont souvent des militaires, du *Roman d'un spahi* à *La Bandera :* dans ce film de Julien Duvivier, l'Arabe est bien présent, peu visible toutefois, mais pour y devenir le « salopard » qui perturbe l'ordre instauré par la colonisation. L'action se passe dans le Maroc espagnol, elle est toute à la gloire de la Légion étrangère : les engagés se purifient de leur passé criminel en assurant la survie de cette pacification — et en mourant pour elle...

Quant à la fonction de ces troupes, le commentaire d'un sujet d'actualité Pathé sur le Maroc, daté de 1934, la donne en clair par une sorte de ces « lapsus » dont le cinéma est familier ; voici la retranscription de la bande-son, les images montrant un convoi de camions dans la montagne marocaine :

« Parallèlement à ces mouvements de troupes se produit un incessant mouvement de transports civils, et l'on peut prononcer maintenant le mot de conquête, car il s'agit d'une conquête pacifique. Remarquons auprès de l'appareil guerrier cette rangée de camions ; ce sont des camions civils ; ils sont déjà là ; ils suivent l'armée, ils assurent son ravitaillement et celui de ksours pacifiés. Ils sont arrivés par la route, par la piste et quelquefois sans route ni piste, “ dans la nature ” comme ils disent. Les chauffeurs civils de ces camions, véritables chevaliers de l'aventure marocaine, ont eu beaucoup de camarades tués à leur volant ; aussi désormais sont-ils accompagnés par un gardien vigilant et rapide, l'automobile blindée. *Notez que ces automobiles blindées ne sont pas militaires* [c'est nous qui soulignons]. Elles appartiennent à des industriels soucieux de protéger leur personnel contre insoumis, dissidents et pirates. Les conducteurs sont civils, mais l'armée, séduite par ces méthodes, leur fournit un équipage sous la conduite d'un sous-officier. Ces blindés ont créé un état d'esprit si salutaire chez les brigands que, depuis qu'elles ont été mises en service, aucune voiture n'a manqué à sa mission : ravitailler les ksours et même les plus difficiles d'accès. »

Convoi de camions dans ce documentaire Pathé, convoi de chevaux dans *La Charge de la Brigade légère :* l'action se passe un siècle plus tôt, ou presque, aux confins de l'Inde, mais qu'importe... La différence toutefois, entre ces films à la gloire de l'Empire britannique et les autres, c'est que, sauf dans *Les Quatre Plumes blanches* qui se passe au Soudan, ils ne mettent pas en scène des réprouvés qui cherchent leur rachat à la colonie, mais au contraire la fine fleur de la jeunesse émoulue d'Oxford ou de Cambridge, et qu'aux tripots et autres bordels, lieux favoris de Duvivier et de Feyder, se substituent les bals du gouverneur, les clubs, les chasses filmés par Henry Hathaway ou Michael Curtiz (1936). Certes, ces derniers films sont américains, mais ils sont animés par la même éthique, et surtout ils recèlent les mêmes stéréotypes qu'a bien analysés Jeffrey Richards dans *Visions of Yesterday.* L'exercice du pouvoir repose sur le consentement des sujets qui adhèrent au code des Britanniques, alors que les despotes indigènes, assoiffés de pouvoir, oppriment ceux qui sont sous leur contrôle. L'écart entre les deux systèmes — indien, britannique — s'exprime par une exagération des traits définis comme purement anglais — humour, sang-froid, goût du sport — et des traits attribués à l'Inde. Les indigènes relèvent de plusieurs archétypes : le fidèle, qui est le plus prisé, volontiers un enfant, par exemple dans *Gunga Din,* où il grimpe sur une tour et souffle du clairon pour sauver Cutter, prisonnier des Thugs (Cary Grant), puis meurt, mais dont le souvenir reste vivant. L'adversaire valeureux est un autre personnage qui anime la vision britannique de l'Empire : dans *Khartoum* (1966), le Mahdi qui lutte contre les Anglais est même si sympathique — il est vrai qu'il est incarné par James Mason — que les Anglais ont beau mourir c'est lui qui emporte l'adhésion. Un autre type témoigne du caractère raciste de ces films : il s'agit de l'indigène qui voudrait s'occidentaliser et ainsi être reconnu par les Anglais. Mais il ne saurait y parvenir, ainsi Surat Khan, dans *La Charge de la Brigade légère :* il a étudié à Oxford et est un fin joueur de cricket, mais il est au fond de lui-même un pervers, et nécessairement il trahit, ou bien est un parjure. L'indigène éduqué est presque toujours un méchant *.

Cela trahit la peur des Anglais que les colonisés ne s'éduquent et qu'ainsi leur domination ne perde sa légitimité. On retrouve là une transcription du vieux fantasme des classes dirigeantes de la métropole, hostiles à l'enseignement public et gratuit, si ce n'est que, à la colonie, la classe montante est aussi une race, définie comme inférieure et perçue comme telle.

Bartolomé de Las Casas et la défense des colonisés

Chantre de la défense des Indiens, Bartolomé de Las Casas est la grande voix qui s'est élevée contre la violence coloniale. Certes, elle avait été précédée par les appels de Francisco de Vitoria qui, dès 1534, mit en cause la guerre menée contre les Incas, mais c'est le principe de la donation du pape qu'il contestait alors, celui-ci n'étant pas le maître temporel du monde. A la différence, l'appel de Las Casas était essentiellement humanitaire. Quand il rédige le procès de la conquête, cette *Brevisima relacion de la destruccion de las Indias* (1552), il explique l'avoir écrit par compassion pour *sa* patrie, la Castille, craignant que Dieu ne la détruise à cause de ses grands péchés. « Le cri du sang humain répandu monte maintenant jusqu'au ciel. » Témoin oculaire des crimes commis aux îles Lucayes (ou Bahamas), puis à Hispaniola, il cite ses sources quand il est nécessaire et se fait fournir les enquêtes (*probanzas*) par des religieux qui partagent ses idées. Certes, juge-t-il,

* On retrouve ici l'alternative antisémite des nazis : ou bien le Juif Süss demeure juif, et il est méprisable ; ou bien il se modernise et, alors, il faut se méfier de lui...

l'Évangile doit être porté aux Indes, mais toute action guerrière, toute violence parmi des gens qui sont libres de par le droit naturel, compromet et entache la mission colonisatrice à laquelle il adhère. Sur le terrain, il a su négocier l'entrée pacifique de ses frères dominicains sur le Teziutlan, cette terre de guerre qui devient terre de paix, la Vera Paz.

La défense des Indiens consiste à montrer qu'ils sont des êtres humains, identiques à ceux qui les colonisent ; ce qui pourrait légitimer la violence des Castillans, la barbarie, ne se manifeste, selon Las Casas, qu'exceptionnellement, et nul ne saurait leur donner d'autre leçon que de les convertir au christianisme, mais par leur adhésion propre, en leur annonçant l'Évangile. Las Casas rend compte du premier point dans le *Tratado Comprobatorio* (milieu du XVIe siècle), qui était destiné à Charles V, pour conforter ses droits sur le Nouveau Monde. « A ceux qui prétendent que les Indiens sont des barbares, nous répondrons que ces gens ont des villages, des bourgs, des cités, des rois, des seigneurs et un ordre politique qui, en certains royaumes, est meilleur que le nôtre. De même, nous pouvons leur prouver que si, dans telle partie des Indes, on a mangé de la chair humaine et sacrifié des innocents [...], il y a pourtant des milliers de lieues de territoires où chacune de ces actions n'a été commise : ni dans la grande île espagnole, ni à Cuba, la Jamaïque, en Yucatan, Floride, Pérou ainsi qu'en beaucoup d'autres endroits. »

Quant à la qualité de leurs coutumes, elle est affirmée dans son *Apologetica Historia,* écrite en castillan pour assurer une diffusion plus large à ses thèses, pour populariser son combat. Décrivant l'Empire inca et l'Empire aztèque, cet immense corpus de 263 chapitres s'achève précisément par cette conviction que les sociétés humaines peuvent évoluer, un acte de foi qui n'était guère partagé à cette époque.

« Ces peuples égalaient et même surpassaient beaucoup de nations du monde réputées pour policées et raisonnables et n'étaient inférieures à aucune. Ainsi, ils égalaient les Grecs et les Romains et même, en certaines de leurs coutumes, ils les dépassaient... Ils dépassaient aussi l'Angleterre, la France et certaines de nos régions d'Espagne [...]. Il est donc acquis que la plupart d'entre eux sont, dans l'ensemble, très bien disposés pour recevoir non seulement la doctrine morale mais aussi notre religion chrétienne, même si certains, en quelque région, n'ont pas encore atteint la perfection politique d'une république bien gouvernée et ont encore certaines coutumes corrompues. Il n'y a aucune raison de nous étonner des défauts, des coutumes barbares et déréglées que nous pouvons rencontrer chez les nations indiennes, ni de les en mépriser... [...] Aucune nation, si embourbée qu'elle soit dans les vices, n'est exclue de la participation à l'Évangile [...]. La plupart des nations du monde, sinon toutes, furent bien plus perverties, irrationnelles et dépravées... [...]. Nous-mêmes, nous fûmes bien pires du temps de nos ancêtres païens, sur toute l'étendue de notre Espagne, par la barbarie de notre mode de vie et la dépravation de nos coutumes. »

La force de Las Casas c'était qu'il fut un propagandiste infatigable de son idée humanitaire, ce qui dressa contre lui la puissance des chantres et bénéficiaires de la conquête, ces capitaines et soldats, *encomenderos* aussi, enrichis par le butin et qu'il heurta d'abord de front, lorsqu'il fut nommé évêque de Chiapa, au Mexique, avant d'en affronter la menaçante coalition, qui sut trouver en Espagne même un avocat talentueux, le docteur de Sepulveda, de l'université de Salamanque.

La « Grande Polémique » entre Las Casas et Sepulveda fut l'objet d'une controverse ouverte, en août 1550, dans la chapelle du couvent de San Gregorio, en présence de quatorze participants. Le docteur de Sepulveda répondit aux arguments de Las Casas en faisant valoir « que la guerre aux Indiens était non seulement licite mais recommandable car elle était légitime au regard de quatre arguments : 1. La gravité des délits des Indiens, en particulier leur idolâtrie et leurs péchés contre nature. 2. La grossièreté de leur intelligence qui en fait une nation servile, barbare, destinée à être placée sous l'obédience d'hommes plus avancés comme le sont les Espagnols. 3. Les besoins de la foi, car leur sujétion rendra plus facile et rapide la prédication qui leur sera faite. 4. Les maux qu'ils s'infligent les uns aux autres, tuant des hommes innocents pour les offrir en sacrifice ».

La controverse tourna à l'avantage de Las Casas, car le Docteur ne reçut pas le droit d'imprimatur. Il est vrai que son argumentation allait contre les intérêts du monarque qui souhaitait dessaisir les conquérants de la capacité de traiter les Indiens à leur guise — pour pouvoir se les soumettre directement, au nom de l'Église, autant qu'il se pourrait. Désormais les rois d'Espagne ne veulent plus qu'on appelle les découvertes « conquêtes ». A la tête du Conseil des Indes, ils placent des hommes qui doivent conduire les populations « pacifiquement et charitablement ». On doit, certes, « pacifier et endoctriner les Indiens, mais leur nuire aucunement ». L'ambition et l'intention du monarque sont bien de soumettre les terres et les hommes à la Couronne, mais autrement.

La controverse avait laissé apparaître deux conceptions de la colonisation. Celle de Sepulveda insiste sur les différences entre Indiens et Espagnols, — ce qui justifie la domination de ceux qui sont supérieurs. Il défend ainsi, après Aristote, les principes d'une société hiérarchique — en vertu de la reconnaissance des différences toujours identifiées à des infériorités. Celle de Las Casas, égalitariste, insiste sur la ressemblance des Indiens avec les chrétiens, et attribue déjà les vertus des fidèles aux infidèles, puisque tout le monde peut devenir chrétien : il ne faut donc pas perdre cette occasion d'élargir le royaume du Christ : les vrais déchets de l'humanité, pour Las Casas, ce sont ceux qui ne peuvent pas devenir chrétiens, autrement dit « les Turcs et les Maures, les musulmans ».

Les appels de l'abbé Las Casas n'eurent guère d'effet sur le comportement des conquérants espagnols — pas plus, au reste, que ceux du poète Camoens (1524-1580) sur ses compatriotes portugais :

« Gloire de commander ! Vain désir de cet orgueil que nous appelons Renommée... Goût frauduleux qu'attise un vent populaire nommé l'Honneur... [...] Puisque tu mets toute ton affection dans cet orgueil attrayant, puisque, de la cruauté brutale et de la férocité tu as fait le courage et la bravoure ; puisque tu prises — autant que le mépris de la vie, qui devrait toujours être méprisée, lorsque Celui même qui nous la donne redoutait tant de la perdre ;

» — n'as-tu pas, près de toi, l'Ismaëlite, avec lequel tu auras toujours plus de guerres qu'il ne t'en faut ? Ne suit-il pas la maudite loi d'Arabie, si tu ne combats que pour la foi chrétienne ? Ne possède-t-il pas mille cités et une terre infinie si tu désires plus de terres et de richesses ? N'est-il pas exercé dans les sciences des armes, si tu veux qu'on te loue pour tes victoires ? Tu laisses l'ennemi croître à tes portes, pour aller en chercher un autre si loin et dépeupler ton antique royaume, que ces exils volontaires affaibliront… Tu cherches le péril incertain pour que la renommée t'élève et te flatte… » *(Les Lusiades).*

Contre la traite des Noirs : les raisons et les sentiments

Est-ce le mirage des sources, de leur production et reproduction ? On constate qu'un espace de près de deux siècles sépare les premiers appels à la défense des colonisés et la seconde vague de ce mouvement humanitaire… A-t-elle été régénérée par la littérature de voyages, si vivace vers 1700 et après : on pense à Bougainville, au père Lafitan, à Raleigh…

Le premier mouvement, celui du XVIe siècle, avait émané des hommes d'Église, et on a pu se demander s'il visait à la défense des Indiens ou à la mise en cause des Princes qui se les soumettaient ; à moins qu'il ne se fût agi d'assurer l'élargissement de la Chrétienté ; car l'Église ne manifestait pas la même sollicitude quand les soldats de Charles V ou de Philippe II massacraient les Infidèles…

Or, deux siècles plus tard, les luttes du Sacerdoce et de l'Empire sont achevées, bien achevées, l'Église est désormais impuissante face aux entreprises des grands États, et son cri humanitaire perd de sa force, une de ses raisons d'être aussi. L'Église met ses principes en pratique dans son pré carré, ses Réserves destinées aux missions, celles de Floride et du Paraguay notamment.

Au XVIIIe siècle, on retrouve la même ambiguïté dans les appels humanitaires en faveur des Indiens et des Noirs. Comme en témoigne ce roman à succès, *Oroonoko* de Mrs. Afbra Behn, qui présente de façon sympathique un Noir révolté du Surinam (1688). Mais l'action contre l'esclavage vient de ce que ce sont ceux-ci désormais qui suscitent les mouvements de pitié — surtout des gens d'Église, de ces sectes méthodistes et quakers en particulier qui, bientôt en Angleterre, finirent par obtenir la condamnation de la traite et l'abolition de l'esclavage. L'ambiguïté tient à ce que lorsque la condamnation émane des philosophes du continent — on dirait aujourd'hui des intellectuels — elle vise les gouvernements « despotiques » qui couvrent cette politique coloniale plus que ceux qui en sont les directs bénéficiaires, colons ou négociants. La contradiction apparaît pendant la Révolution française.

De ce point de vue, et bien qu'elles soient le fait de Louis XV, les Instructions au sieur de Clugny, Intendant aux Iles-sous-le-Vent, en 1760, rendent compte de cette ambiguïté : « Veillez à ce que les maîtres traitent les esclaves avec humanité... c'est le plus sûr moyen d'empêcher le marronage [la fuite des esclaves] qui est non seulement ruineux pour les habitants, mais dangereux pour la colonie. » Au comte d'Ennery, gouverneur de la Martinique, on envoie comme Instructions que « Sa Majesté, informée que la plupart des habitants des isles manquent au devoir si essentiel de nourrir leurs nègres, recommande [...] la plus grande attention sur ces abus si contraires à l'humanité et aux intérêts mêmes des habitants » (Michèle Duchet, *Anthropologie et Histoire au siècle des Lumières*).

L'*Histoire philosophique et politique des établissements et du commerce des Européens dans les deux Indes* (1770) de l'abbé Raynal peut être considérée — avec les *Mémoires* de Las Casas (1542) et les différents écrits de Frantz Fanon (1960) — comme un des principaux manifestes de l'anticolonialisme. Cet ouvrage connut un succès considérable, et la plupart de ses successeurs y puisèrent exemples et arguments — comme lui-même avait procédé en utilisant aussi bien les écrits de Las Casas et d'autres hommes d'Église que les rapports de ses contemporains sur la situation dans les îles, essentiellement du baron Bessner, de Pierre-Victor Malouet, de quelques autres. La tonalité dénote le polémiste ; il fustige les colons, la politique des Princes.

« Passé l'Équateur, l'homme n'est plus ni anglais, ni hollandais, ni français, ni espagnol, ni portugais. Il ne conserve de sa patrie que les principes et les préjugés qui autorisent ou excusent sa conduite. Rampant quand il est faible, violent quand il est fort, pressé d'acquérir, pressé de jouir et capable de tous les forfaits qui le conduiront plus rapidement à ses fins. C'est un tigre domestique dans la forêt. La soif du sang le reprend. Tels se sont montrés tous les Européens, tous indistinctement, dans les contrées du Nouveau Monde, où ils ont porté une fureur commune, la soif de l'or » (Livre IX, chap. 1, Éd. Esquer, p. 57).

Quatre livres plus loin, le même abbé Raynal montre en quel mépris, pourtant, le monarque tient ces hommes : « Que la fureur d'un ouragan ait enseveli des milliers de ces colons sous la ruine de leurs habitations, et nous nous en occupons moins que d'un duel commis à notre porte [...]. Que les horreurs de la disette réduisent les habitants de Saint-Domingue ou de la Martinique à s'entre-dévorer, nous y prenons moins de part qu'au fléau d'une grêle qui avait haché les moissons de quelques-uns de nos villages... Il est assez naturel que cette indifférence soit un effet de l'éloignement [...]. C'est que les Souverains ne comptent guère les colons au nombre de leurs sujets... Le dirai-je ? Oui je le dirai, puisque je le pense ; c'est qu'une invasion de la mer qui engloutirait cette portion de leur domaine les affecterait moins que la perte qu'ils en feraient par l'invasion d'une puissance rivale. Il leur importe peu que ces hommes meurent ou vivent pourvu qu'ils n'appartiennent pas à un autre... » (Livre XIII, chap. 12).

Avant Raynal, Fénelon avait été un des premiers à dénoncer l'esprit de conquête, où qu'il se porte, mais sa condamnation demeurait morale. De sorte que Voltaire innova en abordant le problème des colonies avec pragmatisme, évaluant le pour et le contre du point de vue de l'intérêt de l'État : l'Espagne y a acquis des richesses immenses, note-t-il, mais s'y est dépeuplée. « Il reste à savoir si la cochenille et le quinquina sont d'un assez grand prix pour compenser la perte de tant d'hommes. » Cet argumentaire allait se développer pendant des siècles, jusqu'à Gladstone en Angleterre, puis Raymond Cartier en France, qui l'illustrèrent chacun avec leurs calculs particuliers.

Au XVIIIe siècle, les arguments anticolonialistes s'opposent à ceux des libéraux et mercantilistes qui vantent les avantages et les profits du commerce colonial et de la colonisation. Aussi leur oppose-t-on des dangers d'une autre nature — et d'abord celui du dépeuplement des métropoles, que condamnent Boulainvilliers, Mirabeau et Montesquieu : il faut que les hommes restent où ils sont, car autrement ils tombent malades et meurent, et la nation y perd de sa force.

Mais l'intérêt économique des colonies est lui-même mis en doute : le père de l'argumentaire est ici William Petty qui, dans *L'Arithmétique politique* (1690), fait le premier le compte et le décompte des dépenses et recettes à mettre au crédit et au débit des colonies anglaises, un bilan que François Quesnay établit pour la France, en posant clairement une question qui devient lancinante aux siècles suivants — les colonies sont-elles rentables ?

Quant à la condamnation de la traite, elle aboutit à sa limitation, puis à son interdiction — mais celle-ci se perpétua néanmoins…

Comme il arrive souvent, c'est Montesquieu qui formule le diagnostic le plus net et le plus explicite : « Les peuples d'Europe ayant exterminé ceux d'Amérique, ils ont dû mettre en esclavage ceux de l'Afrique, pour s'en servir à défricher tant de terres » (*De l'esprit des Lois,* Livre XV, chap. 5). Cela n'implique pas la moindre commisération à l'endroit des Noirs : « Il est impossible que nous supposions que ces gens-là soient des hommes ; parce que si nous les supposions des hommes, on commencerait à croire que nous ne sommes pas nous-mêmes chrétiens » (*ibid.*). Voltaire fait une description à la fois réaliste et morale de la cruauté de leur destin : « Nous allons acheter ces nègres à la Côte de Guinée [...]. Il y a trente ans qu'on avait un beau nègre pour cinquante livres ; c'est à peu près cinq fois moins qu'un bœuf gras. Cette marchandise humaine coûte aujourd'hui, en 1772, environ quinze cents livres. Nous leur disons qu'ils sont hommes, comme nous, qu'ils sont rachetés du sang d'un Dieu mort pour eux, et ensuite on les fait travailler comme des bêtes de somme ; on les nourrit plus mal ; s'ils veulent s'enfuir, on leur coupe une jambe et on leur fait tourner à bras l'arbre des moulins à sucre, lorsqu'on leur a donné une jambe de bois. Après cela nous osons parler du droit des gens ! »

L'ambiguïté des positions tient à ce que dans les conceptions de l'époque, les Noirs doivent d'abord devenir des hommes avant qu'on ne leur parle de leur liberté. Tel est bien le projet de la *Société des Amis des Noirs,* qu'anime Jean-Pierre Brissot, qui souhaite certes « qu'on mette fin au commerce infâme » [de la traite] mais qu'en attendant, on leur destine un traitement plus doux. « Les ennemis des Noirs se plaisent à répandre sur cette *Société* des bruits extrêmement faux, et qu'il importe de dissiper. Ils insinuent que l'objet de la *Société* est de détruire tout d'un coup l'esclavage, ce qui ruinerait les colonies [...]. Elle ne demande que l'abolition de la traite parce qu'il en résulterait que les planteurs [...] traiteraient ainsi mieux les leurs. Non seulement la *Société des Amis des Noirs* ne sollicite point en ce moment l'abolition de l'esclavage, mais elle serait affligée qu'elle fût proposée. Les Noirs ne sont pas encore mûrs pour la liberté ; il faut les y préparer... »

L'intérêt de la démarche de Brissot est qu'il fut le premier à avoir voulu internationaliser la campagne humanitariste. Le partenaire de la *Société* (où figurent Condorcet, l'abbé Sieyès, etc.) est nécessairement le *Comité pour l'abolition de la traite,* fondé à Londres par Thomas Clarkson et Grenville Sharp, car il dispose d'une tribune sans égale, dès que William Wilberforce, son représentant, est élu à la Chambre des communes. Ce Comité n'était pas fréquenté par un groupe de philosophes, comme celui de Brissot, mais il avait un enracinement populaire : il était en effet l'émanation de l'Église méthodiste, qui fit de l'abolitionnisme une cause humanitaire, une raison de vivre pour ses adeptes. Sa première victoire fut un procès gagné en 1772 à Londres, où, se référant au droit naturel et à l'absence en Angleterre de toute loi ou coutume admettant l'esclavage, un juge libéra un esclave noir qui s'était enfui et qui avait été repris par son maître sur le sol anglais.

Première étape : si, à partir de ce jour, l'esclavage et la traite continuèrent à exister dans les territoires anglais d'outre-mer, il disparut de la métropole où Noirs et Blancs jouirent des mêmes droits : ainsi furent affranchis les 15 000 esclaves noirs alors en Grande-Bretagne. La deuxième étape se place en 1787, lorsque Grenville Sharp, qui fonda un *Comité de secours du Noir pauvre,* installa 411 colons « noirs » sur la côte de la Sierra Leone pour y créer une société chrétienne semblable à la société anglaise. Au vrai, ayant pris la leçon de leurs expériences passées, ces Noirs, loin de cultiver la terre et de manifester des vertus chrétiennes, se livrèrent eux-mêmes à la traite des esclaves, plus rentable, mais en chantant, à leur gloire, des cantiques. Ce fut certes un échec, mais ni Wilberforce, ni la *Baptist Missionary Society,* ni la *Church Missionary Society* n'abandonnèrent pour autant la lutte contre la traite qui fut officiellement interdite par le Parlement anglais en 1807.

Entre-temps, et après avoir été conquise par Napoléon, puis reprise par les Anglais, la Sierra Leone devint, en 1808, la première colonie de la Couronne en Afrique noire.

Le mouvement du XVIIIe siècle avait été purement humanitaire : il n'était pas le corollaire d'un besoin moindre d'esclaves, dont il eût été le reflet. A preuve : la traite est aussi active après 1807 qu'avant : elle culmina en coïncidence avec l'apogée de l'économie de plantation sucrière — entre 1740 et 1830 —, et ce n'est pas un hasard si les ports d'accueil se trouvent être successivement ceux de la Jamaïque, de la Martinique, de Cuba : vers 1830, il y avait toujours 60 000 départs d'Afrique par an. La traite commença à fléchir quand il fut plus rentable de garder les Noirs en Afrique, pour qu'ils y produisent notamment de l'huile de palme — une transformation qui prend consistance durant la seconde moitié du XIXe siècle.

Le mouvement n'en était pas moins lancé, et c'est à

l'intérieur de la sphère anglaise qu'avaient pu être commis les premiers actes symboliques. Les désillusions nées de l'expérience de Freetown, en Sierra Leone, portaient en elles un germe qui allait se développer ultérieurement : pour mettre fin à la traite, il allait falloir civiliser l'Afrique…

Au reste, jusque-là, la traite était demeurée légale, du moins au sud de l'Équateur – vers le Brésil par conséquent ; et ce furent d'autres mouvements, issus des contrecoups de la Révolution française, qui mirent en cause l'ancien régime de la traite, de l'esclavage, du travail dans les colonies.

Les socialistes et la question coloniale

Après l'Église au XVIe siècle, puis les philosophes au XVIIIe, les socialistes, au début du XXe siècle, constituèrent l'instance qui aborda, au fond, le problème des conquêtes coloniales et de l'impérialisme. L'Internationale étant mort-née en 1871, ce fut la 2e Internationale, apparue en 1889, qui le traita, mais seulement *de profil*. Ce sont les intérêts de la classe ouvrière qui préoccupent les socialistes, et les problèmes coloniaux ne sont abordés que par rapport à ces intérêts. Par exemple, lorsque Jules Guesde, en France, s'oppose à la conquête de la Tunisie, en 1881, c'est pour autant qu'une telle entreprise favorise la bourgeoisie, elle seule. Inversement, lorsque Turati en Italie ou Kautsky expliquent que les conquêtes sont voulues par les classes attardées et parasitaires – milieux dynastiques, caste militaire –, lutter contre l'expansion revient à lutter pour les intérêts réels des classes ascendantes, les industriels et les ouvriers.

Le premier socialiste à aborder ces problèmes directement fut le Hollandais Van Kol, qui avait vécu à Java. « J'y ai passé les seize plus belles années de ma vie, parmi ces indigènes que j'ai appris à aimer, ces peuples si doux et si pacifiques, toujours esclaves, toujours abandonnés, toujours martyrs. » Il jugeait que la colonisation française (en

Tunisie) était un chef-d'œuvre d'humanité par rapport à la colonisation hollandaise parce qu'on y avait maintenu les institutions traditionnelles. Avec Edward Bernstein en Allemagne, Vandervede en Belgique et Jaurès en France, le mouvement socialiste était partisan d'une « politique coloniale positive », c'est-à-dire qui ne serait plus la politique coloniale de la bourgeoisie. L'Anglais Hyndman allait plus loin, qui stigmatisait en Inde les formes prises par l'exploitation coloniale : « Nous fabriquons délibérément la famine pour nourrir l'avidité de nos classes prospères. »

Mais, tandis que Van Kol affirmait la nécessité du fait colonial, à la fois en raison des intérêts vitaux de la classe bourgeoise en expansion, et de la nécessité de civiliser des populations qui n'avaient pas atteint le niveau technique de l'Europe, des radicaux, tel le Polonais Karski, dénoncent avant tout l'impérialisme, dont Hobson fait le procès économique dans une démonstration que reprit Lénine ultérieurement en écrivant *L'Impérialisme stade suprême du capitalisme*. De tous ces discours, l'indigène était absent, si ce n'est dans ces débats avec Van Kol où, pour la première fois, un Indien prit la parole, Dadabhai Naoroji, un des pères spirituels de Gandhi : pathétique et modéré, ce vieillard de quatre-vingts ans demandait aux Britanniques d'accorder à l'Inde le *self-government*, dans la meilleure forme praticable par les hindous eux-mêmes, sous souveraineté anglaise.

Mais là encore, au lieu d'entendre une voix spécifique, celle du colonisé, les socialistes eurent le sentiment que leurs idées débordaient l'Europe et ils se félicitaient de la constitution de nouveaux partis plus qu'ils n'eurent conscience du caractère spécifique de la revendication coloniale.

Ce fut au congrès de Stuttgart, en 1907, qu'à la suite des conflits de l'Extrême-Orient, des incidents du Congo, de la famine des Hereros dans le Sud-Ouest africain allemand, les problèmes coloniaux et le « colonialisme » firent l'objet de véritables débats. Pour les uns, Allemands surtout, « l'idée colonisatrice constitue un élément intégral du but universel des civilisations poursuivi par le mouvement socialiste » ; ce courant impérialiste est animé par E. David, Noske, Hildebrand. « Sans colonies, nous serions assimilables à la Chine. » Les méthodes impérialistes sont désapprouvées, certes, mais faiblement : ce sont les besoins des États qui, au nom de la civilisation, priment. Un deuxième courant, avec Van Kol, Jaurès, Vandervelde, rêve plus ou moins d'une gestion internationale des colonies, jugeant que la colonisation est un fait d'histoire ; il existe, il est dérisoire de le combattre. L'accent est mis sur la dénonciation de la barbarie coloniale, et ses tenants ont envers les colonisés l'attitude d'un père pour ses jeunes enfants. Ils jugent absurde l'idée de laisser ces peuples indépendants : « Ce serait rendre les États-Unis aux Indiens », dit Bernstein. « Notre opposition à la politique coloniale nous rend aveugle au fait qu'elle incarne un mouvement vers la civilisation qui existerait en dehors de tout capitalisme et de tout militarisme. »

Enfin, à gauche, Kautsky et Jules Guesde nient que la colonisation soit un facteur de progrès : la condamner n'est pas s'opposer à la dialectique de l'histoire ; au reste la démocratie est possible dans les colonies comme ailleurs. « Si nous sommes les adversaires d'une politique coloniale capitaliste », dit Kautsky – et des partisans d'une politique coloniale socialiste ne se lassent pas de répéter qu'ils condamnent celle-là –, « nous sommes par là même les adversaires de toute politique coloniale possible, sinon pensable… La mission civilisatrice ne doit pas couvrir des rapports de domination. Le prolétariat victorieux ne constituera pas une classe dominante, même dans les pays actuellement colonisés ; il renoncera au contraire à toute souveraineté sur un pays étranger ». Ces idées-là eurent de l'écho, notamment chez les musulmans de Russie.

Globalement, à l'Internationale, ce fut l'idée d'une politique coloniale socialiste qui l'emporta, confiée dans chaque pays à chacun des partis socialistes. Ainsi, on continua à en débattre en Belgique, en France, etc., mais l'Internationale se préoccupait surtout des risques de guerre qui noircissaient l'horizon. Or, comme la question coloniale n'apparaissait plus comme une source majeure de conflit – ce qu'elle avait été entre 1895 et 1905 –, elle passa au deuxième rang des préoccupations.

Pourtant, la conquête du pouvoir par les Jeunes-Turcs en 1908, la révolution iranienne de 1906 et la révolution chinoise de 1911 révélèrent qu'il existait un mouvement de libération des peuples de l'Orient ; et cela conduisit les socialistes européens à élargir leur approche à une vision mondiale de la crise de ce temps ; ce furent, d'une part, les « tribunistes » hollandais — Pannekoek, Gorter —, et, de l'autre, Lénine, qui mirent l'accent sur cette nécessité.

Simultanément des organisations indépendantistes apparaissent à Batavia, un puissant mouvement syndical en Inde, de multiples organisations révolutionnaires à Bakou, de sorte que ce « réveil » de l'Asie établissait un lien entre problème colonial et la revendication nationale.

Au carrefour de ces problèmes, les socialistes russes étaient mieux placés pour le comprendre que les Anglais ou les Allemands.

Après la Première Guerre mondiale, la guerre du Riff fut à l'origine d'une flambée anticolonialiste, en France, qu'anima le Parti communiste français, sous l'égide de Jacques Doriot. Mais, globalement, au vu des sacrifices des colonisés lors de la Grande Guerre, l'idée dominante était bien que la colonisation avait du bon — elle avait fourni « de bons et robustes soldats », des travailleurs annamites aussi ; le discours anticolonialiste avait perdu de sa force, tout comme en Angleterre où, pourtant, le Parti travailliste sut le reprendre à son compte pour défendre les progrès du self-government en Inde.

En France, après la Seconde Guerre mondiale, indépendamment de l'action menée, par les communistes surtout, contre la guerre d'Indochine *, une des formes de l'anticolonialisme renaissant appartient, selon l'heureuse classification de Pierre Vidal-Naquet, à la tradition dreyfusarde. Cet anticolonialisme-là vise à la sauvegarde des principes et pratiques qui fondent la République et la démocratie. Il se dresse contre tout ce qui les déshonore. Le *Justice pour les Malgaches,* de Pierre Stibbe, préfacé par Claude Bourdet, adressé « à toutes les victimes du colonialisme », en est une des premières expressions de l'après-guerre. Il y est ques-

* Cf. plus loin, p. 402.

tion des « événements » du 29 mars 1947 — c'est-à-dire une insurrection et sa répression —, des procès qui ont suivi et de la façon dont l'ordre judiciaire a condamné 17 hommes « au nom du peuple français ». Ces hommes s'étaient révoltés pour des raisons qu'exprime la revue *Esprit* à propos de l'Algérie : « La violence réside du côté français ; c'est le mépris racial de l'Arabe, le truquage des élections, la misère des bidonvilles, l'émigration de la faim ; la violence est constante dans l'usage hypocrite des principes démocratiques aux fins d'une oppression de fait... Cette violence n'a été révélée, il faut l'avouer, que par le recours aux armes. »

C'est bien au nom de la fidélité à une certaine image du rayonnement de la France que d'aucuns veulent légitimer et défendre une politique de dialogue et de négociation avec des mouvements d'émancipation coloniale. En fondant le comité *France-Maghreb,* en 1953, Louis Massignon cherche à rapprocher le christianisme et l'Islam, ce qui constitue un autre versant de l'anticolonialisme humaniste et chrétien.

On retrouve ces attitudes chez bon nombre de socialistes, tels Alain Savary, les fondateurs du PSU également et, jusqu'à l'explosion de la guerre d'Algérie, chez des réformateurs, tel Jacques Soustelle — dont les positions changent ensuite radicalement. Avec la guerre d'Algérie, le courant anticolonialiste s'élargit et prend de la force.

Mais est-il favorable à l'indépendance des colonies et n'y a-t-il pas malentendu sur son rôle et son orientation ?

Les intellectuels et la guerre d'Algérie : après la bataille ?

A lire après coup les textes écrits sur les « événements » d'Algérie, on a le sentiment que la classe intellectuelle s'est mobilisée pour l'essentiel contre la guerre. Toute une génération dit avoir été marquée par cet engagement, plus ou moins identifié à l'action des intellectuels : qu'il s'agisse du *Manifeste des 121,* de l'action de Jean-Paul Sartre — « sa guerre », a-t-on même dit —, du rôle des grands organes de presse tels *France-Observateur, L'Express, Témoignage chrétien, Le Monde,* et autres revues telles que *Esprit* ou *Preuves.* Il est vrai que cette guerre s'est livrée autant sur le terrain politique que sur les champs de bataille, même si ce sont bien les formes de la lutte armée — tortures, terrorisme — qui ont été à l'origine des controverses les plus animées, des publications les plus commentées, des écrits les plus illustres — François Mauriac, par exemple. De nouvelles maisons d'édition même — *Maspero, Éditions de Minuit* — en ont été les pourvoyeurs.

Pourtant, on constate que l'action de ces intellectuels ne s'est manifestée, si l'on ose dire, qu'*après la bataille;* — après la bataille politique il s'entend — pour résoudre le problème algérien, et une fois que la guerre était déjà engagée.

Depuis, les dirigeants algériens ont su « F.L.Niser » la chronologie de la lutte pour l'indépendance, en faisant de novembre 1954 la date de la « révolution algérienne », le point de départ de l'insurrection. Au vrai, si la guerre véritable n'a commencé qu'au milieu de 1955, le problème politique de l'avenir du pays était posé depuis longtemps ; au moins depuis le bombardement de Sétif en 1945, voire depuis la mise en cause, violente, du statut de l'Algérie, institué en 1947 et qui avait abouti aux élections truquées d'avril 1948. Or, on constate que la classe intellectuelle ne s'est éveillée *qu'en 1955* et que jusque-là, à de très rares exceptions près, elle était demeurée étrangère à la revendication arabe, dans une ignorance absolue du problème algérien. C'est seulement autour des années 1956-1962, et plus encore à la fin de cette période que les intellectuels multiplient les interventions — au point qu'après 1958 on ne sait plus si c'est le problème algérien qui les interpelle, ou bien de Gaulle et sa politique, le régime et les institutions. A-t-on suffisamment observé que le fameux *Manifeste des 121* date seulement de l'automne 1960 ?

Avant l'ère des intellectuels, il y a eu l'ère des avocats, plus ou moins passée sous silence. C'étaient eux — Me Pierre Stibbe, Me Yves Dechezelles, Me Renée Plasson, Me Jacques Vergès, etc. — qui, par leur contact avec des nationalistes, avaient une vision plus réelle de la nature du conflit et de ses enjeux. Simultanément, il avait certes existé une première vague d'intellectuels qui avaient pris position devant le problème algérien (Robert Barrat, Claude Bourdet, Germaine Tillion, etc., et les reportages de Jean Daniel) — mais elle a été étouffée en France et elle a été réduite ultérieurement par le tintamarre des milieux de la grande presse tout entiers livrés à leur lutte politique, pour Mendès, ou contre, pour ou contre Guy Mollet, pour ou contre de Gaulle. Or, auparavant, il y avait eu des intellectuels écrivant en Algérie, au contact des réalités du pays, mais, outre-Méditerranée, leur voix n'était même pas entendue. Parmi eux il y avait André Mandouze, François Châtelet aussi, qui fondent même en 1950 *Consciences algériennes,* une revue au comité de laquelle appartenaient deux Arabes, Abd El-Kader Mahdad et Abd El-Kader Mimouni, ainsi qu'un pied-noir israélite, Jean Cohen. Dans son *Appel,* la revue se prononçait « contre la colonisation et contre le racisme, pour une Algérie libre, démocratique et sociale ». Un tel programme devait, bien entendu, aboutir à l'interdiction de cette revue, qui observait en passant — et elle était bien la première — que d'ordinaire « l'anticolonialisme émane de la pensée métropolitaine », alors que son propre projet consistait à associer la pensée de tous les Algériens à la recherche d'une solution à leurs problèmes. « Nous ne partageons pas l'erreur dangereuse de ceux qui croient qu'une solution des problèmes français entraînerait par voie de conséquence celle des problèmes algériens. »

Ce diagnostic était sans doute le plus avancé qu'on ait jamais entendu ; il s'établissait contre celui des communistes algériens ou français qui entendaient que demeurent associés le destin de l'Algérie et celui de la métropole, qui, en 1950, croyaient qu'il existait encore une possibilité que leur parti retrouve les voies du pouvoir... Ce diagnostic de *Consciences algériennes* se situait néanmoins dans un contexte marxiste, pour autant que François Châtelet jugeait que le problème de la liquidation du régime colonial « bouleversait le jeu *normal* de la lutte des classes » ; il constatait aussi que l'Islam devenait un principe fondateur de la « lutte nationaliste ». Il jugeait enfin qu'il fallait imaginer un progressisme unissant PCA, PSU, MTLD, UDMA (Parti communiste algérien, Parti socialiste unifié, Mouvement pour le triomphe des libertés démocratiques, Union démocratique du Manifeste algérien) — et non un processus en deux étapes — libération nationale puis démocratique —, impossible, ou impensable.

Les communistes français, pour leur part, avaient adopté des positions variées. En 1939, Maurice Thorez observait que « la nation algérienne était en voie de se constituer historiquement ». Il jugeait que cette évolution pouvait être facilitée ou aidée par l'effort de la République française. Il reprenait la même idée en 1945, alors que le ministre Charles Tillon, communiste, couvrait le bombardement de Sétif...

« Globalement », pourtant, l'anticolonialisme communiste se situait sur une autre orbite. Encore en 1958, Jacques Arnault écrivait, aux Éditions de la Nouvelle Critique : « Il n'y a pas de problème algérien. Il y a un aspect algérien d'un problème de notre temps. »

Il existait enfin un autre courant, qu'on pourrait appeler tiers-mondiste et qu'en France, à la fin des années cinquante, représente Jacques Berque ; selon lui le fait colonial a « faussé l'Histoire » en brisant le libre développement des civilisations extra-européennes, la colonisation étant avant tout une œuvre de « dénaturation » : elle intercepte la nature de l'autre pour l'exploiter, le supplanter dans tous les domaines — politique, artistique, linguistique — et répand sur l'Autre une « opacité » qui contribue à l'obscurcir. « Il est coupé de son histoire, amputé de son héritage... et doit reconstruire sa personnalité en fonction du modèle imposé par le dominateur. »

En un sens, ce tiers-mondisme avant la lettre emprunte quelques-uns de ses traits au cri des colonisés eux-mêmes, qu'il s'agisse d'Aimé Césaire ou de Frantz Fanon, deux Antillais. « On me parle de progrès, dit Césaire, de réalisations, de maladies guéries, de niveaux de vie élevés... Moi, je parle de sociétés vidées d'elles, de terres confisquées, de religions assassinées, de magnificences artistiques anéanties... » Il emprunte aussi quelques traits à l'analyse d'Albert Memmi, *Portrait d'un colonisé,* mais la différence est que Jacques Berque l'inscrit dans une vision de l'histoire.

Les silences du discours anticolonialiste

Le discours anticolonialiste n'est pas exempt non plus d'aveuglement, de refus de voir. Il a ses tabous, comme l'autre. Il est aisé d'en repérer quelques-uns.

L'émancipation des femmes

Et, par exemple, au Maghreb comme en Afrique noire, il ignore que la colonisation a aidé à l'émancipation des femmes. Or, cela apparaît d'abord au travers de la vie de trois générations de Juives tunisiennes, qu'a évoquée Annie Goldmann dans *Les Filles de Mardochée.* A la première génération évoquée, avant l'occupation française, Élise épouse un pionnier de l'émancipation des femmes. En ce temps-là, elle habite la Hara, un ghetto avant la porte de la mer. Les Juifs y avaient des culottes noires, les Arabes des culottes rouges. Chaque fois qu'un Arabe rencontrait un Juif, il lui donnait trois petites tapes sur la tête et disait : « En souvenir de l'esclavage de ton père et de ton grand-père. » Ce n'étaient pas les femmes qui faisaient le marché, mais les hommes. Les femmes juives étaient habillées avec le shafshari, un rectangle de tissu qui enveloppe tout le corps de la femme, mais elles ne se voilaient pas le visage. A l'arrivée des Français, en 1881, Élise a peur parce qu'on dit que les Arabes vont se révolter, alors on a loué une barque pour pouvoir aller loin. Autour de la petite Ziza, on ne parlait qu'arabe ; pas d'instruction, pas d'école. Les garçons allaient à l'école hébraïque apprendre la Loi mosaïque et la religion. Ziza ignorait les poupées, considérées comme des idoles. Or le directeur de l'Alliance israélite décide de faire une école pour les filles pour apprendre le français et coudre. Alors Mardochée a envoyé Ziza à l'école, malgré les rabbins ; et

Ziza a porté un tablier, elle s'est habillée « à l'européenne ». C'est donc par le français qu'Élise a accédé à la lecture. Elle s'est mariée habillée à l'arabe, mais son trousseau était européen. Juliette — deuxième génération — fut la gloire de la famille. Née en 1890, forgée par son père, elle devient la première femme avocate de Tunisie, en 1920. Mais vite, par son mariage, elle réintègre le rôle traditionnel de la femme. A la troisième génération, la femme juive est émancipée, elle épouse un métropolitain.

Cette histoire emblématique, bien des jeunes femmes juives l'ont connue, tant à Tunis qu'à Oran, à Casablanca aussi bien.

Alors que l'émancipation des jeunes musulmanes s'est heurtée à des obstacles et n'a pas été si massive. Pourtant, elle s'est associée à la colonisation, mais de façon plus ambiguë, par un effet pervers. Les familles résistaient à l'européanisation au nom de l'identité arabe, de sa défense. Au lycée Stéphane-Gsell, d'Oran, entre 1948 et 1956, on comptait sur les doigts des deux mains le nombre de jeunes filles musulmanes que leurs parents autorisaient à poursuivre leurs études jusqu'au baccalauréat.

Une pseudo-émancipation s'est mise en place, en Algérie, à l'heure de la lutte de libération, avec les discours du FLN sur l'avenir de la femme, une fois l'indépendance acquise : Assia Djebar a su la première exprimer avec force, après l'indépendance, ses désillusions, son désespoir, sa colère *(Les Femmes du mont Chenoua)* *.

Il reste que le discours anticolonialiste, aujourd'hui tiers-mondiste, demeure discret sur ce problème.

En Afrique noire, c'est grâce à la colonisation également qu'au Dahomey, par exemple, les femmes ont perpétué l'état de relative égalité qu'elles avaient dans les activités sociales de la société traditionnelle. En ouvrant les écoles aux filles, là aussi, l'administration leur a permis d'atteindre à des activités de responsabilité, limitées certes, mais qui l'étaient pour les hommes également : institutrices,

* Au Vietnam, la colonisation a contribué à la déstructuration de la famille traditionnelle, ce qui a aidé à une émancipation des jeunes femmes, notamment pendant la guerre.

infirmières, employées diverses — ce qui a contrebalancé leur statut subalterne dans le cadre tribal ou familial et aidé, là aussi, à leur affranchissement.

Le racisme des non-Européens

La tradition anticoloniale, devenue tiers-mondiste ces dernières décennies, est demeurée longtemps silencieuse aussi sur le rôle et les responsabilités des Arabes dans la traite et l'esclavage, sur leur racisme aussi bien*. Pour autant que la lutte contre ce fléau avait servi d'argumentaire à l'impérialisme colonial, on a pu juger qu'il était « grossi », exagéré, que les dires de Livingstone sur les 21 millions d'esclaves qui seraient passés par Zanzibar constituent un chiffre « extravagant ». Sans doute, puisqu'on l'évalue à un peu plus de 3,5 millions. On remarque néanmoins que les travaux et colloques sur la traite et l'esclavage portent en grande majorité sur l'Atlantique ; est-ce fortuit ?

En ce qui concerne le racisme, on constate qu'aucune autre civilisation n'a défini avec une précision aussi méticuleuse une classification des races, accompagnée de jugements, tels qu'ils sont énoncés dans les *Dix Conseils pour acheter des hommes et des femmes esclaves,* et dans la littérature, dans *Les Mille et Une Nuits.* « Les femmes Zanj ont de nombreux défauts. Plus elles sont noires, plus leurs visages sont laids, plus leurs dents sont pointues [...]. La danse et le rythme sont enracinés en elles. Dans la mesure où leur parole est obscure, elle est compensée par la musique et la danse. On dit que si un Zanji devait tomber du paradis sur terre, il battrait la mesure pendant sa chute... On ne peut tirer aucun plaisir de leurs femmes à cause de leur odeur déplaisante et de la rudesse de leur

* Il faudrait mentionner aussi qu'après s'être gaussée des arguments colonialistes selon lesquels la France apportait sa « protection » au Cambodge contre les visées de l'Annam, avant 1900, la tradition anticolonialiste est demeurée sans voix lorsque, redevenu indépendant, le Vietnam a voulu réannexer le Cambodge durant les années soixante-dix du XXe siècle...

corps… Les femmes éthiopiennes ont des corps gracieux, doux et faibles ; elles sont sujettes à la phtisie… Si on importe les *bujja* jeunes, qui ont la peau dorée, de beaux visages, des corps doux, on leur épargne la mutilation et on peut encore les utiliser pour le plaisir… », etc. « Leur vente, au Caire », note un témoin (français), en 1802, « ressemble à celle des animaux domestiques en Europe… L'acquéreur fait la ronde et choisit… Si le nègre ou la négresse ronfle beaucoup ou pisse au lit, on peut les restituer, et les changer dans les vingt jours après l'achat. » A cette date, un garçon vaut de 50 à 100 piastres d'Espagne, un eunuque jeune de 160 à 200… (cité in Bernard Lewis, *Race et Couleur en pays d'Islam*).

En Orient, la traite et l'esclavage ne doivent pas plus à l'Islam qu'en Occident ils n'étaient liés au christianisme. Ce fut l'expansion, la conquête et la colonisation arabes qui en étendirent le champ. Au départ, être Arabe et être musulman était pratiquement équivalent, mais, à mesure que la conversion à l'Islam progressa, par la force le plus souvent, une nouvelle catégorie apparut, les non-Arabes convertis à l'Islam. Égaux en principe, ils n'en étaient pas moins assujettis, « ils nettoient nos routes, réparent nos chaussures, tissent nos vêtements ». Le problème des métis se posa aussi : en Afrique comme en Asie du Sud-Est, ils rencontrèrent des peuples plus ou moins « avancés » avec lesquels ils purent se croiser. C'est alors que, sans doute à cause de cela, les Arabes commencèrent à associer la peau claire à la civilisation. Ce qui n'empêchait pas, du reste, d'avoir des esclaves clairs — Circassiens par exemple — et d'autres blancs même, mais chrétiens. C'est parce qu'était interdite la mise en esclavage des musulmans nés libres et des non-musulmans vivant sous la protection d'un État musulman que les importations d'esclaves d'Eurasie au nord, d'Afrique noire au sud, se multiplièrent à partir des Xᵉ, XIIᵉ siècles.

Le monde extérieur, « non civilisé », était ainsi une réserve d'esclaves pour les Arabes, puis pour les Ottomans. Cela dura jusqu'au XIXᵉ siècle, où le premier État à abolir l'esclavage fut la Tunisie, en 1846, opération achevée sous « l'occupation française ». En Turquie, le processus commença vers 1830, concernant d'abord les Blancs — Géorgiens et Circassiens — puis les Noirs en Hedjaz (1857). L'esclavage restait pourtant actif dans certaines parties du monde arabe, l'Arabie Saoudite, où il fut aboli en 1962, et la Mauritanie en... 1980.

Ce qui rend compte, peut-être, du peu de traces qu'il a laissées en Orient, c'est qu'il y avait une grande proportion d'eunuques parmi les mâles noirs qui étaient amenés dans le monde islamique. Marchands noirs et marchands arabes se chargeaient de l'opération, étant donné la valorisation du produit après castration... La légende noire anticoloniale insiste peu sur ce trait-là.

Aujourd'hui, la légende noire et la légende rose ont perdu de leur superbe. S'interrogeant sur le destin de leur pays, il est des Africains qui jugent que les effets de la tutelle coloniale n'étaient pas tous aussi néfastes qu'on l'a cru : trente ans après, le colonialisme ne saurait plus être jugé responsable de toutes les faillites qui ont suivi. Au vrai, c'est le télescopage des indépendances par l'unification économique du monde qui a ruiné des espérances (cf. le chapitre 11), mais une Camerounaise a pu se demander si l'Afrique, au fond, ne refusait pas le développement » (Axelle Kabou). Par ailleurs, le tribalisme séculaire a pu être, en amont, une donnée qui a favorisé la mise en dépendance. De même, au Maghreb, la stagnation n'est pas due seulement au colonialisme, à ses effets ; pas plus que le colonialisme ne serait seul responsable de la détérioration de la personnalité arabo-islamique. « Tandis que l'Europe entrait dans la philosophie des Lumières, le Maghreb se fragmentait en régions, en îlots linguistiques et ethnoculturels gérés par des chefs de confrérie et des saints locaux » (Mohammed Arkoun).

Le contre-exemple est bien celui du Japon qui, du XVIIe au XIXe siècle, était à peine mieux armé que l'Afrique pour résister à l'Occident — et qui y est parvenu.

Inversement, les chantres de l'esprit colonial doivent se rappeler qu'au Congo belge il y avait deux bacheliers en tout et pour tout en 1960, et 95 % d'analphabètes légués par la France au Niger et au Mali, que le colonialisme fut « un patchwork de crimes et de bonnes intentions », et le néo-colonialisme une aide intéressée.

Mais, comme on le vérifiera, les problèmes sont plus complexes…

CHAPITRE VI
La vision des vaincus

Le traumatisme de l'occupation a frappé tous ces peuples qui, à moins d'être exterminés, ont dû se soumettre. Pourtant, le choc n'a pas été le même partout. Il a été plus violent aux Amériques qu'ailleurs parce que, isolés du monde depuis plusieurs milliers d'années, les Indiens ignoraient que d'autres peuples pussent exister. Ils furent épouvantés par ces êtres « à l'allure humaine, montés sur des monstres inconnus », et ne surent pas trop quel comportement adopter vis-à-vis de ces envahisseurs — depuis l'alliance, la fraternisation, jusqu'à l'hostilité. Mais quel qu'il fût, de toutes les expériences tentées, ce fut la vision de l'épouvante qui l'emporta.

Aux Amériques, le traumatisme causé par les envahisseurs

Au Mexique comme au Pérou, on se rappela les prophéties qui avaient pu annoncer pareille catastrophe. Chez les Mayas, par exemple, une prophétie, dans le *Chilam Balam,* avait prévu l'arrivée des Blancs :

« La Terre flambera, et il y aura de grands cercles blancs dans le ciel. Jaillira l'amertume, cependant que l'abondance s'enfuira. La terre flambera et la guerre d'oppression flambera. L'époque s'enfoncera dans de graves travaux. De toute manière, ce sera Vu.

» Ce sera le temps de la douleur, des larmes et de la misère. C'est ce qui est à venir. »

Au Pérou aussi, des phénomènes étranges se seraient

produits avant l'arrivée des Blancs : tremblements de terre répétés, colonnes de feu surgissant à l'horizon, temples détruits par la foudre, passage de comètes... Dans tous les cas, le point important est sans doute que, dans les Andes comme au Mexique, les envahisseurs étaient, sinon attendus, au moins prévisibles. Moctezuma reçoit les Espagnols comme s'ils étaient les dieux qu'on attendait : « Seigneur, vous êtes chez vous », dit-il à Cortez, tandis que, dans les Andes, la *Chronique* de Titu Cusi rapporte qu'à l'arrivée des Espagnols on crut qu'ils étaient les Viracochas, c'est-à-dire les fils de Dieu.

Dans *Histoire de Lynx,* Claude Lévi-Strauss a expliqué que le bipartisme qui règne dans les mythes indiens, opposant l'eau et le feu, le céleste et le terrestre, etc., prédispose à juger normal qu'à l'Indien corresponde le non-Indien, et, puisqu'il n'y a pas de gémellité parfaite, les uns doivent être forts et les autres faibles. « Ce bipartisme fournit ainsi, peut-être, une explication à la question qu'on se pose : comment se fait-il qu'au moment de la conquête du Nouveau Monde les Indiens se comportèrent comme s'ils attendaient les Blancs, mieux, comme s'ils les reconnaissaient. » A partir du moment où le Démiurge avait créé les Indiens, il fallait que quelque chose de symétrique et de contraire soit créé aussi, ce qui explique que les Aztèques se prosternent devant Cortez et que 20 000 Incas restent paralysés devant 160 Espagnols.

Comme aujourd'hui, chez certains Indiens du Canada, on ne se plaint pas de l'arrivée ou de la présence des Blancs, mais seulement de ce que les Blancs les ont exclus.

Étant donné qu'au Mexique comme au Pérou il existait des prophéties qui avaient annoncé cette arrivée d'étrangers envahisseurs, agents d'une catastrophe, la croyance en la divinité des Espagnols disparut assez vite, même si, en son esprit, l'invasion avait un caractère religieux ou même cosmique. Mais c'était bien cette croyance qui rendait compte du comportement des Incas ou des Aztèques. Un incident en témoigne : lorsqu'il approcha de Cuzco, Pizarre intercepta un message envoyé par Callcuchima à Quizquiz : il lui faisait porter cette information importante : les Espagnols étaient mortels.

Ce fut la cruauté des conquérants qui ébranla leurs premières croyances : leur frénésie à la vue de l'or, leur brutalité, leur cruauté dans les combats, leur comportement après la bataille ; la description d'un siège, vu par les Mexicains, en témoigne ; mais surtout leur capacité à infecter et à rendre malades leurs ennemis…

« Échange de maladies »

« En ce temps-là, il n'y avait pas de maladies, ni fièvres, ni maladie des os ou de la tête… En ce temps-là, tout était en ordre. Les étrangers ont tout changé quand ils sont arrivés. » De fait, quelque nostalgie que puisse exprimer cette complainte, il semble bien que les maladies du Vieux Monde aient été plus souvent mortelles aux Amériques qu'en Europe. Un missionnaire allemand pouvait même écrire à l'extrême fin du XVIIe siècle que « les Indiens meurent si facilement que la seule vue ou odeur d'un Espagnol les fait passer de vie à trépas » (A.W. Crosby J^r^, *The Columbian Exchange,* p. 36-37). Une quinzaine d'épidémies y décimèrent la population au Mexique comme au Pérou. Or, il semblait que les Espagnols n'étaient pas atteints par ces mêmes épidémies. « De rage, certains Indiens injectaient du sang empoisonné dans les galettes qui leur étaient destinées : sans effet notable. » Le même phénomène s'observait aussi bien en Floride, où Thomas Hariot notait que les Indiens mouraient après leur passage, qu'en Nouvelle-Angleterre ou au Canada français : les Européens apportaient la rougeole, la grippe et la variole, le typhus aussi, mais ils y étaient moins vulnérables. On a même pu se demander si les Arawaks des Grandes Antilles n'ont pas disparu à cause de ces maladies autant qu'à la suite des massacres commis lors de l'arrivée des Espagnols ; à moins que les mauvais traitements ne les aient aussi rendus plus vulnérables à la maladie. Mais l'argument ne vaut guère au Mexique où la variole vint à bout aussi bien des humbles que des princes aztèques, tout comme au Pérou d'un grand nombre de chefs militaires.

Plus que la maladie elle-même, ce fut l'invulnérabilité du vainqueur qui frappa les imaginations. Les dieux avaient donné aux Espagnols « un autre bouclier que celui qu'ils portaient... Ils étaient venus avec ces navires, ces chevaux et, manifestement, ils étaient bien ces hommes qui ne pouvaient pas mourir »... Alors que les Mayas, par exemple, étaient voués à la mort... « cette puanteur que guettent les vautours ». Ils étaient nés pour mourir (*Annales de Cakchikels,* in Crosby).

Inversement, à peine était-il de retour des Amériques que Martin Alonzo Pinzon, un des compagnons de Christophe Colomb, mourait de la syphilis ; et, par Séville et l'Italie — « le mal de Naples » —, la maladie se répandit dans toute l'Europe, généralement mortelle jusque vers 1526, puis ses effets diminuant dès la seconde moitié du XVIe siècle. Épidémie indigène à laquelle les Indiens étaient déjà accoutumés —, elle provint, semble-t-il, du contact des Européens avec les femmes et la nature américaines ; elle fut transmise par les marins aux activités sexuelles multiples et variées, et qui contaminèrent jusqu'à Ceylan.

En Amérique, le traumatisme de la conquête s'est accompagné de massacres, qu'on a pu qualifier de génocide — même s'il n'a pas été prémédité —, notamment dans les îles qui ont été, certaines, totalement dépeuplées. Or, il semble bien que le choc microbien ait bien été l'élément principal de ce « désastre démographique », au moins sur les basses terres et avant qu'interviennent les phénomènes d'accoutumance : au Mexique, par exemple, il ne restait sur les plateaux que 2 millions d'Indiens en 1650 — contre une vingtaine en 1519 ; mais ensuite la tendance s'est inversée (Benassar, *1492, un monde nouveau ?,* p. 246 *sq.*).

DÉSTRUCTURATION ET FORMES DE RÉSISTANCE

Un questionnaire formulé entre 1582 et 1586, et qui est le document à l'origine des *Relaciones geograficas de Indias,* témoigne, par ses réponses, que les Indiens ont parfaitement conscience du drame démographique qu'ils sont en train de connaître. Parmi les causes du phénomène, ils donnent, dans l'ordre : la guerre, les épidémies, les migrations, la mortalité due aux travaux excessifs... Est-ce par peur, ou pour plaire, se demande Nathan Wachtel, il est des réponses étranges : qu'ils mangeaient moins bien autrefois, qu'ils ont plus de liberté que naguère. Et puis, jadis, ne régnait pas l'alcoolisme... Car le pulque au Mexique et le chicha dans les Andes ne se consommaient qu'à l'occasion des fêtes religieuses. Désormais, les Espagnols donnent l'exemple, et les anciens interdits disparaissent, notamment la culture de la coca « qui se développa dès qu'apparurent les Espagnols ».

Ainsi, la société indienne fut en grande partie déstructurée par la conquête. Chez les Incas, près de Cuzco par exemple, la base des groupes ethniques s'appelait l'*ayllu* (semblable aux Calpulli du Mexique) qui constituait une sorte de noyau endogame unissant un certain nombre de lignées qui possédaient collectivement un ensemble de terres, le plus souvent non reliées entre elles. Plusieurs de ces noyaux formaient un ensemble, et l'État était le sommet de ces ensembles, assurant, à chaque niveau de cette structure pyramidale, la redistribution périodique des différents types de terres (à maïs, à pommes de terre, à pâturages, etc.). Chaque famille avait droit à un ensemble de terres, et les échanges de services, entre elles, étaient réglementés. Ce système constituait le fondement structurel de l'organisation, chaque ayllu ayant, par ailleurs, à assurer le service de la mita, travail obligatoire sur les terres de l'Inca et sur celles du Soleil. Les Espagnols ruinèrent cet ensemble, disposé du bas au haut de la montagne, cet « archipel vertical », en y taillant leurs *encomiendas,* tandis que cela suscitait des déplacements de population. Par ailleurs, l'introduction de l'économie monétaire et de nouvelles formes de tribut — autrement dit de travaux forcés dans les mines — acheva de désintégrer l'équilibre du système. Selon une enquête de Cortiz de Zuniga, en 1562, alors que, avant les Espagnols, les Chupachos devaient un tribut en textile et que l'Inca leur en fournissait la matière première, la laine, l'*encomendero* exigeait des vêtements de coton, que l'Indien devait faire pousser lui-même. Ces types de tribut s'élevèrent au point que les Indiens se plaignirent dès cette époque de ne plus avoir le temps de cultiver leurs propres champs pour survivre.

Les Espagnols utilisèrent l'ancien système de pouvoirs et d'échanges à leur avantage, en se substituant à l'Inca, mais sans que fonctionne le principe de réciprocité dans l'échange, qui en était le fondement. Il s'y ajouta le tribut en argent qui ne cessa de croître ; mais, pendant près de trente ans, aux mines de Potosi, les Indiens surent imposer leurs propres modes d'extraction, dont ils avaient la recette, et que les occupants n'arrivaient pas à contrôler. Ce fut seulement en 1574, lorsque fut introduite une technique d'amalgame, que les Espagnols purent briser le contrôle que les Indiens exerçaient sur la production d'argent. Une nouvelle ère commençait, qui accrut leur déchéance.

Les transports d'argent, les guerres entre Pizarre et Almagro avaient accéléré le processus de décomposition sociale, beaucoup d'Indiens se trouvant ainsi placés hors des circuits de la production traditionnelle. Ces *forasteros* (marginaux libres), de statut supérieur puisque détachés de tout lien à la terre, mais libres, devaient poser un problème les siècles suivants, car les *hacendados* ne pouvaient plus mettre la main dessus. Furent également destitués de leur rang les membres de l'ancienne noblesse qui durent jouer les intermédiaires entre les Espagnols et les autres Indiens devant payer tribut.

Des révoltes suivirent, notamment en 1536, où Manco, qui avait collaboré avec les Espagnols, prit conscience « qu'ils n'étaient pas les fils de Dieu, mais plutôt du Diable ». En 1560 encore, en 1571 et surtout en 1781, où le dernier « Inca » Tupac Amaru II fut pendu à Cuzco en présence de toute la population rassemblée. Un grand film, portant son nom, en 1980, a reconstitué l'événement : exprimant la vision des vaincus, il remplit les salles d'Indiens, au Pérou.

Soumis au vainqueur, les Indiens durent, certes, produire quelques cultures qui lui étaient destinées, là où les conditions climatiques le permettaient – orangers, figuiers, etc., et blé surtout —, mais ils gardaient leur économie de subsistance par-devers eux.

La fidélité des Indiens à leurs traditions religieuses et à leur langue fut plus forte dans les Andes, où ils purent mieux s'isoler du conquérant, qu'au Mexique. Dans ce pays, ils parurent, même, montrer de l'enthousiasme pour le christianisme, au moins aux débuts de la colonisation. Mais jamais au Pérou, où la fidélité aux dieux locaux fut le corollaire de la fragmentation et de la décomposition sociales. Ainsi, ils déterraient leurs morts des cimetières institués par les conquérants, pour aller ensuite brûler les corps au loin selon leurs rites. Extérieurement, ils se conformaient aux usages chrétiens, mais conservaient les leurs en élevant, s'il le fallait, une croix sur leurs propres lieux sacrés. « Alors que les Espagnols considéraient les dieux locaux comme la manifestation du Diable, les Indiens se représentaient le christianisme comme une forme d'idolâtrie » (Nathan Wachtel). De fait, les Indiens du Pérou intégrèrent le christianisme à leur culture, mais perpétuèrent celle-ci : ils continuèrent à avoir des pratiques sociales fondées sur le principe de réciprocité ; par ailleurs, ils continuèrent à utiliser des modes de représentation de l'espace propres à leur culture, en figurant, par exemple, une carte de l'univers sous la forme de deux axes qui se croisent obliquement en un centre qui n'est pas le soleil mais le royaume de Castille.

La résistance à l'Espagnol et à sa religion prit d'autres formes au Mexique.

Au Mexique

Doit-on y parler de colonisation ou d'occidentalisation de l'imaginaire ? Au Mexique, en tout cas, l'imagerie et le mode d'expression pictographique servaient de support à la mémoire orale entretenue dans les milieux nobiliaires. Serge Gruzinski a montré que les « peintures » avaient une spécificité irréductible, car elles condensaient sur le même plan les guerres, les prodiges, les dieux, le système d'impôts, le transfert des biens. A sa façon, l'image se voulait un instrument du pouvoir. Or, ce fut d'abord l'espace qui fut transfiguré par les croquis à l'espagnole, ce qui s'accompagna d'un appauvrissement chromatique. Bientôt, ce furent les « illustrations » qui se subordonnèrent à l'écriture et aux règles du récit occidental, avec sa continuité linéaire qui prit le dessus.

A l'occidentalisation de la représentation de l'espace correspond aussi une transfiguration du temps passé : sa relecture tend à donner au pueblo une légitimation chrétienne et espagnole, fondement d'une identité communautaire ; mais la répétition d'épisodes similaires reflète la survivance d'une conception cyclique du temps que corrobore la redondance des discours : s'entremêlent les périodes préhispaniques et coloniales.

Plus que toute autre pratique, l'idolâtrie a résisté à la colonisation, et ici ce serait plutôt le christianisme qui se serait indianisé : toutefois, l'idolâtrie fit des emprunts à l'Église, tant par des formules telle l'invocation trinitaire que par des gestes comme le signe de croix. Peu à peu pourtant, l'idolâtrie cède du terrain au christianisme indigène, qui sous la direction d'hommes-dieux prend la forme radicale des mouvements messianiques contre la domination coloniale en annonçant l'élimination des incroyants, c'est-à-dire les Espagnols. La sorcellerie assura ainsi le relais entre l'idolâtrie coloniale et le christianisme indigène.

A Sao Tomé, comme au Pérou, le folklore dénonce...

Ultime forme de la résistance à la conquête, une part irréductible de l'imaginaire a pu survivre. Il se manifeste aussi bien dans *La Danse de la Conquête,* au Pérou comme au Guatemala, que dans le *Tchiloli,* ou *Tragédie de l'empereur Charlemagne,* à Sao Tomé, la plus ancienne colonie portugaise d'Afrique noire.

On doit à Nathan Wachtel la première analyse structurale de la mort d'Atahualpa et de la danse de la conquête, ce thème poétique et chorégraphique largement répandu chez les Indiens des Andes, une pièce en quechua archaïque et jouée depuis le XVIe siècle. La représentation coïncide avec une fête chrétienne, pendant le Carnaval. Les acteurs sont partagés en deux groupes, d'un côté les Indiens, de l'autre les Espagnols : les princesses indiennes formant le chœur portent des robes blanches et brodées ; pour rehausser leur prestige, aujourd'hui elles mettent des lunettes de soleil. L'Inca a pour attribut un sceptre orné de tresses de laine rouge dont il frappe une plaque de métal. Le devin est accompagné d'un acteur revêtu d'une peau d'ours. En face, les Indiens jouant le rôle des Espagnols s'accoutrent de casques semblables à ceux du temps de la Conquête, de cuirasses du temps de l'indépendance, ou d'uniformes de l'armée actuelle.

L'action commence par l'annonce d'une menace : le dernier Inca Atahualpa raconte aux princesses le rêve qui l'a troublé : il a vu le Soleil, son père, voilé par une fumée noire. Et voilà qu'on lui annonce l'arrivée de guerriers barbus, vêtus de métal, venus pour détruire son royaume.

Puis, des rencontres préliminaires ont lieu au niveau des serviteurs et des lieutenants. L'épisode central met en présence le chef indien et le chef espagnol. L'Inca meurt, des lamentations se font entendre de partout, et le roi d'Espagne surgit, tel le Commandeur, pour châtier Pizarre.

Au travers du drame, on note qu'Indiens et Espagnols, en communiquant, ne se comprennent pas — quand un Espagnol ouvre la bouche, aucun son n'est émis, et de cette incompréhension naît la colère de Pizarre, tandis que, sans Atahualpa, ses sujets sont perdus, et la Terre ne communique plus avec le Soleil.

La Tragédie d'Atahualpa est un exemple, *La Danse de la Conquête* en est un autre, mais leur structure est similaire, déformant les faits historiques, certes, mais en en respectant une certaine logique qui retranscrit ce qu'ont ressenti les contemporains de la Conquête.

La violence en est son cœur. A Sao Tomé, dans le golfe de Guinée, ce serait plutôt l'injustice. Mais, dans les deux cas, la multiplicité des accoutrements représentant de scène en scène les différents siècles passés depuis la Conquête témoigne bien que, hormis les costumes, rien n'a changé dans le comportement du vainqueur...

En Afrique aussi, la résistance à la colonisation aurait commencé avec la colonisation elle-même — dès que celle-ci a été ressentie comme une agression, comme une oppression.

Aux origines, on en trouve l'expression dans ce qui fut, en quelque sorte, la première colonie, Sao Tomé, île minuscule dans le golfe de Guinée, portugaise, naturellement. Il s'agit d'une pièce de théâtre, le *Tchiloli,* jouée par tous les habitants de l'île, noirs évidemment. Cette pièce s'appelle la *Tragédie de l'empereur Charlemagne,* et elle date du XVIe siècle.

Bien entendu, Charlemagne n'est jamais venu à Sao Tomé. Mais, pour les habitants de l'île, il incarne le roi du Portugal qui les a amenés de force ici. Et Charlemagne doit juger son fils, qui a commis un crime, et son fils est nécessairement un Portugais.

Or l'intérêt de cette pièce, jouée tous les ans depuis plusieurs siècles, c'est que le nombre de ses épisodes s'accroît avec le temps, car au crime initial s'ajoutent toute une série de forfaits ultérieurs : cela se vérifie aux costumes portés par les « plaignants » et qui datent de tous les âges : un soldat du XVIe siècle, un évêque du XVIIe siècle, un policier de l'époque de Salazar... Car, chaque siècle, les fils du Maître ont commis de nouveaux crimes, de nouvelles injustices — cette comédie est aussi le procès de toute la colonisation.

Contre-histoire de la résistance africaine : Samori, Chaka...

Dans les histoires de la colonisation, on oppose volontiers le cas du Portugal, avec ses comptoirs commerciaux, et celui de l'Espagne dotée d'un véritable empire territorial. L'opposition, certes, a pu exister, mais l'explication vraie fait défaut. Car, au Brésil, c'est bien un empire territorial que construisirent les Portugais.

La vérité est qu'au Brésil les conquérants ne se heurtèrent qu'à des tribus éparses, alors qu'en Afrique noire les peuples du Mali, du Congo, etc., les empêchèrent de s'installer en profondeur ; ce que les Portugais réussirent deux siècles plus tard en Angola et au Mozambique, tout comme les autres Européens dans les diverses régions de l'Afrique.

Ainsi, il faut faire le compte de la résistance africaine, que l'historiographie européenne a effacée, pour expliquer ce qui au XVIe siècle put freiner les conquérants ; même si l'Afrique ne présentait pas le même intérêt commercial que l'Inde ou le Brésil, n'ayant ni poivre ni cacao, ni tabac, mais seulement la malaguette, une épice qui n'eut guère de succès.

Mais l'Afrique noire possédait des esclaves qui valaient toutes les épices réunies.

Ce n'est donc pas l'absence d'intérêt pour l'Afrique qui a arrêté la progression des divers colonisateurs du XVe au XIXe siècle, voire leurs choix commerciaux, mais bien la capacité de l'Afrique à se défendre — autrement les Européens eussent assuré leur domination sur des territoires entiers, comme le montrait le précédent des Canaries, et plus tard du Brésil.

La vérité est que, maîtres de la mer, les Portugais et autres Européens étaient vulnérables sur terre et surtout sur les rivières.

Très manœuvrables, les pirogues et autres navires africains étaient à la fois rapides et susceptibles de porter jusqu'à une centaine de guerriers. Une première alerte eut lieu en 1446 qui avertit les Portugais de Nuno Tristao du danger que représentaient les flottilles de Sénégambie ; son expédition connut un triste sort, et d'autres firent la même expérience jusqu'à ce que le roi du Portugal envoie Diego Gomes pour négocier les conditions d'une installation sur la côte. Or, le Mali et ses voisins dominaient tout un système de fleuves et de rivières autour du Niger, du Sénégal, de la Gambie, et ce fut l'action combinée des flottilles armées qui arrêta les envahisseurs. Ce fut également cette résistance militaire qui obligea les Européens à négocier la manière dont s'opérait le trafic avec les populations. Ainsi, le roi du Kongo fit savoir à Joao Alfonso, un marchand portugais au service de François Ier, à quelles conditions on pouvait pénétrer dans le Zaïre. Un traité dûment négocié fut à l'origine de la première installation des Portugais en Angola (1571), où fut contrôlée, également, la façon dont s'opérerait leur commerce dans ces régions, la traite notamment.

Afrique : L'Histoire sans l'Europe

Dramatique et cruelle, la traite des Noirs a marqué l'imaginaire des sociétés : celui des Africains transplantés aux Amériques, bien sûr, mais celui des Européens aussi qui, après coup, ont nourri une culpabilité, un peu tardive il est vrai, mais qui a commencé à se manifester dès le XVIIIe siècle, comme il a été montré.

L'immoralité de cette déportation massive a obscurci souvent l'examen des conditions réelles de ces départs aux Amériques, données qui n'atténuent en rien l'horreur de ce trafic, précisons-le tout de suite, mais que l'analyse historique ne doit pas cacher pour autant.

En premier lieu, il faut rappeler que la traite vers les Amériques s'est greffée sur une traite qui préexistait à l'arrivée des Européens en Afrique et qui fournissait le monde arabe et maghrébin. Avelino de Teixeira da Mota notait ce détournement au passage d'Arguim, dès le XVe siècle, avant la découverte de l'Amérique, pour des esclaves destinés aux comptoirs et aux îles de l'Atlantique portugais (Sao Tomé, les Açores, etc.). Le trafic atlantique a abouti à un accroissement gigantesque de cette traite qui est passée, en moyenne, de 5 000 âmes par an, vers 1500, à 9 500, vers 1600, avec des chiffres encore plus élevés au XVIIIe siècle (cf. le total, p. 166).

L'esclavage et la traite existaient ainsi avant l'arrivée des Européens, et ce trafic n'était pas dû *seulement* à l'action des Arabes, ou plus tard des Portugais, Français, Anglais... L'esclavage et la traite faisaient partie des structures du fonctionnement des sociétés et des États africains ; la propriété privée de la terre n'ayant pas d'existence ou de légitimité dans la tradition, seule la possession d'esclaves et des produits de la terre permettaient l'accroissement de puissance des marchands ou des monarques. Les monarques africains pouvaient ainsi être en guerre pour opérer des razzias, acquérir des esclaves destinés à la vente ou à leurs propres domaines. Leur statut était variable, différencié selon leur origine et les conditions de leur acquisition. C'est avec la traite arabe puis européenne que leur sort s'est uniformisé, et de façon tragique (John Thornton, *Africa and Africans*).

S'il est vrai qu'au XIXe siècle ce sont bien les moyens militaires qui ont permis aux Européens de conquérir et de dominer de vastes territoires, d'y introduire le travail forcé, il n'en a pas été ainsi aux origines : en Sénégambie, par exemple, le commerce des esclaves n'a vraiment commencé, avec un départ de 700 à 1 000 individus par an, qu'à partir du moment où les Portugais ont mis fin à leurs raids et ont commencé à négocier l'achat de ces esclaves. C'est dire que les États africains ont été partie prenante dans cette traite et qu'ils l'ont spontanément développée. Il semble même que les guerres entre royaumes africains se sont multipliées à partir du moment où la traite a connu cette relance que créait la demande atlantique — une évolution qui a pu être vérifiée au Kongo. Telle était la situation constatée par le voyageur Mungo Park en 1797 (Mungo Park, *Voyage à l'intérieur de l'Afrique,* 1800).

Ce qui est le fait des Européens, d'eux seuls, est la détérioration du sort des victimes. Dans les sociétés de l'Afrique atlantique, les esclaves n'étaient pas spécialement destinés aux tâches rebutantes ou inhumaines. Certes, lors de leur capture, voire de leur achat, en tant qu'« étrangers », ils subissaient un traitement discriminatoire, mais ultérieurement leurs descendants vivaient comme les vilains du Moyen Age occidental, sur la terre de leurs seigneurs. Par exemple, en Côte de l'Or, ils disposaient d'un jour libre par dizaine ou par semaine pour cultiver un lot qui leur était attribué, le reste du temps étant consacré aux récoltes du maître ou de l'État. Or, aux origines, aux premiers esclaves noirs transférés à Sao Tomé-Principe les Portugais ont appliqué le même régime.

L'aggravation du sort des esclaves s'est faite ultérieurement, par étapes, inexorablement. Et, après l'épouvante du voyage et les mauvais traitements connus aux Amériques, l'Afrique est restée dans les mémoires comme un Paradis perdu.

En Afrique noire comme au Mexique ou dans les Andes, l'existence d'États organisés a certes été à l'origine d'une résistance à l'occupation étrangère, qui s'est traduite par des combats, finalement malheureux ; mais on constate surtout que ce sont les formations étatiques les moins élaborées, les moins centralisées qui, à plus long terme, se sont opposées avec le plus de continuité aux Européens. Ce qui signifie aussi que de véritables États existaient, ou du moins des structures qui jouaient ce rôle, ce que veut ignorer la tradition coloniale.

De ce point de vue, l'État qu'a su construire Samori au XIXe siècle, au Soudan, est exemplaire. Il résulte de l'association d'un individu exceptionnel et d'un groupe social, les Dyula, commerçants, dont l'essor est lié à une rénovation de l'Islam. Chef de guerre, jouant de sa parenté, du commerce et de l'Islam, Samori se hisse à la tête d'une société et se taille un empire de près de 400 000 km^2. Il avait su réorganiser l'armée en établissant une hiérarchie entre les professionnels qui en forment le noyau permanent dévoué à son chef, et les combattants de circonstance ou d'appoint. Surtout, il sait faire produire des armes à feu par les artisans, resserrer l'administration de l'État en se servant de l'Islam et de ses marabouts pour en assurer l'unification, instituant ainsi un régime théocratique hiérarchisé. Sa rencontre avec les Français de Gallieni fut fortuite ; il conclut ainsi des accords avec lui, puis prépara l'alliance anglaise. En 1890, devant l'avance française, il pratiqua la politique de la terre brûlée à la suite d'une insurrection qui embrasa ses États et déplaça son empire vers l'est pour échapper aux Européens ; ce qui était la preuve de la solidité des structures de cet État. Mais il est finalement fait prisonnier par le général Gouraud en 1898, et son État disparaît avec lui.

Grâce à Yves Person et aux sources qu'il a pu recueillir, on a ainsi une analyse de l'histoire de Samori qui diffère quelque peu de la vision traditionnelle, « un chef de *bande* », qui occupe la scène dix-sept ans. Avec lui, les Mandingues forment une *sorte* d'empire nomade contre lequel luttent Joffre, Archinard, Gallieni, Gouraud. Champion de l'Islam, fertile en ressources, froidement féroce, Samori apparaît et disparaît. Il est fait prisonnier par Gouraud en 1898 et meurt en exil » (Maurice Baumont, *L'Essor industriel et l'Impérialisme colonial*, p. 267).

La légende historique voisine de l'histoire officielle concernant la colonisation reproduit ainsi le point de vue des conquérants « puisé aux archives » et ainsi sacralisé, devenu analyse « scientifique » : il repère « la course au Tchad, la course au Niger — vers le bord du fleuve, vers le pays de Kong, vers les pays Mossis, vers le bas Niger, à partir du Dahomey —, et puis la course au Nil ». Il ignore complètement les autres. L'appui sur des classifications géographiques aboutit à une réduction de la connaissance historique. Ces pays n'ont pas d'archives écrites, donc ils n'ont pas de « véritable » État, donc ils n'ont pas d'histoire...

De fait, à côté de l'État de Samori, d'autres formations étatiques existent, avec leurs structures propres, tel le royaume Ashanti ou Asante, État militaire et conquérant, dont l'appareil administratif est plus développé qu'ailleurs, à Kumasi la capitale du royaume ; et qui a su intégrer, autour de l'Asante proprement dit, la métropole, des provinces incorporées, des provinces intérieures, des provinces extérieures, ce qui détermine des conflits internes entre centralistes et fédéralistes, et bientôt entre modernistes et traditionalistes. Le schéma de l'intervention étrangère en Asante est classique : un traité d'amitié (1817), le passage des possessions britanniques de la Gold Coast sous le contrôle de la Sierra Leone déjà annexée (1821), des campagnes des Ashanti contre les Wasa, les Fanti, etc. En 1873, les Fanti demandent la protection des Britanniques ; ceux-ci font la guerre et assurent la défaite de l'Asante vaincu par la coalition des Anglais et des peuples soulevés. Vingt-trois ans plus tard, les Britanniques occupent Kumasi et proclament leur protectorat (1896).

Ainsi, c'est lorsqu'il a existé de véritables États — que la tradition historique européenne a ignorés — que leur chute a entraîné un effondrement et la fin de toute résistance militaire, mais pas de l'idée d'indépendance, restée vivante aussi bien en Afrique de l'Ouest qu'à Madagascar ou au Kenya ; la contrepartie, si l'on peut dire, est que la légende populaire ou savante a transformé ces chefs vaincus en véritables héros — Behanzin, Samori, Msiri au Katanga, Rabah, ou Mapondera, bandit d'honneur en « Rhodésie », etc. —, alors que la résistance paysanne, spontanée et pas durable, n'a pas été accompagnée d'un pareil souvenir légendaire.

Le plus illustre de ces héros a sans doute été Chaka, le roi des Zoulous, le premier des grands fondateurs de royaumes guerriers dont les Blancs ont triomphé (1816-1828) ; mais cette légende est née bien après sa mort. Il avait modernisé l'art militaire et réorganisé l'armée, instruite à la spartiate. En premier lieu, il changea la taille des sagaies que traditionnellement les Zoulous fabriquaient longues pour mieux les envoyer à distance ; il leur substitua des sagaies plus courtes qui, ainsi, peuvent aussi servir à des combats de corps à corps. Il multiplia les exercices physiques pour bander les muscles de ses soldats, dont il accrut la part de nourriture carnée. Il les stimula par des concours d'épreuves : aux vainqueurs étaient offertes des jeunes filles nubiles, les plus belles de la concession du roi, initiées à la lutte et au combat. Et Chaka les faisait s'entraîner sous les yeux brillants de ses guerriers. Il leur était interdit, toutefois, d'avoir le moindre contact avec elles, sous peine de mort. Ainsi « la pulsion sexuelle est détournée de sa fonction reproductrice pour se transformer en moteur de guerre » (W.L. Randles). Après douze années de règne, en 1828, lasse de cette tyrannie, qui faisait de son royaume une puissance à laquelle les Blancs n'osaient pas se frotter, une partie de l'armée se souleva, et il mourut assassiné. Après lui, les ressorts de l'Empire se détendirent, les Boers triomphèrent des Zoulous à la Blood River, les Anglais détruisirent leur armée en 1879, épilogue connu en Europe parce qu'y mourut le Prince impérial, fils de Napoléon III. Ce fut la fin des « Hommes du Ciel ».

Transformé en héros mythique et légendaire, Chaka est devenu le Christ noir pour les uns, le symbole de la négritude pour les autres. La tradition orale d'abord, puis écrite, a transfiguré sa vie mouvementée. A son origine, on trouve le *Chaka* de Thomas Mofolo, dont le texte en sosotho demeura longtemps enseveli dans les tiroirs des *Missionnaires de la Société évangélique de Paris.* Son héros triomphe, mais, avec l'aide du Diable, il commet mille crimes et exactions avant de périr dans un complot ourdi par ses frères. Dans une autre version, il tue un léopard à l'âge de dix-neuf ans et fait enfermer une reine ennemie dans une hutte avec une hyène vorace. Dans une autre version encore, il transforme un noyau invincible de 500 hommes en une armée de 400 000 hommes destinée à gouverner le monde.

Chaka avait créé en quelque sorte une nation zoulou. Il incarne bientôt la résurrection de la « nation africaine » tout entière, survit à la mort dans le drame de Badian et de A.A. Ka. Et, tandis que chez le chrétien Mofolo, sa mort signifie la défaite du Mal, désormais elle évoque le sacrifice héroïque du père fondateur d'un véritable État africain. Lui mort, les Blancs ont pu librement asservir l'Afrique : « Nous deviendrons les esclaves de leurs compas et de leurs équerres. Et nos Dieux laisseront faire. Nos intellectuels, dans les bistrots, chuchoteront autour d'une bouteille. Et nos prêtres laisseront faire. Et nos frères nous frapperont pour une poignée de riz [...]. Nous aurons connu plus de martyrs que les plaines de Judée » (*Les Amazoulous,* acte III).

On constate que le cinéma noir d'Afrique a peu abordé les thèmes historiques qui rappelleraient sa servitude, et guère glorifié ses héros, même si le projet d'un *Samori* est toujours en chantier. En revanche, les révoltes populaires ont suscité de vrais chefs-d'œuvre ; ainsi, allant contre l'histoire officielle d'aujourd'hui, Sembene Ousmane montre comment, au XIXe siècle, l'islamisation a pu s'accompagner de tyrannie et d'abus : c'est le thème des *Ceddo,* ces hommes du refus chez les Ouolofs qui n'admettent pas, notamment, qu'au nom du Coran le conseil des imams s'attribue un droit de regard sur la société tout entière. Les Ceddo avaient enlevé leur princesse, pour signifier leur refus : ils sont vaincus ; la princesse est reprise et promise à l'Imam. Mais, au moment de l'hymen, elle saisit son arme et l'exécute devant le peuple converti de force et qui se solidarise avec elle. Dans ce drame superbe, l'élite musulmane s'est sentie agressée. Mais le colonisateur français aussi, car le Blanc apparaît ici sous la figure d'un Père : son seul souci est l'idéal d'une Église noire pour tous ; poursuivant sa chimère, il est absolument indifférent au sort des Ceddo, à leur destruction, à leur volonté de survie.

Mais les films sur la résistance anticoloniale sont rares, tel *Si les cavaliers,* de Bakabé Mahamane (1982), un film qui évoque la résistance et le complot manqué d'un sultan local contre l'occupation française au Niger, en ce début de siècle. Car la grande majorité des films africains portent sur la déchéance des Africains victimes du « néo-colonialisme » — *depuis* la décolonisation.

Le passé colonial au regard du cinéma algérien

Le contraste est saisissant entre le cinéma africain et le cinéma algérien. Plus que tous les autres, au Maghreb et en Afrique, il évoque le passé colonial, les humiliations vécues du temps des Français : pendant deux longues décennies, c'est le cinéma du ressentiment… Et puis, chez quelques-uns, on observe un changement de regard sur l'époque des Français…

Définissant les trois cinémas du Maghreb dans *Cinéaction,* Ferid Boughedir formule ainsi leur différence : « Au Maroc, c'est la plainte silencieuse, J'étouffe, j'étouffe, c'est le Moyen Âge ; comment écarter ces murailles, déchiffrez ce que j'ai à dire. Ce cinéma parle du présent. En Tunisie, c'est la recherche de vérité : le tourisme — parlons-en —, l'émigration — voyons cela —, la condition de la femme —, il faut la connaître. Ce cinéma-là aussi parle du présent… Il se fait sociologue politique. Le cinéma algérien parle du futur, mais plus encore du passé. Nous fûmes un grand peuple... Ayons confiance en nous. Ce cinéma exprime la dignité de l'humilié. »

Ce qui l'a marqué le plus, d'abord, c'est l'expropriation par l'administration française — dans *Chronique des années de braise,* 1975, de Mohammed Lakhdar Hamina, dans *Les Déracinés,* de Lamine Merbah, qui analyse la dépossession des fellahs de l'Ouarsenis, dans *La Nuit a peur du Soleil,* de Mustapha Badie... La collaboration de certains potentats locaux avec les autorités est également un thème récurrent tant au cinéma qu'à la télévision, tout comme l'exploitation des mineurs, dans *Sueur noire.* Mais c'est surtout la résistance du peuple algérien qui est objet de mémoire — depuis *Les Hors-la-loi,* de Temfik Farès, en 1969, qui montre comment la première administration coloniale ne peut remplacer le code de l'honneur en vigueur en Algérie par le Code Napoléon. C'est ainsi que ceux qui sont fidèles à ce code de l'honneur, devenus bandits, taxés de hors-la-loi, incarnent le refus de l'ordre colonial. Surtout, de Temfik Farès et Mohammed Lakhdar Hamina, le cinéma algérien produit, en 1966, un chef-d'œuvre, *Le Vent des Aurès,* l'histoire tragique d'une famille détruite par la guerre. Le fils assurant, après la mort de son père, le ravitaillement d'un maquis, est arrêté. La mère, inlassablement, part à sa recherche, de caserne en camp, une poule à la main pour obtenir, en échange de cette offrande, de pouvoir seulement voir son fils. Elle meurt, électrocutée par les barbelés du camp où il est interné...

Cette représentation met en valeur trois aspects de la colonisation ressentis comme particulièrement intolérables : la dépossession, la déculturation, l'exploitation. Elle perpétue l'idée que jamais les Arabes et Kabyles d'Algérie n'ont accepté le joug de l'étranger. On oublie ainsi l'époque du « royaume arabe », de la collaboration qui fut en partie acceptée, comme fut acceptée par beaucoup l'idée d'intégration, conçue par Napoléon III — et on met en valeur les soulèvements. Le plus important fut l'insurrection de 1871, dite « de Kabylie » par la tradition coloniale, alors qu'en fait elle souleva 250 tribus, au total près du tiers de la population algérienne. Au vrai, la plupart des chefs djouad s'agitaient depuis que l'administration les avait dessaisis de leur pouvoir… Il s'y ajoutait une « révolte des classes inférieures » que révèlent les appels de la conférence des Darquawa, « qui respirent une haine féroce des Français » (1864). Les progrès des colons, l'affaiblissement des officiers — qui comprenaient mieux les sentiments de l'aristocratie arabe —, l'annonce de la généralisation du régime civil affolent les « indigènes » qui voyaient encore en Napoléon III une sorte de protecteur. Il avait osé dire qu'il se sentait autant « l'empereur des Arabes que celui des Français ». Sa chute et la défaite française en 1870 laissent prévoir une vaste insurrection. Charles-A. Ageron a bien montré, dans *Les Politiques coloniales au Maghreb,* que, dans ce contexte, le décret Crémieux qui accorde aux Juifs la nationalité française n'a joué qu'un rôle accessoire, pas même de détonateur, même si le cheikh Mokrani, un des chefs de l'insurrection, déclare : « Je n'obéirai jamais à un Juif… Je veux bien me mettre au-dessous d'un sabre, d'un Juif jamais. » Le point intéressant est sans doute que, lorsqu'il siégeait au Conseil général de Constantine, quelques années plus tôt, il avait voté pour la naturalisation des Israélites ; la raison était qu'il ne désirait pas cette naturalisation pour ses coreligionnaires : il ne croyait pas qu'un citoyen pût être supérieur à un croyant — la preuve, on naturalisait les Juifs. Le décret signifiait qu'on pouvait obliger les Juifs à abandonner leur foi… Ce que jamais ne ferait un Musulman.

Un autre facteur de révolte avait été cette Commune d'Alger en 1871, qui avait vu les Français se battre entre eux, entre républicains et bonapartistes, se prononcer pour que l'Algérie *fara da se,* se rende autonome toute seule… Le séparatisme « républicain », cette défaite française, voilà qui se répète dans d'autres termes en 1954-1962, après Diên Biên Phu et l'OAS, et qui donne de l'élan à l'insurrection. Révolte multiforme, réprimée durement, selon la « règle algérienne », et suivie d'une expropriation massive : des chansons kabyles répétèrent désormais : « 1871 fut notre ruine, 1871 fut l'année où nous devînmes mendiants. »

La révolte d'Abd el-Krim, une mémoire étouffée...

A l'époque de la lutte de libération des peuples colonisés, on s'est demandé si la guerre du Riff (1921-1926) avait été le dernier soubresaut de leur défense, ou bien, à l'inverse, l'annonce d'un mouvement qui a abouti, plus tard, à l'indépendance. La proclamation de la « République du Riff » par Abd el-Krim, en 1923, après la victoire d'Anoual, défi aux puissances impérialistes, répondait non seulement à la pénétration espagnole mais aussi à la volonté française, de Lyautey entre autres, d'associer la présence coloniale à la monarchie chérifienne.

L'insurrection mettait ainsi en cause le rapport que le Riff entretenait avec l'État marocain, et qui aboutissait à une désintégration du pays, conséquence de la pénétration impérialiste. Ruiné, celui-ci se referma sur de précaires équilibres locaux, effets de la rupture des liaisons anciennes que le Riff avait avec le reste du Maroc, et qu'avait provoquée l'investissement colonial. Aussi, c'est dans le jeu de ces relais d'autorité, et non dans un Riff isolé, que se situe l'action d'Abd el-Krim, par la médiation du droit coranique dont il est porteur et de par sa fonction de juge qui permet un contrôle sur la société. Il se tient dans la mouvance de Fès, fût-ce en dissidence, mais par correspondance avec l'Islam qu'au reste Abd el-Krim entend réformer et carrément dissocier de l'État, comme a fait Ataturk.

Ainsi, le parallèle avec Abd el-Kader n'a guère de fondement même s'ils sont, l'un et l'autre, des chefs élus, avec le titre d'émir, recourant tous les deux aux armes et aux techniques européennes ; se ressemble aussi, dans les deux cas, l'esquisse d'un État qui fait référence au Coran, en rupture des cadres et coutumes confrériques, et qui procède à une consultation démocratique. De fait, s'il s'est bien agi dans les deux cas de la mise en état de guerre d'un pays et d'une population face à un ennemi qui veut l'occupation — car sans elle la colonisation ne serait pas intégrale —, la différence entre Abd el-Kader et Abd el-

Krim vient de ce que ce dernier va plus loin dans l'organisation collective de la résistance, et surtout dans la transformation politique de ce qu'était l'organisation sociale antérieure, accomplissant une ouverture qu'il fait, certes, sur le mode religieux, mais en visant à un changement politique plus profond, pas nécessairement en liaison avec le sultan. On a pu parler ainsi de « guerre révolutionnaire » dont Hô Chi Minh se serait inspiré en 1946.

Abd el-Krim explique sa défaite par le fanatisme religieux, ce *ta'assub* étant la division des communautés marocaines en groupes opposés tenus à des fidélités contradictoires. Et, bien sûr, il l'explique également par la supériorité technique et numérique des Français qui alignent jusqu'à 325 000 hommes de troupes régulières, plus 100 000 Espagnols, contre 75 000 partisans. Selon lui, le terme de « République du Riff » a été choisi pour exprimer le fait « que nous étions un État composé de tribus indépendantes fédérées, et non pas un État représentatif ayant un Parlement élu ».

Saluée par les révolutionnaires de tous les pays, soutenue par le Komintern et le Parti communiste français de Jacques Doriot, l'expérience d'Abd el-Krim n'a pas bénéficié au Maroc de la même glorification, ni au sein des partis réformistes du Wafd égyptien ou du Destour tunisien : ils ont conservé une certaine défiance vis-à-vis d'Abd el-Krim parce qu'ils pensaient leur propre opposition en termes parlementaires, et non sous la forme d'un soulèvement populaire. De même, Allal el-Fassi, au Maroc, réformiste nationaliste, note qu'en cinq ans, dans sa zone insurrectionnelle, Abd el-Krim « n'a pas même construit une école » ; tout s'est passé comme si on s'était intéressé à Abd el-Krim plus au Liban ou à Moscou qu'au Maroc même. Abdallah Laroui a observé qu'en 1971 encore, lorsqu'un Marocain fait un exposé sur la bataille d'Anoual où les Espagnols furent vaincus en juillet 1921, c'est du point de vue espagnol qu'on présente les faits, la preuve qu'au Maroc on n'en a pas écrit la contre-histoire (*Abd el-Krim et la République du Riff*). De même, dans l'ouvrage d'Allal el-Fassi sur *Les Mouvements d'indépendance en Afrique du Nord,* les remarques sur Abd el-Krim sont succinctes, signe que la direction du mouvement nationaliste marocain, entre 1925 et 1954, n'a montré aucun intérêt politique réel pour l'expérience riffaine, parce qu'il l'interprétait au travers du mouvement libéral démocratique, et du mouvement Salafi de résistance, qui pose que, en fin de compte, Abd el-Krim aurait sans doute rendu ses pouvoirs au sultan. Alors qu'en vérité Abd el-Krim jugeait que s'il en avait eu la possibilité et le temps, « nous, Marocains, serions devenus une grande nation d'hommes libres ». Ce qui allait très au-delà.

Dans ce contexte, on comprend mieux que les organisations associées au sultan, puis au roi, aient quelque peu jeté un voile sur l'insurrection du Riff – quitte, bien entendu, à lui assurer une glorification désormais sans risque pour le pouvoir.

« De nos monts, s'est élevée la voie des hommes libres, appelant à l'indépendance » –, ce chant attribué aux soldats d'Abd el-Krim, il semble bien qu'en son temps et jusqu'aux années cinquante on l'ait entendu en Tunisie, en Algérie ou en Turquie plus qu'au Maroc.

Au Vietnam, l'armement moral face aux Français

En 1922, Lord Northcliffe, directeur du *Times* et du *Daily Mail,* déclarait à André Tudesq, du *Journal,* à quel point il admirait la présence française en Indochine. « Vous y touchez les coupons de trois cents ans d'expérience coloniale… Vous avez su découvrir et toucher le cœur de l'indigène ; vous colonisez avec tact. Il règne en ces lieux la politique de l'amitié » (cité in R. Chauvelot, *En Indochine*).

Sans doute, les Vietnamiens ne partageaient-ils pas tous cette analyse…

En premier lieu, dès 1885, ils eurent le sentiment d'avoir « perdu leur pays » et ils exprimèrent des propos antifrançais, « ces chevelus, sentant mauvais, aux nez longs » ; mais, assez vite, ils deviennent anticolonialistes, plus qu'antifrançais, car ils pensent qu'il existe de « bons Français », tels Montesquieu, Voltaire, Rousseau et Napoléon. Pendant un premier temps, en effet, ils identifient l'invasion française à d'autres, antérieures — celles des Mongols par exemple. Au vrai, ils s'attendaient un peu à une pénétration française, dès 1842 — étant déjà partagés entre ceux qui veulent « fermer toutes les portes à clef » et ceux qui veulent « connaître le pain et le lait », c'est-à-dire apprendre de l'Occident ses recettes — pas seulement alimentaires... — pour mieux lui résister. C'est la défaite de Ki-Hon (1861) qui les convainc de cette dernière nécessité, l'artillerie française ayant montré sa suprématie...

Un deuxième tournant dans la réaction des Vietnamiens se situe lorsque, sous l'égide de leurs lettrés, ils contestent le comportement de la cour de Hué « qui cherche de prudents compromis avec les " Barbares " ». Ce n'est pas une mise en cause de la monarchie mais de la personne du monarque, qui n'est plus digne de sa fonction. Les lettrés mettent en regard le comportement de la Chine et celui du Japon, qui a su accomplir la réforme Meiji : alors que le Vietnam, comme la Chine, demeure stagnant. Qu'il soit possible de résister, la tête coupée du commandant Rivière en atteste ; elle est montrée de village en village, stimulant l'esprit de résistance.

> Nous sommes tombés, l'espoir repose sur nos fils ;
> Nous possédons notre vie, mais devons apprendre à la sacrifier,
> Serions-nous silencieux, qu'on nous traitera de peureux.
> Nous lirons la proclamation de nos victoires sur les Wu,
> Nous ferons comme ceux qui ont exterminé les Mongols...
>
> Cité in David Marr, *Vietnamese Anticolonalism.*

La fuite de l'empereur Ham Nghi, en 1885, marque la fin des illusions sur la capacité de la cour de Hué à défendre le pays, et le début d'une résistance qu'incarne le mouvement Can Vuong, ces lettrés qui, par la plume et le pamphlet, stigmatisent l'envahisseur. Un de ses protagonistes en est Phan Boi Chau à qui l'on demande de se rendre aux Français pour sauver son frère prisonnier. Il dit à ses lieutenants : « Depuis que je suis dans notre mouvement, j'ai oublié les problèmes de ma famille, ou de mon village. Car je n'ai qu'une seule tombe, très grande, à défendre, celle de mon pays, la terre du Vietnam. Et mon frère en danger, ce sont mes vingt millions de concitoyens. Si je sauve mon frère, qui donc sauvera les autres ? »

Ce mouvement d'armement moral était, évidemment, insuffisant pour chasser les Français ; il ne concernait qu'une minorité de lettrés, mais qui regroupaient toute la population autour d'eux. Jamais ils ne donnaient un contenu explicite à leur comportement rigoureux : mais chacun savait ce qu'ils voulaient signifier : il préfigure l'attitude du Français occupé devant l'Allemand, dans *Le Silence de la mer*.

C'est pour cela que, vers 1900, l'administration française pouvait croire que, d'un point de vue administratif, le patriotisme n'avait plus de moyens d'expression. Paul Doumer put alors organiser la mise en tutelle systématique du pays, et par l'organisation de son exploitation semer involontairement les graines d'un futur mouvement des masses paysannes.

Le changement qui s'opéra fut que les Vietnamiens eurent le sentiment qu'ils n'avaient pas seulement perdu la matérialité de leur territoire, mais que, si l'administration coloniale continuait à quadriller le pays, « ils risquaient de perdre leur âme ». La déchéance de certains, devenus les domestiques de l'occupant, ces mandarins-collaborateurs, devient le signe d'une dégénérescence qui autorise les Français à les traiter de plus en plus mal.

Un ouvrage écrit par Phan Boi Chau, après un voyage au Japon, devait avoir une grande destinée, *Vietnam Vong Quoc Su* (Histoire de la perte du Vietnam). Ce livre était écrit en chinois pour alerter les Chinois et les Vietnamiens : si la Chine ne prenait pas garde, elle connaîtrait bientôt l'exemple du Vietnam. Sa traduction en une cinquantaine d'exemplaires atteignit jusqu'aux villages les plus reculés de l'Annam parce qu'il était écrit clairement. Il dénonçait l'incapacité de la cour de Hué qui n'avait pas su éduquer le peuple pour le prévenir contre les dangers qui menaçaient la nation ; il dénonçait aussi la politique de l'occupant qui visait les lettrés pour rendre le peuple encore plus ignorant.

Plus encore, il faisait l'inventaire des taxes et impôts que les Vietnamiens avaient à payer : par exemple, 4 sur le sel, le terrain, le pesage, le transport, la vente ; 6 sur le tabac, etc. Il disait ce conte populaire dans les campagnes, qui montrait l'avarice et l'âpreté des Français : « Une famille était ruinée à cause de tous les impôts qu'elle avait dû payer. on alla voir le fonctionnaire : " Nous ne possédons plus rien, que le ciel sur nos têtes... " " Signez ce papier ", répondit le fonctionnaire... Quand la famille voulut rentrer au village, une escouade de soldats lui barrait la route. " Vous ne pouvez pas y aller, dirent-ils, vous allez respirer l'air qui, vous l'avez signé, ne vous appartient plus ". »

Naturellement, la victoire du Japon sur la Russie stimula le mouvement de résistance, qui demeurait pourtant l'apanage des lettrés. Un deuxième ouvrage de Phan Boi Chau, *Tan Vietnam* (Le nouveau Vietnam), énonçait les dix grandes voies de la vie — tout un programme politique : que le Vietnam n'ait plus « besoin » d'être protégé ; que les mandarins n'exploitent plus le peuple ; qu'il n'y ait plus de taxes injustes ; que le système éducatif soit reconsidéré ; que l'industrie ne soit pas aux mains des étrangers, etc. Pour accomplir ces merveilles — sans parler d'indépendance —, il fallait manifester des qualités morales : un esprit d'initiative, l'amour de son prochain, le souci de se moderniser, se montrer patriote sans nécessairement parler de son pays, etc.

Ce mouvement moral entra en résonance avec les mesures que Paul Doumer prit, autour de 1908, et qui commencèrent à pénétrer toutes les activités de la société : taxes et corvées se multipliaient pour « construire le pays ». Cette « transformation de l'Indochine » suscita les premières grandes révoltes rurales, bientôt ouvrières.

Certes, les mouvements de résistance n'avaient pas structuré cette réponse de la société vietnamienne aux nouvelles charges qui s'abattaient sur elle.

Ils l'avaient armée moralement.

L'Histoire revisitée : en Inde, la vision de K.M. Panikkar

La vision des vaincus, pour l'Asie et l'Inde en particulier, a été l'objet d'une véritable synthèse * — la première du genre, semble-t-il, œuvre de l'Indien K.M. Panikkar : *L'Asie et la Domination occidentale.* Ce travail fut entrepris durant les années 1930, donc avant l'indépendance de ce pays, et achevé en 1953.

Sa périodisation des quatre cent cinquante années qui sont comprises entre l'arrivée de Vasco de Gama en 1498 et le départ des forces britanniques de l'Inde et de la Chine en 1947-1949 diffère quelque peu de la vision occidentale. Ses grands thèmes ne sont pas toujours les mêmes, la date de 1571, la bataille de Lépante, constituant, selon lui, le premier grand tournant. Jusque-là un élément essentiel de l'action des Européens — celle de l'idée d'une croisade contre l'Islam et d'un débordement stratégique de la puissance musulmane — disparut avec cette défaite de la flotte ottomane, faisant cesser la menace musulmane. Le souci européen de s'assurer le monopole du commerce des épices fit place, en cent ans, à celui d'importer des textiles, du thé — et, pour l'Angleterre après sa révolution industrielle, de trouver des débouchés pour ses produits manufacturés, ou de placer avantageusement ses capitaux. De religieux, les intérêts devinrent plus commerciaux et politiques, la prépondérance changeant de main, et passant des Portugais aux Hollandais, puis aux Français et aux Anglais.

Cette « période Vasco de Gama » se caractérisait par la domination des puissances maritimes sur les puissances continentales, par l'imposition d'échanges économiques à des communautés dont l'activité essentielle avait reposé jusque-là sur la production agricole et les échanges intérieurs. Or, c'est la maîtrise de l'Atlantique qui commençait

* Cf. in C.A. Bayly (*op. cit.*) un inventaire de monographies indiennes sur l'Inde coloniale, pour la période 1945-1979. On lui préférera l'étude de Cl. Markovits, analysée plus loin.

à commander le monde ; que l'Espagne la perde, avec le désastre de l'Invincible Armada, et ce furent les autres puissances qui prirent la relève. Ce qui est vrai pour expliquer le sort de l'Inde ou celui de l'Indonésie l'est aussi pour celui de la Chine ou celui du Japon, qui perdirent la liberté de leurs échanges avec la Malaisie, Formose, les Philippines, etc., la Chine étant soumise depuis le XVIe siècle à un véritable blocus – portugais, puis hollandais, puis anglais.

Une deuxième période, intermédiaire, selon la périodisation de K.M. Panikkar, commence aussi lorsque les Européens cessent d'être des croisés pour devenir des missionnaires. C'est l'époque de la Contre-Réforme qui enflamme ainsi des mystiques, tel saint François Xavier, une période courte, mais dont les caractères sont confirmés par l'effort missionnaire des protestants à la fin du XVIIIe siècle. Les relations entre l'Europe et l'Asie ont désormais donné place à un système de rapports entre pays indépendants, en vis-à-vis si l'on peut dire.

La troisième période qui s'annonce au milieu du XIXe siècle, « siècle d'Auguste des Empires européens d'Asie », est marquée par l'apparition de la Russie et des États-Unis dans le concert extrême-oriental. En accord avec les thèses de R.H. Tawney, dans *Religion and the Growth of Capitalism,* K.M. Panikkar juge que « puiser aux richesses de l'Orient par les étroites ouvertures du Levant » était, pour l'Europe, s'imposer des limites fatales et se condamner à une mort lente « comme un géant qui ne pourrait prendre sa nourriture que par les interstices d'un mur ». La domination occidentale dut s'implanter plus profondément et plus largement pour survivre, entraînant ainsi des changements structuraux des sociétés soumises – ce qui sécréta leur révolte.

A ces considérations, qui croisent ou corrigent la vision occidentale de l'histoire, ou son analyse critique, K.M. Panikkar joint des observations originales sur l'action missionnaire – ce qui a d'ailleurs suscité les réserves du préfacier de l'édition française, Albert Béguin, directeur d'*Esprit,* en 1957.

Plus que sur la cupidité des conquérants portugais, sur

laquelle insistent d'autres sources indiennes, l'accent est mis ici sur l'arrogance et la suffisance des missionnaires, catholiques surtout. Ils procédaient comme si l'Inde était ignorante de ce qui s'était passé en Occident.

Car l'Inde connaissait le christianisme avant que ces missionnaires ne se manifestent ; l'Église de Malabar prétendant même avoir été créée par l'apôtre Thomas ; en tout cas, elle a existé dès 182. C'est lors de l'invasion mongole, au milieu du XIIIe siècle, qu'après le concile de Lyon en 1245 le pape décida d'envoyer les premiers légats aux khans des régions limitrophes de l'Europe et même du Grand Khan.

Un compagnon de saint François d'Assise, Giovanni di Plano Carpini, de Pérouse, avait été désigné pour le convertir. Or, déjà, il crut qu'il suffirait d'exposer les principes du christianisme au Khan pour que celui-ci décidât de se faire baptiser ; plus tard, d'autres missionnaires eurent la même attitude envers l'empereur Akbar, monté sur le trône en 1582, un lettré qui aimait à discuter librement des matières religieuses et invitait à sa Cour les représentants de toutes les religions connues. Les jésuites furent ainsi reçus à Agra, mais les débats auxquels on se livrait scandalisèrent parce que « leur intolérance, leur dogmatisme, leur prétention à être les seuls détenteurs de la Vérité divine et leur mépris pour leurs adversaires ne pouvaient que choquer ». Un demi-siècle plus tard, les mêmes jésuites enlevaient deux servantes du Grand Mogol et les convertissaient par des moyens « rien moins qu'orthodoxes ». « Procédés usuels aux missionnaires », explique Panikkar : dès le XIIIe siècle, Giovanni de Monte Corvino, envoyé par le pape en Chine, « avait acheté quarante esclaves et leur administra le baptême… Manière originale, mais coûteuse, de répandre la foi ».

Autre méthode, la persécution. Celle, par exemple, entreprise à l'époque de Jean III du Portugal en Inde, quand l'Église fit détruire, à Goa, les temples hindous dont les richesses furent distribuées aux ordres religieux chrétiens (1540). Les tribunaux ecclésiastiques condamnèrent à tour de bras les hérétiques, avant même que l'Inquisition ait été officiellement établie (1560). Le passage, généreux cette fois, de François Xavier ne changea guère la situation. Le renouveau ne fut effectif qu'avec l'arrivée d'un autre jésuite, Roberto de Nobili (1577-1656), qui étudia l'hindouisme afin de mieux converser avec les brahmanes, revêtit à Madura le costume de l'ascète, posséda le sanscrit et transposa les dogmes chrétiens sur le registre des *Upanishads.* Très populaire à la Cour de Madura, son succès causa sa perte, il fut rappelé à Rome. Enfin, l'établissement de l'Inquisition à Goa, les premiers autodafés (1563, et après) enlevèrent aux missionnaires toute la sympathie qu'ils auraient rencontrée.

L'échec des protestants fut, au temps des Anglais, encore plus rapide, parce que les baptistes de William Carey, installés près de Calcutta, ne reçurent que l'hostilité des autres Britanniques installés dans le pays, agents de la Compagnie des Indes pour la plupart, et qui jugeaient que le désordre social que les missions pouvaient susciter ne saurait qu'amener la détérioration des échanges commerciaux. Leur mépris des hindous était tel « qu'ils croyaient que la présence d'un évêque, quelque chose de faste, de royal, suffirait à les impressionner, à les convertir... »

Au reste, cette suffisance se confondait avec l'agressivité des Européens, « ces impérialistes » : les missionnaires s'identifiaient aux vainqueurs, enseignant l'Europe, sa gloire, sa grandeur, sa primauté – tout en se chamaillant eux-mêmes, entre nationaux, entre confessions, entre sectes. « Quelle dérision, pour un Asiatique qui ne croit pas à l'unité de la Vérité. »

Les thèses de Panikkar expriment à la fois l'occidentalisation de l'approche historique du passé de l'Inde, mais aussi l'attention portée à la discipline historique, qui avait peu de place dans la tradition classique. Au départ, en effet, ce sont plutôt des politiciens, des journalistes – pas des historiens –, qui ont eu à analyser le passé de l'Inde. Le choc qui les a humiliés et a donné le départ d'une construction nationaliste de l'Histoire a été l'*History of British India,* publiée par James Mill en 1817, qui entendait définir la place de l'Inde « sur l'échelle des civilisations ». Elle s'y trouva tout en bas, car, « par la combinaison du despotisme et de la prêtrise, les hindous sont physiquement et moralement la partie la plus asservie de la race humaine ». En réaction, se développe une école historique dont l'initiateur fut Surendranath Banerjea (1848-1925), pour qui le passé doit être connu si le pays veut se régénérer. Il s'agit de réagir contre ces occidentalistes, tel Bankimkandra Chatterjee qui attribue l'assujettissement de l'Inde au caractère « faible » et « efféminé » de ses habitants dépourvus de fierté nationale, un manque dû à l'absence de connaissance historique. Il faut s'opposer aussi à ceux qui, tel Gokhale, prennent pour référence la tradition politique britannique.

Le premier thème à promouvoir est l'ancienneté de la civilisation indienne, de son histoire, qui existait avant les invasions musulmanes. A côté d'elles, les cent cinquante années de domination britannique apparaissent comme une péripétie relativement « insignifiante ». L'originalité du *Ramayana* et du *Bhagavad Gita* est une marque absolue d'ancienneté, très antérieure à la civilisation européenne. Au reste, cette ancienneté s'accompagne d'une permanence culturelle et d'une continuité, certes brisées par la conquête islamique, mais qui se sont perpétuées malgré les vicissitudes de l'histoire. Bipin Chandra Pal repère les traces de cette tradition : une manière de se gouverner sans despotisme et sans soumission à l'ordre militaire ; des souverains dont la volonté n'a pas force de loi, une séparation spontanée du pouvoir exécutif et du pouvoir législatif incarnés respectivement par le roi et les conseils de brahmines, « le caractère théocratique du système politique hindou le préservant des conflits entre le Roi et le Peuple » : « bref, une conception contractuelle de la monarchie »...

L'appauvrissement de l'Inde sous la domination des Anglais constitue naturellement l'argument central qui explique leur déchéance ; mais moins essentiel, tout compte fait, que ce premier traumatisme de la conquête musulmane auquel le soulèvement marathe a essayé de mettre une limite, témoignant de la re-naissance du pays, de ce qui a amorcé le processus de formation de la nationalité indienne. L'existence d'une nation indienne est posée comme allant de soi, en réaction contre la tradition britannique qui souligne l'hétérogénéité du pays et attribue aux Anglais le mérite d'avoir réalisé l'unification de ce territoire aussi vaste que divers.

Domination musulmane, domination anglaise

Vaincus et dominés successivement par les musulmans — Arabes, Persans ou Afghans — et par les Anglais, les hindous ont établi, au début du xxe siècle, un parallèle entre ces deux « occupations ». Il n'est pas à l'avantage de ces derniers : « Même aux jours les plus sombres de la domination musulmane, écrit B.C. Pal, les gens continuaient à gérer leurs propres affaires... et jouissaient d'une mesure de liberté plus grande que celle qui était allouée sous le régime de gouvernement local représentatif tant vanté, introduit par les Anglais. » En outre, la domination islamique se caractérisait par « l'absence de discrimination sociale et politique contre les hindous, le droit laissé à la population de porter les armes, le respect des intérêts économiques des indigènes... » C'est la théorie du « drain », cette vampirisation de la richesse indienne qui surtout marque la différence... Au moins, les empereurs afghans et mogols dépensaient sur place les lourds impôts qu'ils levaient ; leur palais et leurs armées devaient être entretenus, ce qui servait à nourrir et à faire vivre les artisans indiens. Le revenu des impôts faisait fructifier le pays, même si ces travaux témoignaient de la vanité des souverains. Or, avec l'établissement de la domination de la Compagnie des Indes orientales, ce dispositif a pris fin... C'est l'Angleterre qui a tiré ses bénéfices du pays... Non plus l'Inde.

Sans doute y a-t-il là une idéalisation du passé musulman et des institutions prémusulmanes, telle la communauté villageoise, un double détournement qui a pour objet d'occulter l'existence d'une hiérarchie à tous les niveaux, de taire l'existence du régime des castes, réduit, chez les historiens indiens, à une simple division du travail ; de faire observer que le ralliement à l'Islam d'une partie de la population a tenu, précisément, à l'ordre qu'il instituait. Au début du XXe siècle, cet « oubli » de l'importance du système des castes allait dans le sens de l'intérêt des hautes castes, qui dominaient le mouvement national : car la caste ne pouvait pas s'intégrer, non plus, au modèle historique de type occidental qu'on cherchait à imiter pour trouver les voies de l'indépendance. Gommer le rôle des castes avait ainsi pour fonction d'assurer la prééminence des plus élevées, de réduire les différences avec les musulmans, de favoriser une unification du pays sous l'égide des hindous, ainsi identifiés à l'Inde tout entière.

La mémoire historique se souvient ainsi de l'appauvrissement dû aux Anglais, pas des changements sociaux que leur présence a déterminés : montée des castes marchandes et des brahmanes, déchéance des guerriers...

HISTOIRE ET CONTRE-HISTOIRE

Ainsi, histoire et contre-histoire recèlent des silences et des tabous qui n'en ont pas moins contribué à substituer une représentation en partie imaginaire au réel de l'analyse. Dans *L'Histoire sous surveillance* (p. 71-135), nous avons essayé d'en établir une typologie, depuis leurs formes écrites que les Noirs américains ont inaugurées dès 1794, jusqu'à leur expression cinématographique, multiple depuis les années soixante du XXe siècle. En ce domaine, les peuples colonisés ont joué les pionniers.

CHAPITRE VII

Les mouvements d'indépendance-colon

On appelle ici mouvements d'indépendance-colon les actions qui ont abouti ou non, et dont l'initiative appartient aux colons, à des Blancs ; cette première « décolonisation » marquant ainsi un *apogée* de l'expansion — alors que les autres mouvements indépendantistes, ceux des peuples colonisés, en marquent au contraire le reflux.

On constate en effet que depuis ses origines jusqu'à la fin du XXe siècle, ou presque, le rapport des colons à leur métropole d'origine a été ambigu : certes, le plus souvent, celle-ci les soutenait contre les rivaux, contre les indigènes ; mais les conflits qui les heurtaient ont pu néanmoins dégénérer au point que les colons ont choisi de rompre avec leur métropole — pour disposer d'une plus grande liberté d'action…

C'est en ce sens que l'on peut considérer cette série de luttes indépendantistes comme le stade le plus avancé de l'expansion blanche aux colonies.

Les conflits de ce type éclatent dès les origines ; tel est, par exemple, le mouvement pizarriste contre Charles Quint (en 1544-1548) avec des caractéristiques qu'on retrouve ailleurs. On décèle tout un itinéraire de mouvements de ce type jusqu'à la fin de la colonisation. Les enjeux sont variés — et, bien sûr, on ne saurait confondre ceux de la « révolution américaine », en 1783, avec ceux de l'indépendance des colonies espagnoles entre 1819 et 1825, voire avec ceux de la Rhodésie du Sud, devenue Zimbabwe qui se réclame des principes de la Révolution américaine. On ne saurait non plus confondre les enjeux de la révolte des colons d'Alger en 1871 avec ceux de 1958. Les données, au reste, sont différentes.

Il reste que, d'un bout à l'autre de l'histoire de la colonisation, les mouvements de colons ont leur logique et leur spécificité.

Dans les possessions espagnoles, ils se dressent d'abord contre le mouvement lascasien, contre la protection que la métropole ou l'Église veulent assurer aux indigènes. On retrouve ces traits ailleurs.

Un précédent, le mouvement pizarriste en Amérique espagnole (1544-1548)

Lorsque le premier vice-roi du Mexique, Don Antonio de Mendoza, céda la place à son successeur, il rendit compte, clairement, de l'incompatibilité qui existait entre le désir de la Couronne de protéger les Indiens et celui d'accroître les revenus en provenance des Indes. Certes, la Couronne voulait préserver ce qu'on appelait la « republica de los Indios », menacée par les excès et déprédations des conquistadores et nouveaux colons, qui pressuraient d'autant plus les indigènes que ceux-ci étaient de moins en moins nombreux, eu égard aux violences et maladies dont ils étaient les victimes. Ils étaient les maîtres sur le terrain : or, depuis la métropole, ils recevaient des instructions qui, sur le papier, émanaient du Conseil des Indes dont les 249 membres — depuis sa fondation jusqu'en 1700 — étaient des « Letrados », juristes pour la plupart, parmi lesquels 7 seulement mirent le pied en Amérique. Entre cet amoncellement d'instructions et les colons, les vice-rois et 35 gouverneurs provinciaux manœuvraient, appliquant plus ou moins les décisions de l'Escorial.

L'enjeu de la guerre déclarée au vice-roi du Pérou, Blasco Nunez Vela, est apparemment l'application des lois de 1542 qui dépossédaient les conquistadores de certains de leurs privilèges. Le vice-roi était-il ou non lascasien ? se demande Marcel Bataillon. De toute façon, depuis les lois de Burgos en 1512, les conquistadores avaient pris l'habitude d'éluder les entraves légales mises à l'exploitation des Indiens, au travail forcé, au partage. La protestation contre leur mise en surveillance par l'institution d'une *audiencia* avait commencé au Mexique, mais il était clair qu'on aurait fort à faire pour mettre au pas des hommes prêts à tout contre la justice, « comme des gens coupables d'un crime et qui s'attendent à être pris ». Mais, que le vice-roi veuille vraiment protéger les Indiens ou non, les dérobades et trahisons de ceux qui devraient collaborer avec lui l'empêchent d'aboutir. Déjà, les magistrats envoyés de la métropole ne songeaient, en arrivant, qu'à faire fortune, et leur collusion avec les colons ne se faisait guère attendre. Ces officiers de justice réagissaient comme eux à la loi nouvelle qui déclarait les colons inaptes à avoir des Indiens en *encomienda.*

En révolte contre cette loi, Gonzalo Pizarro, le parent du conquérant, leur montre les atteintes qu'elle porte aux droits et privilèges des conquistadores, « sans laisser poindre nul soupçon que les Indiens puissent avoir des droits ». *Procurador* de Cuzco, il se fait élire *capitan general,* puis *justicia mayor,* puis gouverneur par intérim. Quand la guerre éclate avec le pouvoir légal, Pizarro demande à ses lieutenants « de ne pas faire périr d'Indiens qui restent, parce que sans eux ce pays ne serait rien ». Il s'agit d'empêcher une expédition partie du Chili contre lui de rafler des Indiens, car il n'y en aurait plus... pour travailler. Mis en demeure de choisir entre Gonzalo Pizarro et le roi, comme « donneur d'Indiens » ou d'autres faveurs, les conquistadores ont hésité et basculé, se ralliant finalement au monarque, car les solidarités entre hommes de proie sont souvent fragiles. Et l'Église intervint, cette fois pour assurer que le pardon serait accordé, qu'au reste l'application des « maudites lois » serait réexaminée.

Autre objet de colère pour les colons, les établissements de jésuites qui, eux aussi, leur « soustrayaient des Indiens ».

Le défi des jésuites au Paraguay

Un des accomplissements des jésuites fut la constitution de *redduciones,* véritable alternative aux méthodes habituelles de la colonisation et de l'évangélisation que l'Église avait pratiquées jusque-là en Amérique indienne. Les jésuites osèrent proclamer qu'ils avaient l'intention d'organiser une société parallèle à celle des colons, libre de toute interférence du pouvoir central ou de celui des administrateurs civils locaux. Ces *redduciones* ne devaient pas servir de réservoirs de main-d'œuvre pour les colons et elles avaient pour objet d'élever les Indiens, de développer leur personnalité individuelle et collective.

Ainsi, les Guaranis de la *redducion* jésuite du Paraguay, créée en 1607, disposaient de leur propre milice, et ils constituaient une sorte d'État dans l'État. Elle comportait une quarantaine de centres comptant entre 96 000 et 130 000 Guaranis, au XVIIIe siècle. Le principe selon lequel « on devait en faire des hommes avant d'en faire des chrétiens » ne devait pas leur attirer la sympathie des autorités, et Charles III suivit l'exemple du roi du Portugal, en 1767, en décidant leur expulsion des Amériques. Leur indépendance mais aussi leur obéissance au pape étaient insupportables.

1776, LES COLONS AMÉRICAINS : INDÉPENDANCE OU RÉVOLUTION ?

A la différence des mouvements de libération de la seconde moitié du XXe siècle, la première décolonisation s'est effectuée à l'initiative des Européens eux-mêmes, autrement dit des colons qui vivaient outre-mer : l'indépendance des États-Unis, en 1783, celles des anciennes colonies espagnoles puis du Brésil doivent peu aux populations indigènes soumises par ces colons ; il n'y a qu'à Haïti qu'une population mise en esclavage, de Noirs d'Afrique, s'est libérée seule, à la fois contre la métropole et contre les colons.

Telle est bien la différence essentielle entre la première décolonisation et les mouvements ultérieurs, en Asie et en Afrique notamment, où ce sont les peuples vaincus qui se sont révoltés afin d'être indépendants et de mettre fin au règne des colons.

Un autre trait mérite d'être analysé. Selon les périodes de l'histoire et la position des observateurs, les événements d'Amérique entre 1774 et 1783 sont dénommés tantôt l'indépendance des États-Unis, tantôt la Révolution américaine. Cette équivoque porte loin, car elle pose le problème des agents de l'histoire, de leurs intentions, de la manière dont ils envisagent leur action. On retrouve la même ambiguïté dans la formulation des événements d'Algérie, après 1954, où les textes du FLN parlent aussi bien de Révolution algérienne que de lutte pour l'indépendance — et même une fois que celle-ci est acquise. C'est dire qu'après le cas du mouvement pizarriste, celui de l'Amérique constitue bien une figure modèle des problèmes politiques et nationaux des deux siècles à venir.

Paradoxalement, ce fut la victoire des Anglais pendant la guerre de Sept Ans, achevée en 1763, qui mit en place les mécanismes conduisant à l'Indépendance américaine. Jusque-là, en effet, et avant que le traité de Paris n'élimine la puissance française de l'Amérique du Nord, les colons anglais demeuraient blottis autour de Sa Majesté britannique pour pouvoir disposer de sa flotte, de ses armées. « S'il n'y avait cette menace, les Américains briseraient le lien qui les unit à la Grande-Bretagne », écrivait un contemporain dès 1749.

Les colons anglais, en effet, dont l'identité américaine ne cessait de s'affirmer, disaient leurs griefs avec d'autant plus de force que montait leur puissance économique et que se développait leur capacité à se servir du Droit pour leur défense.

Depuis les Actes de Navigation, les colonies d'Amérique demeuraient dans la dépendance du Board of Trade, de l'Amirauté, du Conseil privé. Leur accès était interdit aux vaisseaux étrangers, importations et exportations étaient régies par l'intérêt de la métropole. Les colonies du Sud — Virginie, Caroline — étaient les mieux traitées parce que, en échange des produits manufacturés anglais, elles fournissaient des produits tropicaux : ainsi, elles avaient l'autorisation d'exporter directement du riz en Espagne et avaient même obtenu que la culture du tabac fût interdite en Grande-Bretagne. Mais les colonies du Centre et surtout du Nord étaient sous surveillance, parce que leurs produits (bois, poisson salé) intéressaient moins la métropole et que le développement de leur flotte de 1 500 vaisseaux l'inquiétait : il leur fut interdit de commercer directement avec les autres colonies, celles des Caraïbes surtout — et, bien entendu, d'avoir des relations avec l'Espagne, le Portugal, la France.

L'acte premier d'un conflit irrémédiable fut le *Molasses Act,* de 1733, qui imposait des droits prohibitifs à l'entrée de la mélasse en provenance des Antilles françaises, sur plainte des colonies à sucre qui tenaient à avoir le monopole de la fabrication du rhum. En 1750, l'interdiction formulée aux colons de New York et de Pennsylvanie de travailler le fer pour que ne soit pas menacée l'industrie anglaise — tel fut bien le *deuxième acte* d'un antagonisme qui se développait en puissance, même si une certaine négligence programmée, pendant les guerres notamment, permit d'éviter un vrai conflit. Ce compromis put durer pour autant que la menace française jouait contre d'autres colons qui cherchaient des terres plus à l'ouest.

Mais un sentiment de rivalité naissante et irrémédiable est en train de naître, et dès la signature du traité de Paris où la France cède le Canada à l'Angleterre ; Londres voudrait faire payer cette sécurité, pour partie au moins, aux Américains qui sont bénéficiaires de la paix. Mais ceux-ci montrent les dents et osent organiser le boycott des marchandises anglaises. « La Nouvelle-Angleterre est, pour l'avenir, plus à redouter que l'ancienne », écrit Accarias de Serionne dans *Intérêts des Nations de l'Europe développée relativement au commerce,* en 1766.

Le point important est sans doute que, au moment où les Anglais veulent resserrer leur contrôle sur le commerce américain et atlantique, leurs colonies de Nouvelle-Angleterre souhaitent précisément le desserrer ; et même y mettre fin, mais pas tellement pour des raisons d'ordre économique, car elles avaient tiré de larges profits de l'interlope qui avait fonctionné depuis plusieurs décennies. *Les vraies raisons sont d'ordre politique :* les Yankees veulent avoir leur liberté de mouvements. Or, ils observaient d'une part qu'ils n'avaient jamais payé d'autres impôts que ceux qu'ils avaient consentis eux-mêmes ; d'autre part qu'en métropole les sujets de Sa Majesté étaient représentés au Parlement – et pas eux. Ils s'indignaient que, sans les consulter, Lord Shelburne eût interdit l'établissement de colons au-delà des Alleghanys, dans les terres conquises sur les Français, sans doute pour éviter des guerres avec les Indiens ; mais cela lésait des promoteurs spéculateurs et capitalistes, tels le riche planteur George Washington ou encore Benjamin Franklin.

Le deuxième point important est qu'en Angleterre on prenait le parti des colons au nom des libertés, en jugeant que, grâce à ses victoires, la Couronne s'était monté la tête et se montrait de plus en plus arrogante vis-à-vis des droits des citoyens. Si les colonies se laissaient appliquer les lois et décisions sans protester, n'en serait-ce point fait, demain, des libertés anglaises ? C'est pour prévenir l'éventuel séparatisme des colonies qu'il fallait faire des concessions à ses habitants, Anglais pour l'essentiel.

Devant cette pression, Lord Grenville retira son *Stamp Act,* un impôt intérieur contesté par les délégués de 9 colonies d'Amérique du Nord ; mais on lui substitua un *Declaratory Bill* qui déclare le droit du Parlement de légiférer en toutes choses aux colonies – donc de les taxer. Certes, les épées étaient mouchetées mais, peu à peu, la tension montait de chaque côté de l'Atlantique, même si de part et d'autre on trouvait à la fois des radicaux, prêts à en découdre, et des loyalistes, volontiers soumis... Contre les ministres qui voulaient pratiquer des sanctions, on retrouvait aussi bien Pitt et Burke, en Grande-Bretagne, que George Washington, en Virginie, et Dickinson, à Philadelphie.

Ainsi, le tour pris par le conflit avait des accents révolutionnaires. Mais, sauf chez quelques radicaux américains, le conflit n'avait certainement pas pour enjeu la sécession. Et aussi bien à Londres, où d'aucuns pouvaient juger que le pouvoir poussait les Américains vers la séparation, rares étaient ceux qui prononçaient le mot d'indépendance ou en imaginaient l'éventualité.

Pourtant, les incidents se multipliaient, où Anglais et Américains se trouvaient face à face : soldats anglais exerçant des représailles contre des citadins hostiles à leur présence (massacres de Boston) ; la *Tea Party* aussi, qui voyait des Américains déguisés en Indiens jeter à la mer des cargaisons de thé apportées par la Compagnie des Indes, et dont le bas prix ruinait les commerçants américains qui se fournissaient ailleurs.

Simultanément, les Américains multipliaient les réunions et assemblées groupant des représentants de plusieurs colonies ; en 1774, le premier Congrès continental tenait ses assises, soudant en quelque sorte les colonies entre elles : « Je ne suis pas virginien, mais américain », déclarait Patrick Henry qui demandait qu'au vote par État se substitue le vote par tête. On est prêt à la guerre, à la guerre économique, il s'entend ; et, quand on est membre de l'Association, instance permanente issue du Congrès, on menace de boycott, non seulement les Anglais, ce qui va de soi, mais ceux des Américains qui ne pratiquent pas le boycott.

Ce « terrorisme » rend compte, aussi bien, de l'irritation que suscite le *Quebec Act,* édicté à Londres et qui attribue à la rive gauche du Saint-Laurent – donc aux catholiques – les terres tant convoitées dans l'Ouest lointain, et peuplées d'Indiens.

C'est dans ce contexte effervescent, après un incident à Lexington entre une milice armée et les troupes du général Gage, que John Adams demande qu'une véritable armée soit constituée sous les ordres de George Washington et que Thomas Paine publie *Common Sense,* un vibrant appel à l'indépendance des Américains (1776). Il est vrai qu'entre-temps le roi de France avait promis son soutien – la revanche de 1763.

L'appel de Thomas Paine avait été entendu : en quelques semaines 120 000 exemplaires en furent vendus ; il avait su écrire : « Le sang des morts, la voix de la nature pleurent et crient : il est temps de se séparer. » Les partisans de l'indépendance ne cessent de gagner du terrain et, malgré les réticences de ceux qui, dans le Sud, tel Edward Rutledge, craignent la démagogie des « niveleurs », et celle des loyalistes d'un peu partout, les unes après les autres, les colonies recommandent à leur délégation de voter l'indépendance. La charge de rédiger le texte est confiée à Thomas Jefferson, délégué de la Virginie ; il est voté le 4 juillet 1776.

Depuis sa proclamation, en 1776, un grand nombre de mouvements d'indépendance se sont réclamés de ce texte, quel que fût le contenu de cette indépendance, indigène ou colon, telle la Rhodésie durant les années soixante. D'où l'importance de ce texte fondateur, dont on donne ici l'intégralité.

**La déclaration unanime
des treize États-Unis d'Amérique**

Lorsque, dans le cours des événements humains, un peuple se voit dans la nécessité de rompre les liens politiques qui l'unissent à un autre, et de prendre parmi les puissances de la terre le rang égal et distinct auquel les lois de la nature et du Dieu de la nature lui donnent droit, un juste respect de l'opinion des hommes exige qu'il déclare les causes qui l'ont poussé à cette séparation.

Nous tenons ces vérités pour évidentes par elles-mêmes – que tous les hommes naissent égaux, que leur Créateur les a dotés de certains droits inaliénables, parmi lesquels la vie, la liberté et la recherche du bonheur ; que pour garantir ces droits les hommes instituent des gouvernements dont le juste pouvoir émane du consentement des gouvernés ; que si un gouvernement, quelle qu'en soit la forme, vient à méconnaître ces fins, le peuple a le droit de le modifier ou de l'abolir et d'instituer un nouveau gouvernement qu'il fondera sur tels principes, et dont il organisera les pouvoirs selon telles formes, qui lui paraîtront les plus propres à assurer sa sécurité et son bonheur. La prudence recommande sans doute de ne pas renverser, pour des causes légères et passagères, des gouvernements établis depuis longtemps ; aussi a-t-on toujours vu les hommes plus disposés à souffrir des maux supportables qu'à se faire justice en abolissant les formes auxquelles ils étaient accoutumés. Mais lorsque une longue suite d'abus et d'usurpations, invariablement tendus vers le même but, marque le dessein de les soumettre à un despotisme absolu, il est de leur droit, il est de leur devoir de renverser le gouvernement qui s'en rend coupable, et de rechercher de nouvelles sauvegardes pour leur sécurité future. Telle fut la longue patience de ces Colonies, et telle est aujourd'hui la nécessité qui les contraint à changer leur ancien système de gouvernement. L'histoire de celui qui règne aujourd'hui sur la Grande-Bretagne est une histoire d'injustices et d'usurpations répétées ayant toutes pour direct objet l'établissement d'une tyrannie absolue sur nos États. Pour en faire la preuve, il suffit de soumettre les faits au jugement d'un monde impartial.

Il a refusé son assentiment aux lois les plus salutaires et les plus nécessaires au bien public.

Il a interdit à ses gouverneurs d'édicter des lois d'un intérêt immédiat et urgent, sauf à différer leur application jusqu'à ce qu'on obtienne son assentiment ; les ayant ainsi différées, il a entièrement négligé de s'y intéresser.

Il a refusé d'édicter d'autres lois utiles à certaines circonscriptions importantes, à moins que la population ne renonce à son droit de représentation dans le corps législatif, droit inestimable et que seuls les tyrans redoutent.

Il a convoqué des assemblées en des lieux peu usuels, inconfortables et loin de l'endroit où leurs documents étaient en dépôt, dans le seul but de les contraindre à se plier, de guerre lasse, à ses mesures.

Il a dissous, en plusieurs occasions, des chambres qui s'étaient prononcées avec fermeté contre ses atteintes au droit du peuple.

Il a refusé pendant longtemps, après de semblables dissolutions, de faire élire d'autres corps législatifs ; de sorte que l'exercice des pouvoirs législatifs, par nature indestructible, est retourné au peuple ; dans le même temps l'État demeurait exposé à tous les dangers d'envahissement de l'extérieur et de perturbation à l'intérieur.

Il a résolument empêché l'accroissement de la population de nos États ; faisant obstacle, dans ce but, aux lois sur la naturalisation des étrangers ; refusant d'en adopter d'autres qui auraient encouragé l'immigration ; multipliant les obstacles à l'appropriation des terres nouvelles.

Il a entravé l'administration de la Justice en refusant sa sanction à des lois visant à établir des pouvoirs judiciaires.

Il a soumis les juges à sa seule volonté pour ce qui concerne la durée de leurs charges, le montant et le mode de paiement de leurs traitements.

Il a créé une multitude d'emplois nouveaux et envoyé sur notre sol des hordes d'officiers qui harcèlent notre peuple et dévorent ses biens.

Il a maintenu chez nous, en temps de paix, des armées permanentes, sans le consentement de nos législatures.

Il a prétendu rendre le pouvoir militaire indépendant et supérieur au pouvoir civil.

Il s'est joint à d'autres pour nous soumettre à une juridiction étrangère à notre Constitution et non reconnue par nos lois, donnant son assentiment à leurs prétendus actes de législation qui :

— autorisent le cantonnement sur notre sol de troupes en nombre important ;

— leur épargnent, par des simulacres de procès, toute punition pour les meurtres qu'elles pourraient commettre parmi les habitants de nos États ;

— étouffent notre commerce avec toutes les parties du monde ;

— nous imposent des taxes sans notre consentement ;

— nous privent, dans beaucoup de cas, des garanties du jugement par jury ;

— permettent de nous faire transférer outre-mer, et de nous y faire juger pour de prétendus délits ;

— abolissent le libre système des lois anglaises dans une province voisine, établissant un gouvernement arbitraire, repoussant les frontières de ladite province de façon à en faire un exemple aussi bien qu'un instrument destiné à introduire dans nos colonies le même régime despotique ;

— suppriment nos chartes, abolissent nos lois les plus précieuses et modifient dans leurs principes fondamentaux la forme de nos gouvernements ;

— suspendent nos propres législatures et leur permettent de se déclarer investis du pouvoir de légiférer à notre place dans quelque cas que ce soit.

Il a abdiqué le droit qu'il avait de nous gouverner, en

nous déclarant hors de sa protection et en faisant la guerre contre nous.

Il a pillé nos mers, dévasté nos côtes, brûlé nos villes et anéanti la vie de notre peuple.

Il amène présentement des armées importantes de mercenaires étrangers pour achever son œuvre de mort, de désolation et de tyrannie, qui a débuté dans des circonstances de cruauté et de perfidie à peine égalées aux âges barbares, et totalement indignes du chef d'un État civilisé.

Il a contraint nos compatriotes capturés en pleine mer à porter les armes contre leur pays, à devenir les bourreaux de leurs amis et de leurs frères, ou à tomber eux-mêmes sous leurs coups.

Il a provoqué des révoltes intestines et tâché de soulever contre les habitants de nos frontières les sauvages et impitoyables Indiens dont la règle de guerre bien connue est de détruire sans distinction les êtres de tous âges, sexe et condition.

A chaque étape de l'oppression, nous avons réclamé justice dans les termes les plus humbles ; à nos pétitions répétées il ne fut répondu que par des injustices répétées. Un prince dont le caractère s'affirme ainsi, en des actes qui, tous, définissent un tyran, ne peut prétendre gouverner un peuple libre.

Nous n'avons pas davantage réussi à capter l'attention de nos frères britanniques. Nous leur avons représenté périodiquement que leur législature tentait d'étendre illégalement sa juridiction jusqu'à nous. Nous leur avons rappelé les circonstances dans lesquelles nous avons émigré et fondé ici des colonies. Nous avons fait appel au sens inné de la justice et à la grandeur d'âme qui sont censés les habiter, et nous les avons conjurés au nom des liens de parenté qui nous unissent de désavouer ces usurpations qui conduiraient inévitablement à la rupture de nos liens et de nos rapports. Eux aussi sont restés sourds à la voix de la justice et de la consanguinité. Nous devons donc nous incliner devant la nécessité, et proclamer la séparation. Nous devons, comme nous le faisons pour le reste de l'humanité, les considérer, dans la guerre comme des ennemis, dans la paix comme des amis.

En conséquence, Nous, représentants des États-Unis d'Amérique, réunis en Congrès plénier, prenant le Juge suprême du monde à témoin de la droiture de nos intentions au nom et par délégation du bon peuple de ces Colonies, affirmons, et déclarons solennellement :

Que ces Colonies unies sont et doivent être en droit des États libres et indépendants ; qu'elles sont relevées de toute fidélité à l'égard de la Couronne britannique, et que tout lien entre elles et l'État de la Grande-Bretagne est et doit être entièrement dissous ; et qu'elles ont, en tant qu'États libres et indépendants, plein pouvoir de faire la guerre, de conclure la paix, de contracter des alliances, d'établir des relations commerciales, d'agir et de faire toutes autres choses que les États indépendants sont fondés à faire. Et pour le soutien de cette Déclaration, mettant notre pleine confiance dans la protection de la Divine Providence, nous donnons en gage les uns et les autres nos vies, nos fortunes et notre honneur sacré.

Un des traits qui caractérisent les événements d'Amérique, entre 1763 et 1776, est bien l'écart assez extraordinaire entre les griefs matériels des colons à l'endroit du gouvernement de Londres, au demeurant subalternes, et l'ampleur du mouvement qui conduit à l'indépendance et à la guerre. En outre, la liste des griefs que la Déclaration d'indépendance énonce est, certes, importante, mais ils s'appliquent, en bonne partie, aussi bien à la situation des Anglais, Écossais ou Irlandais de la vieille Europe.

Par ailleurs, il est établi que les taxes directes ou indirectes qui pouvaient frapper les colons n'avaient en rien entamé leur prospérité croissante, que Londres fermait les yeux sur l'interlope, et que les lieux de la puissance britannique variaient au gré des pressions économiques de chaque groupe de partenaires, à Londres, à Boston, à la Jamaïque : les Américains n'étaient pas victimes d'une politique concertée.

La puissance de l'onde qui a bouleversé les rapports entre Anglais et Américains est donc venue d'un autre bord : plus encore que l'éviction du monarque ou l'affirmation du droit à élire ses propres représentants, l'événement a eu une profondeur morale. Il s'est agi d'affirmer le droit de l'ensemble de la population à participer au gouvernement de la Cité ; ce à quoi, par leur existence même, le monarque, un Parlement mal élu (les « bourgs pourris »), une représentation inadéquate s'opposaient. Il fallait ainsi *construire un ordre politique nouveau,* et c'est ce projet qui a animé la population, tout entière concernée par les conflits économiques ou institutionnels. Il l'a animée d'une énergie fantastique. En témoignent le nombre et le contenu de brochures, libelles, journaux édités dans les colonies anglaises d'Amérique entre 1763 et 1783. En témoigne aussi la tonalité de la Déclaration d'indépendance, toute morale.

C'est parce qu'ils ont incarné, au mieux, la lutte contre la tyrannie, la corruption que les membres de l'aile gauche des whigs, appelés radicaux, ont fini par l'emporter. Comme l'écrivain Burke, en 1775 : « Ils devinaient de loin les vices du gouvernement et flairaient l'approche de la tyrannie à la moindre brise délétère » (Wood, *La Création de la République américaine,* p. 38).

Le conflit avec le roi ou avec le Parlement servit de révélateur à un refus plus profond : il ne suffisait pas de justifier son opposition à des taxations décidées sans le consentement de la population ; il s'agissait de pouvoir se donner soi-même ses propres lois, bref, d'*assujettir les gouvernants aux gouvernés.* De créer une véritable démocratie où l'intérêt général l'emporterait sur les intérêts particuliers et où chacun serait incorporé dans la communauté.

Dans ce contexte, le problème du rapport avec Londres devenait subalterne, car tout le système eût dû basculer. Les radicaux étaient animés d'une foi quasi religieuse, puisée aux Écritures – dans les classiques de la philosophie des Lumières également, tels Rousseau, Blackstone, Locke ; ils se voyaient chargés d'une mission universelle, « héritiers d'Israël, Nouveau Peuple élu », « nouvelle Sparte chrétienne », selon l'expression de Samuel Adams. Au vrai, ces classiques avaient aidé à leur propre formation, mais les citoyens américains pouvaient désormais penser par eux-mêmes, et c'est pour cela qu'on a pu juger que Jefferson et les Américains sont bien les auteurs de la Déclaration d'indépendance — sans qu'il soit nécessaire de s'en référer à Locke ou à quiconque.

Ainsi, vue sous cet angle, l'indépendance n'était qu'un tout premier pas vers la création d'une République — c'est-à-dire l'accomplissement d'une véritable révolution.

L'exemple américain exerça sa fascination sur les colons anglais des autres dépendances britanniques. Au XIXe siècle, pour autant que le Royaume-Uni traversait une ère de prospérité économique, Londres lâcha la bride à ses dépendances peuplées de Blancs, qui bénéficièrent par étapes d'un régime représentatif, parfois parlementaire. Le Canada fut la première colonie à bénéficier du statut de dominion, en 1867, avec ses quatre provinces de Québec, Ontario, Nouveau-Brunswick, Nouvelle-Écosse ; s'y joignirent bientôt les colonies et territoires qui voulurent s'y rattacher : Colombie britannique en 1871, île du Prince-Édouard en 1873, territoires issus du démembrement de la Compagnie de la baie d'Hudson en 1870.

A l'origine, les dominions (Canada, Australie, Nouvelle-Zélande) bénéficiaient d'une simple autonomie interne, éventuellement limitée par un veto du gouverneur ; bientôt, ils jouirent d'une autonomie externe, dont le Canada offre le premier exemple par son traité de commerce avec l'Allemagne, en 1907, sans passer par l'intermédiaire de la Grande-Bretagne. Cette liberté put aller encore plus loin lorsque, en 1914 puis 1939, l'Afrique du Sud déclara la guerre à l'Allemagne indépendamment de la métropole. A cette date, le monarque était devenu le seul lien permanent avec Londres pour autant que les conférences impériales, réunissant les membres du Commonwealth, étaient irrégulières et officieuses ; elles révélaient de plus en plus le détachement des intérêts économiques de chacun, la solidarité britannique ne jouant qu'en cas de menace étrangère. Or, précisément, de ce point de vue, la préférence donnée par Churchill, en 1942, à la défense de l'Inde sur celle de l'Australie scella le divorce de ce dominion d'avec la mère patrie.

Le mouvement créole en Amérique latino-indienne

En Amérique du Sud, le mouvement des colons obéit pour une part à des motivations similaires à celles des colons d'Amérique du Nord. Mais ici la domination raciale joua un rôle essentiel : c'est là où les Indiens menaçaient le plus que les chantres de l'indépendance furent le moins suivis — c'est-à-dire au Pérou —, alors que l'élan principal pour une épreuve de force avec la métropole se place précisément là où il n'y avait guère d'Indiens, en Rio de la Plata et au Venezuela.

Les colons étaient habitués à tourner les lois, « *Obedezco pero no cumplo* » (j'obéis mais je n'exécute pas). Avec Charles III, les Bourbons d'Espagne voulurent changer cela, rendre l'État efficace, mieux tirer profit des colonies d'outre-mer. Alors qu'en Amérique du Nord l'enjeu apparent était économique, l'Angleterre ayant voulu se réserver le marché pour ses industries, en Amérique du Sud il était surtout fiscal, car l'économie métropoli taine et celle de la colonie étaient semblables : même exportation de minerais, dépendance commerciale vis-à-vis des marines étrangères, élites aristocratiques peu portées sur le business ; la seule différence était que l'Amérique du Sud produisait des métaux précieux — dont la métropole ne profitait pas tellement. Pour changer cela, Charles III et les Bourbons comptaient sur une reprise en main de l'administration du pays, une « modernisation » grâce à des fonctionnaires, ou des notables venus de la métropole. Jusque-là, cette administration faisait équilibre à l'Église, toujours soupçonnée de défendre les indigènes, et aux élites locales dont la richesse se développait. Or, même les mesures prises contre les jésuites apparurent arbitraires, au moins au Mexique et au Chili, car il s'agissait de gens du cru. *C'est dire qu'on ne craignait plus l'esprit lascasien,* et que l'on pouvait s'opposer directement à l'administration royale. Surtout, tandis que l'armée faisait barrage à la montée des créoles dans la hiérarchie, les élites constatèrent que la taxation commençait à les toucher à mesure que l'appareil administratif de contrôle se développait — et que les créoles y étaient proportionnellement de moins en moins nombreux à pouvoir acheter des *audiencias* (offices) — seulement 23 % du total —, les autres allant aux métropolitains, alors que la population créole croissait, s'enrichissait et qu'elle était enracinée dans le pays. *Au fond, les créoles jugeaient que l'Espagne les colonisait,* et des révoltes contre les taxes éclatèrent en Nouvelle-Grenade en 1781.

L'hostilité ne cessait de grandir entre les créoles et les *peninsulares* — les « métropolitains » — et apparaissait l'antagonisme des propriétaires patriciens envers des fonctionnaires besogneux qui venaient leur faire la loi...

Pourtant, les créoles avaient aussi un œil sur leurs serviteurs, Indiens surtout, mais aussi métis. Ils préféraient encore l'Espagne à l'anarchie, face au risque de révoltes comme le Pérou en avait connu de 1742 à 1782. Sans doute la révolte indienne était-elle liée aux difficultés créées par la baisse des prix agricoles, et son projet de retour au passé utopique se voulait anti-espagnol plus qu'anti-clérical. Certes, une vingtaine de caciques avaient-ils choisi le camp des Espagnols et des créoles. Mais ceux-ci avaient une conscience très nette de cette menace latente, qui existait sous d'autres formes en Nouvelle-Grenade — par exemple — où le mulâtre Galan avait marché sur Bogota. Et, d'une certaine façon, ces colons voulaient pouvoir agir librement. Par ailleurs, pour l'Amérique espagnole, la révolte de Haïti avait une valeur exemplaire : il ne fallait pas la laisser se reproduire. Elle était un avertissement. Naturellement, les créoles qui étaient impatients de gouverner seuls leur propre pays pensaient moins aux effets pervers de la Révolution française qu'aux avantages que l'Indépendance américaine avait apportés aux insurgés. Ils s'appuyaient eux aussi sur la littérature des Lumières — Locke, Rousseau, Adam Smith, etc. —, non pour défendre les droits des métis ou des Indiens, mais pour combattre le despotisme des Bourbons d'Espagne.

Ce qui détermine les hommes comme Francisco de Miranda, ou Simon Bolivar, lui-même un peu métissé, à imaginer une solution radicale, c'est la faiblesse de l'Espagne. Alors que Madrid entend se montrer efficace, les moyens dont la métropole dispose sont dérisoires. La prise de Buenos Aires par les Anglais, en 1806, en avait donné la preuve. Aucune flotte espagnole n'avait pu les intercepter. Mais les envahisseurs avaient sous-estimé la volonté de défense des habitants de la capitale. Ce furent les milices créoles, animées par Saavedra, qui chassèrent les Anglais. Ainsi, l'Espagne avait été humiliée, et c'était les habitants de la Plata qui avaient assuré la défense de *leur* colonie. Tâtant du pouvoir, découvrant leurs forces, ils ne l'oublièrent plus.

Au Mexique, la situation fut différente. Lors de la faillite de la monarchie espagnole de 1808 à 1815, le premier mouvement d'indépendance partit de l'initiative d'un petit curé déclassé, d'origine créole, certes, mais tout proche des Indiens. Autant que d'un mouvement anti-espagnol, il s'est agi d'une sorte de révolution sociale, ethnique aussi, mais floue — encore qu'il ne faille pas faire du prêtre Hidalgo, puis de l'abbé Morelos, des ancêtres de Zapata : le premier avait appelé à l'insurrection pour « le roi, la religion, la Vierge indienne de Guadalupe et contre les Espagnols », le second dresse contre lui ces Espagnols, mais aussi les créoles et le clergé dont il veut répartir les terres. Le premier est exécuté en 1811, le second en 1815.

Lorsque, en Espagne, éclatent des mouvements libéraux qui peuvent menacer l'hégémonisme des colons, ceux-ci réagissent et se mettent tout normalement derrière un officier créole, Augustin de Iturbide, qui avait écrasé Morelos ; il proclame le plan d'Iguala, dit des Trois Garanties — indépendance, unité dans la foi catholique, égalité entre *peninsulares* et créoles. Il s'agissait bien d'un mouvement d'indépendance-colon.

De fait, il avait pour objectif latent de contenir la remontée en puissance de la communauté indienne. Au Mexique, en effet, ne s'applique pas partout (cf. W.B. Taylor, *Landlord and Peasant in Colonial Oaxaca*) le schéma colonial de l'hacienda, fief immense et improductif appartenant à de grandes familles, faisant travailler des péons tenus par leurs dettes, et dominant les villages indiens dépouillés de leurs bonnes terres et réfugiés sur les hauteurs. Il est des régions, par exemple l'évêché de Oaxaca, dans le sud du pays, où la majorité des communautés indiennes a conservé son intégrité : l'aristocratie a perdu son pouvoir politique, certes, mais a pu accroître ses terres, et les villages eux-mêmes ont su défendre leurs droits. En 1800, la propriété indienne couvre les deux tiers des terres cultivées dans les vallées. Quant à la propriété créole, bien différenciée, elle est petite et dispersée, instable (les 8 haciendas principales changent 89 fois de propriétaires à l'époque coloniale), alors que le clergé se taille la part du lion, les dominicains notamment, qui contrôlent les hypothèques et la vie financière de la région. Ici, la puissance n'appartient pas à ceux qui possèdent la terre, mais aux commerçants et au pouvoir politique.

Plus qu'ailleurs, ici, la révolution de 1821 a pour objet de rétablir le respect oublié par les Indiens. A lire Brian R. Hamnett, on comprend que la deuxième indépendance fut bien une réaction.

Dans une certaine mesure, l'indépendance des pays d'Amérique indienne ouvrait la voie à un nouvel ordre colonial, qui met bientôt ces pays sous l'empire économique de nouvelles métropoles, États-Unis et Grande-Bretagne. L'endettement des nouveaux États formés *préfigure le néo-colonialisme* du XXe siècle. Le cas du Brésil est voisin, même si l'indépendance est associée à des circonstances différentes, mais aussi à une faillite de la monarchie (1822).

On retrouve une situation similaire à celle de l'Amérique espagnole en Angola portugais, où le séparatisme de la minorité blanche dispose d'une certaine vigueur à l'heure de l'indépendance du Brésil, dont l'Angola était, à sa façon, la colonie. Devant l'agitation des *assimilados* qui menacent leur prépondérance, les colons, souvent des exilés, expriment des velléités de républicanisme et envisagent l'union avec le Brésil. L'instauration de la République, au Portugal, en 1910, ne change rien à la situation, au contraire : car les nouvelles lois contre le travail forcé vont à l'encontre des intérêts des colons. Des hommes forts venus de Lisbonne annoncent alors l'*Estado Novo* institué en 1926 qui fait disparaître ces velléités indépendantistes en assurant les colons de la « compréhension » du régime de Lisbonne et de sa police, la PIDE.

Rhodésie : l'indépendance-colon, « stade suprême de l'impérialisme »

La situation en Afrique du Sud présente ce trait original que les colons eux-mêmes furent à l'origine de la reprise impérialiste des années 1877-1901 et des conflits internationaux qui se greffèrent sur les antagonismes locaux — alors qu'ailleurs, le plus souvent, l'expansion impérialiste avait ses racines en métropole.

A l'origine, l'Afrique du Sud britannique voisine avec des Républiques boers — Orange et Transvaal — et des communautés africaines. Une situation qui conjuguait les difficultés rencontrées au Canada — la présence « d'étrangers », des Français —, en Nouvelle-Zélande — la résistance maorie —, en Irlande — l'opposition entre deux confessions.

Pour l'essentiel, cette Afrique du Sud se composait de deux colonies, le Cap et le Natal, qui n'avaient pas le même degré d'autonomie, et dont les premiers contrôlaient les Sotho du Basotoland ainsi que le Nguni du Transkei, alors que le Natal ne bénéficiait pas de cette situation de semi-Empire ; ce qui n'empêchait pas ses colons de s'intéresser aux terres arables des Zoulous, des Swazi, des Tonga.

Ces communautés noires jouissaient, à cette date, d'une pleine liberté, même si formellement elles dépendaient plus ou moins d'une autorité britannique.

A côté, les deux États boers coexistaient, mais comme l'Orange était un État indépendant dans l'Afrique du Sud britannique depuis 1852, seul le Transvaal jouissait d'une indépendance de fait, au moins depuis la convention de

1881. A la façon du Cap, il contrôlait les communautés noires en Stellaland et chez les Zoulous.

La présence britannique apparaissait à Londres comme une nécessité incontournable, étant donné le rôle de la route du Cap — qui demeure essentielle même après la percée de Suez — et qui « doit être conservée à n'importe quel prix » (Charles Dilke, *Greater Britain*). Ce prix, c'est le contrôle de l'arrière-pays, car « nous ne pourrions tenir Le Cap si nous ne tenions le reste ». L'autre enjeu est la défense des intérêts propres de la communauté britannique, qui brusquement se multiplient avec la découverte des mines de diamant en Transvaal en 1867, de l'or du Rand en 1881, puis du cuivre en Rhodésie. Il s'agissait, sans doute, de richesses en territoire boer ; néanmoins, pour autant que les Hollandais du Cap — majoritaires à cette date — s'intégraient dans l'Empire britannique, aussi bien que les Français du Canada et mieux que les Irlandais, il semblait possible, à Londres, de construire une Union sud-africaine sous bannière britannique. Au reste, dans plusieurs conflits entre les Boers et les Zoulous, les Anglais estimèrent que les Afrikaners les aidaient à maintenir la paix et l'ordre.

Telle était la « ligne » de la politique impériale, vue de Londres. Mais Le Cap avait aussi ses propres vues sur la situation, et, à sa manière, le « colonialisme », ainsi dénommé à Capetown, s'opposa à « l'impérialisme », défini comme la politique du gouvernement britannique.

Avant tout, les colons veulent régler le problème indigène. Les guerres entre Cafres et Zoulous, les incursions des uns et des autres sur ces terres que « la civilisation avait conquises », voilà qui créait une situation d'autant moins supportable qu'avec la découverte des mines de diamant et d'or un avenir faramineux s'ouvrait à la colonie. Déjà, leur résistance, l'insécurité qu'ils perpétuaient avaient retardé l'équipement du pays, accru les défenses, atteint le niveau de vie des colons. « Nous devons, ou bien nettoyer le pays, ou nous faire respecter ; car, où que nous allions, nous entrons en contact avec des tribus barbares... La seule solution est de les mettre sous notre contrôle. Ce sera difficile, mais c'est inévitable. Nous devons avoir la haute main sur les tribus », écrivait déjà le gouverneur Brownlee, lors des rébellions dans le Transkei, à la fin des années 1870.

De toute façon, jugent les colons, le destin de la barbarie face à la civilisation, c'est de céder. Il faut amener les Noirs sur les voies du progrès, et le premier succès consiste à les faire travailler.

« C'est le travail qui civilise, écrit Anthony Trollope... Si vous veniez ici voir ces hommes, qui, il y a dix ans, vivaient dans un état de totale sauvagerie, vous sauriez comment ils travaillent : ils arrivent à 6 h du matin, repartent à 6 h le soir. Prennent ici leur repas, apprennent à savoir utiliser leur salaire. Quand j'en vois, 3000 ou 4000, travailler ici les mines de Kimberley, j'ai le sentiment que sont en train de naître 3000 ou 4000 nouveaux chrétiens. » Et Trollope de souhaiter que les Kimberley se multiplient sur le continent. La construction des chemins de fer apprend aux Bantous l'usage de la pique et de la pelle ; l'utilisation du chemin de fer leur apporte la notion du temps. « Surtout, ils comprennent quel est le principe premier de la civilisation, le travail. »

Ainsi, la guerre contre les Zoulous en 1879 est identifiée à un combat pour la civilisation, car « on ne peut laisser ces peuples seuls, à part ».

Et bientôt la pénétration de Cecil Rhodes dans le Zambèze est bien l'effet de cet expansionnisme-colon, plus qu'une initiative de la métropole. Mais simultanément, au Cap comme en Natal, on sent bien qu'il existe aussi des signes qu'une sorte de volonté commune est en train de naître, tant chez les indigènes en pays zoulou qu'en Transkei, etc., de rejeter les envahisseurs blancs. « Nous trompons les Cafres, voulons qu'ils travaillent et saisissons leurs terres... », notait Trollope. Mais les Noirs en avaient conscience :

« Au départ, les Blancs sont arrivés et ont pris une partie de nos terres... puis ils se sont développés et ont poussé plus loin, avec leur bétail. Ils ont ensuite construit et, ainsi consolidés, ont monté des missions pour les soumettre par la magie... D'abord un fortin, puis la terre, puis les missions, pour les repousser toujours plus loin. » Un chef Xhosa commentait : « Le gouvernement ne me parle pas comme à un homme ; il ne me dit pas : “ je vais prendre ceci ou cela ”... Il me vole mes droits dans le noir... le gouvernement est un loup » (cité in D.M. Schreuder, *The Scramble for Southern Africa*).

La situation des Boers était différente — et aussi leurs rapports aux Africains. Ils n'étaient pas très nombreux — un peu plus de 30 000 au Transvaal comme en Orange —, mais leur structure familiale forte, leur entraînement à la lutte en commandos les rendaient aptes à résister aux infiltrations des tribus africaines, avec lesquelles ils concluaient des accords de voisinage. Mais l'essentiel était surtout qu'étant presque exclusivement éleveurs comme les Africains ils avaient une meilleure intelligibilité des problèmes de la cohabitation ; et, de plus, qu'à la différence des Anglais du Natal ou du Cap ils savaient qu'ils n'étaient pas assez forts pour se soumettre les principales communautés africaines. La dynamique de leur expansion était liée au développement de leur élevage extensif qui nécessitait toujours plus de terres à mesure que la population et le cheptel croissaient et se multipliaient. Le président S.W. Pretorius pensait repousser les frontières vers l'ouest, en territoire Tswana, ou au nord, en territoire Ndebele ; Kruger visait plutôt le Swaziland au sud-ouest, y voyant aussi une voie d'accès vers la mer. De son côté, Joubert soutenait les intrusions boers en Zoulouland, qui incarna plus que ses rivaux cette politique expansionniste, cherchant à semer la division chez les indigènes, dont les Boers rognaient les territoires peu à peu. Mais la faiblesse de leur organisation politique les empêcha d'en faire plus, au moins jusqu'à la première annexion du Transvaal en 1877. Cela changea après la revanche de Majuba et le départ des Anglais, où l'ancien ressentiment contre la perfide Albion qui avait mis la main auparavant sur le Basutoland anima la nation boer dont l'identité ne cessa plus de s'affirmer.

Quant aux communautés politiques africaines, ce furent elles qui par leur résistance décidèrent des lieux d'implantation des colons qui s'installèrent là où ils purent. Les Xhosa du Transkei s'opposèrent pendant près d'un siècle à la poussée européenne ; et longtemps aussi les Zoulous du Natal, les Sokho des plaines centrales, les Bapedi du

Transvaal, les Ndebele du Zambèze. Mais ces Africains ne surent jamais former un front commun contre les Boers ou les Anglais, et ceux-ci surent jouer des uns contre les autres, et même des conflits à l'intérieur de ces communautés. Or, ce n'est pas avant les années 1870 qu'une intelligentsia noire commença à émerger et à avoir une vision globale de la situation : elle naquit au sein des missions. La fondation d'une *Thembu National Church,* par Nehemiah Tile, un wesleyen, en 1884, constitue un point de repère, avant l'activité pionnière de Tengo Jabavu, le premier Noir occidentalisé, qui, d'une certaine façon, fit appel aux devoirs de la Grande-Bretagne face aux excès des colons. Bien des désillusions attendaient ceux qui adoptèrent cette position.

De fait, ni chez les Africains, ni chez les Boers, ni même chez les Anglais où les gens du Cap et ceux de Natal étaient aisément en conflit, il ne régnait la moindre unité de vues ou de comportement. En outre, les différentes communautés n'étaient pas vraiment regroupées, sauf de chaque côté de quelques lignes frontières très segmentaires. Le peuplement présentait plutôt le dispositif d'une peau de léopard.

N'importe quel conflit pouvait ainsi éclater.

Ce fut la pression des colons du Cap qui, à partir de 1877, déclencha une mécanique de conflits qui ne s'est guère interrompue… Elle amena les Xhosa à réagir contre les Noirs acculturés, les Tchembu du Transkei, ce qui entraîna une série de soulèvements en chaîne, qui fit 60 victimes blanches, les noires n'ayant pas été comptabilisées… Mbandzeni, roi des Swazi, justifiait ainsi sa conduite, qui se voulait conciliante : « J'ai des Blancs tout autour de moi. Par la force, ils ont pris des terres et territoires de mes voisins. Si je ne leur donne pas des droits, ici, ils se les attribueront. Alors, je leur donne ces droits quand ils les payent. Pourquoi ne pourrions-nous pas manger avant de mourir ? » Mais d'autres ne réagirent pas ainsi. La contagion des guerres atteignit aussi le Zoulouland, dont le monarque, Cetshwayo, avait cru pouvoir entrer dans le petit jeu des alliances – avec le Natal contre les Boers – et qui est lui-même victime des luttes interfactionnelles ; il devient une sorte de prince fantoche, reçu à Londres avec les honneurs… Pendant ce temps, les Anglais substituent à cet État 13 petits royaumes qui accentuent la décomposition de l'ancienne monarchie de Chaka.

L'intervention de l'Allemagne et son occupation du Sud-Ouest africain, la menace surtout qu'elle ne s'installe dans la baie de Sainte-Lucie, en 1884, sur la côte est, juste au nord du Natal, en Zoulouland, ne manquèrent pas de compliquer le jeu des rivalités inter-sud-africaines, Londres étant amené à y mettre son nez. Mais, naturellement, ce fut la révolution de l'or et du diamant, en Witwatersrand, combinée avec le résistancialisme de Kruger qui exacerbèrent les appétits, transformant bientôt la région en une arène de rivalités internationales. La production d'or crût de 10 000 livres sterling en 1884 à 8 603 821 livres sterling en 1896 ; les exportations de diamants atteignaient 4 247 000 livres sterling à la même date, celles-ci dépassant toutes les autres, l'or excepté qui, lui, comptait pour 51 % du total des exportations. L'irruption de milliers et de milliers d'immigrants accompagna ce rush : à cette date, en Transvaal, les hommes jeunes venus de l'étranger dépassaient en nombre les autochtones blancs, c'est-à-dire les Boers.

Dans ce contexte, les Blancs souhaitaient plus que jamais créer un ordre colonial favorable à leurs intérêts propres, à eux seuls.

On le vit bien lorsque la British South Africa Cy de Cecil Rhodes se saisit de la région du Zambèze alors que le gouvernement de Londres y était opposé. « Le temps d'une absorption pacifique et graduée de la région est dépassé », écrivait Jameson au frère de Cecil Rhodes. Et, bien que Londres eût condamné les méthodes qui consistaient à susciter des conflits pour avancer, toujours avancer, la BSA progressait, et les Britanniques de Londres hésitaient à prendre la relève d'une occupation qui aurait ruiné le Trésor. Sans approuver la méthode, Lord Milner, haut-commissaire en Afrique du Sud, faisait le diagnostic suivant : Cecil Rhodes travaille pour faire du territoire de la Compagnie une colonie séparée, qui plus tard se gouvernera toute seule… Il voudrait l'unir au Cap et au Natal, ces trois colonies exerçant alors une terrible pression sur les Républiques boers, afin qu'elles entrent dans une Fédération...

On a surtout retenu le deuxième versant de cette stratégie, à cause des guerres qui ont suivi. Mais le premier versant devait survivre à toutes les péripéties — *le national-colonialisme survivant à l'impérialisme* britannique, au moins en Rhodésie, sinon dans toute l'Afrique du Sud.

Après la guerre anglo-boer de 1901, le grand souci des Britanniques fut de s'assurer du loyalisme de l'Union sud-africaine, ce membre du Commonwealth qui méritait le plus d'être mis sous surveillance. Mais, par la voix du général Smuts, un Boer d'origine, il ne manqua pas de répondre à l'appel du monarque, en 1914 comme en 1940, bien qu'il ait existé chez les Boers de forts courants proallemands. L'Afrique du Sud n'en résista pas moins aux injonctions de Londres visant à la voir appliquer les étapes en usage dans d'autres dépendances et qui satisfaisaient plus ou moins aux exigences de *self-government* des peuples de couleur. Ainsi, en 1951, elle dénonça la marche de la Gold Coast (Ghana) vers ce *self-government.* Quelques années plus tard, plutôt que d'être chassée du Commonwealth, elle imaginait d'en *sortir,* voire de constituer un gouvernement en exil.

Simultanément, quand l'Afrique du Sud voyait se développer un processus de détachement vis-à-vis de la Grande-Bretagne, un autre se profilait, le séparatisme d'une de ses composantes, la Rhodésie du Sud, dont le national-colonialisme fut à l'origine d'une crise qui faillit amener une rupture, sinon la guerre avec le reste de l'Empire.

Les prémisses s'en étaient manifestées en Rhodésie du Nord, lors des négociations sur la constitution d'une Fédération centre-africaine qui devait regrouper, entre autres, le Nyassaland, la Rhodésie du Nord et celle du Sud. Une manœuvre de Londres pour que les deux Rhodésie se détachent de l'Afrique du Sud. Or, ces années 1960, un grand nombre d'États devenant libres, étaient vraiment les années de l'Afrique ; et les leaders noirs, tel Kenneth Kaunda, avaient décidé de jouer le jeu, pour autant que certaines de leurs exigences seraient satisfaites : à savoir que le statut des Africains de l'ensemble de ce pays à fédérer fût reconsidéré. « Il faut aller de l'avant, froidement et inflexiblement ; c'est la voie de la sagesse dans cette période de bouleversements révolutionnaires », écrivait le *Times* du 14 février 1961. Il sous-estimait la force du colonialisme dans les deux Rhodésie. Dans sa lettre hebdomadaire à la reine, Harold Macmillan posait que, s'il penchait trop du côté des Européens, la confiance des Africains envers Sa Majesté serait entamée ; il y aurait de sérieux désordres en Rhodésie du Nord, qui feraient tache d'huile en Rhodésie du Sud et en Nyassaland, des ministres démissionneraient ; le gouvernement et le parti seraient divisés. Ils le seraient également si on penchait du côté des Africains, sans les satisfaire pour autant. Les Européens n'auraient plus foi en Sa Majesté, la Fédération se rendrait indépendante et il y aurait une guerre civile où les fonctionnaires, les troupes et les Africains s'opposeraient aux Européens. Les propositions du secrétaire aux Colonies suscitèrent des émeutes à la suite desquelles 2 500 Noirs furent mis en prison ; les négociations qui suivirent n'en donnèrent pas moins quelques garanties aux Africains, et, en 1964, au prix d'un abandon du projet de Fédération, la Rhodésie du Nord, ou Zambie, devenait indépendante.

Ce que Roy Welenski n'avait pas réalisé à grande échelle, une Fédération, ce fut Ian Smith qui l'osa en Rhodésie du Sud. Héritant des forces armées de la Rhodésie du Nord, il déclara unilatéralement l'indépendance de ce pays, le 11 novembre 1965. Cette UDI (Unilateral Declaration of Independance) provoqua un tollé, que Ian Smith voulut ignorer puisqu'il fit un pas de plus en proclamant la République... Ainsi mis devant le fait accompli, le gouvernement anglais, désormais travailliste depuis que Wilson avait remplacé Macmillan, pensa en appeler à l'ONU, voire intervenir militairement, mais il était clair que l'opinion métropolitaine était hostile à ce que des Britanniques tirent sur des Britanniques — pour défendre les droits des Noirs. C'eût été un nouvel Alger 61, mais anglais et travailliste cette fois. Certes, les Anglais avaient déjà tiré sur des insurgés, mais au Kenya sur des Mau-Mau, ou à Aden. Pas sur des colons blancs. La conférence du Commonwealth obtint du gouvernement britannique qu'il ne reconnaisse cette indépendance que si les droits de la majorité africaine étaient garantis. Comme le gouvernement de Bulawayo était soutenu par l'Afrique du Sud, Julius Nyerere, président africain du Tanganyika, avertit alors Londres que, si l'Afrique du Sud restait membre du Commonwealth, il s'en retirerait. Sous la pression des autres États de l'Empire, le gouvernement anglais décida de choisir l'Afrique noire.

Il reste qu'en Afrique du Sud le national-colonialisme avait sécrété l'indépendance, stade ultime de l'impérialisme. Bien des années passèrent avant que les Noirs se voient reconnaître de véritables droits et que la Rhodésie retrouve le nom de l'ancien royaume qui avait préexisté à l'arrivée des Européens et de Cecil Rhodes : le Zimbabwe.

C'est un mouvement d'indépendance de nature identique qu'incarne Jorge Jardim au Mozambique ; il traduit bien l'ambiguïté des sentiments de fidélité envers la métropole qui n'était la mère patrie que pour autant qu'elle laissait le racisme colonial s'exercer sans la moindre entrave. Ce qui, *a fortiori,* était vrai en Afrique du Sud.

Algérie 1958. Un mouvement colon capté par le gaullisme

Entre le mouvement des colons en Amérique du Sud, au début du XIXe siècle, et celui des colons au Maghreb et particulièrement en Algérie, au milieu du XXe siècle, il existe des similitudes. Elles sont évidemment structurales.

Déjà, au stade de la conquête, les colons avaient poussé à l'extension des prises de possession territoriales (un trait qu'on retrouve en Afrique du Sud). Surtout, quand la résistance des populations indigènes devient menaçante, ils l'imputent à la faiblesse des agents de la métropole, ces *capuchinos* (métropolitains). Ils comptent sur eux pour réprimer — ici, les Indiens, là, les Arabes —, mais ils admettent mal que l'Escorial ou Paris ait une politique indigène qui n'ait pas leur approbation.

Quand la tension est devenue trop forte et que la métropole est apparue hors d'état de réagir, les colons d'Amérique du Sud ont proclamé leur indépendance. Au Maghreb, ils ont considéré que la faiblesse de la IVe République leur permettrait d'imposer leur point de vue.

En vérité, plus qu'un parti colonial ancienne manière, dont il survit, après la guerre, des publications ou associations — une cinquantaine —, dont *La Ligue maritime et coloniale, Marchés tropicaux,* les colons disposent d'une sorte de lobby informel. Celui-ci comprend à la fois des députés, tels le président du RGR (Rassemblement Gauche républicaine), Borgeaud, un des plus grands propriétaires d'Algérie, le vice-président des Républicains indépendants, Me Rogier, avocat à Alger, des notabilités telles qu'Antoine Colonna et Gabriel Puaux, de Tunis, des hauts fonctionnaires fort puissants, tel Philippe Boniface à Rabat ; l'ensemble étant dominé par René Mayer, député de Constantine, Léon Martinaud-Deplat, plusieurs fois ministre, et Émile Roche, vice-président du Conseil économique et du Parti radical. Vers 1950-1954, ils contrôlent une partie du Conseil de la République et disposent, à la Chambre, de l'appui des gaullistes qui, sans l'aval explicite du général de Gaulle, jugent, comme dit Georges Pompidou, que, « si les attaques des parlementaires peuvent aider à la disparition du régime, qu'importe leur contenu ». Enfin, les gouverneurs sont quelquefois des « coloniaux », tel le maréchal Juin, résident général, qui, au Maroc, entend que la France perpétue sa domination sur le pays.

Les colons savent bien, au moins en Tunisie et au Maroc, qu'ils vivent dans des protectorats qui peuvent avoir une fin, et que, par conséquent, l'autorité du sultan et du bey, reconnue par les traités, est une réalité qui peut menacer leur position dans le pays. Il faut ainsi créer une situation telle que ce protectorat dure ; pour y parvenir, les colons jugent qu'il est de bonne politique de discréditer le sultan et les pouvoirs traditionnels, de se rendre indispensables. La tâche paraît relativement aisée tant est grande, en métropole, l'ignorance des problèmes de ces pays, et plus encore la méconnaissance des mouvements nationalistes qui peuvent y exister. Ainsi, en 1954, Pierre Mendès

France ne savait pas grand-chose de la spécificité de la question algérienne. Trois ans plus tôt, à propos de la Tunisie, Robert Schuman utilisait sans discernement les termes d'autonomie, d'indépendance, de souveraineté... créant un incident avec la Tunisie (sur les réactions des nationalistes, cf. p. 405-411).

Lorsque, à propos du Maroc, se noue, à Paris et à Rabat, une coalition pour destituer le sultan qu'on juge trop indocile, personne ne connaît les règles qui peuvent permettre de choisir son remplaçant. Les colons n'en contribuent pas moins, et vivement, à l'opération de force qui, avec l'aide du glaoui de Marrakech, se termine par l'exil de Mohammed Ben Youssef. Leur argumentaire est simple : quiconque négocie avec le sultan ou le bey est un traître, et doit être voué aux gémonies, tel le résident général Périllier, à Tunis — « votre politique est dangereuse, lui dit Martinaud-Deplat, elle ne peut qu'affaiblir la France » ; il se complète par une mise en accusation des « forces occultes », étrangères nécessairement, qui soutiennent les nationalistes : le communisme, comme au Vietnam, et la Ligue arabe, « agent des Soviets ». En période de guerre froide, ces arguments font leur office. L'argument inverse — que la situation se détériore à cause des Américains, ou de l'ONU — est également opératoire. Mais, en temps de guerre froide, il met les gouvernements dans l'embarras et délimite les possibilités d'action des colons. De sorte qu'au Maroc et en Tunisie l'action des colons ne saurait être, au plus, qu'un aiguillon. Car les décisions émanent de Paris où le pouvoir est en de bonnes mains, même si celles-ci sont en argile.

Au Maroc et en Tunisie, le mouvement des colons a ainsi une fonction de retardement, tandis qu'en Algérie se joue un tout-ou-rien — « la valise ou le cercueil », et la mollesse de la République peut être mortelle. Les colons en ont conscience ; il faut agir.

Tant que, en Algérie, parler des nationalistes était un sujet tabou, le problème n'était pas à l'ordre du jour. Mais, après 1952, les « reculades » ou les échecs de la République en Tunisie et au Maroc, la montée du mouvement national algérien inquiètent les pieds-noirs dont les élus, à Paris, savent bien, surtout après Diên Biên Phu, que les défaites françaises lui donnent des ailes... L'idée mûrit lentement qu'il faut à Paris un gouvernement fort, pas un gouvernement de compromis. Tel est le sens des événements qui, à Alger, mènent au 6 février 1956, puis à mai 1958, où les colons réussissent à s'associer l'armée — et où de Gaulle prend le pouvoir.

Or, avec la prise de pouvoir du général de Gaulle, ils ont fait une erreur de diagnostic, dont ils ont mis quelque temps à mesurer la gravité, à la suite du « Je vous ai compris ». Leur ressentiment a été à la mesure de ce qu'ils ont jugé être une mystification : et ils ne lui ont jamais pardonné.

« La différence entre le Vietnam et l'Algérie, disait le général Salan, en 1958, c'est qu'au Vietnam, quand on me tirait dessus, c'étaient les Viets, alors qu'en Algérie ce sont les Français. » Cette repartie situe bien l'hostilité que put rencontrer l'autorité métropolitaine — fût-ce l'armée — quand les colons la soupçonnent de transiger avec la « rébellion », de ne pas se contenter de maintenir l'ordre. Il est vrai qu'on accusait le général Salan d'avoir transmis à *L'Express* le rapport des généraux qui concluait, avant Diên Biên Phu, qu'on ne pouvait pas gagner la guerre d'Indochine. On lui reprochait aussi de l'avoir « bradée », puis de vouloir « brader » l'Algérie... De fait, il connaît Giap, a admiré ses talents, a compris comment les timides Annamites ont été transfigurés par le nationalisme et le communisme ; il a compris ce qu'était la guerre révolutionnaire, et, en Algérie comme au Vietnam, il s'efforce de « tenir », en « attendant la définition d'une politique nationale, qui ne vient pas ». On l'appelle le Mandarin.

Or, les colons n'aiment pas ce genre de propos. Ils y voient un signe de faiblesse. Et ils sentent que leur situation se détériore, même s'ils n'imaginent pas qu'elle puisse être menacée. Ils s'obstinent à considérer que si leur apport à la prospérité du pays ne bénéficie pas de la reconnaissance des musulmans, c'est qu'il y a des meneurs qui les détournent d'une saine analyse de leur situation.

Ils n'arrivent pas à comprendre la signification de cette phrase que me disait Ferhat Abbas : « Que m'importe qu'on mette l'électricité dans ma maison, si ma maison n'est pas à moi. »

En fait, depuis les élections « à la Naegelen », les colons croient toujours pouvoir truquer les élections. L'administration se prête à traiter en délinquants, « qui troublent l'ordre public », ceux qui dénoncent ces méthodes. Malgré la conscience du danger nationaliste qui se développe depuis 1952 et plus encore après 1954, un tabou interdit de parler publiquement du statut futur de l'Algérie.

Quand l'insurrection se déclenche, en novembre 1954, les Européens d'Algérie veulent n'y voir qu'une série d'attentats terroristes, dont les auteurs « ne représentent rien »... Et, au vrai, à cette date, seule une infime minorité musulmane était prête à se rallier au FLN ou au MTLD, à passer à l'acte. Les élus musulmans étaient flottants. Mais les Européens ne voulurent pas voir cette chance, négocier la modification du statut de l'Algérie avec de vrais élus : ils considéraient que, étant donné leur situation minoritaire – un million d'Européens, 9 millions de musulmans, mais leur nombre ne cessait de croître –, accorder un statut d'égalité réelle aux Arabes revenait à leur abandonner le pays... « L'Arabe est un baiseur et la Mauresque une lapine », ajoutait Ferhat Abbas en riant. Mais les Européens ne riaient pas du tout.

Quand la guerre gagna une partie du pays, les colons voulurent l'ignorer tout en faisant appel à la métropole... Le FLN avait entrepris cette guerre parce qu'il pensait qu'après Diên Biên Phu et les négociations commencées avec la Tunisie l'heure était propice et ne reviendrait plus (cf. p. 411-428).

Le gouvernement Mendès France était alors pris entre les problèmes de la paix en Indochine, des négociations en Tunisie, le problème marocain. « Je ne connais pas le dossier algérien, je n'ai pas eu le temps de l'ouvrir », confiait Mendès France à Ferhat Abbas, venu l'en entretenir. « L'Algérie, ce n'est pas moi, voyez Mitterrand », confie-t-il à Roger Stéphane, un de ses amis personnels, cofondateur de *L'Observateur*. Confirmation : Pierre-René Wolf, directeur de *Paris-Normandie,* fait savoir à Marc Ferro, alors professeur au lycée d'Oran, que le président du Conseil manque d'informations sur l'Algérie : peut-il envoyer quelques analyses, à charge de les publier éventuellement dans le quotidien normand ? Dans les archives de Mendès France, Georgette Elgey a retrouvé le sous-dossier, « Notes Pelabon : Pourquoi l'Algérie est calme. Peut-elle le rester ? »... On y rappelle que les Algériens ne sont pas seulement des musulmans, mais aussi des Français, qu'ils ne sont plus du tout des colonisés, « [...] ayant reçu la pleine citoyenneté française avec toutes les prérogatives qui y sont attachées » (*sic*) ; et, à l'automne 1954, Mendès France reçoit Ferhat Abbas, « chose que n'avait jamais faite aucun de mes prédécesseurs » (*sic*). « Contrairement à ce qui a été dit, le calme règne en Algérie », déclare Mendès France ; il ne veut pas apparaître comme un « bradeur ». Et puis, dit-on, « il n'y a pas d'interlocuteur valable ».

Grâce à Georges Dayan, François Mitterrand connaît mieux l'Algérie – ses notables européens essentiellement. Son but est d'obtenir l'application du Statut de 1947, ou, au moins, une limitation des fraudes qui ont abouti à ce que les Européens aient la haute main sur la quasi-totalité des élus musulmans. « Il faudrait dissoudre l'Assemblée algérienne », lui glisse-t-on... « Décidément extrémiste, Roger Stéphane », répond Mitterrand. Au directeur de la Sécurité générale en Algérie, Jean Vaujour, un métropolitain, Henri Borgeaud déclare : « La cuisine politique algérienne est faite dans une marmite algérienne, par des cuisiniers algériens. Entendez, bien sûr, européens d'Algérie. » « Des élections honnêtes ? » « Foutez-nous la paix, il n'y aura pas de problème politique si vous ne les créez pas », répond-on à Pierre Nicolaï, directeur de cabinet de François Mitterrand. Dans le bled, les administrateurs souhaitent cette consultation loyale, mais Paris veut les ignorer aussi et nomme Catroux ministre résident chargé de préparer le cessez-le-feu... C'est la colère, la fureur – l'homme qui a ramené le sultan du Maroc depuis son exil –, il va brader l'Algérie... L'humeur est telle à Alger, en quelques heures, que Guy Mollet rapporte la nomination : sa première capitulation. La seconde a lieu le 6 février, lorsque, accueilli par une foule déchaînée, il transforme son projet de négociation — qui se poursuit pourtant, mais en secret — et nomme Robert Lacoste à la place de Catroux. Très vite, celui-ci ne se bat que sur le front du terrorisme, qui devient le front de la guerre, alors qu'il avait promis à Guy Mollet — qui voulait se venger des colons — de se battre aussi contre les pieds-noirs qui saboteraient sa politique, définie par le triptyque : cessez-le-feu, élections, négociations. Au contraire, ceux-ci, peu à peu, le laissent agir, car il fait la guerre et s'est enfermé dans des formules péremptoires qui le contraignent à appeler toujours plus de troupes puisque, selon Lacoste, on en est « au dernier quart d'heure ».

Ainsi, petit à petit, une autre politique se mettant en place, disparaissent de la scène ces piliers de l'Algérie, ces grands féodaux dont les petits colons se sentaient solidaires et qui faisaient la loi : le sénateur Borgeaud, le grand propriétaire du domaine de la Trappe, maître de la vallée du Chelif ; le sénateur armateur Schiaffino ; l'ancien député Blachette, propriétaire du *Journal* d'Alger, et roi de l'alfa ; seuls Alain de Serigny, directeur de *L'Écho d'Alger* et maire de la ville, Jacques Chevallier, aux idées relativement progressistes, jouent un rôle politique actif : mais on rejette déjà Chevallier, qui a dit : « Avec ou sans chéchia, je resterai en Algérie. » Que pouvait signifier ce propos ?

Tout cela commence à échauffer ceux qui ne voulaient ni voir ni entendre : ils ont assez de sens pour observer que les « gros », en cas de malheur, auront des bases en France, pas les petits, les pieds-noirs, ceux qu'a incarnés *La Famille Hernandez* — Espagnols, ou Juifs, ou Français. Mais que Paris parle de réformes et, aussitôt, les notables de l'Algérois s'y opposent. Ils s'opposent aussi à une hausse du salaire minimal et accablent Paris de télégrammes, de délégations de la Chambre de commerce, « nous allions ruiner l'économie algérienne ».

A Pierre Mendès France, Henri Borgeaud indique par ailleurs qu'il serait imprudent de mener des réformes administratives à l'heure « actuelle ». C'est bien ce que pense aussi René Mayer, ancien député de Constantine, qui tient bien des voix à la Chambre.

« Du haut au bas de l'échelle, tous les corps organisés en

Algérie étaient ligués contre toute tentative de réformes venues de Paris » (Pierre Nicolaï, Georgette Elgey, le 23 février 1968). Le diagnostic était exact.

Depuis, grâce à Franz-Olivier Giesbert et Benjamin Stora, l'Histoire a rendu justice sur un point à l'action de François Mitterrand qui, le 5 novembre 1954, aux lendemains de l'insurrection *, a déclaré devant la Commission de l'Intérieur de l'Assemblée nationale que « l'action des fellaghas ne permet pas de concevoir, en quelque forme que ce soit, une négociation. Elle ne peut trouver qu'une forme terminale, la guerre », phrase que les polémistes avaient resserrée en une formule lapidaire, « la seule négociation, c'est la guerre ». Mieux, dans la circulaire 333, François Mitterrand, précisant ses instructions concernant la surveillance des militants nationalistes algériens, indiquait que ces mesures « ne doivent pas entraîner les erreurs qui, dans le passé, ont pu laisser croire que la loi garantit à un moindre degré les citoyens français musulmans ».

L'Histoire lui en donne acte ; elle constate néanmoins que la mesure essentielle prise alors par le ministre chargé de l'Algérie à la suite des attentats commis en novembre 1954... fut la dissolution du grand parti nationaliste, le MTLD.

Pierre Mendès France nomma alors Jacques Soustelle, proche de De Gaulle, gouverneur de l'Algérie — ce qui était pour les colons un mauvais signe. Le nouveau gouverneur reçut un accueil réservé ; il n'en fut pas moins confirmé, par Edgar Faure, dans son mandat après la chute de Mendès France. Mais Jacques Soustelle réussit à retourner les colons, d'abord en stigmatisant avec force les attentats et les crimes commis par le FLN, ensuite en leur faisant comprendre qu'intégrer l'Algérie à la France reviendra à noyer les 9 millions d'Arabes parmi les 45 millions de Français — et non pas l'inverse, ce qu'ils

* Ce qui est défini par le FLN comme le début de l'insurrection, le 2 novembre 1954, fut, en vérité, une série d'attentats, une dizaine. A cette date, le terme de fellaghas était encore réservé aux insurgés de Tunisie.

craignaient. Du coup, les colons acceptent les réformes Soustelle, favorables aux musulmans, y compris le collège unique en Algérie... Et c'est au moment où il devient populaire qu'il doit s'en aller, car les nouvelles élections ont amené un gouvernement Guy Mollet (février 1956). Cent mille Algérois accompagnent Soustelle au port : l'enthousiasme est tel qu'il faut utiliser un char pour qu'il puisse embarquer sans être étouffé.

Une apothéose suivie d'un cri de colère, le nouveau gouvernement a annoncé son intention de négocier — avec le FLN ; les colons ont le dos à la mer, à Bab el-Oued comme à Choupot ou à Kebir : ils ne céderont pas. Sans doute, à Paris, la Chambre a refusé à Robert Lacoste sa loi-cadre, mais à Alger les pieds-noirs n'en ont plus cure. S'ils voient l'armée s'engager de plus en plus, ils savent aussi que le régime se montre incapable « de mettre le feu à la casbah », ou, à Suez bientôt, de casser Nasser (été 1956). Seul succès, l'interception de l'avion de Ben Bella, mais le passif est tel que les faubourgs sont prêts à toutes les extrémités pour que l'armée dispose des moyens nécessaires afin de briser la rébellion.

Déjà Robert Lacoste avait mis sous le boisseau le triptyque de son Premier ministre, Guy Mollet — cessez-le-feu, élections, négociations — pour lui substituer son diptyque : réforme et capitulation du FLN. Mais, après la faillite de l'expédition de Suez, les activistes pieds-noirs sentent la nécessité d'agir à nouveau et, encouragés par le souvenir du succès du 6 février, renouent avec des projets de manifestation et d'action : contre le FLN et contre le régime. Face au premier s'organise le contre-terrorisme ; face au second, des organisations sorties de terre apparaissent, l'« Organisation de résistance de l'Algérie française », animée par le Dr Kovacs, ancien champion de natation, l'« Union française nord-africaine », dont le président, Boyer-Banse, revendique 15 000 adhérents et à qui succède Robert Martel, un viticulteur de Chebli, qui se lie avec le Dr Martin, un ancien de la Cagoule. Mais des militaires aussi conspirent, tel le général Faure, un poujadiste, qui envisage un double putsch, à Alger et à Paris ; et d'autres en sont avertis.

Ainsi, le fait nouveau est bien que les colons veulent imposer leur loi à Paris, si ce n'est que ce ne sont plus les notables qui mènent la danse, mais les activistes pieds-noirs, en essayant d'entraîner les militaires dans un complot ; le mouvement se plébéianise et se militarise.

Il existait en effet une révolte latente dans l'armée, conséquence de l'enchaînement des défaites qu'elle a dû subir, de Diên Biên Phu à Rabat, de Rabat à Suez. Et comme on soupçonne (à tort) le Mandarin Salan, « ce républicain, franc-maçon et bradeur », c'est un geste patriotique de s'en débarrasser, explique le Dr Kovacs, qui tire sur lui au bazooka.

Le projet ? Mettre à la tête de l'armée le général Cogny, réputé gaulliste, et ensuite prendre le pouvoir à Paris en y installant Soustelle et Debré, qui ne cessent d'attaquer les gouvernements. Mitterrand voit dans ces gestes un complot visant le régime, certes ; tendant à la sécession entre la France et l'Algérie, certes pas ! Il s'agit de mettre la main sur le gouvernement pour perpétuer l'Algérie française, d'algérianiser la France, s'il le faut. « Faisons Brumaire », avait dit Me Biaggi, un des comploteurs parisiens. « Non, répond Soustelle, Brumaire, ce serait la sécession. C'est l'intégration qu'il faut faire. »

Fer de lance de l'agitation contre le régime en métropole, Me Biaggi jouait la carte Soustelle. Mais Soustelle voulait de Gaulle. Or, les Algérois sont méfiants. Serigny rapporte dans sa *Révolution du 13 mai* qu'on doute à la fois de ses projets et de sa détermination. Soustelle, quant à lui, redit que, s'il est l'idole des pieds-noirs, il est l'antéchrist pour les parlementaires. Toute l'opération du 13 mai a consisté à amener l'armée — ce qui fera peur à Paris — à appeler de Gaulle puisque au Parlement on veut ignorer son existence. Le rôle de coordination que Soustelle joue à Alger, Michel Debré le joue à Paris où, à la chute du gouvernement Gaillard, René Coty a nommé Pierre Pflimlin. Les activistes font appel à Lacoste pour qu'il refuse d'obéir, mais Lacoste se dérobe. Alors, Alger se mobilise, et les activistes poussent les militaires à se montrer : Massu, puis Salan, qui finit par crier « vive de Gaulle ».

Les Treize Complots du 13 mai avaient abouti au rappel de De Gaulle ; les dirigeants algérois, sauf Serigny, y étaient pour peu : mais, sans les pieds-noirs mobilisés, y aurait-il eu un coup d'État ?

CHAPITRE VIII

Le levain, les leviers

« Nous étions devenus des étrangers dans notre propre pays », cette formule, l'Histoire l'a rencontrée plusieurs fois, terme pour terme. Elle fut dite par Gandhi d'abord, puis par Pham Quynh, un des conseillers de Bao-Dai, en 1945, lorsque les Japonais notifient qu'ils se sont substitués à l'administration française. Elle fut prononcée aussi par des Arabes d'Algérie, vers 1952 : comme les Vietnamiens, ils ne bénéficiaient plus des libertés fondamentales. On l'a entendue également chez les Mexicains-Américains du Nouveau-Mexique, de l'Arizona, etc., traités en étrangers immigrés par Washington, alors qu'ils sont chez eux de chaque côté de la frontière instituée en 1848 quand les Yankees annexèrent les trois ex-provinces mexicaines. On l'entend aujourd'hui en Amérique centrale.

Une des situations les plus typiques était sans doute celle des habitants de l'Inde, que l'administration anglaise dissocia peu à peu de leur mode d'organisation.

Dans le monde de la caste, où, à travers un réseau de relations d'extension variable, le statut des personnes importe plus que leurs fonctions dans le cadre d'un territoire défini, le rôle des monarques et des hiérarchies d'État ne se situe pas dans le même rapport qu'en Occident. Il n'y a pas de relation fonctionnelle entre le politique et le social. De sorte que les petites entités territoriales peuvent être enfermées dans le système des castes, le monarque aussi bien que la communauté villageoise. Jacques Pouchepadass a bien montré que les Anglais, en attribuant aux dynastes le titre de zamindars, chargés de percevoir des rentes à reverser en partie au gouvernement colonial, ont fait de ces zamindars des propriétaires au sens occidental du terme, greffant ces règles de droit privé occidental sur les usages des Indiens. Les zamindars n'en ont pas moins continué à lever des redevances coutumières, perpétuant la relation d'autorité qui préexistait à l'arrivée des Anglais. Certaines des pratiques sociales traditionnelles n'en devenaient pas moins « illégales », relevant du *Criminal Castes and Tribes Act,* ce qui dessaisissait les individus de leur identité sociale réelle (cf. p. 44).

On retrouve un dessaisissement aussi violent en Afrique noire, où les colonisations anglaise et française ont substitué leur mode d'organisation, libéral et étatique, à des systèmes dits « englobants » (J.-L. Amselle), où le pouvoir « politique » n'est pas non plus la garantie d'unité de toute la société.

La présence étrangère est encore plus violemment ressentie dans les colonies dites de peuplement, où l'installation massive de métropolitains renforce l'impression de dépendance, même si, dans l'espace français, la politique officielle se dit assimilatrice. Certes, plus d'une fois, notamment sous Napoléon III, l'empereur « arabophile », l'armée et la métropole ont pu aider les indigènes d'Algérie à se défendre contre les excès des colons ; l'idée d'un royaume arabe impliquait la sauvegarde d'un certain nombre d'institutions et coutumes d'origine berbère ou islamique. Mais les intérêts économiques ont eu le dernier mot, plus ou moins associés à l'idée que les populations s'intégreraient à la civilisation européenne.

Étrangers dans leur propre pays, les colonisés le furent, certes, mais avec cette différence pourtant que la politique des métropoles varia : tantôt elles exterminèrent les indigènes, tantôt elles les refoulèrent, tantôt elles détruisirent leur genre de vie, leurs institutions, tantôt elles les intégrèrent plus ou moins à leur espace, celui de la République dans le cas français. Mais sur un siècle ou deux, toujours dans le cas français, le dessaisissement fut une réalité, l'intégration un mythe, sauf pour une minorité.

Situations intolérables qui ont constitué le levain des mouvements antieuropéens. Or, d'autres données, qui leur sont associées, ont contribué au développement des mouvements visant à l'indépendance.

Nouvelles élites et mouvements populaires

Quelques traits, généraux ou spécifiques, ont prédéterminé les mouvements de libération, orienté leur action.

D'abord, il s'est formé de nouvelles élites, les unes appartenant au mouvement des affaires, des activités économiques liées à la colonisation, en Inde avant tout, où s'est constituée une véritable classe capitaliste entre 1880 et 1930 qui a su pénétrer les milieux internationalement les plus avancés. Ainsi, il en alla de la dynastie des Tata, à Bombay, ou des Birla. Ils subventionnaient le Parti du Congrès, pour l'indépendance, craignant seulement que trop de désordres n'aient des conséquences fâcheuses pour la discipline du travail ; ainsi leur nationalisme n'était pas une simple hostilité aux Européens, et ils ne rejetaient pas l'ordre établi. Ils ne liaient pas l'indépendance et le changement. Il en allait de même pour la bourgeoisie commerçante en Malaisie ou aux Indes néerlandaises qui, avant 1940, comptait sur la puissance impériale pour la protéger de la pénétration des Chinois. Pour une moindre part, on trouvait aussi une bourgeoisie commerçante occidentalisée au Ghana, et dans les possessions françaises, en Tunisie, en Cochinchine.

Mais, ailleurs, avant 1914, les nouvelles élites appartenaient plutôt à des milieux intellectuels ou militants qui avaient pris leurs leçons soit dans les écoles et universités, soit dans les séminaires, ou encore dans les syndicats ou organisations autorisées. Les premiers leaders indépendantistes apparurent aux Philippines, espagnoles puis américaines, tels Osmena et Quezon ; au Vietnam, tel Phan Boi Chau ; en Birmanie, tel U Ba Pe ; Tilak et Gokhale en Inde ; mais aussi au Caire, etc. Ils se multiplièrent ultérieurement, tantôt en Inde autour du Parti du Congrès de Gandhi, du Congrès national à Ceylan, du Destour en Tunisie, etc. ; et, plus tard encore, avec la création des

Principaux foyers de révolte au XXᵉ siècle colonial

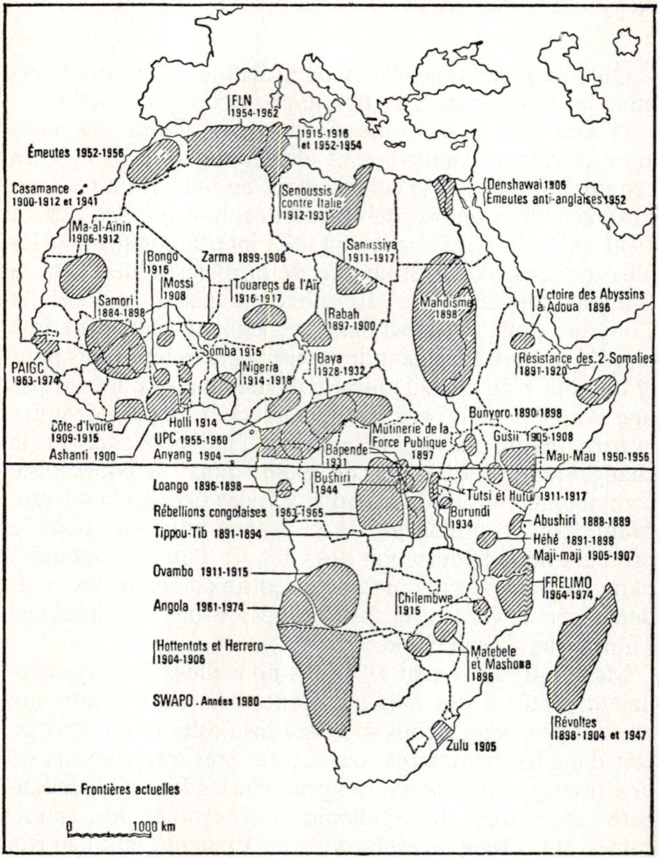

Source : Catherine Coquery-Vidrovitch, *Afrique noire*, Paris, Payot, 1985, p. 213.

Le partage de l'Afrique noire

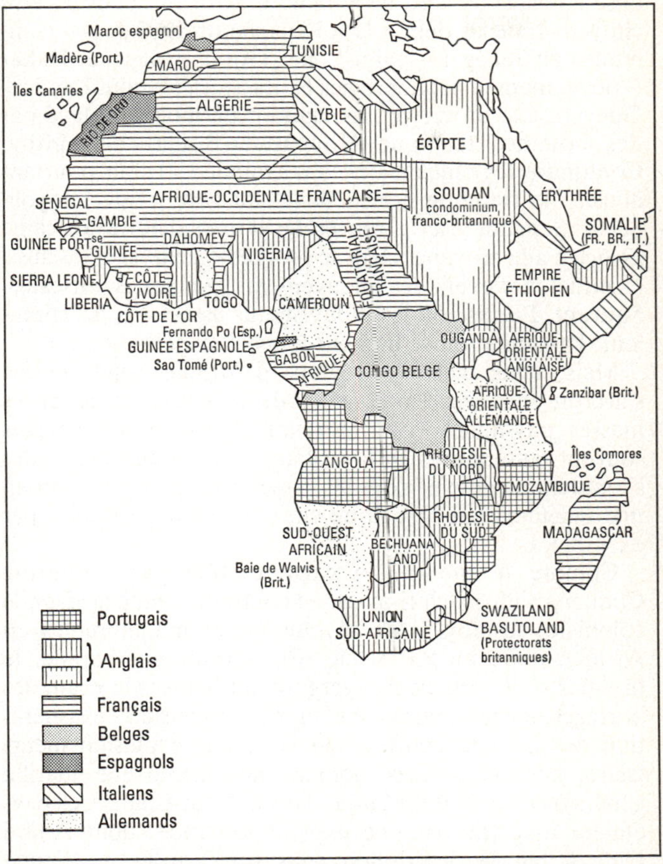

Source : Henri Brunschwig, *Le Partage de l'Afrique noire,* Paris, Flammarion, 1971, p. 18.

partis communistes, en Indonésie dès 1920, en Chine, au Vietnam, en Inde, etc.

En Afrique française, ces élites sont particulièrement actives au Sénégal, où la politique d'assimilation avait été mise en place très tôt, de nombreux Africains pouvant être citoyens français depuis la loi Diagne de 1915. Les 4 communes du Sénégal — Saint-Louis, Gorée, Rufisque, Dakar — deviennent la pépinière des Noirs assimilés dont Lamine-Gueye est le prototype, inaugurant un modèle relayé par des hommes tels que Houphouët-Boigny et Apithy. Confondre les élites avec les « assimilés » serait pourtant abusif : la tradition de Cheikh Anta Diop et de Léopold Sédar Senghor est la recherche d'une identité africaine associée à la croyance dans le progrès — celui-ci étant aussi essentiel à l'éveil des mouvements politiques africains. Souvent, l'Église ou les mouvements associatifs les stimulent, l'assimilation se limitant à une évangélisation.

Mais, dans bien des régions d'Afrique noire, l'écart s'accroît entre ces élites, généralement urbanisées, et les masses paysannes dont la révolte puise à des sources souvent antérieures à la colonisation, mais auxquelles s'ajoutent de nouveaux griefs — leur refus peut consister en une insoumission chronique chez les Holli du Bénin, par exemple.

Comme le montre la carte établie par Catherine Coquery-Vidrovitch ci-avant, et contrairement à la légende coloniale, les foyers de révolte furent innombrables en Afrique noire au XXe siècle. En Afrique équatoriale, le premier soulèvement d'envergure eut lieu sur la route des portages, entre Brazzaville et la côte, traduisant l'exaspération des Loango épuisés, tandis qu'une explosion meurtrière, due aux sévices, donnait naissance à une guérilla généralisée, celle des Manja, dans le Haut-Chari. Ces pays étaient meurtris par une exploitation rude, dont André Gide a fait la description dans son *Voyage au Congo* (1925). Le recrutement de soldats, pendant la Première Guerre mondiale, fut un deuxième motif de malaise, notamment en Haute-Volta ; il suscite également des révoltes, autant contre les chefferies que contre les Français ; l'introduction d'une économie de marché est une troisième donnée qui, après la crise de 1929, amène la ruine de communautés entières qui se révoltent, tels les paysans du Burundi en 1934.

Née entre 1908 et 1920, la rébellion des Mau-Mau, au Kenya, est l'une des plus violentes ; elle se déchaîne vers 1950 contre les « collaborateurs noirs », avant de s'attaquer aux Blancs. Enfin, la plus grande jacquerie africaine, au Zaïre, éclate *après* l'indépendance, Patrice Lumumba réclamant une « nouvelle indépendance » contre le « régime corrompu » institué par les nouveaux dirigeants...

Ainsi, les élites avaient à faire face à un mouvement venu d'en bas. Celui-ci pouvait prendre une forme religieuse : ses aspects les plus élémentaires se rencontraient dans des milieux millénaristes ou messianiques — mouvements qui attendent un salut collectif, imminent, total, où s'exprime un besoin radical de changement social par l'avènement de quelque homme ou force surnaturels, aussi bien en Nyassaland, avec John Chilembwe, qu'au Congo belge où apparaît le rhakisme ou mpadisme, mouvement syncrétique qui oppose les valeurs africaines à celles des Européens : « Tu n'écouteras plus les prières des Blancs »... En 1946, apparaît le lassysme, à Brazzaville, un mouvement qui prend ses racines dans l'Église catholique. Mais le plus important est le mouvement Mau-Mau, apparu dès 1920 au Kenya, qui fait de Jomo Kenyatta le remplaçant du Christ ; la perte de leurs terres accaparées par les colons radicalise le mouvement dès les années cinquante.

Christianisme, bouddhisme, Islam

Le cas de l'Afrique noire, mieux que d'autres, pose le problème du rôle de l'Église et du christianisme comme agents et facteurs de décolonisation, après avoir été associés à l'expansion européenne. Certes, au XVe siècle déjà, depuis Francisco de Vitoria, le grand théologien de Salamanque, l'Église avait bien déjà désigné les indigènes d'Amérique comme « les légitimes propriétaires de leur sol ; et pouvant librement refuser une religion qui se présentait à eux de façon inadmissible ». Et, au XXe siècle encore, l'écho des Polynésiens répondait : « Vous êtes venus la Bible à la main, nous avions la terre ; aujourd'hui, vous avez la terre, et nous, il nous reste la Bible... » Ce dessaisissement, lié dans l'esprit des indigènes à la religion, causa chez les missionnaires un réel désarroi, en Afrique notamment. Au vrai, jusqu'au XIXe siècle, les papes n'avaient cessé de vouloir dissocier ce mouvement missionnaire et l'expansion coloniale, comme en avait témoigné l'existence de ce territoire des Missions au Paraguay. La position des Églises protestantes étant similaire... dans les faits, pourtant, et pour les indigènes, la situation se présentait autrement.

Souvent, les missionnaires avaient été amenés à croire qu'un gouvernement devait venir « au secours des populations », et, en leur assurant la paix, garantir leur évangélisation. Cette croyance n'était pas nécessairement une forme de nationalisme déguisé : à preuve que le fondateur français des Pères Blancs, le cardinal Lavigerie, s'est efforcé de susciter l'intérêt des Allemands pour l'Ouganda, et que le missionnaire protestant français Coillard croyait servir les intérêts de la population indigène de Rhodésie en intervenant auprès des Britanniques pour qu'ils assurent l'ordre dans le pays.

Pendant de longues décennies, au XIXe siècle et au début du XXe siècle, missionnaires et colonisateurs demeurèrent, certes, relativement autonomes, même si la métropole est venue souvent renforcer l'emprise des uns ou des autres. Pour les colonisés, ils constituent volontiers un tout.

Pourtant, l'évangélisation avait pour effet, en Afrique noire surtout, de sortir un certain nombre d'individus de leur groupe ; d'ébranler ainsi les fondements de la société traditionnelle, de la déstabiliser ; alors qu'à l'inverse la colonisation s'appuyait sur ses structures anciennes, ce qui facilitait la tâche des administrateurs...

Par ailleurs, l'éducation donnée en terre coloniale par les missions chrétiennes nourrissait l'émancipation politique des adolescents, puis leur nationalisme, les aumôniers et les prêtres étant volontiers solidaires des aspirations de leurs ouailles. Ils le sont encore aujourd'hui au Guatémala, au Nicaragua.

Ainsi a-t-on vu des membres de l'Église être souvent à l'avant-garde de la lutte des colonisés.

En Algérie, bien que ces colonisés n'aient pas été chrétiens, on a vu souvent le bas clergé soutenir leurs aspirations et même figurer parmi les « porteurs de valise », en 1957. Sans doute s'est-il agi, ordinairement, de membres du bas clergé ; mais l'attitude de la Papauté, à l'autre extrême de la hiérarchie, a pu faire croire à un « complot » contre la France qu'eût animé le Vatican.

Il est vrai que les papes avaient mis en garde les missionnaires, des Français essentiellement : ils ne devaient pas travailler « pour leur patrie mais pour *le bien commun* ». Or la France n'était-elle pas une République laïque, « cette gueuse », qui avait séparé l'Église et l'État, et pas retenu ce principe ?

A l'ère de la décolonisation, n'ayant pas oublié l'attitude équivoque de la Papauté devant le nazisme, ses sympathies pour Franco et le régime de Vichy, son silence opaque devant le sort tragique des Juifs, on s'interrogea sur la signification de cette solidarité de l'Église envers le sort des colonisés, même musulmans ; sur l'attitude de la Papauté hostile à Israël, mais favorable au Grand Mufti… Dans *Le Vatican contre la France* et *Le Vatican contre la France d'outre-mer*, Edmond Paris et François Méjan examinent cette attitude du pape et du clergé catholique. Au vrai, celui-ci est souvent très critique envers celui-là, et sans doute n'y a-t-il aucune connivence entre le comportement de ces prêtres « porteurs de valise » et celui de la Papauté.

En ce qui concerne l'Afrique noire, la question est différente, les enjeux étant d'une plus grande ampleur… et le clergé noir jouant un rôle de plus en plus important au sein de l'Église.

De tous les mouvements religieux, lors de la « seconde » colonisation, c'est d'abord la renaissance bouddhiste qui s'est affirmée comme une résistance à l'Europe. En Birmanie, où les moines éduquent 50 % des enfants, elle doit également s'opposer à l'Islam, comme le manifeste le double combat de U Ottama qui, au début du siècle, visite l'Inde, voit Tagore, passe au Japon et est fasciné par l'assurance des Japonais, la glorification de leur race.

Grâce à ces moines, la Birmanie, un des pays les mieux éduqués d'Asie au début du XXe siècle, sécrète de puissantes associations xénophobes, comme la *Young Men's Buddhist Association* (1906) et bientôt de nombreux partis antianglais, mi-bouddhistes mi-socialistes, tel *Notre Birmanie*, qui se diffuse en anglais. Ces mouvements s'appuient sur les paysans, dont les révoltes étaient souvent antérieures à la présence britannique ; dans la région du delta de l'Irraouadi notamment, ils s'appuient également bientôt sur un mouvement ouvrier naissant.

En Indonésie comme au Soudan et dans une partie du Maghreb, c'est l'Islam qui est le grand précurseur des mouvements de masse nationalistes. En Indonésie, l'Islam est, de plus, antichinois. Surtout, par le réseau de ses marchands, il est à l'origine d'une modernité qui a précédé l'arrivée de l'Occident, ses sultanats étant l'équivalent des cités marchandes qu'avait connues la Méditerranée (D. Lombard, III, p. 152). Au début du XXe siècle, le *Sarekat Islam* prêche la prochaine venue du Mahdi, le sauveur islamique, ce « juste roi » qu'attendent 2 millions de fidèles. Vers 1920, Tjoroaminoto est l'objet d'un culte populaire dont bénéficie bientôt son gendre, Soekarno ; il regarde vers un Islam moderniste, ou plutôt une modernité islamique, telle qu'elle semble naître au Caire. Une des branches du mouvement devient sociale-démocrate, puis fonde le Parti communiste en 1921. Elle regroupe les *Abengan*, dont l'Islam est le principe, alors que les dévots, ou *Santri*, demeurent au *Sarekat Islam*. Soekarno oscille entre ces courants : « Ce n'est pas un envoyé de Moscou ou un calife d'Islam qui apportera l'indépendance. »

La recherche d'un modèle organisationnel

Le nationalisme est né d'une cristallisation des sentiments dus à la présence étrangère dans des ensembles qui ont été regroupés artificiellement par l'occupant, par exemple par les Hollandais en Indonésie, les Français ou les Anglais en Afrique noire, etc. Au contraire, le nationalisme allait de soi dans des pays tels que le Maroc, qui ont une existence commune ancienne, même si elle est longtemps demeurée conflictuelle, entre « Berbères » et « Arabes », entre « Maghzen » et « Siba »... L'origine du nationalisme proprement dit, ou *salafisme*, a été une sorte de combinaison entre le refus du compromis avec l'étranger et une rupture totale avec le passé.

L'exemple de l'Afrique du Nord est là pour témoigner que c'est tantôt l'Islam, tantôt le sentiment d'appartenir au monde arabe, tantôt un patriotisme plus directement lié à la terre natale, qui a servi de levain au soulèvement populaire. On retrouve le même va-et-vient en Indonésie où, en 1926, Soekarno écrit *Nationalisme, Islam, Marxisme*, ambitionnant de réunir ces trois forces qui constituent les leviers de la liberté. Mais c'est l'Islam le précurseur.

Au Vietnam, vieil État-nation dont l'identité s'est forgée dans la lutte contre la volonté dominatrice des Chinois, le nationalisme allait de soi, aussi. C'est pourtant sur l'exemple chinois qu'au Vietnam, comme en Corée, le mouvement national s'est appuyé en empruntant ses slogans à Sun Yat-sen et Chen Du Xiu.

> Soyez indulgents, non serviles,
> Soyez progressistes, non conservateurs,
> Soyez agressifs, ne soyez pas sur la défensive,
> Soyez cosmopolites, ne vous isolez pas du monde,
> Soyez utilitaires, ne soyez pas conformistes.

Ces mots d'ordre que les communautés chinoises, d'étudiants notamment, répètent entre la révolution de 1911 et le mouvement du 4 mai 1919, repris par les Vietnamiens, montrent bien la greffe de la Chine et de son nationalisme sur les idées occidentales. Mais le nationalisme du Sud-Est asiatique emprunte aussi son élan et sa force au Japon ; car ce pays a donné le triple exemple de la fermeture, de la modernisation, de l'humiliation infligée à l'impérialisme européen. Il a su appliquer cette maxime, au reste chinoise, « la morale orientale comme fondement, la science occidentale comme instrument ». C'est en Chine et au Japon que s'instruisirent les nationalistes de Corée, du Vietnam, tel Phan Boi Chau, etc.

Ainsi, en Asie orientale, le nationalisme chinois et japonais a nourri et animé des mouvements anticolonialistes qui avaient pu naître dans le giron de l'Islam (Indonésie), du bouddhisme (Birmanie), à moins de revigorer des mouvements paysans et religieux (caodaistes au Vietnam) qui s'appuyaient sur une tradition patriotique déjà éprouvée.

Mais ces mouvements n'aboutissaient pas à l'expulsion des étrangers, de sorte que ce sont d'autres idées, occidentales, mais organisationnelles surtout, qui ont permis leur transfiguration par la constitution de partis politiques, ces leviers, dont le *Kuo-min-tang* a été le premier exemple.

Ils se sont inspirés de modèles qui ont exercé leur fascination, pas tant pour le contenu de leur programme que pour leurs techniques politiques qui montraient leur efficacité. Les partis anglais ou français de la fin du XIXe siècle et du début du XXe étaient un exemple. Modèle également, le parti ou mouvement *Jeune-Turc,* dans le monde musulman, mais plus encore les partis sociaux-démocrates — ce qui ne signifiait pas nécessairement une adhésion à leur programme, au socialisme. Ultérieurement, le modèle organisationnel bolchevique fut imité par toute une série de partis politiques, les uns communistes, par conséquent adhérents au Komintern, les autres pas, telle *L'Étoile nord-africaine,* de Messali Hadj.

La deuxième variable était la liberté ou la capacité de s'organiser ainsi. Or, avant 1914, cette possibilité n'existe que dans certaines possessions anglaises, françaises ou russes — pas toutes. Quelques organisations réussissent ainsi à se développer.

Dans l'Empire britannique, c'est le *Parti du Congrès,* fondé à Bombay, en 1885, par un Anglais et un Écossais, qui hérite de multiples organisations indiennes, animées essentiellement par des juristes, hindous *et* musulmans. N'étant pas religieux à l'origine, il n'a pas la même popularité que d'autres organisations, mais son efficacité le rendit célèbre assez rapidement, et son extension, ensuite, fut foudroyante. L'autre exemple, dans l'Empire, fut le

Wat'ani, ce parti nationaliste égyptien d'où devait être issu le *Wafd,* en 1918, « délégation » de plusieurs groupements politiques. Sur ce modèle se fonde le *Destour,* en Tunisie, grâce à l'action d'Abd el-Aziz Taalbi, un prédicateur de la mosquée Zitouna, qui appelle l'élite à rejeter la colonisation française (1908).

Ce sont les partis politiques, également, qui donnent à l'Islam, notamment en Russie, sa forme organisationnelle la plus efficace. Comme en Tunisie, la fascination exercée par le renouveau turc est à l'origine de la première organisation politique musulmane, l'*Al-Hidad al-Mislimin,* dont le mode de fonctionnement est calqué sur le Parti K.D. russe (constitutionnel-démocrate). Il s'agit de réformistes, que dépassent rapidement les *Jeunes-Tatars* (1906) créés à l'initiative des *Jeunes-Turcs* chez qui s'alliaient l'idéologie religieuse et l'idéologie socialiste. Un exemple frappant de parti politique où l'idéologie religieuse, le nationalisme et le socialisme s'associent est la secte des Vaïssites de Kazan, groupe dissident d'une confrérie soufie, à la fois conservateur et allié des bolcheviques, en 1905. Plus important, sur le modèle social-démocrate, est le parti *Hümmet,* fondé à Bakou, la seule organisation sur une base nationale, patronnée par le Parti social-démocrate russe ; alors que celui-ci n'acceptait pas, au nom de l'internationalisme, de tels groupements ; il la toléra, comme il avait dû tolérer l'existence du *Bund* juif.

C'est désormais le modèle social-démocrate qui l'emporte en Asie, jusqu'au Japon et aux Philippines, où il est en concurrence avec d'autres. Mais la révolution russe de 1917 tout comme le mouvement national arabe et le panafricanisme apportent à ces différentes organisations un souffle et une vision globale de l'histoire qui leur faisaient encore défaut, et ont contribué largement, chacun à sa manière, à l'émancipation des peuples colonisés.

Les mouvements indépendantistes arabes

Un des paradoxes de la montée des mouvements indépendantistes dans les pays arabes, avant comme après l'occupation de certains d'entre eux par l'Europe, est bien que l'affirmation de leur volonté ou de leurs droits a pu s'accompagner d'une interrogation sur leur propre identité. Du temps des Ottomans, l'émergence d'un sentiment national, en Égypte surtout, puis en Syrie, s'accompagne d'une autonomisme de fait, dont la condition est l'union de tous face au sultan, c'est-à-dire l'oubli des différences entre chrétiens et musulmans. Le sentiment de la terre natale, de la patrie (*watan*) l'emporte sur l'Islam, la langue arabe, sa culture créant une solidarité active entre les divers habitants d'un même pays... Car, peu à peu, durant ces siècles du règne des Ottomans, une sorte de déconstruction de l'Empire s'est lentement opérée, plus visible dans les parties chrétiennes de l'Empire, c'est-à-dire dans les Balkans, que dans ses parties musulmanes. Au XIXe siècle l'Islam serait-il devenu alors, ou plutôt redeviendrait-il la sauvegarde de la puissance de l'Orient, de sa défense contre l'Occident, et l'essence même du monde arabe ? Mais, sous la domination des Ottomans, l'enseignement du Coran ne s'est-il pas fourvoyé, et n'est-ce pas le retour à l'Islam des origines qui restituera aux Arabes leur vraie liberté ? Telle est l'alternative qui, celle-là, rejette l'État-nation comme cadre d'une authentique renaissance.

Cette ambiguïté ou ce désaccord ne sont pas levés avec l'irruption de l'Occident, en Algérie d'abord (1830), en Égypte ensuite (1882) ; la contradiction entre ces deux voies s'exaspère avec la chute de l'Empire ottoman en 1918. Mais le débat qui existe au temps de Nasser, de Mossadegh, et qui est toujours actuel, est bien né au XIXe siècle, prenant ses racines dans l'histoire même de l'Empire ottoman.

La revendication arabe a pris des accents et des formes différentes en Orient, où ces pays sont passés sous la domination ottomane, et en Occident où la conquête ottomane arrêta, dès le XVIe siècle, l'entreprise de colonisation européenne qui s'était développée du Maroc à la Tripolitaine.

C'est en 1516, en effet, que le sultan Sélim Ier mit en déroute les troupes d'Al-Ghûrî à Mardj Dâbik, près d'Alep, prélude à l'effondrement de l'Empire mamelouk qui dominait le Proche-Orient depuis deux cent cinquante ans. La conquête de la Syrie, celles de la Palestine et de l'Égypte suivirent ; aussitôt, le corsaire turc Khayr al-Dîn, dit Barberousse, prêtait serment à Sélim et faisait entrer Alger, Constantine et Tunis dans l'Empire ottoman. Seuls, aux deux extrémités du monde arabe, le Yémen et le Maroc échappaient au Sultan.

L'autonomisation des peuples sous la domination ottomane

Tous ces pays demeurent pendant près de quatre siècles sous domination ottomane, sauf l'Algérie conquise par la France dès 1830, et les divisions administratives instituées alors ont survécu jusqu'à aujourd'hui — car auparavant, une dynastie berbère, les Hafsides de Tunisie, exerçait son autorité sur Constantine et sur Tripoli. Plus à l'est, Tlemcen maintenait une autonomie contestée par les Mérinides du Maroc.

Le gouvernement du sultan fit réaliser, dès le XVIe siècle, une sorte d'état des lieux (*tahrir*), à des fins fiscales, riche documentation qui permet, tout comme les règlements (*kânûnnâme*) d'avoir une idée précise de la richesse et des échanges de chaque partie de l'Empire. L'administration des provinces arabes reposait, outre les services financiers, sur trois bases principales, les pachas — ou gouverneurs —, les kadis — ou juges — et la milice des janissaires. Or, on observe que la durée du mandat des pachas a diminué avec le temps, leurs abus et les conflits locaux rendant nécessaire leur rapide rotation : on en compte 110 au Caire de 1517 à 1789, 75 à Damas au XVIIe siècle. Cela eut pour effet de fortifier les contrepoids à leur autorité, de sorte que peu à peu l'institution militaire ou les forces locales prirent le dessus sur le représentant du pouvoir central, d'autant plus que les militaires d'origine locale contrôlaient de plus en plus l'ordre des janissaires : ainsi, dans l'armée de Tunis qui se bat contre les gens de Constantine en 1807, à la bataille de l'oued Sarrat, on ne compte plus que 1 500 Turcs sur 20 000 soldats. Cela était surtout vrai là où un État antérieur à la conquête ottomane avait existé, en Égypte ou en Tunisie par exemple ; mais, en Algérie, le recrutement demeura anatolien, car la minorité turque était isolée et elle se voulait assez forte pour écarter du pouvoir les éléments locaux.

S'il existait des forces qui conduisaient à l'autonomisation de certaines provinces, il existait aussi des facteurs de cohésion, notamment cette solidarité envers l'Empire due à l'aide donnée aux musulmans chassés de l'Europe chrétienne, au XVIe siècle surtout, et à la fierté d'avoir un sultan qui combattait à la fois à Vienne, en Irak, en Crète, en Crimée, contrôlant une partie de la Méditerranée. Au XVIIIe siècle, le déclin de l'Empire affectait les régions non arabes, mais celles-ci se jugeaient néanmoins protégées contre tout danger extérieur. Le choc ressenti à Alger en 1830 fut d'autant plus grand. Quelques décennies plus tard, à Tunis, on s'imaginait qu'une grande armée ottomane arriverait bientôt pour délivrer l'Algérie...

Mais la dynamique de déstructuration était plus forte, malgré l'Islam et malgré les liens économiques. Au reste, de vraies dynasties locales, arabes, gouvernaient la Palestine au XVIIIe siècle, la province de Damas au tournant du XVIIIe siècle et du XIXe siècle, tandis qu'en Irak les conflits entre Ottomans et Persans, anciens de plusieurs siècles, favorisaient la naissance d'une sorte d'autonomisme, à Mossoul notamment, où la dynastie des Djalîlî domine la région de 1726 à 1834. Ainsi, un grand nombre de provinces étaient souvent indépendantes de fait, tout en reconnaissant leur allégeance — une situation qui aboutissait à de nombreux conflits armés, intérieurs, notamment entre le dey d'Alger, le Maroc et la Tunisie dont le bey finit par supplanter le dey.

Colonisation sans colons, sans véritable administration centralisée autre que fiscale, sans politique de turquisation, et seulement garantie par des troupes émanant en partie des « nations » ou provinces le constituant, l'Empire ottoman perdait peu à peu son autorité, sauf coups de semonce et d'intimidation.

L'identité arabe, ses contradictions

La première est la suivante.

D'un côté, les peuples arabes d'Orient, à l'abri de l'Occident, revendiquaient, l'Égypte surtout, une indépendance *de jure* que celle-ci acquérait à l'époque de Méhémet-Ali ; mais, pour ce faire, l'Égypte n'hésitait pas à faire appel à l'Occident... D'autre part, au sein de ces pays arabes d'Orient, la révolte sourd contre l'Ottoman pour autant que l' « Homme malade » se défend mal contre l'Occident qui est en voie de le coloniser. La nation arabe prend son essor dans ce contexte, étant entendu que l'unité ne peut se faire qu'en désislamisant le mouvement, pour avoir avec soi les Arabes chrétiens de la Syrie et du Liban, et les coptes d'Égypte.

Le mouvement « nationalitaire » (Abd el-Malek) se trouvait ainsi devant une difficulté essentielle : l'identification de l'Islam au monde arabe et du monde arabe à l'Islam devait être deux fois oblitérée pour cette raison tactique mais aussi parce que le Sultan était le Commandeur des Croyants.

La pensée politique arabe du XIXe au XXe siècle se trouva ainsi confrontée à cette contradiction : choisir la modernité pour mieux résister à la pénétration du monde occidental ; mais que reste-t-il alors de l'identité arabe, sinon la langue et l'attachement à la patrie territoriale ; alors, par contrecoup, ce choix ne peut que ressusciter un Islam fondamentaliste, qui conteste l'idée de nation ainsi conçue et veut retrouver les sources de la vraie foi.

La recherche de l'identité se trouve ainsi au cœur de la revendication arabe, qu'elle s'exprime en Égypte, en Syrie ou ailleurs. Un texte de Rifa'a Rafi El-Tah Tawi, édité au Caire en 1869, vise à séparer la politique de la religion, à faire du travail la source de toute valeur, à revendiquer l'égalité de tous les citoyens, quelle que soit leur religion, au sein de la patrie : on trouve là des traces de Saint-Simon et des écrivains des Lumières. « C'est la patrie qui doit être le lieu de notre commun bonheur, bâti par la liberté, la pensée et l'histoire. » Pour sa part, 'Abdallah Al-Nadim, lié au mouvement de la *Jeune-Égypte,* et qui devient l'orateur officiel du pays après la révolution de 1882, juge que « la fusion des musulmans et des coptes a été la digue qui a préservé l'Égypte de la propagande de l'Occident. Il faut savoir nous mettre au diapason des autres nations » (cité in Abd el-Malek, *La Pensée politique arabe contemporaine*). Après la défaite, arrêté, il finit par être gracié ; Londres le surveille et le Sultan veut le neutraliser.

• Watan

Une étape de plus est franchie dans la direction de la modernité lorsque Taha Hussein, formé à l'université d'Al-Azhar du Caire, et premier docteur ès lettres du monde arabe, introduit une dimension historique à cette quête de l'identité, s'interrogeant sur la vocation de l'Égypte, méditerranéenne ou orientale... Il lui paraît clair que l'appartenance à l'Orient n'existe que compte tenu de l'unité de religion, ou d'échanges politiques temporaires. « Or l'Histoire a établi que l'unité de religion ou de langue ne saurait constituer une base valable pour l'unité politique, ni un fondement pour la constitution des États. Les musulmans eux-mêmes ont renoncé depuis longtemps à prendre l'unité religieuse ou linguistique pour fondement de la royauté, ou pour base de l'État. [...] Ils ont fondé leur politique, dès le IIe siècle de l'Hégire, sur des avantages pratiques, sur eux seuls. De sorte que, dès le IVe siècle de l'Hégire, le monde musulman prit la place de l'État musulman. Les nationalités faisaient leur apparition, et les États proliféraient... L'Égypte fut celui qui recouvra le plus rapidement sa personnalité antique qu'il n'avait du reste jamais oubliée... [...] L'histoire nous apprend que son acceptation de la domination arabe, après la conquête, ne fut pas exempte de rancœurs, voire de résistance et de révolte... » (cité in Abd el-Malek, *ibid.*). C'est le même diagnostic qu'établit Antoun Sa'adah, quelques décennies plus tard, pour juger que la Syrie a été la mère des nations, aux temps jadis, sous le nom de Phéniciens chananéens.

Ainsi se développe l'idée de patrie, associée au terme de *watan* qui jusque-là figurait un sentiment d'affection, de nostalgie, mais pas de loyauté — celle-ci s'exprimant envers une dynastie ou en termes religieux, mais pas territoriaux.

Ce fut le poète égyptien Rifa'a Rafi El-Tah Tawi qui, en 1855, publia une ode patriotique en arabe *Qasida wataniyya misriyya* et popularisa la notion patriotique de *watan.* Le patriotisme de cheikh Rifa'a n'est pas ottoman, car il manifeste peu d'intérêt à son endroit ; il n'est pas musulman, puisqu'il revendique la gloire antique de l'Égypte païenne et chrétienne avant l'Islam ; il n'est pas arabe non plus, puisque les autres peuples arabes ne le concernent pas — l'idée d'une grande patrie arabe étant apparue plus tard (Bernard Lewis).

Alors que, jusqu'à ce jour, les histoires de l'Égypte commençaient avec l'avènement de l'Islam, la sienne s'achève avec la conquête arabe... L'idée d'un pays et de son peuple, de leur continuité, même si changent la langue, le régime, la religion, la civilisation, voilà ce qui était inconnu et nouveau dans le monde musulman.

Cela entraîna une réaction.

Contre ces courants « nationalistes », un violent fondamentalisme musulman s'exprime aussitôt, dès la fin du XIXe siècle, avec Mohammed Abdo qui préconise le retour aux sources de l'Islam joint à l'exercice du bon sens. « Seul un despote juste assurera la renaissance de l'Orient, écrit-il, et il suffit de quinze années pour qu'on permette alors aux hommes de se nourrir de liberté... » On commencera par les conseils municipaux, puis viendra le tour des échelons plus élevés de l'État ; mais, auparavant « on aura tordu le cou aux grands et aux leurs [...] et on rectifiera ce qu'il y a de défectueux dans leur nature par les méthodes les plus efficaces, jusques et y compris l'excision et le fer rouge si besoin est ; et on élèvera les âmes des petits dans le sens de la volonté, et on agira sur les âmes comme le fait l'horticulteur quand il plante des tuteurs rectilignes pour redresser les plantes en croissance ». Ces idées se retrouvent, ultérieurement, chez Hassan Al-Bauna, fondateur et guide suprême des « Frères Musulmans » (1928).

Mais, durant la période de l'émancipation vis-à-vis de l'Empire ottoman et du Califat, dont Ali abd Alrazeq conteste la légitimité, l'Égypte, pionnière du mouvement moderniste, passe, en un tournemain, d'un nationalisme fondé sur la souveraineté, le patriotisme, à un nationalisme qui retrouve, incontinent, les traits de l'expansionnisme. Pour un court temps, il est vrai (cf. p. 109-112).

• La Ligue arabe

Lorsque la Seconde Guerre mondiale éclata, les sympathies des Arabes allèrent à l'Axe, qui avait les mêmes ennemis qu'eux : Anglais, Français, Juifs. Les Britanniques réussirent toutefois à éviter un soulèvement des Arabes en arrêtant l'immigration juive en Palestine, en soutenant les mouvements d'indépendance du Liban et de la Syrie contre la France, en déclarant leurs sympathies pour l'Unité arabe, et enfin en favorisant la création de la Ligue arabe, après l'alerte du soulèvement de Rachid Ali, en 1941. Le projet émanait de Noury Saïd, Premier ministre d'Irak, et fut rendu public à la fin de 1942. Il prévoyait la formation d'une Grande-Syrie, comprenant la Syrie, le Liban, la Transjordanie et la Palestine, par voie de fédération ; une autonomie serait consentie aux Juifs de Palestine, tout comme aux Maronites du Liban ; enfin, une Ligue arabe unirait l'ensemble avec l'Irak. La Grande-Syrie serait constituée sous l'égide du roi Abdallah, l'Irak prendrait la tête de la Ligue, et l'ensemble serait placé sous domination hachémite. Ainsi serait reconstitué, au Hedjaz près, le grand royaume arabe rêvé par le colonel Lawrence et le roi Hussein en 1916.

Anthony Eden approuva le projet, au début de 1943 ; mais il se heurta aux réticences de l'Arabie Saoudite, d'une partie des Libanais, de l'Égypte surtout. Nahas Pacha prit alors Noury Saïd de vitesse et, à la conférence d'Alexandrie, il proclama la création d'une Ligue arabe qu'Irakiens et Transjordaniens durent accepter. Le pacte, du 25 mars 1945, avait pour objet, en effet, de sauvegarder l'indépendance des États arabes existants. Il allait donc contre le projet d'une unité arabe centrée sur le Croissant fertile...

Cette victoire du Caire sur Bagdad, avec les 6 États membres, signifiait aussi l'exclusion de l'Iran pourtant réputé musulman, mais non arabe ; surtout, elle impliquait la promesse d'une aide à tout mouvement national arabe, d'un bout à l'autre du monde musulman ; bientôt l'Afrique du Nord, puis la lutte contre Israël. Mais la multiplicité des régimes politiques qui la constituaient rendait la Ligue peu opérante, d'autant qu'elle était dotée de moyens réduits. Elle tenta de se réanimer grâce à des organisations plus révolutionnaires, tel le Baas syrien, mais ce furent les événements d'Égypte, avec le coup d'État de Néguib-Nasser, en 1952, qui firent de la Ligue un nouvel instrument, levain et levier du soulèvement des peuples colonisés, surtout lorsqu'il disposa d'un puissant haut-parleur : *La Voix des Arabes,* qui émit du Caire et atteignit l'Afrique du Nord.

En Orient, surtout, l'Internationale en avait été un autre, apparu en 1919, et qui eut de l'influence plus à l'est, chez les Turcs, les Persans, les Indiens, etc.

L'Internationale communiste et les peuples coloniaux

La IIe Internationale avait certes stigmatisé le fait colonial, mais pour lui substituer une politique socialiste. Lénine fut un des premiers théoriciens qui, dans une brochure de 1914, *Du droit des nations à disposer d'elles-mêmes,* insista sur le rôle « progressiste » des revendications nationales, pour autant que la politique coloniale permettait d'améliorer le sort des ouvriers européens et de retarder ainsi la révolution sociale en Europe... La lutte nationale contre l'impérialisme devenait ainsi un élément fondamental de la lutte du prolétariat, une démarche plus radicale que celle des autres dirigeants de l'Internationale, *mais* qui continuait à ne pas prendre les revendications nationales des peuples colonisés comme un objectif à atteindre en soi.

On vérifie à quel point les perspectives des colonisés et des révolutionnaires pouvaient être étrangères les unes aux autres en constatant qu'à la conférence de Lausanne — réunie en pleine guerre (1916) par des sympathisants des minorités opprimées de l'Autriche-Hongrie, tel le Suisse Eugène Privat notamment, qui l'organisa — affluèrent, certes, des représentants de ces minorités... de

Russie, mais aussi des Égyptiens, des Arméniens, des Tunisiens — mais qu'aucun socialiste n'y participa, sauf le Finnois Kuusinen. Pourtant, la plupart des exilés russes — bolcheviques, mencheviques ou socialistes révolutionnaires — étaient alors en Suisse, mais ni Lénine, ni Martov, ni aucun autre n'attachèrent le moindre intérêt à cette conférence des nationalités. En revanche, en France, Jacques Bainville alors journaliste, et futur historien nationaliste, nota que problème national et problème colonial n'étaient que deux variables de situations comparables, et il recommandait au gouvernement Ribot de ne pas trop agiter la question nationale en Autriche-Hongrie, s'il ne voulait pas que cela ait des effets sur l'avenir de nos colonies…

Lors de la révolution de 1917, la plupart des nationalités de Russie virent dans la chute du tsarisme puis du Gouvernement provisoire l'occasion de reprendre leur liberté. Elles purent vérifier que le droit à l'autodétermination, affirmé par Lénine, n'avait été qu'un instrument destiné à hâter la chute de l'ancien régime, mais qu'au nom de la solidarité révolutionnaire Moscou jugeait que l'appliquer serait affaiblir le camp de la révolution mondiale. Son avenir fut abordé au 2e Congrès du Komintern, en 1920, où, malgré les victoires de l'Armée rouge en Pologne, la révolution européenne n'apparut plus comme allant de soi, au moins dans l'immédiat. Ce fut en ces circonstances que l'Indien Roy fit valoir que le destin de cette révolution européenne dépendait tout entier de la révolution en Orient. Mais il estimait aussi que ce mouvement « n'avait rien de commun avec le mouvement de libération nationale », animé par la bourgeoisie et qui, notamment en Inde, serait contre-révolutionnaire. Lénine s'opposa à ces thèses, car son souci principal, en tant que chef du gouvernement soviétique, était de trouver des alliés capables de miner les arrières des puissances qui le combattaient, donc plutôt le Parti du Congrès, puissant et développé, que le Parti communiste indien encore dans l'enfance.

L'intérêt de ce débat est d'avoir préfiguré le conflit entre les intérêts propres de l'URSS et les ambitions des révolutionnaires des pays coloniaux, ou semi-coloniaux : Inde, Turquie, Égypte, etc. Il prit de l'ampleur au congrès de Bakou où, cette fois, le problème colonial fut au centre des débats, son éclat dépassant largement, pour les pays d'Asie surtout, celui du congrès du Komintern. Les porte-parole de l'Orient étaient surtout des musulmans d'Asie centrale, puisque, sur 1891 délégués, on comptait 235 Turcs, 192 Persans, 8 Chinois, 8 Kurdes, 3 Arabes, les autres venant des parties non russes de la République des Soviets. Ils avaient répondu à cet appel lancé par Karl Radek et Grigori Zinoviev :

« Jadis, vous étiez accoutumés à traverser le désert pour vous rendre aux Lieux saints ; à présent, traversez les déserts et les montagnes, et les rivières pour vous rencontrer et discuter de la manière de vous libérer de vos chaînes et de vous unir en une union fraternelle pour vivre une existence égale, libre et fraternelle » (juillet 1920).

En vérité, passé l'enthousiasme des déclarations de Grigori Zinoviev, accueillies par une levée de sabres et de revolvers aux cris de « *Djihad* », « Vive la résurrection de l'Orient », images que la caméra a conservées intactes, les musulmans manifestèrent leurs réserves devant la façon dont Moscou les avait traités. « Nous devions supporter le mépris des anciennes classes dirigeantes envers les masses indigènes. Cette attitude est celle des communistes, qui conservent une mentalité de dominateurs, et regardent les musulmans comme leurs sujets. » Cette attitude, l'envoyé de Vladimir Ilitch Lénine, Georgi Safarov, en confirma la nocivité : « La dictature du prolétariat prend, au Turkestan, un caractère typiquement colonialiste. » On retrouvait ainsi, chez les communistes, le comportement des mencheviques et des SR qui avaient crié « Réaction ! » lorsque les non-Russes du Caucase avaient revendiqué leur droit à exister en dehors des partis socialistes. Aussi, au Turkestan, le 3e Congrès des organisations communistes musulmanes demanda que l'organisation turkestanaise du PC russe se transforme en parti communiste turc. A Bakou, l'argument fut développé que le concept de solidarité de classe n'avait pas de sens en milieu colonial. Les musulmans insistèrent sur la nécessité de révolutions nationales, seules garantes d'une émancipation de l'Orient ; et, en vérité, seul moyen de récupérer leur identité : le problème de la direction du mouvement — confié à la bourgeoisie ou au Parti communiste national, que soulevait Manabendra N. Roy — leur paraissait secondaire.

Ce conflit dura jusqu'en 1923, où les « déviations nationales » furent condamnées par les dirigeants soviétiques — en l'occurrence Lénine, Staline, Zinoviev. Cela entraîna la rupture avec Sultan-Galiev, le plus en vue des communistes tatars, ancien adjoint de Staline au Commissariat des nationalités. Il affirmait que les prolétariats d'Occident et d'Orient étaient fondamentalement différents et, pour dire vrai, « irréconciliables ». Il ajoutait : « Les peuples musulmans sont des nations prolétariennes... leur mouvement national a le caractère d'une révolution socialiste », une formulation sacrilège. Inventant ce concept de « nation prolétarienne », Sultan-Galiev distinguait ainsi le monde occidental, où le prolétariat était une classe sociale, et l'Orient où l'on avait affaire à des nations tout entières prolétariennes. Il ajoutait que le remplacement, en Occident, de la bourgeoisie au pouvoir par le prolétariat n'apportait et n'apporterait aucun changement dans les rapports du prolétariat occidental avec les pays opprimés d'Orient, car cette classe héritait de l'attitude nationale de la classe à laquelle elle avait succédé.

Il fallait donc *substituer à la dictature des métropoles occidentales celle des nations prolétaires sur les métropoles d'Occident*... A cette fin, Sultan-Galiev proposait de constituer une Internationale coloniale communiste, mais indépendante du Komintern. La première étape serait la constitution d'un grand État national turc, le Turan. Avec Hanafi Muzzafar, Sultan-Galiev essaya ensuite d'élaborer en théorie la fusion du communisme et de l'Islam en y introduisant des données culturelles, propres aux peuples d'Orient, alors qu'au contraire, au IVe Congrès du Parti communiste, en 1923, Kalinine jugeait que « la politique des Soviets devait avoir pour fin d'enseigner aux peuples de la steppe kirghize, aux Ouzbeks et aux Turkmènes, les idéaux de l'ouvrier de Leningrad ».

« Sultan-Galiev » fut liquidé par la violence et, après la « normalisation » de la situation en Turkestan, le Komintern reprit sa politique d'instrumentalisation des mouvements nationaux : typique fut l'accord commercial signé entre Londres et Moscou, en 1921, qui stipulait que Moscou s'abstiendrait de toute propagande qui pourrait inciter les peuples d'Asie à une action contre l'Angleterre... L'européocentrisme soviétique s'affirmait avec toujours plus d'arrogance, les communistes russes voulant décider désormais de la nature des mouvements nationaux — ou désignant ceux qu'il fallait soutenir, et pas les autres. Cela souleva l'indignation des délégués aux IIIe et IVe Congrès, notamment celles du Malais Tan Malaka, du Vietnamien Nguyên Ai Quôc (Hô Chi Minh) et de l'Indien M. N. Roy.

En refusant de voir dans la révolution orientale une possibilité autre que celle d'une révolution nationale — alors que pour ces leaders elle n'était qu'une étape —, le Komintern disait, sans l'énoncer clairement, que seul l'Occident pouvait accomplir une révolution sociale. Ce qui, en clair, signifiait que seule la République des Soviets pouvait définir quelle nation était susceptible, donc en droit, d'accomplir une révolution...

C'est ce qu'allait démontrer l'exemple chinois, en 1927.

L'échec des communistes chinois, en 1928, la part que put y jouer la politique du Komintern dans son rapport privilégié avec Tchang Kaï-chek, autant d'éléments qui, à la suite du comportement de Staline à l'égard des communistes musulmans, pouvaient préjuger d'un diagnostic très négatif sur le rôle que jouèrent l'URSS et le Komintern dans le processus de la lutte des peuples colonisés. Ce jugement serait en partie erroné, car ce bilan ne tiendrait pas compte du fait que les débuts du Komintern ont pu jouer le rôle de « matières inflammables », qui ont embrasé les milieux nationalistes des pays coloniaux. S'il est vrai que M.N. Roy ou Tan Malaka — après Sultan-Galiev — ont pu désespérer des agissements de l'URSS, Hô Chi Minh lui a été fidèle : en 1935, lorsque, au mot d'ordre « classe contre classe », le Komintern substitue la lutte « nation contre nation », il s'y rallie, et, comme les communistes philippins, il mène la lutte avec les démocraties contre le fascisme japonais et ses alliés *.

Plus, les thèses des opposants à la direction du Komin tern, les discussions qu'elles suscitent ne meurent pas avec leur condamnation par Moscou. Elles survivent souterrainement et elles sont connues des Malais, des Indiens, de Mao Tsê-tung ; bientôt, durant les années soixante, Boumediene et Kadhafi reprennent à leur compte ces idées de Sultan-Galiev sur les « nations prolétariennes ». Sauf que, tatares ou turques à l'origine, elles sont désormais arabes.

On constate en effet que c'est le schéma galiévien qui, historiquement, a fonctionné : une fois indépendants, la Libye, l'Algérie, puis l'Iran ont renoué avec cette idée d'une substitution à la dictature des nations occidentales de celle des nations du Tiers-Monde.

L'action du Komintern, directe ou indirecte, avait surtout conservé, en Orient, les peuples d'origine turque et musulmane, mais aussi les Persans, les Indiens, les Vietnamiens, les Malais, les Indonésiens, et naturellement les Chinois. Elle toucha peu les Arabes avant la Seconde Guerre mondiale, les seuls partis communistes organisés et quelque peu représentatifs dans ces pays étant ceux de la Syrie et du Liban.

L'Afrique noire également fut peu touchée, sauf l'Afrique du Sud qui eut son parti communiste, les contacts avec Moscou se limitant ailleurs à l'envoi de quelques Africains à l'Université des travailleurs de l'Orient, à la participation au congrès de Bruxelles contre l'impérialisme (1927), organisé par Willy Münzenberg, mais la « question nègre » n'y occupa guère plus de place que le problème colonial aux premiers congrès du Komintern, malgré la présence

* On observe qu'en octobre 1935 Maurice Thorez proclame son attachement à la défense du peuple d'Algérie ; or, elle consiste à se lier avec les « bourgeois » algériens nationaux réformistes, tel Ferhat Abbas, qui, à l'époque de la lutte « classe contre classe », était qualifié de contre-révolutionnaire. Or, pour Thorez, il s'agit seulement d'allier les Algériens au peuple de France, de peur d'une absorption par le fascisme italien ou allemand. Dix ans plus tard, c'est au nom de la lutte contre l'absorption par l'impérialisme américain que le PCF et le PCA s'adressent, cette fois, au PPA de Messali.

de Senghor et de deux représentants sud-africains, et de nombreux Noirs américains. La vedette était tenue par Jawaharlal Nehru, Mohammed Hatta (Indonésie), Mme Sun Yat-sen, Albert Einstein, Victor Haya de la Torre (Pérou) et Messali Hadj (Algérie).

L'ESSOR ANCIEN DU PANAFRICANISME

Le mouvement panafricain, ou panafricanisme, a joué un rôle moteur dans l'émancipation des populations du continent noir : il constitue, par excellence, l'idéologie de la décolonisation en Afrique noire, britannique surtout. Sous sa forme large — l'Unité africaine —, il date seulement de la conférence d'Accra, en 1958 ; mais, plus profondément, il remonte aux tout débuts du XXe siècle, à la conférence de Londres, en 1900. Au vrai, celle-ci est également un aboutissement, car le mouvement de libération africain voit sa préhistoire remonter au XVIIIe siècle.

Effet boomerang de l'époque de la traite et de l'esclavage, le mouvement puise en effet ses racines aux trois angles du commerce triangulaire : d'abord, l'Afrique de l'Ouest, et plus précisément la Gold Coast (Ghana) qui fut un des plus actifs pourvoyeurs d'esclaves. Le premier Africain qui critiqua la traite fut Ottobah Cugoano, un Fanti du Ghana, à qui l'on doit : *Thoughts and Sentiments on the Evil and Wicked Traffic of Slavery and Commerce of the Human Species, Humbly Submitted to the Inhabitants of Great Britain, by Ottobah Cugoano, a Native of Africa*, Londres, 1787. Ultérieurement, avec le Ghana, la Sierra Leone et le Nigeria constituèrent la pépinière des mouvements nationalistes noirs. Le deuxième côté du triangle se situe en Angleterre, où le mouvement méthodiste anima la lutte contre la traite et emporta l'abolition de l'esclavage à l'époque de Wilberforce (cf. p. 257). Le troisième côté du triangle se place entre les Caraïbes et les colonies anglaises d'Amérique du Nord — les futurs États-Unis. Dès le XVIe siècle, des Noirs s'étaient révoltés, de la Guyane aux Caraïbes, et en 1688, à Barbade, avait été institué le premier Code Noir. Les Antilles furent à nouveau à la pointe du combat pour la liberté des Nègres à l'époque de la Révolution et de l'Empire, Haïti devenant définitivement indépendant en 1804 à l'époque de Toussaint-Louverture. Les Afro-Américains des Caraïbes fournirent depuis les principaux leaders du mouvement panafricain, tels Marcus Garvey, George Padmore, le père Dubois ; et, côté français, Aimé Césaire, Frantz Fanon, puis d'autres chantres de la négritude. Encore faut-il constater que, du côté anglais, les premiers mouvements jouirent tôt, au moins à Londres, de la liberté d'expression, et aussi de rudiments d'une représentabilité partielle.

En Angleterre, cependant, la création de la *Sierra Leone Company* fut certes un échec (cf. p. 258), mais cette colonie n'en allait pas moins devenir une sorte de laboratoire de la modernisation, en Afrique de l'Ouest, avec son collège de Fourah Bay à Freetown et ses premiers cadres missionnaires. Ceux-ci essaimèrent en Nigeria et en Gold Coast, où apparut le premier roi chrétien, Joseph Aggrey, qui ne manqua pas de revendiquer l'indépendance pour son pays. Cela lui valut une déportation temporaire en Sierra Leone, mais l'idée du *self-government* avait accompli un premier pas (1865).

En se rendant indépendants au nom de la liberté, en 1783, les Américains ne s'attendaient pas, certes, à recevoir les revendications des Noirs qui avaient combattu à leurs côtés, ce qui explique qu'un grand nombre de ceux-ci, déçus, soutinrent les Anglais. Thomas Jefferson, auteur de la Déclaration d'indépendance et propriétaire d'esclaves, se posa la question du sort des Noirs dans ses *Notes on the State of Virginia* (1787). Il résumait ses propositions avec cette formule : « *What further is to be done with them ?* » (qu'est-ce qu'on va bien en faire ?). L'idée d'en réexpédier un grand nombre en Afrique fit son chemin, et, en 1816, *The American Colonization Society* réussit, en quelques années, par la séduction et la menace, à en rembarquer entre 12 000 et 20 000, et en Afrique ils fondèrent le Liberia. Naturellement cela souleva l'indignation des Noirs américains qui entendaient prendre en main leur propre retour — ce qui devait aboutir, quelques décennies plus tard, à la création du *Back to Africa Movement,* de Marcus Garvey.

Lorsque se réunit la conférence panafricaine de Londres, en 1900, la situation générale des Noirs s'est largement détériorée sur un siècle, tant aux États-Unis, malgré la guerre de Sécession, qu'en Afrique du Sud et dans le reste du continent. Le mot d'ordre, « l'Afrique aux Africains », ne reçoit qu'un seul encouragement « historique », alors que s'affirme plus que jamais la domination de l'homme blanc : la victoire des Abyssins sur les troupes italiennes à Adoua en 1896. Celle-ci redonne espoir et vigueur au mythe panafricain qui avait désigné l'Éthiopie comme la base originelle de la civilisation africaine... Naturellement, la défaite des Russes, en 1905, relança aussi les espoirs de liberté pour les peuples de couleur... En 1913, paraissait, à Madagascar, *Le Japon et les Japonais,* par le pasteur Ravelojaona, qui fondait le Vy Voto Sakelika, ou VVS, Fer-Pierre-Réseau, d'esprit anticolonialiste. Globalement, pourtant, du côté des colonies françaises, la tentation assimilatrice continua à exercer ses attraits – c'est ce qui explique que le mouvement panafricain demeura surtout anglophone.

Deuxième trait du mouvement panafricain, son rapport avec les Églises, méthodistes surtout, qui, en Gold Coast d'abord, et ailleurs en Afrique de l'Ouest, ont aidé à la naissance d'une élite mulâtre ou noire, européanisée que les Anglais ont définie comme des « *educated natives* ». Graduellement, des membres de cette élite ont assumé la position des dirigeants traditionnels, par exemple lorsque les Fanti ont élu J.R. Ghartney, marchand à Anomabu, roi de Winneba sous le nom de J.R. Ghartney IV. Les méthodistes n'ont pas pu jouer le même rôle aux Caraïbes ou dans les colonies anglaises d'Amérique parce que là leur action s'est heurtée à l'hostilité des colons.

Par réaction, c'est donc aux Amériques que le mouvement s'est développé de la façon la plus radicale, revendiquant avec W.E.B. Du Bois le retour des Noirs en Afrique et l'indépendance de leur pays d'origine.

Car, paradoxalement, c'est dans l'exil américain que, regroupés, les Noirs des différentes ethnies ont construit une image de l'Afrique, image fictive sans doute, mais bien active ; alors que, en Afrique même, les anciennes divisions des royaumes, la parcellisation des territoires, puis les découpages coloniaux n'avaient jamais donné naissance à un concept africain. On observe également qu'aux Caraïbes comme en Amérique les mulâtres furent moins portés à devenir les chantres de la négritude africaine que les Noirs purs, tels Martin R. Delany, Garvey, par ailleurs champions du Retour en Afrique.

Aux États-Unis, tout comme le projet abolitionniste, dont les Quakers furent les chantres dans le Massachusetts, l'action des Afro-Américains devient manifeste en 1787, où apparurent, à Philadelphie notamment, des cercles et des écoles pour Noirs, dont l'animateur fut le huguenot Anthony Benezet de Saint-Quentin, dont la famille avait été chassée par l'Édit de Nantes. Dans ces écoles, la Constitution des États-Unis est l'objet de discussions qui aboutissent au rejet de l'esclavage dans les futurs États en voie de formation — ceux du Middle West. Des Noirs fondent la même année le *Free African Society* dans une église méthodiste, d'autres créent la première loge maçonnique aux États-Unis, *The Free African Lodge,* autonome de la Loge africaine de Londres. Le droit à l'éducation égale pour tous fut revendiqué, cette année-là, par Prince Hall, un mulâtre de Barbade qui adressa cette pétition au Parlement du Massachusetts (1787). Moins d'un siècle plus tard, lorsque s'ouvre la première conférence du panafricanisme, ses 30 participants viennent, pour l'essentiel, des Caraïbes et de l'Amérique du Nord (10 + 11), 4 d'Afrique et 5 de Grande-Bretagne. Mais, à la conférence préparatoire, les Africains avaient été un peu plus nombreux. Un évêque préside, Alexandre Walters, qui ouvre la conférence en disant que, « pour la première fois dans l'Histoire de l'humanité, les Noirs du monde entier se sont réunis pour améliorer le sort de leur race ». Les orateurs font le procès de la politique anglaise dans son Empire, notamment en Afrique du Sud, de la ségrégation qui règne aux États-Unis, salue les grands ancêtres Sharp, Wilberforce ;

enfin, on remercie les Quakers pour leur lutte contre l'esclavage qui survit à Zanzibar et dans l'Est africain. Dans un appel « aux nations du monde », W.E.B. Du Bois (1868-1963) prédit que « le racisme sera le problème numéro Un du XXe siècle qui s'ouvre, et que la couleur de la peau ou la texture des cheveux sont en train de devenir le critère des inégalités, du droit aux privilèges ». Une Association panafricaine se crée pour défendre les droits des Noirs : les pays représentés y étaient les États-Unis (W.E.B. Du Bois), Haïti, l'Abyssinie, le Liberia, le Natal, la Sierra Leone, Lagos et la Jamaïque.

Mais Du Bois est bientôt dépassé par Marcus A. Garvey, un Jamaïcain qui vit aux États-Unis et qui rompt avec l'attitude revendicative de l'Association panafricaine. Retournant la position, il valorise la race noire et revendique l'idée de reconstituer un Empire panafricain, héritier des grands royaumes d'avant la colonisation. Il incarne la naissance d'un racisme noir, que Léopold S. Senghor dénomme l'antiracisme de la négritude. Plus que Du Bois, il agite l'Afrique et sent mieux que lui que jamais l'Europe ni les Blancs n'aideront vraiment les Noirs : il voit clairement que, sans violence, l'Afrique n'arrivera à rien...

Du Bois demeurait dans un cadre humaniste, admirant par exemple comme la France décorait le député noir Blaise Diagne de la Légion d'honneur, et rêvant d'une collaboration entre les races. Elle devait cependant être obtenue par des exigences radicales et non par les voies de l'adaptation douce, qui avaient été aux États-Unis celles de B.T. Washington, esclave devenu par son assiduité le directeur d'un institut. A l'extrême opposé, Garvey imaginait une renaissance africaine fondée sur le savoir et la force, comme le Japon en avait donné l'exemple. Mais, au 5e Congrès panafricain, tenu à Manchester au lendemain de la Seconde Guerre mondiale, ce furent les thèses de George Padmore, jugées plus réalistes, qui l'emportèrent, montrant que les différentes visions qui s'opposaient étaient, au moins, toutes solidaires pour revendiquer d'abord pour les Noirs leur indépendance dans le pays où ils vivaient : « Tous ceux que nous appelons communistes sont nationalistes... Il faut d'abord qu'ils soient libres avant de définir le régime de leur choix. » Il critiqua vivement ceux qui regardaient avec bienveillance vers le régime colonial français, expliquant que l'assimilation et l'intégration étaient des mythes — à preuve, la liberté dont jouissaient les Africains sous le drapeau britannique, leur participation au pouvoir, comparée à la répression qui sévissait dans l'Empire français. Sur ce point, Padmore était rejoint par des Noirs caraïbes, tel Frantz Fanon.

Ainsi, le panafricanisme d'avant les indépendances exerce les mêmes fonctions à l'ouest que le Komintern à l'est — Sultan Galiev et Marcus Garvey font le même parcours du communisme à la nation — en attendant la révolution. A la différence du Komintern pourtant, le panafricanisme n'a pas de centre, et il demeure bien plus modeste dans ses activités puisque aucun État ne le prend en charge. Mais son action dispersée, minoritaire, jette aussi des « matières inflammables ». Elles orientent les nationalistes africains, tel Nkrumah, familier de ces débats, et hâtent les voies du *self-government* puis de l'indépendance d'un grand nombre de pays d'Afrique de l'Ouest et des Caraïbes *.

On a dit que le panafricanisme avait été, pour l'essentiel, un mouvement anglophone. Dans sa phase ultime, pourtant, un certain nombre de francophones en ont fait partie. Iba Der Thiam note qu'en Afrique de l'Ouest, et au Sénégal en particulier, l'histoire de la revendication d'indépendance est passée par plusieurs phases. Celle de la revendication égalitaire, dès avant 1914 ; de la fronde contestataire, au lendemain de la Première Guerre mondiale, puis de la récrimination véhémente et violente. La greffe avec l'Internationale et l'africanisme, incarné par Garvey, se fit durant les années vingt. Le drapeau futur de la nation africaine devait être « rouge, comme le sang versé au cours de l'histoire ; noir comme la couleur de la peau

* Aux États-Unis, jugeant que les Noirs sont traités comme des peuples colonisés, et suivant l'enseignement de Malcolm X, les Panthères Noires ne se veulent pas « Noirs », mais révolutionnaires, et ils adoptent l'attitude de Cabral, de Che Guevara (années 1960-1970).

dont on doit tirer orgueil, et non de la honte ; vert, comme l'espérance » (Lagos, 1920).

Cette conceptualisation s'est surajoutée, souvent, à un « besoin d'indépendance » qui avait existé très tôt, et même dès la conquête, aussi bien à l'Ouest qu'au Kenya ou à Madagascar.

Ici, en 1947, comme à Sétif en 1945, ou à Haiphong en 1946, l'administration ou l'armée y répondent par un massacre...

CHAPITRE IX
Indépendance ou révolution

La fin de la colonisation a-t-elle été due à la lutte de libération des populations soumises et vaincues, à elle seule, ou bien doit-on l'imputer aussi à la déchéance des métropoles incapables de gérer l'immense capital qu'elles avaient accumulé ? Ou bien encore est-elle l'effet des pressions du monde extérieur, conjugué avec les autres facteurs...

En tout cas, chaque indépendance n'a pas puisé toutes ses forces sur place seulement quelles qu'aient pu être la réaction et la vision des vaincus. L'exemple des pays d'Afrique du Nord est là pour témoigner que c'est tantôt l'Islam, tantôt le sentiment d'appartenance au monde arabe, tantôt un patriotisme plus directement lié à la terre natale qui ont servi de levain, ou encore de levier au soulèvement populaire. Au Vietnam comme en Indonésie, si le sentiment national a bien suscité la réaction des populations face aux Français et aux Hollandais, l'internationalisme prolétarien a exercé aussi son influence — tout comme le panafricanisme, en Afrique anglophone surtout.

Ces mouvements, qui sécrètent des idéologies de la liberté ou de la révolution, ont pu apparaître et se développer en congruence, ou non, avec d'autres, voire les précéder.

Quels objectifs ?

Les mouvements de libération se sont aussi appuyés sur des Églises, ou des partis qui se faisaient concurrence quelquefois, avec un objectif commun, l'indépendance, et des variables dans la tactique, des variantes dans le contenu de cette indépendance.

Les uns se voulaient révolutionnaires autant que nationalistes : tel le vietminh, qui l'a emporté pour autant qu'aucune force religieuse — ni les caodaistes, ni les chrétiens — ne pouvait rivaliser avec lui. De plus, après 1949, il est adossé à la Chine communiste.

Au contraire, quand la religion est prééminente, comme en Inde ou en Birmanie, voire aux Philippines et au Maghreb, les chances des forces révolutionnaires sont faibles, ou inexistantes ; notamment là où règne l'hindouisme qui, au reste, cache son drapeau derrière le patriotisme et la démocratie.

Dans l'entre-deux se trouvent ces pays, telle l'Indonésie, où communisme et Islam sont puissants et se combattent. Mais en Angola, à l'inverse, ce sont les partis politiques, le Parti communiste aussi bien, qui sont « instrumentalisés » au bénéfice de la nation — dans le but d'en créer une (M. Cahen, *Villes et Bourgs en Afrique lusophone*).

Enfin, il est des mouvements qui, à ce jour, ont échoué dans leur projet, tel le *Sendero luminoso* au Pérou : il faut les étudier aussi, car l'histoire est aussi l'analyse de ce qui n'a pas abouti...

De fait, si les mouvements de libération ont pu être portés et soutenus par une histoire longue, tant dans le monde arabe que noir ou africano-américain, ils ont pu également être coordonnés ou stimulés par des forces autres, auxquelles ils pouvaient participer, comme le Komintern ou la Tricontinentale ; ou encore bénéficier d'une action qui n'avait pas leur libération pour objet. Déjà, la victoire du Japon sur la Russie, en 1905, avait eu des effets psychologiques et politiques chez tous les peuples de couleur, et jusqu'à Madagascar...

Incomparable et décisif est bien le bilan de l'expansion japonaise pendant la Seconde Guerre mondiale. Que celle-ci ait donné le coup de grâce aux rêves européens en Asie du Sud-Est est certain, même si les mécanismes de cause à effet ne sont pas aussi simples. Il est évident, par exemple, qu'en Indochine française les colons n'ont guère eu beaucoup d'illusions sur leur avenir pendant ces années-là — alors que d'autres colons français, en Algérie par exemple, croyaient, en 1945-1950, vivre à cent années-lumière de ce qui se passait en Asie du Sud-Est. C'est aussi vrai pour les colons anglais ou hollandais d'Afrique du Sud. On note un deuxième effet de l'occupation japonaise : alors qu'avant 1941 la domination britannique connaissait des difficultés — en Égypte, en Inde surtout depuis 1919 —, et elle seule, à la fin de la guerre ce sont les Hollandais et les Français qui ont à faire face aux épreuves les plus brutales en Asie, les Anglais ayant déjà aménagé en partie les conditions de leur retrait. Les uns et les autres perdent toutefois une partie du contrôle qu'ils exerçaient sur le marché du caoutchouc et du pétrole.

Le choc des victoires japonaises

L'humiliation subie par l'Occident lors des victoires remportées par le Japon devait fortement marquer les populations coloniales et les stimuler pour les luttes ultérieures. Aux Philippines, elles furent témoins de l'horrible *Marche de la Mort* (1941) que l'autorité militaire japonaise imposa aux prisonniers américains, qui moururent ainsi d'épuisement devant des spectateurs pris de pitié. Et cela se retourna contre l'occupant japonais. En Indochine, des Français furent enfermés par la Kempetai, la police japonaise, dans des cages de moins d'un mètre cube, la pire torture infligée devant des témoins impuissants. Dans ce cas aussi, les sentiments de compassion l'emportèrent chez les Vietnamiens, malgré leur rancœur contre les Français. Mais, aux Philippines comme en Indochine ou en Indonésie, la puissance coloniale n'en perdit pas moins toute son autorité, et son prestige à jamais.

En principe, de par la politique de collaboration menée par Vichy, l'administration française demeura en fonction, au moins jusqu'au 9 mars 1945, où l'autorité japonaise mit fin à cette fiction et se saisit de tous les biens français. L'Indochine, déjà occupée militairement, au moins en partie, connut désormais le lot commun des autres possessions européennes en Asie orientale.

Deux traits caractérisent alors la politique coloniale nippone, qui agissait au nom de « cette mission sacrée », la sphère de « co-prospérité » et de libération des peuples soumis à l'Occident : d'abord, une mise au service de la guerre, autrement dit des intérêts exclusifs de l'économie japonaise ; ensuite, une politique d'intégration militaire et économique qui tournait le dos à l'espérance d'indépendance que pouvaient nourrir les peuples colonisés, notamment ces Indonésiens qui avaient accueilli les Japonais en libérateurs. A la différence des Occidentaux, les Japonais furent très attentifs à une gestion méticuleuse de toutes les possessions qu'ils occupaient. Est-ce parce que leur occupation fut plus militaire que civile ? Ils n'abandonnèrent pas à leur sort les régions dont ils n'avaient aucun profit à tirer, de sorte que cette attention leur attira des sympathies, en Indonésie notamment, au moins en 1942, mais quelquefois en Indochine aussi.

A la veille de leur défaite, la sentant venir, les Japonais avaient proclamé l'indépendance des anciennes possessions européennes — mais pas de Taiwan ni de la Corée. Ils réunirent même les représentants de toutes les nations « libérées » dans une grande conférence, à Tokyo, à la fin de 1943.

Il s'agissait là d'une bombe à retardement et qui explosa quelques années plus tard. De fait, lorsque les Anglais débarquèrent à Java et à Sumatra, avant les Hollandais en 1945, les Indonésiens ressentirent ce retour comme une réoccupation. Au contraire, les Philippines, très hostiles aux Japonais et aux gouvernements fantoches qu'ils avaient mis en place, accueillirent les Américains comme des libérateurs.

En Indochine, la situation était beaucoup plus complexe.

VIETNAM, L'INDÉPENDANCE PUIS LA RÉVOLUTION

Au Vietnam, les victoires du Japon avaient encouragé les mouvements indépendantistes qui, étant donné la répression régnant depuis les années trente, avaient le plus souvent leur point d'ancrage hors du pays. A l'imitation du Kuo-min-tang, existait le *Vietnam Quoc Dan Dang,* ou Parti national vietnamien, qui reprenait les slogans de Sun Yat-sen : nationalisme, démocratie, socialisme. Il connut un grand succès au Tonkin. A Canton, un autre groupe s'était formé, sous la direction de Nguyên Ai Quôc (Hô Chi Minh), qui était membre du Krestintern — Internationale paysanne liée au Komintern — et avait constitué, après avoir milité en France et participé au Congrès de Tours, le premier groupe vietnamien de l'Université communiste des travailleurs d'Orient. L'organisation qu'il crée comprend des patriotes déçus par l'action purement morale de Phan Boi Chau. Autour de Bao-Dai, héritier au trône, que l'administration française avait rappelé à Hué après les incidents de 1930-1931, se trouvaient des réformateurs, tel le catholique Ngô Dinh Diêm, qui se heurta à l'intransigeance du pouvoir colonial. « Mes seuls pouvoirs, commentait Bao-Dai, consistaient à décerner des brevets de génie aux villages. » Autre courant, apparu en Cochinchine, un mouvement religieux, d'inspiration bouddhiste, le mouvement Caodaiste, qui puisait son inspiration au Japon — comme d'autres, du reste, depuis l'ère Meiji et les victoires du Japon en 1905 ; il était associé à des sectes antifrançaises, tels les Hoa Hao. Enfin, un Front démocratique indochinois, dirigé par Pham Van Dong et Vô Nguyên Giap, constituait la façade légale d'un parti communiste interdit et auquel allait bientôt s'associer Hô Chi Minh. Des groupes trotskistes étaient également actifs à la fin des années trente.

Le régime de Decoux s'efforçait de freiner la montée nationaliste ou révolutionnaire en se montrant bon gestionnaire. Il n'en était pas moins répressif vis-à-vis de ces mouvements et plus encore vis-à-vis des gaullistes, au reste peu nombreux. Or, ceux-ci avaient déclaré la guerre au Japon. De son côté, le Japon encourageait ces mouvements indépendantistes, en particulier les caodistes. Mais une scission eut lieu, dès l'entrée de l'URSS en guerre, entre les organisations qui attendaient la libération de Tokyo et celles qui misaient sur Tchang Kaï-chek ou les Alliés. Sous l'égide de Hô Chi Minh, le Vietminh s'était constitué pour combattre « le fascisme français et japonais », à contre-courant de la balance des forces en 1942. Ainsi, s'opposaient déjà le front Vietminh-États-Unis-Chine, auquel collaborent des Français libres, d'une part, et, d'autre part, les caodistes alliés du Japon et que soutient Bao-Dai : tous luttent à la fois entre eux et pour l'indépendance.

Dans ce contexte, la présence française n'était pas destinée à être balayée par un déchaînement de haine, elle devait être « soufflée par l'Histoire » (Paul Mus). Au reste, à la conférence de Téhéran, F. D. Roosevelt le pensait aussi qui ralliait Staline à ses vues sur l'abandon, par la France, de l'Indochine, alors que Churchill souhaitait que survivent les empires britanniques et français. « Allons, Winston, vous êtes battu à 2 contre 1 », disait Roosevelt à Churchill.

La tactique adoptée par Nguyên Ai Quôc correspondait aux directives du Komintern, le Front constitué visait à l'union de toutes les couches sociales et à cacher son drapeau révolutionnaire. Le programme du Vietminh avait pour objectif, en effet, de chasser les fascistes français (Vichy, plus l'amiral Decoux) et les Japonais, de rendre l'indépendance au Vietnam, de s'allier avec les démocraties qui luttent contre les agressions fasciste et japonaise, d'édifier une République démocratique…

En vérité, Bourguiba en Tunisie, Gandhi en Inde avaient fait le même choix tactique, respectivement contre Salah Ben Youssef et Chandra Bose — mais, au Vietnam, les Japonais étaient bien là, sur place, promettant l'indépendance, l'ayant reconnue aux Philippines, à la Birmanie ; le risque était plus grand pour le Vietminh, et plus grand l'enjeu d'un gouvernement républicain… L'alliance avec les gaullistes pouvait également sembler irréelle, d'autant que Hô Chi Minh critiquait l'attitude de De Gaulle à Brazzaville — dans des termes, d'ailleurs, qu'en Syrie et au Liban on avait aussi utilisés contre lui (cf. p. 153-154).

9 mars 1945 : ultimatum japonais, coup de tonnerre, inattendu, bien que depuis la chute du gouvernement de

Vichy, en août 1944, la France soit officiellement en guerre contre le Japon – et plus seulement la France libre. Depuis la difficile bataille des Philippines, Tokyo exige de l'amiral Decoux, toujours en place, que les forces françaises soient mises sous commandement mixte. Devant son refus, les Japonais s'emparent de toutes les garnisons, internent les Français, et, le 11, à l'initiative des Nippons, Bao-Dai, empereur d'Annam, proclame la fin du protectorat des Français et l'indépendance. Les rois du Cambodge et du Laos faisaient de même. La séparation d'avec la France s'était faite doucement, mais la population savait que le sort de Bao-Dai était lié à celui du Japon... Dans ses montagnes, Hô Chi Minh, qui n'a pas reconnu le régime de Bao-Dai, prend langue avec la poignée d'hommes de De Gaulle, que représente Sainteny... A peine la bombe d'Hiroshima a-t-elle explosé qu'Hô Chi Minh lance le mot d'ordre d'insurrection générale... Tandis que le Japon capitule, Bao-Dai abdique « en recommandant à la France de reconnaître l'indépendance du Vietnam... Il y va de son intérêt et de son influence ». Cependant, le 25 août 1945, une grande manifestation consacrait le succès du Vietminh qui, comme s'il sortait de terre, montrait sa force dans les rues de Hanoi, et les autres partis nationalistes s'y rallient, le jugeant mieux placé pour faire reconnaître l'indépendance du pays par les Alliés. Dans le gouvernement provisoire qui se constitue avec de nombreux communistes, Bao-Dai est nommé conseiller suprême. Sont proclamées successivement l'indépendance – une nouvelle fois – et la république démocratique. Le texte se plaçait sous l'égide de l'indépendance américaine et de la Déclaration des droits de l'homme de 1789. Il n'était pas question de communisme, ni de l'URSS, pas même citée. Mais le Parti communiste prenait à lui seul la direction du Front Vietminh...

Or cette indépendance et ce pouvoir – face à la France, bientôt de retour –, il restait à les conquérir.

Le maître d'œuvre de cette première révolution dans la guerre avait été Hô Chi Minh, dont les qualités de négociateur et de tacticien avaient fait merveille. Auparavant, comme le montre son biographe Jean Lacouture, il avait manifesté les autres attributs de son identité : le paysan, l'émigrant, le militant, l'unificateur, le prisonnier. Il devait être bientôt le maquisard.

Ce qui frappe chez ce patriote révolutionnaire, c'est la distinction absolue qu'il opère très tôt entre les Français et leur colonisation. Pas de mots assez durs pour celle-ci et ses abus, pas d'expression assez reconnaissante pour ceux-là et les valeurs qu'ils incarnent. L'anecdote veut que, débarquant à Marseille et s'étant fait vouvoyer, il ait immédiatement fait la différence entre la France qui libère et celle qui opprime. Il a donc des amis français, parle français, milite dans des organisations françaises ; et, à Hanoi, le jour de l'indépendance proclamée, en septembre 1945, il s'adresse en français aux Vietnamiens, et aux Français aussi, pour dire son amitié, sa confiance envers la France de la Révolution et de la Commune de Paris. L'enregistrement, en direct, a été conservé.

Selon Dang Xuan Khu (Truong Chinh), la décision du 13 août 1945, l'insurrection générale, fut prise au congrès de Tan Thao pour désarmer les Japonais avant l'arrivée des Alliés et les mettre ainsi devant un fait accompli « méritoire ». Dans ce contexte, la France comptait pour peu ; pour moins encore que ne l'imaginaient les Vietnamiens, puisque, à Potsdam, la décision avait été prise de confier le nord de l'Indochine aux armées de Tchang Kaï-chek et le sud aux Anglais ; la limite des deux armées devait être le 16e parallèle… Que pouvaient faire les 2 500 soldats français présents sur place face à 25 divisions chinoises… Mais le Vietminh ne tenait pas, non plus, à ce que ce projet allié aboutisse, et Hô Chi Minh fit transmettre aux représentants français du GPRF (Sainteny, Pignon, le général Alessandri) les demandes vietminh : l'indépendance avant cinq ans, pas après dix ans…

Mais à Paris, on reprenait l'affaire indochinoise comme s'il n'y avait eu ni la guerre, ni la défaite, ni l'occupation japonaise, ni la double proclamation de l'indépendance, ni l'insurrection générale… De Gaulle veut envoyer des troupes, il nomme l'amiral d'Argenlieu haut-commissaire, mais les Américains n'ont pas « de navires pour cela »… Entre-temps, Paris avait restauré la Fédération indochinoise, avec ses 5 territoires d'antan, un haut-commissaire à sa tête, des décisions qui étaient même en retrait sur ce que l'amiral Decoux avait concédé aux nationalistes vietnamiens un an plus tôt — et qui niaient l'existence du Vietnam.

Or, ce que craint le Vietminh avant tout, ce sont les Chinois, qui ont un homme dans le gouvernement Hô Chi Minh, le vice-président Nguyên Hai Thân. Lors des négociations qui s'engagent, on butte sur ce *dôc lâp* qui a été proclamé le 2 septembre à Hanoi : la liberté — selon les Français —, l'indépendance — selon les Vietnamiens. Ceux-ci finissent par céder, et l'accord du 6 mars, cautionné par Leclerc, implique l'entrée du Vietnam, « État libre », dans une Fédération indochinoise, mais sans les trois Ky — sans la Cochinchine... Ces graves concessions, Hô Chi Minh et Giap les légitiment en rappelant l'expérience de Brest-Litovsk : « Grâce à cette trêve nous pourrons renforcer notre armée... » Et Hô Chi Minh d'ajouter à son peuple, des sanglots dans la voix : « Je vous jure que je ne vous ai pas trahis. »

Pendant que les premières troupes françaises débarquaient avec Leclerc à Hanoi et d'autres à Saigon grâce à l'aide discrète des Britanniques, l'amiral d'Argenlieu aurait évoqué, avant de rencontrer Hô Chi Minh, « un nouveau Munich ».

On le constate : ni d'un côté ni de l'autre, on n'était prêt à respecter l'accord du 6 mars 1946, à s'en tenir là *. Au moindre incident, la guerre pouvait éclater. A la conférence de Dalat, les négociations reprirent avec Marius Moutet, mais elles achoppaient sur le problème de la Cochinchine, Hô Chi Minh ne cédant pas non plus, car il escomptait un soutien des communistes français qui, en 1946, obtenaient 28 % des voix...

Lorsque la France proclame la création d'une Républi-

* De Gaulle avait quitté le pouvoir. Lors de nos entretiens avec Jean Sainteny, pour la réalisation du film *Indochine 45*, en 1965, nous n'avons pas eu le sentiment qu'à cette date de Gaulle ait eu une vision très claire de la politique à suivre en Indochine. Penchait-il plutôt vers d'Argenlieu que vers Leclerc et Sainteny ?

que autonome de Cochinchine, c'est l'engrenage. Dans le Sud, le Vietminh pratique le terrorisme contre les Vietnamiens favorables à cette entente avec la France. Dans le Nord, le général Valluy saisit une occasion pour bombarder Haiphong. 1 200 Français furent alors attaqués, 40 massacrés. Le 21 décembre 1946, le gouvernement Hô Chi Minh en fuite lançait l'ordre d'insurrection générale.

C'était la guerre.

Spécificité du mouvement national en Inde

En Inde, l'apparition d'une grande bourgeoisie d'affaires, la construction d'une mémoire historique et d'une identité dues tantôt au colonisateur, tantôt au colonisé, ont aidé à la constitution et au développement d'un mouvement de libération qui avait la caractéristique de n'être pas nécessairement anticapitaliste – à la différence d'autres – et qui n'était pas unanimement anti-anglais, même si l'indépendance (*swaraj*) était un de ses objectifs, et si l'hostilité à l'occupant était bien partagée. « Un des traits les plus remarquables de la domination anglaise aux Indes, écrivait Nehru, est que les plus grands maux qu'elle a infligés à ce peuple présentent extérieurement l'apparence de bienfaits du Ciel : chemin de fer, télégraphe, téléphone, radio et le reste furent les bienvenus ; ils étaient nécessaires et nous avons une grande gratitude envers l'Angleterre de nous les avoir apportés. Mais nous ne devons pas oublier que leur premier objet fut le renforcement de l'impérialisme britannique sur notre sol en permettant le resserrement de l'étreinte administrative et la conquête de nouveaux marchés pour les produits de l'industrie anglaise. Cependant, malgré toute ma rancœur pour la présence et la conduite des maîtres étrangers, je n'avais nul ressentiment à l'égard des Anglais comme individus. Au fond de moi-même, j'admirais plutôt cette race. » D'autres propos corroborent ce jugement et vont plus outre : « Entièrement loyaux envers Sa Majesté britannique, nous ne nous sentions pas dignes de dénouer la courroie de ses souliers. »

On chercherait en vain, chez un Annamite ou un Arabe, propos similaires à l'endroit des Français aux colonies... Cela n'exclut pas une détermination aussi forte, un œil critique et, à son tour *, légèrement condescendant sur l'Anglais, « qui d'ordinaire rencontre toujours le même petit clan d'Indiens, ceux qui avaient à voir avec le monde officiel... Cette classe suait singulièrement l'ennui et l'étroitesse d'esprit. Même un jeune Anglais intelligent, venant chez nous, ne tardait pas à succomber à une sorte de torpeur intellectuelle et culturelle. Au sortir de sa journée de bureau, il prenait un peu d'exercice, puis allait retrouver ses collègues au Club, boire des whiskies et lire des illustrés de son pays... De cette détérioration progressive de l'esprit, c'est l'Inde qu'il rendait responsable... alors que la cause de ce déclin, en lui, n'était que la conséquence de sa vie de bureaucrate » (Nehru).

Troisième caractéristique du mouvement national indien tel que l'incarnent Tilak, Gandhi, Nehru — l'effet « pervers » de l'intérêt que les Anglais eurent pour le passé et la société de l'Inde. En en reconstruisant les traits les plus anciens, quitte à figer la description du système des castes — pour mieux maîtriser la gestion de la société —, les Anglais ressuscitaient un passé et une histoire purement hindoue, ce qui flattait l'amour-propre mais avait pour effet d'effacer le passé musulman. Tilak comprit immédiatement le parti que les hindous pouvaient tirer de la situation en créant des « Sociétés pour la protection de la vache », en glorifiant Shivahi, ce roi des Marathes qui triompha d'Afzal Khan en l'étranglant avec des dés d'acier puis en assaillant l'armée du Grand Mogol, etc. Sous couvert de vénération envers ce passé, envers sa culture, Tilak revivifiait l'Inde hindoue, pas celle qui était devenue une partie de l'Islam. De même Gandhi, plus tard, fit appel à des pratiques de non-violence qu'il présentait comme des moyens de combattre l'occupant, le Britannique ; mais ces

* Cf. p. 179-180, le regard des Anglais sur les hindous et musulmans de l'Inde.

moyens puisaient aussi dans la tradition hindoue, pas indienne.

Ainsi, grâce aux Anglais, les musulmans avaient été précipités de leur position de pouvoir, d'abord en perdant leur position de suzeraineté, de souveraineté ; ensuite, en se voyant destitués de toute prééminence par cette revalorisation de la tradition ; enfin, parce que seuls les hindous participaient au grand mouvement des affaires et constituaient cette bourgeoisie capitaliste, dont la richesse, jusque-là précaire, devenait une véritable force économique et politique. Naturellement, les hindous ne pouvaient le crier sur les toits. Mais c'était visible parce que les prêtres s'appropriaient l'autorité dont jouissait auparavant l'État, et que se différenciaient de plus en plus les deux communautés. Cela révélait que, sous le couvert d'indépendance, les grands leaders cherchaient à rendre aux hindous leur statut dominant au travers d'un ralliement, apparemment innocent, aux méthodes démocratiques pratiquées par les Anglais, qui, étant donné la supériorité numérique des hindous en Inde, assurerait dans une Inde unifiée la suprématie aux non-musulmans. Avec l'indépendance, la minorité qui dominait naguère se verrait attribuer inéluctablement un statut subalterne, même si les dirigeants du Parti de l'indépendance prenaient toutes leurs précautions pour aider les musulmans à sauver la face, notamment en acceptant le principe de collèges électoraux séparés. On comprend que les Anglais, après s'être appuyés sur les hindous pour briser l'ex-État mogol, s'appuyèrent ultérieurement sur les musulmans pour freiner la marche de l'Inde vers l'indépendance. On comprend également que le leitmotiv de l'« unité de l'Inde » ait eu cette fonction politique, au service de la majorité hindoue.

« Un collège musulman vaut quatre corps d'armée », avait déclaré un haut fonctionnaire anglais, en 1883, lorsque se préparait la réunion d'un Congrès national indien, pour 1885. L'Empire des Indes était devenu un bien de la Couronne depuis que la révolte des Cipayes avait éclaté, due autant à l'avidité des agents de la Compagnie des Indes qu'à la ruine de l'artisanat, à l'exclusion des Indiens de la direction de leurs affaires, à l'appauvrissement d'une partie de la population, autant de barils de poudre qui avaient trouvé un détonateur dans l'affaire des cartouches ; celle-ci était le signe de l'ignorance méprisante dans laquelle les officiers tenaient les Indiens, puisqu'ils ne voulaient pas savoir qu'ils exigeaient d'eux de violer un interdit, ces cartouches étant enduites de graisse de porc et devant être déchirées avec les dents.

Prenant la leçon du soulèvement des Cipayes, la réforme de 1858 donna le pouvoir à un secrétaire d'État pour l'Inde, qui dicte sa volonté au vice-roi. La reine Victoria fut proclamée impératrice des Indes à la place du Grand Mogol (1876), mais toute une partie de l'Inde, dite Inde des Princes, ne relevait plus de la Couronne. Ultérieurement, la restitution du Mysore à sa dynastie, après un demi-siècle d'administration anglaise, fut un signe des nouvelles dispositions de Londres à l'égard des princes. Simultanément, les Anglais permettaient à des Indiens d'entrer dans des conseils législatifs sans passer par le concours de l'*Indian Civil Service* qui avait lieu en Angleterre. Les réformes Morley-Pinto de 1909 permirent ensuite à des corps constitués ou à des catégories de citoyens — les musulmans, les Parsis, les Sikhs, etc. — de participer aux différents corps législatifs institués à Calcutta, Bombay, etc. L'embryon d'un régime parlementaire était ainsi créé, tandis que des conseils régionaux ouvraient la voie à un début de décentralisation. Globalement, les Britanniques renforçaient politiquement les hauts niveaux du corps social, s'inquiétaient surtout, en ce qui concerne les paysans, de leur endettement dont ils essayaient de prévenir l'aggravation.

C'est par cette voie étroite que s'engouffre le mouvement national indien, tandis que parallèlement se créait le mouvement *swaraj* (autonomie), qui allait donner naissance au Parti du Congrès. Celui-ci ne comprit des élus paysans qu'au lendemain de la Première Guerre mondiale.

Ceux qui le constituèrent furent d'abord les magnats qui, pour résister à l'intrusion croissante du gouvernement colonial dans les affaires locales, soutinrent l'agitation lancée par l'intelligentsia de Calcutta et de Bombay en faveur d'un régime plus représentatif. L'intégration de ces magnats locaux dans un système provincial, puis national, aboutit à une unification des perspectives de combat, qui déboucha, en 1917, sur une confrontation globale entre les autorités coloniales et le mouvement nationaliste. Le rapport entre ces notables petits ou grands, et les politiciens ou publicistes professionnels qui apparaissent au tournant du siècle dévoile une relation de dépendance, le politicien étant au service des premiers qui ne veulent pas s'occuper de politique. Ainsi, les nationalistes ne constituent pas une formation autonome ; ils sont les simples porte-parole des groupes dominants. L'exemple emblématique en est la relation de type patron-client qui unit à Allahabad le pandit Malaviya, un des principaux politiciens du Congrès de l'Inde du Nord, à la famille du plus grand banquier de la ville, Ram Charan Das. Dans cette ville, c'est la création par les Anglais d'électorats séparés pour les musulmans qui a fait de l'opposition hindous-musulmans, peu évidente jusqu'alors, un facteur important de la vie politique locale, et qui est à l'origine du « communalisme » (lutte entre les communautés).

A mesure que, à partir de 1930, le repli stratégique anglais s'est peu à peu ordonnancé, le Congrès a joué une place de plus en plus grande ; il s'est adapté à une nouvelle conjoncture et a progressivement abandonné l'agitation de masse pour se convertir à l'électoralisme et au parlementarisme, devenant un parti de gouvernement, partiellement parallèle, prêt à assurer la relève du pouvoir le jour de l'indépendance, ou en attendant la transformation de l'Inde en dominion.

« Il n'y a pas besoin de révolutionnaires pour faire une révolution, disait Lénine, laissez agir les dirigeants… » Ce trait vaudrait-il pour le comportement des Anglais en Inde, voire sur l'analyse que sut en faire Gandhi ? Certes, Gandhi pensait, comme Lénine, que l'État, dans ses formes actuelles, et plus encore l'État colonialiste, est un instrument d'exploitation ; il pensait également que les ploutocrates tiennent les pauvres à la gorge, mais son humanisme et ses croyances le portaient vers une vision plus optimiste des rapports sociaux, et sa foi lui apprenait que ni les marxistes, ni les bouddhistes ni les musulmans ne pouvaient être des Justes ; les chrétiens non plus, à cause de leurs églises qui étaient « au service de ceux qui ont, pas de ceux qui n'ont rien ». Ni les communistes qui, au lieu de prôner la réconciliation, prêchent la lutte des classes. Son modèle fut Léon Tolstoï (et plus particulièrement la formule « Le royaume de Dieu est en nous ») qui enseignait que, pour résister au mal, il faut une totale renonciation à la violence. Puisque l'État, les Églises qui le glorifient, et les luttes sociales sont le mal, le Juste doit se détacher le plus possible d'une société inique, il doit être non violent et essayer de convertir les classes dirigeantes.

Ce fut le principe qu'il appliqua, cette action non violente, *satyagraha*, dont il retrouvait les formes hindoues anciennes — *â himsa*, « tu ne tueras point ». « La non-violence sous sa forme dynamique signifie : souffrance lucide et consentie. Non pas soumission docile à la volonté du fauteur de mal, mais mobilisation totale de l'âme contre cette volonté du tyran. Appliquant à la tâche cette loi de notre être, il est possible à un seul individu de défier toute la force brute d'une injuste domination, de sauver ainsi son honneur, sa religion, son âme et de préparer la chute ou la régénération de l'Empire oppresseur. »

« Je n'invite donc pas l'Inde à pratiquer la non-violence par faiblesse, mais en toute conscience de sa force et de sa puissance… » Par ses nombreuses grèves de la faim, programmées, Gandhi donna lui-même une série d'exemples. Il fallait savoir être puissamment calme, même devant un régiment de police montée. De cette directive, les images cinématographiques de 1931 ont conservé l'exécution : lorsque cette police montée arrive, escortée d'autres forces de l'ordre, les Indiens qui manifestaient s'allongent par terre, immobiles, activement passifs, et il faut deux ou trois policiers et soldats pour les tirer, un par un, hors de la place où ils se trouvent, mais, ainsi transportés, ils retombent comme inertes. Plans de la mémoire historique uniques, incroyables.

Les manifestations non violentes se déclenchaient, comme Lénine le disait, à partir d'un acte des dirigeants, en l'occurrence un affront commis à l'endroit des sentiments de l'hindou — comme naguère l'affaire des cartouches.

La première provocation fut l'arrestation d'Annie

Besant, en 1919, cette Irlando-Américaine, animatrice d'une société philosophique tournée vers la revivification des idéaux et institutions hindous, et qui était devenue un des leaders du mouvement swaraj, un acte dont les lois Rowlatt confirmeront le sens, puisque avoir un tract nationaliste dans sa poche devenait un délit puni de deux ans de prison. Ces mesures gâtaient le projet Montagu d'une marche progressive de l'Inde vers l'indépendance, qu'institua le *Government India Act* et qui établissait une dyarchie dans la gestion des affaires du pays.

La deuxième provocation fut, en 1927, la réunion de la commission Simon, sur l'avenir de cette dyarchie anglo-indienne. Le vice-roi Lord Irwin en montra les conclusions à Gandhi. Il les lut, raconte la petite histoire, et commenta : « Une carte postale aurait suffi. » En fait, les Indiens n'avaient pas été consultés, et ils ne pouvaient accepter le principe même d'une telle procédure.

La troisième provocation fut la déclaration du vice-roi Linlithgow, en 1939 : au nom de l'Inde, en vertu de ses pouvoirs de vice-roi, il déclarait la guerre à l'Allemagne, sans avoir consulté un seul Indien.

Ces affronts témoignaient essentiellement de l'inadéquation des comportements anglais aux réalités culturelles et politiques de l'Inde. « Les Anglais sont comme des passagers sur une terre étrange, mais ils ne doivent pas cesser d'avancer. » Ce commentaire de R.A. Butler signifiait qu'il fallait savoir combiner fermeté et réformes, « ce que seul Minto avait su équilibrer ». Car les réformes, dues à une initiative de New Delhi, mais élaborées à Londres, pouvaient — la preuve en est — être réduites à rien par ces « maladresses », dues au mépris pour l'Inde.

Les réponses aux trois affronts furent trois campagnes de Gandhi, celle de la non-coopération en 1920-1922 ; puis celle de la désobéissance civile, en 1930-1931, marquée par la grève de l'impôt du sel ; enfin, la campagne « *Quit India* », durant la Seconde Guerre mondiale.

Pendant ces deux décennies, des liens s'étaient établis et s'étaient resserrés entre le parti de Gandhi et les communautés paysannes dont on connaissait les difficultés spécifiques : ici, la crise de l'indigo, là, des mesures répressives trop dures. Gandhi savait être partout, « enflammant les imaginations paysannes par des visions millénaristes ». Mais il assurait les Britanniques qu'il en contrôlait les excès ; et, le plus souvent, c'était vrai. « Car il était impérieux en diable, commente Nehru, et son magnétisme agissait. » De fait, il sut prévenir les révoltes rurales, car il savait que les Anglais les réprimeraient, comme ils avaient fait pour celle des Moplahs, en 1921, pour les Chemises Rouges, dans les années trente.

Les effets de la stratégie de Gandhi étaient clairs : les Anglais ne pouvaient guère plus agir sans l'aval du Parti du Congrès, qui devenait à la fois un contre-pouvoir et un pouvoir parallèle. L'avantage pour les Anglais était de disposer d'un « interlocuteur valable », car le Congrès voyait le nombre de ses adhérents s'accroître : 3 millions en 1937.

La montée du Congrès impliquait la relative déchéance à la fois de l'Inde des Princes et de la communauté musulmane. Forts de cette certitude, les Anglais qui étaient hostiles à une émancipation de l'Inde pouvaient juger qu'ils resteraient ainsi les maîtres de la situation pendant une bonne dizaine d'années. Ils ne s'imaginaient pas à quel point ce pronostic était juste.

L'agression japonaise à Pearl Harbor, puis les désastres que connut la Grande-Bretagne, avec la chute de Singapour au début de 1942, déterminent un schisme au sein du mouvement national indien, une partie des partisans du *purna swaraj* (la complète indépendance) jugeant que l'occasion devait être saisie de s'associer aux Japonais, qui approchaient de la Birmanie pour chasser les Britanniques.

Le mouvement était animé par Chandra Bose. Il était un des leaders du mouvement depuis son ouvrage, publié en 1934, *The Indian Struggle*, où il jugeait insuffisants les résultats de la non-violence, estimant que les objectifs étaient mal définis, même si la technique de Gandhi méritait tous les hommages. Surtout, il lui reprochait de trop ménager les puissants, de ne pas être assez révolutionnaire ; et aussi d'être trop coquet avec les Anglais, fraternisant même avec eux, à Londres. Il rejoignait ainsi les communistes. Bose animait une aile radicale, alors que le pandit Nehru jouait la carte modératrice. En 1939, ce fut Chandra Bose qui fut élu président du Congrès, face au candidat de Gandhi.

Lors de l'ouverture du conflit, Gandhi eut une attitude ambiguë. Il écrivit une lettre à Hitler pour l'inviter à la paix, celle de l'âme essentiellement, tout en conseillant aux Juifs la non-violence... En cas d'invasion (le 13 avril 1940, avant l'entrée en guerre du Japon et des États-Unis), il suggérait « la non-coopération avec l'agresseur si Néron occupait l'Inde — ou la résistance non violente, pour se proposer comme victime, et un peuple en chaînes qui attendrait la mort ». Mais le Congrès rejeta à la fois la révolution que préconisait Chandra Bose, et la non-violence. Vinova Bhave, un disciple de Gandhi, fit un discours contre la guerre. Il fut arrêté, tout comme Nehru, Pavel et 400 membres des différentes instances de l'État, après que Gandhi se fut prononcé en faveur de la désobéissance civile. Une mission anglaise, dirigée par Stafford Cripps, avait certes proposé à Nehru de transformer l'Inde en un dominion à la fin de la guerre, mais à une date où jamais le Japon n'avait été si près des frontières de l'Inde : « En nous promettant le statut de dominion après la guerre, répondit Nehru, les Anglais nous signent un chèque antidaté sur une banque en faillite. » C'était l'impasse.

Alors Chandra Bose franchit le pas et s'engagea résolument dans la coopération avec l'Allemagne et le Japon. Il constitua bientôt un gouvernement indien libre, à Singapour, et fut reçu en grande pompe par Hitler d'abord, puis par le gouvernement de Tokyo, à la fin de 1943.

En Birmanie, il constitua une armée avec des prisonniers de guerre que les Japonais avaient raflés. Mais, si son soulèvement prit les caractères d'un mythe et que le Congrès l'honora après sa mort, accidentelle, son choix ne fut pas vraiment suivi. C'est que, depuis l'entrée en guerre de l'URSS, les communistes indiens avaient rompu avec son courant ; en outre, les paroles de F.D. Roosevelt sur l'application de la charte de l'Atlantique à toutes les nations sous domination étrangère suscitèrent l'espoir des Indiens. Après les grandes émeutes qui suivirent l'arrestation de Gandhi, en 1942, le Congrès, conduit par Nehru, fit entrer l'Inde dans la guerre, au moins sur le plan économique. Il restait à en récolter le fruit.

Demeuraient le problème musulman et l'attitude de Londres.

Depuis Lord Curzon, le colonisateur tablait sur la haine qui opposait hindous et musulmans. Certes, il y avait eu, dans le passé du pays, des moments de réconciliation, des tentatives de syncrétisme aussi. Mais les différends étaient plus forts... Il revint à Gandhi d'avoir su comprendre que cet antagonisme jouait contre le swaraj, et, après les lois Rowlatt, il organisa, avec Swani Shradd Hanand une grève de solidarité religieuse coordonnée avec la Grande Mosquée. Il y eut 5 morts hindous et 4 musulmans, ce qui inquiéta les autorités britanniques, car le mouvement *hartal* — grève interreligionnaire — prit une très grande ampleur. Le gouvernement de Delhi sut alors aider au développement de la *Ligue musulmane* que dirigeait Jinnah, et les incidents se multiplièrent, notamment à l'occasion d'élections. Les grèves de la faim, menées par Gandhi pour prévenir une escalade, étaient sans effet réel sur le conflit. De fait, la Ligue musulmane voyait avec inquiétude la montée en puissance du Parti du Congrès et la tentation qu'il avait de monopoliser le dialogue avec les Britanniques.

L'idée d'une nation indienne musulmane séparée fut émise en 1933, et, avec elle, apparut le Pakistan, terme magique qui signifiait aussi « Terre de Pureté ».

Pour Gandhi, l'idée d'une nation musulmane en Inde était absurde — pourquoi pas, ensuite, une nation sikh, une nation parsi, disait-il, nous sommes tous de la même race... Mais cette incompréhension n'était pas vraiment innocente, car les musulmans jugeaient qu'ils compteraient pour rien dans un État entre les mains du Congrès. Si la non-violence était une bonne technique, ses objectifs, par la voie d'un parlementarisme à l'occidentale, avaient pour résultat de ruiner ceux qui jugeaient avoir une identité propre...

Mais Gandhi n'en voulait rien connaître, et cette montée

de l'Inde musulmane le laissa sans réplique : il en fut abattu, un signe que la nature du problème lui échappait.

De son côté, la Ligue n'avait ni la richesse, ni la puissance, ni l'organisation, ni l'enracinement du Parti du Congrès. Elle était vaincue d'avance dans toute figure d'épreuve de caractère institutionnel. Aussi Muhammad 'Ali Jinnah voulut-il se battre seulement sur les dimensions et les frontières de cet État, et il fut intraitable, éludant toute discussion sur le contrôle futur de l'armée et des impôts.

Les échanges de population et les grands troubles que causa la partition eurent lieu, *après* qu'elle fut décidée, causant près de 200 000 victimes. Lord Mountbatten, vice-roi en 1947, mena la négociation en fixant des *dead-lines,* obligeant ainsi la Ligue et le Congrès à constituer des gouvernements, à préparer la gestion de « leur » pays, etc. : indépendance en juin 1948, transfert des pouvoirs en août…

Furent sacrifiés les Sikhs, les princes, les intouchables, que les différents partenaires abandonnèrent à leur destin, quelle qu'ait été la dette qu'on avait envers eux. Les princes furent indemnisés avant de perdre leur souveraineté… Mais les autres ? La décolonisation française, à son tour, devait bientôt manifester la même ingratitude vis-à-vis de ses harkis.

Dans toute cette histoire, les chances d'une *révolution communiste,* de type vietnamien ou autre, ne furent jamais envisagées. Cela tint, pour l'essentiel, à la stratégie du PC indien, qui alla, de 1930 à 1947, « d'erreur en erreur ».

La première, au vu de la situation et du statut de la société indienne, fut bien de s'appuyer sur le principe de la lutte des classes, sur lui seul, en privilégiant la classe ouvrière qui, pendant ces décennies, n'était pas en force pour animer le combat national. Dans le cadre indien, les marxistes apparurent voisins des syndicalistes, défendant corporativement certaines catégories sociales, pas les autres. Alors que Gandhi se voulait ou se disait le représentant de tous les Indiens. Leur deuxième « erreur » stratégique fut leur retournement subit, en 1941, quand l'URSS entra en guerre, où, loin de continuer à réclamer l'indépendance, ils se dressèrent contre le mot d'ordre du Congrès *Quit India*, ce qui les fit apparaître comme des agents de l'étranger. Enfin, en 1946, au nom du principe des nationalités, ils défendirent le point de vue des musulmans qui voulaient un État séparé, et s'aliénèrent totalement l'opinion hindoue... tous ceux aussi qui jugeaient intangible l'unité de l'Inde.

INDOCHINE — MAGHREB : LA POLITIQUE FRANÇAISE TÉTANISÉE

« Ce sera la guerre entre un tigre et un éléphant. Si jamais le tigre s'arrête, l'éléphant le transpercera de ses puissantes défenses : seulement, le tigre ne s'arrêtera pas ; il se tapit dans la jungle pendant le jour pour ne sortir que la nuit ; il s'élancera sur l'éléphant et lui arrachera le dos par grands lambeaux, puis disparaîtra, et, lentement, l'éléphant mourra d'épuisement et d'hémorragie » (V.N. Giap). C'est ainsi qu'à son début le Vietminh imagine la guerre. Et elle s'est bien passée comme cela. Elle s'est également achevée comme le déclara Giap au journaliste australien Wilfrid Burdett : « Si le commandement français avait choisi un autre lieu que la cuvette de Diên Biên Phu, et si un autre chef que Navarre avait commandé les forces françaises, la fin de la guerre d'Indochine aurait été la même. »

« Cheminement inéluctable », c'est aussi l'expression qu'utilise le général Morlière, à qui, à la fin de 1946, le général Valluy avait dit : « Pour établir votre mainmise, n'hésitez pas à frapper fort par le canon et par la bombe. » Il jugeait que l'affaire d'Haiphong avait allumé le détonateur : après quoi tous les ponts avec le gouvernement d'Hô Chi Minh ont été coupés... « Il est clair que l'on a choisi une politique de force. »

Haiphong avait été le détonateur, mais, durant l'été 1946, le premier grand tournant avait été pris lorsque la

France avait proclamé l'existence d'une République de Cochinchine, confirmée aux négociations de Fontainebleau. La guerre commencée, elle avait rappelé Bao-Dai, « parce que les Français réfléchis sont convaincus qu'un mouvement pourvu d'armes automatiques et appuyé par la majeure partie de la population ne peut être défait par une force étrangère » — qui atteignait 200 000 hommes. La seule voie, c'est d'opposer le feu au feu. C'est pourquoi les Français viennent d'accorder à Bao-Dai une indépendance plus large que celle que revendiquait Hô Chi Minh ». Cette analyse du journaliste américain Alsop correspondait effectivement à ce qui s'était passé à Paris, une technique qui fut reprise au Maroc, avec l'appel à Ben Arafa, en 1953. Mais elle ne tient pas compte des autres aspects du problème.

Avant que la guerre ne soit effective, le Vietminh s'inscrit dans une politique qui prend en compte la présence des communistes français au gouvernement, ou dans son entourage ; Hô Chi Minh ayant lui-même tissé des liens étroits avec des syndicalistes et l'extrême gauche française durant l'entre-deux-guerres. « Toute ma vie j'ai lutté contre le colonialisme français, mais j'ai toujours aimé et admiré le peuple français, sensible et généreux, qui le premier a levé l'étendard d'un autre principe de liberté, d'égalité, de fraternité... » Ces propos sont tenus à la radio de Hanoi, en 1946, en présence du général Leclerc et de Jean Sainteny. Il les reprend à la conférence de Fontainebleau : « Nous voulons que la collaboration entre nos deux peuples soit libre, loyale et fraternelle. Nous voulons des collaborateurs, des amis, des conseillers même ; pas des maîtres qui nous exploitent et nous oppriment comme avant. »

Or, à partir du moment où la France accorde à Bao-Dai, restauré, plus de concessions qu'au Vietminh, celui-ci juge que non seulement une partie de la gauche française n'est pas fiable — en l'occurrence les socialistes, tel Marius Moutet —, mais que, dans ce contexte, est handicapée la révolution sociale que le Vietminh veut opérer. De fait, avec le retour de Bao-Dai, les milieux coloniaux et militaires manifestent ouvertement leur hostilité à toute évolution vers une association à droits égaux avec les « Annamites ».

Lorsque, en pleine guerre, Léo Figuères, envoyé du PCF, rejoint, *via* Moscou, Pékin et Hankou, Hô Chi Minh tapi dans la jungle vietnamienne, celui-ci explique que la situation a changé « du tout au tout ». « Jusque-là nous avons été des assiégés, agrippés à nos escarpements montagneux, tenant obstinément à faire surgir un État d'un maquis coupé du monde extérieur... Désormais, nous avons une frontière commune avec le monde socialiste » (1949).

La victoire de Mao Tsê-tung, en Chine, avait effectivement changé « du tout au tout » la situation en Extrême-Orient.

Or, avec la guerre de Corée, qui commence bientôt, et la présence de Bao-Dai soutenu par les Américains qui veulent faire barrage au communisme, le conflit colonial interfère avec la guerre froide, modifiant les données du problème.

Côté français, le conflit colonial demeure avec ses pesanteurs : ainsi, après avoir voulu opposer Bao-Dai à Hô Chi Minh, on lui refuse les moyens d'agir. Le président Ngô Dinh Diêm s'en plaint : ni armée nationale, ni budget, ni contrôle des signes monétaires, ni administration complètement libérée. « On ne pouvait à la fois compter sur l'armée vietnamienne et lui refuser l'existence. » « Une armée nationale n'existe que si elle a un drapeau, ses propres victoires et ses propres défaites, ses chefs... Des soldats vietnamiens incorporés en fait comme unités auxiliaires de l'armée française, ne constituant point une armée vietnamienne. » Au combat, il en mourut pourtant plus de 27 000, à côté de 17 000 des États associés, 15 000 Africains et Nord-Africains, 11 000 légionnaires, et 21 000 « Français », pour un total d'environ 100 000 morts : un mode de comptage, au reste, typiquement colonial. D'ailleurs, les chefs se nomment Valluy, de Lattre, Salan, Navarre : aucun Vietnamien.

La lutte contre le communisme intervient sur le plan intérieur, et indirectement sur le plan international. En France même, le Parti communiste mène une lutte active contre « la sale guerre » à partir de mai 1947. Il retrouve ses accents du temps de la guerre du Riff. Cette campagne est appuyée par les intellectuels qui — Jean-Paul Sartre en tête, et les catholiques de *Témoignage chrétien* —, participent à ses manifestations. On stigmatise la guerre cachée, la guerre « honteuse » dont « l'opinon » met du temps à apprécier l'ampleur, car le gouvernement ne fait pas appel au contingent.

C'est dans ce contexte que les gouvernements jugent que la collusion du Parti avec Hô Chi Minh est antinationale. Que la « guerre révolutionnaire », menée par le Vietminh, aboutisse peu à peu à la construction d'un État « totalitaire » n'est certainement pas une considération qui ait été seulement aperçue ou prise en charge à l'époque. Ce qui est sûr, en revanche, c'est qu'en refusant la confiance au gouvernement Ramadier les communistes ont joué avec le feu — condamnant la politique française à Madagascar, en Indochine, et sa politique sociale, sa politique allemande, surtout. Le gouvernement Ramadier a saisi la balle au bond — comme Spaak en Belgique et De Gasperi en Italie au même moment : il a été sensible au discours de Truman, précisant que l'aide américaine supposait que les pays qui faisaient appel à elle ne comprennent plus de communistes.

La guerre d'Indochine devient ainsi un sous-produit des besoins de la France en crédits américains, pour renouveler son outillage, en charbon allemand sous contrôle américain pour accroître sa production industrielle. La lutte contre le Vietminh — et le soutien à Bao-Dai — s'alimente à cette manne. C'est sous le gouvernement de René Mayer (janvier 1953) que l'armée fut plus que jamais transformée en une industrie d'expansion. Avec la guerre d'Indochine, l'opération était double : grâce aux devises américaines, l'économie n'était plus obérée par les charges militaires. Elle permettait de développer les achats à l'étranger, ce qui était d'autant plus heureux que cela coïncidait avec la fin du plan Marshall. La guerre était devenue un moteur économique et une manne de profits — tel le trafic des piastres.

Dans ce contexte, les incertitudes et l'impuissance des dirigeants français deviennent intelligibles. Quand la Chine commence à aider le Vietnam, le général Salan demande des instructions, il n'arrive pas à obtenir de réponse...

D'un côté, ces dirigeants pressentent, dès l'origine, que c'est une guerre perdue d'avance, étant donné les distances, l'étendue du pays, l'ambiguïté de la politique américaine à l'endroit d'une « reconquête coloniale ». C'est ce que pense très vite de Lattre de Tassigny, c'est ce que pense aussi Salan – qui, par ailleurs, est fasciné par l'intelligence de Giap, qu'il a connu. René Mayer, non plus, ne croit pas à la possibilité d'une solution militaire ; ni même René Pleven, Premier ministre en 1951-1952 et qui, à nouveau ministre de la Défense nationale en 1954, affirme, deux mois avant la défaite de Diên Biên Phu, que « l'adversaire n'a pu, jusqu'ici, atteindre aucun de ses objectifs essentiels ». Or, jusqu'à présent, les négociations n'ont pas abouti parce que, côté vietminh, il n'est pas question de faire des concessions. « Comment négocier avec un adversaire qui veut notre capitulation ? », demande René Pleven – dix ans plus tard.

De fait, la pression qui pèse sur les partisans de la paix et les empêche d'agir est très forte. Il y a les militaires d'abord, pour autant qu'ils veulent prendre une revanche sur 1940 et jugent que la gloire de l'Empire peut seule redresser la France ; le lobby-colon aussi ; mais plus encore le poids de cette alliance américaine qui est le prix à payer, et si avantageux, pour que les États-Unis ne choisissent pas l'Allemagne contre la France, que son réarmement ne devienne pas une menace pour un pays qui vient d'être occupé – sous prétexte qu'il faut faire barrage contre l'Union soviétique...

C'est la question allemande qui est au centre des préoccupations des Français, des dirigeants et des autres : faire la paix signifierait perdre l'aide américaine, voir l'Allemagne prospérer, aider à la victoire du communisme. C'est le discours de Georges Bidault, de René Mayer et de bien d'autres, qui participent à la plupart des gouvernements de 1950 à 1954. Et c'est Robert Schuman qui réussit le mieux à faire, ainsi, oublier aux Américains que la guerre d'Indochine est une reconquête coloniale...

Et puis, et surtout, il y a, qui pèse plus encore, ce *non-*

dit : que ce n'est pas tellement l'indépendance totale du Vietnam qui arrête les dirigeants français, mais bien la conviction qu'ensuite tous les pays de l'Union française allaient se détacher et suivre cet exemple.

Après Diên Biên Phu, Pierre Mendès France eut le courage d'aborder le problème clairement, en disant publiquement que la fin de la guerre était la condition du redressement français. Il est vrai que, le 7 avril 1954, de Gaulle avait recommandé la négociation : bien qu'il parût hors jeu à cette date, sa prise de position ouvrait une brèche, couvrait Mendès France, auquel allait bientôt se rallier le maréchal Juin, dont l'intervention, à ses côtés, en Tunisie, fut la condition du succès de cette négociation-là (1954).

Entre-temps, lors de la conférence de Genève, Pierre Mendès France avait su mener la négociation avec détermination, en se fixant des délais — à la manière dont Lord Mountbatten avait procédé en Inde —, mais avec des risques bien plus grands, car le régime était affaibli par le désastre de Diên Biên Phu et les événements de Tunisie et du Maroc. On imaginait qu'un coup d'État militaire rôdait, et d'aucuns pensaient au rôle que pourrait jouer le général de Gaulle.

A la conférence de Genève, Chinois, Vietnamiens, Américains et Français étaient présents. L'accord conclu stipula que le 17ᵉ parallèle servirait de ligne de démarcation provisoire entre le Nord- et le Sud-Vietnam qui demeurent, chacun, sous le contrôle de leur propre administration civile. Étant donné l'état de la carte de guerre, cela signifiait l'indépendance du Nord-Vietnam. Des élections libres devaient être organisées dans tout le pays avant 1956. Ces élections n'eurent jamais lieu.

Pierre Mendès France a commenté ces accords à la télévision française :

« Les Américains ont dit dès le début qu'ils ne voulaient pas signer un document où figurait la signature des Chinois puisqu'ils ne reconnaissaient pas la Chine. On a donc établi un procès-verbal des points sur lesquels l'accord s'était fait et le secrétaire général de la conférence en a donné lecture en séance plénière ; et puis chacune des délégations a fait une déclaration unilatérale pour faire ses observations [...] mais aussi pour s'engager à ne pas briser, à ne pas mettre en cause ce qui venait d'être proclamé, et la déclaration américaine, après toutes les réserves à l'égard de la Chine, du Vietminh, etc., a pris deux engagements solennels : premièrement nous ne remettrons jamais en cause ce qui vient d'être décidé, par la force ; deuxièmement, nous considérerons comme agresseur tout pays qui utiliserait la force ou la menace de la force pour le détruire. Par conséquent, les Américains, bien que n'ayant pas signé, ont pris très exactement les engagements que nous pouvions attendre d'eux, qui étaient les mêmes que nous avions pris nous-mêmes. C'est pourquoi les conventions de Genève n'ont jamais été signées par les Américains, ni par personne d'autre. »

Une fois la guerre de Corée achevée, pas plus que le Nord- ou le Sud-Vietnam, ils ne tinrent leurs engagements.

Les hommes politiques français pressentaient que les événements d'Indochine risquaient de se répercuter sur le destin de l'Union française.

Ils en étaient tétanisés.

Lorsque en novembre 1952, bien avant Diên Biên Phu, se réunit le Haut Conseil de l'Union française, sous la présidence de Vincent Auriol, en présence d'Antoine Pinay, président du Conseil, et des représentants du Vietnam, du Laos et du Cambodge, un des délégués de ce pays, Nhiek Tioulong, proposa d'inviter les souverains de Tunisie et du Maroc à participer aux travaux du Haut Conseil... Le président Auriol en eut un haut-le-corps... Au gouvernement, Pinay n'est pas opposé à une idée si simple, si évidente, si ordinaire, mais Martinaud-Deplat, Brune, René Mayer veillent. Le projet est enterré...

Depuis de longues années, les hommes politiques français ne voulaient rien savoir, ils ne voulaient rien comprendre...

« La croyance naïve que la défaite de la France est un châtiment de Dieu, que sa domination est finie et que notre indépendance nous viendra d'une victoire de l'Axe considérée comme certaine, est ancrée dans beaucoup d'esprits et cela se comprend. Eh bien je dis que c'est une erreur, une erreur grave, impardonnable... »

En tenant ces propos, au début de 1943, Habib Bourguiba prenait vraiment un grand risque. Il comptait sur une victoire des nations démocratiques, elle apparaissait possible, probable même, mais pas encore certaine à cette date. Surtout, pour qui a pu voir à la *Deutsche Wochenschau* de la fin de 1942 comment les jeunes Tunisiens ont accueilli les soldats de la Wehrmacht, avec un enthousiasme délirant, on mesure mal à quel point le leader du Néo-Destour prenait des positions à contre-courant de l'opinion de ses concitoyens.

Le propos est d'autant plus audacieux que les Italiens venaient de libérer Bourguiba qui moisissait dans les geôles françaises, et que le régime fasciste l'avait reçu avec honneur. Or, à la radio italienne, à nouveau, il avait mis en garde ses concitoyens pour qu'ils ne cèdent pas à leurs sentiments élémentaires – car « ce serait prendre le risque de tomber sous une autre domination étrangère »...

Cette liesse des Tunisiens à l'arrivée des Allemands s'expliquait par les désillusions et la colère qu'avait pu causer la politique française dans le protectorat pendant trente ans.

Depuis qu'avait été publié à Lausanne, à la suite du Congrès des nationalités, *Tunisie et Algérie, protestation contre le despotisme français,* en 1917, rien n'avait changé. Le Destour avait essayé d'associer le bey aux revendications des nationalités qui demandaient l'élection, par les seuls Tunisiens, d'une assemblée avec un gouvernement responsable devant elle. Le bey dut désavouer son Premier ministre qui avait transmis la demande (1922). Dix ans plus tard, des « lois scélérates » devaient juguler la presse tunisienne, et commença alors le proconsulat autoritaire de Marcel Peyrouton. Le Destour ne semblant pas à la hauteur des épreuves que subissaient les Tunisiens, une scission vit naître le Néo-Destour de Habib Bourguiba, moins attaché à l'Islam, mais plus revendicatif. La guerre des deux Destour, le vieux et le nouveau, commençait : à l'origine de la montée de Bourguiba, il y avait eu une grève à Monastir, en 1934 — en 1938, une émeute éclate à Tunis qui aboutit à la proclamation de l'état de siège, à l'arrestation des chefs du Néo-Destour, à la dissolution du parti. Entre-temps, le Néo-Destour était devenu un parti fortement implanté, avec près de 400 cellules, une organisation de jeunes, etc., mais ce coup le frappa d'autant plus durement que le vieux Destour crut bon, en l'occurrence, de l'accabler. Puis, en 1943, le bey fut destitué par le général Giraud, pour « collaboration », alors qu'en fait il lui était reproché de choisir ses ministres sans consulter le président.

La situation au Maroc présentait quelque similitude avec celle de la Tunisie, les gouverneurs et résidents ayant une vision sommaire du développement du nationalisme dans ce pays. « Le Maroc, dont la France a fait l'unité, doit se détourner des combinaisons orientales », déclarait le général Juin, nouveau résident au lendemain de la guerre. Par là, il entendait stigmatiser la greffe du Maroc sur le monde arabe islamique qui, en Orient au moins, sous l'égide du Grand Mufti de Jérusalem, avait montré sa germanophilie et soufflé sur le nationalisme des pays dépendant de l'Angleterre et de la France. Certes, une certaine germanophilie avait toujours régné au Maroc, depuis le discours de Guillaume II à Tanger, en 1905 ; et la défaite française, en 1940, n'avait pu susciter qu'un vif plaisir dans ce pays. Mais elle n'avait pas eu l'occasion de se manifester en présence des troupes allemandes, comme en Tunisie, et c'est sur les Américains que comptait le sultan pour retrouver son indépendance : F.D. Roosevelt lui avait rendu visite lors de la conférence d'Anfa-Casablanca (janvier 1943), et Mohammed V avait retenu les termes du pacte de l'Atlantique Nord.

Or, les Français voulurent ignorer le loyalisme du sultan comme ils avaient ignoré celui de Bourguiba. Les « combinaisons orientales » dont parlait le général Juin étaient, bien sûr, ces revendications que le sultan formulait en vertu du traité de protectorat de 1912.

Au vrai, comme en Inde, ce furent les maladresses

calculées de l'administration qui, depuis trente ans, avaient suscité la colère des Marocains. La guerre du Riff était tout juste achevée, ayant soulevé quelques espoirs chez les nationalistes, que la Résidence transforma un *dahir* (décret) pris sous l'inspiration de Lyautey, en 1914, et qui prescrivait de respecter les coutumes berbères, en un dahir beaucoup plus radical qui, en 1930, reconnaissait la compétence judiciaire des *djemaas* et créait des tribunaux coutumiers ; la juridiction française serait compétente pour la répression des crimes commis en pays berbère, quelle que soit la condition de l'auteur du crime. Le sultan dut signer ce *dahir* qui retirait la compétence au Haut Tribunal chérifien. Abus juridique, faute politique, cette mesure avait pour but de soustraire les Berbères à la juridiction du sultan arabe. Elle suscita une montée de fièvre nationaliste qu'anima Chekib Arslan, un féodal libanais formé à l'école de Djemal Ed Din El-Afghani, un « prince de l'éloquence » arabe. « La chrétienté menaçait l'Islam, le dépouillait de ses droits, voulait convertir de force les musulmans… »

Cette campagne fut une des premières à témoigner de l'existence d'une sorte de communauté islamique, arabe aussi, caisse de résonance dont les échos atteignirent jusqu'à l'Indonésie. La presse marocaine d'obédience française fit silence sur cette campagne, qui atteignit la Société des nations. Mais *L'Afrique française,* un des organes, en France, des grands regroupements économiques et des colons, dénonça « la clique de quelques voyous munis de vagues certificats d'études et qui veulent jouer au Maroc les Gandhi et les Zaghloul » (1934).

La Résidence fut contrainte de différer l'application du dahir berbère, puis de l'aménager. Cette tentative de gagner les Berbères, comme en Algérie les Kabyles, avait fait long feu.

Ainsi encouragés, les nationalistes marocains exprimèrent leurs exigences dans un long mémoire, le *Plan de réformes marocaines.* Ils demandaient l'application stricte du traité de protectorat et la suppression de toute administration directe, la participation des Marocains à l'exercice du pouvoir dans les différentes branches de l'administration, la création de municipalités élues et l'ouverture de l'enseignement à tous les Marocains.

Bien que soutenu par des hommes politiques tels que Gaston Bergery, César Campinchi, Georges Monnet, ce projet fut rejeté par le Quai d'Orsay et par la Résidence, ce qui suscita des manifestations de rue à Fès, Kenitra, etc., en novembre 1936, puis en 1937, et, comme en Tunisie, la scission du *Comité d'action marocaine,* avec une aile populiste animée par 'Allal el-Fassi, qui allait devenir l'Istiqlal, et une aile plus ouverte aux contacts avec la gauche française, dirigée par Mohammed Hassan Ouazzani. Tous deux furent arrêtés, internés ou exilés, leurs organisations dissoutes.

Le calme régnait au Maroc lorsque le général Noguès laissa la place au général Juin (mai 1947). Entre-temps, les leaders nationalistes avaient été libérés.

Depuis la guerre d'Indochine, les leaders nationalistes de Tunisie et du Maroc savent quelle est l'impuissance des gouvernements français, leur ignorance des problèmes maghrébins, sauf au sein du parti-colon ; ils savent aussi les réticences du Quai d'Orsay à toute évolution vers l'autonomie interne des deux protectorats. Le bey de Tunis avait réclamé le droit de respirer l'air de la liberté. Le résident Périllier, qui avait pensé qu'il serait nécessaire de « lâcher des soupapes », est remplacé par Jean de Hauteclocque qui décide de venir à Tunis sur un navire de guerre (1952).

Simultanément, au Maroc, le général Juin avait voulu engager le Sultan sur la voie de la cosouveraineté ; Mohammed Ben Youssef avait refusé, qui espérait l'application du traité de protectorat. Son successeur, le général Guillaume, arrivé en août 1951, avait tenu des propos sur le Sultan qui résumaient son projet politique : « La bagarre, c'est mon métier, je lui ferai bouffer de la paille. »

Il y avait eu des grèves à Tunis, des incidents graves éclatent à Casablanca ; le 5 décembre 1951 avait été assassiné, à Tunis, le chef de file des nationalistes, à côté de Bourguiba, le leader syndicaliste Ferhat Hached ; l'Union des syndicats marocains répond par une grève générale, le 7 décembre ; les chars tirent sur la foule. C'est la crise que gèrent Juin et Guillaume, et qui aboutit à la déposition du Sultan : « C'est un emmerdeur, déclare le " préfet " Boniface, il devrait rester avec ses femmes, sa ménagerie, ses singes et tout le reste. Il se prend pour le Führer » (Alexandre Werth, *France 1940-1955*, p. 619). C'est alors qu'est montée « l'opération Glaoui », que le Sultan est remplacé par Ben Arafa (cf. p. 336).

Ces propos, ce comportement montraient bien aux leaders de l'Istiqlal et du Destour qu'un vrai dialogue était impossible. Ni les uns ni les autres n'étaient pourtant des révolutionnaires, tel Hô Chi Minh —, ni des extrémistes, tels les leaders du FLN — ce que, du reste, l'avenir a montré. Ni le bey ni le sultan ne l'étaient non plus... A partir du moment où les dirigeants français refusaient de voir que, dans le contexte mondial, les peuples du Maghreb étaient irrésistiblement poussés par la revendication nationale, les leaders du Maroc et de la Tunisie se servirent de l'arène internationale pour atteindre leurs objectifs. La lente internationalisation de la question de l'Indochine leur avait montré la voie.

Tout l'argumentaire français, pour prévenir cette internationalisation, consistait à affirmer que le Destour et l'Istiqlal pavaient la voie du communisme. Alors que les Américains pensaient que le nationalisme en était, au contraire, un antidote. Mais ils avaient déçu en n'osant pas intervenir clairement, comme l'avait espéré le roi du Maroc. Pour parer à une tentative d'immixtion, le gouvernement français accorda aux Américains des bases au Maroc. Puis, en 1951, le tournant fut pris, et Eisenhower refusa de s'engager à ne pas intervenir au Maghreb — mais il ne se solidarisa pas avec les leaders tunisiens, Bourguiba et Ferhat Hached, qui avaient demandé un acte plus décisif.

Le grand tournant eut lieu en 1952 : grâce aux États de la Ligue arabe, les États-Unis votèrent l'inscription de la question tunisienne à l'ordre du jour de l'ONU. Mais, pour sauvegarder leurs bases, ils ne réagirent pas à la déposition du sultan. L'ONU pourtant prit des résolutions, au reste modérées, « recommandant le développement de libres institutions dans les deux protectorats ».

Cet échec de la France fut le grand tremplin qui donna son dernier élan aux nationalistes. Tandis que Diên Biên Phu et les négociations de Genève permettaient à Pierre Mendès France de franchir l'obstacle, pour négocier l'indépendance de la Tunisie, et à Edgar Faure d'assurer au Maroc le retour du « vrai » sultan.

Ainsi, en s'opposant aux mesures demandées par le sultan, en cédant au mouvement-colon, en jouant des rivalités de pouvoir au sein du monde marocain, sans voir que l'ONU soutenait la marche des nations vers l'indépendance, les dirigeants français à Paris et Rabat avaient précipité l'inévitable.

Les voies de la « révolution » algérienne

« Nous nous proclamons un parti révolutionnaire... par les buts de notre action, par ses formes [...] ou tout simplement parce que nous prenons des risques, à deux cents mètres desquels s'arrête le patriotisme de l'UDMA, et des Ulemas. »

Le début de ce *Manifeste,* de la plume d'Aït Ahmed, membre du Bureau politique du PPA (Parti populaire algérien), date de 1948. Sa formulation est chargée de sens : elle signifie, d'emblée, que la révolution en question consiste en une rupture d'avec un patriotisme des petits pas... Or, le terme va demeurer : un mouvement national, patriotique, s'est affublé d'une étiquette apparemment inadaptée, la révolution – et il l'a gardée.

La révolution concerne bien les formes que doit revêtir la lutte pour la libération. Est-ce seulement cela ?

Dans ce document fondateur, Hocine Aït Ahmed explique que la libération ne saurait être un soulèvement de masse, car les leçons de l'insurrection de 1871 ne doivent pas être oubliées. Celle-ci a échoué « moins parce qu'elle était géographiquement limitée qu'en raison de son caractère improvisé ». Cette lutte de libération « ne sera pas non plus le terrorisme généralisé ». « Faire disparaître les méchants et les traîtres » est, certes, une idée populaire, mais elle ne tient pas compte des conditions qui doivent conduire au succès définitif de l'entreprise. Se référant à Lénine, dans *Que faire ?* Aït Ahmed montre que le terrorisme est une entreprise sans issue. Mais il ne le rejette pas totalement : « Nous devons rejeter l'action terroriste comme vecteur *principal* du combat libérateur. » Il y a danger également, explique Aït Ahmed, à vouloir constituer une zone franche. Bien qu'il existe des précédents, la Yougoslavie pendant la guerre, la Chine communiste à ses débuts, « ne comparons pas l'incomparable ». La dernière hypothèse, explique le leader du PPA, est de « rééditer techniquement la Révolution française de 1789 » : obliger l'Assemblée algérienne à se proclamer Constituante. La stratégie émane du communiste André Marty qui l'avait suggérée à Lamine Debaghine — on y voit bien l'annonce d'une étape vers l'idée de République sœurs. Aït Ahmed rejette cette hypothèse, car « la Révolution française opposait des classes et pas un peuple opprimé à une puissance coloniale ».

Or, juge Aït Ahmed, s'inspirant de Mao Tsê-tung, la lutte de libération doit être une guerre révolutionnaire ; elle doit combiner différentes formes d'action, en jouant sur l'avantage du terrain, la défense stratégique et la guérilla comme forme de guerre principale.

Toutes autres formes de lutte, « à la Abbas », doivent être condamnées, car « le légalisme est mort de l'illégalité congénitale qui fonde le colonialisme ». Mais, pour l'instant, « notre mouvement est faible en tant qu'instrument de cette guerre de libération » ; il faut donc simultanément aiguiser la conscience révolutionnaire des masses, renouveler les cadres, obtenir des armes et de l'argent, unifier le combat maghrébin ; utiliser le monde arabe comme cadre et comme catalyseur, et l'Islam comme force mobilisatrice. Enfin, saper la volonté de l'adversaire par une action subversive, en France, en exploitant les contradictions de la gauche française qui semble se rallier à l'impérialisme national par opposition à l'impérialisme américain. Quant aux travailleurs algériens en France, « en échange de leur participation aux combats des travailleurs français, ils doivent dénoncer le refus [des partis et syndicats français] de reconnaître l'existence d'une nation algérienne ».

L'intérêt de ce texte est de proposer une analyse des cadres de la lutte de libération, d'en définir les données et les prémisses telles que le mouvement nationaliste les a perçues et en a tiré les leçons pour aboutir à ses fins. En ce sens, ce texte constitue tout un programme. Or, il fut, peu ou prou, mis en pratique, mais sans qu'on s'y réfère pour autant.

Éviter un soulèvement de masse prématuré, comme en 1871, en Kabylie, où la prétention coloniale au cantonnement indigène suscite une révolte contre cette plèbe urbaine de déclassés que sont les premiers colons. Déjà les Arabes ont vu disparaître leurs lois et coutumes ; bientôt on va assujettir un Mokrani, seigneur de la Medjana, à un maire civil, un mercanti. Pour les Arabes, il n'en est pas question, car on sent bien qu'avec la disparition de Napoléon III, l'Empereur, il n'y avait plus de lien charismatique entre les notables arabes et « le Sultan ». Des insurrections éclatent à Souk Ahras, El-Miliah, puis toute la Kabylie. Les colons de Constantine n'y croient pas, plaquent la situation française sur l'Algérie et voient dans l'envoi des militaires une manœuvre pour restaurer le pouvoir de l'armée. Ils jugent les confréries musulmanes responsables — ce qui permettra au cardinal Lavigerie d'installer ses Pères Blancs au cœur du pays révolté. Mais la révolte n'a pas prévu les moyens de s'étendre au pays tout entier ; et la France, en envoyant en Algérie des Alsaciens et des Lorrains, juge seulement qu'il n'a pas été commis assez d'efforts pour « désensauvager » les habitants. La répression est très dure. Les nationalistes estiment qu'il faut tirer la même leçon de l'échec du soulèvement prématuré de 1945.

Il avait toutes sortes de bonnes raisons et sans doute la colère de ces soldats musulmans qui avaient payé un si lourd tribut à la campagne d'Italie, donnant leur part à la victoire de Cassino où Ben Bella avait gagné la médaille militaire. L'ordonnance attendue et qui devait leur accorder la citoyenneté française ne venait pas, et de retour au pays, la misère retrouvée, l'humiliation du joug colonial réanimée, le courant indépendantiste se nourrit de l'espoir des promesses faites par les Américains à Ferhat Abbas et au sultan du Maroc. Mais dans l'intérieur, et surtout en Constantinois où la famine et la mort ont fait des ravages, la tendance à l'indépendance s'affirme avec force. Messali Hadj avait été arrêté, déporté à Brazzaville, et le 1er mai 1945 des manifestations se multiplient (indépendantes de celles des syndicats). La police tire à Alger, Bougie, Oran, et la colère éclate une semaine plus tard pour les fêtes de la Victoire. A Sétif et à Guelma, d'immenses cortèges réclament la libération de Messali et une Constituante souveraine. Ces manifestations sont le point de départ d'un soulèvement qui s'étend du Constantinois à la Kabylie, animé par les AML (Amis du Manifeste et de la Liberté) qui réunit toutes les tendances nationalistes — de Ferhat Abbas à Messali. Les centres de La Fayette, Chevreul, Aïn Abessa sont encerclés, les fermes attaquées. On estime à une centaine le nombre des victimes françaises. Achevée par l'aviation, la répression fit entre 1 500 et 40 000 victimes indigènes, selon les différentes estimations. Plusieurs douars furent rasés, 44 mechtas détruites ; le souvenir des « massacres de Sétif » demeura très vivant chez les nationalistes — mais ni les Européens d'Algérie ni les métropolitains n'en eurent un écho véritable. Parce que, de fait, la répression, menée du temps de De Gaulle et sur son ordre, fut appliquée alors que Charles Tillon, un communiste, était ministre de l'Air et de l'armement ; ce n'est pas lui qui intervint directement, mais il ne démissionna pas à la suite de ce drame dont il eut connaissance. L'opinion française — dans l'ivresse des fêtes de la victoire — en fut-elle vraiment informée à cette date-là et en eut-elle, plus tard, vraiment conscience ?

Pas de terrorisme généralisé, indique le rapport d'Aït Ahmed. De fait, celui-ci se développe les années suivantes quand la réponse de la métropole aux aspirations algériennes déçoit des militants qui se jugent dupes, trahis (élections truquées, arrestations, répression, etc.). Certains coups de main, telle l'attaque de la recette principale des PTT, à Oran, en 1949, furent présentés aux Européens comme des actes de délinquance alors qu'il s'agissait, pour le PPA, d'avoir de l'argent (et des armes) ; mais bientôt le terrorisme devint plus systématique, grâce aux premières armes acquises, car il est clair que les moyens dont dispose le PPA et l'OS — son organisation militaire — se sont multipliés. Selon Boudiaf, le premier lot de 300 armes vint de Libye, et le deuxième comprend 20 mitraillettes, 30 colts, 5 fusils de guerre et 2 caisses de grenades offensives...

Cependant, le terrorisme ne va cesser de se développer, avant comme après l'insurrection de novembre 1954. On peut lui attribuer plusieurs fonctions. Sous sa première forme — attaque de bâtiments publics, par exemple —, il veut manifester son hostilité au régime colonial, à ceux qui l'incarnent. Sous sa deuxième forme — l'attaque d'un autocar dans les gorges de Tighnimine où un instituteur français, Monnerot, est assassiné —, il veut signifier qu'en Algérie il n'y a pas de « bons » et de « méchants » Français, tous sont à chasser — la valise ou le cercueil. La troisième forme du terrorisme, antiarabe, vise à l'épuration de la communauté militante — pour qu'elle ne comporte pas de « traîtres ». Cette radicalisation, qui aboutit à une véritable tuerie, a été le fait, essentiellement, des activistes à l'encontre des messalistes, après la rupture au sein du MTLD (Mouvement pour le triomphe des libertés démocratiques) : comme le dit Harbi, « le messalisme a occupé la place, dans l'univers algérien, que le trotskisme avait dans l'univers stalinien ». La quatrième forme du terrorisme, « aveugle », a visé, dans les autobus comme sur les marchés, une population anonyme, aussi bien européenne que musulmane, afin de montrer l'omniprésence des activistes nationalistes et de créer un climat d'insécurité. Enfin, la dernière forme du terrorisme, à l'adresse des Arabes seuls, a eu pour fonction de créer un climat de terreur, afin de montrer que le FLN, né des ruines du MTLD, était désormais le véritable contre-pouvoir à celui de l'administration française, qu'il prenait sa relève. Le FLN était devenu l'embryon d'un nouvel État, là résidait la « révolution algérienne ».

La guerre commença, le terrorisme frappa de plus en plus fort, indépendamment de la lutte armée entreprise depuis le début de 1955 ; les actes les plus cruels eurent lieu le 20 et le 21 août, à partir de Collo et Philippeville, où furent exécutés aussi bien des pieds-noirs que des métropolitains ou des musulmans, tel Abbas Alloua, le neveu de Ferhat Abbas. Il s'agissait, pour le FLN, de faire disparaître tous les interlocuteurs possibles de la nouvelle autorité française, Jacques Soustelle, et notamment les bénéficiaires du plan de redistribution des terres mis en place par le gouvernement...

Ce furent ces massacres du 20 août qui décidèrent les leaders nationalistes modérés à s'aligner sur les positions intransigeantes du FLN ; et qui — côté français — retournèrent la position de Jacques Soustelle, qui stigmatisa « la confusion mentale » de l'opinion métropolitaine : « Pacifistes qui condamnent la violence chez nous et l'adorent chez les autres ; chrétiens qui ne versent pas une larme sur leurs coreligionnaires massacrés précisément parce qu'ils étaient chrétiens, progressistes que remplit d'aise la perspective d'une Algérie retombant dans le chaos, internationalistes qui s'agenouillent devant les nationalistes africains et orientaux, esprits forts qui ont horreur de la barrette de la Légion d'honneur mais s'inclinent devant le Guennour » (J. Soustelle, *Aimée et souffrante Algérie,* p. 132).

La complexité des *rapports* qui ont pu se nouer *entre les communistes et le mouvement national,* dans le contexte de l'après-guerre, introduit aux relations que les Algériens entretenaient avec les Européens libéraux.

Au début des années cinquante, il apparaît que le Parti communiste algérien soutient massivement la plupart des revendications qui émanent des organisations nationales algériennes, et que, par le canal de l'UGTA (Union générale des travailleurs algériens), militants communistes et non communistes fraternisent. Or, cet accord porte essentiellement sur les problèmes sociaux, le travail à la campagne ou sur les docks ; sur le terrain plus proprement politique, tout en s'affirmant plus proches du MTLD que de l'UDMA (Union démocratique du Manifeste algérien) de Ferhat Abbas, les organisations d'extrême gauche sont, dans la réalité, plus favorables aux revendications purement démocratiques qu'à l'aspiration des Arabes qui souhaitent que soit reconnue leur identité collective, la « personnalité algérienne ».

Durant les années 1947-1952, il est clair que les communistes d'Algérie sont beaucoup plus attentifs au déroulement de la conjoncture internationale, à son contexte de guerre froide, à la lutte pour la paix que stimule l'Appel de Stockholm, qu'ils ne se sentent réellement concernés par les revendications d'ordre proprement nationaliste. Par exemple, la demande de l'UDMA concernant l'enseignement de l'arabe n'a jamais été vraiment prise en considération. De plus, à une date où le retour au pouvoir des communistes en France ne semble pas compromis à jamais, l'idée d'une indépendance de l'Algérie apparaît quelque peu « contre-révolutionnaire » aux communistes d'Algérie. C'est l'époque de la guerre froide, et ils condamnent très vivement « la pseudo-indépendance qui ne pourrait que renforcer l'impérialisme américain »... Ils imagineraient plutôt que ce pays pourrait constituer une sorte d'Ouzbékistan à la française, l'« Algéristan », si tant est qu'au pouvoir, à Paris, les communistes pussent accomplir des réformes qui iraient dans le sens d'une intégration — fédération des Républiques de France et d'Algérie associées. Or, à cette époque, le PCA organise des voyages au « Turkestan », et les pèlerins, au retour de Taschkent, ne manquaient pas de chanter les louanges de la politique musulmane des Soviétiques.

En vérité, durant ces années-là, la grande affaire des communistes algériens était de rallier les Arabes à la lutte pour la paix. Dans ce contexte, la lutte des Arabes pour leurs revendications propres passait au deuxième plan.

De leur côté, les Arabes étaient circonspects. Ceux qui militaient à l'UGTA acceptaient les ordres de priorité proposés par le Bureau ; mais le plus grand nombre exprimait une certaine réticence. Manifestement, ils étaient méfiants vis-à-vis du PCA et ils se rappelaient qu'à Sétif, en 1945, pour justifier l'action répressive du gouvernement auquel ils participaient, les communistes français et algériens avaient parlé d'un « complot fasciste ». L'UGTA jouissait pourtant, elle, d'une relative faveur pour autant qu'elle n'était pas organiquement liée au PCA, mais bien aux centrales syndicales de la métropole. Cependant, les Arabes répétaient qu'ils n'étaient pas marxistes. Après coup, ce trait est frappant, parce que les communistes n'abordaient que rarement le problème de leur propre identité doctrinale ; toutefois, dans le contexte de l'époque, ce propos signifiait seulement que les Arabes, en majorité MTLD, se voulaient musulmans, « pas matérialistes ». Seuls, les UDMA, amis de Ferhat Abbas et du Dr Francis, tenaient un langage plus laïc, arabisant par ailleurs ; mais, étant donné qu'ils étaient considérés comme plus « modérés », comme « bourgeois », le Mouvement de la Paix ou le PCA s'attachaient moins à leur ralliement. Au reste, comme ils passaient pour l'expression de la bourgeoisie, les UDMA étaient par conséquent « sans avenir », et jugés avec une certaine méfiance. Or, les communistes, si vigilants devant la dérive « bourgeoise » de l'UDMA, fermaient les yeux sur l'attachement des MTLD à l'Islam ; en revanche, les socialistes (français ou arabes) se voulaient laïcs, vraiment laïcs, même si les premiers, grossis des réfugiés républicains espagnols, étaient nombreux, et si les seconds l'étaient moins. Au parti socialiste comme au MTLD et à l'UDMA, il existait pourtant de *forts contingents de militants arabes qui avaient l'esprit laïc :* leur attachement à l'Islam portait sur les aspects de sa pratique qui tiennent à la défense de l'identité arabe, plus qu'à une idéologie proprement musulmane.

A cette date, les communistes algériens étaient ainsi greffés sur les luttes que l'on menait en France ; et, pour que leurs organisations grossissent et pèsent plus lourd sur la société algérienne, ils cherchaient à nouer une alliance avec les Arabes, soit en voulant ignorer leur attachement à l'Islam, soit en résistant à leurs aspirations spécifiques. Superficiellement, on pouvait même juger que les communistes étaient tout à fait hostiles à ces aspirations pour autant qu'elles risquaient de compromettre le maintien des liens des départements dans la République française. Quelques incidents exprimaient ce désaccord fondamental. Lorsque, fin 1949, le MTLD proposa au PCA une action commune sur la base d'une déclaration énonçant les droits du peuple algérien, et affirmant « que tous les peuples coloniaux sont en état de guerre » contre le « colonialisme », le PCA refusait de s'y associer, bien qu'une déclaration sur les droits du peuple algérien ait été lue au Congrès des Peuples pour la Paix. A Oran, pourtant, PCA et MTLD signent un texte commun, mais il n'est pas publié ; les communistes et les « centralistes » du MTLD ne sont associés que pour lutter contre la répression qui condamne 195 militants lors des procès de juillet 1951 : il est vrai que les élections « à la Naegelen » aboutissent, sur ce point aussi, à un accord contre les socialistes qui, en France également, participent à la répression.

Cette situation s'explique dans la mesure où *l'électorat communiste est européen,* étant donné l'existence de deux collèges électoraux. Dans ces conditions, même s'il comprend des Arabes à son bureau, le PCA n'a que des élus européens, et ils sont nombreux puisque les communistes ont recueilli jusqu'au cinquième des voix à Oran. Paradoxalement, *le PCA est ainsi dominé par des Européens alors que l'UGTA, le syndicat, français de statut, est peuplé par une majorité d'Arabes...* qui peuvent aussi bien être membres d'autres partis politiques arabes : MTLD, UDMA, etc. Voulant s'algérianiser, le PCA finit par modifier alors la composition de ses instances dirigeantes : dès le 6e Congrès de 1952, les délégués musulmans y deviennent majoritaires. Il en va de même, ensuite, des adhérents, *mais pas des électeurs...*

Or, au moment où le Parti commence à retourner sa position, où il veut constituer un Front anti-impérialiste pour l'indépendance — que les partis musulmans rejettent —, et se rallie au slogan d'une République démocratique algérienne où il n'est même plus fait référence à l'Union française, à ce moment-là, la masse de l'électorat pied-noir est complètement hostile à toute émancipation des Arabes qui pourrait mettre en cause le monopole que les Européens exercent sur la vie politique, ou plus exactement sur ses formes représentatives ou parlementaires. Seuls quelques intellectuels ou membres de professions libérales, membres du PCA, font exception, connaissant les aspirations fondamentales des organisations nationalistes, ce qui les place dans une situation de porte-à-faux ; ce qui n'est pas le cas des catholiques de gauche d'opinion similaire, mais sans « ambition électorale ».

En 1952-1954, l'écho retentissant du mouvement national, successivement en Iran (Mossadegh), en Égypte (Nasser), en Tunisie (Salah Ben Youssef et Bourguiba), au Maroc (retour de Mohammed V), donne une impulsion extraordinaire au mouvement national algérien qui, jusque-là, manquait d'assurance. Les valeurs de l'intégration fascinaient encore un grand nombre, quelles qu'aient pu être les multiples violations et vexations que l'administration ait pu commettre à l'endroit des populations musulmanes (élections truquées, répression, etc.). La défaite française de Diên Biên Phu persuada un certain nombre de militants du MTLD de rompre avec l'attitude soumise d'un parti politique, même extrémiste, mais sans avenir. La greffe de la lutte des Arabes d'Algérie sur la cause islamo-arabe agit comme un levain, comme un levier qui soulève le CRUA (Comité révolutionnaire pour l'unité et l'action), puis bientôt les masses dans un élan infini. Telle est la révolution algérienne qui aboutit en 1954 à la formation du FLN et à l'insurrection de novembre. Les scissionnistes du MTLD, passés au CRUA, puis au FLN, s'instituaient, en quelque sorte, comme l'*embryon d'un État algérien futur* avec les prérogatives et le fonctionnement d'un gouvernement, sans le nom : exigence d'obéissance, par la terreur s'il le faut ; monopole de la décision, terrorisme aussi comme pratique de consolidation de son propre pouvoir ; et enfin internationalisation du problème grâce à l'appui de Nasser et du bloc islamo-arabe.

Dans ce contexte, le PCA avait eu beau se rallier au principe de la République démocratique algérienne, il était complètement dépassé ; en outre, l'allégeance du FLN au bloc islamo-arabe le maintenait prisonnier de ses anciennes réticences ; sans parler de la résistance que ses ouailles pouvaient opposer à un appareil qui sentait le sol s'effondrer sous ses pieds puisque ses troupes étaient pour l'essentiel constituées d'Européens et que, simultanément, le FLN lui demandait, comme aux autres partis, de se dissoudre.

Pourtant, il serait illusoire d'imaginer, après coup, que la

« révolution » du 2 novembre 1954 fut ressentie et vécue comme telle dans tout le pays. Certes, cette date est devenue historique, et légitimement : mais c'est l'appareil FLN qui l'a instituée. Pour les populations d'alors, européenne et arabe, qui, dans leur masse, ne connaissaient pas encore vraiment le FLN, le 2 novembre passa inaperçu, une fois connus les attentats qui signèrent le commencement de la lutte armée. Au début, les actes de terrorisme ne concernaient que le djebel et, pendant près d'un an, l'état de guerre ne fut pas vraiment perçu comme tel — sauf, naturellement, en Kabylie, dans les Aurès. D'autre part, étant donné que les organisations nationales demeuraient discrètes sur leurs objectifs réels, les Européens des villes vivaient à des années-lumière du drame qui était en train de naître, et qu'ils voulaient ignorer à tout prix. D'ailleurs, la plupart des musulmans en voyaient mal l'issue.

L'Oranie était la plus épargnée. Pour la masse de la population, alors que les troupes venues de métropole commençaient à débarquer à Alger, l'idée d'une solution politique apparaissait encore possible ; même si, on le sait aujourd'hui, la direction du FLN entendait déjà mener la lutte armée jusqu'à l'indépendance, accompagnée pour certains de l'idée de l'expulsion des Français. Pourtant, à la fin de 1955, bien peu eussent imaginé une telle issue au problème algérien. Le climat politique se détériorait, certes, mais la majorité des Européens raisonnait à partir du dogme de l'Algérie département français, et bien des Arabes espéraient seulement en une intégration réelle, au reste sans trop y croire. Les modérés de l'UDMA étaient au croisement des chemins.

Avec la victoire du Front républicain, un vrai changement paraît alors possible ; mais tout bascule complètement le 6 février 1956, lorsque Guy Mollet capitule devant le soulèvement des colons.

Quelques mois plus tôt, en effet, à Oran où le Parti communiste a perdu une bonne partie de sa clientèle, l'initiative d'une tentative de rapprochement entre les deux communautés part d'un petit groupe de « libéraux », qui fondent *Fraternité algérienne.* A cette date, on appelait

« libéraux » ceux qui, comme à Alger, essayaient de trouver les voies d'une solution négociée entre Européens et musulmans. A l'appel de ces « libéraux » répondent des dirigeants syndicaux arabes, des militants nationalistes du FLN, des communistes européens et musulmans, divers individuels appartenant à des fractions de l'ex-MTLD. Au total, environ deux cents personnes, enseignants, commerçants, professions libérales, etc., signèrent ce Manifeste où figurent deux tiers d'Européens et un tiers de musulmans, dans cette cité qui comprenait à peu près une proportion identique d'habitants de chaque communauté. Devant la solution militaire qui se dessinait, l'*Appel* souhaite agir pour mettre fin à cette guerre et il demande au gouvernement français d'entrer en contact avec *tous* les représentants du peuple algérien. Le Manifeste fut un réel moment d'espoir, signé avec enthousiasme dans un climat de Nuit du 4 août (17 décembre 1955).

Simultanément, dans *Oran républicain*, paraissaient une série de propositions sur l'avenir de l'Algérie où était préconisée une solution de cosouveraineté. Son auteur les avait rédigées après avoir consulté des représentants de toutes les organisations algériennes.

Début février 1956, il avait été décidé, à Fraternité algérienne, de demander au préfet une entrevue auprès de Guy Mollet qui devait venir à Alger : la délégation qui se rendit à Alger en train comprenait 5 membres, dont un CGTA et un représentant officiel du FLN. Est-ce le tour pris par les événements du 6 février, ou à la suite du durcissement du FLN, antérieur, le membre du FLN ne vint pas à l'entrevue prévue le 8* ; lors de cet entretien, Guy Mollet assura la délégation que des « élections vraiment libres » auraient lieu en Algérie... Une telle méconnaissance des données du problème algérien laissa la délégation hébétée.

Avec le recul du gouvernement, le 6 février 1956, toute idée de négociation entre Européens d'Algérie et Arabes était condamnée. Au reste, à partir de cette défaite et de ce

* On observe le même raidissement dans le comportement de la délégation de France, qui rompt alors avec l'UNEF.

retournement de Guy Mollet, le FLN n'envisage plus qu'une solution : la lutte armée jusqu'à l'indépendance. Mais, avant le 6 février, d'autres voies n'étaient pas nécessairement exclues, tout au moins une formule d'indépendance qui n'eût pas impliqué le départ massif des Français d'Algérie. Ceux-ci, en faisant capituler Guy Mollet, ont signé eux-mêmes leur propre défaite.

Le dernier trait du rapport Aït Ahmed, « *toutes les formes de lutte à la Abbas doivent être condamnées* », illustre bien la greffe des pratiques léninistes sur les dirigeants du mouvement MTLD et rend compte de la politique d'extermination qui vise ses rivaux ou adversaires musulmans.

Les dirigeants nationalistes disaient et répétaient qu'ils n'étaient pas « matérialistes », c'est-à-dire qu'ils se voulaient musulmans, pas marxistes. Mais, comme la plupart des mouvements nationaux musulmans de l'ancienne Russie, ils empruntèrent à Lénine leur forme organisationnelle — un parti fondé sur les principes de *Que faire ?*, et à Mao Tsê-tung, plus tard, l'idée d'une guerre prolongée. Or, avant 1917, dans la pratique léninienne, il n'y avait pas seulement le projet d'un groupe de militants d'avant-garde, mais aussi le principe du parti unique. Sa tactique émanerait des circonstances.

En Algérie, un premier conflit éclate entre le leader du parti, Messali Hadj, soutenu par Moulay Merbah, exilé à Chantilly puis à Niort, et le Comité central, les premiers reprochant au second de trop compter sur les États-Unis et pas assez sur le Maroc ou la Tunisie — mais surtout de mettre le parti à la remorque des mouvements réformistes ; il est demandé à Aït Ahmed et à Ben Khedda de se préparer à la lutte armée (1951), de sorte que le Comité central accepte de reconstituer une organisation spéciale (OS), confiée à Ramdane (Abdelmalek). Mais c'est bientôt le principe d'une autorisation demandée à Messali que mettent en cause les activistes qui, avec quelques centralistes, constituent le CRUA, avec Boudiaf, lesquels, utilisant une figure soviétique, condamnent chez Messali « le culte de la personnalité ». Toute une série de retournements tactiques, étudiés par Mohamed Harbi, reproduisent et rappellent de façon frappante l'histoire interne du parti bolchevique, entre 1903 et 1914.

A la veille de l'insurrection, on peut considérer que deux tendances dominent. Celle des messalistes, méfiante vis-à-vis de tout compromis avec le gouvernement français ou des intermédiaires étrangers, qui se veut proche de l'Islam, populiste, hostile aux intellectuels. Et celle des centralistes, au contraire, qui comprennent de nombreux « petits-bourgeois intellectuels », tel le pharmacien Ben Khedda, le journaliste Salah Louanchi. Ils se distinguent des messalistes en mettant l'accent sur la nécessité d'avoir des dirigeants compétents, de se donner des institutions, d'accepter le pluralisme, de prendre une distance vis-à-vis de la tradition, d'être fondamentalement hostiles aux communistes.

Le groupe fondateur du FLN, constitué le 23 octobre 1954, comprend à la fois des activistes, et des centralistes de la délégation extérieure, tels Ben Bella et Khider, etc. Ce qui, en fin de compte, les fait rompre avec les messalistes et les centralistes, c'est que ceux-ci veulent trancher les divergences politiques avant de s'engager dans l'action armée — et ils rompent aussi avec les centralistes qui jugent l'insurrection prématurée. Le programme du FLN est : d'abord agir. Prenant la relève du CRUA, ils se donnent comme premier objectif « de regrouper par *tous les moyens* les forces du pays » (Khider, le 7 février 1955).

L'idée dominante était que l'indépendance ne s'imposerait que par la guerre. Mais le groupe qui se constitue à cette fin manque encore d'assurance. Aussi entend-il d'abord prouver son existence, pour se livrer ensuite à un travail d'explication ; puis, deuxième étape, il généralisera l'insécurité et constituera un contre-pouvoir ; enfin, il se créera des zones franches, soustraites à l'ennemi. La conception générale était le bilan de réunions diverses, où Boudiaf avait joué un rôle prépondérant, mais c'est Abbane Ramdane qui transforme le FLN en un vaste rassemblement national : il s'était imposé par son caractère de lutteur, par son courage aussi, ne cédant pas à la torture.

Le ralliement des autres politiques fut l'effet de l'attitude de la France, à qui, en février 1955, Abbas demande encore l'application du Statut de l'Algérie... Le truquage des élections d'avril convainc les plus modérés qu'il n'y a plus rien à attendre du Gouvernement général ou de Paris. Pour les musulmans, il est clair que les réformes de Soustelle ont pour but principal d'isoler le MTLD ou le FLN. Que faire lorsque, comme Ferhat Abbas, on n'a cessé depuis dix ans de demander de simples réformes, voire l'intégration, et que le refus des colons est obstiné, sans concessions véritables ?

L'UDMA n'avait vu dans les attentats du 2 novembre 1954 que « désespoir, désordre, aventure ». Or, les réactions de Paris et d'Alger constituent des manœuvres, elles préparent la répression, et il n'est plus question de laisser écraser les « terroristes ». Ferhat Abbas rencontre Abbane Ramdane, et il est convenu de se battre chacun de son côté sur deux voies parallèles, la lutte armée et le front politique. Ce « pacte » n'empêche pas les organisations FLN de Constantine d'abattre plusieurs des dirigeants locaux de l'UDMA (dont le neveu de Ferhat Abbas). Bientôt, les violences de la répression, de la guerre, du terrorisme, exercent une pression plus forte sur l'UDMA qui constate que la voie politique est sans issue : « Les choses sortent d'entre nos mains », observent Ahmed Francis et Ferhat Abbas qui, en avril 1956, se rallient au FLN. Les centralistes suivent le même parcours.

« Il fallait que les partis politiques disparaissent... » Même les communistes s'étaient pliés à cette nécessité. Seule la violence contraindrait les récalcitrants à se rallier — à moins que ce ne soit celle du colonisateur, jugeaient les dirigeants du FLN. Et, comme le déclare Krim Belkacem, « sinon, ce sera la guerre ».

Or, pour Messali Hadj, cette intégration des réformistes dans le FLN est bien la preuve de la trahison de ces derniers, qui sont, « tous, des exclus du MTLD ». En outre, le MNA (Mouvement national algérien, nom nouveau donné au MTLD de Messali depuis une scission) juge que le FLN est entièrement entre les mains de Nasser, qui le fournit en argent et en armes. Ce que ne cesse, au reste, de répéter Jacques Soustelle. Le MNA entend passer lui aussi à l'action directe, mais en internationalisant la question algérienne, pour que l'ONU la prenne en considération. Entre les dirigeants du MNA et ceux du FLN, l'intransigeance est égale, et égale aussi la détermination à atteindre l'indépendance. Mais, dans l'action quotidienne, le FLN a plusieurs longueurs d'avance ; et le MNA a été pris de court par l'« insurrection » de novembre 1954, qui s'était effectuée sans qu'il en ait connaissance. Il est pris de court aussi lorsque le FLN entreprend d'en éliminer les cadres locaux, comme il avait procédé en Constantinois avec l'UDMA. A Marnia, puis à Oujda, ce sont les militants MNA qui tombent dans un traquenard et sont assassinés.

La guerre intestine qui divise, désormais, les Algériens dépasse toutes les violences jamais enregistrées : seulement dans l'émigration, où l'on compte environ de 10 000 à 15 000 membres du FLN et autant du MNA, on a pu recenser 12 000 agressions, 4 000 morts et 9 000 blessés. En Algérie même, les chiffres dépassent de loin ce bilan. Le FLN prend lentement le dessus dans cette lutte fratricide : par un mécanisme qui rappelle les luttes entre les bolcheviques et les autres révolutionnaires, en 1918-1919, ce besoin d'exercer le pouvoir tout seul le pousse à exterminer les hésitants — ce qui conduit certains d'entre eux à se retourner contre lui, « à trahir » — c'est l'affaire Bellounis. En 1958, tous les leaders historiques du MNA ont été assassinés, et un attentat contre Messali échoue.

Dans cette guerre à l'intérieur de la guerre, l'« erreur » du MNA avait été d'avoir voulu se subordonner les groupes armés, eu égard à son antériorité « historique », au lieu de se constituer les siens propres. Son nationalisme intransigeant lui avait aussi aliéné le monde arabe, Nasser, en particulier, qui fit arrêter Mezerna au Caire, et soutenait Ben Bella, de la délégation extérieure de l'Ex-MTLD. Son islamisme relatif, enfin, le priva du soutien de Nehru et de Soekarno, alors qu'il tablait, pour une négociation avec la France, sur les effets de l'internationalisation.

A la différence de l'Indochine, le conflit algérien commença par une guerre sans le nom, le terrorisme et une répression, anonymes, ce qui créa une atmosphère trouble, marquée par le refus de constater qu'une épreuve de force irréversible était engagée. L'explosion de novembre 1954 ne devint une vraie guerre qu'après les massacres d'août 1955, et celle-ci devint totale, avec son cortège de cruautés, lors de la bataille d'Alger où 8 000 parachutistes pénètrent dans la ville, investis d'une mission policière (7 janvier-24 septembre 1957). La bombe de l'« Otomatic », un bar algérois, du « Coq Hardi », les lynchages d'Arabes en représailles, etc., — ce cycle infernal, « du sang et de la merde » (colonel Marcel Bigeard), se termine par le succès du général Massu qui arrête Larbi Ben M'Hidi — bientôt « suicidé » —, Yassef Saadi, et oblige Abbane Ramdane à quitter la capitale.

Cette victoire militaire s'accompagne d'une crise morale du côté des Français : le général de La Bollardière et Paul Teitgen, secrétaire général de la police d'Alger, démissionnent pour protester contre les méthodes du général Massu.

Dans le bled, l'armée de libération nationale du FLN se renforce malgré la ligne Morice, dressée aux frontières, pour prévenir l'armement des fellaghas. Grâce à l'aide de 250 000 musulmans supplétifs — les harkis —, le général Salan remporte un certain nombre de succès au point qu'en 1958 Robert Lacoste répète que la victoire ira à celui qui tiendra « le dernier quart d'heure ». De fait, les nationalistes algériens se livrent à une véritable guerre fratricide qu'illustre le massacre de Melouza où 374 villageois, supposés fidèles à Messali Hadj, sont massacrés par le FLN (mai 1957). Cependant, un nouveau clivage a divisé les nationalistes depuis la réunion du congrès de la Soummam : il oppose Abbane Ramdane et les représentants des combattants, d'une part, et le groupe Khider-Ben Bella, de l'autre, qui conteste le « contre-État » institué par ce congrès dont sont absents les Aurès, la délégation extérieure, l'Oranie, la Fédération de France. Khider et Ben Bella contestent aussi la remise en cause du caractère islamiste des futures institutions algériennes, ils manifestent leur rejet de la laïcité de l'État et disent leur refus d'y faire une place à la minorité européenne.

Tandis que la poursuite des opérations militaires et de la guerre suscitent le « 13 mai 1958 » à Alger *, les forces

* Cf. plus haut, p. 334-344.

françaises du général Challe, élevées à 500 000 hommes, obtiennent des résultats contre les groupes armés (*katibas*) des différentes *willayas* (régions) de l'État FLN. La « pacification » de « mille villages » se traduit par des mesures de répression ou de « regroupement forcé » qui touchent près de deux millions d'Algériens. La « victoire » semble à portée de main sur le terrain militaire.

Début 1960, le général Massu déclare que, dans ces conditions, il ne comprend plus la politique du général de Gaulle… Celui-ci en effet a stigmatisé « l'Algérie de papa », suscitant la colère des pieds-noirs, qui ne veulent pas entendre parler de « paix des braves ». Cette « semaine des barricades » anticipe le putsch des généraux et les temps de l'OAS…

En Angola : les partis politiques instrumentalisés

La libération des colonies portugaises participe de données qui rappellent le cas de l'Indochine et de l'Algérie, au moins en ce qui concerne le projet indépendantiste, la réaction de la métropole, le début de la guerre. Celle-ci éclate brusquement, en Angola comme en Algérie, par un ensemble d'attaques simultanées qui frappent les postes militaires de Luanda, le 4 février 1961. L'initiative émane de l'un des mouvements nationalistes, le MPLA (Mouvement pour la libération de l'Angola), en réalité débordé par ses troupes, mais dont la direction est néanmoins bien assurée par Agostino Neto et Mario De Andrade, deux *assimilados,* tout comme Amilcar Cabral, le leader du Parti africain de l'indépendance de la Guinée portugaise et du Cap-Vert (PAIGC). Les dirigeants empruntent au marxisme, à Hô Chi Minh et à Mao Tsê-tung les vues stratégiques de ces derniers sur la « guerre prolongée » et la guérilla. Leur projet est révolutionnaire mais envisage, comme au Vietnam, des étapes vers la souveraineté. L'autre similitude avec la situation franco-vietnamienne est que ce mouvement indépendantiste, stimulé par l'indépendance de la Guinée française et traumatisé par les événements de Rhodésie-Zimbabwe *, et aussi par l'assassinat de Lumumba, se heurte à une métropole qui s'est mise à réinvestir dans ses possessions coloniales. La population portugaise atteint alors plus de 250 000 personnes en Angola, 130 000 en Mozambique, un record.

Les événements de 1961 déchirent le mythe de l'harmonie raciale et commence alors cette guerre, à laquelle la Guinée portugaise se joint — Cabral est assassiné en 1973 —, puis le *Frelimo* du Mozambique, de Samora Machel, se lance à son tour dans une lutte de libération, plus ou moins en coordination avec les Africains du Zimbabwe. Ils ne disposent d'aucun soutien en métropole.

Plusieurs autres traits rappellent les événements d'Afrique du Nord. Et d'abord, l'impatience des leaders nationalistes des colonies ex-portugaises, qui voyaient le monde africain tout entier libéré — sauf eux, ce qui rappelle le cas des Algériens, témoins de l'indépendance de la Libye, de la Tunisie, du Maroc — et qui demeuraient à la traîne. Surtout, en Angola spécialement, plusieurs mouvements de libération se livrent une guerre sans merci, tels le FLN et le MNA, avec cette différence, toutefois, qu'en Angola luttes pour le pouvoir et divergences idéologiques interfèrent avec les conflits ethniques. C'est pour cela qu'on a pu dire qu'il n'y avait pas un seul nationalisme mais plusieurs, aussi divergents et antagonistes que la société. Toutefois, en Angola comme dans les autres possessions portugaises, il n'y a pas la même coupure entre races qu'ailleurs, de sorte que souvent celle-ci s'est opérée entre *assimilados* et *indigenos,* les premiers ne dirigeant pas nécessairement la révolte des seconds, ou en étant déconnectés. Tel est, au moins, le cas du MPLA, urbain et révolutionnaire, dont les leaders connaissent à la fois Lisbonne et les geôles de la PIDE. Très différent de l'UPNA (Union des populations du Nord de l'Angola), mouvement exclusivement Bakongo, et dirigé par Holden Roberto, qui le transforme en UPA (Union des peuples de l'Angola), ce qui lui donne une coloration expansionniste, alors qu'il ne gère que 15 %

* Cf. plus haut, p. 332-334.

de la population de l'Angola. Néanmoins, il est homogène, sans idéologie révolutionnaire et s'appuie sur les autres Bakongo du Congo ex-belge, où il trouve refuge. La rivalité entre l'UPA et le MPLA permit aux Portugais de surmonter l'année 1961, celle du massacre social réciproque, puisqu'on parle de 8 000 à 50 000 morts africains et au moins 1 800 blancs, massacrés les premiers. Mais le mouvement du Nord est vaincu, et toute une partie de la population Bakongo se réfugie au Congo-Léopoldville. Holden Roberto n'en crée pas moins un gouvernement panangolais en exil (1963) ; le FLNA est reconnu par plusieurs États africains, tandis qu'un de ses dissidents, Jonas Savimbi, rallie une importante ethnie que vise le MPLA, les Ovimbundu.

Ce qui différencie les mouvements indépendantistes antiportugais de tous les autres, et de l'Indochine aussi, c'est la double internationalisation dont leur combat est l'objet. Tandis que l'UPA-FLNA était soutenu, *via* le Congo-Léopoldville, par les États-Unis, le MPLA recevait l'appui financier, et militaire aussi, de l'URSS et de Cuba. En 1966, Fidel Castro avait déclaré que « le peuple comprenait ses devoirs, car il savait qu'il n'avait qu'un seul ennemi, celui qui nous attaque sur nos côtes et sur nos terres. Et c'est le même qui attaque les autres. C'est pourquoi nous proclamons que, partout, les mouvements révolutionnaires pourront compter sur les combattants cubains ». Ceux-ci arrivèrent bien en Angola, aux côtés du MPLA, mais, dans le contexte du conflit sino-soviétique, les Chinois apportèrent leur aide à l'UNITA, qui recevait déjà l'appui de l'Afrique du Sud, toute proche. De sorte que l'Angola devient le microcosme où s'affrontent les trois camps qui se disputent l'hégémonie mondiale, tandis que, simultanément, l'ONU disait sa réprobation au Portugal, à l'Afrique du Sud et à la Rhodésie, à l'occasion de son 25e anniversaire, en 1970.

Au même moment, en Guinée-Bissau, le PAIGC réussissait à organiser des « zones libérées ». Le général Spinola, qui commandait les forces portugaises en Guinée, comprend qu'une issue militaire est désormais impossible, quel que soit l'effort de la métropole qui consacre aux conflits coloniaux la moitié du budget national. Effectuée par une conjonction des forces militaires et du sentiment populaire, la « révolution des œillets », en 1974, met fin au régime salazarien qui survivait...

Le général Spinola, chef de la junte militaire, avait dit son désaveu d'une guerre coloniale sans issue ; il voulait construire un Portugal réformé, le rattacher à l'Europe. Des négociations avaient lieu avec les mouvements indépendantistes : mais c'est l'armée, ici, qui, toujours maîtresse du terrain, traita avec eux. Certes, comme en Algérie, les colons s'en allèrent (moins en Mozambique, moins encore au Cap-Vert où les *assimilados* prennent le pouvoir), mais, ici, ce fut l'armée qui introduisit la démocratie et qui, aux colonies, après la guerre la plus longue, 1961-1974, sut faire la paix.

LE « *SENDERO LUMINOSO* » DU PÉROU : UN MOUVEMENT SYNCRÉTIQUE

En 1992, Abimael Guzman était arrêté par l'armée, et le président Fujimori le faisait incarcérer dans une cage à barreaux, pour que la population de Lima puisse le voir, et juger qu'il n'était plus un danger. Pourtant, le mouvement du *Sentier* a repris ses activités, car il s'enracine en fait dans plusieurs traditions. Sa localisation aussi révèle sa signification.

Si on considère Hô Chi Minh et Mao comme les épigones de Lénine, une troisième génération de révolutionnaires nationalistes est apparue depuis, qui emprunte arguments et techniques à la fois à l'ex-modèle européen et à l'ex-modèle anticolonial. Pol Pot l'a incarnée au Cambodge, mais aujourd'hui c'est en Amérique andine qu'elle existe avec le plus d'intensité. En Amérique centrale, c'est plutôt le modèle cubain qui l'emporte, tandis qu'au Pérou surtout, en Colombie, Bolivie, etc., un véritable syncrétisme s'est opéré, d'une part entre la théorie marxiste représentée par Jose Mariategui, qui considère la société péruvienne comme une société coloniale, et, d'autre part, des pratiques terroristes qui, au Pérou, rappelleraient plutôt celles du FLN algérien, avec un argumentaire léniniste, alors qu'en Colombie règne plutôt la guérilla.

En vérité, le Sendero se déclare maoïste, maoïste pur et dur, solidaire de la « bande des quatre » ; en plein cœur de la cordillère des Andes, il exprime sa haine envers le « traître » Teng Hsiao-ping en exposant des chiens pendus dans les arbres ; un avertissement sur le sort réservé à ses semblables. Le Sendero est également hostile aux « renégats albanais » et bien sûr à Moscou qui a trahi la révolution mondiale. Ses seuls associés étrangers qui forment avec lui l' « Internationale du Sentier », ou 4e Épée après Marx, Lénine, Mao, sont le Parti communiste Mao de Colombie, et une douzaine de groupes révolutionnaires de tous les pays.

Pourtant, le Sendero puise son armement théorique et ses pratiques dans l'arsenal de différents foyers révolutionnaires autant que dans le maoïsme. Au maoïsme, il emprunte le concept central de « guerre prolongée » (guerre paysanne, il s'entend, au moins à l'origine), car la guérilla urbaine peut en prendre la relève ou s'y associer. Il a aussi recours au principe du « poisson dans l'eau » : le mouvement s'y tient, comme Mao à Yenan, en collaborant aux travaux et aux jours des paysans (son milieu d'origine est constitué d'étudiants pauvres, fils de paysans surtout), ou en expulsant sous les quolibets les représentants de l'État ou ses agents, inoffensifs ou non, ou encore en les exécutant de sorte que les populations acquièrent le sentiment que le gouvernement et l'État ne comptent plus puisqu' « ils ont disparu » : ce sont les paysans et le Sendero qui ont pris la relève.

Du trotskisme qui, semble-t-il, a apporté à l'une des branches du mouvement quelques militants, le Sendero hérite une certaine tendance à la militarisation, un besoin permanent d'action qui a pour objet de créer une tension constante, obsessionnelle.

A Mariategui, père du marxisme latino-américain, le Sendero emprunte en réalité l'essentiel : l'identification de la société péruvienne (ou colombienne) à *une société semi-coloniale, semi-féodale qui, étant donné son absence de bourgeoisie, a besoin d'une bureaucratie d'État.* Il s'agit bien là de l'essentiel, car si le transfert des pratiques et mots d'ordre de la Chine des années trente au Pérou actuel donne au mouvement un enracinement et un modèle, l'analogie avec la Chine reste quelque peu artificielle.

En vérité, par un bon nombre de ses traits, le Sendero rappelle aussi bien les organisations nationalistes qui menèrent la lutte pour l'indépendance. Et, bien qu'il se réfère au marxisme, c'est moins avec le Vietminh qu'avec le FLN algérien qu'il possède des traits communs et avec Pol Pot, au Cambodge ; d'abord, par sa pratique combinée du terrorisme et de la terreur.

Comme le FLN dans sa première phase, le terrorisme vise des cibles qui définissent son action : destruction des urnes électorales, agression contre les lieux symboliques du pouvoir — commissariats de police, tribunaux, etc. —, exécution de grands propriétaires terriens, attentats contre des firmes multinationales. Puis, dans une deuxième phase, l'action se complète et vise les agents *subalternes* du pouvoir qu'on élimine d'une façon ou d'une autre pour créer « une zone libérée ». Dans un troisième temps, le mouvement se territorialise – la région d'Ayacucho – et il institue dans ces régions pauvres, traditionnellement sous-administrées, un contre-pouvoir qui, au nom de l'insurrection armée, exerce son autorité par en haut cette fois, par la « terreur d'État ». Le terrorisme et la terreur d'État se complètent ainsi, avec pour fonction réciproque d'assurer l'extension du mouvement et sa consolidation intérieure. Toutefois, le Sendero ne passe pas au quatrième stade du terrorisme, le terrorisme « aveugle » qui en Algérie accompagna l'insurrection armée. Il le condamne au contraire en exécutant ceux qui en sont responsables. Il signifie par là qu'il a suffisamment d'enracinement dans toute une partie de la population, celle où il se trouve « comme un poisson dans l'eau » ; il en va ainsi de cette région d'Ayacucho où des dizaines de milliers de métis et d'Indiens suivirent la dépouille d'une « victime de la répression ». Cette province est le foyer d'origine du mouvement, où son fondateur Abimael Guzman, dit « camarade Gonzalo », ancien professeur de philosophie et spécialiste de Kant, devient chef du personnel de l'université et y recrute les premiers noyaux du futur Sendero, aboutissement de la n-ième scission des maoïstes. Cette condamnation du terrorisme « aveugle » paraît une subtilité bien théorique si on lui oppose les milliers d'assassinats commis contre des « innocents » ; mais la doctrine et la tactique commandent. La confiance dans l'extension inéluctable du mouvement rend inutile ce recours qui aliénerait les sympathies de certains milieux intellectuels. Ceux-ci sont déjà bien assez effrayés par la terreur et le terrorisme actuels, dits « sélectifs » ; ils en condamnent les excès, mais pas avec force, car, dans de nombreux domaines, ils partagent les analyses du Sendero. On reviendra sur ce point. Quant à la doctrine, elle considère que la justice ainsi accomplie n'a pas été du terrorisme « aveugle », car les « victimes » étaient des « chiens » qui agissaient contre l'accomplissement de la révolution. Pour le comprendre, la référence obligatoire est ici la Révolution bolchevique, la Tchéka : son fonctionnement rend intelligible la doctrine du Sendero. *La Tchéka ne juge pas, elle frappe,* disait Dzerjinski, à la manière de Saint-Just. Il disait également que la Tchéka n'a pas à savoir si un citoyen est innocent ou coupable, ni même quelles sont ses « opinions » : c'est son appartenance à une classe qui définit son rôle — et par conséquent son sort. *Du seul fait qu'il règne, Louis XVI est coupable,* écrivait déjà Saint-Just au procès du roi ; du seul fait qu'ils servent l'État ou la politique du gouvernement, *consciemment ou pas,* certains paysans sont coupables et doivent être frappés. Exemple : si le Sendero commande d'« affamer la ville », tous ceux qui dès lors ne se limitent pas à pratiquer des cultures ou de l'élevage d'autosubsistance sont coupables et doivent être châtiés. Inversement, furent également assassinés, à la mi-novembre 1987, 17 paysans qui, sous la pression des autorités « légitimes », avaient abandonné la culture de la coca pour pratiquer des cultures vivrières ; or, le Sendero veut préserver la production de la coca, car il bénéficie en partie du produit de sa vente ; d'où le surnom que lui attribuent les autorités, les « narco-terroristes ». De sorte que cette terreur exercée sur les paysans par le Sendero — et qui paraît aveugle — en fait ne l'est pas : elle est *fonctionnelle.* Mais qui s'y reconnaîtrait ? L'extrême cruauté et la violence des actes criminels commis par le Sendero frappent des populations hébétées, qui ne savent plus quels sont les coups les plus à craindre, ceux des forces armées – qui viennent les défendre – ou ceux du Sendero, le plus souvent mortels. Sur ce point, du reste, le gouvernement issu des élections démocratiques est amer et, au début des années quatre-vingt, le président Belaunde a pu parler d'un « complot de l'étranger » : en effet, sous prétexte qu'il ne stigmatise que les crimes des États, Amnesty International aurait été plus prompt à rendre publiques et à dénoncer les « bavures » des forces armées qu'à rendre compte des crimes du Sendero, pourtant plus nombreux et autrement plus sanglants...

Là où il ne s'est pas imposé encore comme un véritable pouvoir ni même comme un contre-pouvoir, c'est-à-dire hors de la zone d'Ayacucho et d'une partie de la sierra plus au sud, le Sendero entretient le trouble par des actions spectaculaires – couper les lignes téléphoniques, plonger une cité dans le noir en faisant sauter la centrale électrique ou un réseau, comme à Lima, constituent ses armes psychologiques préférées. Même si le président Garcia est dynamique, populaire, le régime démocratique paraît terriblement vulnérable, impuissant surtout, malgré les expéditions militaires menées dans la montagne. A Lima, il est frappant de voir que, faute de pouvoir protéger efficacement les services publics, la police transforme ses commissariats en blockhaus, cherchant avant tout à se protéger elle-même ; à l'intérieur, il arrive que la troupe ou des gardes civils évitent de passer la nuit dans des postes et autres gendarmeries, ils préfèrent bivouaquer, se sentant ainsi plus à l'abri. En outre, tenter de multiplier les bénéficiaires de la réforme agraire en cours pose des problèmes au gouvernement : les bénéficiaires risquent désormais de devenir les victimes désignées du Sendero, exactement comme avaient été frappés par le FLN les fellahs bénéficiaires des réformes Soustelle.

Mais là s'arrête l'analogie, car le Pérou n'est pas, au sens propre, une société de type colonial. La société comporte certes des Indiens d'un côté et de véritables créoles de l'autre. Mais ces créoles, placés en haut de la pyramide du pouvoir et de l'argent, ont été très éprouvés par les réformes des militaires – la « révolution » péruvienne des années soixante-dix –, et aujourd'hui leur hégémonie et leur légitimité sont très ébranlées et de plus en plus mises en cause par la montée des métis qui leur reprochent volontiers la fuite de leurs capitaux à Miami, les scandales financiers et la corruption « légale ». Or ce sont les métis, c'est-à-dire la majorité de la population, qui participent aux affaires du pays lui-même en pénétrant de plus en plus l'administration, l'armée, l'université, les activités touristiques, le corps médical, etc. A la campagne, ils ont bénéficié de la réforme agraire. Ils parlent le castillan, s'habillent à l'européenne, bref, se « créolisent ». C'est pour cela qu'on parle de « la société créole », car elle se veut occidentale, même si l'« aristocratie » proprement créole, de sang espagnol surtout, s'isole et préfère vivre à Miami plutôt qu'à Lima, tout en répétant qu'*au Pérou, nous sommes tous des métis*. La société métisse, largement majoritaire, est extrêmement diversifiée, socialement et ethniquement. La partie de cette société qui n'est pas totalement intégrée ou bien qui, dans la sierra, n'a pas bénéficié de la réforme agraire constitue le terreau le plus propice à l'action du Sendero avec la population grandissante des bidonvilles que la misère a rejetée de la sierra.

Se retrouve au centre des territoires insurgés de la province d'Ayacucho, une des plus pauvres du pays, une combinatoire de forces en présence identique à celle qui existait au moment de la lutte pour l'indépendance, il y a un siècle et demi. En ce temps-là, alliés aux Espagnols, les Indiens avaient combattu l'insurrection créole. Aujourd'hui, tout se passe comme s'ils étaient les alliés « objectifs » des créoles et des métis intégrés, mais cette fois contre l'insurrection sendériste qui regroupe les métis « marginalisés ».

Présenté ainsi, schématiquement il est vrai, ce dispositif révèle au moins que l'insurrection du Sentier n'est pas « indigéniste », même si certaines de ses racines théoriques puisent à l'indigénisme – au travers de Mariategui – et si elle flatte cet indigénisme ; celui-ci est au reste flatté de tous côtés, par les gouvernants, les opposants, les intellectuels, les groupuscules, etc. La référence à Tupac Amaru, le dernier révolté inca, est à la mode. Le film *Tupac Amaru* (1983) de Federico Garcia, remplit les salles de Lima et de Cuzco : le public est métis ou indien. Dans ce film, le dernier Inca est finalement vaincu en 1781, après une ultime insurrection indienne, à cause de la trahison d'un Espagnol. Il s'agit là d'une création du réalisateur, car la défaite de Tupac Amaru eut bien d'autres causes, notamment la division des Indiens qui n'étaient pas plus unis qu'ils ne le sont aujourd'hui — car leur histoire n'a pas commencé avec l'arrivée des Espagnols..., certaines de leurs divisions actuelles étant l'héritage d'une situation très ancienne. Comme on le voit, au Pérou, la nature des conflits relève d'une stratification difficile à déceler. Mais le choix de cette anecdote révèle le sentiment de culpabilité des intellectuels et des artistes péruviens qui, métis créolisés ou créoles, ont constitué le dossier de la conquête et de ses suites. D'une certaine façon, leurs analyses ont nourri les attendus des programmes de ces organisations révolutionnaires dont l'action était demeurée longtemps verbale. En passant à l'acte, et de quelle sanguinaire manière, en s'exprimant peu ou pas du tout sur ses actions, le Sendero les met au pied du mur.

Autre forme d'un mouvement révolutionnaire, ces *théologies de la libération,* vivantes en Amérique indienne, réanimées par Vatican II et la conférence de Medellin en 1968. Elles renouent avec le mouvement lascasien et le dépassent. Ses praticiens entendent affronter la violence institutionnelle dont sont victimes ces millions de pauvres, et qui est jugée insoutenable par ceux, laïcs ou ecclésiastiques, qui se veulent chrétiens. Leur participation aux luttes politiques s'est faite d'autant plus active que le castrisme était déconsidéré, et qu'au Chili la mort violente d'Allende avait sonné le glas d'autres formes de rénovation sociale. La révolution sandiniste, au Nicaragua, fut associée étroitement aux chrétiens, et l'Église s'y trouve, comme au Guatémala, aux côtés des opprimés. Une partie du haut clergé, pourtant, soutenu par Jean-Paul II, met en cause cet activisme révolutionnaire. Ce qui divise les catholiques et favorise l'action des sectes protestantes, liées aux États-Unis, bien dotées, et qui exercent une œuvre sociale effective au quotidien, une façon de rallier et de neutraliser les populations. Dans certains pays d'Amérique centrale, on a pu parler, même, d'une « guerre des Églises ».

CHAPITRE X
Libération ou décolonisation

La décolonisation, ce « changement de souveraineté », n'a pas eu pour donnée exclusive la lutte des peuples pour leur libération. Dès le XVIe siècle, lors de la première expansion européenne aux Amériques, il a existé, dans les métropoles, des mouvements contre la traite et l'esclavage ; de leur côté, Voltaire et quelques autres se sont déjà demandé : « Que nous rapportent les colonies ? » Ce questionnement, cette mise en cause n'ont eu que des effets très circonscrits.

Indirectement, les rivalités entre puissances ont pu aider également peuples et nations à desserrer l'étreinte des États colonisateurs : le Siam et la Chine ont su en jouer, au XIXe siècle. Mais elles ont eu d'autres effets, secondaires, à retardement.

Au XXe siècle, on retrouve les mêmes données, sous d'autres formes, bien entendu — mais ce sont surtout les pressions extérieures des deux Grands, après 1945, qui ont contribué à la fin du temps des colonies. De ce point de vue, la crise de Suez a joué un rôle central (1956).

Dans l'ancienne URSS, enfin, l'implosion des années 1989-1991 a constitué une des données de la crise du régime. Ses effets ont-ils répondu, pour tous les peuples non russes, à la même attente ?

Le rôle des mouvements de résistance à la domination coloniale a varié selon les périodes de l'histoire : vifs, lors de la conquête, aussi bien en Afrique noire, par exemple, qu'au Vietnam, ils ont pu s'assoupir au gré des politiques pratiquées par les conquérants ; grâce, notamment aux effets de l'évangélisation ; et puis ils ont pu renaître avec force, surtout au lendemain de la Seconde Guerre mondiale, lorsque a commencé une sorte de seconde occupation coloniale, plus soucieuse de rentabilité et contrôlant étroitement tous les aspects de la production agricole, un changement particulièrement net dans les pays tropicaux : au Kenya, en Malaisie, etc.

Au Maghreb français, ce fut plutôt la déception politique des Arabes, mal récompensés de leur loyalisme durant les deux guerres, qui ranima un nationalisme qu'on pouvait croire en voie d'extinction mais, au vrai, jamais éteint, et que la résistance des colons à toute réforme politique réactiva dès 1945.

Simultanément, s'appuyant sur des cadres sociaux qui préexistaient à leur arrivée, ou bien en en suscitant de nouveaux, les colonisateurs, anglais notamment, ont, plus ou moins, fini par dépendre de leur bon vouloir, qu'ils résistent, fassent défaut ou s'insurgent ; et la puissance coloniale s'est trouvée désarmée : ce qui s'est effectué par étapes en Inde, voire, pour la France, au Maroc et en Tunisie, s'est terminé par des violences et une vraie guerre en Malaisie ou au Kenya ; pour ne pas évoquer le cas de territoires où l'idée même d'une participation indigène à la direction du pays était exclue, comme en Algérie.

Livrés à eux-mêmes, pourtant, les mouvements de libération ont rarement pu triompher militairement de l'occupant — ce fut le cas, néanmoins, au Kenya, en Birmanie, voire au Vietnam —, parce que leur infériorité était trop écrasante, en Afrique noire notamment, et que l'issue d'un conflit armé pouvait être fatale. Autre donnée : le mouvement de libération se trouvait divisé — notamment entre ceux qui collaboraient, ceux qui le refusaient, ceux qui jouaient dans l'entre-deux ; autre figure encore : l'opprimé était lui-même oppresseur ; par exemple, en URSS, les Géorgiens qui dominaient les Abkhaz ; à moins que les divisions entre colonisés n'aient été plus fortes que l'union face au colonisateur : tels les musulmans et non-musulmans du Nigeria et du Soudan, les Azeris et les Arméniens face aux Russes.

Enfin, dans certains cas, la politique métropolitaine a pu freiner ou canaliser la montée du nationalisme ; ainsi, dans le cadre britannique, par la création de la West Indian

Federation, de la South Arabian Federation, etc. ; ou en France, par la constitution de l'Union française.

Inversement, le sort de la colonisation a joué sur le destin des métropoles elles-mêmes, pouvant modifier leur attitude sur ces problèmes, mais pas seulement. Déjà, lors du conflit avec les colons d'Amérique, Burke et Locke avaient aperçu les effets pervers de la domination coloniale sur les pratiques démocratiques anglaises. Plus tard, en France, lors de la IIIe République, la question coloniale a servi de détonateur aux divisions politiques du pays, contribuant à la sacralisation du régime républicain, au ralliement d'une partie des monarchistes. De leur côté, d'ailleurs, les peuples coloniaux ou destinés à connaître la domination européenne ne manquaient pas d'observer que leur résistance avait suscité une révolution en Russie en 1905, et un coup d'État en France en 1958. Sans parler de la création de l'OAS et du putsch des généraux. Au reste, Salazar confiait à cette date à Pierre Messmer, ministre de De Gaulle, que si l'Empire portugais tombait son régime n'y survivrait pas (témoignage à l'auteur).

LE POINT DE VUE DES MÉTROPOLES : LES COLONIES SONT-ELLES RENTABLES ?

Est-ce que l'impérialisme a été « payant », et comment poser cette question – voilà une interrogation dont l'enjeu est considérable, et qui taraude hommes politiques et historiens. Au vrai, elle s'est posée très tôt, mais au XXe siècle elle est devenue centrale. Une première donnée est apportée par l'*expérience britannique* du libre-échange, à la veille de la Première Guerre mondiale. Un grand tournant avait eu lieu au milieu du XIXe siècle : jusque-là, la structure des échanges entre métropole et colonies demeurait celle de l'âge mercantiliste, des lois de navigation, et les préférences douanières avaient survécu jusqu'à cette date. L'Angleterre était hautement industrialisée, elle vendait ses articles manufacturés en échange des produits primaires. L'Inde venait en tête des échanges avec un tiers du commerce colonial à elle seule ; elle exportait « *drugs, dyes and luxuries* ». L'indigo indien, le café et le thé de Ceylan, le sucre des Antilles, voilà les vedettes de ces échanges, suivies par les bois du Canada. L'Empire reçoit aussi un tiers environ des exportations anglaises, mais ces exportations-là stagnent (F. Crouzet).

Le grand changement vint d'abord du besoin croissant de l'Angleterre en produits alimentaires, eu égard à la conversion industrielle du pays et à sa progression démographique (de 21 millions d'habitants en 1851 à 41 millions en 1911). A ces besoins s'ajoutait la nécessité de nouveaux produits, comme le caoutchouc, puis le pétrole. Les colonies de peuplement, comme le Canada, l'Australie, la Nouvelle-Zélande participèrent ainsi bien plus massivement à ces échanges, apportant blé, viande, etc. ; mais pour autant que deux nouveaux facteurs intervinrent pour aider à ces changements : la baisse des frets maritimes grâce aux vapeurs (de 50 % à 75 %) et la construction des chemins de fer, ce fer de lance de la colonisation anglaise à la fois au Canada, en Australie et en Inde. Ce fut grâce à ces investissements massifs de capitaux britanniques que cet équipement en chemins de fer fut possible, 60 % des capitaux recueillis à Londres entre 1865 et 1894 l'avaient été à cette fin. Mais ce furent les entrepreneurs locaux qui assurèrent le développement de la production : les capitaux britanniques avaient eu pour fonction principale de créer les préconditions du démarrage économique et de la croissance.

Certes, les exportations de capitaux se firent au détriment des investissements en Angleterre même, mais cela permit à ces nouveaux pays, les dominions surtout, de se développer et d'acheter à l'Angleterre. Il n'y eut de dysfonctionnement que lorsque le Canada commença à se fournir en biens d'équipement aux États-Unis.

Ce furent les colonies de peuplement qui bénéficièrent le plus de cette nouvelle donne. La part de l'Empire dans les importations anglaises passa de 1 % à 25 % pour la viande, de 0,5 % à 48 % pour le blé ; mais elle baissait pour le sucre (des Antilles surtout) à cause de la concurrence du sucre de betterave européen ; pour le café, où le Brésil prit le meilleur sur Ceylan ; pour l'indigo, supplanté par les inventions de la chimie. Au total, entre 1854 et 1913, la part totale des importations en provenance de l'Empire augmenta à peine de 22 à 25 %, mais un retournement se fit aux dépens des anciennes possessions ; ainsi elle augmenta peu en proportion par rapport aux importations venues d'ailleurs, mais sa valeur n'en avait pas moins quadruplé. Quant aux exportations dans l'Empire, leur montant se multiplia par huit.

Le fait important est que le commerce impérial progressa, même quand les exportations de capitaux vers l'étranger diminuèrent : si la part de l'Empire baissa pendant les périodes de prospérité générale (par exemple 1868-1872), elle augmenta pendant les dépressions, jouant le rôle de soupape.

Les progrès de la concurrence étrangère sur les marchés impériaux furent réels, au Canada surtout, dès que les importations de cet Empire ne portèrent plus comme auparavant sur les textiles, mais sur les biens d'équipement, et dès que ces pays furent équipés en chemins de fer. Le matériel électrique, les machines et l'automobile vinrent souvent d'ailleurs exclusivement d'Angleterre ; mais par ailleurs, si les dominions vendaient des biens alimentaires et des matières premières, les dividendes rapportés allaient, en partie aussi, à l'Angleterre.

Grâce à ce système, l'Angleterre se trouva ainsi au centre d'un système mondial de règlements multilatéraux, alors qu'auparavant il en existait seulement de segmentaires.

Et, alors que le premier *partnership* entre l'Angleterre et ses colonies avait abouti à une crise grave, l'indépendance américaine, le deuxième, qui assura son hégémonie à la City, garantit la *self-sufficiency* impériale – son autonomie vis-à-vis du reste du monde.

Quant à la corrélation entre l'évolution économique et la politique d'expansion territoriale, elle semble en partie illusoire. Certes, à l'époque de Disraeli ou de Chamberlain, elle exista par phases synchrones, mais cela compta moins que cette fonction de relais de l'Empire qui contribuait à assurer une domination mondiale à l'économie anglaise. Au reste, les territoires annexés pendant les périodes d'hystérie expansionniste n'ont guère été que des zones sans intérêt économique particulier, l'Afrique du Sud faisant exception. Les motivations d'ordre psychologique ont joué un rôle plus grand que l'incitation économique.

Mais avec la Grande Guerre, et plus encore la crise de 1929, un renversement complet s'est opéré. Pour résister à la dépression puis à la concurrence étrangère, les rêves d'isolement impérial ont essayé de prendre corps — surtout après les accords d'Ottawa. Le thème en fut la *self-sufficiency* impériale, mais bientôt la *self-insufficiency* de l'Empire détermina la décadence économique de l'Angleterre... La tendance de l'Angleterre à se retourner vers son Empire strictement colonial — tandis que cet Empire des dominions devenait de plus en autonome — s'avéra une politique sans issue : il était impossible à la Grande-Bretagne « de s'enfermer dans un système ainsi clos » (A. Siegfried).

Et puis ce fut, bien sûr, l'épreuve de la Seconde Guerre mondiale qui a précipité cette déchéance.

En 1939, encore, la Grande-Bretagne avait un commerce « inter-nations » comparable à celui des États-Unis, et une puissance industrielle aussi développée que celle de l'Allemagne. En tout cas, Londres était la plus grande place pour l'exportation des capitaux. La mobilisation à outrance, pendant les quatre années de guerre, transforma le pays, qui devint débiteur même de ses possessions impériales : ainsi avec l'Inde, naguère débitrice et désormais créancière d'un milliard de livres sterling. En outre, la guerre froide et les conflits au Moyen-Orient continuaient à obérer le budget, alors que l'Allemagne et le Japon, voire l'Italie, concurrents industriels, pouvaient reconstruire sans avoir à supporter ces fardeaux. A lire Hugh Dalton, chancelier de l'Échiquier, la crise économique et financière de la fin des années quarante ne contribua pas peu au décrochage de la Grande-Bretagne en Inde, en Birmanie, à Ceylan, en Palestine. La faiblesse économique et le coût des opérations militaires susceptibles de freiner les mouvements nationalistes accélérèrent également bien des départs après 1960.

Ailleurs, ces difficultés eurent un effet cumulé, une sorte de parcours inverse. Se tourner vers ces colonies proprement dites tropicales, essentiellement pour se procurer des matières premières ou des produits finis — afin de ne pas les payer en dollars —, conduisit à un contrôle resserré sur la production de certains de ces pays — ce qu'on a appelé la *deuxième occupation coloniale,* notamment en Malaisie pour le caoutchouc, en Afrique noire aussi. Associées à la zone sterling, ces colonies-là devaient demeurer solidaires de l'économie britannique, ce qui amena un regroupement avec des pays, notamment l'Australie, l'Afrique du Sud, l'Inde qui jusque-là n'avaient de lien commercial qu'avec Londres. Mais, en échange, le prix à payer pour les Anglais fut de leur concéder un pouvoir, sur place, qui les rendait semi-indépendantes. La Malaisie, le Ghana et le Nigeria étaient sur la voie de l'indépendance dès le milieu des années cinquante sans qu'on puisse l'imputer directement à la faiblesse de la nation suzeraine. Les effets en furent « obliques ».

On peut considérer également que la décision de la Grande-Bretagne de se joindre à la construction européenne, en 1961, quelles qu'aient pu être les réserves associées à ce choix, témoigne d'un relatif désengagement vis-à-vis de l'Empire — même si la « préférence impériale » continua d'être le dogme et la loi du gouvernement britannique. Globalement, de 1950 à 1970, le commerce de la Grande-Bretagne avec son Empire est ainsi passé de la moitié au quart du total de ses échanges. On observe une réorientation globale, une sorte de désengagement économique qui exprime un désintérêt relatif pour un système de relations qui avait fait son temps, et auquel se substituait un jeu d'interconnexion plus dynamique avec des partenaires européens, américains ou japonais. Ainsi prenait fin un système global mondial dont la Grande-Bretagne avait été le pivot.

Dans ce contexte, les dépendances d'outre-mer n'avaient plus besoin d'être maintenues dans le carcan de l'ancien système politique. Les multinationales pouvaient désormais utilement se substituer à lui.

En *France,* l'aspect économique du problème colonial est

analysé d'une manière plus abrupte, par le « coût » que représente l'Empire. Jusqu'en 1930, l'Empire avait-il été une « bonne affaire » ? En 1913, pour sa conquête, il avait coûté, par an, 20 % des dépenses ordinaires de l'État ; sa conservation et sa gestion revenaient à 7 % environ de ces mêmes dépenses ordinaires — traitements des gendarmes et des fonctionnaires, etc. A cette date, la banque d'Indochine réalisait des taux de profits de 69 %, et les mines d'Ouargla de 120 %. De 1913 à 1929, l'Empire est devenu le premier partenaire commercial et le premier actif financier. Il coûte à l'État, mais rapporte au privé.

Pourtant, dès la crise de 1929, les procédures d'un divorce sont instruites ; cela tient d'abord à la déchéance d'industries qui avaient leur meilleur débouché aux colonies : textile, alimentation ; cela tient aussi à une sorte d'inversion croisée des courbes ; au temps où l'impérialisme colonial vivait en harmonie avec le dynamisme économique, l'opinion publique boudait plus ou moins l'expérience coloniale — alors qu'ultérieurement elle s'y ralliait au moment où une partie du monde des affaires s'en détachait. Mais y a-t-il eu délestage ?

L'État, quant à lui, pratiquait la politique des sacrifices. En Afrique du Nord, par exemple, l'aide financière métropolitaine directe a quadruplé, de 1948 à 1951, et, pendant la même période, 15 % des investissements français sont allés à l'outre-mer, atteignant 20 % en 1955. Jacques Marseille a calculé que 9 % des impôts payés par les contribuables français l'étaient en vue de dépenses effectuées outre-mer ; mais, « loin de faire étalage de l'ampleur de cet effort financier, il semble que l'administration française se soit ingéniée à le dissimuler » ; ce qui devait contribuer à élargir le malentendu croissant entre élites indigènes et représentants français, le bénéfice « moral » n'étant pas à la hauteur des sacrifices consentis, jugeait l'un d'entre eux. C'est que les populations, souvent, n'en étaient pas conscientes pour autant qu'en Afrique du Nord, par exemple, les fruits de ces efforts allaient pour une bonne part aux colons, aux fonctionnaires mêmes, aux sociétés surtout. Certes, il y avait des retombées visibles qui bénéficiaient à toute la population, mais difficiles à mesurer. D'autre part, les colons voyaient leur niveau de vie, sur trois générations, monter plus vite que celui des Arabes... ou des métropolitains. Comment mesurer cet avantage ?

Simultanément, la part des importations coloniales en provenance de la métropole avait remonté, de 27 % en 1938 à 44 % en 1952, 450 000 personnes travaillant, en France, pour l'outre-mer. Et, précisément, un des arguments des défenseurs de l'Empire, d'un point de vue économique ou social, faisait valoir que sa perte déclencherait une immense vague de chômage.

Globalement, les groupes financiers ont eu, vis-à-vis du problème colonial, une attitude d'expectative prudente : quelques groupes, très rares, ont pu être favorables à l'indépendance — tel le groupe Walker, mines de Zellidja, allié à la banque Morgan —, mais la grande majorité des « gros » sont demeurés neutres, alors que les moyens et plus petits, comme la masse des colons, étaient généralement hostiles à l'indépendance.

Ceux-ci, tout comme ce qui survivait du « parti colonial » dénonçaient le défaitisme métropolitain, ce qui, selon l'idée de Gabriel Puaux, du Comité central de la France d'outre-mer, ne visait pas seulement les communistes ou les anticolonialistes, mais bien les « défaitistes ». Parmi lesquels se trouvaient ceux qui, dans l'administration, jugeaient trop lourde la charge coloniale, car elle contraignait la métropole à réduire ses propres investissements chez elle.

Tel est le fondement de ce qu'on a appelé le cartiérisme, théorie énoncée de façon insolite dans *Paris-Match,* ce qui fit sa notoriété, car d'autres avaient déjà tenu des propos similaires, Pierre Moussa, Raymond Aron — mais sans que cela ait eu de l'écho.

L'idée de Raymond Cartier était que ni la Suisse ni la Suède, pays stables et prospères, n'avaient jamais eu de colonies ; et que la Hollande, qui n'avait plus d'Empire, était plus riche désormais qu'elle ne l'était auparavant.

« Elle a perdu ses colonies dans les pires conditions, alors qu'il était admis comme un axiome que son existence était basée sur les Indes orientales, bouquet de trésors, pétrole, caoutchouc, riz, thé, café, étain, coprah, épices. [...] Il a suffi de quelques années pour qu'elle connaisse plus de prospérité et de bien-être qu'autrefois. Elle ne serait peut-être pas dans la même situation si, au lieu de moderniser ses usines et d'assécher le Zuiderzee, elle avait dû construire des chemins de fer à Java, couvrir Sumatra de barrages, payer des allocations familiales aux polygames de Bornéo. »

Le gaspillage que Raymond Cartier avait observé lors d'une enquête en Afrique noire était à l'origine de ces formules qui connurent le succès : « Peut-être eût-il mieux valu faire un Office de la Loire qu'un Office du Niger, construire à Nevers le super-hôpital de Lomé, et à Tarbes le lycée de Bobo-Dioulasso. »

Georges Bidault fustigea ceux qui avaient, de la France, « une vision de comptable ». Il n'en précisait pas moins, concernant l'Algérie, que le pétrole saharien ferait pencher la balance du côté bénéficiaire...

L'identité de la nation et le rôle des dépendances

La France

Face à ceux qui voient la survie de la grandeur française dans le repliement économique ou la sauvegarde de son rôle moral, se trouve une cohorte de courants qui s'opposent à « l'abandon », à la « déchéance » de la nation. Pour l'essentiel, depuis la défaite de 1940 — et même un peu auparavant, depuis l'Exposition coloniale de 1931, ils voient dans l'Empire un espace qui permettra au pays de retrouver sa grandeur. Ce qui est une nécessité pour Pétain est également une nécessité pour de Gaulle qui, à Brazzaville, promet des réformes, mais dans un cadre républicain. C'est d'ailleurs entre 1930 et 1950 que se multiplient les films et les écrits à la gloire de la colonisation française, de son œuvre. En 1954 encore, François Mitterrand déclare que « des Flandres au Congo il y a la loi, une seule nation, un seul parlement ».

Au temps de la guerre froide, la défense de l'intégrité nationale s'exprime contre « la menace soviétique », contre le communisme, une appréciation qui a trouvé son fondement dans la guerre d'Indochine, avec l'appartenance d'Hô Chi Minh au Komintern avant 1943, au Parti communiste toujours. De sorte que, en assurant la défense de l'Empire, c'est l'Occident et sa civilisation dont la France se fait la sentinelle. Lorsque la révolte coloniale se développe au Maghreb, la défense de la France est présentée aussi bien comme la sauvegarde de l'ordre républicain face à la révolution mondiale ; telle est souvent la position des chefs militaires, ils ne veulent pas « brader » l'Empire. Mais, chez les hommes politiques tel Jacques Soustelle, le réformiste se croise avec le contre-révolutionnaire et avec le jacobin. Il sait bien qu'en Algérie la France n'a pas accompli son devoir ni les réformes qui légitimeraient sa présence. Il réclame lui aussi justice pour les Arabes — comme Albert Camus : « Quand un Français d'Algérie s'appelle Pierre, il a droit à notre affection parce qu'il a toujours été un des nôtres ; quand il s'appelle Antonio, il y a droit deux fois, parce qu'il a choisi d'être parmi nous. Quand il s'appelle Rachid, il y a droit trois fois, parce que c'est nous qui l'avons entraîné sur un chemin difficile et dangereux. » Mais que les Arabes refusent sa justice, et Soustelle juge alors qu'ils sont manipulés, par le communisme et l'URSS, d'abord, puis par Nasser.

Ce sont ces vues que, en général, partage la droite, tant ses milieux politiques, tel Georges Bidault, qui s'y rallie, que ses écrivains, mais avec plus de nuances, tels le romancier Jacques Laurent, ou l'historien Raoul Girardet.

Bientôt, à ce front de résistance s'adjoignent, *nolens volens,* les dirigeants pris dans le cycle de la guerre et de la répression : de Martinaud-Deplat à Mitterrand, et jusqu'aux socialistes Mollet et Robert Lacoste — du moins pour l'Algérie.

De sorte que, globalement, en France, cette orientation l'emporte dans les faits.

Avec de Gaulle, certes, l'action décolonisatrice va émaner du pouvoir, de celui de la République. Or, ce n'est pas l'anticolonialisme qui est à l'origine de ce changement, mais bien les luttes de libération, surtout en Algérie. En Afrique noire, non plus, l'indépendance n'a pas de grosses dettes envers l'anticolonialisme. Mais il est sûr que dans ce cas, grâce à Gaston Defferre et à de Gaulle, a été accomplie une œuvre de décolonisation. On y reviendra.

La Grande-Bretagne

Pour les Anglais, l'orgueil d'être les maîtres d'un vaste empire existait certes, mais l'attitude de la métropole était plus différenciée, selon qu'il s'agissait de territoires peuplés de Blancs, ou non. Il existait bien deux versions de l'Empire britannique, celle qu'avait incarnée Lord Curzon et qui faisait de l'Inde le joyau de l'Empire, celle de Lord Milner qui concevait plutôt un Commonwealth, qui était peuplé de Blancs (ce qui revenait à ne faire cas ni des Indiens du Canada, ni des aborigènes d'Australie ou des Maoris de Nouvelle-Zélande). Ainsi les réactions violentes aux mouvements antibritanniques se manifestèrent spécialement lorsque les sujets de Sa Majesté furent directement impliqués : à Chypre, à Gibraltar, au Kenya, en Rhodésie, aux Malouines-Falkland.

Pour le reste, on a pu juger que la perte de prestige de la Chambre des Lords, la démocratisation de l'après-guerre, l'instauration du *Welfare State* surtout, ont dévalorisé les vertus que l'Empire incarnait, que le sentimentalisme avait pris la place de la virilité, que l'Empire est ainsi devenu à la fois une entreprise charitable et une source de revenus – ce qui changeait tout.

Car la vraie démocratie sociale, instituée par le Welfare State, était incompatible avec l'impérialisme, et, seule, la retraite impérialiste, par les économies qu'elle impliquait, rendait possible le Welfare State. Au vrai, cette idée se croisait avec la certitude, ancienne chez de nombreux Britanniques, que *l'Empire avait donné à la classe dirigeante l'assise qui l'avait perpétuée au pouvoir.* Depuis le début du XIXe siècle, en outre, les héritiers de Cobden, voire de Gladstone, étaient persuadés que les guerres étaient désormais l'héritage des rivalités impérialistes. Il y avait ainsi toute une gauche travailliste qui, après la

Seconde Guerre mondiale, marqua sa différence sur le problème colonial en faisant des concessions au mouvement national en Inde comme en Palestine, en 1947-1948 ; il est vrai qu'elle n'eut pas le choix. Ensuite, elle ne se dit pas hostile à l'Empire mais à la politique « d'aventure » qu'incarna Eden lors de la crise de Suez, et favorable à un Commonwealth qui perpétuerait la grandeur de la Grande-Bretagne sans ruiner ses liens avec les peuples de couleur. Le moment difficile fut bien la crise en Afrique centrale, au début des années soixante, où le racisme blanc en Rhodésie nécessita un semi-décrochage difficile à opérer, et l'auto-proclamation de l'indépendance par le gouvernement Smith, contestée par les travaillistes, leur attira le désaveu des Britanniques du reste du Commonwealth.

Au pouvoir de 1951 à 1964, ce furent les conservateurs qui ont eu à assumer les défaites les plus humiliantes : d'abord, le « départ » de l'Australie et de la Nouvelle-Zélande, dans cette alliance avec les États-Unis, qui en a exclu la Grande-Bretagne (le pacte Anzus de 1951), effet à retardement du choix stratégique de Churchill pendant la Seconde Guerre mondiale — lorsque la défense de Singapour a pris le pas sur celle de l'Australie — que les Australiens ne lui ont jamais pardonné ; et puis cette série d'échecs, soulèvement des Mau-Mau au Kenya (1952) ; création de la *Central African Federation;* affaire de Suez (1956) et fin de la présence britannique au Moyen-Orient avec la chute du régime du roi Fayçal en Irak (1958) ; indépendance de la Malaisie et du Ghana, de la Sierra Leone, du Tanganyika (1957-1961), puis des Caraïbes (1962). En vérité, les conservateurs ont eu les reins brisés dès que le groupe de Suez, animé par Lord Amery, qui poussa Eden à intervenir contre Nasser, perdit cette bataille qui s'acheva par la reconnaissance par Macmillan de la propriété des Égyptiens sur le canal.

Dès lors, ils durent accepter les nécessités du dégagement avec cette différence que, contrairement aux travaillistes, on ne les soupçonna pas d'avoir voulu liquider l'Empire...

Dans le cas de la Grande-Bretagne comme dans celui de la France, les pressions de l'extérieur n'ont pas manqué de conduire au dégagement, à la décolonisation. Pendant la Seconde Guerre mondiale, indépendamment du rôle joué par le Japon, les États-Unis avaient ajouté aux menaces qui pesaient sur l'avenir de l'Empire en stigmatisant ouvertement la politique de Stafford Cripps et de Churchill en Inde, « où elles perpétuaient le régime colonial »... Les émeutes qui avaient suivi l'arrestation de Gandhi, durant l'été 1942, ne devaient rien aux Américains mais, pour la première fois, le gouvernement de Londres voyait poindre, de la part de son puissant allié, une critique, un défi, une menace. Se croyant innocents de toute visée impérialiste — et n'imaginant pas que leur politique en Amérique latine constituait une variété de colonisation indirecte —, les Américains faisaient ainsi de la morale aux Puissances coloniales — une manière, au vrai, de tenter de se substituer à elles. Ce qui se produisit au lendemain de la crise de Suez.

La domination française était également sous la même menace extérieure que celle de sa rivale — qui, pendant la guerre, au Levant et à Madagascar, avait essayé de prendre sa relève. La France vaincue était en effet très vulnérable, dans son Empire aussi bien. Mais Bourguiba, le sultan du Maroc et Ferhat Abbas avaient fait le même choix qu'Hô Chi Minh — s'opposer à la menace fasciste pour mieux s'appuyer, ensuite, sur les Américains, afin d'obtenir de la France les concessions attendues... En novembre 1942, lors du débarquement en Afrique du Nord, Murphy eut des entretiens avec Ferhat Abbas, comme Roosevelt avec le sultan du Maroc. Mais, avant tout soucieux de gagner la guerre, les Américains se contentèrent de distribuer des bonnes paroles. Les colons sentirent bien qu'il y avait là une menace pour leur avenir, et, au Maroc au moins, ils ne manquèrent pas d'imputer une part des événements de 1950-1952 à l'action des Américains.

En Algérie, on l'imputa plutôt aux Soviétiques... au communisme. Mais nul ne pensait alors qu'Américains et Russes allaient, à Suez, se donner la main...

Le contexte international : Suez et l'éclipse des Empires

L'éclipse des Empires a été due à trois ensembles de données : l'exigence des peuples colonisés, la mise en cause, en métropole, des avantages de l'expansion — enfin, la pression venue de l'extérieur, émanant de concurrents ou de puissances nouvelles exprimant un défi.

La montée en puissance des États-Unis et de l'URSS, et l'affirmation du nationalisme arabe se sont ainsi croisées, lors de la crise de Suez, pour signer la décomposition des Empires français et britannique, avancée déjà, désormais irréversible.

Il est, au reste, paradoxal qu'alors que la rivalité multiséculaire de la France et de l'Angleterre avait stimulé leur montée en puissance, et contribué au développement de leur Empire, pour la première fois leur association sur le terrain colonial a abouti à leur perte.

Au début des années cinquante, la Guerre froide bat son plein. N'ayant plus les mains liées en Corée, les États-Unis semblent sur le point d'intervenir au Vietnam. Ayant le sentiment de jouer les dupes depuis les accords de Yalta, les Américains voient qu'après la Chine le Moyen-Orient menace de passer à l'Est, au communisme. L'alerte a déjà été chaude en Iran où Mossadegh a nationalisé les pétroles ; certes, le pouvoir du Shah a été restauré, mais un accord de ventes d'armes entre Moscou et Damas, en 1954, témoigne de l'avancée de l'URSS vers les « mers chaudes » et les zones pétrolifères de l'Orient.

Les dirigeants de Washington, animés de l'esprit de Riga — parce que conseillés par des Baltes hostiles à l'esprit de Yalta —, sont d'une méfiance inconditionnelle vis-à-vis de l'expansionnisme soviétique : à leur tête, Foster Dulles développe la politique du *containment* qui vise à encercler l'URSS — et la Chine communiste — d'un réseau d'alliances militaires, appuyées sur un système de bases sous contrôle américain. C'est ainsi que doit être arrêtée la marche en avant de l'expansionnisme soviétique qui s'est déjà assuré le contrôle de l'Europe de l'Est, de la Corée du Nord, de la Chine — et dont les partis communistes sont actifs en Iran (Tudeh), en Égypte, en Indonésie, etc. Ce rôle doit être joué, à l'Ouest, par l'OTAN, en Extrême-Orient, par l'OTASE (ou SEATO), en Orient, par le pacte de Bagdad. Désormais, pour Washington, l'adhésion à ce pacte, l'humeur avec laquelle on y participe constituent le critère de jugement que le gouvernement américain porte sur ses partenaires ; ainsi le rejet du traité de la Communauté européenne de défense (CED), en août 1954, par l'Assemblée nationale suscite, aux États-Unis, une méfiance durable envers Paris ; ses effets se firent sentir lors de la crise de Suez. En Orient, ils comptent sur les Anglais pour faire signer l'Irak et la Jordanie. Ils négocieront eux-mêmes l'adhésion à ce pacte, alors appelé MEDO (Middle East Defense Organization), de l'Iran, de la Turquie, de l'Égypte.

Foster Dulles rencontre ainsi le colonel Nasser ; le contexte est favorable, car les militaires n'ont pas manqué de contacts aux États-Unis avant de mettre sur pied leur putsch contre le roi Farouk, identifié à l'Angleterre. Pourtant, lorsque Foster Dulles évoque la nécessité pour le « monde libre » de s'unir face à l'URSS, Nasser lui répond que, « pour lui, solidarité du monde libre signifie impérialisme et domination ». Il n'adhérera éventuellement au MEDO « qu'une fois que les Anglais seront partis » (Heikal, H., *Les Documents du Caire,* Paris, 1973, p. 9-43).

Le test, pour les Américains, était l'adhésion au MEDO ; le test, pour Nasser, était la livraison d'armes — pour chasser les Anglais, ou faire la guerre à Israël. Foster Dulles hésitait à livrer des armes, Nasser passa commande aux Soviétiques, *via* les Chinois. Pour ne pas provoquer les Américains, les Russes firent passer la commande au nom de la Tchécoslovaquie.

L'ère des surenchères avait commencé.

« Ils leur donnent des armes, nous leur offrirons la prospérité. » Cette réaction de Foster Dulles concernait le projet dont Nasser rêvait, aboutir à faire construire le grand barrage d'Assouan. Le coût était gigantesque — un milliard de dollars —, la Banque mondiale avançait 200 millions en devises fortes, l'Angleterre et les États-Unis, 70 millions chacun — on était encore loin du compte même si la BIRD accroissait sa participation. Or, les conditions de la Banque mondiale impliquaient une sorte de contrôle sur les dépenses de l'État égyptien qui rappelait fâcheusement l'époque des années 1880 où, à la suite de son endettement, l'Égypte s'était peu à peu vassalisée aux Français et aux Anglais, puis aux Anglais tout seuls. Malgré les efforts de bonne volonté du directeur de la BIRD, Eugène Black, Nasser refusa ces conditions ; plus, il renouvela sa démarche des années précédentes et demanda l'aide de l'URSS ; simultanément, il multipliait les gestes « inamicaux » vis-à-vis des États-Unis : reconnaissance de la Chine communiste, accord militaire avec la Syrie. Ayant calculé qu'une crise avec l'Égypte serait sans conséquences graves sur le ravitaillement en pétrole du monde occidental, tarabusté par le lobby chinois proche de Tchang Kaï-chek et le lobby juif favorable à Israël, attentif aussi à ne pas choquer le reste du monde arabe, tout en gardant la confiance des Anglais qui jugeaient abusives les concessions de la BIRD, Foster Dulles décida d'annuler le prêt (19 juillet 1956), en l'expliquant par la non-fiabilité des éventuels débiteurs égyptiens. Ce fut cette façon « insultante » qui surprit Nasser plus que le refus lui-même auquel il s'attendait, et qui fut suivi de celui des Anglais.

A cette humiliation Nasser répondit, deux jours plus tard, en annonçant que, pour financer le barrage d'Assouan, il nationalisait la Compagnie du Canal de Suez. Suez paierait Assouan.

Plus que les Américains, ce coup visait l'Angleterre ; mais Nasser n'imaginait pas que la France s'identifiait aussi à Suez, et que, pour l'aide qu'il apportait au FLN, cette nationalisation tonitruante donnait au gouvernement de Guy Mollet un prétexte inespéré pour intervenir. Le discours annonçant la nationalisation avait, en effet, une tonalité provocatrice : « J'ai commencé à trouver en Eugène Black un autre Ferdinand de Lesseps, et ma mémoire me reporta en ce temps-là où l'Égypte, avec 11 % des actions, s'engageait à donner 120 000 ouvriers, pour effectuer des travaux qui nous ont coûté 8 millions de livres... La Société égyptienne créée alors pour l'intérêt de l'Égypte a rapporté 100 millions de dollars à l'Angleterre, desquels il nous en revient 3 millions... Nous reprendrons nos droits, car le canal est la propriété de l'Égypte... » Et Nasser termina son discours, ovationné par la foule, avec un immense éclat de rire (*L'Économiste égyptien* du 29-7-1956).

Cet éclat de rire, *La Voix des Arabes,* un équipement fourni par la CIA, le transmit jusqu'au Maghreb, elle le transmit à Paris et à Londres où il suscita la colère.

L'Angleterre de Eden ne se résignait pas à être devenue le brillant second des États-Unis. La décomposition de l'Empire n'en était pas moins patente, et l'évacuation de l'Égypte, commencée en 1947, était le symbole même de ce déclin.

Les Anglais considéraient qu'ils avaient « défendu » deux fois l'Égypte et le canal de Suez : en 1917 contre les Turcs, en 1942 contre Rommel et les Italiens. L'argumentaire anglais consistait à considérer que l'Égypte n'était plus libre depuis les Pharaons : Grecs, Romains, Byzantins, Arabes, Turcs, Français l'avaient successivement occupée. Ils s'en saisissaient pour mieux la défendre... (cf. Valentine Chirol, *The Egyptian Problem*). Or, pendant la Seconde Guerre mondiale, les Égyptiens se seraient bien passés de cette « protection », comme en témoignèrent les incidents bruyants qui saluèrent les succès de Rommel en 1941... Les Anglais jugèrent, en conséquence, qu'une fois la guerre finie ils devaient évacuer l'Égypte ; mais après leur départ du Caire, en 1947, ils obtinrent que Ismaïlia et la zone du canal de Suez pourraient être réoccupées militairement pour prévenir une menace étrangère sur la Turquie ou le monde arabe ; il s'agissait évidemment de l'URSS, mais cela parut également un prétexte.

Bien que les Anglais aient évacué le pays dans les délais prévus — et même avant l'échéance —, les relations avec les généraux Néguib et Nasser, arrivés au pouvoir à la suite d'un putsch en juillet 1952, ne s'en détériorèrent pas moins très rapidement. Les Anglais voulaient continuer à jouer, à Suez et en Égypte, le rôle de parrains privilégiés, et surtout à maintenir l'Égypte dans leur jeu, considérant ces nouveaux dirigeants qu'ils ne contrôlaient pas comme des intrus. Ils espéraient les démonétiser et les faisaient passer pour des dictateurs puisqu'ils avaient supprimé les partis politiques : le WAFD notamment, le Parti communiste ; et qu'ils persécutaient les Frères Musulmans — qui, au vrai, avaient voulu assassiner Nasser. La mauvaise volonté manifestée à l'occasion du projet d'Assouan participait de cette politique : au fond, les Anglais ressentaient leur évacuation de l'Égypte comme une retraite contrainte et forcée — et non comme le résultat d'un accord avec un partenaire. De leur côté, Néguib et Nasser multiplièrent les traits hostiles envers les alliés de l'Angleterre, l'Irak notamment, et les « fêtes insolentes célébrant le départ du dernier soldat anglais » ne firent qu'ajouter à la colère des anciens occupants.

En tout cas, l'Angleterre réagit aussitôt : elle reconnut l'indépendance du Soudan. La procédure ne lanterna pas, et elle fut sans comparaison avec les atermoiements que Londres avait pu commettre à l'égard de l'Inde, de l'Égypte, ou de la Malaisie... L'objectif des Anglais était clair : couper le cordon ombilical entre l'Égypte et le Soudan, alors que, grâce à un usage habile de la procédure d'autodétermination, Nasser eût souhaité maintenir une sorte de condominium soudano-égyptien, c'est-à-dire en revenir au passé où le Soudan avait fourni « des terres pour des colons égyptiens, des soldats pour leur armée, la sécurité pour l'eau du Nil ». Bref, le Soudan serait redevenu une dépendance, comme au temps d'Ismaïl.

Les fêtes de l'indépendance soudanaise, la commémoration de la mort héroïque de Gordon Pacha — autant de manifestations qui alourdirent encore, si besoin était, le contentieux anglo-égyptien. Car Nasser, qui avait des attaches au Soudan comme beaucoup de militaires, s'était efforcé, par tous les moyens, de retarder cette échéance de l'indépendance, en intervenant notamment auprès de sectes proégyptiennes du Soudan, telles les Ansar et les Khatima. Or, il ne pouvait exprimer ouvertement les ambitions colonialistes de l'Égypte au moment où, face à l'Occident « impérialiste », il se voulait le chantre du droit des nations à disposer d'elles-mêmes.

« Pourquoi êtes-vous hostile au pacte de Bagdad ? », demanda Eden à Nasser lorsqu'il le rencontra. « Parce qu'il divise le monde arabe », répondit Nasser au successeur de Churchill. Celui-ci ne voulut pas comprendre que le projet du colonel égyptien était de regrouper le cercle des pays arabes, puis celui des peuples islamiques, et le cercle africain enfin. Projet qui parut démentiel et fit de Nasser « un nouvel Hitler », tant cette volonté expansionniste, jointe à l'intransigeance et à une politique antidémocratique, sembla invraisemblable à Anthony Eden, et bientôt à d'autres dirigeants occidentaux. En premier lieu, le ministre anglais n'imaginait pas qu'on pût avoir un autre projet politique que de se rallier à l'Ouest, ou à l'Est ; ensuite, il jugeait que le cœur du monde arabe se trouvait en Irak, pas en Égypte, et il comptait plutôt sur Bagdad pour le réunifier à son avantage. Il ne voulait pas voir non plus que demander à l'Égypte d'imiter la Turquie ou l'Iran — qui avaient adhéré au pacte — constituait un affront pour un pays qui s'était libéré des Turcs et considérait les Persans comme des rivaux du monde arabe.

Voilà en quoi le pacte de Bagdad « divisait » le monde arabe : d'un côté, l'Irak, lié aux ennemis, ou rivaux turcs et persans, qui trahissait ; de l'autre, l'Égypte, associée aux pays vraiment arabes, la Syrie, le Yémen, et sans l'intervention d'une puissance étrangère. Pour aboutir, l'Égypte avait dû se libérer des dirigeants collaborateurs — avec les Anglais —, en renversant Farouk et le WAFD, ce que n'avait pas su faire Noury Saïd, à Bagdad ; et pas plus le roi de Jordanie flanqué de son chef des armées Glubb Pacha, un Anglais arabisé. Seul Ibn Séoud d'Arabie, avec ses pétroles et son contrôle sur les Lieux saints, pouvait incarner *aussi* le monde arabe. Mais Nasser et ses officiers libres incarnaient un monde arabe nouveau, pas celui du burnous et de la féodalité, mais celui de la petite bourgeoisie intellectuelle ou militaire : le nouveau contre l'ancien, ce qui explique l'attraction que la révolution nassérienne exerçait sur la petite bourgeoisie syrienne ou irakienne, et qu'a bien exprimée le film *Les Murs*. De sorte que, devant la popularité montante de Nasser que grandissait tout affront occidental, le roi Hussein de Jordanie refusa d'adhérer au pacte que Bagdad venait de conclure avec Ankara. Simultanément, le Yémen signait un pacte d'assistance avec l'Égypte : décidément, pour les Anglais, Nasser était bien l'ennemi numéro un. Le sachant, celui-ci se prépara à des représailles à cette nationalisation du canal de Suez : il s'attendait à une participation de la France, mais la surprise fut pour lui l'intervention d'Israël.

Dans son *Bloc-Notes,* François Mauriac écrivait : « Lorsque le dernier soldat anglais a quitté la zone de Suez, il s'est trouvé des Français pour se dire avec satisfaction : " Hé, hé, les Anglais, eux aussi. " Comme il se trouve des Anglais au Colonial Office pour se frotter les mains en lisant les nouvelles d'Algérie... Mais le départ du dernier Anglais de Suez est une grande défaite pour la France... [...] et tous les coups que nous recevons en Afrique du Nord, les Anglais les reçoivent eux aussi. »

Vingt-cinq ans plus tard, François Mitterrand s'est-il souvenu de ce jugement de Mauriac quand, le premier, il a manifesté sa solidarité avec la Grande-Bretagne lors de la crise des Malouines ?

Quoi qu'il en soit, en 1956, François Mauriac voyait juste, et la mission de Christian Pineau, quand il rendit visite à Nehru puis à Nasser, était bien de faire la nique aux Anglais en disant de bonnes paroles à la Syrie, que menace l'Irak de Noury Saïd, et d'obtenir les bons offices de Nasser dans l'affaire algérienne, mais dans un contexte amical. « A vrai dire, je n'avais pas établi de lien étroit entre la politique à mener dans les pays arabes et la question algérienne », reconnut Christian Pineau, vingt ans plus tard. Il était aussi ignorant qu'Eden de la reconnaissance islamo-arabe et continuait à raisonner dans la relation Ouest-Est, voire dans l'ancien cadre colonial. Certes, on savait bien à Paris, depuis les découvertes de Soustelle dans les Nemencha, que Nasser avait des liens avec les « rebelles », mais cela paraissait normal... et Pineau accepta « la parole d'honneur de Nasser, l'assurant qu'il n'entretenait pas les cadres du FLN sur son territoire » ; il en fit état au Parlement.

Le témoignage de Nasser est intéressant parce qu'il montre que Pineau, pas plus qu'Eden, ne sut l'entendre : « Il essaya d'atteindre, avec moi, à un règlement de l'affaire algérienne. Mais je lui répondis que je n'étais pas responsable de la révolution algérienne... Seuls les Algériens en étaient à l'origine, elle vient du dedans. Je ne lui ai pas promis de ne pas aider les Algériens ; je lui ai dit : " C'est de notre responsabilité d'aider nos frères arabes partout. " Il m'interrogea sur l'entraînement militaire des Algériens, sur l'envoi d'Égyptiens en Algérie. Je lui répondis qu'il n'y avait pas d'Égyptiens combattant avec les Algériens... qu'il n'y avait pas d'Algériens s'entraînant à ce moment-là » (mars 1956).

Quelques jours plus tard, cet entraînement ayant repris, les services secrets français s'offrent le plaisir de rendre l'information publique, et Pineau ridicule — ce qu'il ne pardonna pas à Nasser. En outre, au moment où Robert Lacoste, qui a succédé à Soustelle, annonce l'arrivée de 100 000 hommes en Algérie et le « dernier quart d'heure » des « rebelles », *La Voix des Arabes* diffuse ces informations qui font de Nasser le défenseur de la cause algérienne. Leur écho a une portée démesurée à une date où la majorité des musulmans d'Algérie manque encore d'assurance, où les valeurs de l'intégration fascinent un grand nombre, où quelquefois on ignore jusqu'aux objectifs du FLN. La greffe de la lutte du FLN sur la cause islamo-arabe agit comme un levain, comme un levier, qui soulève les masses d'un élan infini. La rumeur d'un débarquement égyptien à Collo, en août 1955, avait révélé ce passage au mythe. Les Arabes y avaient cru, mais Soustelle aussi, qui, à Philippeville, avait pris les chantres de l'indépendance pour des propagandistes égyptiens.

Couper le cordon ombilical avec le monde arabe et islamique, tel est l'objectif des dirigeants français qui veulent croire que, Nasser abattu, l'insurrection sera rapidement réduite. En juillet 1956, la nationalisation de Suez, « œuvre française », inaugurée par l'impératrice Eugénie, liée au nom de Ferdinand de Lesseps, quel nouvel affront ! « Un défi », titra *Le Monde,* « Tel Hitler il a agi, tel Hitler il périra », juge aussi *Le Quotidien,* qui ajoute : « Il faut réoccuper le canal. »

C'est que, pour accomplir cette tâche, les Français comptaient sur Israël.

Certes, Nasser ne s'y attendait pas. Il l'a écrit lui-même après coup, car, après son alliance avec la Syrie et la Jordanie, et surtout depuis le départ des Anglais, il ne mesurait pas à quel degré avait pu monter, en Israël, la crainte d'un encerclement, d'une agression venue du sud que ne freinerait plus la présence des forces britanniques. Et puis Nasser jugeait que jamais ces Anglais n'accepteraient l'aide d'Israël, ce serait pour eux la manière la plus sûre de s'aliéner le monde arabe. Effectivement, les Anglais ne voulaient pas de l'alliance israélienne — au moment de la guerre qui va suivre, ils ont même proposé de bombarder Tel-Aviv, pour que, par une sorte de leurre, soit cachée leur collusion avec Jérusalem, ce qu'Israël a refusé. Mais Londres a dû accepter cette alliance sous la pression de la France qui, ayant fourni des armes à Israël pour compenser les livraisons faites à Nasser par les « Tchèques », jugea que, face à l'ennemi commun, Israël pourrait servir d'allié de revers, et en fit une condition de son intervention aux côtés des Anglais.

« Sans l'intervention de la France et la caution de l'Angleterre, la guerre du Sinaï n'aurait sans doute pas éclaté », témoigne Shimon Pérès, négociateur des livraisons d'armes et bientôt des conventions de Sèvres, conclues avec Bourgès-Maunoury, Pineau, Eden et Selwyn Lloyd (octobre 1956).

Derrière ces accords, se profilait l'ombre de Munich.

En effet, à Paris, nombreux étaient ceux qui jugeaient que Nasser était à l'origine des difficultés de la France en Algérie, alors que pour d'autres il n'était qu'un pion dans le jeu soviétique, ou, pour d'autres encore, ce nouvel Hitler dont il fallait briser dans l'œuf la capacité expansionniste. Après toutes ces capitulations – en Indochine, en Tunisie, au Maroc –, comme naguère lors de l'Anschluss, de la remilitarisation de la Rhénanie, etc., il ne fallait pas céder, comme avant 1939. Selon cette figure, face à Hitler, Israël jouait le rôle de la petite Tchécoslovaquie. Eden ne pensait pas autrement, qui, depuis vingt ans, avait été travaillé par le complexe de la Rhénanie et voyait maintenant la main de Nasser partout, du renvoi de Glubb Pacha en Jordanie (ce qui était vrai) à la révolte des Mau-Mau au Kenya (ce qui ne l'était pas).

Et puis Nasser touchait la Grande-Bretagne à son point sensible, un tiers de ses navires passant par le canal. Le pétrole pourrait venir à manquer. Eden ne voulait pas, comme Churchill, que l'Angleterre devienne « une nouvelle Hollande ». Malgré les risques d'une intervention, surtout soutenue par Israël, il interviendrait.

Une action militaire est aussitôt envisagée. Toutefois, elle paraissait impossible dans l'immédiat, car l'Angleterre, toute à son armement nucléaire ou à ses forces spécialisées pour ses colonies, ne disposait pas d'un corps *ad hoc* pour ce type d'éventualité ; la France non plus, embourbée en Afrique du Nord. Le souvenir cruel du parachutage raté d'Arnhem, en septembre 1944, inhibait les initiatives. Alors qu'en Grande-Bretagne Eden était paralysé par les réserves des travaillistes, qui ne voulaient agir que sous le couvert de l'ONU, en France au contraire, sauf chez les communistes et dans les milieux qui gravitaient autour de Mendès France, on pousse à l'action ; le tout, pour un gouvernement socialiste, est de réussir à dissocier les intérêts du pays de ceux des actionnaires de Suez pour disposer d'un bon prétexte et frapper Nasser à la tête. Le même Robert Lacoste qui déclarait qu'en Algérie le combat victorieux contre les fellaghas en était à « son dernier quart d'heure » disait également « que la guerre serait sans issue en Algérie si Nasser devait l'emporter dans cette crise qu'il a lui-même ouverte ».

Cette humeur dura peu car, contre toute attente, Eisenhower fit savoir à Eden, et Foster Dulles à Pineau, qu'il fallait trouver d'autres voies pour faire rentrer Nasser dans le rang — et que les États-Unis s'en chargeaient. Ils voulaient réduire l'affaire au simple problème du libre passage des navires, dissociant la nationalisation de son contexte et jugeant que Nasser « avait le droit de nationaliser la société ». Simultanément, alors que les Français et les Anglais rappelaient leurs pilotes — pour montrer l'incapacité des Égyptiens à faire circuler tout seuls les navires du canal –, Foster Dulles créait une « Association des usagers du Canal », ce qui les dessaisissait de leur capacité d'agir, puisqu'elle promettait de ne pas agir par la force…

Nasser commençait à s'interroger sur le sens de l'attitude américaine ; Foster Dulles la rendit claire en expliquant « qu'il refusait d'identifier la politique de son pays à la défense des intérêts des anciennes puissances ».

Pour Londres, cet affront rappelait les propos tenus par Roosevelt lors des troubles de l'Inde, en 1942, et de l'arrestation de Gandhi. Et cela amena le gouvernement britannique à imaginer l'inimaginable : la collaboration avec Israël, que depuis longtemps Paris avait ménagée : dans le secret furent ainsi conclues les conventions de Sèvres.

Décision grave, pour Israël ; mais « une telle opportunité ne se produirait plus ». L'idée était de laisser Israël attaquer l'Égypte, puis d'intervenir pour sauver la paix. Ainsi, aux yeux des Arabes, les Occidentaux ne se seraient pas « souillés » en collaborant avec Israël. Ben Gourion et Shimon Pérès acceptaient cette proposition humiliante parce que cela « assurait la sécurité d'Israël » ; quant à la France et à l'Angleterre, « elles retrouveraient leur influence en Orient ». L'idée était de gagner la guerre sans la faire, en laissant l'initiative aux Israéliens, la lourde armada des Franco-Anglais n'ayant qu'à s'approprier la tâche.

Le 29 octobre 1956, comme prévu, les troupes israéliennes envahissaient le Sinaï, surprenant les Égyptiens bientôt en débandade. Comme prévu, les chars de Dayan s'arrêtèrent à Akaba. Comme prévu, la couverture aérienne anglaise se mit en place, et l'aide française à pied d'œuvre. Un double ultimatum fut alors envoyé, et Israël obtempéra. Ce qui n'avait pas été prévu, c'est que Nasser pourrait jouer les martyrs, attaqué par Israël, car devant le monde arabe les Anglo-Français ne voulaient pas avoir l'air solidaires de l'État juif et leur débarquement n'était prévu que pour le 6 novembre : ce délai fut fatal, car tout l'appareil de l'ONU se mit en place, ameuté par les États arabes, et Foster Dulles fit passer une résolution contre cette intervention. Le 5, Boulganine à son tour envoyait une « Note » comminatoire à Guy Mollet, à Eden, à Ben Gourion, disant que l'URSS était prête à utiliser toutes les formes modernes d'armes destructives s'il n'était pas mis fin à l'expédition.

Cependant, les troupes anglo-françaises avaient débarqué, elles progressaient vers Suez, mais durent s'arrêter, Londres et Paris cédant aux injonctions de l'ONU, de Washington, de Moscou.

Ce désastre de première grandeur, véritable « Diên Biên Phu diplomatique », discrédita ses responsables, — Eden d'abord, qui démissionna et abandonna la vie politique ; Guy Mollet ensuite, qui voulut en rappeler les aspects positifs : il avait sauvé Israël.

De fait, même s'ils furent amers d'avoir été ainsi arrêtés sur la voie du succès, les Israéliens gardèrent quelque reconnaissance à la France d'une opération qui contribua à la survie de leur État, qu'ils jugeaient menacé.

Pour la Grande-Bretagne, la crise de 1956 montra que désormais elle avait perdu son statut de grande puissance et qu'elle ne pouvait plus agir sans l'aval des États-Unis. Pour confirmer cette débâcle, les troupes anglaises quittaient Bagdad après la chute de Noury Saïd, en juillet 1958. En outre, cette défaite distendit les liens que Londres avait gardés avec ses anciennes possessions impériales, notamment l'Inde de Nehru, qui avait vivement condamné ce retour offensif du « colonialisme ». Dans le monde arabe surtout, la faillite se manifestait par le passage, en bloc, d'un certain nombre d'États à la « doctrine Eisenhower », qui les assurait de l'aide américaine « en cas de menace émanant d'une puissance contrôlée par Moscou et par les communistes ». Le pays visé était la Syrie, amie de Nasser, armée par l'URSS et qui avait des vues sur le Liban. Il s'agissait d'un retournement significatif puisque, un an plus tôt, c'était l'Irak qui menaçait la Syrie d'absorption.

Suez signait ainsi la fin du régime colonial de la Grande-Bretagne dans le monde arabe.

Pour la France et pour le mouvement national algérien, l'épreuve eut des conséquences à la fois décisives et paradoxales. Indépendamment du ressentiment des militaires qui, après les échecs de l'Indochine, du Maroc, de la Tunisie, gardèrent rancune au régime de n'avoir pas su ou osé aller jusqu'au bout à Suez (on sut assez vite que Boulganine ne pouvait pas mettre ses menaces à exécution, et qu'elles servirent à cacher l'intervention à Budapest), et indépendamment de la part que joua cet échec dans la chute de la IVe République, il eut des conséquences immédiates en Algérie, où la victoire de Nasser embrasa les foules musulmanes tandis qu'il faisait progresser à pas de géant l'internationalisation du problème. La plupart des pays du bloc arabo-asiatique étaient ralliés à la cause algérienne, le Liban seul faisant exception.

Mais, paradoxalement, la victoire de Nasser eut pour effet de susciter la méfiance du patriotisme ombrageux des leaders du FLN qui craignaient que Le Caire ne joue, cette fois pour de bon, un rôle trop grand dans leurs affaires. Si bien qu'on assista à une opération de décrochage et à une *maghrébisation du problème algérien,* plus exactement à un transfert vers l'Afrique du Nord du centre de gravité des actions de l'Algérie. Tunis devint ainsi le siège du Gouvernement provisoire de la République algérienne, ce qui durcit les rapports entre la France et Bourguiba. De sorte que, à cause de Suez, la politique Lacoste-Bourgès-Mollet aboutit à une « maghrébisation de la guerre », alors que l'alternative Mendès-Savary-Defferre eût voulu être une « maghrébisation de la paix », par la réalisation d'une sorte de Fédération des trois États d'Afrique du Nord, pour contrebalancer, à l'ouest, l'influence de l'Égypte et de la Ligue arabe.

Mais, surtout, l'effet réel de Suez fut l'apparition d'un Tiers-Monde ; jusque-là, à Bandoeng notamment, sa spécificité s'était affirmée, mais surtout pour exploiter et utiliser la rivalité États-Unis-URSS, un souci qui primait le besoin d'affirmer son identité et la légitimité d'un développement propre. Car les participants de la conférence de Bandoeng disposaient de peu de moyens, hormis la menace de passer d'un camp à l'autre – ce que l'Est et l'Ouest appelaient du « marchandage ».

Premier fait nouveau, que la crise de Suez met au jour,

désormais les nations démunies disposent d'un atout, en l'occurrence le canal, qu'elles ont su arracher à l'Occident. Elles disposèrent bientôt d'un second atout, que Mossadegh n'avait pas pu soustraire complètement aux grandes puissances, le pétrole.

Plus important encore est le fait que loin de dériver vers le communisme, comme une certaine vision déterministe de l'histoire les y avait prédisposés, les pays d'Islam s'en détournaient au contraire, autant et sinon plus que du modèle occidental. Non seulement ils affirmaient leur vocation nationale (arabe, algérienne, etc.) et islamique, mais ils montraient qu'une société peut sécréter à la fois une histoire qui lui appartient en propre et une histoire qui s'identifie avec celle d'une communauté, l'Islam. Le monde avait reconnu en Nasser le pilote et le héros de cette régénération. Pourtant, l'unité du monde arabe, qui s'accéléra par l'union de l'Égypte avec la Syrie, n'aboutit pas, malgré Suez et la réalisation de la République arabe unie. L'Égypte ne put jamais jouer un rôle unificateur du type de celui du Piémont ou de la Prusse. Est-ce parce que le monde arabe se sent solidaire dans son rapport aux autres, plus que dans une identité qui lui serait propre ? Il la retrouve, certes, plus tard, dans la guerre contre l'Iran, pourtant musulman lui aussi, mais se divise pendant la guerre d'Irak.... L'heure de l'unité arabe semble désormais passée.

La crise de Suez avait eu pour effet de raidir l'attitude des Français d'Algérie, celle des militaires également, ce qui avait abouti au coup d'État du 13 mai 1958 *, tout en maghrébisant le problème algérien. La position de De Gaulle, devant le tournant pris par les luttes de libération des peuples colonisés, était incertaine, inconnue même de ses proches. En Grande-Bretagne, la décolonisation avait déstabilisé les conservateurs, Anthony Eden avait démissionné.

Les réactions comparées de Churchill et de De Gaulle, leur parcours réciproque rendent compte de ce que fut, après 1958, une politique de décolonisation assumée par la

* Cf. plus haut, p. 334 *sq*.

métropole : en Algérie, elle était le résultat d'une guerre, mais il en alla autrement en Afrique noire, française ou anglaise, et dans les autres parties de l'Empire britannique, où la négociation l'emporta sur la lutte armée ; les métropoles y souscrivirent, tellement était fort le contrecoup des événements du Proche-Orient... Comme si l'Europe avait décidément passé la main. Désormais, les deux Grands gouvernaient le monde, et s'annonçait la montée du Tiers-Monde.

Churchill et de Gaulle face à la décolonisation

« Je ne suis pas devenu Premier ministre pour présider à la liquidation de l'Empire », disait Churchill pendant la Seconde Guerre mondiale. Car l'Empire était sa gloire et depuis *The River War,* son premier grand texte sur la colonisation, écrit en 1899, il avait seulement condamné les excès du patriotisme, le jingoisme, et il se voulait tory (démocrate) ; il mit en cause, lors de la crise boer de 1900, les boutefeux type Kitchener, alors qu'on était en guerre. Pourtant, sur l'Inde, il adopta toujours les vues d'un vieil impérialiste. « Voyant ce qui s'est passé en Irlande, et ce qui se passe en Égypte, on ne peut pas blâmer ceux qui évoquent des concessions dans des possessions lointaines... Mais, en Inde, la Grande-Bretagne doit demeurer une vraie puissance. » En fait, Irwin et Baldwin voulaient concéder ce statut de dominion pour mieux conserver l'Inde. Churchill considérait que ce projet était chimérique, il ne fallait pas céder — et plus tard il s'aperçut que les conciliateurs sur l'Inde étaient ceux qui furent conciliateurs, aussi, avec Hitler. Il fut romantique contre les réalistes, qui, dans l'*India Defense League,* s'associèrent avec Rudyard Kipling pour regrouper tous ces personnages, ces « colonel Blimps » dont la littérature s'est moquée, et qui allaient constituer l'UBI (Union of Britain and India). Il combattit l'*India Bill*, pas seulement pour des raisons politiciennes mais parce que l'Empire incarnait l'histoire de son pays, sa jeunesse à lui surtout ; il jugeait qu'à l'heure où montait le danger militariste hitlérien, et le nationalisme un peu partout, l'attribution d'un statut de dominion à l'Inde par des hommes tels que Baldwin et Hoare conduirait à des concessions qui affaibliraient le pays. Mais, au Parti conservateur, il ne recueillait que 356 voix contre 838. Il est vrai qu'il avait commis un certain nombre d'excès de langage qui avaient contribué à la détérioration des relations avec l'Inde : « Il est alarmant, et même nauséeux, de voir que M. Gandhi, un petit avocat séditieux, joue les fakirs d'un type bien connu en Orient, se promenant à demi nu sur les marches du Palais de la Vice-Royauté, organisant en même temps une campagne de désobéissance civile, et qu'on le voit parler d'égal à égal avec le représentant de l'Empereur-Roi. »

Pourtant, après le vote de l'*India Act*, en 1935, Churchill modifie son attitude vis-à-vis de Gandhi : il apprécie les grèves Harijan (menées avec des musulmans), signe de la hauteur de vues du leader indien. Mais il explose quand Roosevelt signifie que la charte de l'Atlantique s'applique aussi bien à l'Inde, un propos tenu après l'entrée en guerre des États-Unis. La pression devient alors si forte que Churchill envoie Stafford Cripps, de très mauvaise grâce, avec ses propositions qui sont rejetées — mais font gagner du temps. Churchill sait pourtant qu'il faudra accorder un jour l'indépendance à l'Inde et il organise lui-même la conférence de Simla qui prépare l'inéluctable.

Ce furent ses successeurs travaillistes qui l'accomplirent.

Mais il s'était furieusement opposé à l'idée que le statut de dominion fût reconnu en pleine guerre : il le dit à Tej Baradhur Sapru, un modéré du Parti du Congrès, et, au sein du cabinet de guerre, personne n'ose aborder ce problème, Winston Churchill étant à lui tout seul une sorte de « *one man India Defense League* » dans son propre gouvernement. A Yalta, il s'oppose fermement à Roosevelt qui proposait que les anciennes colonies deviennent des sortes de mandats dans la future ONU. « Je ne suis pas d'accord avec un seul des mots du président », interrompt Churchill… En aucune circonstance, il ne consentirait à ce que quarante ou cinquante nations mettent le nez dans les affaires de l'Empire britannique... Il ne céderait pas d'un pouce sur cette question. « Que diriez-vous si on internationalisait la Crimée pour en faire une résidence d'été », demanda-t-il à Staline. Et, quand Roosevelt fit valoir que l'Inde, comme les États-Unis entre 1783 et 1789, pourrait élire peu à peu ses représentants et devenir une démocratie, il lui répondit qu'on ne peut comparer ni les problèmes ni les périodes. Était-ce dire qu'il ne croyait pas que les Indiens puissent pratiquer la démocratie, s'agit-il des propos d'un vieux « gaga » (Lord Amery) qui voulait conserver « l'Inde de papa ». Il entendit bien le discours : lorsque, le 20 décembre 1946, le Premier ministre, Attlee, qui lui avait succédé, parla de l'avenir de la Birmanie « qui devait décider de son propre destin soit dans le Commonwealth, soit au-dehors », Winston Churchill, devenu leader de l'opposition, se leva : « On a dit, à l'époque du grand gouvernement de Lord Chatham [William Pitt] qu'il fallait savoir se lever très tôt pour ne pas perdre les terres qui font notre fortune. On dirait que le très honorable gouvernement d'aujourd'hui veuille faire le contraire : il laisse filer l'Empire avec une absence complète de considération envers le travail et les sacrifices de nos aïeux. Il y a à peine un an, nous libérions la Birmanie des Japonais ; quelle hâte aujourd'hui pour l'abandonner à jamais. »

Chez de Gaulle, on ne saurait retrouver la même constance, son discours sur l'Empire change du tout au tout en présence d'une situation nouvelle, la guerre d'Algérie, où il est en position d'acteur principal. Ceux qui l'ont porté au pouvoir — Jacques Soustelle notamment — s'appuient sur ses actes passés pour imaginer qu'il en renouvellerait la geste : ils se sont trompés et, comme les pieds-noirs ou d'autres, ont jugé ensuite que de Gaulle les avait trahis. Par ailleurs, dans ses *Mémoires*, de Gaulle reconstruit l'Histoire de telle sorte qu'une certaine continuité apparaît dans ses vues et ses réactions à l'événement.

Qu'en est-il réellement ?

Pendant la guerre, il existe une évidente connivence entre de Gaulle et Churchill, qui sont solidaires, face aux

Américains, sur le problème colonial. Sans doute l'affaire de Syrie a-t-elle réveillé le vieil antagonisme entre les deux pays * et a même failli aboutir à une rupture, mais il s'agit là d'une tragique « péripétie ». Sur le fond, Alexandre Bogomolov, ambassadeur soviétique à Alger, établit un diagnostic sans ambiguïté : « Il est clair, écrit-il à Staline le 19 janvier 1944, que de Gaulle se débarrasse peu à peu des giraudistes... que les Anglais (et pas les Américains) enverront des armes à la Résistance et qu'il y a *un accord de fond anglo-français* [souligné par Bogomolov] aussi bien en Afrique du Nord qu'au Moyen-Orient. Churchill soutient de Gaulle contre les Américains pour que s'oublient les malentendus passés... [...] De sorte que les Anglo-Saxons sont souvent solidaires, certes, contre nous l'Union soviétique, mais *pas sur les problèmes coloniaux* où la Grande-Bretagne cherche l'alliance de la France contre les Américains — de Gaulle l'a parfaitement compris qui soutient à fond l'Angleterre contre les USA **. »

Si le discours de Brazzaville fait date (30 janvier 1944), c'est parce qu'il est prononcé devant les Africains et qu'il aborde le problème du statut des colonies : mais le contenu est vague, « établir sur des bases nouvelles l'exercice de la souveraineté française », et l'appartenance à l'Empire n'est même pas évoquée ; elle va de soi. Après coup, de Gaulle en a fait la charte qui annonce l'avenir. Le geste était, il est vrai, novateur, tout comme le fut l'ordonnance de décembre 1943 qui élargissait le nombre des musulmans d'Algérie qui jouiraient de leurs droits entiers de citoyens — ce que les colons durent accepter de mauvaise grâce. De même, ce fut de Gaulle qui décida d'introduire 63 députés d'outre-mer à l'Assemblée constituante, sur 522 membres, dont 25 représentaient les colonies : parmi eux, Houphouët-Boigny (Côte-d'Ivoire), Léopold S. Senghor (Sénégal), le Dr J. Raseta (Madagascar), Aimé Césaire (Martinique) ; et 11 représentants de l'UDMA de Ferhat Abbas à la seconde Assemblée constituante. Pourtant, de Gaulle ne désapprouve pas l'affaire de Sétif — il en blâme seulement Yves

* Cf. p. 152-155.

** Texte inédit cité dans notre *Pétain*, Fayard, 1987, p. 527.

Chataigneau – et, s'il manifeste, en Indochine, ses sympathies pour Jean Sainteny et pour Leclerc, c'est bien l'amiral d'Argenlieu qui est son homme sur le terrain. Or, c'est l'homme de la rupture avec Hô Chi Minh.

Pendant les années de la « traversée du désert », de 1947 à 1958, la fondation du RPF semble avoir eu pour origine la nécessité de proposer à la France un recours, si s'accélérait la ruine de l'Empire – et sa mise en tutelle par les Américains. De Gaulle expose plusieurs fois ses conceptions sur l'Union française, favorable chaque fois à une évolution vers une plus grande autonomie ; mais, sur l'Algérie, la nécessité de la maintenir française est réaffirmée avec force : c'est « l'ambiance d'incertitude » du statut de 1947 qui le choque pour autant qu'il ait cédé « à la surenchère ». On ne saurait souscrire aux termes de ses *Mémoires*, écrits après 1960, où le Général laisse entendre qu'il eût été alors souhaitable de faire évoluer la situation vers l'apparition d'un État algérien. Cela n'apparaît aucunement dans ses propos de l'époque.

En Indochine, après avoir dit et répété que les Français y mènent le même combat que les Américains en Corée – contre le communisme –, de Gaulle juge, en 1954, qu'il faut traiter avec l'adversaire et il ne désapprouve pas les accords que Pierre Mendès France a signés à Genève. Pour l'Afrique du Nord – en l'occurrence la Tunisie et le Maroc –, il considère qu'il faut pratiquer une politique d'association, en châtiant les coupables de crimes qui ne sont pas dignes de la France. Il ne parle pas d'abandon, mais il juge que les bonnes solutions ne sont pas « à la portée de l'actuel régime ».

C'est ce qu'avait dit et répété Churchill. C'est, pour la France, ce que pensent Michel Debré et Jacques Soustelle en participant au 13 mai 1958. Mais, à ce stade où de Gaulle lance aux pieds-noirs : « Je vous ai compris », ils ne savent pas plus que d'autres comment va agir le général de Gaulle. Ils sont à la fois circonspects, anxieux et confiants. De Gaulle a reproché aux gouvernements précédents non leurs abandons – sauf les bases au Maroc –, mais leur absence de politique. Quelle peut donc être la sienne ?

En indiquant, d'emblée, qu'il n'y avait en Algérie qu'une

seule catégorie d'habitants, « des Français à part entière avec les mêmes droits et les mêmes devoirs », de Gaulle n'annonçait pas la déclaration du 16 septembre 1959, comme il l'indique dans ses *Mémoires,* mais il reprenait l'idée d'intégration, sauf qu'il n'était pas clair si, oui ou non, la France et l'Algérie ne formaient qu'un tout, c'est-à-dire avec 100 députés algériens à Paris. Les pieds-noirs le comprirent bien, qui criaient « Soustelle, Soustelle » ; mais, en parlant de 10 millions de Français en Algérie, il revenait à l'immersion des pieds-noirs dans une majorité arabe. Le discours de Mostaganem — « Vive l'Algérie française » — perpétua l'ambiguïté, mais, dès qu'il évoque la personnalité de l'Algérie, puis qu'il associe l'Algérie *et* la France, le choix est clair même s'il n'est pas énoncé explicitement. Les mots ont leur pesanteur, et, après avoir parlé d'autodétermination, il évoque enfin, en novembre 1960, la République algérienne, et l'Algérie algérienne. C'est la rupture avec Jacques Soustelle, avec les Français d'Algérie, « la douceur des lampes à huile, la splendeur de la marine à voile ». L'appel à « la paix des braves » n'ayant pas eu d'effet immédiat, le général de Gaulle indique indirectement la voie qu'il compte suivre en laissant accéder le Mali — Sénégal et Soudan — à l'indépendance (juin 1960).

A regarder les visages hâves des colons qui, sur cet immense navire blanc en rade de Batavia, cette année 1947, quittent à jamais les Indes néerlandaises, qui se douterait qu'ils préfigurent le sort des Français d'Algérie quinze ans plus tard ?

Pourtant, il en est qui pressentirent la tragédie qui s'annonçait : tel Albert Camus, mi-Algérois, mi-Oranais, qui déclarait qu' « entre la Justice et [sa] mère », il choisissait sa mère. La Justice, pour lui, c'étaient les droits des Arabes bafoués par les colons et l'administration française. Un des premiers, il avait pris leur défense, et ses concitoyens lui en avaient gardé rancune. Mais que la crise algérienne débouche sur le départ forcé des colons, de sa mère — non, cela, il ne l'admettait pas ; et sa déclaration lui attira la colère des intellectuels, Jean-Paul Sartre en premier, qui le méprisèrent pour n'avoir pas « le sens de l'Histoire » (1957).

Ce sens de l'Histoire, de Gaulle l'avait, et il savait l'indépendance de l'Algérie inéluctable. En pressentait-il les conséquences pour les Français d'Algérie ? En tout cas, les nationalistes FLN avaient laissé croire, durant les années 1950-1956, qu'en Algérie indépendante tous les Français pourraient disposer de droits égaux à ceux des autres habitants de ce pays. Sur ce point, le changement eut lieu, semble-t-il, au congrès de la Soummam ; et l'action de l'OAS aggrava le fossé qui séparait les deux communautés – les Algériens ne faisant rien pour le combler.

Quant aux métropolitains, prompts, à juste titre, à condamner la torture, ils n'avaient jamais eu un mot pour stigmatiser le terrorisme. L'idée était que ce terrorisme avait été la réponse à la terreur coloniale... tant pis pour les victimes de ce terrorisme...

De Gaulle avait pris des initiatives pour une fin de guerre. Les opérations militaires n'ayant pas abouti, loin de là, à un Diên Biên Phu, il avait pris contact d'abord avec Si Salah, puis avec le FLN. Pour précipiter le règlement de l'affaire, il emploie l'expression de « République algérienne », annonce un référendum sur l'autodétermination, où le « oui » l'emporte par 75 % des suffrages exprimés, 69 % en Algérie où les grandes villes ont voté « non ». Bidault et Soustelle se sont séparés de lui (8 janvier 1961).

Alors, le général Salan croit le moment venu, avec les généraux Challe, Jouhaud et Zeller, d'organiser un putsch qu'en sous-main doit soutenir l'OAS (Organisation de l'armée secrète), créée sans doute à l'initiative de Robert Martel, Lagaillarde et Susini, les hommes de la journée des Barricades. De Gaulle en ayant appelé au contingent, le putsch d'avril échoue, mais l'OAS survit, organisation terroriste qui tue « qui elle veut, quand elle veut, où elle veut ». Durant l'été, la terreur et la contre-terreur multiplient les victimes et les actes spectaculaires, l'automne 1961 devenant pour une partie des Français d'Algérie – que l'OAS n'a pas assassinés – la saison de l'espérance. Ils espèrent qu'échoueront les négociations entamées à Évian, et commence alors une période d'attentats qui s'étend à la métropole : plus de 100 en janvier-février 1962, en France ; plus de 800 en Algérie, partie FLN, partie OAS, partie anti-OAS.

Au cessez-le-feu et aux accords d'Évian de mars 1962, qui reconnaissent l'indépendance de l'Algérie, approuvée par un référendum, l'OAS répond par la terreur et la terre brûlée, contrôlant Bab el-Oued, en en faisant une sorte de Fort-Chabrol, incendiant la bibliothèque d'Alger... Pourtant, en dépit de ses ordres et de l'exaspération des combats, l'exode a commencé depuis que le putsch des généraux a échoué, que Challe et Salan ont été arrêtés, que Soustelle et Bidault ont disparu... Avril et mai 1962 voient l'exode massif des « pieds-noirs », tandis que l'armée, pour pouvoir assurer leur départ, abandonne une partie des harkis à un sort tragique. Une autre partie, pourtant, est ramenée en métropole. Sur le *Chanzy* et la *Ville d'Oran*, les rapatriés entonnent le refrain de la môme Piaf, « Non, je ne regrette rien », avant qu'Enrico Macias ne chante la nostalgie de « son pays perdu ».

De Gaulle et la décolonisation de l'Afrique noire

Dès octobre 1956, au moment de Suez, de Gaulle avait dit au prince héritier du Maroc, Moulay Hassan : « L'Algérie sera indépendante, qu'on le veuille ou non. Alors, le tout sera le comment. » « Ce sera long, il y aura de la casse, beaucoup de casse », avait-il commenté à Jean Amrouche. Il y en eut. Et dure fut la route des accords d'Évian, puis celle qui fut menée contre le nouveau putsch des généraux : que le général Challe, en 1962, eût fait appel aux civils pieds-noirs, et la crise aurait connu un sort encore plus tragique ; mais il n'a pas voulu suivre le général Salan sur cette voie, et l'OAS fut brisée.

Mitterrand et Defferre : deux précurseurs

La décolonisation fut bien plus aisée en Afrique noire, et de Gaulle put la mener à son terme, sans que le sang ne coule vraiment, parce que des prédécesseurs avaient pu ouvrir la tranchée. D'une certaine façon, en métropole, le pionnier en fut François Mitterrand qui, au ministère de la France d'outre-mer, appliqua le principe *ad augusta per angusta.* D'un côté, il sut nouer des rapports étroits avec les leaders du *Rassemblement démocratique africain* d'Houphouët-Boigny, le détachant de ses amis, compagnons de route du Parti communiste, tel Arboussier ; de l'autre, comme ministre de la France d'outre-mer, il conduisit sa politique « jusqu'à un seuil de non-retour grâce à l'indifférence des milieux métropolitains et à l'inattention générale ». Il est vrai qu'en Afrique noire la mise sur pied d'une vie politique représentative ou pseudo-représentative ne se heurta pas à la puissance des colons, qui faisaient rarement souche. « La compréhension de l'UDSR, dit Houphouët-Boigny, le sens politique dont elle fait preuve et la confiance qu'elle nous témoigne ont décidé du cours des événements de l'Afrique noire française » (1955). Ainsi, des leaders africains collaborent d'égal à égal avec des partis politiques métropolitains – ce qui n'était pas le cas pour l'Algérie ; l'exemple de l'UDSR n'est pas unique, puisque la SFIO collabore aussi étroitement avec le parti rival du RDA, les *Indépendants d'outre-mer* de Léopold Sédar Senghor, qui lance l'idée d'une République fédérale africaine… Mais la SFIO est beaucoup plus frileuse : il est vrai qu'elle est forte au Parlement et que les élus africains lui sont moins nécessaires qu'à l'UDSR…

C'est dans le creux du 6 février 1956, à Alger, que Gaston Defferre, un socialiste, exprime la philosophie d'une politique qui à sa manière fut une réussite. « Trop de fois, au-delà des mers, les Français ont donné l'impression qu'ils n'étaient pas capables d'agir en temps utile, et nous avons été le jouet des événements […]. En Afrique noire, si nous savons les *devancer* [c'est nous qui soulignons], nous pourrons rétablir dans ce pays un climat de confiance et de concorde. » Ce devait être la loi-cadre, dont le projet avait été préparé par Pierre-Henri Teitgen et que Defferre fit adopter « sachant que les populations d'Afrique noire ont les yeux fixés sur ce qui se passe en Afrique du Nord ». La réforme accordait le suffrage universel et le collège unique à tous les territoires d'Afrique noire et de Madagascar. Elle prévoyait la création de conseils de gouvernement élus dont les membres seraient des « ministres », et l'extension des pouvoirs des assemblées territoriales élues. Ainsi étaient amoindris les pouvoirs des gouvernements généraux et accru le pouvoir législatif de chaque territoire. « Balkanisation », répondit Senghor. « Marcher avant de courir », commenta Houphouët-Boigny. Pour les Africains, il s'agissait d'une étape, mais ils se divisaient sur la forme d'autonomie et la nature des liens qui les uniraient entre eux, et à la France.

« Rétablir » le climat de confiance, avait dit Gaston Defferre. Il est vrai que, depuis le soulèvement et la répression à Madagascar, l'exil du sultan du Maroc, l'apparition des fellaghas en Tunisie (ensuite en Algérie), une partie des dirigeants africains étaient inquiets, circonspects. Il y avait aussi la crainte, chez eux, que l'écart culturel fût trop grand entre les élites politiques, idéologisées même, intégrées dans des luttes partisanes françaises, et des mouvements ethniques protestataires, autonomes et incontrôlés, une situation qui exista de façon typique dans les colonies portugaises. Car leur détermination de demeurer dans l'aire culturelle française était sans ambiguïté ; ils le prouvaient en ne participant que du bout des lèvres au mouvement panafricaniste. Au contraire, les élites noires manifestaient une vive activité dans le cadre de la vie politique française, mais elles étaient impatientes d'accroître leur pouvoir sur place, avant que, comme en Guinée, ne soit dénoncée la « collusion » entre certains dirigeants de parti et la chefferie traditionnelle.

Par ailleurs, l'ONU commençait à manifester ses sentiments de réserve vis-à-vis de la politique coloniale française : elle les exprima d'abord à propos des territoires sous tutelle, le Togo et le Cameroun. Le premier devient une République autonome, puis en association avec la France, mais, en 1958, le Togo en appela à nouveau à l'ONU qui fit accepter au gouvernement de Félix Gaillard le principe d'une consultation populaire dont l'issue fut l'indépendance, décidée en septembre 1958, pour 1960. Ces péripéties avaient eu pour effet de ne pas aboutir à la réunion des

Ewés, du Togo ex-britannique et du Togo ex-français, qui avaient été à l'origine des revendications des leaders du pays, tel Sylvanus Olympio.

Le même problème de la réunification des deux parties du Cameroun se posait, mais autant le nord du pays était prêt à s'associer au Nigeria, autant le sud souhaitait l'union avec le Cameroun « français » : le vote des populations, sous l'égide de l'ONU, rendit possible cette issue. Mais, au Cameroun « français », le mouvement de protestation contre la puissance de tutelle fut beaucoup plus violent que dans le reste de l'Afrique noire. L'existence de 84 partis politiques, en 1955, était le signe de l'enracinement réel des enjeux politiques dans une population aux ethnies nombreuses et dont l'unité, formelle, était le fait de l'occupant. Dès 1948, la vie politique était pourtant dominée par un parti, l'UPC (Union des peuples du Cameroun), à la fois révolutionnaire, proche des communistes, mais lié aussi aux milieux anticolonialistes du Caire. Son impatience nationaliste s'exprima par de graves émeutes en 1955 qui, après l'interdiction de l'UPC, donnèrent naissance à un terrorisme et à des conflits armés qui durèrent jusqu'en 1960. Face à l'UPC de V.M. Nyobé, la France s'appuyait sur les partis modérés qu'animait un musulman du Nord, Ahmadou Ahidjo, qui obtint de l'ONU la levée de la tutelle française en 1958, mais de connivence avec Paris. De sorte que, paradoxalement, l'indépendance fut accueillie par l'UPC et une partie de la population comme une sorte de trahison, ce qui ranima de violentes luttes civiles, et ce, dès le jour de sa proclamation.

Comme on voit, en Afrique noire francophone, mis à part la longue guérilla menée au Cameroun par l'UPC, la décolonisation put s'effectuer par la négociation, sur initiative de l'ONU ou des mouvements nationalistes, mais, avant que l'irréversible eût été accompli, les hommes politiques français ayant su, en l'occurrence, agir à temps, ou trouver sur place des forces hostiles à la rupture violente — tel Ahidjo au Cameroun.

De sorte que, lorsque de Gaulle offrit aux Africains et aux Malgaches le choix entre une libre association et la sécession, il créa certes la surprise, mais le sol avait été suffisamment retourné pour que le pari pût être tenté. Au vrai, il offre à l'Afrique noire une tendresse liée peut-être à l'époque de Brazzaville – alors qu'à Alger la réception fut plus fraîche – et on a calculé que sur 810 discours prononcés entre 1940 et 1969, 246, soit plus de 30 %, font allusion à l'Afrique noire. « Nous allons vers une vaste communauté de peuples associés », répète-t-il, expression qui ne peut heurter ni Senghor ni Houphouët, et qui est plus floue que celle de la fédération… « C'est un moyen de transport historique pour passer d'un âge à un autre. » « La France aime les grandes concessions qui font revenir », dit-il aussi à propos de l'Afrique noire…

Il put appliquer cette politique sans détour, car il ne rencontrait pas les mêmes obstacles qu'en Algérie et avait affaire à des interlocuteurs qui n'avaient pas les mêmes rancœurs que les Arabes contre la France.

Lors du vote sur la Communauté, le 28 septembre 1958, il y eut 7 471 000 oui et 1 120 000 non, dont 636 000 pour la Guinée. Sekou Touré avait refusé qu'on lui « octroie » un choix, il avait fait dire « non », de sorte que la Communauté comprit, outre la France, 12 États qui jouirent de l'autonomie interne. Mais, avant même que les institutions communes ne fonctionnent, il en était déjà qui se regroupaient – le Sénégal et le Soudan pour former la Fédération du Mali –, qui réclamaient l'indépendance un an après avoir accepté d'entrer dans une Communauté. Les autres suivirent, malgré les résistances d'Houphouët-Boigny qui eût souhaité une communauté franco-africaine durable. « Ils s'en vont, ils s'en vont », dit de Gaulle. Il les laissa partir.

Congo belge et Gold Coast, un contraste

L'onde de choc de Suez, qui eut des effets directs sur les événements du Moyen-Orient et du Maghreb et qui par ailleurs avait stimulé les mouvements noirs africains, ne conduisit pas en toute circonstance ceux-ci à aider le FLN sans faillir – malgré ses appels, les Noirs se méfiaient de l'Islam arabe ; mais elle fut une indication pour les Européens qu'une ère nouvelle commençait.

Cela fut net dans le cas des Belges qui, au Congo, vivaient jusque-là dans l'innocence complète de toute cette décolonisation qui semblait ne pas les concerner, puisque de 1945 à 1959 le pays avait été calme, que le nombre des résidents belges était passé de 35 000 à 115 000. En outre, comme leur politique sanitaire en avait été l'exemple, les Belges étaient bien persuadés qu'ils étaient les meilleurs de tous les colonisateurs. De plus, bien tenues, par l'Église surtout, les écoles se multipliaient, et c'est par leur intermédiaire que la progression sociale s'effectuait le plus souvent. Mais l'enseignement était surtout religieux, et il y avait peu d'Africains dans les universités de Belgique. On était passé du travail forcé au patronage. Étant donné que des cadres, appelés « les évolués », se multipliaient dans les villes, l'administration belge chercha à maîtriser le phénomène en instituant la carte de « mérite civil », dont l'obtention devint l'objectif de la population instruite. Une certaine torpeur existait ainsi en apparence dans le pays quand explosèrent les émeutes urbaines de janvier 1959, auxquelles les Belges n'étaient en rien préparés, mais qui les amenèrent, au vu des événements qui se produisaient ailleurs dans le monde, à décider incontinent de mettre fin au régime colonial : « La Belgique a l'intention de transformer le Congo en un pays démocratique capable d'exercer les prérogatives de la souveraineté et de décider lui-même des données de son indépendance. » La surprise était totale, le retournement total aussi : ni le reste du monde ni les Africains ne s'attendaient à une telle rupture avec le passé. Une sorte de gouffre politique se présentait ainsi à des partenaires qui n'étaient aucunement préparés à le franchir.

Si bien qu'alors que dans les possessions françaises ou britanniques d'Afrique noire la décolonisation profita aussitôt aux militaires indigènes — les grands bénéficiaires —, à des fonctionnaires, à des leaders politiques, rien de tel ne se passa au Congo où les Belges continuèrent à régner depuis Bruxelles sur un pays qui devenait indépendant, l'Église seule réussissant à se dissocier de l'ancien pouvoir colonial. En 1960, il n'y avait plus d'État, et rien non plus à sa place. Une ère de conflits s'ouvrait, avec des violences inouïes, contre les officiers belges d'abord ; elle se perpétua par plusieurs guerres entre le gouvernement de Kasavubu et son Premier ministre, Patrice Lumumba, révolutionnaire et marxiste ; puis par la sécession du Katanga qui devint un État séparé sous l'égide de Moïse Tshombé.

La voie était ouverte à une internationalisation du conflit.

Pour les Belges, cette crise de 1959, un vrai cauchemar, fut bien la « sortie d'un conte de fées » (J. Vanderlinden).

Le contraste avec l'indépendance de la Gold Coast (Ghana) est éclatant pour qui regarde les *newsreels* qui reproduisent ces festivités de 1957 : dans une atmosphère de fête, cette nuit-là, en smoking, hommes d'État africains et élégantes noires et anglaises dansent au son d'une biguine, tandis qu'au loin des pirogues éclairées *a giorno* avancent au large d'Accra, au rythme d'une musique effrénée : en leitmotiv revient le mot « *Liberty* », et sont illuminés côte à côte les portraits de Nkrumah et de la reine d'Angleterre… Le Colonial Office avait retenu la leçon de ce qui s'était passé aux Indes, en Indonésie, au Vietnam : à peine arrivé en Gold Coast, le gouverneur Arden Clarke, qui avait servi en Sarawak et suivi de près les événements d'Asie, sut sortir Nkrumah de prison et le laisser gagner les élections. Quel exemple ! Il est vrai que les Britanniques du Colonial Office s'étaient mis à avoir un faible pour les mouvements nationalistes d'Afrique de l'Ouest. Leurs leaders avaient fait de bonnes études à Oxford ou aux États-Unis, participaient au mouvement panafricaniste surtout anglophone et paraissaient plus proches de la tradition anglaise que les Sud-Africains blancs de Johannesburg ou même du Cap, qui critiquaient la politique de Londres, trop favorable selon eux à l'émancipation des Noirs. A tort ou à raison, les Britanniques regardaient avec plus de suspicion les mouvements de l'Afrique orientale, au vrai voisins du monde arabe, et où les conflits entre Noirs, Indiens et Blancs semblaient insurmontables. Il fallait pourtant les résoudre eux aussi, car le repli anglais au Moyen-Orient avait pour effet de placer désormais l'Afrique en première ligne, et Stafford Cripps avait même ajouté que « l'avenir de la zone sterling dépendait désormais de l'habileté de l'Afrique à se développer ».

C'est en Afrique orientale que la contradiction apparut le plus nettement entre, d'une part, les exigences d'un développement économique réactivé — ce qu'on a pu appeler la deuxième colonisation — et associé à la mondialisation des marchés ; avec pour corollaire la pénétration du système colonial jusqu'au fond des campagnes les plus reculées ; et, d'autre part, la volonté mal maîtrisée d'un passage de l'administration directe ou indirecte à un début de système représentatif ; or, à ce niveau commencèrent à s'opposer les chefs traditionnels et de nouveaux leaders, commerçants ou enseignants, représentants de groupes ethniques exclus, etc. En Ouganda comme en Tanganyika et au Kenya, ces contradictions sécrétèrent un nationalisme et une vigilance des groupes en conflit qui plaçaient leurs mandants sous surveillance. Eu égard aux différents groupes ethniques, dont la représentativité s'affirme, et au lobby colon qui commence à s'organiser, Londres se rend compte, certes, qu'aller de l'avant trop lentement est pire que se hâter : quatre ans séparent pourtant l'indépendance du Tanganyika de celle du Ghana et six de celle du Kenya (1963).

1960 avait été l'année de l'Afrique : les Britanniques, certes, avaient réussi leur décolonisation à l'ouest, mais, à l'est, l'échec était patent. Au fond, les Anglais y avaient hésité entre leurs deux politiques : maintenir au pouvoir la minorité blanche, même si elle n'était qu'une poignée ; ou bien transférer ce pouvoir aux indigènes, même s'ils « ne savent pas » ou ne veulent pas utiliser les instruments institutionnels laissés en place par le colonisateur.

Ce fut bien la pression de l'Afrique indépendante qui donna un nouvel élan aux mouvements noirs et indiens de l'Afrique du Sud, l'ANC (African National Congress) de Nelson Mandela notamment. Ce mouvement, né en 1912, avait dû subir une répression de plus en plus sanglante de la part des gouvernements sud-africains, surtout depuis 1947.

A l'époque du président Vorster, autour de 1974, celui-ci, en effet, avait achevé d'appliquer un dispositif raciste d'apartheid dont les principes étaient explicitement repris des théories nazies, où les Afrikaners avaient trouvé les fondements de leurs pratiques. Le Parti national-chrétien, au pouvoir depuis 1948, avait ainsi légiféré en pratiquant une politique d'exclusion dont le symbole était le passeport intérieur, l'interdiction des mariages mixtes, etc.

La résistance indienne et noire s'était raidie aussitôt, en prenant appui sur les ouvrages de Frantz Fanon et plus encore sur les écrits et les actes des *Black Panthers,* aux États-Unis. Avec le même argumentaire, l'idée d'une insurrection armée faisait son chemin, puisque, à la politique de non-violence encouragée par l'Église, le gouvernement répondait par la répression : les massacres de Soweto, en 1976, constituant un des moments les plus dramatiques de cet affrontement. Cependant, les syndicats blancs, très puissants, qui avaient longtemps été aussi antinoirs qu'antipatronaux, évoluaient dans un sens plus conforme à l'idée syndicale de défense des malheureux.

La condamnation de la politique de l'apartheid par les Nations unies, l'exclusion de l'Afrique du Sud de cette institution, la sortie du Commonwealth — autant d'épreuves qui firent réfléchir un nombre croissant de Blancs qui rejoignirent les rangs des libéraux, peu nombreux jusque-là. On observait aussi qu'en Zimbabwe le pouvoir noir avait su ménager les intérêts des Blancs. Cependant, les Noirs se divisaient, les Zoulous mettant en cause l'hégémonisme Xhosa et celui de l'ANC.

Alors le président De Klerk jugea qu'il fallait changer de politique : il libéra Nelson Mandela, en prison depuis plus de vingt ans. C'est l'amorce d'un processus qui, en 1994, aboutit à l'organisation d'élections libres, pour tous — *one man, one vote* — qui doit assurer aux Noirs une majorité — et la garantie de participer au gouvernement du pays.

Quel chemin parcouru...

Ex-URSS : une implosion plus qu'un éclatement

En Union soviétique, il existait bien un mouvement national, d'esprit séparatiste, notamment dans les républiques Baltes, mais aussi en Ukraine, en Arménie, en Géorgie également. Mais, au temps de Brejnev, puis d'Andropov, voire de Tchernenko, il semblait à tous que l'idée d'indépendance était seulement un rêve... Une expression qu'utilisèrent les Baltes alors même qu'avec Gorbatchev la libéralisation de l'État soviétique était en marche...

Dans l'esprit de celui-ci, un *traité de l'Union* devait amorcer un processus de décolonisation, un projet qui donna des ailes aux mouvements nationalistes que réveilla l'instauration d'élections libres en 1989. En effet, alors qu'à cette date s'opposaient les « réformateurs » et les « traditionalistes », aussi bien dénommés *Narodnyi Front* et *Intern Front,* le cri des Arméniens « Karabagh, Karabagh » signala la résurgence d'aspirations ethno-nationalistes qu'on avait cru étouffées ou dépassées...

Dès lors, la vague nationalitaire déferla d'un bout de l'Empire soviétique à l'autre, et Gorbatchev se trouva dans la position, classique, du chef d'État qui, pour perpétuer et maintenir la cohésion de l'ensemble, fait des concessions aux plus combatifs... Pour prévenir un coup d'État conservateur, Gorbatchev fit comme de Gaulle, qui avait confié l'armée à Salan, ou Kerenski à Kornilov : il peupla son gouvernement de traditionalistes pour mieux les contrôler. Et ce furent eux qui firent le coup d'État.

Le point important est qu'Eltsine sut retourner la position ; son but, certes, était de se substituer, en tant que président de la Russie, au président de l'URSS ; or, sa tactique eut pour effet de décoloniser l'URSS, de la faire disparaître. En effet, en proclamant la souveraineté de la Russie au sein de l'URSS, puis en en étant sorti après avoir dissous le Parti communiste, il rendait *de facto* leur liberté aux différentes Républiques, qui, à leur tour, firent de même, transformant les structures de l'URSS en une

Divisions administratives et nationalités

Républiques fédérées

—— Frontière ● Capitale

I. RSFS de RUSSIE (Moscou)
II. UKRAINE (Kiev)
III. BIÉLORUSSIE (Minsk)
IV. OUZBÉKISTAN (Tachkent)
V. KAZAKHSTAN (Alma-Ata)
VI. GÉORGIE (Tbilissi)
VII. AZERBAÏDJAN (Bakou)
VIII. LITUANIE (Vilnius)
IX. MOLDAVIE (Kichinev)
X. LETTONIE (Riga)
XI. KIRGHIZISTAN (Frounze)
XII. TADJIKISTAN (Douchanbe)
XIII. ARMÉNIE (Erevan)
XIV. TURKMÉNISTAN (Achkhabad)
XV. ESTONIE (Tallin)

Républiques autonomes

– – Limite ○ Capitale

En RSFS de Russie

1. Des Kabardines (Naltchik)
2. D'Ossétie du Nord (Ordjonikidze)
3. Des Tchétchènes et Ingouches (Groznyi)
4. Du Daguestan (Makhatchkala)
5. De Kalmoukie (Elista)
6. Des Mordves (Saransk)
7. Des Tchouvaches (Tcheboksary)
8. Tatare (Kazan)
9. Des Maris (Iochkar-Ola)
10. Bachkire (Oufa)
11. Des Oudmourtes (Ijevsk)

Source : D'après l'Atlas Hachette, *Histoire*

en Union soviétique, 1944-1987

12. De Carélie (Petrozavodsk)
13. Des Komis (Syktyvkar)
14. De Touva (Kyzyl)
15. Des Bouriates (Oulan-Oude)
16. De Iakoutie (Iakoutsk)

En Géorgie
17. D'Abkhazie (Soukhoumi)
18. D'Adjarie (Batoumi)

En Azerbaïdjan
19. Du Nakhitchevan (Nakhitchevan)

En Ouzbékistan
20. Des Karakalpaks (Noukous)

Régions autonomes
------- Limite • Chef-lieu

En RSFS de Russie
21. Des Adyguéens (Maïkop)
22. Des Tcherkesses (Tcherkesses)
23. Du Haut-Altaï (Gorno-Altaïsk)
24. Des Khakasses (Abakan)
25. Des Juifs (Birobidjan)

En Géorgie
26. D'Ossétie du Sud (Tskhinvali)

En Azerbaïdjan
27. Du Haut-Karabakh (Stepanakert)

Au Tadjikistan
28. Du Haut-Badakhchan (Khorog)

de l'humanité, © Hachette, 1992.

coquille vide, et conduisant ainsi son président à la démission. La Russie appela alors les Républiques indépendantes à s'associer à elle, ce qu'elles firent, mais pas toutes. Ainsi naquit la CEI, sans la Géorgie (qui l'a rejointe en 1993), sans les républiques Baltes. Simultanément, au sein de la Fédération de Russie, le mouvement ainsi lancé amenait certaines Républiques — Tatars, Tchétchènes, etc. — à réviser leurs liens avec Moscou.

Mais, dans l'ensemble, le mouvement « centrifuge » partit du centre, un phénomène tout à fait inédit dans l'Histoire.

Ainsi bousculée par une sorte de séisme, l'URSS se fractura, mais, dès 1993, on perçoit que les lèvres de ces fissures se resserrent et que se renouent un certain nombre de liens ancestraux.

Après le coup d'État conservateur de 1991 et son échec — le terme « putsch » ne convient guère puisque la conjuration émanait des dirigeants civils ou militaires qui incarnaient le régime et en dirigeaient l'appareil —, la situation dans la CEI et les autres États de l'ex-URSS ne manque pas de poser des questions, car on constate que, après l'éclatement de l'URSS et la décomposition ou la disparition du Parti communiste qui en soudait l'ordonnancement, des caractéristiques communes survivent à l'unité ancienne pour autant qu'aucune des Républiques actuelles n'échappe à certains phénomènes généraux tels que la décomposition du dispositif économique qui atteint même les pays Baltes ; la permanence du personnel politique, de 30 % à 90 % de ses membres selon qu'on est près ou loin de Moscou — et c'est cela qui fait la différence avec la plupart des ex-démocraties populaires ; la survie des réseaux des pouvoirs et des connivences intra- ou transrépublicains. Au fond, ce sont les conflits interethniques en Moldavie, au Caucase, dans les pays Baltes, en Asie centrale qui créent des situations spécifiques. Celles-ci sont jugées dangereuses, à Moscou, au point que le rapatriement de l'armée russe en République de Russie devient une exigence prioritaire — alors qu'en 1992 encore Moscou multipliait les raisons pour retarder ce rapatriement depuis les différentes démocraties populaires, afin de perpétuer le mythe d'une présence militaire en Europe orientale. La même mesure pourrait être prise dans les Kouriles.

En République de Russie, derrière la lutte des pouvoirs entre Boris Eltsine et le Parlement, d'autres conflits dépassent souvent les frontières des États nés de l'ex-URSS. Ils ont pour effet, ici de renforcer le repli identitaire, là de le neutraliser. Cela tient à diverses données, souvent paradoxales, et qu'il faut inventorier pour en mesurer les effets.

Ici, contrairement à l'usage, et pour que l'on en saisisse mieux la mécanique, on partira de la périphérie pour aller vers le centre.

Première proposition. Les Républiques musulmanes se gouvernaient elles-mêmes avant la proclamation de leur indépendance. Par là, nous voulons dire que pour l'essentiel, dès l'arrivée de Gorbatchev au pouvoir, les dirigeants de l'Ouzbékistan étaient ouzbeks, ceux de l'Azerbaïdjan, azéris, etc. Lors des massacres d'Arméniens, il y a quelques années, Gorbatchev s'étonnait que les forces de sécurité ne soient pas intervenues pour y mettre fin ; on lui répondit que « des Azéris n'allaient tout de même pas tirer sur des Azéris pour protéger des Arméniens » ; plus que « soviétiques », les forces de sécurité en Azerbaïdjan étaient bien « azéries ». Autre exemple : il a suffi que Gorbatchev déplace, à Alma-Ata au Kazakhstan, un opposant à la perestroïka pour que des émeutes éclatent ; le Premier secrétaire n'avait pas su observer que cet opposant était kazakh, et russe son remplaçant. Autrement dit, les Républiques s'autonomisaient de plus en plus, ce qui était le cas, aussi, de l'Arménie, de la Géorgie.

Deuxième proposition. Pour les Républiques musulmanes, l'indépendance ne signifiait pas nécessairement la volonté séparatiste. Elles ne l'avaient pas nécessairement en vue, tels la Tunisie ou le Maroc, par exemple, qui, durant les années cinquante, géraient avec Paris les étapes de leur séparation. En Asie centrale, au contraire, on avait affaire à une sorte de *séparatisme inversé,* en ce sens que les dirigeants des Républiques s'efforçaient d'avoir pouvoir *sur* les institutions centrales de l'ex-URSS. Ainsi, Pavlov, ministre des Finances — un des participants au coup d'État –, avait des liens étroits avec l'appareil d'État ouzbek et sa mafia.

Dans ces conditions, il n'est pas étonnant que, lors du conflit entre Gorbatchev et Eltsine, l'année qui précéda le coup d'État, les dirigeants des Républiques aient été du côté de Gorbatchev, qui voulait préserver l'Union, et contre Eltsine car, avec la proclamation de la souveraineté de la Russie, il entamait un processus qui mènerait au séparatisme de chaque République ; et cela ruinerait les avantages que ces Républiques endossaient au centre. Il n'est pas étonnant que, dans l'ensemble, elles se placèrent du côté des « putschistes », au moins leurs appareils.

Troisième proposition. Perçue en Russie comme une ouverture vers la liberté, la perestroïka a été ressentie dans les Républiques musulmanes comme un danger pour l'avenir des relations sociales traditionnelles que le communisme avait, en quelque sorte, perpétuées – le président du Soviet étant souvent un ancien khan, etc. En outre, avec la glasnost, Moscou « ouzbékistanisait » les trafics mafieux – sous prétexte qu'on cultivait le pavot en Ouzbékistan, et tout l'Islam était montré du doigt dès qu'il revendiquait des mosquées –, alors que le pouvoir central flirtait ouvertement avec l'Église orthodoxe. Toute revendication en pays d'Islam était considérée comme le signe d'une allégeance possible à Téhéran. Ce comportement des Russes a eu pour effet de développer un mouvement politique islamiste et toutes sortes de variantes d'un Islam politique, dont les variétés ont renforcé l'identité de chaque république vis-à-vis de sa voisine : depuis l'intégrisme chiite qui domine le Tadjikistan, jusqu'à l'Islam quasi laïque de l'Azerbaïdjan, en passant par des variantes, sunnites ou non. Ce phénomène de renforcement de l'identité de chaque République va à la fois contre la réunification du « Turkestan », et contre l'absorption de l'ensemble islamique par les grands voisins, Turquie, Iran ou Pakistan. Ajoutons que le *tempo* de la Révolution islamique en Iran ou ailleurs et celui de la crise des Républiques soviétiques n'ont pas coïncidé. C'est sans doute ce qui a prévenu la dérive irréversible de l'Islam soviétique vers ces trois pays.

Quatrième proposition. On se trouve bien, dans les

Républiques du pourtour méridional, dans une situation postcoloniale, en ce sens que le départ des Russes a précédé, et de loin, la proclamation de l'indépendance ; cet exode se poursuit, mais sans drames excessifs, ce qu'en d'autres circonstances on eût appelé une *décolonisation réussie.* Alors, certaines Républiques retiennent « leurs » Russes ou font appel à de nouveaux « coopérants » russes. Il n'y a qu'au Kazakhstan que la situation est différente, parce que dans cette République, où les Russes sont aussi nombreux que les Kazakhs, les responsabilités sont partagées, à tous les niveaux, ce qui sécrète des conflits interethniques permanents.

Inversement dans certaines Républiques rendues à l'indépendance, au Caucase notamment, les conflits ethniques renaissent, aussi violents qu'avant l'ère russe puis soviétique, entre Arméniens et Turcs-Azéris, Géorgiens et Abkhazes, etc. Dans ce dernier cas, on reconnaît une situation originale : dans leur souci de se libérer des Russes, les Géorgiens ne s'étaient pas aperçus qu'eux-mêmes exerçaient une sorte de pouvoir colonial sur les Abkhazes. On se retrouve ainsi dans une situation pré- et non postcoloniale, les Russes jouant à nouveau les arbitres dans les conflits qui éclatent à leurs frontières.

Cinquième proposition. Les observations faites à propos des Républiques musulmanes, ou caucasiennes, prennent une signification particulière si on observe qu'en Sibérie *russe* on rencontre des phénomènes de même nature. Au Congrès sibérien qui s'est tenu à Krasnoïarsk au printemps 1992, un délégué déclara « que ce n'est pas de la Russie qu'on se séparera, mais de son gouvernement » ; un autre fit valoir que le congrès était considéré comme un moyen de pression *sur* Moscou. Ces deux traits sont caractéristiques : d'une part, les chefs de l'administration, représentants de Moscou, étaient absents du Congrès — signe d'un conflit grandissant entre le pouvoir central et les institutions représentatives, — surtout, c'est par crainte d'être associées aux « séparatistes » que les Républiques *nationales* de Sibérie (Républiques de Touva, Iakoutie-Sakha, Bouriatie, etc.) ont expliqué et justifié leur absence. Les Evenkes ont fait valoir qu'ils visaient à passer de l'autonomie territoriale à l'autonomie nationale, mais dans un cadre russe, pas sibérien.

Confrontées à la deuxième proposition, ces données font clairement apparaître que, dans l'esprit des revendications émises, le problème national n'a pas nécessairement une composante ethnique et ne se résout pas par une arrière-pensée toujours séparatiste. Chez les Baltes, la volonté séparatiste a été le moteur essentiel des Lituaniens, par exemple; même si, aux débuts de la perestroïka, les Estoniens, pourtant violemment antirusses, n'osaient pas la formuler, très rapidement et globalement, cette volonté séparatiste l'a emporté chez tous les Baltes, les Géorgiens, les Ukrainiens, voire les Arméniens, etc. — bref, chez les chrétiens —, alors qu'ailleurs le trait est moins net. D'autre part, au sein de la Russie, la République des Tatars se veut souveraine, c'est-à-dire que ses dirigeants, Tatars ou Russes, veulent pouvoir disposer de leurs ressources à leur guise ; et en Sibérie la même revendication émane à la fois des Russes et des Iakoutes ou des Bouriates.

Ainsi, au sein de la CEI, c'est bien le problème de l'hostilité à la concentration des pouvoirs et le problème du centralisme au niveau des décisions qui constituent le paramètre commun à toutes les situations dites nationales ou coloniales ; aujourd'hui, d'une certaine façon, on redécouvre le vieil antagonisme qui a toujours existé entre, d'une part, le pouvoir central, avec son administration, confondus aux temps du Parti communiste, et, d'autre part, les organes représentatifs, qu'il s'agisse des zemstvos avant 1917, ou des soviets, après. Or, ni les zemstvos, ni les soviets n'ont jamais pu dépasser les capacités d'une administration locale réduite, quelle que soit la compétence des élus (zemstvos), ou leur réelle représentativité (soviets). Comme on le sait, l'histoire de l'URSS peut s'expliquer, depuis 1917, par une absorption des pouvoirs d'en bas, expression de la démocratie directe, par le pouvoir d'en haut, chantre et adepte du centralisme démocratique. En 1988, Gorbatchev a voulu régénérer les soviets, c'est-à-dire restituer au représentatif ses droits et capacités. En 1993-1994, Eltsine les a supprimés. Que signifie cette contradiction ?

Le vrai problème est qu'en haut, comme en bas, on ignore le partage des pouvoirs. Ainsi Eltsine a entrepris de désigner des représentants du président dans les territoires et régions – ou *namestnik,* l'émissaire –, et le gouverneur, nommé lui aussi, émane de Moscou. De sorte qu'il n'existe pas encore vraiment d'administration locale autonome. Sobtchak, maire de Saint-Pétersbourg, n'hésite pas à dire que ces soviets sont inutiles parce que impuissants. « De fait, leur seule capacité est de torpiller les décisions. » Pour schématiser, on peut dire qu'en 1917 les soviets locaux étaient composés d'illettrés ou incultes, mais que les élus avaient tout le pouvoir ; aujourd'hui, ils sont composés de gens instruits et compétents, mais sans capacité juridique ou autre, sinon de CONTRER le pouvoir.

Ainsi, la base élue rêve de pouvoir légiférer, exécuter, juger – ignorant, elle aussi, le partage des pouvoirs ; et, devant son impuissance, le centre légifère et exécute aussi... Les problèmes d'identité constituent seulement une *variable mobile* du problème du pouvoir. C'est notre *sixième proposition.*

Le problème du conflit entre le pouvoir central et le pouvoir représentatif à la base – hier, les soviets, demain, un autre – recouvre ainsi bien d'autres problèmes – à moins qu'aux instances locales ne soient reconnus de vrais pouvoirs d'exécution. Or, aujourd'hui le système des pouvoirs locaux – c'est-à-dire celui dont la composition a le moins changé depuis la perestroïka et le coup d'État – constitue l'épine dorsale de l'opposition et du séparatisme identitaire, de l'opposition aux réformes. Les présidents des ex-soviets de région sont, à 80 %, issus de l'appareil du Parti. Après l'épreuve de force, sanglante, entre Eltsine et le Parlement, ils pourraient être éliminés (septembre 1993).

Étrange parcours... La nomenklatura cherche à prendre sa revanche par le canal du pouvoir représentatif au nom des intérêts des citoyens dans leur région, suscitant un réflexe identitaire, et, ici ou là, un nationalisme anticentraliste ; d'où les concessions qu'Eltsine doit faire aux adversaires du marché, qui hier cherchaient à abattre Gorbatchev, le premier pratiquant peu à peu la même politique en zigzag que son rival abattu — et prédécesseur.

Ces propositions montrent bien que le repli identitaire, ou la naissance d'une nation, liés le plus souvent à des considérations ethniques ou ethno-linguistiques, ou religieuses encore, peuvent fort bien être associés à des considérations d'ordre proprement gouvernemental, ou politique, ou idéologique naturellement — croisées ou non avec les précédentes. En Tchétchénie et à Omsk, à Mourmansk ou au Kouban, l'autonomisme croise toutes les données, indépendamment de la nature ethnique des populations concernées.

Ce qui tendrait à prouver qu'une nation est une formation à la fois permanente… et transitoire.

CHAPITRE XI
La décolonisation télescopée

Ces peuples libérés s'imaginaient que « des ruines surgirait un ordre nouveau », et que l'instabilité née de ces luttes de libération cesserait. Or, « la violence des soldats et officiers, héros de la victoire, leur orgueil, leur appétit de puissance aboutirent à une militarisation du pouvoir dont furent victimes les classes urbanisées [...] ». « Même si ce mouvement aboutit à une relative démocratisation du système politique en place » [...], les inégalités d'hier firent place à d'autres, assurant la promotion de quelques-uns [...]. » Au total, les régimes qui s'instituèrent furent tels « qu'ils discréditèrent ceux qui avaient été les chantres d'un changement, les élites et classes moyennes urbaines, à l'origine de cette prise de conscience qui avait conduit à l'indépendance ».

Ce diagnostic semble extrait tout droit de l'ouvrage de René Dumont, *L'Afrique noire est mal partie* (1962). Il n'en est rien. Il rend compte de la situation, un siècle plus tôt, en Amérique « latine », au lendemain des guerres d'indépendance, et a pour auteur l'historien argentin Tulio Halperin Donghi. On observe ainsi que l'indépendance-colon et les mouvements de libération des peuples colonisés ont pu aboutir à des effets similaires, au moins *à court terme*. De fait, quelques-uns de ces traits se retrouvent également dans bien d'autres pays que ceux de l'Afrique noire, indépendants depuis le milieu du XXe siècle.

Une des raisons de cette similitude est que les mouvements d'indépendance du XIXe et du XXe siècle ont pu à la fois être dépassés par une survivance dévoyée des rapports précoloniaux et télescopés par un mouvement plus ample, et qui n'a cessé de se renforcer...

Certains traits d'une histoire précoloniale resurgissent, modifiés toutefois par le passage de la colonisation. On les a rencontrés dans le Haut-Pérou, où renaissent des conflits antérieurs à la conquête, que celle-ci a, en quelque sorte, « conservés » ; en Indochine aussi où le Vietnam, à peine libre, a voulu remettre la main sur le Laos et le Cambodge. On les rencontre aussi au Caucase où ils ont survécu à la conquête russe et soviétique. On multiplierait les exemples, en Afrique du Sud ou centrale notamment.

Souvent, certains conflits anciens ont été exacerbés par l'établissement de frontières qui chevauchent d'anciens systèmes relationnels, dans l'ensemble de l'Afrique noire essentiellement.

Mais plus significative encore est la résurgence de situations que l'époque coloniale a contribué à modifier, à aggraver, alors qu'il avait pu sembler que ces conflits ancestraux étaient anesthésiés à jamais. Les études ethno-historiques de Jean-Pierre Chrétien en fournissent un bon exemple au Burundi et au Rwanda, où les luttes sanglantes entre Hutu et Tutsi ont repris dès 1972. Le clivage relève d'une différenciation des clans antérieure à l'Europe ; mais l'expression sanglante d'une opposition entre ces groupes et catégories ne s'est manifestée que durant les années cinquante et soixante. « La montée en puissance de la carte ethnique dans la constitution des clientèles politiques a débouché sur un engrenage de discriminations, de violences et de peurs apparemment incontrôlable. Entre ces deux moments, celui du vécu archaïque d'une différence, et celui d'un conflit à forme raciale, se place l'épisode colonial. »

De l'hégémonisme européen à l'hégémonisme américain

Au XIXe siècle, ce plus ample mouvement est bien la révolution industrielle, dont la Grande-Bretagne est la force motrice, prenant sans effort la place de l'Espagne et du Portugal en Amérique du Sud, à la fois pour écouler ses produits industriels et pour y contrôler les circuits commerciaux. Les nouveaux États s'endettent pour acquérir les merveilles de la production britannique et les Anglais se contentent de faire du business. Une sorte de nouveau pacte colonial s'élaborait ainsi, qui associait les intérêts des industriels européens aux classes dirigeantes locales, mais bientôt les premiers contrôlaient une partie de l'économie du pays. La Grande-Bretagne est maîtresse au Pérou et aussi en Argentine, les capitalistes allemands se sont emparés du commerce du café au Guatemala ; à Cuba, les compagnies américaines prennent possession des terres à sucre. Bientôt, les basses terres de l'Amérique centrale sont entamées à leur tour : l'empire bananier, contrôlé par Boston, est en train de naître. A Haïti et à Saint-Domingue, où le revenu principal de l'État provient des douanes, le prêteur américain récupère son argent en s'assurant leur contrôle.

On retrouve entre 1870 et 1910 une situation qui était celle de l'Égypte ou de la Tunisie, et des procédures similaires.

La « crise vénézuélienne », en 1902, marque le passage, en Amérique, de l'hégémonisme européen à celui des États-Unis. Theodore Roosevelt mène la croisade, armée, contre ces débiteurs, au nom de tous les créanciers du Venezuela. Contemporaine de l'expédition contre les Boxers, dirigée par Guillaume II, cette intervention-ci s'effectue au nom de la doctrine de Monroe – mais surtout elle s'appuie, comme l'autre, sur des principes moraux. Car les États-Unis procèdent autrement que les Européens.

En Amérique « latine », les Anglais n'avaient donné aucun caractère moral ou idéologique à leur emprise économique. Certes, en Afrique ou ailleurs, ils disaient agir au nom de la civilisation, mais pas en Amérique « latine ». Là, ils faisaient du *business, as usual,* et ils se contentaient d'avantages concrets. Tulio Halperin Donghi a bien vu que les Américains, au contraire, veulent exporter leur puritanisme d'origine, cette exigence de vertu politique qui est à la source de leur indépendance, de leur révolution. Les Yankees voudraient amener les Sud-Américains à une « saine » gestion de leurs affaires : or, ce qui paraît être aux Latino-Américains une ruse hypocrite pour contrôler leur budget, leur pays, est en fait plus qu'une tactique : une vraie stratégie.

En effet, servant à justifier des avantages matériels bien évidents, le moralisme pédagogique a pour fin de perpétuer une relation de domination. Le maître demeure toujours le maître.

Au nom des principes, de la politique du « *big stick* » — du gros bâton —, de la doctrine Monroe, Theodore Roosevelt avait « libéré » Cuba (et les Philippines) de la domination espagnole. Au nom de leur « sécurité », les Américains contrôlent désormais l'Amérique centrale et Panama, une politique qui perdure tout au long du XXe siècle : intervention militaire à Haïti en 1915, au Guatemala au lendemain de la Seconde Guerre mondiale, aide au débarquement de la baie des Cochons contre l'action de Castro à Cuba, multiples ingérences dans la politique des petits États de l'empire bananier durant les années soixante et soixante-dix au XXe siècle, puis contre la révolution sandiniste au Nicaragua. Noam Chomsky a bien montré qu'il existe une corrélation entre l'importance des crédits versés par le Département d'État, ou la CIA, aux gouvernements latino-américains et les crimes commis dans ces pays contre les droits de l'homme, surtout depuis 1976, quand, à nouveau, l'Amérique latine a ouvert sa porte aux investissements étrangers, nord-américains essentiellement. Cette aide directe ou indirecte s'est toujours effectuée au nom de la lutte « pour la démocratie », contre la « subversion », et selon les principes de la rigueur morale que la politique américaine entend incarner…

En vérité, cette pratique des États-Unis ne s'est pas limitée aux États de l'Amérique hispanique. Elle a concerné aussi, après les indépendances des années 1960, des États sous surveillance, à éloigner du communisme, telles l'Indonésie, la Corée du Sud… Au Vietnam, elle a été à l'origine d'une des guerres les plus cruelles de l'Histoire. Ne pouvant jeter une bombe A sur un allié de l'URSS, et poussé par l'opinion, Richard Nixon décida de se retirer (1973).

Quant à « l'aide » qui a accompagné cette politique, elle

a eu pour effet d'enrichir les plus riches des dirigeants des pays les plus pauvres ; et d'appauvrir les plus pauvres des habitants de ces pays-là.

Des relations postcoloniales à l'impérialisme multinational

Dans le monde afro-asiatique indépendant depuis les années cinquante et soixante, faut-il parler de néo-colonialisme, ou de néo-impérialisme ? Des deux à la fois, peut-être, selon le cas…

Tout comme en Amérique latine, dès le XIXe siècle, l'Afrique noire a connu une sorte de colonisation de classe. En 1961, un maire disait au Premier ministre du Cameroun, Assalé, que « la masse avait le sentiment que la souveraineté nationale avait créé une classe de privilégiés qui se coupait d'elle » (cité in R. Dumont, *L'Afrique noire est mal partie*). C'est exactement ce que disent les Algériens en 1993, avec cette différence qu'en Algérie ces élites — qui ont pris la relève des colons — ne gouvernent pas le pays qui, pour elles comme pour les masses, est aux mains des militaires et de l'État-FLN. « Ainsi nous n'avons pas cessé d'être occupés… »

En Afrique noire, a-t-on pu écrire, la principale industrie est l'administration : elle absorbait 64 % du budget du Dahomey en 1970. Il y avait, au Gabon, un député pour 6 000 habitants, contre un pour 100 000 en France ; une vie entière de travail n'y vaut pas deux mois de salaire d'un parlementaire. On multiplierait les figures de cette déchéance par rapport aux espoirs nés de la libération… S'y est ajoutée, dans d'autres pays, la misère née des dépenses en armement qui, en Irak par exemple, ont empêché l'État d'aider à l'amélioration du niveau de vie des populations ; mais le cas de l'Irak n'est qu'un exemple ; les dépenses militaires ont contribué à cet effondrement du niveau de vie de populations entières. Or, les métropoles d'origine ont largement concouru à cet état de fait au bénéfice de leurs propres industries — celles de la France et de la Grande-Bretagne – qui ont ainsi vécu leurs « trente glorieuses » après la décolonisation. Telle est bien la première forme qu'a prise le néo-colonialisme, perpétuant les liens privilégiés de l'Europe et de ses anciennes colonies ; la deuxième forme en étant la collusion qui a pu s'instituer entre les nouveaux dirigeants des colonies et les milieux politiques ou financiers des métropoles.

Mongo Beti a essayé de comprendre comment cette corruption remonte ses effets jusqu'à son village, au cœur du Cameroun, « complètement sinistré »... Est-ce seulement la faute aux Africains, demande-t-il... Vieux problème ou faux problème ? A moins qu'il ne se soit agi des effets de ces accords en bonne et due forme qui assuraient à la France ou à la Grande-Bretagne certains avantages ou monopoles – pétroles du Sahara, par exemple –, tandis que les anciennes colonies achetaient trop de tracteurs ou accroissaient leur production de café, au lieu de développer leurs cultures vivrières. On assistait là à la survie d'une sorte de pacte colonial.

Enfin, effet pervers de l'époque coloniale, l'adoption du principe de l'intangibilité des frontières instituées dans le passé est à l'origine de conflits tragiques, après l'indépendance, en Afrique noire notamment – Nigeria, Tchad, Cameroun, etc.

Un aspect, inverse, de ce type de relations héritées du passé a été le recours, par les métropoles, à l'*armée industrielle de réserve des pays du Tiers-Monde*. L'importation de travailleurs immigrés, qui avait commencé durant les années trente du XXe siècle, connut un boom fantastique lors de la décolonisation, durant les années soixante. Dès qu'il est apparu, en France notamment, que la puissance du mouvement revendicatif des travailleurs métropolitains rendait aléatoires les succès du patronat et le maintien du taux de profit, et que l'on a observé la réticence de plus en plus grande des Français à accepter les besognes rebutantes, les gouvernements de l'époque de Gaulle-Pompidou ont laissé affluer une masse grossissante d'immigrés, au départ jeunes et célibataires, et par conséquent peu onéreuse à gérer. L'afflux de ces travailleurs a permis de détendre la situation sur le marché du travail et de reconstituer une armée industrielle de réserve plus fluide que la main-d'œuvre nationale. Au début des années soixante-dix, les ouvriers qualifiés étaient de 23,1 % pour les Tunisiens, 18 % pour les Marocains, 15,9 % pour les Algériens, 9,5 % pour les Noirs de l'ancienne Afrique française (cité in P. Souyri, *La Dynamique du capitalisme au XX*e *siècle*, p. 226). Il se crée ainsi une *situation de type colonial dans la métropole elle-même* où les Français se réservent la place de cadres, cols blancs, etc. Or, peu à peu, avec l'enracinement des immigrés venus des territoires d'outre-mer, des familles se sont constituées, ont crû, se sont multipliées — ce qui a alourdi le budget national alors qu'à l'origine la présence de ce prolétariat ne présentait que des avantages financiers.

Cet effet de retour de la colonisation se retrouve en Grande-Bretagne, où les Pakistanais et les Indiens ainsi que les immigrés des Caraïbes se sont aussi substitués au prolétariat anglais dans un certain nombre de secteurs de la production — les chemins de fer notamment —, mais où les élites ont pénétré le corps médical et d'autres services du Welfare State. Il se retrouve également en République de Russie, où les Coréens occupent les tâches subalternes dans la province de l'Extrême-Orient soviétique, constituant souvent une sorte de sous-prolétariat clandestin dénué de droits.

Le postcolonialisme et le néo-impérialisme ont croisé leurs effets avec la montée de l'hégémonisme américain lorsque, aux lendemains de la Seconde Guerre mondiale et lors de la décolonisation, les Américains se sont substitués aux Européens dans les zones périphériques de leur ancienne domination : Arabie Saoudite, Iran, Caraïbes. Simultanément, les nouveaux États indépendants essayaient de se rendre maîtres, économiquement, des richesses de leur sol et de leur sous-sol encore contrôlées par des trusts ; et la politique de nationalisation suivie alors a multiplié des conflits qui ont, par contrecoup, secoué l'économie mondiale — par exemple, lors de la crise du pétrole en 1973.

Ne pouvant plus importer du Tiers-Monde une main-d'œuvre désormais « encombrante », les dirigeants de l'économie occidentale ont rejeté une partie de leurs activités vers les *réservoirs humains de la périphérie.* Étant donné les hauts salaires pratiqués dans leur pays, les Américains avaient donné l'exemple en construisant un nombre croissant d'usines dans les anciennes colonies — Philippines, Singapour —, également en Corée du Sud, au Mexique, au Nigeria. Les Japonais les imitèrent les premiers, à Taïwan, Hong-kong, Singapour, puis les Allemands, en Amérique latine surtout, enfin les Français et les Anglais. Peu à peu, les pays ex-colonisateurs bénéficient indirectement du travail de ce prolétariat de la périphérie, de cette délocalisation, une partie croissante de la population active des pays développés devenant improductive ou parasitaire.

Mais là apparaît la différence entre, d'une part, les États africains qui n'en ont guère tiré avantage, et, d'autre part, certains pays latino-américains ou asiatiques qui, au contraire, ont su obliger les investisseurs à abandonner une fraction croissante de leurs profits aux gouvernements et classes dirigeantes locales. Ils ont pu, à temps, se greffer sur les processus de mondialisation de l'économie, en être partie prenante, et même, à Singapour, ou Taïwan, participer à sa gestion — à l'égal des grandes puissances économiques. Aujourd'hui, la Malaisie importe des travailleurs étrangers...

De sorte que la différenciation qui s'est opérée entre telle et telle ancienne colonie depuis son indépendance, tout comme les problèmes dont ont hérité les métropoles ne sauraient s'expliquer seulement par des relations bilatérales, néo-coloniales, ou par le néo-impérialisme, mais par des phénomènes plus généraux, qui, telle l'industrialisation au XIXe siècle, ont télescopé la décolonisation.

« L'essence du néo-colonialisme, écrivait Nkrumah, dès 1965, tient à ce qu'un État qui est indépendant en théorie et doté de tous les attributs de la souveraineté, a, en réalité, sa politique dirigée de l'extérieur » ; ce jugement constitue sa première définition par un chef d'État souverain, qui a su percevoir qu'à partir d'un certain stade les puissances ex-impérialistes n'avaient plus intérêt à contrôler « du dedans » les anciennes colonies, mais bien à les « aider » à se développer, et à substituer à une présence visible un gouvernement invisible, celui des grandes banques — Fonds monétaire international, Banque mondiale, etc. Plutôt que de néo-colonialisme, il s'agirait ici de néo-impérialisme. Encore qu'avec la mondialisation de l'économie l'utilisation de ce terme ne soit plus adéquat. Quant à l'expression « impérialisme des multinationales », elle ne rend pas compte de l'interférence de ces intérêts avec ceux des États. Ne vaut-il pas mieux parler d'un « *impérialisme multinational* » ?

ASPECTS ET EFFETS DE L'UNIFICATION DU MONDE

Un des traits dominants de la colonisation avait été de lancer le processus d'unification du monde et, dans le cadre de cette dynamique, d'avoir accru les écarts entre les pays colonisateurs et les autres. A l'heure de la décolonisation, Josue de Castro a diagnostiqué le trait, en 1967, pour les termes de l'échange. Vingt-cinq ans après, Paul Bairoch l'a confirmé *.

Au vrai, cette greffe fut aussi une mécanique uniformisatrice, mais celle-ci ne fonctionna pas nécessairement lors des rencontres entre civilisations. Certes, ce fut le cas aux Amériques, au Mexique et au Pérou en particulier — même si toute une partie des populations y échappa. Mais, en Afrique, le processus d'intégration fut bien plus tardif, bien que les dispositifs de l'annexion aient été en place dès les XVIe-XVIIIe siècles : il ne devint effectif qu'après les années 1880, plutôt vers 1900-1930, et vraiment insupportable qu'après la « deuxième » colonisation, celle des années cinquante — une évolution qui se retrouve en Angola comme en Afrique orientale. En Inde, le processus d'unification économique du monde n'atteint l'intérieur du pays qu'au premier tiers du XXe siècle, à partir des villes

* En 1954, on achetait une jeep avec 14 sacs de café ; en 1962, il en fallait 39. Et aujourd'hui ?

construites sur le littoral, et toute une partie de la société dut surmonter le défi de l'accroissement des écarts. Ce processus d'uniformisation — culturelle, politique même — a rencontré en Inde des résistances très fortes, comme dans une partie du monde islamique d'aujourd'hui.

Mais c'est l'Extrême-Orient qui a répondu au défi de la colonisation et de l'impérialisme de la façon la plus originale : en dépassant ses préceptes, tout en gardant quelques-unes des formes de sa propre modernité qui n'est pas nécessairement de type occidental. Quant au carrefour javanais, il avait déjà institué, avant l'arrivée de l'Europe, une sorte de « système multinational ».

Le statut des langues, son évolution, sont révélateurs. Comparons. Première étape : à la colonie, le Français, l'Anglais ou l'Espagnol n'apprennent la langue indigène que pour mieux commander. Deuxième étape : ils hésitent à enseigner aux indigènes la culture métropolitaine pour ne pas risquer de trop les éveiller. Troisième étape : Anglo-Saxons, Français, Russes et surtout Soviétiques développent l'enseignement de leur propre langue pour perpétuer leur avantage technique, économique, politique ou culturel. A la fin du XXe siècle, nouvelle étape : ce sont les Américains, à leur tour, qui doivent apprendre la langue japonaise pour ne pas être exclus des filiales que l'industrie nippone a plantées aux États-Unis...

Alors qu'au XVIe siècle il existait plusieurs économies-monde — la Chine, l'Occident, le monde islamo-turc —, l'unification s'est effectuée irréversiblement et, aujourd'hui, il n'existe plus guère de zone endoréique en dehors du système.

Premier phénomène, du XVIe siècle au XXe siècle, l'unification du monde s'est accélérée. Durant les générations qui ont précédé la Première Guerre mondiale, et plus rapidement que jamais dans le passé, les distances ont rétréci, le monde n'a jamais semblé si petit. Le commerce et l'expansion européenne ont renforcé les liens entre l'Orient et l'Occident. Les effets de cette unification étaient imprévisibles. Ils n'ont pas concerné que les colonies.

Ainsi, en Europe même, aux autorités traditionnelles et alors bien identifiées, le monarque, le prêtre, la loi, le patron, la famille, l'officier, s'en sont ajoutées de nouvelles : celles-ci sont anonymes et incontrôlables, certaines liées à l'expansion qui faisaient monter ou descendre brusquement les prix ruinaient l'agriculture traditionnelle, ou encore changeaient la mode (celle des goûts alimentaires aussi bien que des tissus et parures, bientôt des loisirs) ; changements, purement européens, les progrès de la technique annulaient des inventions à peine étaient-elles apparues ou faisaient disparaître des métiers vieux comme le monde.

Et tout cela au nom du progrès, de la science, de la liberté.

Or, aujourd'hui, depuis la fin de la « décolonisation », ces phénomènes ont atteint les coins les plus éloignés des centres nerveux du monde. Les hauts plateaux des Andes comme ceux de l'Afrique noire peuvent connaître pareils cataclysmes ; ils se voient ruinés par cette unification des marchés qui a aussi bien ignoré l'émancipation des peuples ex-colonisés que l'aspiration des autres à une autonomie politique ou culturelle : que le maître apparent ait pu être le colonisateur, ou Wall Street, ou Bruxelles, ou le cours de l'or n'y change rien.

Les effets sont comparables.

Au début du siècle, en Europe, la masse des citoyens était ignorante des mécanismes qui commandaient à l'économie. Elle l'est demeurée aujourd'hui, mais en a mieux conscience. Dans ce monde incompréhensible, chacun a cherché à échapper à la malédiction qui le frappait. Dans les villes et les campagnes d'Europe de la fin du XIXe siècle, du début du XXe aussi, on observe le même retour à la religion, un mouvement qu'incarnent en France Charles Péguy, en Russie Vladimir Soloviev, d'autres ailleurs. Mais tous ne sont pas capables de trouver une aide dans la religion ; le développement de la presse des faits divers, dans toute l'Europe au début de ce siècle, témoigne de ce besoin d'évasion. D'autres choisirent l'alcool, ou la mort volontaire, et ce n'est pas un hasard si Durkheim écrivit un livre sur le suicide en 1902.

Ce sont les *premiers signaux d'une perte de repères.* Mais un très grand nombre réagit autrement, par un sursaut, par une révolte individuelle ou collective, de sorte que l'émigration et la révolution furent les deux phénomènes, souvent corollaires, associés (on ne l'a pas suffisamment montré) et qui ont constitué une réponse au malheur. Ainsi, la Russie et l'Italie furent simultanément la patrie de Bakounine et de Malatesta, grandes terres d'émigration également, et porteuses de deux réponses à la crise de ce siècle, à la guerre : le communisme et le fascisme.

Or, depuis la fin des colonies, que voyons-nous ?

Devant l'incertitude de notre temps et l'incapacité des dirigeants à maîtriser le fonctionnement économique ou social, on assiste à nouveau à une renaissance du mysticisme, une attirance vers l'irrationnel dans nos sociétés occidentales, dont témoigne le succès de toute foi venue d'ailleurs ; et on observe aussi un recours à la drogue qui assure la relève, chez les plus jeunes, de l'alcool de nos ancêtres. Quant aux mouvements collectifs, ils surgissent eux aussi aux croisements de l'émigration et de la révolte, en réaction contre la faillite de la décolonisation, par cette renaissance d'un Islam intégriste dans le monde arabe, turc ou persan.

Le deuxième phénomène, au reste relié au premier, ne concerne pas seulement les individus mais les *nations,* les États, les ethnies. Au début du XXe siècle, les progrès de la concentration géographique des activités industrielles et le développement du capitalisme ont déterminé des phénomènes économiques *généraux* que n'avait pas connus l'âge préindustriel. Ainsi, l'agriculture anglaise tout entière a vu son destin modifié par les lois libérales de 1846. Ultérieurement, aussi bien la production caféière du Brésil durant l'entre-deux-guerres que celle du sucre à Cuba après 1959 ont été ainsi frappées de mort, tout d'un coup.

Ont suivi l'effondrement du prix des produits agricoles et des matières premières, la hausse des taux d'intérêt provoquée par la Banque centrale des États-Unis, la crise de la Dette, qui depuis 1982 a abouti à un transfert inverse des ressources, les anciennes colonies transférant aux pays riches plus de ressources financières qu'ils n'en reçoivent.

Le commerce international a rarement appauvri des pays entiers, mais il a ruiné les couches sociales qui produisaient de façon traditionnelle ; indépendance ou pas.

Aujourd'hui, ce sont des pays africains que la spécialisation a complètement ruinés, de sorte que, d'abord en Europe puis, aujourd'hui, dans un grand nombre de pays, chaque nation ou chaque État a le sentiment d'être entouré d'ennemis qui en veulent à sa prospérité, à son développement, à son existence même. Ces sentiments s'exacerbent dès qu'une société transgresse par la violence les usages internationaux qui réglementent son étouffement : l'URSS après 1917, l'Allemagne après 1933, l'Égypte après Suez, Cuba en 1959, l'Iran sous Khomeiny, etc.

Ainsi, le sentiment national est devenu une des formes de la réaction collective des sociétés face aux phénomènes nés de l'unification du monde, et d'abord économiques ; le mouvement des nationalités en est une variante qui n'est pas liée seulement à l'oppression religieuse ou nationale. On comprend mieux ce trait si on associe le patriotisme des nations, au XXe siècle, à la résurrection du régionalisme. Le phénomène se saisit sur le vif, dans l'Empire russe, dès l'époque tsariste où, avec la multiplication des lignes de chemin de fer, les colons russes s'installent le long de ces voies ferrées, ce qui suscite des mouvements de résistance pas seulement chez ceux qui ne s'étaient jamais considérés comme des Russes/ Finnois, Tatars, Géorgiens, etc., mais aussi chez les Ukrainiens, les Mordves, les Mari...

On peut juger aujourd'hui qu'entre l'obligation, pour les Ukrainiens, de parler la langue russe et l'interdiction, pour les écoliers français, de s'exprimer en patois, il n'y a qu'une différence de degré, une forme de résistance à la centralisation de l'État. La résurrection du régionalisme provençal ou breton, en 1877, la survivance de la question méridionale en Italie, ou encore le problème sicilien sont des phénomènes de même nature, un patriotisme mais dissocié du temps présent.

Or, aujourd'hui, le phénomène, longtemps enseveli, réapparaît et s'étend, pas seulement en Corse, en Wallonie, au pays Basque espagnol, où l'existence de la démocratie retire tout alibi à la violence, mais il se manifeste hors de la petite Europe, dans ces pays qui se sont libérés de l'oppression coloniale — ou simplement de ceux qui les dominaient économiquement —, dès que la construction d'un État fort, légitimé par les nécessités de la sauvegarde, a brimé des communautés entières, micro-nations ou nations qui redécouvrent leur identité ; les Kurdes depuis l'époque d'Ataturk, les Kabyles en Algérie, les Sahraouis, sans parler des mille et une nations de l'Inde qui ne tolèrent pas le monopole qu'exerce, au nom de l'indianité, le Parti du Congrès.

Ainsi, on assiste à un mouvement centrifuge qui est la réponse des minorités au centralisme institutionnel, lui-même réponse à la menace que le monde extérieur fait peser sur chaque État, sur chaque communauté.

L'*uniformisation institutionnelle et bureaucratique* s'est manifestée avec le développement de l'État, qu'on le date, en Occident, du XVIe siècle, de la Révolution française ou de l'âge technocratique. Ce phénomène s'est traduit par la multiplication des groupes sociaux qui ont élargi l'aire du pouvoir central, qu'il se soit agi successivement du clergé, des militaires, des fonctionnaires, des cadres, voire des universitaires et autres experts. Leur promotion élargit la distance entre le centre et la périphérie, distance sociale, il s'entend ; celle-ci aboutit au rejet vers l'extérieur de tous ceux qui ne sont pas intégrés au système : qu'il s'agisse des exclus, de toutes les autres victimes collectives, aussi bien « arrière-pays » que régions entières et nations prolétaires, concernant même les pays développés depuis que la bureaucratie est devenue supranationale. A la fin du XIXe siècle, le paysan des Cévennes retrouvait, au-dessus des épaulettes de son officier, la figure de son ancien maître. Aujourd'hui, le pouvoir n'est plus celui du sous-préfet ou du député, mais il appartient à la Commission de Bruxelles. *Le citoyen, qui a perdu ses repères, a aussi perdu son recours.* Or, ce phénomène concerne aussi bien tous les États nouveaux nés ou réapparus depuis la fin de l'ère coloniale. L'occidentalisation du monde, liée à la colonisation, a abouti à une uniformisation des institutions, depuis les formes de la « démocratie représentative » jusqu'à celles de la dictature. Les mêmes glissements de fonction se retrouvent en Afrique noire ou en Asie du Sud-Est.

Dans les conférences internationales, ce ne sont pas les nations « prolétaires » qui ont le moins d'experts, leur personnel politique est l'homologue de celui des autres pays : la petite Barbade a ses députés, ses ambassadeurs, son cortège d'anciens ministres, etc.

L'*unification culturelle* — comme l'unification matérielle du reste — tend vers l'uniformisation aussi, mais dans ce cas il s'agit souvent des suites de ce qu'on a appelé « l'échange colombien », outre l'Amérique et l'Europe, celui des produits alimentaires ou autres, qui ont traversé l'Atlantique dans un sens ou dans un autre — le dindon, le maïs, le cheval, etc. —, ou sont passés d'une civilisation à l'autre — le thé, le café, le tabac... —, souvent identifiés à la mode nouvelle...

On retrouve cette unification dans quelques autres domaines... Le plus universel est sans doute la danse, car dans ce domaine le processus de conquête est parti des Amériques noires. Dans son désir souvent réprimé de la Vénus Noire, l'homme blanc accepte les danses nègres, mais il en a accentué la distance. La première a été le *lundu,* danse érotique bantoue, adoptée par les mulâtres et mulâtresses du XVIIIe siècle. Puis sont venus les fous du tango des Noirs de Buenos Aires, métissé, ne gardant plus qu'une réminiscence de l'acte sexuel, qui est devenu une sorte de danse nationale en Argentine avant de gagner l'Europe et les États-Unis. Puis ce fut la samba brésilienne, peu à peu devenue une danse blanche, comme la rumba, adoucie par rapport à ses origines africaines, etc.

Alors que la musique nègre — avec le jazz entre autres — a aussi gagné la planète, l'art africain a eu un parcours plus difficile ; « ydoilles estranges », disait-on en ramenant des statuettes d'Afrique au XVIe siècle ; ces « idoles », « art primitif », dit-on lors de la première grande exposition, suite à une mission de Pierre Savorgnan de Brazza, en 1886. Celle-ci accueille près de 30 000 visiteurs, mais elle a lieu à l'Orangerie du Jardin des Plantes, dépendance du Muséum d'histoire naturelle... ce qui définit son statut. Toujours à Paris, lors de l'Exposition universelle de 1889, il s'agit, pour les organisateurs, de populariser l'idée coloniale. Certes, il est des collectionneurs qui savent voir les raffinements de cette statuaire, mais les publications qui portent sur les artefacts sont essentiellement dues à des géographes, ethnologues, anthropologues.

Vlaminck et Gauguin ont été avec Matisse et Apollinaire les grands découvreurs de la sculpture africaine, autour de 1905. Carl Einstein publia les premiers textes sur leur esthétique qui a tant influencé l'art moderne. La légitimation « officielle » eut lieu en 1912, dans un article de *Gil Blas* sur l' « art » nègre, dont Jean Cocteau pouvait écrire, en 1917, « qu'il ne s'apparente pas aux éclairs décevants de l'enfance, de la folie, mais aux styles les plus nobles de la civilisation humaine ».

Le point important est que désormais la rupture est plus grave qu'à l'époque du *Salammbô* de Flaubert ou de l'orientalisme à la Loti ou à la Delacroix : on remet en cause une civilisation plus qu'on ne cherche à distraire des esprits blasés. La révolution va plus loin encore lorsque, avec la peinture issue de la tradition vaudoue, l'esthétique se fonde moins sur les formes que sur les symboles, et, dans les tableaux, l'organisation de l'espace correspond à des logiques magiques, par exemple chez Hervé Telemaque ou Hector Hyppolite.

La reconnaissance de cet art le faisait participer à cette unification culturelle, protégée ici de toute dérive uniformisatrice. Il en a été de même, ultérieurement, du cinéma africain qui, certes, s'est mis à l'école technique de l'Occident (comme le cinéma indien), mais a sauvegardé son identité esthétique.

Autre phénomène. Les luttes de libération, la conquête de l'indépendance n'ont en rien mis fin aux différents processus d'unification mis en place depuis le XVIe siècle. On l'a dit dans le domaine économique, et l'uniformisation a atteint également la nature des régimes politiques. Mais l'annulation au moins partielle des résultats attendus de ces luttes — ces États se gouvernent, certes, mais ils ne maîtrisent plus les fonctionnements de la société et de la production — est accentuée par un autre phénomène qui suscite des réactions, l'uniformisation de l'information et des médias.

Il est bien connu en Occident parce qu'il occupe le devant de la scène. Qu'il s'agisse de la presse écrite, avec Springer, Hersant, Murdoch, etc., ou de la télévision, la marche vers l'unification semble bien en route. Le point important est que l'information télévisée s'uniformise indépendamment de l'action de ceux qui contrôlent les médias, par l'effet même des satellites, qui se *surajoute* à celui de la concentration. Cela aboutit à une standardisation qui est déjà bien en marche. Ainsi peut-on observer que sur cent « sujets » filmés, distribués aux différentes chaînes (BBC, TF1, RAI, CBS, etc.), le nombre des images communes ne cesse de croître de façon caractéristique depuis une dizaine d'années alors que diminue la capacité de chaque chaîne de produire des images/ informations autonomes, sauf sur les affaires locales et les faits divers. Qu'on ouvre sa télévision à Londres, au Caire ou à Lima, pour l'essentiel, on voit les mêmes images. On peut ainsi parler de standardisation. On imagine la protestation des non-producteurs, dans le Tiers-Monde, c'est-à-dire les ex-pays colonisés pour la plupart, de tous ceux qui n'ont pas le droit à l'image, à la parole.

Or, radios locales et films vidéo n'ont pas les moyens de diffuser une véritable contre-information.

Pourtant, une contre-analyse existe, et elle se fait, mais à d'autres niveaux. C'est sans doute un des paradoxes de notre temps qu'elle soit d'autant plus vivante que la standardisation est plus poussée.

Le phénomène se vérifie dans un domaine particulier, l'analyse historique, central, parce qu'il commande l'interprétation de notre temps et sauvegarde l'identité des nations, des ethnies.

Il est clair qu'en URSS, par exemple, où l'Histoire a été longtemps au service du pouvoir, puisque le Parti était censé incarner son sens et son mouvement, ce sont successivement les opposants et les dissidents qui ont construit une contre-analyse de l'histoire de l'URSS, mais en quelque sorte en *contrebande*. Cette contre-histoire a eu peu d'audience dans le pays même parce qu'elle ne s'appuyait sur aucune institution qui eût pu en assurer la sauvegarde. Voilà pourquoi, en Pologne, un des premiers projets de *Solidarnocz,* quand l'institution a pensé qu'elle survivrait, a été de récrire l'histoire, une démarche qui rappelait celle des socialistes du siècle dernier, tels Mehring ou Jaurès, qui repensaient l'histoire au travers de la lutte des classes pour faire face à l'histoire officielle.

Mais ce sont les peuples ex-colonisés, qui, naguère, ont donné l'exemple de cette mise en cause : griots d'Afrique noire, ulémas et marabouts en pays d'Islam ont livré à l'information et à l'histoire dominantes à la fois une bataille sur les faits et sur le récit, puis une bataille sur les valeurs mettant en cause celles qui légitimaient la mainmise coloniale. Aux États-Unis, les Noirs ont commencé ce travail dès 1794... Or, aujourd'hui, toujours aux États-Unis, les Indiens font de même, comme les Catalans en Espagne, les Occitans en France, ou les ligues de femmes un peu partout.

Pendant longtemps, la tradition orale puis le film ont été les formes les plus opératoires de la diffusion de cette contre-information. Durant les années soixante, au Maghreb comme en Amérique andine (Colombie surtout), le transistor a joué ce rôle de contre-média face à la radio dont étaient équipés seulement les gens privilégiés des villes, les colonisateurs. Aujourd'hui, en vidéo, il suffit de citer des œuvres telles que *Document sur le travail forcé en URSS* (Lettonie, 1976), *The Black Hills Are not for Sale* (Chicano US, 1974), *Un jour de grève aux usines Wonder* (France, 1968) pour qu'on saisisse clairement que chaque société sécrète sa propre contre-histoire face à l'uniformisation de la connaissance historique. Au cinéma, on pourrait multiplier les exemples, depuis *Ceddo,* qui stigmatise l'Islam dominateur au Sénégal (et détenteur du savoir et du pouvoir) jusqu'à *Tupac Amaru,* au Pérou, qui donne le point de vue inca sur la conquête espagnole.

Tout se passe comme si la marche vers l'uniformisation recélait elle-même la parcellisation des visions du monde par un retour ethnocentrique dont les peuples colonisés ont été les agents avant-coureurs. En témoigne aujourd'hui l'essor du phénomène au Caucase et dans les Balkans.

Le *dernier phénomène* qui marque l'ère postcoloniale est sans doute qu'avec la mise en cause du « progrès » de l'histoire, des bien-fondés de la colonisation, est atteinte corrélativement la foi qui existait au XIXe siècle en l'Avenir de la Science...

Plus que la science, en vérité, ce furent ses applications qui avaient fasciné l'opinion : chemin de fer, télégraphe, vaccins, etc. Ils avaient séduit l'Inde, le Japon. Or, en Europe, derrière ces inventions, on retrouvait toujours les mathématiques, de sorte que peu à peu les lois de la statistique prirent la relève de l'*Esprit des Lois.* Au début du XXe siècle, les programmes politiques prétendaient s'appuyer sur une interprétation savante du monde : socialisme « scientifique » de Marx, anarchisme « scientifique » de Kropotkine, etc. Il est significatif qu'indépendamment de leurs « opinions », de leur idéologie, Lénine, le Dr. Schacht et F.D. Roosevelt aient lu et annoté simultanément les œuvres de Keynes. Seul le Japon sécrétait un plan de développement autonome. Décidément, en Occident, au XXe siècle, il semble qu'à la place du sabre ou du discours ce sont les chiffres et les courbes qui ordonnent. Il est vrai qu'après la Grande Guerre on jure « qu'ils ne nous y reprendront plus ».

C'est ainsi qu'à l'Est comme à l'Ouest les technocrates prirent le pouvoir, tous savants et politiques qui, avec l'ère stalinienne, prétendirent même renouer l'antique alliance des sciences sociales avec les sciences de la nature (en 1949). Le Savoir du Parti était l'expression de tous les savoirs et, en URSS, il commanda bientôt à l'économie et à la politique, certes, mais également à l'art, à la linguistique. Et ce savoir passa même de la compétence sur le corps social à la compétence sur le corps humain, puisqu'il pouvait décider qui était sain d'esprit et qui ne l'était pas. En Allemagne, durant les années trente, le pouvoir nazi pouvait décider également, au nom de la science génétique, qui devait vivre et qui ne le devait pas. Ces « soldats biologiques », ces « médecins-psychiatres », responsables des drames que l'on sait, devaient contribuer au discrédit de tous ces régimes de l'Absolu dont les certitudes sont sans faille et s'appuient toujours sur les savants. La culture des peuples ex-colonisés parut plus généreuse et s'en trouva revalorisée.

La médecine avait toujours été l'alibi du pouvoir scientifique, un peu comme l'Institut Pasteur était l'alibi de la colonisation française. C'est au nom du corps humain, de sa bonne santé, que le pouvoir scientifique a souvent pu agir. Ce sont des chimistes-médecins et des médecins-chimistes qui ont couvert bien des inventions utilisées à d'autres fins que le bonheur de vivre... A l'aube du XXe siècle, l'autorité du médecin et du savant n'était pas contestée ; mais aujourd'hui cette situation s'est modifiée et, en premier lieu, parce que avec la démocratisation des soins, au moins en Occident, le praticien a perdu une grande part de son pouvoir symbolique. Mais on s'est aperçu aussi qu'au nom du même savoir scientifique il pouvait à la fois encourager l'avortement en Inde et le stigmatiser en terre chrétienne, qu'une même maladie ne nécessite pas la même thérapeutique pour un Noir et pour un Italien, pour un Japonais de San Francisco et un Irlandais de Boston. Et comment situer l'acupuncture dans ce savoir scientifique ? La science serait-elle dogmatique, aurait-elle une religion, aurait-elle une idéologie, ou bien est-ce le médecin qui use de ce savoir à sa convenance ?

Le doute naît ainsi. Et le pouvoir de la science, sa Sagesse sont mis en cause comme celui des tyrans.

Face à ces transformations, on observe l'apparition d'idéologies de rechange qui les combattent, clairement ou de façon ambiguë. L'écologie d'abord, devenue la Bible de ceux qui ne veulent pas de Bible — et qui n'a donc pas de théoricien. Elle combat à la fois l'unification technocratique de l'économie, l'uniformisation de la culture, et ne se veut ni gauche ni droite. En URSS, elle peut avoir été nationaliste, comme en Estonie où, en attaquant la pollution, elle vise l'État en son centre, Moscou ; elle est traditionaliste en glorifiant la nature russe polluée par l'industrie (Raspoutine), gauchiste par sa lutte contre l'État, etc. Il en va de même ailleurs, mais les caractères de son ambiguïté sont moins nets, si l'on ose dire. L'autre idéologie montante est l'intégrisme, qui régénère le nationalisme dans le sens le plus conservateur, en Géorgie par exemple, et dont le succès peut être lié à l'apparition de minorités démunies, en Iran ou au Maroc notamment ; pour le reste et comme dans les pays d'Islam, l'intégrisme catholique ou juif se dresse également contre les grands changements du XXe siècle.

Le croisement de l'intégrisme, de l'écologie avec les phénomènes en voie d'accélération tels que l'unification économique et culturelle a fait surgir ou resurgir trois types de conflits qui avaient plus ou moins disparu, on avaient été étouffés, au temps des idéologies triomphantes et de l'État-Moloch. Comment les définir ?

— Renaissent les conflits territoriaux là où l'évolution historique récente s'est faite plus lentement qu'ailleurs : les conflits traditionnels y réapparaissent (Arméniens/Azeris, Roumains/Hongrois, Persans/Arabes). La loi du sang, de la race, a pris le dessus.

— Là où l'évolution économique rapide a créé une situation de type « colonial » à l'intérieur d'une même société, la révolte prend un caractère social virulent, où l'argent est l'enjeu principal, la pauvreté en étant le salaire (Québec, Sicile, Corse, Maroc, Pérou, l'Iran avant Khomeiny, ghettos urbains en France, au Brésil). La couleur du drapeau des insurgés varie : la foi, l'identité, la lutte des classes.

— Là où le *Welfare State* règne, avec les progrès de l'éducation et l'ouverture sur le monde, les peuples qui se considèrent comme supérieurs culturellement n'admettent plus d'être dépendants : typique est l'exemple des Baltes ou des Slovènes. C'est le niveau culturel qui stimule le mouvement de révolte ; et le révèle le petit nombre de mariages mixtes (entre Estoniens et Russes, entre Slovènes et Serbes).

Ces derniers exemples signifient l'intégration du problème colonial et du problème national. N'en feraient-ils qu'un seul ?

Restent les mentalités.

On retrouve le *mythe de l'indigène « paresseux »* dans le discours de la plupart des colonisateurs. Sauf les Russes des années quatre-vingt, au XXe siècle, qui se jugent « plus paresseux eux-mêmes que les Kazakhs... » (Y. Levada). Mais ils pensaient comme les autres auparavant.

Successivement, les Espagnols, les Hollandais, les Anglais, etc., ont défini ces traits, nécessairement négatifs et portant sur les Philippins, les Javanais, les Hindous — avant que les Français ou d'autres ne prennent la relève, s'agissant des Noirs ou des Arabes, « ces fieffés paresseux »...

Le premier, le frère Gaspar de San Augustin, dans une lettre à un de ses amis, en 1720, décrit les trente traits négatifs des Philippins. « On ne peut se fier à eux, car ils sont paresseux et toujours prêts à se promener... ingrats, ne remboursant pas l'argent qu'on leur prête..., leur paresse est telle qu'ils ne ferment jamais les portes qu'ils ouvrent, laissent les outils au pied de leur travail sans les remettre à leur place ; dépensent une avance de leur paye puis ne reviennent plus ; entrent au couvent sans prévenir, furetant partout pour piquer tout ce qu'ils trouvent, cassent les chaises avec leur manière de s'asseoir, ne cessent de dormir entre deux tâches... »

Un siècle plus tard, le gouverneur général des Indes néerlandaises, J. Siberg, établit une théorie de la paresse indigène pour se dresser contre les réformes libérales de Hogendorp qui proposait de mettre fin au travail forcé, au salaire en nature, etc. « Il ne le faut pas pour cinq raisons, explique Siberg : 1) Les Javanais sont trop paresseux pour travailler plus qu'il ne leur faut de terres pour survivre. 2) Au moins le travail forcé les contraint à en faire plus. 3) Libéraliserait-on l'économie dans un système capitaliste qu'ils abandonneraient leur travail tant qu'ils auraient de l'argent et ne le reprendraient qu'après. 4) Ce sont les Chinois ou les Européens qui l'achèteront à bas prix. 5) Si on adopte les réformes de Hogendorp, comment obliger les notables javanais à les accepter ? » (1802).

Cet argumentaire modèle se retrouve un peu partout...

Que cette « paresse » soit une forme de résistance à la colonisation, ou qu'elle soit simplement sociale, elle prend des formes variées et peut changer de nature quand se modifient les conditions générales... Or, aujourd'hui, où, au sens étroit du terme, la colonisation a pris fin, l'unification et l'uniformisation des mentalités aboutissent à l'expression d'une vision standardisée de la « morale ». Les médias des pays ex-colonisés l'ont adoptée comme les autres.

Ainsi, en 1971, le principal parti politique malais publia un ouvrage collectif, *Revoluci mental,* la révolution mentale, qui était l'œuvre de quatorze auteurs, dont les travaux avaient été coordonnés par un ancien ministre de l'Information : il décrivait la société de ce pays en énumérant les caractéristiques de la population, pervertie par la colonisation, les Malais étaient irresponsables, paresseux, fatalistes, défaitistes, guidés par la passion plus que par la raison ; ils n'étaient pas persévérants, ne tenaient pas leurs promesses, souhaitaient la richesse mais ne faisant rien pour l'atteindre : bref, le tableau était encore plus négatif que celui dressé par le colonisateur. Et l'ouvrage montrait par contraste les qualités « des Japonais, des Américains, des Allemands, des Juifs et des Chinois ». Il reprenait le diagnostic du gouverneur Clifford qui jugeait qu'en Malaisie les richesses ne sont pas produites par les Malais ; mais *Revolusi mental* montrait que, sans la participation des Malais, aucun développement n'aurait été ainsi possible.

Bref, le modèle auquel se référait l'ouvrage, dans l'implicite, n'était pas celui du *Droit à la paresse* (1880), de Paul Lafargue, Noir, Caraïbe et Juif, mais celui de Rockefeller ou des millionnaires chinois, et il reportait sur les conditions historiques, seules, la responsabilité de cette « infériorité » des Malais.

Certes.

Cela signifierait que l'uniformisation mentale du monde, sous le signe de l'argent-roi, déborde presque tous les cadres de cette histoire, la télescope, par-delà la colonisation et sa « fin ».

ANNEXES

Chronologie

1413 *Imago Mundi* de Pierre d'Ailly.
1417 Les Chinois en Afrique orientale.
1418 Henri le Navigateur organise ses premiers voyages.
1419 Les Portugais à Madère.
1420 Invention de la caravelle.
1433 Dernière expédition chinoise en Mozambique.
1437 Désastre portugais à Tanger.
1445 Cap-Vert. Premiers esclaves portugais.
1455 Premières épices africaines au Portugal.
1462 Traité nautique de Ahmad Ibn Madjid.
1465 Russes en Sibérie.
Portugais dans le golfe de Guinée. Premiers grands développements de la traite des Noirs.
1466-1472 Le Russe Nikitine en Inde.
1479 Traité d'Alcaçovas sur les îles atlantiques entre Espagne et Portugal.
1485 Christophe Colomb en Espagne.
1485-1488 Diego Cao (Cam) et Barthélemy Diaz au Cap.
1492 Globe de Martin Behaïm.
Christophe Colomb aux Caraïbes.
1493 Bulle *Intercaetera* (Portugal-Espagne).
1494 Traité de Tordesillas (partage du monde) pour l'Extrême-Orient.
1496 John Cabot en Labrador.
1498 Vasco de Gama à Calicut.

1500 Découverte du Brésil.
1501 Premiers esclaves noirs en Amérique.
1505-1515 Almeida et Albuquerque bâtissent l'Empire portugais.
1508-1511 Découverte de Porto Rico, de la Jamaïque.
1510 Albuquerque prend Goa et en massacre la population musulmane.

1511-1515 Diego Velasquez à Cuba. Fondation de La Havane.
vers 1518 Kabir et la tentative de fusion hindouisme/Islam.
1519-1521 Cortez au Mexique.
1521-1530 Les Portugais au Brésil.
1524 Monopole de Séville.
1529 Traité de Saragosse. Partage de l'Extrême-Orient (Espagne-Portugal).
1531-1534 Pizarre conquiert l'Empire inca.
1532 Fondation de Sao Paolo.
1535 Grande traite arabo-musulmans à travers le Sahara. Fondation de Lima.
1535-1538 De Quesada conquiert la Colombie.
1536 Fondation de Buenos Aires.
1541 Fondation de Santiago du Chili.
1546 Fondation de Potosi.
1549 François Xavier au Japon.
1557 Les Portugais à Macao.
1560 Fondation de Caracas.
1562 John Hawkins trafique des esclaves.
1565 Fondation de Rio de Janeiro.
1574 Les Portugais en Angola.
1578 Bataille d'Alcazarquivir.
1581 Premiers esclaves noirs en Amérique.
1584 Raleigh en Virginie.
1588 Défaite de l'Invincible Armada.

1600 Fondation de la Compagnie des Indes anglaises.
1602 Fondation de la Compagnie hollandaise des Indes orientales.
1605 Les Anglais à Barbade.
1608 Champlain au Québec.
1609 Les Hollandais prennent Ceylan aux Portugais.
1619 Les Hollandais à Batavia.
1620 Odyssée du *Mayflower*.
1621 Compagnie hollandaise des Indes occidentales.
1624 Les Hollandais à Taïwan.
1624-1654 Guerres entre Portugais et Hollandais pour le Brésil.
1625-1664 Les Français aux Antilles.
1626 Fondation de New Amsterdam (1664 : New York).
1632 Les Russes à Iakoutsk.
1635 Les Français en Guadeloupe, Martinique, Dominique.
1637 Les Français au Sénégal.
1641 Les Hollandais prennent Malacca.
1642 Fondation de Montréal.

1643 Les Hollandais à Curaçao.
1652 Les Hollandais fondent Le Cap.
1652-1674 Guerres anglo-hollandaises.
1655 Les Anglais à la Jamaïque.
1660 Les Français à Port-au-Prince.
1664 Colbert fonde la Compagnie des Indes orientales.
1674 Fondation de Manaos.
1682 Cavelier de La Salle en Louisiane.
1688-1698 Guerre de la Ligue d'Augsbourg.
1690 Les Anglais aux Bahamas.
1697 Ryswick. La France reçoit Haïti.

1702-1703 Guerre de la succession d'Espagne.
1704 Condamnation des jésuites qui participent aux cérémonies chinoises.
1713 Traité anglo-espagnol d'Asiento.
Traité d'Utrecht.
1721 Fondation de Mahé (Yanaon, 1723).
1729 Massacre des Natchez.
1739 Conflit anglo-espagnol aux Amériques.
1741 Périple de l'amiral Anson.
1744 Joseph-François Dupleix en Inde.
1751 Victoires de Clive en Inde.
1755 Premiers convois d'émigrants « volontaires » vers la Sibérie.
1756-1763 Guerre de Sept Ans.
1759 James Wolf prend Québec.
1763 Traité de Paris.
1764-1792 Les Anglais à Lucknow. Conquête de Mysore.
1764 Expédition espagnole pour chasser les Anglais des Falkland (Malouines).
1765 Insurrections créoles au Mexique.
1768-1774 Guerre russo-turque.
1769 Le Portugal abandonne la possession de Mazagan (Maroc).
1776-1783 Guerre de l'Indépendance américaine.
1778 Début des guerres cafres.
1783 Traité de Versailles.
1785-1789 Mgr Pigneau de Behaine en Annam.
1787 Fondation de la Société des amis des Noirs.
1788 Arrivée des premiers convicts à Botany Bay (Sydney).
1793 Lord Cornwallis institue *The Permanent Settlement* en Inde.
1798 Bataille d'Aboukir.

1801 Les Anglais imposent leur suzeraineté au Nizam d'Haiderabad.
Annexion de la Géorgie par les Russes.
1804 Indépendance de Haïti.
1805 Bataille de Trafalgar.
Méhémet-Ali s'impose pacha d'Égypte.
1806 Coup de main séparatiste de Miranda au Venezuela.
1807 Début du conflit des Kouriles.
Wilberforce fait abolir la traite des Noirs.
1810 Vague d'insurrections en Amérique latine : le Mexique d'abord.
1812 Chaka, roi des Zoulous, organise l'État et l'armée.
1815 Congrès de Vienne. Les Anglais au Cap.
1816 Guerre anglo-ashanti.
1817 Guerre des États-Unis et des Indiens Séminoles.
1819 Les Anglais à Singapour.
1821 San Martin et Bolivar : indépendance de l'Amérique espagnole.
1822 Champollion déchiffre les hiéroglyphes.
Révoltes antihollandaises à Java.
Indépendance du Brésil.
1823 Début de la « balkanisation » de l'Amérique latine. Fondation du Liberia par la Société américaine de colonisation.
1824 Première guerre anglo-birmane.
1825 L'Égypte conquiert le Soudan.
1826 Les Anglais en Gold Coast (Côte de l'Or).
1828 Traité de Tourkman Tchai : les Russes à Erevan et Nakhitchevan.
1830 Les Français en Algérie.
Indian Removal Act qui refoule les Sioux à l'ouest du Mississippi.
1833 Abolition du monopole de la Compagnie des Indes.
1836 Indépendance du Texas.
1837 Révolte des Canadiens français.
1838 Début des conflits entre Maronites et Druzes au Liban.
1839 Premiers villages de colons juifs en Palestine.
Première guerre anglo-afghane.
1840 Souveraineté anglaise sur la Nouvelle-Zélande.
Début de la guerre de l'Opium, Angleterre contre Chine.
1841 L'Annam annexe le Cambodge. Vietnamisation du pays.
1842 Les Français à Tahiti et aux Marquises.
Les Anglais à Hong-kong.
1843 Les Anglais au Natal.
1847 Indépendance du Liberia.

1848 Abolition de l'esclavage, obtenue par Victor Schœlcher.
Chute de Constantine et fin de la résistance ottomane en Algérie.
1849 L'Angleterre annexe le Pendjab.
1852 Création du bagne de Cayenne.
1853 Annexion de la Nouvelle-Calédonie.
Guerre sainte de El Hadj Omar contre les animistes.
1854 La question de l'utilisation des Lieux saints déclenche la guerre de Crimée.
L'Angleterre reconnaît l'indépendance de l'Orange.
Faidherbe gouverneur du Sénégal.
Premier emploi de la quinine contre la malaria.
1857 Révolte des Cipayes.
1858 Expédition de l'Écossais David Livingstone en Afrique orientale.
1859 Indonésie : partage de Timor entre les Pays-Bas et le Portugal.
1861 Début de la guerre de Sécession.
1863 Protectorat français au Cambodge.
1865 Premier évêque anglican noir au Nigeria.
1867 Création de la Confédération du Canada.
Expédition française au Mexique.
1868 L'empereur du Japon prend le pouvoir : début de l'ère Meiji.
Occupation de la Cochinchine par les Français.
1869 Inauguration du canal de Suez.
1870 Décret Crémieux, naturalisant les Juifs d'Algérie.
1871 Insurrection en Kabylie.
1876 Les Japonais arrachent à la Corée un traité d'amitié.
Banqueroute de l'État égyptien.
1877 Léopold de Belgique fonde l'Association internationale africaine.
Disraeli ordonne l'annexion du Transvaal et de l'Orange.
1880 Soulèvement kurde contre l'État ottoman.
1881 Victoire des Boers sur les Anglais à Majuba Hill.
Protectorat français sur la Tunisie : traité du Bardo.
1882 Savorgnan de Brazza signe le traité de Makoko.
1883 L'Annam reconnaît le protectorat de la France.
1884 Les Allemands en Namibie, au Togo, au Cameroun.
Conférence de Berlin : partage de l'Afrique noire.
Premier journal noir en Afrique du Sud : *Imvo Zabatshundu* (La Voix du Peuple).
1885 Inde : création du Parti du Congrès.
Protectorat français sur Madagascar.

1886 Fondation de Johannesburg.
1888 Abolition de l'esclavage au Brésil.
José Rizal fonde le mouvement indépendantiste philippin.
1889 Le Tanganyika, colonie allemande.
1890 Naissance des mouvements indépendantistes arméniens.
1891 Partage de Bornéo entre Anglais et Hollandais.
1892 Protectorat français sur le Dahomey.
1893 Les États-Unis annexent les îles Hawaï.
Les Espagnols occupent Mellila.
Cecil Rhodes, Premier ministre au Cap.
1895 Chine-Japon : traité de Shimonoseki.
1896 Défaite des Italiens à Adoua, en Éthiopie.
1898 Guerre hispano-américaine : indépendance de Cuba. Porto Rico et les Philippines deviennent possessions américaines.
Crise de Fachoda.
1899 Début de la guerre anglo-boer.

1901 Mouvement des Boxers en Chine. Intervention européenne.
1902 Soulèvement macédonien.
1904 Guerre russo-japonaise.
Les Anglais à Lhassa.
Soulèvement des Herreros contre les Allemands.
1905 Guillaume II au Maroc.
Chine : fondation du Kuo-min-tang.
Russie-Japon : traité de Portsmouth.
Le Japon en Corée.
1906 Maroc : conférence d'Algésiras.
Laperrine au Sahara.
1907 Création de l'université du Caire.
Le Congo devient colonie belge.
Accord anglo-russe sur les zones d'influence en Perse, Afghanistan.
1908 Insurrection des Jeunes-Turcs.
1909 Création de l'Anglo-Persian Oil Company.
1910 La Chine réoccupe le Tibet.
Fondation de l'AEF (Afrique équatoriale française) et de l'Union sud-africaine.
Fondation de l'Institut Pasteur à Alger.
1911 Incident de la canonnière *Panther* à Agadir.
Les Italiens en Tripolitaine.
1912 W.E.B. Du Bois développe le concept de panafricanisme.
Protectorat français au Maroc.

1914 Premier député noir à l'Assemblée, le Sénégalais B. Diagne.
1915 Massacre des Arméniens de Turquie.
1916 Mobilisation des Arabes contre les Ottomans.
Accords Sykes-Picot.
1917 Déclaration Balfour en faveur d'un Foyer juif en Palestine.
Russie : Lénine proclame le droit à l'autodétermination.
1918 Quatorze points de Wilson.
1919 Naissance du Komintern et des partis communistes.
La Syrie proclame son indépendance.
1920 Traité de Sèvres.
Congrès de Bakou des peuples de l'Orient.
1921 Insurrection d'Abd el-Krim.
Gandhi entame sa campagne de désobéissance civile.
Le Bureau international du travail (Genève) dénonce le travail forcé.
1924 « Décrets scélérats » en Tunisie.
1929 Oubanghi-Chari : révolte de la Haute-Sangha.
Vendredi noir à Wall Street.
1930 Naissance du PC indochinois, du PC philippin.
Chute du cours des matières premières, dans les pays tropicaux.
1931 Paris : Exposition coloniale.
« Incident de Mandchourie ».
1933 Premier congrès des Frères Musulmans au Caire.
1934 Fondation du Néo-Destour.
1935 Début de la guerre d'Éthiopie.
1939-1945 Seconde Guerre mondiale.
1941 Charte de l'Atlantique.
Crise en Syrie et au Liban.
1943 Les Japonais proclament l'indépendance des Philippines, de la Birmanie.
Fondation de l'Istiqlal (Maroc).
1944 Conférence de Brazzaville.
1945 Fondation de la Ligue arabe.
Proclamation de l'indépendance du Vietnam, de l'Indonésie.
1946 Début de la guerre d'Indochine.
Accentuation de l'apartheid en Afrique du Sud.
1947 Indépendance de l'Inde et du Pakistan.
1948 Assassinat de Gandhi.
Reconnaissance de l'État d'Israël.
1949 Les communistes prennent le pouvoir en Chine.

Les Pays-Bas reconnaissent l'indépendance de l'Indonésie, et la France celle du Vietnam.

1950-1953 Guerre de Corée.

1951 Mossadegh nationalise le pétrole iranien.

1952 Putsch des officiers libres en Égypte : Néguib-Nasser.
Insurrection Mau-Mau.
Gold Coast : Nkrumah Premier ministre.
Crise tunisienne et marocaine (1952-1955).

1954 Diên Biên Phu, fin de la guerre d'Indochine et accords de Genève.
Déclenchement de l'insurrection algérienne.
Philippines : insurrection des Huks.

1955 Pacte de Bagdad.
Conférence de Bandoeng.
Accords de La Celle-Saint-Cloud (Maroc).

1956 Crise de Suez (juillet-novembre).
Indépendance de la Tunisie et du Maroc.
Fédération Rhodésie-Nyassaland.

1957 Indépendance du Ghana.
Émeutes au Congo belge.

1958 Fondation de la République arabe unie (Syrie-Égypte-Yémen).
Insurrection panarabe au Liban.
Algérie : révolte de l'armée française.
Accra : Première conférence des États indépendants d'Afrique (Éthiopie, Ghana, RAU, Libye, etc.).
Dissolution de l'Afrique occidentale française. Indépendance de la Guinée.

1959 Insurrection d'Amilcar Cabral en Guinée portugaise.
Soubresauts nationalistes en Afrique noire.

1960 Année des indépendances africaines.
Guerre civile au Congo ex-belge (1960-1965).

1961 Soulèvement en Angola.
Fin de la guerre d'Algérie.
L'Inde reprend les possessions portugaises (Diu, Goa).
Indépendance de la Rhodésie du Sud et de l'Afrique du Sud.

1962 Indépendance de Trinidad-Tobago.
Sécession du Katanga.
Indépendance algérienne.

1963 Chute de l'OUA (Organisation de l'unité africaine) à Addis-Abeba.
Naissance de la Malaisie.

Arabie-Saoudite : abolition de l'esclavage.
Indépendance du Kenya, de Zanzibar.

1964 Arrestation de Nelson Mandela.
Premier congrès de l'OLP.
Mozambique : constitution du Frelimo et insurrection générale.

1965 Indépendance de la Rhodésie.
Fin du mandat de l'Afrique du Sud sur le Sud-Ouest africain (Namibie).

1967 Guerre des Six Jours.
Nigeria. Guerre du Biafra.

1968-1975 Guerre du Vietnam.

1970 Les Khmers rouges au Cambodge.
Mort de Nasser.

1973 Indépendance du Bangladesh, qui se sépare du Pakistan.
Guerre du Kippour. Début du terrorisme en Palestine.

1974 Indépendance de la Guinée-Bissau.

1974 Portugal : révolution des Œillets.

1975 Accords de Lomé, de coopération économique entre l'Europe, l'Afrique et les Caraïbes.
Indépendance de l'Angola.
Marche « verte » vers le Sahara occidental.
Indépendance du Surinam.
Début de la guerre civile au Liban.

1978 Négociation Israël-Égypte à Camp David.

1979 Le Vietnam envahit le Cambodge.
Invasion de l'Afghanistan.
Révolution islamique en Iran.
« Décolonisation » de la Rhodésie.

1980 Début de la guerre Iran-Irak.

1982 Guerre des Malouines.

1984 Guerre du Liban.

1985 Lutte contre l'apartheid en Afrique du Sud.

1986 Loi sur le statut de la Nouvelle-Calédonie.

1990 Dislocation de l'URSS.

1991-1993 Formation de la CEI.
Abolition du régime communiste en Europe orientale et en Russie.
Désintégration de la Yougoslavie.
Guerres au Caucase.

1994 Fin de l'apartheid en Afrique noire.
Début de l'autonomie palestinienne.

Sélection filmographique *

Adieu, colonies, Henri de Turenne, 1970, **(A)**, France. **(9)** **

African Queen, John Huston, 1951, **(F)**, États-Unis. **(4)**

Algérie en flammes (L'), René Vautier, 1958, **(A)**, France. **(9)**

Algérie 1954. La révolte d'un colonisé, Marie-Louise Derrien, Marc Ferro, 1970, **(A)**, France. **(9)**

Apartheid, Jean-Michel Meurice, 1993, **(A)**, France. **(4)**

Appel du silence (L'), Léon Poirier, 1936, **(D)**, France. **(3)**

Atlandide (L'), Jacques Feyder, 1921, **(F)**, France. **(3)**

Aube, Omar Khlibi, 1960, **(F)**, Tunisie. **(4)**

Avoir vingt ans dans les Aurès, René Vautier, 1972, **(F)**, France. **(9)**

Babatou et les Trois Conseils, Jean Rouch, 1975, **(D)**, France. **(6)**

Bandera (La), Jean Duvivier, 1935, **(F)**, France. **(5)**

Bataille d'Alger (La), Gillo Pontecorvo, 1966, **(F)**, Italie-Algérie. **(9)**

Black Hills Are not to Sell (The), Sandra Osawa, 1978, **(D)**, États-Unis. **(6)**

Bled (Le), Jean Renoir, 1929, **(F)**, France. **(6)**

Bourrasque, René Villon, 1935, **(F)**, France. **(4)**

Ceddo, Sembene Ousmane, 1977, **(F)**, Sénégal. **(6)**

* **A** : films d'archives, de montage.
D : documentaires, reportages.
F : fiction.

** Les chiffres en gras entre parenthèses indiquent les chapitres auxquels ces films se réfèrent.

Charge de la Brigade légère (La), Michael Curtiz, 1936, **(F),** États-Unis. **(5)**

Chronique des années de braise, Mohammed Lakhdar Hamina, 1975, **(F),** Algérie. **(9)**

Come Back Africa, Lionel Rogosin, 1959, **(F),** Afrique du Sud. **(4)**

Crabe-Tambour (Le), Pierre Schoendoerffer, 1977, **(F),** France. **(9)**

Dix-septième Parallèle, Joris Ivens, 1967, **(D),** France. **(9)**

Escadron Blanc (L'), Joseph Peyre et A. Genina, 1934, **(F),** Italie. **(3)**

Fond de l'air est rouge (Le), Chris Marker, 1977, **(A),** France. **(général)**

Française chez les guerriers du Yémen (Une), Troeller et G. Deffarge, 1964, **(D),** France. **(8)**

Gandhi, Richard Attenborough, 1985, **(F),** Grande-Bretagne. **(9)**

Goha, Jacques Baratier, 1958, **(F),** France. **(4)**

Guerre d'Algérie (La), Yves Courrière et Philippe Monnier, 1972, **(A),** France. **(9)**

Guerre de pacification en Amazonie (La), Yves Billon, **(D),** France. **(4)**

Guerre sans nom (La), Bertrand Tavernier et Patrick Rotman, 1992, **(D),** France. **(9)**

Gunga Din, George Stevens, 1939, **(F),** Grande-Bretagne. **(5)**

Heure des brasiers (L'), F. Solanas, 1973, **(D),** République argentine. **(11)**

Histoire de la médecine (Une), Jean-Paul Aron et Marc Ferro, réalisation Jean-Louis Fournier, Pierre Gauge, Claude de Givray, 1980, **(D),** France. **(4)**

Indonésie appelle (L'), Joris Ivens, 1946, **(D),** France. **(8)**

Itto, Jean Benoît-Levy, 1934, **(F),** France. **(4)**

Lawrence d'Arabie, David Lean, 1962, **(F),** Grande-Bretagne. **(3)**

Maison du Maltais (La), Pierre Chenal, 1938, **(F),** France. **(4)**

Maîtres fous, Jean Rouch, 1968, **(D),** France. **(6)**

Mandat (Le), Sembene Ousmane, 1968, **(F),** Sénégal. **(6)**

Mémoire fertile, Michel Khleifi, 1982, **(F),** Palestine. **(8)**

Mines du roi Salomon (Les), Allan Quatermain, 1950, **(F),** États-Unis. **(4)**

Non, ou la vaine gloire de commander, Manoel de Oliveira, 1971, **(F),** Portugal. **(1)**

Nouba des femmes du mont Chenoua (La), Assia Djebar, 1978, **(D),** Algérie. **(6)**

Pépé le Moko, Jean Duvivier, 1938, **(F),** France. **(4)**

Premier Maître (Le), Andreï Mikhalkov-Kontchalovski, 1963, **(F),** URSS. **(4)**

Quatre Plumes blanches (Les), Alexandre Korda, 1939, **(F),** États-Unis. **(4)**

Roman d'un spahi (Le), M. Bernheim, 1935, **(F),** France. **(4)**

Sang du condor (Le), Jorge Sandjines, 1969, **(F),** Bolivie. **(11)**

Serment du bois caïman (Le), Charles Najman, 1993, **(D),** France. **(4)**

Si, les cavaliers, M. Bakabe, 1982, **(F),** Niger. **(6)**

Sucre amer, Yann Lemasson, 1964, **(D),** France. **(8)**

Tempête sur l'Asie, Vsevolod Poudoukine, 1928, **(F),** URSS. **(4)**

Terre en transes, Glauber Rocha, 1967, **(F),** Brésil. **(11)**

Trois Lanciers du Bengale (Les), Henry Hathaway, 1935, **(F),** États-Unis. **(4)**

Tupac Amaru, Federico Garcia, 1981, **(F),** Pérou. **(6)**

Vent des Aurès (Le), Mohammed Lakhdar Hamina, 1967, **(F),** Algérie. **(6)**

Vietnam, année du cochon, E. de Antonio, 1969, **(A),** France. **(9)**

Visiteurs (Les), Elia Kazan, 1972, **(F),** États-Unis. **(11)**

Zulu, Cyril Enfield, 1963, **(F),** États-Unis. **(3)**

Bibliographie *

Nous voudrions dire notre reconnaissance envers ces auteurs dont l'œuvre nous a particulièrement stimulé :

Immanuel Wallerstein,
Charles-R. Ageron, Solange Alberro, Linda Colley, Alfredo Margarido, Nathan Wachtel.

Abd el-Krim et la République du Riff, Actes du colloque international d'études historiques et sociologiques, édité par René Galissot, 18-20 juin 1973, Paris, Maspero, 1976, 536 p. (en particulier les contributions de D.M. Hart, A. Youssoufi, R. Galissot, A. Laroui). **(3,5,8)**

Abd el-Malek Anouar, *La Pensée politique arabe contemporaine,* Paris, Éd. du Seuil, 1970, 380 p. **(8)**

Ageron Charles-R.
1. *Politiques coloniales au Maghreb,* Paris, PUF, 1973, 290 p. **(3,4)**
2. *L'Histoire de l'Algérie contemporaine 1870-1954,* Paris, PUF, 1979. **(3,4,9)**
3. « Les colonies devant l'opinion publique française 1919-1939 », *Revue française d'histoire d'Outre-Mer,* 1990, 286, p. 31-73. **(10)**
4. *La Décolonisation française,* Paris, Colin, 1991. **(9,10)**

Ageron Ch.-R. *et al., Histoire de la France coloniale,* Paris, Colin, 1991, 2 vol. **(2,3,5,9,10)**

Ageron Ch.-R. et Michel Marc, *L'Afrique noire française à l'heure de l'indépendance,* Paris, CNRS, 1993 (notamment les rapports

* Les chiffres en gras entre parenthèses indiquent les chapitres auxquels se réfèrent plus précisément les travaux indiqués.

généraux de T. Bah, P. Isuart, E. M'Bokolo, R. Girault, Y. Paillard, E. Soumonni). **(10)**

Alatas Seyd Hussein, « Religion and modernization in South East Asia », *Archives européennes de sociologie,* 1970, p. 265-297 (surtout pour la Malaisie). **(8)**
—, *The Myth of the Lazy Native,* Londres, Frank Cass., 1977, 268 p. **(4,11)**

Alberro Solange, *Les Espagnols dans le Mexique colonial, histoire d'une acculturation,* Paris, Colin, 1992, 132 p. **(4)**

Albertini Rudolf von, *Europaïsche Kolonialherrschaft 1880-1940,* Zurich, 1976. **(général)**

Aldrich Robert, *The French Presence in the South Pacific, 1842-1940,* Londres, 1989. **(3)**

Amin Samir, *Impérialisme et Sous-développement en Afrique,* Paris, Anthropos, 1976, 444 p. **(11)**

Amselle J.-Loup, *Logiques métisses. Anthropologie de l'identité en Afrique et ailleurs,* Paris, Payot, 1990, 252 p. **(3,11)**

Ansprenger Franz, *The Dissolution of the Colonial Empires,* Londres, Routledge, 1989, 338 p. **(9,10)**

Arendt Hannah, *L'Impérialisme,* éd. originale 1951 ; trad. fr. Paris, Fayard, 1982 **(1)**

Ashe Geoffrey, *Gandhi, a Study in Revolution,* Londres, Heinemann, 1968, 404 p. **(8,9)**

Aubin Jean, « L'ambassade du prêtre Jean à D. Mauvel », *Mare Luso Indicum,* Paris, III, 1976, p. 1-56 **(2)**

Augé Marc, *Génie du paganisme,* Paris, Gallimard, 1982. **(6,8)**

Bailyn Bernard, *The Ideological Origins of the American Revolution,* Cambridge, Harvard Univ. Press, 1967. **(7)**

Bairoch P., « Le bilan économique du colonialisme », *History and Development,* p. 29-42 **(11)**

Balandier Georges, *Sociologie actuelle de l'Afrique noire,* Paris, PUF, 1963, 532 p. **(6,8)**

Ballhachet Kenneth, *Race, Sexe and Class under the Raj,* Londres, Weidenfeld, 1980, 200 p. **(4)**

Barnadas Joseph M., « The Catholic Church in colonial Spanish

America », *The Cambridge Hy. of Latin America,* I, p. 511-541. **(4)**

Bastide Roger, *Les Amériques noires, les civilisations africaines dans le nouveau monde,* Paris, Payot, 1968, 236 p. **(4,11)**

Bataillon M. et André Saint Lu, *Las Casas et la Défense des Indiens,* Paris, Julliard, « Archives », 1971, 278 p. **(5)**

Bataillon Marcel, « Les colons du Pérou contre Charles V : analyse du mouvement pizarriste (1544-1548) », *Annales,* 1967-3, p. 479-495. **(7)**

Baumont Maurice, *L'Essor industriel et l'Impérialisme colonial (1878-1904),* Paris, PUF, 1949, 628 p. **(3)**

Bayly C.A., *The Local Roots of Indian Politics, Allahabad 1880-1920,* Oxford Univ. Press, 1975, 314 p. **(9)**

–, « English-language historiography on British expansion in India and Indian reactions since 1945 », *Reappraisals in Overseas Hy.,* Wesseling et Emmer éd., p. 21-54 **(9)**

Benassar B. et Benassar L., *1492, un monde nouveau ?,* Paris, Perrin, 1992, 272 p. **(1,2)**

Benassar Bartolomo, *Histoire des Espagnols* VIe-XXe *siècle,* Paris, Laffont, 1985, 1128 p. **(2,4)**

Bender Gerald J., *Angola under the Portuguese,* Londres, Heinemann, 1978, 288 p. **(3,4,9)**

Bennigsen Alexandre, *Russes et Chinois avant 1917,* Paris, Flammarion, 1974, 186 p. **(3)**

Bennigsen Alexandre et Quelquejay Ch., *Les Mouvements nationaux chez les musulmans de Russie,* Paris, Mouton, 1960. **(8)**

Benot Y., *La Révolution française et la Fin des colonies,* Paris, La Découverte, 1989, 272 p. **(3)**

–, *La Démence coloniale sous Napoléon,* Paris, La Découverte, 1992, 408 p. **(3)**

Bernand Carmen et Gruzinski Serge, *Histoire du Nouveau Monde,* Paris, Fayard, 2 vol., 1991 et 1993. **(2,4)**

Berque Augustin, « Les paysans à Hokkaydo. La chaîne culturelle d'une colonisation », Paris, *Annales,* 1974-6, p. 1425-1449. **(2)**

Berque Jacques, Charnay J.-P., *De l'impérialisme à la colonisation,* Paris, Éd. de Minuit, 1965, 504 p. **(1,3,4)**

Bessis Sophie (sous la direction de), « Finalement, pillons-nous vraiment le Tiers-Monde ? », *Panoramiques,* 1992, articles de Guy Henebelle, J.-C. Guillebaud, G. Cormi, *et al.* **(11)**

Bethell Leslie, *The Cambridge Hy. of Latin America,* 1 : 1984, 646 p. ; 2 : 1984, 912 p. ; 3 : 1985, 942 p. **(2,3,4,7)**

Beti Mongo, *La France contre l'Afrique. Retour au Cameroun,* Paris, La Découverte, 1993, 208 p. **(11)**

Beyssade P., *La Ligue arabe,* Paris, Planète, 1968. **(8)**

Bidwell R., *Marocco under Colonial Rule,* Londres, Frank Cass., 1973. **(3,8)**

Blum Alain, *Naître, vivre et mourir en URSS,* Paris, Éd. du Cerf, 1993. **(10)**

Blussé L., Wetterling G.D. et Wirius G.D., *History and Underdevelopment,* Leiden Centre for the Hy. of Europe Expansion, M.S.H., 1980, 160 p. **(11)**

Bobrie F., « Finances publiques et conquêtes coloniales : le coût budgétaire de l'expansion française de 1850 à 1913 », *Annales E.S.C.,* 1976-6, p. 1225-1244. **(10)**

Bocanegra G. et Ortiz J.A., *Les 500 Années de l'Amérique latine 1492-1992* (collectif), Paris, Éd. Page et Image, 1993, 322 p. **(3,4)**

Boisvert Georges, « Intégration et évaluation des grandes découvertes portugaises dans les œuvres des penseurs et écrivains du siècle des Lumières », Communication au Colloque « Descobrimentos e Encontros de culturas Historia y Memoria, p. sec. XV-XIX », Lisbonne, 1991 **(5)**

Botte Roger, « Les rapports Nord-Sud, la traite négrière et le Fouta Jalon à la fin du XVIIIe siècle », *Annales E.S.C.,* 1991-6, p. 1411-1455. **(2,6)**

Bouche Denise, *Histoire de la colonisation française,* Paris, Fayard, 1991, 2 vol. **(général)**

Bouchon Geneviève, « Les musulmans de Kerala à l'époque de la découverte portugaise », *Mare Luso Indicum,* p. 2 et 1-60, Genève, Droz, 1973. **(2)**

–, Mamale de Cananor, un adversaire de l'Inde portugaise, Genève, Droz, 1975, 224 p. **(2)**

–, « Le premier voyage de Lopo Soares en Inde, 1504-1505 », *Mare Luso Indicum,* III, 1976, p. 56-84 **(2)**

—, *L'Asie du Sud à l'époque des Grandes Découvertes,* Londres, Variorum Reprints, 1987, 334 p. **(2)**

Boughedir Ferid, « Cinémas de Maghreb », *Cinéaction,* 1985. **(5,6)**

Boulanger Pierre, *Le Cinéma colonial,* Paris, Seghers, 1975, 290 p. **(5,6)**

Bourdieu Pierre, *Travail et Travailleurs en Algérie,* Paris, PUF, 1958. **(4)**

Bourges Hervé et Waulthier Claude, *Les Cinquante Afriques,* Paris, Éd. du Seuil, 1979, 2 vol., 680 p. et 684 p. **(général)**

Bouvier J., Girault R., Thobie J., *La France impériale 1880-1914,* Paris, Megrelis, 1982, 320 p. **(3,5)**

Boxer M.C.R., *Mary and Misogyny. Women in Iberian Expansion Overseas 1415-1815. Some Facts, Fancies and Personalities,* Londres, Duckworth, 1975, in-8°, 142 p. **(4)**

Braudel F., *La Méditerranée à l'époque de Philippe II,* Paris, 1948. **(1,2,3)**

—, *Civilisation et Capitalisme.* T. 1 : *Les Structures du quotidien.* T. 2 : *Les Jeux de l'échange.* T. 3 : *Le Temps du monde,* Paris, Colin, 1979, 736, 832 et 606 p. **(2,3)**

Bromberger Merry et Serge, *Les 13 Complots du 13 mai,* Paris, Fayard, 1959, 444 p. **(7)**

Brunschwig Henri, *Mythes et Réalités de l'impérialisme colonial français, 1871-1914,* Paris, Colin, 1960, 200 p. **(3)**

—, *L'Avènement de l'Afrique noire,* Paris, Colin, 1963, 246 p. **(3,5)**

—, *Le Partage de l'Afrique noire,* Paris, Flammarion, 1971, 186 p. **(3)**

Cahen Michel, *Villes et Bourgs en Afrique lusophone,* Paris, L'Harmattan, 1988. **(4,9)**

Cain P.J. et Hopkins A.G., *British Imperialism,* Longman, 1993, 2 vol. **(général)**

Callick Rowan, *Le Casse-tête juridique du droit des aborigènes,* trad. du *Financial Times,* Courrier, p. 18-19, n° 143. **(1)**

Carlier Omar, « *Socialisation et sociabilité ; les lieux du politique en Algérie 1895-1954* », Oran, URASC, 1992. **(9)**

Carré O. et Michaud G., *Les Frères Musulmans, 1928-1982,* Paris, Gallimard, « Archives », 1983, 240 p. **(8)**

Carrère d'Encausse Hélène et Schram Stuart, *Le Marxisme et l'Asie,* Paris, Colin, 1965, 494 p. **(8)**

Carrère d'Encausse Hélène, *Réforme et Révolution chez les musulmans de l'Empire russe,* Paris, Colin, 1966, 312 p. **(8)**

Cerkasov P.P., *La Chute de l'Empire colonial français, 1939-1985* (en russe), Moscou, 1985, 326 p. **(9,10)**

Cervenka Zdenek, *The Unfinished Quest for Unity : Africa and the OUA,* Londres, Friedmann, 254 p. **(10)**

Césaire Aimé, « Discours sur le colonialisme », *Présence africaine,* 1955. **(1)**

Chaffard Georges, *Les Carnets secrets de la décolonisation,* Paris, Calmann-Lévy, 1965, 342 p. **(9,10)**

Charmley J., *Churchill. The End of Glory, a Political Biography,* Londres, 1993, 742 p. **(9,10)**

Chaunu Pierre, *Séville et l'Amérique aux XVIe-XVIIIe siècles,* Paris, Flammarion, 1977, 368 p. **(2,4)**

Chauvelot Robert, *En Indochine ; aquarelles de Hubert Robert,* Grenoble, Arthaud, 1931, in-4°, 160 p. **(5)**

Chesneaux Jean, « L'implantation géographique des intérêts coloniaux au Vietnam et ses rapports avec l'économie traditionnelle », in Berque-Charnay, p. 101-117. **(4)**

–, *Une lecture politique de Jules Verne,* Paris, Maspero, 1971, 194 p. **(5)**

Chevaldonné François, « Notes sur le cinéma colonial en A.F.N. : naissance et fonctionnement d'un code ? », in Dallet S., *Guerres révolutionnaires.* **(5)**

Chirol Valentine, *The Egyptian Problem,* Londres, 1921, 332 p **(8)**

Chomsky Noam et Herman E.S., *The Washington Connection and Third World Fascism,* Boston South End Press, 1979, 441 p. **(11)**

Chrétien J.-P., « Une révolte au Burundi en 1934 », *Annales E.S.C.,* nov.-décembre 1970. **(6)**

—, *Burundi, l'histoire retrouvée,* Paris, Karthala, 1993, 510 p. **(11)**

Cirkin G.F., « La colonisation de la Sibérie dans la deuxième moitié du XIXe siècle », dans *Platonov* (en russe), 1927, p. 79-132. **(3)**

Clastres Hélène, « Introduction » au *Voyage au nord du Brésil,* d'Yves d'Évreux, 1613-1614, Paris, Payot, 1985, 286 p. **(2)**

Cohen Jean, « Colonialisme et racisme en Algérie », *Les Temps modernes,* 1955, t. 11, vol. II, p. 580-590. **(4)**

Coles Paul, *The Ottoman Impact on Europe,* Londres, Thames Hudson, 1968. **(8)**

Colley Linda, *Britains, Forging the Nation, 1707-1837,* Yale Univ. Press, 1992, 430 p. **(1)**

Colonna Fanny, *Instituteurs algériens 1883-1939,* Paris, Presses de la FNSP, 1975. **(4)**

Coquery-Vidrovitch Catherine, *Afrique noire, permanences et ruptures,* Paris, Payot, 1985, rééd. L'Harmattan, 1993. **(général)**

Coquery-Vidrovitch C. et Goerg O., *L'Afrique occidentale au temps des Français,* Paris, La Découverte, 1993. **(général)**

Coquin F., *La Sibérie, peuplement et immigration du pays au XIXe siècle,* Paris-La Haye, Mouton et Institut d'Études slaves, 1969, 790 p. **(4)**

Corm Georges, *L'Europe et l'Orient,* Paris, La Découverte, 1989, nouvelle éd. 1991, 386 p. **(1,3)**

Cornevin Marianne, *L'Apartheid, pouvoir et falsification historique,* Paris, UNESCO, 1979, 156 p. **(4)**

Crosby A.W. Jr., *The Columbian Exchange, Biological and Cultural Consequences of 1492,* West Port, Greenw. Press, 1972, 270 p. **(4,6,11)**

Crouzet Fr., « Commerce et Empire : l'expérience britannique de libre-échange à la Première Guerre mondiale », *Annales E.S.C.,* 1964-2, p. 281-311. **(10)**

Curtin Philipp, *Economic Change in Precolonial Africa. Senegambia in the Ere of the Slave Trade,* Madison, Univ. of Wisconsin Press, 1975, 364 p. **(2,3)**

Dallet Sylvie (sous la direction de), *Guerres révolutionnaires, Histoire et Cinéma,* Paris, L'Harmattan, 1984, 360 p. **(5)**

Darwin John, *The End of the British Empire, the Historical Debate,* Oxford, Blackwell, 1991, 128 p. **(10)**

Davidson Alistair, *The Invisible State. The Formation of the Australian State, 1788-1901,* Cambridge Univ. Press, 1991, 329 p. **(4)**

Debbasch Yvon, « Le marronage, essai sur la désertion de l'esclave antillais », *Année sociologique 1961,* p. 1-195. **(4)**

Décolonisations comparées, Colloque Aix-en-Provence (Université de Provence, 1993, et IHTP). **(10,II)**

Decraene Philippe, *Le Panafricanisme,* Paris, PUF, « Que sais-je ? », 1959, 128 p. **(8)**

Degregori Carlos Ivan, « Sendero luminoso : los Hondos y mortales desencuentros », in Ballon (éd.), *Movimientos sociales y crisis,* Lima, 1986. **(9)**

« De la royauté à l'État dans le monde indien », études réunies par J. Pouchepadass et H. Stern, *Purusartha 13;* Paris, EHESS, 1991, 310 p. **(2)**

Del Boca A., *Gli Italiani in Africa Orientale,* Bari, Laterza, 1976, 4 v. **(3)**

Der Thiam Iba, « Histoire de la revendication d'indépendance », in Ageron-Michel, p. 663-689.

Devillers Ph., *Histoire du Vietnam de 1940 à 1932,* Paris, Éd. du Seuil, 1952, 480 p. **(8,9)**

Disease, Medecine and Empire, Perspectives on Western Medecine and the Experience of Europa-Expansion, éd. par Roy Macleod et Milton Lewis, Londres, Routledge, 1988, 336 p. **(3)**

Dmytryshyn Basile, « Russian expansion to the Pacific, 1580-1700, a historiographical review », *Siberica,* 1, 1990, Paris, IMSECO. **(3)**

Donghi Tulio Halperin, *Histoire contemporaine de l'Amérique latine,* éd. fr., Paris, Payot, 1972, 324 p. **(11)**

Dower John W., *War Without Mercy, Race and Power in the Pacific War,* NY, Pantheon Books, 1986, 400 p. **(3,7,8)**

Dresch J., « Lyautey », in *Les Techniciens de la colonisation,* p. 133-156. **(3)**

Dreyfus Simone, « Les réseaux politiques indigènes en Guyane et leurs transformations aux XVIIe-XVIIIe siècles », *L'Homme,* avr.-décembre 1992, n° 122-124, p. 75-99. **(4)**

Dubois Colette, « L'Italie, cas atypique d'une puissance européenne en Afrique », in *Matériaux pour l'histoire de notre temps,* n°s 32-33, *Colonisation en Afrique,* Paris, BDIC, juill.-décembre 1993, p. 10-14. **(3)**

Duchet Michèle, *Anthropologie et Histoire au siècle des Lumières,* Paris, Maspero, 1971, 562 p. **(5)**

Duchet Michèle et Claude, « Un problème politique : la scolarisation de l'Algérie », *Les Temps modernes,* t. 11, 1955-1956, vol. II, p. 1387-1421. **(4)**

Dumont René, *L'Afrique noire est mal partie,* Paris, Éd. du Seuil, 1962. **(11)**

Duverger Christian, *La Conversion des Indiens dans la Nouvelle Espagne,* Paris, Éd. du Seuil, 1987, 280 p. **(4,5)**

Elgey Georgette, *La République des contradictions 1951-1954,* Paris, Fayard, 1968, 650 p. **(9,10)**

–, *La République des tourmentes 1954-1959,* Paris, Fayard, 1983, t. 1, 674 p. **(9,10)**

Eliott J.H., « The Spanish conquest and settlement of America », *The Cambridge Hy. of Latin America,* I, p. 149-207 **(2,3)**

–, « Spain and America in the 16th. and 17th. », *The Cambridge Hy. of Latin America,* p. 287-341. **(2,3)**

Elkin A.P., *Les Aborigènes australiens,* Paris, Gallimard, 1962, 452 p. **(4)**

Erikson Erik H., *Gandhi's Truth on the Origins of Militant Non-Violence,* NY, Norton, 1969, 474 p. **(9)**

Esclave à Alger, récit de captivité de J. Mascarenhas (1621-1626), présenté par Paul Teyssier, Paris, Chandeigne, 1993, 244. **(5)**

Fabre Michel, *Esclaves et Planteurs,* Paris, Julliard, « Archives », 1970, 300 p. **(4)**

Fall Bernard B., *The Two Vietnams,* NY, Praeger, 1967. **(8,9)**

Fanon Frantz, *Peau noire, Masques blancs,* Paris, Éd. du Seuil, 1952, rééd. 1972. **(5)**

—, *Les Damnés de la terre,* Paris, Maspero, 1963. **(1,5)**

—, « Analyse critique par A. Margarido », *Annales,* 1974-2, pp. 297-302. **(5)**

Favier Jean, *Les Grandes Découvertes d'Alexandre à Magellan,* Paris, Fayard, 1991. **(2)**

Favre Henri, « Pérou, Sentier lumineux et horizons obscurs », in *Problèmes d'Amérique latine,* 1972. **(9)**

Femme dans les sociétés coloniales (La), Études et Documents, n° 19, Aix-en-Provence, 1984, 329 p. ; Institut d'histoire des Pays d'Outre-Mer et du Centre d'histoire de l'expérience européenne de Leyde (Pays-Bas). **(4)**

Forest A. et Yoshiharu Tsuboï (éd.), *Catholicisme et Sociétés asiatiques,* Paris, L'Harmattan / Tokyo, Sophia University, 1988, 222 p. (avec la collaboration de Yoshiaki Ishizawa, Jacques Gernet). **(2)**

Ferro Marc, *La Révolution de 1917,* Paris, Aubier, 1967-1976, 2 vol., 804 et 680 p. **(4)**

—, *Comment on raconte l'histoire aux enfants à travers le monde entier,* Paris, Payot, 1981-1992, 330 p. **(4,5)**

—, *L'Histoire sous surveillance,* Paris, 1987, « Folio-Histoire », 254 p. **(6)**

Fourcade Marie, « Les dénommées tribus criminelles dans l'Inde britannique. Violence coloniale, violence traditionnelle », *Purusartha 16,* t. 187-213 ; Paris, EHESS, 1994.

Fourniau Ch., *Les Contacts franco-vietnamiens en Annam et au Tonkin de 1885 à 1896,* Aix-en-Provence, thèse, 1983. **(3)**

France colonisatrice (La), textes réunis par Nicole Priollaud, préface de Patrice de Beer, Paris, Messinger, 1983, 254 p. **(5)**

Freyre Gilberto, *Casa grande e senzala,* trad. fr. : *Maîtres et Esclaves,* Paris, Gallimard, 1952. **(4)**

Friend Th., *Japan against the West in Java and Luzon,* Princeton Univ., 1988, 320 p. **(8,9)**

Gaikwad V.R., *The Anglo-Indians. A Study in the Problem and Processes Involved in Emotional and Cultural Integration,* Londres, Asia Pub. House, 1967, 296 p. **(4)**

Galissot R., cf. *Abd el-Krim.* **(3,5,8)**

Gallo Max, *L'Affaire d'Éthiopie,* Paris, Éd. du Centurion, 1967. **(3)**

Gammer Moshe, « Was Klûge von Klugenau Shamil's Desmichels ? », *CMRS (Cahiers du monde russe et soviétique),* 1992. **(3,4)**

Gandhi M.K., *Expérience de vérité,* Paris, Éd. du Seuil, 1950, 678 p. **(8,9)**

Ganiage Jean, *Les Origines du protectorat français en Tunisie,* Paris, PUF, 1959. **(3)**

–, *Histoire contemporaine du Maghreb de 1830 à nos jours,* Paris, Fayard, 1994, 822. **(4,9)**

Garsoïan Nina, « L'indépendance retrouvée. Royaume du Nord et Royaume du Sud, IXe-XIe siècle », in *Histoire des Arméniens,* collectif sous la direction de G. Dedeyan, Toulouse, Privat, 1982, 704 p., p. 215-247. **(1)**

Gautier Arlette, *Les Sœurs de la solitude,* Paris, Éd. du Cerf, 1985. **(4)**

Gautier E.F., *L'Afrique blanche,* Paris, Fayard, 1939, 320 p. **(1,4)**

Geiss Immanuel, *The Panafrican Movement,* Londres, Methuen, 1974, 570 p. **(8)**

Gellner Ernest, « Pouvoir politique et fonction religieuse dans l'Islam marocain », *Annales,* 1970-3, p. 699-714. **(8)**

Gernet Jacques, « Problèmes d'acclimatation du christianisme dans la Chine du XVIIe siècle », in Forest, p. 35-47. **(2)**

–, *Chine et Christianisme, action et réaction,* Paris, Gallimard, 1982, 320 p. **(2)**

Gerrit W. Gong, *The Standard of Civilization in International Society,* Londres, Clarendon, 1984, 268 p. **(1,11)**

Girardet Raoul, *L'Idée coloniale en France 1871-1962,* Paris, La Table ronde, 1972, 338 p. **(1,10)**

Giraud François, « Viol et société coloniale : le cas de la Nouvelle Espagne au XVIIIe siècle », *Annales,* 1986-3, p. 625-639. **(4)**

Girault René, *Diplomatie européenne et Impérialisme* (en collaboration), Paris, Belin, 1979-1990. **(1,3)**

Godement François, *La Renaissance de l'Asie,* Paris, Odile Jacob, 1993, 380 p. **(8,9,11)**

Godinho V. Magalhaes, *L'Économie de l'Empire portugais aux XVe et XVIe siècles,* Paris, EHESS, 1969.

–, *Les Découvertes, XVe, XVIe : une révolution des mentalités,* Paris, Autrement, 1990. **(1,2)**

Goitein S.D., « From the Mediterranean to India », *Speculum,* 29, 1954, p. 181-197. **(1,2)**

Gollwitzer Heinz, *L'Impérialisme de 1880 à 1918,* Paris, Flammarion, 1970 (éd. angl. 1969), 216 p. **(1,3,5)**

Gourou Pierre, *Les Pays tropicaux,* Paris, PUF, 1947, rééd. 1966, 270 p. **(4)**

Greenberger Allen J., *The British Image of India : a Study in the Literature of Imperialism, 1880-1960,* Oxford Univ. Press, 1969, 234 p. **(4,5)**

Gruzinski Serge, *La Colonisation de l'Imaginaire. Sociétés indigènes et occidentalisation dans le Mexique espagnol des XVIe-XVIIIe siècles,* Paris, Gallimard, 1988, 375 p. (cf. également à Bernaud et Gruzinski). **(4,6)**

Guillebaud J.-Claude, *Les Confettis de l'Empire,* Paris, Éd. du Seuil, 1976, 250 p. **(11)**

Hagège Cl., *Le Souffle de la langue. Voies et destins des parlers d'Européens,* Paris, Odile Jacob, 1992, 286 p. **(général)**

Halévy É., *Histoire du peuple anglais au XIXe siècle,* Paris, Hachette, 1926, vol. 1, 2 et épilogue. **(1)**

Hammond Ch. T., *The Anatomy of Communist Takeovers* (préface de C.E. Black), Yale Univ. Press, 1975, 660 p. **(3)**

Hamnett Brian R., *Politics and Trade in Southern Mexico,* Cambridge Latin America Studies, 1971, 214 p. **(4)**

Hamoumou Mohamed, *Et ils sont devenus harkis,* Paris, Fayard, 1993, 364 p. **(9)**

Harbi Mohammed, *Archives de la révolution algérienne,* Jeune Afrique, 1981, 585 p. **(9)**

Hargreaves John, *Decolonization in Africa,* Londres, 1988. **(général)**

Harrison J.B., « Five Portuguese historians », in *Historians of India, Pakistan and Ceylan,* Oxford Univ. Press, 1961, p. 155-170. **(1)**

Hauser H. et Renaudet A., *Les Débuts de l'âge moderne,* Paris, Alcan, 1929, 634 p. **(2)**

Heers J., *Christophe Colomb,* Paris, Hachette, 1981. **(1,2)**

Hennebelle Guy et Ruelle Catherine, *Cinéastes d'Afrique noire, Cin'action,* 1980. **(6)**

Histoire de l'Empire ottoman, sous la direction de Robert Mantran, Paris, Fayard, 1989, 806 p. (notamment les chapitres rédigés par N. Baldiceanu, G. Veinstein, A. Raymond). **(8)**

History and Underdevelopment, sous la direction de L. Blussé, H.L. Wesseling, G.D. Winius, Leyde, MSH, 1980, 160 p. (articles de P. Bairoch, Van Dam, Zhang-Zhi-Lian). **(11)**

Hobsbawm Eric, *The Age of Empire,* 1987 ; *L'Ère des Empires, 1875-1914,* trad. fr. : Paris, Fayard, 1989, 496 p. **(1,3).**

Hodeir Catherine et Pierre Michel, *L'Exposition coloniale,* Bruxelles, Complexe, 1991, 170 p. **(6)**

Holland Robert, *European Decolonization 1918-1981, an Introduction Survey,* Londres, 1985. **(général)**

Hourani Albert, *Histoire des peuples arabes,* Paris, Éd. du Seuil, 1993, 710 p. **(général)**

Hughes Robert, *The Fatal Shore* (australien), Pan Books, 1988, 688 p. **(4)**

Huttenbach H.R. (éd.), *Soviet Nationality Policies, Ruling Ethnic Groups in the URSS,* Mansell, 1990, 302 p. **(4)**

Ienaga Saburo, *The Pacific War, 1931-1945, a Critical Perspective on Japan's Role in WW II,* éd. angl. NY, Pantheon Books, 1978, 318 p. (Tokyo 1968). **(3,9)**

Images et Colonies (1880-1962), sous la direction de N. Bancel, P. Blanchard et L. Gervereau, Paris, ACHAC, 1993, 304 p., 800 ill. **(5)**

Ishizawa Y., cf. Forest.

Jaulin Robert, *La Paix blanche (introduction à l'ethnocide),* Paris, Éd. du Seuil, 1970. **(2)**

–, *Le Livre blanc de l'ethnocide en Amérique,* Paris, Fayard, 1972 (collectif, notamment J. Piel), 432 p. **(2)**

Julien Ch.-A. (sous la direction de), *Les Techniciens de la colonisation, XIXᵉ, XXᵉ siècle,* Paris, PUF, 1947, 320 p. **(3)**

—, « Bugeaud », in *Les Techniciens de la colonisation,* XIXe, *XXe siècle,* p. 55-75. **(3)**

—, *L'Afrique du Nord en marche. Nationalismes musulmans et souveraineté française,* Paris, Julliard, 1952, n^lle^ éd., 1972, 440 p. **(8,9,10)**

Julliard Jacques, *La IVe République,* Paris, Calmann-Lévy, 1968, 378 p. **(9,10).**

Kabou Axelle, *Et si l'Afrique refusait le développement...,* Paris, L'Harmattan, 1991, 160 p. **(11)**

Kalfon P. et Leenhart J., *Les Amériques latines en France,* Paris, Gallimard, 1992, 156 p. **(12)**

Kappeler Andreas, *La Russie, Empire multi-ethnique,* Paris, Institut d'études slaves-Irenise, 1994. **(général)**

Kaspi André, *L'Indépendance américaine, 1763-1789,* Paris, Gallimard-Julliard, « Archives », 1976, 250 p. **(7)**

Kato Eiichi, « Adaptation et élimination. Comment le christianisme a-t-il été reçu au Japon », in Forest, p. 79-105. **(2)**

Kniebiehler Yvonne et Goutalier Régine, « Femmes et colonisation », in *Rapport terminal au ministère des Relations extérieures et de la Coopération, Études et Documents,* Institut d'histoire des pays d'Outre-Mer, Aix-en-Provence, 1987, 356 p. **(6)**

Kolarz Walter, *Russia and her Colonies,* Londres, Philip, 1952, 354 p. **(3)**

Kurz B.G. et Kypy E.I., *Rapports russo-chinois aux XVIe, XVIIe, XVIIIe siècles,* éd. d'État d'Uzbek (en russe), 1929. **(3)**

Lacouture Simonne et Jean, *L'Égypte en mouvement,* Paris, Éd. du Seuil, 1956, 470 p. **(8,10).**

Lacouture Jean, *Hô Chi Minh,* Paris, Éd. du Seuil, 1967, 252 p. **(9)**

Lagana Marc, *Le Parti colonial français,* Québec, 1990, 188 p. **(2)**

Landes David S., *Banquiers et Pachas, finance internationale et impérialisme en Égypte,* Paris, Albin Michel, 1993. p. **(3)**

Lanternari Vittorio, *Les Mouvements religieux des peuples opprimés,* Paris, Maspero, 1963. **(8)**

Laqueur W.Z., *Communism and Nationalism in the Middle East,* Londres, Routledge, 1956, 362 p. **(8)**

Laran U. et Saussay J., *La Russie ancienne,* préface de F. Braudel, Paris, Masson, 1975, 334 p. **(1,3)**

Laroui Abdallah, *L'Histoire du Maghreb,* Paris, Maspero, 1970, 390 p. **(6)**

—, *Les Origines sociales et culturelles du nationalisme marocain, 1830-1912,* Paris, Maspero, 1977, 482 p. **(8)**

Lavrin Asuncion, « Women in Spanish American colonial society », *The Cambridge Hy. of Latin America,* II, p. 321-357. **(4)**

Lesure Michel, *Lépante,* Paris, Julliard, « Archives », 1972, 280 p. **(1)**

—, *« La France et le Caucase à l'époque de Chamil, à la lumière des dépêches des consuls français », CMRS* XIX (1er et 2) juin 1978, p. 5-65. **(3)**

Le Thanh Khoi, *Le Viêt-nam, histoire et civilisation,* Paris, Éd. de Minuit, 1954, 584 p. **(6,8).**

Lévi-Strauss Claude, *Histoire de lynx,* Paris, Plon, 1991, 364 p. **(2)**

Lewis Bernard, *Race et Couleur en pays d'Islam,* Paris, Payot, 1982 (éd. originale Harper and Row, 1971). **(5)**

—, *Comment l'islam a découvert l'Europe,* Paris, La Découverte, 1984 (éd. angl. 1982). **(1,2)**

—, « Watan », *Journal of Contemporary History,* 1991, 3-4, p. 523-535. **(8)**

Lichtheim George, *De l'impérialisme,* Paris, Calmann-Lévy, 1972, 266 p. (éd. originale *Imperialism,* Praeger, 1971). **(1)**

Lisbonne Hors les murs (1415-1580, l'invention du monde par la navigation), dirigé par Michael Chandeigne, Paris, Autrement, 1990, 285 p. (notamment les articles de Paul Teyssier, Luis de Albuquerque et Annie Marquès dos Santos et Joa Rocha Pinto). **(1,2)**

Lombard Denys, *Le Carrefour javanais,* Paris, EHESS, 1990, 3 vol. : 267, 423, 337 p. **(3,4,8)**

Low D.A., *Eclipse of Empire,* Cambridge Univ. Press, 1991, 380 p. **(9,10,11)**

Lyons Maryinez, « Sleeping sickness, colonial medecine and imperialism : some connections in Belgian Congo », in *Disease*, p. 242-257. **(4)**

Mac Leod Roy et Lewis Milton, *Disease, Medecine and Empire*, Londres et NY, Routledge, 1988, 340 p. **(4)**

Machkin M.N., *Les Socialistes français et les Démocrates devant la question coloniale, 1830-1871*, Moscou, 1981, 316 p. (en russe). **(5)**

Madjarian Grégoire, *La Question coloniale et la Politique du Parti communiste français, 1944-1947*, Paris, Maspero, 1977, 278 p. **(8)**

Mahn Lot Marianne, *La Découverte de l'Amérique*, Paris, Flammarion, 1970, 140 p. **(1,2)**

Maitra Kiran, *Roy Comintern and Marxism in India*, Calcutta, 1991, 280 p. **(9)**

Malowist Marian, « Un essai d'histoire comparée : les mouvements d'expansion en Europe aux XVe et XVIe siècles », *Annales E.S.C.*, 1962-5. **(1,2)**

Manchester William, *Winston Churchill, rêves de gloire, 1874-1932*, Paris, Laffont, 1985, 792 p. **(10)**

Mandouze André, *La Révolution algérienne par les textes*, Paris, Maspero, 1965. **(9)**

Mannoni O., *Psychologie de la colonisation*, Paris, Éd. du Seuil, 1961. **(5)**

Mantran Robert, *Histoire de l'Empire ottoman*, Paris, Fayard, 1989, 810 p. **(général)**

Marcovich Anne, « French colonial medecine and colonial rule », in *Disease*, p. 103-119. **(4)**

Margarido Alfredo, « La décolonisation », in *L'Histoire, de 1871 à 1973*, sous la direction de Marc Ferro, p. 144-170, Paris, *Les Dictionnaires du savoir moderne*, 1971. **(général)**

–, « Réciprocité paysanne au Brésil », *Annales*, 1974-6 ; ainsi que comptes rendus dans la même revue (1970-1980). **(4)**

Markovits Cl. (sous la direction de), *Histoire de l'Inde moderne (1480-1950)*, Paris, Fayard, 1994, 728. **(général)**

Markovits Cl., « L'Inde coloniale : nationalisme et histoire », *Annales E.S.C.*, 1982-4, p. 648-670. **(8,9)**

Marks Shula et Andersson Neil, « Typhus and social control : South Africa 1917-1950 », in *Disease,* p. 257-284. **(4)**

Marr David G., *Vietnamese Anticolonialism,* Berkeley, U.P., 1971, 322 p. **(6,9)**

Marseille Jacques, *Empire colonial et Capitalisme français. Histoire d'un divorce,* Paris, Albin Michel, 1985, 462 p. **(10)**

Maspero François, *L'Honneur de Saint-Arnaud,* Paris, Plon, 1993, 438 p. **(3)**

Mauro F., « Voyages de découvertes et premières colonisations : les comportements portugais et français comparés », in Colloque de Lisbonne, juin 1991. **(1)**

M'Bokolo Elikia, *Afrique noire, histoire et civilisation,* t. II, XIXe-XXe *siècle,* Paris, Hatier Aupelf, 1993, 576 p. **(général)**

Merle Marcel, *L'Anticolonialisme européen de Las Casas à Marx,* Paris, Colin, 390 p. **(5)**

Meyer J.-A., *La Révolution mexicaine,* Paris, Calmann-Lévy, 1972. **(7)**

Meyer Jean, *L'Europe et la Conquête du monde,* XVIe-XVIIIe *siècle,* Paris, Colin, 1990, 368 p. (anciennement : *L'Europe et les Autres, de Cortès à Washington,* Paris, Colin, 1975). **(général)**

Michel Marc, *Décolonisation et Émergence du Tiers-Monde,* Paris, Hachette, 1993, 280 p. **(général)**

Miège J.-P., *Expansion européenne et Décolonisation de 70 à nos jours,* Paris, PUF, 1973 **(général)**

Moquin W. et Van Doren C., *A Documentary History of the Mexican-Americans,* Praeger, 1971, 510 p. **(6)**

Morazé Charles, *Les Bourgeois conquérants,* Paris, Colin, 1957, 486 p. **(3)**

Mormanne Thierry, « Le problème des Kouriles, pour un retour à Saint-Pétersbourg », *Cipangu,* Cahiers d'études japonaises, Paris, INALCO, 1, juin 1992, p. 59-90. **(3)**

Morner Magnus, *Le Métissage dans l'histoire de l'Amérique latine,* préface de H. Favre, Paris, 1971, 209 p. **(4)**

Morris Jones W.H. et Fischer George, *Decolonization and After,* Londres, Frank Cass., 1976. **(général)**

Mouradian Claire, *L'Arménie soviétique de Staline à Gorbatchev,* Paris, Ramsay, 1991, 360 p. **(9)**

Mus Paul, *Vietnam, sociologie d'une guerre,* Paris, Éd. du Seuil, 1951. **(9)**

Mutwa Credo, *My People,* Londres, Blond, 1969 (Afrique du Sud), 257 p. **(2,6)**

Myrdal G., *Le Drame de l'Asie, enquête sur la pauvreté des nations,* Paris, Éd. du Seuil, 1968, 408 p. **(11)**

Naraghi Ehsan, *Enseignement et Changements sociaux en Iran du VIIe au XXe siècle,* Paris, M.S.H., 1992, 224 p. **(4,8)**

Nehru P.J., *Ma vie et mes prisons,* Paris, Denoël, 1952. **(7)**

Neil Bruce, *Portugal the East Empire,* Vancouver, David et Charles, 1975, 160 p. **(9)**

Ninomiya Hiroyuki, « L'époque moderne », p. 301-325 in *Histoire du Japon,* sous la direction de Francine Horail, Lyon, Horwath, 1990, 630 p. **(2)**

Nkrumah Kwame, *Neo-Colonialism, the Last Stage of Imperialism,* Londres, 1965-1971, 250 p. **(11)**

Nolde Boris, *La Formation de l'Empire russe, études, notes, documents,* Paris, Institut des études slaves, 1952, 2 vol., 276 et 300 p. **(2,3)**

Nora Pierre, *Les Français d'Algérie,* Paris, Julliard, 1961, 250 p. **(4)**

Nouschi A., *La Naissance du nationalisme algérien,* Paris, Éd. de Minuit, 1962, 164 p. **(9)**

Ortiz Jose A., « La conquête des pays du Rio de la Plata », in *Les 500 années* (cf. Bocanegra), p. 73-78. **(2)**

Panikkar K.M., *L'Asie et la Domination occidentale,* Paris, Éd. du Seuil, 1952. **(6)**

–, *Histoire de l'Inde,* Paris, Fayard, 1958. **(général)**

Paris Robert, « Sur Mariategui », *Annales,* 1968. **(9)**

Park Mungo, *Voyage à l'intérieur de l'Afrique (1800),* Paris, Maspero, 1980, 354 p. **(1)**

Paton Alan, *Pleure, ô mon pays bien-aimé,* Paris, 1955. **(6)**

Paudrat J.-L., « Afrique », in *Le Primitivisme dans l'art du XXe siècle,* sous la direction de W. Rubin, Paris, Flammarion, 1984, rééd. 1987, p. 125-145. **(11)**

Payne Robert, *Gandhi,* Paris, Éd. du Seuil, 480 p. **(9)**

Pearson M.N., *The Portuguese in India,* Londres, 1987, 180 p. **(2)**

Pelissier René, *Le Naufrage des caravelles. Étude sur la fin de l'Empire portugais,* Éd. Pelissier, 78630 Orgeval, 1979. **(9)**

Person Yves, *Samori, une révolution Dyula,* Dakar, IFAN, 1968-1975, 3 vol., 2378 p. **(6)**

Pierre Michel, *Terre de la grande punition, la Guyane,* Paris, Ramsay, 1982, 316 p. **(4)**

Pipes Richard, *The Formation of the Soviet Union Communism and Nationalism, 1917-1923,* Harvard Univ. Press, 1957, 356 p. **(4)**

Platonov S.F., « Inozemci na russkom severe (XVIe-XVIIIe) », in *Ocerki po istorii Kolonizacii severa i Sibiri,* Petrograd, 1922, 136 p. (p. 5-17) (en russe). **(2)**

Politiques d'expansion impérialiste (Les) (sous la direction de Chr.-A. Julien), Paris, PUF, 1947. **(3)**

Pouchepadass J., *L'Inde au XXe siècle,* Paris, PUF, 1975, 214 p. **(général)**

Pouchepadass J. et Stern H. « De la Royauté à l'État dans le monde indien », intr. au n° 13 de *Purusartha,* 1991 ; Paris, EHESS, p. 9-25. **(1,7)**

Prunier Gérard, « L'Égypte et le Soudan (1820-1885). Empire tardif ou protocolonisation en Afrique orientale ? », *Hérodote,* 2e-3e trim. 1992, p. 169-191. **(3,8)**

Queiroz Mattoso Katia, « Les marques de l'esclavage africain », in *L'Amérique du Sud aux XIXe et XXe siècles,* sous la direction d'Henri Rivière d'Arc.

Quested R.K.I., *The Expansion of Russia in East Asia, 1857-1860,* Kuala Lumpur, Oxford Univ. Press, 1968, 340 p. **(3)**

Racisme et Société (sous la direction de P. de Comarmond et Cl. Duchet), Paris, Maspero, 1969, 352 p. **(4)**

Ramasubban Radhika, « Imperial health in British India », in *Disease,* p. 38-60 **(4)**

Ramos Guerreiro, *Sociologia critica brasileira,* Rio de Janeiro, 1957. **(4)**

Randles W.G.L., « Les Portugais en Angola : de la traite à la colonisation », *Annales,* 1969-2, p. 289-305. **(4)**

—, « Échanges de marchandises et échanges de dieux, ou chassé-croisé culturel entre Européens et Bantu », *Annales E.S.C.,* juill.-août 1975, p. 635-653. **(4)**

—, « “ Peuples sauvages ” et “ États despotiques ”. La pertinence, au XVIe siècle, de la grille aristotélicienne pour classer les nouvelles sociétés révélées par les découvertes au Brésil, en Afrique et en Asie », in Colloque « Descobrimentos... », Lisbonne, 1991. **(1,4)**

Rani *Abbakka,* Bombay, IBHE, 1980, éd. Michandani, 30 p. **(2)**

Raulin Henri, « Psychologie du paysan des tropiques », *Études rurales,* 7, 1962, p. 59-83. **(1,4)**

Raymond André, « Les provinces arabes », in Mantran, p. 341-421. **(8)**

—, *Le Caire,* Paris, Fayard, 1993. **(8)**

Reappraisals in Overseas History, éd. par P.C. Emmer et H.L. Wesseling, Leiden Univ. Press, 1979, 246 p. **(général)**

Rémond René, *Introduction à l'histoire de notre temps,* Paris, Éd. du Seuil, 1970-1974, 3 vol. **(général)**

Richards Jeffrey, *Visions of Yesterday,* Londres, Routledge, 1973. **(5)**

Ridley Hugh, *Image of Imperial Role,* Londres, Groow-Helm, 1983, 180 p. **(5)**

Rioux J.-P., *La Guerre d'Algérie et les Français* (colloque, sous la direction de), Paris, Fayard, 1990. **(5,9,10)**

Rioux J.-P. et Sirinelli J.-F., *Les Intellectuels français et la Guerre d'Algérie,* Bruxelles, Complexe, 1991. **(5,9,10)**

Rivet Daniel, « Le commandement français et ses réactions vis-à-vis du mouvement rifain », in *Abd el-Krim,* p. 101-137. **(5)**

Rivière d'Arc H. (sous la direction de), *L'Amérique du Sud aux XIXe et XXe siècles,* Paris, Colin, 1993, 270 p. **(11)**

Rizzi B., *La Bureaucratisation du monde,* Paris, 1939. **(11)**

Rodinson Maxime, « Racisme, xénophobie, ethnisme », in

L'Histoire, sous la direction de Marc Ferro, CEPL, 1971, t. 1, p. 392-411. **(1,4)**

–, *Marxisme et Monde musulman,* Paris, Éd. du Seuil, 1972, 680 p. **(8)**

–, *L'Islam politique et Croyances,* Paris, Fayard, 1993, 320 p. **(général)**

Romano Ruggiero, *Les Mécanismes de la conquête coloniale. Les conquistadores,* Paris, Flammarion, 1972, 180 p. **(2,3)**

Rose Deborah Bierd, *Hidden Histories (Black Stories from Victoria River Downs, Humbert River and Wave Hill Stations),* Canberra, Aborigenal Studies Press, 1991, 268 p. **(4,5)**

Rosstiskie, *Putesestvenniki v. indii* (XIXe-XXe s.) (Voyageurs en Inde), Moscou, 1990, 300 p. **(2)**

Rouet J., « Des puritains aux Yankees », *Annales E.S.C.,* 1973, p. 1131-1142. **(7)**

Rowbotham Sheila, *Féminisme et Révolution,* Paris, Payot, 1972, 316 p. **(5)**

Roy P. et Perrot D., *Ethnocentrisme et Histoire,* Paris, Anthropos, 1975, 375 p. **(général)**

Sarinov J., *La Lutte des travailleurs du Tadjikistan pour le renforcement du pouvoir soviétique pendant la période d'activité du Comité révolutionnaire de la République de Tadjikistan,* Stalinabad, 1955, 2 vol., 83 p. **(4)**

Saul S.B., *Studies in British Overseas Trade 1870-1914,* Liverpool, 1960, 246 p. **(3)**

Schreuder D.M., *The Scramble for Southern Africa, 1877-1895. The Politics of Partition Reappraised,* Cambridge Univ. Press, 1980, 386 p. **(3)**

Schumpeter Joseph, « Zur Soziologie der Imperialism », *Archiv für Sozialwissenschaft und social Politik,* 46, p. 1-39 et 275-310, 1941 ; trad. fr. *Impérialisme et Classes sociales,* présentation de J.-Cl. Passeron, Paris, Éd. de Minuit, 1972. **(1)**

Seton Watson H., *Nations and States, an Enquiry into the Origin or Nations and the Politics of Nationalism,* Londres, Methuen, 1977, 564 p. **(général)**

Sicroff Albert A., *Les Controverses des statuts de « pureté de* *sang » en Espagne du XV*e *siècle au XVII*e *siècle,* Paris, Didier, 1960, 318 p. **(4)**

Siegfried André, *La Crise britannique au XX*e *siècle,* Paris, Colin, 1931, 216 p. **(10)**

–, « *A. Wakefield* », in *Les Techniciens de la colonisation,* p. 175-194 **(3)**

Singer Barnet, « Lyautey », *Journal of Contemporary History,* 26-1, janvier 1991, p. 131-159. **(3)**

Sivan Emmanuel, « Modern Arab historiography of the crusades », *Asian and African Studies,* VIII, 1972, p. 109-149. **(1)**

Slavin D.H., « The French left and the Riff war 1924-1925 ; racism and the limits of internationalism », *Journal of Contemporary History,* 26-1, janvier 1991, p. 5-32. **(5,6)**

Soinbaclv T.J., « K Voprosy o prisoedinenii srednego juza k Rossii », in *Voprosy istorii Kazakhstana i vostocnogo Turkestana,* p. 41-60, Alma Ata, 1962, 206 p. **(4)**

Soustelle Jacques, *Aimée et souffrante Algérie,* Paris, Plon, 1963. **(7,9)**

Souyri Pierre, *La Dynamique du capitalisme au XX*e *siècle,* Paris, Payot, 1983, 270 p. **(1,11)**

Souyri Pierre-François, « Une forme originale de domination coloniale : les Japonais et le Hokkaido avant l'époque Meiji », Paris, Irenise (sous presse). **(2)**

Spear Percival, *The Nababs, a Study of the Social Life of the English in XVIIIth. Century India,* Oxford Univ. Press, 1963, 212 p. **(4,5)**

–, *The Oxford History of Modern India 1740-1947,* Oxford Univ. Press, 1965, 426 p. **(général)**

Spring Derek W., « Russian imperialism in Asia in 1914 », *Cahiers du monde russe et soviétique,* 3-4, juill.-décembre 1979, p. 305-322. **(3)**

Stengers Jean, *Congo, Mythes et Réalités,* Louvain, Duculot, 1989. **(10)**

Stora Benjamin, *Messali Hadj, 1878-1974,* Paris, Le Sycomore, 1982, 300 p. **(9,10)**

–, *Histoire de la guerre d'Algérie,* Paris, La Découverte, 1992, 160 p. **(9,10)**

Szyliowicz Joseph S., *Education and Modernization in the Middle East,* Ithaca, Cornell Univ. Press, 1973, 478 p. **(8)**

Tardits Cl., « La scolarisation des filles au Dahomey », *Cahiers d'études africaines,* 1962, 10, p. 266-288. **(4)**

Tawney R.H., *Religion and the Growth of Capitalism,* Londres, 1950. **(1)**

Taylor W.B., *Landlord and Peasant in Colonial Oaxaca,* Stanford Univ. Press, 1972, 287 p. **(4)**

–, *Drinking, Homicide and Rebellion in Colonial Mexican Villages,* Stanford Univ. Press, 1979. **(4)**

Techniciens de la colonisation (Les), XIXe-XXe siècle, sous la direction de Charles-A. Julien, Paris, PUF, 1947, 324 p. **(3)**

Ter Minassian A., « Le mouvement révolutionnaire arménien », *Cahiers du monde russe et soviétique,* 3 et 4, 1974. **(9)**

Terray Emmanuel, « Asante au XXe siècle », *Annales E.S.C.,* mars-avril 1977, p. 311-325. **(3,5)**

Thobie Jacques, *La France impériale,* t. 1, *1880-1911,* premier volume du collectif, J. Bouvier, R. Girault, J. T., Paris, Megrelis, 1982, 326 p. **(3)**

–, *Ali et les 40 voleurs,* Paris, Messidor, 1985, 372 p. **(3)**

Thornton John, *Africa and Africans in the Making of the Atlantic World, 1400-1680,* Cambridge Univ. Press, 1992, 309 p. **(5,6)**

Thrupp S. L., « Millenian dreams in action. Essays in comparative study », *Comparative Studies in Society and History,* supplément 2, 1962, p. 11-31. **(8)**

Todorov Tzvetan, *La Conquête de l'Amérique, la question de l'autre,* Paris, Éd. du Seuil, 1982, 280 p. **(2)**

Touchard Jean, *Le Gaullisme, 1940-1969,* Paris, Éd. du Seuil, 1978, 370 p. **(10)**

Trigger Bruce, *Les Indiens, la Fourrure et les Blancs. Français et Amérindiens en Amérique du Nord (Natives and Newcomers),* Boréal-Éd. du Seuil, 1985, 537 p. **(2)**

Tsypkin G.V., *L'Éthiopie dans les guerres anticoloniales,* Moscou (en russe), 1988, 311 p. **(3)**

« Un Algérien raconte sa vie », in *Socialisme ou Barbarie,* 1959, 28 et 29. **(4)**

Valensi Lucette, *Le Maghreb avant la prise d'Alger,* Paris, Flammarion, 1969, 142 p. **(1)**

—, *Fellahs tunisiens. L'économie rurale et la vie des campagnes aux XVIIIe et XIXe siècles,* La Haye-Paris, Mouton, 1977, 422 p. **(4)**

—, *Fables de la mémoire. La glorieuse bataille des 3 rois,* Paris, Éd. du Seuil, 1992, 280 p. **(1)**

Van Onselen Charles, « Paternalisme et violence dans les fermes du Transvaal de 1900 à 1950 », *Annales E.S.C.,* janv.-février 1992, 1, p. 5-53. **(4,7)**

Veinstein Gilles, « L'Empire ottoman dans sa grandeur », in Mantran, p. 159-227. **(8)**

Vergès Jacques M^e, *De la stratégie judiciaire,* Paris, Éd. de Minuit, 1968, 212 p. **(5)**

Vernadsky George, *A Source Book for Russian History from Early Times to 1917,* Yale, 1972, 3 vol. **(général)**

Vidal-Naquet Pierre, *La Torture dans la République,* Paris, Éd. de Minuit, 1972. **(5)**

Vigie Marc, *Dupleix,* Paris, Fayard, 1992. **(3)**

Vincent Bernard, *1492, « l'année admirable »,* Paris, Aubier, 1991, 226 p. **(1,4)**

« Violences et non-violences en Inde », sous la direction de D. Vidal, G. Tarabout, E. Meyer, *Purusartha 16;* Paris, EHESS, 1994, 288 p. **(8)**

Viollis Andrée, *L'Afrique du Sud, cette inconnue,* Paris, Hachette, 1948, 254 p. **(4)**

Wachtel Nathan, « La vision des vaincus, la conquête espagnole dans le folklore indigène », *Annales E.S.C.,* 1967-3, p. 554-586. **(6)**

—, *Le Retour des ancêtres. Essai d'histoire régressive,* Paris, Gallimard, 1990, 690 p. **(6)**

Wallerstein Immanuel, *The Modern World System.* I. *Capitalism Agriculture and the Origins of the European World Economy in the 16th. Century,* Academic Press, 1974, 412 p. **(2,3)**

—, *The Modern World System.* II. *Mercantilism and the European World Economy 1600-1750,* Academic Press, 370 p. **(2,3)**

—, *The Modern World System.* III. *The Second Era of the*

Capitalist World Economy 1730-1840, Academic Press, 1989, 370 p. **(1,2,3)**

Wandjuk Marika, *The Aborigenal Children's History of Australia,* Melbourne, 1977, 150 p. **(4)**

Weber Eugen, *La Fin des terroirs. La modernisation de la France rurale,* Paris, Fayard, 1983, 840 p. **(général)**

Werth Alexander, *France 1940-1955,* Londres, Robert Hale, 1956, 764 p. **(9)**

Westermann D., *Autobiographies d'Africains,* Paris, Payot, 1943, 336 p. **(6)**

Wicks I., *Asante in the 19th. Century,* Cambridge Univ. Press, 1975, 800 p. **(3,5)**

Wieviorka Michel, *Sociétés et Terrorisme,* Paris, Fayard, 1988, 566 p. **(9)**

Winock Michel, *La République se meurt, chronique 1956-1958,* Paris, Éd. du Seuil, 1978, 258 p. **(9,10)**

Wobeser Gisela von, *La formación de la hacienda en la época colonial. El uso de la tierra y el agua,* Mexico, UNAM, 1983, 212 p. **(4)**

Woeikof A., *Le Turkestan russe,* Paris, Colin, 1914, 360 p. **(3)**

Wood Gordon S., *La Création de la République américaine,* trad. par F. Delastre, introduction de Claude Lefort, Paris, Belin, 1991, 766 p. (*The Creation of the American Republique 1776-1787,* The University of North Carolina, 1969.) **(7)**

Wray Harold, *Changes and Continuity in Japanese Image of the Kokutai and Attitudes and toward the Outside World,* Hawaii, University of Manoa, 1971. *Roles* **(3)**

Yacine Kateb, *Nedjma,* et son théâtre, Paris, Éd. du Seuil, 1954. **(4)**

Yazawa Toshihiko, « Une analyse des persécutions du catholicisme en Chine », in Forest, p. 31-47. **(2)**

Zorgbibe Charles, *L'Après-Guerre froide dans le monde,* Paris, PUF, 1993, 128 p. **(11)**

A ces ouvrages, il faut joindre les anciennes et grandes collections, en particulier *Peuples et Civilisation,* Paris, PUF, notamment les vol. IX, *La Prépondérance espagnole,* par H. Hauser ; XI, *La Prépondérance anglaise,* par P. Muret ; XVIII, *L'Essor industriel et l'Impérialisme colonial,* par M. Baumont. Ainsi que :

Cambridge History of India (The), 1983, 2 vol.

Cambridge History of Islam (The), 1970, 804 p.

Cambridge History of Latin America (The), 1986, 2 vol.

INDEX

Les index indiquent les passages où sont concernés les personnes ou les lieux qui constituent cette histoire.

Index des noms de personnes

Index
de géographie historique

Index rerum et thématique

TABLE

Cartes

Du même auteur

Sur la société soviétique

La Révolution de 1917
tome I : Février ; tome II : Octobre
Aubier-Montaigne, 1967-1976

Des Soviets au communisme bureaucratique
Archives-Gallimard, 1980

L'Occident
devant la Révolution soviétique
Éditions Complexe, 1981

Nicolas II
Payot, 1990

Dictionnaire de la Glasnost
collectif avec Y. Afanassiev
Payot, 1989

Les Origines de la Perestroïka
Ramsay, 1990

L'État de toutes les Russies
collectif avec M.-H. Mandrillon
La Découverte, 1993

Sur le cinéma

Analyse de films, analyse de sociétés
Hachette, 1976

Cinéma et Histoire
Denoël, 1976
rééd. Folio-Gallimard, 1993

Film et Histoire
collectif
École des hautes études en sciences sociales, 1985

Révoltes, Révolutions, Cinéma
collectif avec C. Delage et B. Fleury-Vilatte
Éd. Centre Pompidou, 1989

L'Information en uniforme
Ramsay, 1991

Sur l'enseignement et la théorie de l'histoire

Comment on raconte l'histoire
aux enfants à travers le monde entier
Payot, 1981, nouvelle éd. 1992

L'Histoire sous surveillance
Calmann-Lévy, 1985
réééd. Folio-Gallimard, 1987

Sur le XXe siècle

La Grande Guerre 1914-1918
Gallimard, 1970 ; rééd. Folio, 1990

Suez, naissance d'un tiers-monde
Complexe, 1983

Pétain
Fayard, 1987

IMPRESSION : BUSSIÈRE CAMEDAN IMPRIMERIES
À SAINT-AMAND (CHER)
DÉPÔT LÉGAL : MAI 1996. – N° 29371 (642-4/236)

Collection Points

SÉRIE HISTOIRE

H1. Histoire d'une démocratie : Athènes
Des origines à la conquête macédonienne
par Claude Mossé
H2. Histoire de la pensée européenne
1. L'éveil intellectuel de l'Europe du IXᵉ au XIIᵉ siècle
par Philippe Wolff
H3. Histoire des populations françaises et de leurs attitudes devant la vie depuis le XVIIIᵉ siècle
par Philippe Ariès
H4. Venise, portrait historique d'une cité
par Philippe Braunstein et Robert Delort
H5. Les Troubadours, *par Henri-Irénée Marrou*
H6. La Révolution industrielle (1770-1880)
par Jean-Pierre Rioux
H7. Histoire de la pensée européenne
4. Le siècle des Lumières
par Norman Hampson
H8. Histoire de la pensée européenne
3. Des humanistes aux hommes de science
par Robert Mandrou
H9. Histoire du Japon et des Japonais
1. Des origines à 1945, *par Edwin O. Reischauer*
H10. Histoire du Japon et des Japonais
2. De 1945 à 1970, *par Edwin O. Reischauer*
H11. Les Causes de la Première Guerre mondiale
par Jacques Droz
H12. Introduction à l'histoire de notre temps
L'Ancien Régime et la Révolution
par René Rémond
H13. Introduction à l'histoire de notre temps
Le XIXᵉ siècle, *par René Rémond*
H14. Introduction à l'histoire de notre temps
Le XXᵉ siècle, *par René Rémond*
H15. Photographie et Société, *par Gisèle Freund*
H16. La France de Vichy (1940-1944)
par Robert O. Paxton
H17. Société et Civilisation russes au XIXᵉ siècle
par Constantin de Grunwald
H18. La Tragédie de Cronstadt (1921), *par Paul Avrich*
H19. La Révolution industrielle du Moyen Age
par Jean Gimpel
H20. L'Enfant et la Vie familiale sous l'Ancien Régime
par Philippe Ariès

H21. De la connaissance historique
par Henri-Irénée Marrou
H22. André Malraux, une vie dans le siècle
par Jean Lacouture
H23. Le Rapport Khrouchtchev et son histoire
par Branko Lazitch
H24 Le Mouvement paysan chinois (1840-1949)
par Jean Chesneaux
H25. Les Misérables dans l'Occident médiéval
par Jean-Louis Goglin
H26. La Gauche en France depuis 1900
par Jean Touchard
H27. Histoire de l'Italie du Risorgimento à nos jours
par Sergio Romano
H28. Genèse médiévale de la France moderne, XIVe-XVe siècle
par Michel Mollat
H29. Décadence romaine ou Antiquité tardive, IIIe-VIe siècle
par Henri-Irénée Marrou
H30. Carthage ou l'Empire de la mer, *par François Decret*
H31. Essais sur l'histoire de la mort en Occident
du Moyen Age à nos jours, *par Philippe Ariès*
H32. Le Gaullisme (1940-1969), *par Jean Touchard*
H33. Grenadou, paysan français
par Ephraïm Grenadou et Alain Prévost
H34. Piété baroque et Déchristianisation en Provence
au XVIIIe siècle, *par Michel Vovelle*
H35. Histoire générale de l'Empire romain
1. Le Haut-Empire, *par Paul Petit*
H36. Histoire générale de l'Empire romain
2. La crise de l'Empire, *par Paul Petit*
H37. Histoire générale de l'Empire romain
3. Le Bas-Empire, *par Paul Petit*
H38. Pour en finir avec le Moyen Age
par Régine Pernoud
H39. La Question nazie, *par Pierre Ayçoberry*
H40. Comment on écrit l'histoire, *par Paul Veyne*
H41. Les Sans-culottes, *par Albert Soboul*
H42. Léon Blum, *par Jean Lacouture*
H43. Les Collaborateurs (1940-1945), *par Pascal Ory*
H44. Le Fascisme italien (1919-1945)
par Pierre Milza et Serge Berstein
H45. Comprendre la révolution russe, *par Martin Malia*
H46. Histoire de la pensée européenne
6. L'ère des masses, *par Michaël D. Biddiss*
H47. Naissance de la famille moderne
par Edward Shorter
H48. Le Mythe de la procréation à l'âge baroque
par Pierre Darmon

H49. Histoire de la bourgeoisie en France
1. Des origines aux Temps modernes
par Régine Pernoud
H50. Histoire de la bourgeoisie en France
2. Les Temps modernes, *par Régine Pernoud*
H51. Histoire des passions françaises (1848-1945)
1. Ambition et amour, *par Theodore Zeldin*
H52. Histoire des passions françaises (1848-1945)
2. Orgueil et intelligence, *par Theodore Zeldin* (épuisé)
H53. Histoire des passions françaises (1848-1945)
3. Goût et corruption, *par Theodore Zeldin*
H54 Histoire des passions françaises (1848-1945)
4. Colère et politique, *par Theodore Zeldin*
H55. Histoire des passions françaises (1848-1945)
5. Anxiété et hypocrisie, *par Theodore Zeldin*
H56. Histoire de l'éducation dans l'Antiquité
1. Le monde grec, *par Henri-Irénée Marrou*
H57. Histoire de l'éducation dans l'Antiquité
2. Le monde romain, *par Henri-Irénée Marrou*
H58. La Faillite du Cartel, 1924-1926
(Leçon d'histoire pour une gauche au pouvoir)
par Jean-Noël Jeanneney
H59. Les Porteurs de valises
par Hervé Hamon et Patrick Rotman
H60. Histoire de la guerre d'Algérie, 1954-1962
par Bernard Droz et Évelyne Lever
H61. Les Occidentaux, *par Alfred Grosser*
H62. La Vie au Moyen Age, *par Robert Delort*
H63. Politique étrangère de la France
(La Décadence, 1932-1939)
par Jean-Baptiste Duroselle
H64. Histoire de la guerre froide
1. De la révolution d'Octobre à la guerre de Corée, 1917-1950
par André Fontaine
H65. Histoire de la guerre froide
2. De la guerre de Corée à la crise des alliances,1950-1963
par André Fontaine
H66. Les Incas, *par Alfred Métraux*
H67. Les Écoles historiques, *par Guy Bourdé et Hervé Martin*
H68. Le Nationalisme français, 1871-1914, *par Raoul Girardet*
H69. La Droite révolutionnaire, 1885-1914, *par Zeev Sternhell*
H70. L'Argent caché, *par Jean-Noël Jeanneney*
H71. Histoire économique de la France du XVIIIe siècle à nos jours
1. De l'Ancien Régime à la Première Guerre mondiale
par Jean-Charles Asselain
H72. Histoire économique de la France du XVIIIe siècle à nos jours
2. De 1919 à la fin des années 1970
par Jean-Charles Asselain

H73. La Vie politique sous la IIIe République
par Jean-Marie Mayeur
H74. La Grèce archaïque d'Homère à Eschyle
par Claude Mossé
H75. Histoire de la « détente », 1962-1981
par André Fontaine
H76. Études sur la France de 1939 à nos jours
par la revue « L'Histoire »
H77. L'Afrique au XXe siècle, *par Elikia M'Bokolo*
H78. Les Intellectuels au Moyen Age, *par Jacques Le Goff*
H79. Fernand Pelloutier, *par Jacques Julliard*
H80. L'Église des premiers temps, *par Jean Daniélou*
H81. L'Église de l'Antiquité tardive
par Henri-Irénée Marrou
H82. L'Homme devant la mort
1. Le temps des gisants, *par Philippe Ariès*
H83. L'Homme devant la mort
2. La mort ensauvagée, *par Philippe Ariès*
H84. Le Tribunal de l'impuissance, *par Pierre Darmon*
H85. Histoire générale du XXe siècle
1. Jusqu'en 1949. Déclins européens
par Bernard Droz et Anthony Rowley
H86. Histoire générale du XXe siècle
2. Jusqu'en 1949. La naissance du monde contemporain
par Bernard Droz et Anthony Rowley
H87. La Grèce ancienne, *par la revue « L'Histoire »*
H88. Les Ouvriers dans la société française
par Gérard Noiriel
H89. Les Américains de 1607 à nos jours
1. Naissance et essor des États-Unis, 1607 à 1945
par André Kaspi
H90. Les Américains de 1607 à nos jours
2. Les États-Unis de 1945 à nos jours, *par André Kaspi*
H91. Le Sexe et l'Occident, *par Jean-Louis Flandrin*
H92. Le Propre et le Sale, *par Georges Vigarello*
H93. La Guerre d'Indochine, 1945-1954
par Jacques Dalloz
H94. L'Édit de Nantes et sa révocation
par Janine Garrisson
H95. Les Chambres à gaz, secret d'État
par Eugen Kogon, Hermann Langbein et Adalbert Rückerl
H96. Histoire générale du XXe siècle
3. Depuis 1950. Expansion et indépendance (1950-1973)
par Bernard Droz et Anthony Rowley
H97. La Fièvre hexagonale, 1871-1968, *par Michel Winock*
H98. La Révolution en questions, *par Jacques Solé*
H99. Les Byzantins, *par Alain Ducellier*
H100. Les Croisades, *par la revue « L'Histoire »*

H101. La Chute de la monarchie (1787-1792)
par Michel Vovelle
H102. La République jacobine (10 août 1792 - 9 Thermidor an II)
par Marc Bouloiseau
H103. La République bourgeoise
(de Thermidor à Brumaire, 1794-1799)
par Denis Woronoff
H104. La France napoléonienne (1799-1815)
1. Aspects intérieurs, *par Louis Bergeron*
H105. La France napoléonienne (1799-1815)
2. Aspects extérieurs
par Roger Dufraisse et Michel Kérautret (à paraître)
H106. La France des notables (1815-1848)
1. L'évolution générale
par André Jardin et André-Jean Tudesq
H107. La France des notables (1815-1848)
2. La vie de la nation
par André Jardin et André-Jean Tudesq
H108. 1848 ou l'Apprentissage de la République (1848-1852)
par Maurice Agulhon
H109. De la fête impériale au mur des fédérés (1852-1871)
par Alain Plessis
H110. Les Débuts de la Troisième République (1871-1898)
par Jean-Marie Mayeur
H111. La République radicale ? (1898-1914)
par Madeleine Rebérioux
H112. Victoire et Frustrations (1914-1929)
par Jean-Jacques Becker et Serge Berstein
H113. La Crise des années 30 (1929-1938)
par Dominique Borne et Henri Dubief
H114. De Munich à la Libération (1938-1944)
par Jean-Pierre Azéma
H115. La France de la Quatrième République (1944-1958)
1. L'ardeur et la nécessité (1944-1952)
par Jean-Pierre Rioux
H116. La France de la Quatrième République (1944-1958)
2. L'expansion et l'impuissance (1952-1958)
par Jean-Pierre Rioux
H117. La France de l'expansion (1958-1974)
1. La République gaullienne (1958-1969)
par Serge Berstein
H118. La France de l'expansion (1958-1974)
2. L'apogée Pompidou (1969-1974)
par Serge Berstein et Jean-Pierre Rioux
H119. La France de 1974 à nos jours
par Jean-Jacques Becker (à paraître)
H120. La France du XXe siècle (Documents d'histoire)
présentés par Olivier Wieviorka et Christophe Prochasson

H121. Les Paysans dans la société française
par Annie Moulin
H122. Portrait historique de Christophe Colomb
par Marianne Mahn-Lot
H123. Vie et Mort de l'ordre du Temple, *par Alain Demurger*
H124. La Guerre d'Espagne, *par Guy Hermet*
H125. Histoire de France, *sous la direction de Jean Carpentier et François Lebrun*
H126. Empire colonial et Capitalisme français
par Jacques Marseille
H127. Genèse culturelle de l'Europe (Ve-VIIIe siècle)
par Michel Banniard
H128. Les Années trente, *par la revue « L'Histoire »*
H129. Mythes et Mythologies politiques, *par Raoul Girardet*
H130. La France de l'an Mil, *collectif*
H131. Nationalisme, Antisémitisme et Fascisme en France
par Michel Winock
H132. De Gaulle 1. Le rebelle (1890-1944)
par Jean Lacouture
H133. De Gaulle 2. Le politique (1944-1959)
par Jean Lacouture
H134. De Gaulle 3. Le souverain (1959-1970)
par Jean Lacouture
H135. Le Syndrome de Vichy, *par Henri Rousso*
H136. Chronique des années soixante, *par Michel Winock*
H137. La Société anglaise, *par François Bédarida*
H138. L'Abîme 1939-1944. La politique étrangère de la France
par Jean-Baptiste Duroselle
H139. La Culture des apparences, *par Daniel Roche*
H140. Amour et Sexualité en Occident, *par la revue « L'Histoire »*
H141. Le Corps féminin, *par Philippe Perrot*
H142. Les Galériens, *par André Zysberg*
H143. Histoire de l'antisémitisme 1. L'âge de la foi
par Léon Poliakov
H144. Histoire de l'antisémitisme 2. L'âge de la science
par Léon Poliakov
H145. L'Épuration française (1944-1949), *par Peter Novick*
H146. L'Amérique latine au XXe siècle (1889-1929)
par Leslie Manigat
H147. Les Fascismes, *par Pierre Milza*
H148. Histoire sociale de la France au XIXe siècle
par Christophe Charle
H149. L'Allemagne de Hitler, *par la revue « L'Histoire »*
H150. Les Révolutions d'Amérique latine
par Pierre Vayssière
H151. Le Capitalisme « sauvage » aux États-Unis (1860-1900)
par Marianne Debouzy
H152. Concordances des temps, *par Jean-Noël Jeanneney*

H153. Diplomatie et Outil militaire
par Jean Doise et Maurice Vaïsse
H154. Histoire des démocraties populaires
1. L'ère de Staline, *par François Fejtö*
H155. Histoire des démocraties populaires
2. Après Staline, *par François Fejtö*
H156. La Vie fragile, *par Arlette Farge*
H157. Histoire de l'Europe, *sous la direction de Jean Carpentier et François Lebrun*
H158. L'État SS, *par Eugen Kogon*
H159. L'Aventure de l'Encyclopédie, *par Robert Darnton*
H160. Histoire générale du XXe siècle
4. Crises et mutations de 1973 à nos jours
par Bernard Droz et Anthony Rowley
H161. Le Creuset français, *par Gérard Noiriel*
H162. Le Socialisme en France et en Europe, XIXe-XXe siècle
par Michel Winock
H163. 14-18 : Mourir pour la patrie, *par la revue « L'Histoire »*
H164. La Guerre de Cent Ans vue par ceux qui l'ont vécue
par Michel Mollat du Jourdin
H165. L'École, l'Église et la République, *par Mona Ozouf*
H166. Histoire de la France rurale
1. La formation des campagnes françaises
(des origines à 1340)
sous la direction de Georges Duby et Armand Wallon
H167. Histoire de la France rurale
2. L'âge classique des paysans (de 1340 à 1789)
sous la direction de Georges Duby et Armand Wallon
H168. Histoire de la France rurale
3. Apogée et crise de la civilisation paysanne
(de 1789 à 1914)
sous la direction de Georges Duby et Armand Wallon
H169. Histoire de la France rurale
4. La fin de la France paysanne (depuis 1914)
sous la direction de Georges Duby et Armand Wallon
H170. Initiation à l'Orient ancien
par la revue « L'Histoire »
H171. La Vie élégante, *par Anne Martin-Fugier*
H172. L'État en France de 1789 à nos jours
par Pierre Rosanvallon
H173. Requiem pour un empire défunt, *par François Fejtö*
H174. Les animaux ont une histoire, *par Robert Delort*
H175. Histoire des peuples arabes, *par Albert Hourani*
H176. Paris, histoire d'une ville, *par Bernard Marchand*
H177. Le Japon au XXe siècle, *par Jacques Gravereau*
H178. L'Algérie des Français, *par la revue « L'Histoire »*
H179. L'URSS de la Révolution à la mort de Staline, 1917-1953
par Hélène Carrère d'Encausse

H180. Histoire médiévale de la Péninsule ibérique
par Adeline Rucquoi
H181. Les Fous de la République, *par Pierre Birnbaum*
H182. Introduction à la préhistoire, *par Gabriel Camps*
H183. L'Homme médiéval
collectif sous la direction de Jacques Le Goff
H184. La Spiritualité du Moyen Age occidental (VIIIe-XIIIe siècle)
par André Vauchez
H185. Moines et Religieux au Moyen Age
par la revue « L'Histoire »
H186. Histoire de l'extrême droite en France, *ouvrage collectif*
H187. Le Temps de la guerre froide, *par la revue « L'Histoire »*
H188. La Chine, tome 1 (1949-1971)
par Jean-Luc Domenach et Philippe Richer
H189. La Chine, tome 2 (1971-1994)
par Jean-Luc Domenach et Philippe Richer
H190. Hitler et les Juifs, *par Philippe Burrin*
H192. La Mésopotamie, *par Georges Roux*
H193. Se soigner autrefois, *par François Lebrun*
H194. Familles, *par Jean-Louis Flandrin*
H195. Éducation et Culture dans l'Occident barbare (VIe-VIIIe siècle)
par Pierre Riché
H196. Le Pain et le Cirque, *par Paul Veyne*
H197. La Droite depuis 1789, *par la revue « L'Histoire »*
H198. Histoire des nations et du nationalisme en Europe
par Guy Hermet
H199. Pour une histoire politique, *collectif*
sous la direction de René Rémond
H200. « Esprit ». Des intellectuels dans la cité (1930-1950)
par Michel Winock

H201. Les Origines franques (Ve-IXe siècle), *par Stéphane Lebecq*
H202. L'Héritage des Charles (de la mort de Charlemagne
aux environs de l'an mil), *par Laurent Theis*
H203. L'Ordre seigneurial (XIe-XIIe siècle)
par Dominique Barthélemy
H204. Temps d'équilibres, Temps de ruptures
par Monique Bourin-Derruau
H205. Temps de crises, Temps d'espoirs, *par Alain Demurger*
H206. La France et l'Occident médiéval
de Charlemagne à Charles VIII
par Robert Delort (à paraître)
H207. Royauté, Renaissance et Réforme (1483-1559)
par Janine Garrisson
H208. Guerre civile et Compromis (1559-1598)
par Janine Garrisson
H209. La Naissance dramatique de l'absolutisme (1598-1661)
par Yves-Marie Bercé

H210. La Puissance et la Guerre (1661-1715)
par André Zysberg (à paraître)
H211. L'État et les Lumières (1715-1783)
par André Zysberg (à paraître)

H212. La Grèce préclassique, *par Jean-Claude Poursat*
H213. La Grèce au Vᵉ siècle, *par Edmond Lévy*
H214. Le IVᵉ Siècle grec, *par Pierre Carlier*
H215. Le Monde hellénistique (323-188), *par Pierre Cabanes*
H216. Les Grecs (188-31), *par Claude Vial*

H225. Douze Leçons sur l'histoire, *par Antoine Prost*
H226. Comment on écrit l'histoire, *par Paul Veyne*
H227. Les Crises du catholicisme en France, *par René Rémond*
H228. Les Arméniens, *par Yves Ternon*
H229. Histoire des colonisations, *par Marc Ferro*

Collection Points

SÉRIE ESSAIS

DERNIERS TITRES PARUS

225. Le Père : acte de naissance, *par Bernard This*
226. La Conquête de l'Amérique, *par Tzvetan Todorov*
227. Temps et Récit, tome 1, *par Paul Ricœur*
228. Temps et Récit, tome 2, *par Paul Ricœur*
229. Temps et Récit, tome 3, *par Paul Ricœur*
230. Essais sur l'individualisme, *par Louis Dumont*
231. Histoire de l'architecture et de l'urbanisme modernes
1. Idéologies et pionniers (1800-1910), *par Michel Ragon*
232. Histoire de l'architecture et de l'urbanisme modernes
2. Naissance de la cité moderne (1900-1940)
par Michel Ragon
233. Histoire de l'architecture et de l'urbanisme modernes
3. De Brasilia au post-modernisme (1940-1991)
par Michel Ragon
234. La Grèce ancienne, tome 2
par Jean-Pierre Vernant et Pierre Vidal-Naquet
235. Quand dire, c'est faire, *par J. L. Austin*
236. La Méthode
3. La Connaissance de la Connaissance, *par Edgar Morin*
237. Pour comprendre *Hamlet*, *par John Dover Wilson*
238. Une place pour le père, *par Aldo Naouri*
239. L'Obvie et l'Obtus, *par Roland Barthes*
240. Mythe et Société en Grèce ancienne
par Jean-Pierre Vernant
241. L'Idéologie, *par Raymond Boudon*
242. L'Art de se persuader, *par Raymond Boudon*
243. La Crise de l'État-providence, *par Pierre Rosanvallon*
244. L'État, *par Georges Burdeau*
245. L'Homme qui prenait sa femme pour un chapeau
par Oliver Sacks
246. Les Grecs ont-ils cru à leurs mythes ?, *par Paul Veyne*
247. La Danse de la vie, *par Edward T. Hall*
248. L'Acteur et le Système
par Michel Crozier et Erhard Friedberg
249. Esthétique et Poétique, *collectif*
250. Nous et les Autres, *par Tzvetan Todorov*
251. L'Image inconsciente du corps, *par Françoise Dolto*
252. Van Gogh ou l'Enterrement dans les blés
par Viviane Forrester
253. George Sand ou le Scandale de la liberté, *par Joseph Barry*
254. Critique de la communication, *par Lucien Sfez*

255. Les Partis politiques, *par Maurice Duverger*
256. La Grèce ancienne, tome 3
par Jean-Pierre Vernant et Pierre Vidal-Naquet
257. Palimpsestes, *par Gérard Genette*
258. Le Bruissement de la langue, *par Roland Barthes*
259. Relations internationales
1. Questions régionales, *par Philippe Moreau Defarges*
260. Relations internationales
2. Questions mondiales, *par Philippe Moreau Defarges*
261. Voici le temps du monde fini, *par Albert Jacquard*
262. Les Anciens Grecs, *par Moses I. Finley*
263. L'Éveil, *par Oliver Sacks*
264. La Vie politique en France, *ouvrage collectif*
265. La Dissémination, *par Jacques Derrida*
266. Un enfant psychotique, *par Anny Cordié*
267. La Culture au pluriel, *par Michel de Certeau*
268. La Logique de l'honneur, *par Philippe d'Iribarne*
269. Bloc-notes, tome 1 (1952-1957), *par François Mauriac*
270. Bloc-notes, tome 2 (1958-1960), *par François Mauriac*
271. Bloc-notes, tome 3 (1961-1964), *par François Mauriac*
272. Bloc-notes, tome 4 (1965-1967), *par François Mauriac*
273. Bloc-notes, tome 5 (1968-1970), *par François Mauriac*
274. Face au racisme
1. Les moyens d'agir
sous la direction de Pierre-André Taguieff
275. Face au racisme
2. Analyses, hypothèses, perspectives
sous la direction de Pierre-André Taguieff
276. Sociologie, *par Edgar Morin*
277. Les Sommets de l'État, *par Pierre Birnbaum*
278. Lire aux éclats, *par Marc-Alain Ouaknin*
279. L'Entreprise à l'écoute, *par Michel Crozier*
280. Nouveau Code pénal
présentation et notes de Me Henri Leclerc
281. La Prise de parole, *par Michel de Certeau*
282. Mahomet, *par Maxime Rodinson*
283. Autocritique, *par Edgar Morin*
284. Être chrétien, *par Hans Küng*
285. A quoi rêvent les années 90 ?, *par Pascale Weil*
286. La Laïcité française, *par Jean Boussinesq*
287. L'Invention du social, *par Jacques Donzelot*
288. L'Union européenne, *par Pascal Fontaine*
289. La Société contre nature, *par Serge Moscovici*
290. Les Régimes politiques occidentaux
par Jean-Louis Quermonne
291. Éducation impossible, *par Maud Mannoni*
292. Introduction à la géopolitique, *par Philippe Moreau Defarges*

293. Les Grandes Crises internationales et le Droit
par Gilbert Guillaume
294. Les Langues du Paradis, *par Maurice Olender*
295. Face à l'extrême, *par Tzvetan Todorov*
296. Écrits logiques et philosophiques, *par Gottlob Frege*
297. Recherches rhétoriques, Communications 16
ouvrage collectif
298. De l'interprétation, *par Paul Ricœur*
299. De la parole comme d'une molécule, *par Boris Cyrulnik*
300. Introduction à une science du langage
par Jean-Claude Milner
301. Les Juifs, la Mémoire et le Présent, *par Pierre Vidal-Naquet*
302. Les Assassins de la mémoire, *par Pierre Vidal-Naquet*
303. La Méthode
4. Les idées, *par Edgar Morin*
304. Pour lire Jacques Lacan, *par Philippe Julien*
305. Événements I
Psychopathologie du quotidien, *par Daniel Sibony*
306. Événements II
Psychopathologie du quotidien, *par Daniel Sibony*
307. Les Origines du totalitarisme
Le système totalitaire, *par Hannah Arendt*
308. La Sociologie des entreprises, *par Philippe Bernoux*
309. Vers une écologie de l'esprit 1.
par Gregory Bateson
310. Les Démocraties, *par Olivier Duhamel*
311. Histoire constitutionnelle de la France
par Olivier Duhamel
312. Le Pouvoir politique en France, *par Olivier Duhamel*
313. Que veut une femme ?, *par Serge André*
314. Histoire de la révolution russe
1. Février, *par Léon Trotsky*
315. Histoire de la révolution russe
2. Octobre, *par Léon Trotsky*
316. La Société bloquée, *par Michel Crozier*
317. Le Corps, *par Michel Bernard*
318. Introduction à l'étude de la parenté
par Christian Ghasarian
319. La Constitution, *introduction et commentaires*
par Guy Carcassonne
320. Introduction à la politique
par Dominique Chagnollaud
321. L'Invention de l'Europe, *par Emmanuel Todd*
322. La Naissance de l'histoire (tome 1), *par François Châtelet*
323. La Naissance de l'histoire (tome 2), *par François Châtelet*
324. L'Art de bâtir les villes, *par Camillo Sitte*
325. L'Invention de la réalité, *sous la direction de Paul Watzlawick*